이준구 교수의

열린경제학

이준구 교수의

열린경제학

이준구 지음

문우사
MoonWoo

차 례*

프롤로그*

'경제학'이란 말만 들어도 공부하기 어렵다고 고개를 절레절레 흔드는 사람이 많다. 사실 경제학은 입문하기가 매우 어려운 학문 중 하나임이 분명하다. 훈련되지 않은 눈에는 경제학원론 책에 가득 찬 수식과 그림이 마치 해독할 수 없는 암호처럼 보이게 마련이다. 그런데도 경제학을 가르치는 사람들은 배우는 사람들의 이런 어려움을 잘 이해하지 못한다. 수식이나 그림으로 책을 가득 채우는 이유가 배우는 사람들의 이해를 돕는 데 있다고 이야기할 정도니 말이다. 자신도 경제학을 처음 배울 때 그런 어려움을 겪었다는 사실은 까맣게 잊어먹기 일쑤다.

스타플레이어 출신의 감독이 오히려 지도자로서는 좋은 성과를 내기 어렵다는 말이 있다. 너무나도 쉽게 생각되는 동작인데도 선수들이 그걸 제대로 해내지 못하니 답답하기만 할 따름이다. 선수들의 처지에 서서 왜 그 동작이 어려울 수밖에 없는지 곰곰이 생각해 봐야 하지만 이게 말처럼 쉽지 않다. 자기가 선수였을 때는 별 어려움 없이 쉽게 소화했다는 기억만 갖고 있기 때문이다.

경제학을 가르치는 우리들도 그런 반성을 한번 해봐야 할지 모른다. "이렇게 쉬운 것도 잘 몰라?"라고 다그칠 것이 아니라, 어느 부분에서 왜 어려움을 느끼는지 곰곰이 생각해 봐야 한다. 몇십 년 동안 경제학과 함께 살아온 사람에게는 쉬운 것일지 몰라도 처음 배우는 사람에게는 무척 어려울 수 있다. 이것은 아주 평범한 진리에 불과한데도, 이를 깨닫는 것이 그리 쉬운 일은 아니다. 돌아보면 나 자신도 이 사실에 눈뜨기 시작한 게 그리 오래전의 일이 아니다.

사람마다 경제학을 공부하는 목적이 다름을 인식하고 각자에게 '맞춤형 경제학 교육'을 제공하는 것도 매우 중요한 일이다. 경제학을 공부하는 사람들 모두가 장래 경제학자가 되는 것은 아니다. 경제학자가 되려는 사람을 교육시키려면 기초부터 아주 엄격하게 가르쳐야 한다. 경제학의 추상적 논리에 익숙하게 만들기 위해 실생활과 직접적 관련이 없는 논리의 훈련에 집중할 필요가 있을지도 모른다. 그러나 지금 경제학을 공부하고 있는 사람들 중 장래 경제학자가 될 사람이 과연 몇이나 될까?

사실 경제학을 전공하는 사람들조차 사회에 나가서는 경제학과 아무 관련이 없는 일을 하는 경우가 대부분이다. 그런 사람들에게 경제학의 기술적 측면을 세밀하게 가르치는 것은 그리 바람직한 일이 아니다. 대학을 떠나는 순간 까맣게 잊어먹을 게 분명한 경제학 지식이 아닌가? 물론 대학에서의 교육이 사회생활에 꼭 도움이 되어야만 의미가 있는 것은 아니다. 그러나 경제학과 전혀 관련 없는 삶을 살 것이 분명한 사람들에게 복잡한 수식과 그림으로 고문을 가하는 것은 말이 되지 않는다.

자신의 전공과는 상관없이 단순히 호기심에서 경제학을 공부하는 사람들도 많다. 이런 사람들의 경우에는 기본 개념과 기본 이론의 학습에 경제학 교육의 초점을 맞춰야 한다. 경제학이 어떤 학문인지를 체험하기 위해 공부하는 사람들에게 이해하기 어려운 이론을 가르쳐 보았자 무슨 소용이 있을까? 이런 사람들에게는 직관에 초점을 맞춘 교육을 통해 경제학의 관점에서 본 세상을 체험하게 해주는 편이 훨씬 더 낫다.

맞춤형 경제학 교육이 가능해지려면 경제학 입문서도 다양한 수준으로 제공되어야 한다. 즉 가장 쉽고 기초적인 책부터 상대적으로 난이도가 높은 책까지 여러 수준의 입문서가 있어 각자의 목적에 알맞은 책을 고를 수 있게 만들어줘야 한다는 뜻이다. 적합하지 않은 입문서를 선택해 경제학의 세계에 발을 내딛는 사람은 길을 잃고 방황하기 십상이다. 경제학을 공부하는 사람들 중 이런 불행을 겪고 있는 사람이 무척 많으리라고 생각한다.

이런 맥락에서 볼 때 이 책이 목표로 하는 바는 단순하고 명확하다. 경제학에 입문하려고 하는 사람들에게 친절한 길라잡이의 역할을 해주는 것이 이 책의 목표다. 읽어보면 곧 알 테지만, 이 책에 등장하는 수식은 단 두 개에 그친다. 그것도 복잡한 수식이 아니라 무한급수의 합을 구하는 아주 간단한 수식이다. 또한 그림은 단 하나도 등장하지 않는다. 그림과 수식에 겁을 먹고 경제학에 입문하기를 두려워하는 일이 생겨서는 안 된다는 신념에서 이런 극단적인 접근법을 사용했다.

이 책은 가장 쉽고 기초적인 수준에서 경제학의 기본 개념과 기본 이론을 설명하고 있다. 내 생각에 더 이상 쉽게 풀어서 설명할 수 없다고 느끼는 수준까지 난이도를 낮췄다. 아무런 사전 준비 없이도 이 책을 능히 소화해낼 수 있으리라고 믿는다. 경제학에 관심이 있는 사람이라면 어느 누구든 이 책을 길라잡이로 삼을 수 있다. 이 책 제목에 '열린'이라는 표현을 사용한 이유가 바로 여기에 있다. 경제학의 세계에 발을 내딛고 싶은 모두에게 문을 활짝 열어놓고 기다린다는 의미가 담겨 있는 것이다.

그렇다고 해서 수박 겉핥기식 공부에 그치는 것이 아닌가라는 걱정은 할 필요가 없다. 경제학 공부에서 정말로 중요한 것은 경제학적 직관을 얻는 일이지 수학적 기법을 익히는 일이 아니다. 이 책에서 제공하고 있는 경제학적 직관만 충실하게 자기 것으로 만든다면 경제학에 대한 이해가 상당히 높은 수준에 올랐다고 자부해도 된다. 사실 경제학을 전공한 사람들 중에도 이 책이 제공하는 수준의 경제학적 직관을 자기 것으로 만들지 못한 사람들이 의외로 많다. 이 책이 읽기 쉽다 해서 결코 만만하게 볼 것은 아니라고 믿는다.

또 하나의 내 목표는 경제학 공부가 재미있게 느끼도록 만들어 주자는 것이다. 우리 교육은 공부에 재미를 느끼게 만드는 것이 아니라 반대로 염증을 느끼게 만든다. "공부해라. 공부해라."라는 맹목적인 성화가 그 주요한 원인 중 하나임이 분명하다. 이에 못지않게 중요한 이유를 재미있게 공부할 수 있도록 만들어주지 못하는 졸렬한 교수방법에서 찾을 수 있다. 우리는 학교에서 스스로 생각하는 방법을 배운 적이 없다. 선생님의 설명을 노트에 적고 이걸 그대로 암기해 시험을 치는 것이 공부의 전부였다. 이런 공부에서 재미를 느낄 사람이 과연 한 명이라도 있을까?

공부에 재미를 느끼게 만들려면 생각하는 방법을 가르쳐야 한다. "왜 그럴까?"라는 지적 호기심을 갖게 만들어 주어야 비로소 공부에 재미를 느낄 수 있다. 공부라는 것은 그 의문이 풀리는 과정을 뜻하고, 바로 이 과정에서 공부가 재미있어지기 때문이다. 내가 이 책에서 강조하고 있는 것은 바로 그런 지적 호기심이다. 경제학의 기본 개념과 기본 이론의 맹목적 학습이 아니라 스스로 제기한 의문을 풀어나가는 과정을 강조하고 있는 것이다.

현실의 경제는 뒤로 젖혀두고 이론 그 자체에만 관심의 초점을 맞추는 것도 경제학 공부를 재미없게 만드는 또 다른 원인이다. 모든 경제이론의 근저에는 현실의 경제현상이 깔려 있는 법이다. 따라서 현실의 생생한 경제현상과의 밀접한 관련하에서 경제이론을 가르쳐야 이해도 쉽고 흥미도 느낄 수 있는 법이다. 이론 그 자체를 위한 이론을 배운다고 느낀다면 그런 공부에서는 아무런 흥미도 느낄 수 없다. 이 책을 쓸 때 이론과 관계되는 현실의 사례를 풍부하게 들어줌으로써 설명에 생동감을 불어넣으려고 많은 노력을 했다.

이 책의 초판이 처음 선을 보인 것은 꽤 오래전 일이다. 『열린경제학』이란 제목으로 첫 판이 나온 것이 1995년이니, 벌써 20년이 넘는 긴 세월이 흐른 셈이다. 책이 처음 나왔을 때 예상 밖으로 좋은 평가를 받아 무척 기뻤다. 수식과 그림이라는 장벽에 막혀 감히 경제학에 발을 붙일 생각조차 못하는 사람들이 너무나 많다는 것을 새삼 깨달았다. 이런 사람들을 위해 최대한으로 쉽게 설명한 경제학 입문서를 써보자는 의도가 어느 정도 맞아떨어졌다고 생각한다. 그때만 해도 명확하게 이런 의도를 갖고 쓴 입문서가 그리 많이 나와 있지 못한 상황이었다.

책을 쓴 사람은 언제나 절감하는 바지만, 막상 책이 나오고 나면 이것저것 부족한 부분이 많이 눈에 띄게 마련이다. "왜 이걸 다루지 못했을까?", "왜 좀 더 쉽게 설명할 수 없었을까?", "왜 글을 좀 더 가다듬지 못했을까?" 등등 이런저런 후회가 끊임없이 밀려온다. 사람은 언제나 지나고 나서 뒤를 돌아볼 때에야 보이지 않던 것이 비로소 눈에 띄는 법인가 보다. 늘 남모를 아쉬움을 안고 살다가 드디어 2001년 개정을 결심하게 되었다. 이왕 개정을 한 김에 제목도 『새 열린경제학』으로 바꿔 달고 독자들에게 선을 보이게 되었다.

그 뒤로 16년이라는 실로 긴 시간이 흘렀다. 교과서라면 당연히 주기적으로 개정해 최신의 흐름에 떨어지지 않게 만들어야 마땅한 일이다. 그러나 대중서를 너무 자주 개정하는 것도 그리 바람직한 일이 아닐 것 같다는 생각에서 손을 놓고 있었다. 이렇게 긴 시간이 흐르다 보니 자연히 여기저기에 부족한 부분이 많이 생길 수밖에 없었다. 이 책만 갖고 경제학에 입문할 차비를 완벽하게 갖춘다는 것은 어려울지 모른다는 생각까지 들 정도였다. 더 이상 그대로 놓아둘 수는 없다는 나름대로의 절박함에서 개정을 서두르게 되었다.

이번 개정을 통해 어느 정도 그럴듯한 체제를 갖춘 입문서를 만들게 되었다는 느낌이 든다. 경제학의 주요 분야에서 꼭 알아 두어야 할 기본 개념과 기본 이론은 거의 모두 다뤘다고 생각한다. 경제학의 최근 동향을 반영하는 데도 상당한 노력을 기울였다는 점을 밝히고 싶다. 다시 한번 말하지만, 나는 경제학의 세계에 처음 발을 내딛으려 하는 사람들에게 친절하기 짝이 없는 길라잡이가 되어 주겠다는 생각으로 이 책을 썼다. 이런 내 바람이 실제로 얼마나 성취되었는지를 평가하는 것은 순전히 독자의 몫이라고 생각한다.

이 책에는 내가 쓴 책들(『경제학원론』(공저), 『경제학 들어가기』(공저), 『미시경제학』, 『재정학』(공저), 『이준구 교수의 인간의 경제학』)에서 그대로 따온 부분이 많이 포함되어 있다. 일일이 출처를 밝히는 것이 번거로운 데다가, 대중서까지 엄격하게 그런 원칙을 지켜야 할 필요는 없다는 생각에서 출처 표시를 생략했다. 더군다나 모두 내가 스스로 쓴 글이라 남의 업적을 훔치는 것도 아니기 때문에 출처 표시에 큰 신경을 쓰지 않아도 된다고 생각했다.

이 책을 준비하는 과정에서 많은 사람들의 도움을 받았다. 무엇보다 우선 예쁜 표지를 그려준 신비아 양에게 깊은 고마움을 전하려고 한다. 내 팬클럽의 초대 회장으로 활약하기도 한 그는 내 표지 디자인 부탁을 단 한 번도 거절한 적이 없다. 내가 쓴 책들의 표지가 예쁘다는 말을 자주 듣는데, 이것은 순전히 그의 덕분이다. 그리고 바쁜 중에도 틈을 내 교정의 궂은일을 서슴없이 맡아준 정지영 박사에게도 고맙다는 말을 하고 싶다. 그는 내가 그동안 쓴 수많은 책에서 나와 함께 '오자 제로'라는 무모한 목표에 도전해 온 바 있다. 이 책에서 그 목표가 어느 정도 이루어졌는지 기대 반 걱정 반의 마음으로 지켜보려고 한다. 마지막으로 편집과 교정 등 여러 가지 일들을 성실하게 수행해준 문우사의 여러분들에게도 감사의 뜻을 표하고 싶다.

1

상품과 시장

시장의 힘

보이지 않는 손

어렸을 때 라디오를 처음 보고, 그 좁은 공간 안에 어떻게 사람들이 쪼그려 앉아 소리를 내고 있는지 신기하게 여긴 적이 있다. 그 속에 사람이 있지 않고서야 얼굴을 맞대고 듣는 것처럼 생생한 사람의 목소리가 흘러나올 리 없다고 생각했던 것이다. 수많은 상품들이 시장에서 거래되고 있는 것을 볼 때도 이와 비슷한 느낌을 받는다. 상품들이 끊임없이 시장으로 흘러들어 오고 나가는 모습은 마치 어느 누군가가 시켜서 그런 것처럼 질서정연하다. 또한 귀한 물건의 값이 비싸고 흔한 물건의 값은 싼 것을 보면, 마치 누가 세심하게 신경을 써서 그렇게 결정한 것 같은 느낌이다.

스미스A. Smith는 시장의 **보이지 않는 손**invisible hand에 의해 그런 일들이 이루어진다고 설명했다. 상품을 이곳에서 저곳으로 옮겨주고, 가격을 올리기도 내리기도 하는 시장의 기능을 보이지 않는 손에 비유한 것이다. 예를 들어 어떤 상품이 갑자기 귀해지면 시장에서는 그것의 가격이 저절로 올라가게 된다. 이를 본 소비자들은 누가 시키지 않아도 자발적으로 그 상품의 소비를 줄인다. 시장의 보이지 않는 손에 이끌려 귀해진 상품을 더욱 아껴 쓰기로 결정하게 된 것이다.

우리의 거의 모든 경제생활은 시장이라는 무대 위에서 이루어지고 있다. 일터에 나가 돈을 벌고, 그렇게 번 돈으로 필요한 물건들을 사는 일 등이 모두 시장을 통해 이루어진다는 말이다. 시장에서 경제활동을 하는 사람들은 오직 자신의 이익만 생각할 뿐, 남에게도 이득을 가져다주어야 한다는 생각은 하지 않는다. 농민을 위한다는 마음만으로 쌀을 사는 사람은 없으며 헐벗은 이웃을 걱정해 옷을 만들어 파는 사람도 없다.

그렇지만 모두가 자신의 이익만을 추구한다 해서 혼란과 갈등이 끊이지 않을 것을 염려할 필요는 없다. 시장은 이렇게 엉망진창으로 보이는 상황에서도 질서와 조화를 자아내고 있기 때문이다. 사사로운 이익을 추구하는 행위가 시장의 보이지 않는 손에 의해 여러 사람의 이익과 부합하는 결과로 이어진다. 스미스는 다음과 같은 말로 자신의 이익을 추구하는 행위가 결국 사회 전체의 이익으로 이어지게 된다는 점을 강조했다.

> "푸줏간 주인, 맥주 만드는 사람, 그리고 빵 만드는 사람의 자비심 덕분에 우리가 저녁을 먹을 수 있는 것은 아니다. 그들이 자신의 이익을 챙기는 과정에서 우리 저녁거리가 생기는 것이다. 우리는 그들의 인정에 호소하지 않고, 자신을 사랑하는 마음에 호소한다. 그들에게 우리가 무엇을 필요로 하는지 말하는 것이 아니라, 어떻게 하면 그들이 이득을 얻을 수 있는지에 대해 말한다."

시장의 놀라운 힘에 대한 예찬으로 이 말보다 호소력이 더 큰 것은 다른 어디에서도 찾아보기 힘들다.

모든 사람이 언제나 이기적인 행동만을 하는 것은 아니다. 우리 주위에는 자신을 버리고 남을 위해 헌신적으로 일하는 사람들이 의외로 많다. 평범한 사람이라 할지라도 남을 위해 자신에게는 아무런 이득이 되지 않는 일을 기꺼이 맡기도 한다. 그러나 우리가 일상생활에서 하는 일의 대부분은 우리 자신의 이익을 위해 하는 일이다. 스미스가 말하고자 하는 바는, 설사 이것이 사실이라 할지라도 전혀 죄책감을 가질 필요가 없다는 것이다. 자신의 이득을 위한 노력이 결국 사회 전체에 이득을 가져다주게 되기 때문이다.

시장의 힘을 적절하게 활용해 물질적으로 풍요로운 사회를 만드는 데 성공한 나라들이 많다. 반면에 동유럽의 여러 나라들처럼 시장의 힘을 무시한 대가를 톡톡히 치르고 있는 경우도 있다. 시장은 한 나라의 경제적 성패를 좌우할 정도로 커다란 힘을 갖고 있다. 물론 시장의 힘이 모든 경제적 문제를 해결해 주는 만병통치약이 될 수 있는 것은 결코 아니다. 그러나 이를 적절히 활용함으로써 좀 더 풍요로운 사회를 만들 수 있다는 것만은 분명한 사실이다.

그것까지 상품이라니

1993년 미국의 시카고 선물거래소Chicago Board of Trade에서 '오염물질 배출권'이라는 매우 이례적인 상품이 거래되기 시작했다. 1995년부터 발효하게 되는 이 배출권의 소유자는 1장당 1톤의 아황산가스SO_2를 배출할 수 있는 권리를 갖게 된다. 화력발전을 위해 석탄을 대량으로 사용하는 전력회사가 이 배출권의 주요 수요자였다고 한다. 첫날에는 팔려고 내놓은 27만 5천 장 중 15만 장만이 거래되어 기대치를 약간 밑돌았지만 시간이 지남에 따라 거래가 점차 활발해졌다고 한다.

EU 여러 나라들은 2005년부터 기업들이 탄소 배출권을 사고팔 수 있는 제도를 출범시켰다. 이 제도하에서 각 기업은 정부로부터 일정한 수준의 이산화탄소CO_2 배출 한도를 배정받는다. 실제 배출량이 이 한도보다 적은 기업에게는 바로 그 차이에 해당하는 이산화탄소를 배출할 권리가 부여된다. 기업은 그 권리를 다른 기업에 팔 수 있는데, 당초에 배정받은 배출 한도를 초과해야 할 사정이 있는 기업이 이를 사게 된다. 우리나라도 2015년 1월 탄소 배출권 거래제도를 출범시켜 온실가스 배출 저감 노력에 동참하고 있다.

상품이라고 하면 으레 쌀이나 옷, 혹은 자동차 같은 것들을 연상하게 된다. 그런데 이 오염물질 배출권은 정부규제의 산물로서 생겨났다는 점에서 보통 생각하는 상품과 다르다. 사람들에게 더욱 이상스럽게 느껴질 수 있는 것은, 만족감을 주는 것이 아니라 오히려 고통을 주는 오염물질이 상품으로 거래의 대상이 되고 있다는 사실이다.

물론 오염물질 그 자체가 실제 거래의 대상이 되는 것은 아니나, 오염물질 배출권의 거래가 실질적으로는 오염물질의 거래를 의미한다. 이처럼 그 본질상 바람직하지 않은 것이라 할지라도 사람들이 이에 대한 거래를 원하는 이상 상품이 되는 데 아무 문제가 없다.

이제는 경제학을 배우지 않은 사람도 시장에서 상품을 자유롭게 사고팔 수 있을 때 경제가 효율적으로 움직이게 된다는 것을 알고 있다. 우리의 대기를 오염할 수 있는 권리를 상품으로 자유롭게 사고파는 것을 허용함으로써 좀 더 효율적으로 환경을 관리할 수 있다. 시장의 이점을 살림으로써 효율적인 환경 관리를 할 수 있게 되었다는 뜻이다.

그러나 한편으로 이제는 누구라도 돈만 내면 아무 거리낌 없이 환경을 오염시켜도 좋게 되었다고 개탄하는 소리가 들리기도 한다. 오염물질 배출권의 자유로운 거래가 환경을 오염하는 행위에 도덕적 면죄부를 주는 결과를 가져오는 데 대해 눈살을 찌푸리는 것이다.

시장의 힘이 제아무리 강해진다 해도 모든 것이 상품화될 수 없고 또한 되어서도 안 된다. 오늘날 너무나 많은 것들이 상품화되어 있고, 그래서 우리 생활이 나날이 더 피폐해지고 있다는 우려에는 분명히 일리가 있다. 그렇다고 해서 상품화는 곧 비인간화를 의미하기 때문에 전적으로 배격되어야 한다고 주장하는 것은 별 설득력이 없다.

어떤 것을 시장의 테두리 안으로 끌어들일 때 잃는 것도 있겠지만 얻는 것이 훨씬 더 클 수도 있다. 인간적임만을 내세우고 모든 경제논리를 거부하는 사회에 사는 사람들이 과연 가장 행복한 사람들일지 잘 생각해 보아야 한다.

장기 매매의 경제학

시장을 통한 거래가 아무리 보편화되어 있다 하더라도, 모든 것을 거래의 대상으로 삼을 수는 없다. 대부분의 사람들이 그것까지 사고팔아서는 안 된다고 생각하는 경우라면 시장이 형성될 수 없기 때문이다. 예컨대 사람을 어떻게 거래 대상으로 삼느냐고 생각하는 사람이 많아짐에 따라 노예를 사고파는 제도는 자취를 감추게 되었다. 의학의 발달로 장기 이식 수술이 성행하고 있지만, 아직도 사람의 장기를 공공연히 사고팔지는 않는다.

그러나 시대가 바뀌면서 이 문제에 대한 사람들의 인식이 달라지는 사례가 결코 적지 않다. 생명보험이 그 좋은 예인데, 얼마 전까지만 하더라도 이것이 상품으로 사고팔리는 데 대한 거부감이 컸다. 19세기 중반까지만 하더라도 생명보험을 사고파는 것은 신성모독에 해당한다는 것이 사회의 지배적 분위기였다고 한다. 당시의 한 유명한 사회학자는 생명보험이 죽음이라는 신성한 사건을 저속한 상품으로 전환시키는 결과를 가져온다고 비난을 퍼부었다.

어떤 것이 상품으로 거래되는 것에 대한 인식이 바뀌는 데는 사회·경제적 상황의 변화가 중요한 역할을 하고 있다. 예전에는 친척이나 이웃집 어린이를 돌보아주는 것이 하나의 도덕적 의무처럼 인식되고 있었다. 이웃집 어린이를 돌보아주고 그 대가를 받는다면 몰인정한 사람으로 몰리기 십상이었던 것이다. 그러나 여성들의 사회 진출이 활발한 현대사회에서 보육서비스 시장은 가장 성장세가 두드러진 시장의 하나로 자리 잡고 있다.

그렇다면 현재의 상황에 비추어 볼 때 사람의 장기 역시 사고파는 것이 가능하다는 것으로 사회적 인식이 바뀔 수 있지 않을까? 특히 장기에 대한 수요에 비해 공급이 엄청나게 부족한 현실에서 공급량을 획기적으로 늘릴 수 있는 뾰족한 방법이 없다는 점을 무시하기 힘들다. 미국 한 나라에서만 해마다 3천 5백 명에 이르는 사람들이 신장 이식을 기다리다 죽음을 맞는다고 한다.

금전적 유인을 제공함으로써 장기의 공급이 획기적으로 늘어나게 만드는 것이 바람직하다는 주장이 조심스럽게 제기되고 있다. 장기 매매 합법화를 통해 장기 이식을 기다리는 사람의 불필요한 고통을 덜어주어야 한다는 것이다. 어떤 사람은 장기 거래가 합법화됨에 따라 이식 수술에 드는 비용이 엄청나게 늘어나는 것을 걱정한다. 그러나 한 전문가의 추산에 따르면, 합법화 후의 이식 수술 비용의 상승폭은 12%를 넘지 않을 것이라고 한다.

사람의 장기를 거래 대상으로 삼는다는 것이 무언가 꺼림칙한 것은 사실이다. 장기 매매를 합법화해야 한다고 주장하는 경제학자들에게 곱지 않은 시선을 보내는 것은 충분히 이해가 가는 일이다. 그러나 수많은 사람들이 장기를 얻지 못해 죽어가는 현실에서 인정과 선의에만 의존한다는 것은 너무나 답답한 것 또한 사실이다. 이 문제에 대한 사회적 인식이 어떻게 변화하게 될지 지켜보는 것은 매우 흥미로운 일이 될 것이다.

거품이 터지는 아픔

아무리 튤립이 귀하다 한들 구근 하나의 값이 요즈음 돈으로 쳐서 400달러가 넘는 수준까지 치솟을 수 있을까? 엄지손가락만 한 크기의 메추리알 하나의 값이 달걀 한 꾸러미 값보다도 더 비싸질 수 있을까? 이 두 물음에 대한 대답은 모두 '그렇다'이다. 역사책을 보면 1636년 네덜란드에서는 튤립 구근 하나의 값이 정말 그 수준으로 뛰어오른 적이 있었다. 그리고 그때를 기억하는 사람은 알겠지만, 실제로 1950년대 말 우리나라에서 한때 메추리알 값이 터무니없이 비쌌던 적이 있다.

어떤 상품의 가격은 기본적으로 수요와 공급의 힘에 의해 결정된다. 시장에 참여하고 있는 경제주체들은 자신이 갖고 있는 정보를 기초로 하여 수요와 공급을 결정한다. 이들이 똑같은 정보를 함께 갖고 있으며 이 정보가 아주 틀린 것이 아닌 한, 상품의 가격은 어떤 기본적인 수준에서 크게 벗어나지 않는다. 예를 들어 튤립 구근의 값은 수선화나 달리아 구근의 값과 비슷하고, 작은 메추리알의 값은 이보다 훨씬 더 큰 달걀 값보다 더 낮을 가능성이 크다.

그러나 현실에서는 사람들이 서로 다른 정보를 갖고 시장에 참여하는 경우가 많다. 어떤 사람은 특정한 정보를 갖고 있는데 거래 상대방은 그 정보를 갖고 있지 못한 경우도 있다. 뿐만 아니라 이들 사이에 거래에 참여하는 목적이나 재산 등의 측면에서 큰 차이가 존재하는 것이 보통이다. 이런 경우에는 어떤 상품의 가격이 우리의 상식으로는 도저히 이해하기 힘든 수준까지 일시적으로 뛰어오르는 현상이 나타날 가능성이 있다. 이런 현상은 특히 투기의 대상이 되는 자산의 경우에서 자주 목격되는데, 우리는 이를 **거품**bubbles이라고 부른다.

일반적으로 거품이란 것은 어떤 상품—특히 자산—의 가격이 지속적으로 급격히 상승하는 현상을 가리킨다. 이와 같은 지속적인 가격 상승이 일어나는 이유는 애초에 생긴 가격 상승이 추가적인 가격 상승의 기대로 이어져 투기 바람이 형성되기 때문이다. 어떤 상품의 가격이 올라 그것을 미리 사 둔 사람이 재미를 보았다는 소문이 돌면 너도나도 사려고 달려들기 때문에 가격이 천정부지로 뛰어오르게 된다. 물론 이 같은 거품이 무한정 커질 수는 없고, 언젠가는 터져 정상적인 상태로 돌아올 수밖에 없다. 이때 거품이 터지는 충격으로 인해 경제에 심각한 위기가 닥칠 수도 있다.

로J. Law라는 영국 사람이 1719년에서부터 1720년에 걸쳐 파리에서 일으킨 이른바 '미시시피 거품'이 역사상 가장 유명한 거품 중의 하나로 꼽힌다. 그가 북미대륙과의 교역을 위해 설립한 회사 Mississippi Compagnie des Indes의 주식 가격은 1년도 채 안 되는 기간 동안에 36배로 치솟았고, 이 투기바람 때문에 수많은 사람들이 막대한 재산상의 손실을 입었다. 이와 비슷한 시기에 런던에서는 사우스 시 회사South Sea Company의 주식이 그에 못지않은 규모의 거품 파동을 일으켰다. 프랑스에서 일어난 미시시피 거품에서 영국인들도 큰 손해를 보았고, 영국이 진원지인 사우스 시 거품에서 손해를 본 프랑스인들도 많았다고 한다. 거센 투기 열풍이 유럽 전역을 한바탕 휩쓸고 지나갔던 것이다.

눈부신 발전을 거듭해 오던 일본 경제가 1990년대부터 주춤하는 기색을 보이는 이유도 바로 이 거품에서 찾을 수 있다. 한때 일본의 땅 값은 상상하기 힘든 수준까지 치솟아, 일본 땅 값을 모두 합친 것이 미국 땅 값을 모두 합친 것의 두 배나 된다는 말까지 나돌았다. 일본의 땅이라 해서 특별히 비싸야 할 이유도 없는데, 거품 때문에 그런 터무니없는 일이 벌어진 것이다. 결국 거품이 터지는 징조가 보이면서 땅 값은 급격하게 떨어지기 시작했다. 이와 동시에 증권가에서도 거품이 터지기 시작했고, 이로 인해 일본 경제는 '잃어버린 20년'이라고 불리는 깊고 긴 침체의 늪으로 빠져들고 말았다.

우리나라에서도 그동안 몇 차례에 걸쳐 토지나 증권을 둘러싼 투기 바람이 세차게 일어난 적이 있다. 때로는 전혀 생각 밖의 물건에 대한 투기 바람까지 일어나기도 했다. 우리나라에서 일어난 거품의 압권은 아마도 앞에서 말한 '메추리알 파동'이 아닌가 한다. 누가 퍼뜨렸는지는 몰라도 메추리알이 엄청나게 높은 영양가를 갖고 있다는 헛소문이 돌면서 사람들은 너도나도 메추리 사육에 뛰어들기 시작했다. 메추리알이 신비의 영약이 아니고 한낱 작은 새알일 뿐이라는 진실이 밝혀지면서 거품은 요란한 소리를 내며 터지기 시작했다. 한동안 서울 거리에는 낙담한 사육자가 내다 버린 메추리들이 추위에 떨며 방황하는 모습이 자주 눈에 띄었다.

농부의 역설

정신이 나가지 않고서야 농사짓는 사람 치고 풍년 드는 것을 싫어할 사람은 없다. 들판 가득히 누렇게 익어가는 벼를 보고 주름살 가득한 농부의 얼굴에는 흐뭇한 미소가 떠오른다. 그 반면 태풍에 쓰러진 벼를 일으켜 세우려고 안간힘을 쓰는 농부의 모습은 보는 사람마저 안타깝게 만든다. 그러나 농사짓는 사람의 입장에서 보면 풍년이 들었다고 마냥 좋아할 수만은 없는 형편이다. 풍년이 들었을 때 농사짓는 사람들의 생활이 더욱 어려워지는 역설적인 상황이 벌어지기도 하기 때문이다.

계속되는 궂은 날씨로 인해 어떤 해의 마늘 수확량이 평소의 절반 수준밖에 되지 않는다고 하자. 당연히 마늘의 품귀현상이 나타날 것이고 머지않아 '마늘 값이 금값'이라는 말까지 나오기 시작한다. 만약 마늘 값이 평소의 두 배 이상으로 뛰어오른다면 마늘을 심은 농민의 수입은 보통 때보다 더 커진다. 반면에 마늘이 대풍작이어서 값이 크게 떨어지면, 마늘을 심은 농민은 경작에 든 비용마저 건지기 힘든 어려움에 빠지게 된다.

이와 같은 역설적 현상은 마늘뿐 아니라 모든 농산물의 시장에서 공통적으로 나타난다. 그렇다면 농산물시장에서는 왜 이런 역설적 현상이 나타나게 되는가? 이 의문에 대한 답은 시장에서 거래되는 상품으로서 농산물이 갖는 특성에서 찾을 수 있다.

쌀, 배추, 마늘 같은 대부분의 농산물들은 그 값이 크게 변해도 소비량이 별로 변화하지 않는다. 예를 들어 쌀이나 배추가 아무리 비싸진다 해도 사람들이 밥에다 김치를 곁들여 먹는 생활습관을 바꾸지 않는 한 이들의 소비량은 크게 변화하지 않는다. 쌀, 배추뿐 아니라 다른 농산물의 경우에도 사람들은 가격의 변화에 그리 민감한 반응을 보이지 않는다. 바꾸어 말하면, 농산물의 경우에는 사람들이 수요하는 양이 거의 고정되어 있다는 뜻이다. 농산물이 갖는 바로 이 성격이 앞에서 말한 역설적 현상과 밀접한 관련을 갖고 있다.

농산물에 대한 수요량이 거의 고정되어 있는 상황에서는 공급량이 약간만 커져도 가격이 곤두박질치는 결과가 나타난다. 반면에 공급량이 조금이라도 줄어들면 가격은 천정부지로 치솟아 오를 수 있다. 그렇기 때문에 풍년이 들면 농민의 살림이 더욱 쪼들리는 역설적 현상이 나타나게 되는 것이다. 더구나 농산물은 오래 보관하는 것이 어렵기 때문에 단기적인 공급량의 변화로 인한 가격의 널뛰기가 한층 더 심하다. 가격이 낮을 때는 시장에 내놓지 않고 보관해 두었다가 비싸지면 풀어내는 방식으로 조절이 가능하다면 가격의 널뛰기가 그다지 심할 이유가 없다.

그렇다면 실제로 우리 농민들이 이 역설적인 상황 때문에 흉년이 들었을 때 오히려 덕을 보기는 했을까? 예컨대 고추의 흉작으로 인해 값이 치솟을 때 정부가 이를 그대로 놓아둔다면 고추를 심은 농민은 한몫을 잡을 수 있을지 모른다. 그러나 정부는 이런 때마다 재빠르게 동남아나 중국에서 고추를 들여와 값이 오르는 것을 막으려고 안간힘을 쓴다.

그러니 우리 농민은 풍년이 들어도 시름, 흉년이 들어도 시름일 수밖에 없는 것이다. 정부가 물가 안정을 위해 그렇게 한 것인 만큼 잘못된 일이라고 일방적으로 나무랄 수는 없다. 그러나 농민의 입장에서 볼 때, 풍년이 들었을 때 값을 안정시키는 데는 별 성의를 보이지 않다가 흉년이 들어 값이 오를 기색이 보이면 잽싸게 손을 쓰는 정부가 얄밉기 짝이 없을 것이다.

가격상한제의 교훈

어떤 물건의 가격이 높은 데는 다 나름대로 그럴 만한 이유가 있다. 그런데도 정부는 정치적 혹은 다른 이유로 해서 시장의 힘과 무모한 대결을 시도하기도 한다. 어떤 상품에 대해 '가격상한제'를 실시해 가격을 인위적으로 묶어 두려고 노력하는 사례가 그 좋은 예다. 불행히도 이와 같은 시도는 실패로 끝나는 경우가 많고 설사 가격을 묶는 데는 성공한다 하더라도 여러 가지 부작용을 낳기도 한다.

예를 들어 쇠고기 값이 엄청나게 뛰어올라 주부들의 원성이 빗발치자 정부가 긴급대책회의를 열어 가격상한제 실시를 결정했다고 하자. 이 문제의 근본적 해결을 위해서는 공급물량을 획기적으로 늘릴 대책을 마련해야 한다는 것을 알면서도, 다급한 마음에 인위적인 가격통제의 길을 택한 것이다. 정부는 상한가격을 고시하고 그 이상 받는 사람은 엄벌에 처할 것이라고 발표했다. 이처럼 가격상한제가 실시된 쇠고기 시장에 어떤 일들이 생길지 생각해 보자.

한 가지 분명한 점은 가격상한제가 실시되기 무섭게 쇠고기의 품귀현상이 나타나기 시작할 것이라는 사실이다. 이 제도가 실시되기 이전에는 값이 비싸서 그랬지 최소한 사고 싶은 사람이 사지 못하는 경우는 없었다. 그러나 이제는 쇠고기를 사려 해도 살 수 없는 상황이 되어 더 큰 혼란이 일어나기 시작한다. 값이 낮아져 쇠고기 공급량이 줄었는데 사람들은 예전보다 더 많이 사려고 드니 쇠고기 보기가 힘들어지지 않을 수 없다. 저녁거리로 쇠고기를 사러 나섰던 주부들이 헛걸음을 치는 사례가 점차 늘어나게 된다.

쇠고기를 사려는 사람들이 밀고 당기는 모습을 보고 있던 정육점 주인은 드디어 사람들에게 줄을 서서 차례를 기다리게 만든다. 쇠고기의 재고가 형편없이 부족하니 할 수 없이 선착순으로 팔겠다는 것이다. 처음에는 몇 시간 줄을 서 기다린 끝에 간신히 한 끼 분량을 손에 들고 집으로 돌아간다. 그런데 사람들이 서로 먼저 와 줄을 서려고 하는 바람에 나중에는 전날 밤부터 노숙을 하면서 기다린 사람만 살 수 있는 상황이 된다. 소비자들은 불편해 죽을 지경이지만, 정육점 주인은 자신에게 돌아오는 이득이 아무것도 없다고 시큰둥해 한다.

어느 날 그는 쇠고기를 팔지 않고 빼돌려 이 기회에 평소 친하게 지내는 사람들에게 선심이나 쓰는 것이 낫겠다는 생각을 하게 된다. 이제 선착순에 의한 배정의 원칙은 퇴색하고, 정실에 의한 배정이 자리를 잡아간다. 어떤 정육점 주인은 한층 더 적극적으로 이 기회를 활용하려 들지도 모른다. 평소에 잘 팔리지 않던 돼지고기를 처분하기 위해 이를 쇠고기에 끼워 파는 것이 그 좋은 예다. 나중에는 진열대에서 쇠고기가 아예 자취를 감추고 엄청나게 높은 가격에 뒷거래되는 결과까지 나타날 수 있다. 가격상한제가 실시되면 암시장이 형성되어 뒷거래가 성행하는 예를 너무나도 흔히 발견할 수 있다.

애당초 가격상한제는 가격이 너무 치솟아 서민들의 생계가 위협받는 것을 막기 위한 의도에서 실시되었다. 그러나 이와 같은 정부의 선의가 오히려 서민들에게 불필요한 부담만 안겨주는 결과를 빚을 가능성이 크다. 운좋게 낮은 가격에 쇠고기를 살 수 있다 하더라도 줄을 서기 위해 낭비된 시간의 가치를 따져 보면 오히려 손해가 될 수도 있다. 만약 암시장에서 아주 비싼 값을 내야 쇠고기를 살 수 있는 상황이 된다면 서민들의 부담은 예전보다 분명히 더 커진다. 이처럼 불법이 판치는 사회질서가 그 자체로도 큰 문제일 것임은 두말할 나위도 없다.

결혼의 경제학

베커G. Becker는 경제학이 인접 학문 분야로 '제국주의적 확장'을 꾀하는 데 앞장선 사람이라고 불린다. 그는 사회학자가 자신의 영역이라고 주장할 결혼이나 출산 같은 현상에도 경제적 분석방법이 유용하게 적용될 수 있음을 보였다. 예컨대 사람들이 결혼하기로 결심하는 데에는 특정한 동기가 있을 것이며, 경제학의 방법에 의해 이를 분석하면 흥미 있는 결과가 나올 것이라고 말한다.

베커는 경제학자답게 결혼의 동기를 좀 더 많은 효용을 얻으려는 바람에서 찾고 있다. 다시 말해 결혼을 하면 독신으로 있는 것보다 더 높은 효용을 얻을 수 있기 때문에 결혼을 하게 된다는 것이다. 결혼을 통해 얻는 효용은 가정 안에서 생산된 것들, 예컨대 좋은 음식, 자녀의 수와 질, 애정, 건강 등에 의해 결정된다(이와 같은 것들을 경제학적 분석의 대상으로 삼는다는 것이 이들을 돈의 가치로 환산한다는 것을 뜻하지는 않는다. 경제학자도 사람인 이상 사랑이 돈을 주고도 살 수 없는 고귀한 것임을 잘 알고 있다).

일반적으로 결혼을 하게 되면 경제생활을 좀 더 효율적으로 영위할 수 있다. 예컨대 두 사람이 결혼을 해서 함께 살림을 하게 되면, 집이라든가 가구, 그릇, 신문 등을 공동으로 이용할 수 있다. 두 사람의 취향이 특별히 다르지 않은 한 많은 것들을 공동으로 사용해도 된다. 따라서 결혼한 사람은 떨어져 살 때 각각 지출하는 것을 합친 것보다 적은 지출로도 예전의 생활수준을 유지할 수 있다. 반면에 결혼을 함으로써 경제적으로 더욱 불리해지는 점도 있다. 맞벌이 부부가 둘이 번 것을 합친 소득에 대해 누진적인 소득세의 적용을 받아 더 많은 세금을 내야 하는 것을 그 예로 들 수 있다. 경제학자들이 결혼의 이와 같은 경제적 측면에 관심을 갖는 것은 당연한 일이다.

베커가 결혼을 경제적으로 분석한 결과들을 참고삼아 소개해 보면 다음과 같다. 우선 결혼을 함으로써 생기는 이득은 두 사람의 소득수준 사이의 격차가 클수록 더 커진다고 한다. 다시 말해 소득수준이 서로 비슷한 두 사람이 결혼할 때보다 매우 다른 두 사람이 결혼할 경우 결혼에서 오는 이득이 더 크다는 것이다. 또한 두 사람 사이의 교육수준이나 임금률의 격차가 클수록 결혼에 의해 생기는 이득이 더 크다는 결과도 보여주고 있다. 우리가 결혼에 대해서 갖고 있는 상식적인 개념, 즉 비슷한 사람끼리 맺어져야 좋다는 것과는 상반되는 결론을 끌어내고 있는 점이 흥미롭다.

베커는 이와 같은 분석으로부터 심지어 일부다처제가 존재하는 경제적 이유, 결혼과 이혼의 조건 등까지도 도출하고 있다. 그는 이혼을 거듭해 배우자를 바꿔 가는 것이 시간의 간격을 둔 일부다처제(혹은 일처다부제)에 해당한다고 보았다. 매우 흥미 있는 해석이 아닐 수 없다. 일반적으로 경제학자라면 상상력이 결핍된 재미없는 사람이라고 생각하는 경향이 있지만, 이혼과 일부다처제를 연결시키는 그의 상상력은 상당히 돋보이는 수준이다.

가정은 어디까지나 따뜻한 사랑의 보금자리여야 한다고 생각하는 사람이 많다. 그런 생각을 갖고 있는 사람들은 경제학자가 냉철한 눈으로 가정을 들여다보는 것에 강하게 반발할지도 모른다. 사실 모든 사회적 현상이 경제분석의 대상이 될 수 있다는 베커의 주장에 경제학자들이 모두 흔쾌히 동의하는 것은 아니다. 그는 경제학계 안에서도 다소 이색적인 존재로 인식되어 왔다. 그러나 경제적 분석을 통해 다른 분야의 사람들이 보지 못하는 중요한 측면들을 부각시킬 수 있다는 그의 주장에 공감하는 사람들이 많다.

돈으로 살 수 없는 것들

솔직히 말해 나는 지금까지 시장의 미덕을 찬양하는 어조로 설명을 해 왔다. 시장은 효율적 자원배분을 가져다줌으로써 우리 물질생활을 더욱 풍요롭게 만들어 준다는 점을 긍정적으로 보기 때문이다. 사실 나뿐 아니라 거의 모든 경제학자들이 공통적으로 시장이 수행하는 역할에 대해 긍정적 평가를 내리고 있다. 시장의 기능에 대한 신뢰는 현대 경제학자의 트레이드마크와도 같다고 말할 수 있다.

그러나 뒤에서 자세히 설명하겠지만, 시장이 우리에게 낙원을 가져다주는 것은 결코 아니다. 시장이 핵심적 역할을 하는 시장경제체제가 다른 경제체제에 비해 상대적으로 더 낫다는 말이지, 결점 하나 없는 이상적인 상태를 실현시킨다는 말은 아니다. 시장이 수행하는 여러 가지 긍정적 역할에도 불구하고 나름대로 명백한 한계를 갖고 있다. 시장을 무시해서도 안 되지만, 이에 대해 과도한 신뢰를 가져서도 안 된다.

뿐만 아니라 시장의 논리가 적용되는 영역이 넓어질수록 우리 삶이 한층 더 바람직해진다고 말할 수도 없다. 시장의 논리가 적용된다는 것은 가격을 붙여 거래의 대상으로 삼는다는 것을 뜻한다. 지금과 같은 물질만능주의의 시대에서도 우리 삶에서 시장의 논리가 적용되지 않는 영역이 상당히 넓게 존재하고 있다. 예를 들어 인간의 생명을 사고팔 수도 없으려니와, 인간의 장기도 사고팔 수 없다. 또한 명예, 사랑, 우정, 관심 같은 것들 역시 아무리 많은 돈을 지불해도 살 수 없다. 이것들에도 가격을 붙여 시장에서 마음대로 사고팔 수 있게 만든다면 좀 더 살기 좋은 사회가 만들어질까?

앞에서 말한 바 있지만, 현재 거래가 금지되어 있는 인간의 장기를 시장에서 자유로이 거래될 수 있도록 만들자고 주장하는 사람이 있다. 장기 거래의 합법화를 통해 기증받은 장기가 없어 죽어가는 수없이 많은 사람을 구할 수 있을지도 모른다. 그러나 이에 따르는 수많은 부작용이 걱정되기 때문에 선뜻 단안을 내리지 못하고 있는 것이다.

철학자 샌델M. Sandel은 『정의란 무엇인가』*Justice : What's the Right Thing to Do?*라는 베스트셀러로 우리 사회에서 큰 선풍을 일으켰다. 이 책의 우리말 번역본이 미국에서 발행된 영문판보다 더 많이 팔렸다는 말이 있을 정도다. 경제학자의 관점에서 보면 그의 후속작 『돈으로 살 수 없는 것들』*What Money Can't Buy*이 더욱 흥미로운 책이다. 우리 삶에서 시장의 논리가 적용되는 영역이 확대되는 것이 과연 바람직한 일인지에 대해 본질적인 의문을 제기하고 있기 때문이다.

시장의 기능을 과신하는 어떤 경제학자는 모든 것에 가격을 붙여 거래의 대상으로 삼는 것이 바람직하다고 주장할지 모른다. 그러나 샌델은 이 주장에 대해 단연코 "No."라고 말한다. 그의 책에는 가격을 붙여 거래의 대상으로 삼는 것이 바람직하지 않은 결과를 가져오는 수많은 사례들이 생생하게 묘사되어 있다. 이런 사례들을 독자들에게 보여 주면서 과연 그런 세상에서 살고 싶으냐고 단도직입적으로 묻는다.

샌델이 들고 있는 수많은 사례 중 내가 가장 흥미롭게 생각하는 것은 병역의 의무를 사고팔 수 있게 만드는 것이 과연 바람직한지의 이슈다. 그는 미국의 남북전쟁 중에 수많은 젊은이들이 전사했지만, 그중에 부유층의 자제들은 별로 찾아볼 수 없었다는 역사적 사실을 지적하는 것으로 논의를 시작한다. 왜냐하면 부유층 자제들 중 전쟁에 참여한 사람이 극히 적었기 때문이라는 것이다. 미국 국민 전체가 남북으로 갈려 전투를 벌인 것 같았지만, 실제로는 중, 저소득층의 젊은이들만 피비린내 나는 전장에서 뒹굴고 있었던 셈이다.

노예제를 고수했던 남부는 각 가정이 보유하고 있는 노예의 숫자에 따라 병역면제 쿼터를 배정했다고 한다. 예를 들어 50명의 노예를 보유하고 있으면 2개, 100명의 노예를 보유하고 있으면 3개 이런 식으로 말이다. 그렇기 때문에 노예를 많이 보유하고 있는 부유한 가정의 자제들은 자동적으로 병역면제의 혜택을 누릴 수 있었다. 한편 북부는 다른 징집 시스템으로 부유한 가정의 자제가 전장에 가지 않아도 되도록 만들었다고 한다. 징집영장을 받은 사람이 돈을 주고 다른 사람을 대신 입대하게 만들 수 있게끔 되어 있었다는 것이다.

이와 같은 어처구니없는 일이 단지 과거의 일에 불과하다면 그런대로 참을 만할 수도 있다. 그런데 샌델의 말에 따르면 현대의 미국 사회에서도 그와 비슷한 일이 일어나고 있다는 것이다. 그는 현재 미국이 채택하고 있는 모병제하에서 누가 주로 군대에 가는지 생각해 보라고 말한다. 월스트리트를 주름잡는 거물들의 자제들이 주로 입대할까 아니면 가난한 가정의 자제들이 주로 입대할까? 그렇다면 아프가니스탄이나 이라크에서 발생한 미군 전사자들의 가정 배경이 어떤지 능히 짐작할 수 있는 일이 아닐까?

어떤 사람의 목숨이 달려 있는 병역의 의무까지 가격을 붙여 거래의 대상으로 삼는 것이 바람직하다고 말할 사람은 없다. 한마디로 말해 이런 제도는 정의롭지 못하다. 그러나 실질적인 의미에서 본다면 모병제가 바로 그런 아이디어에 기초해 있다. 그런데도 사람들은 이 점에 대해 잘 알지 못한다는 것이 샌델의 지적이다.

병역 의무의 거래는 분명히 정의와 배치되는 결과를 빚는다. 이처럼 시장의 논리를 무분별하게 확장해 적용하는 것은 정의의 기반을 위태롭게 만들 가능성이 있다. 시장의 논리를 제한된 범위 안에서만 적용하는 것이 바람직한 이유가 바로 여기에 있다. 경제학자인 나도 돈으로 살 수 없고 또한 그래야만 할 것들은 그대로 남겨두는 것이 마땅한 일이라는 샌델의 주장에 깊은 공감을 느낀다.

2

경제적 사고의 기초

프로리그의 '고졸신인'

지난해 각종 고등학교 야구대회를 거의 휩쓸다시피 한 K고등학교는 초고교급 기량을 가진 것으로 평가되는 두 명의 스타를 보유하고 있다. 투수인 박찬효 군과 4번 타자를 맡고 있는 장총훈 군이 바로 그들인데, 졸업반에 있는 두 사람의 거취에 대해 야구계의 관심이 모아지고 있다. 다시 말해 이들이 대학 진학을 선택할 것인지 아니면 프로리그 직행을 선택할 것인지가 초미의 관심사가 되고 있는 것이다. 이들의 실력이 워낙 뛰어나 프로리그에 들어갈 경우 곧바로 주전 자리를 꿰찰 수 있을 것으로 예상되기 때문에 사람들의 관심이 더욱 클 수밖에 없다.

그런데 뚜껑을 열자 초등학교 시절부터 단짝으로 지내온 이들이 서로 다른 길을 선택한 것으로 드러났다. 즉 박군은 대학 진학을 선택해 프로리그 진출을 졸업 후로 미룬 반면, 장군은 프로리그로 직행하는 길을 선택했던 것이다. 이처럼 비슷한 처지에 있는 두 사람이 서로 다른 선택을 하게 된 배경은 과연 무엇일까? 사람들은 특히 프로리그 직행을 선택한 장군이 어떤 생각에서 그와 같은 결정을 내렸는지 궁금하게 여겼다. 일단 대학을 거쳐 프로리그에 진출하는 것이 일반적인 풍토에서 그런 결정을 내렸다면 무언가 특별한 이유가 있었을 텐데 과연 그것이 무엇일까 하고 궁금해했다.

신문 기자들이 장군 집으로 몰려가 그 이유가 무엇이었는지 캐물었으나 별로 시원한 대답을 얻지 못했다. 그러나 실은 그렇게 캐물어 볼 필요가 없는 일이었을지 모른다. 그가 프로리그로 직행하기로 결심한 배경은 그의 말을 듣지 않아도 능히 짐작할 수 있기 때문이다. 한마디로 말해 그는 대학에서 4년을 보낸 후 프로리그에 들어가는 것의 득실을 계산해 본 후 득보다 실이 더 크다는 판단을 했기 때문에 프로리그 직행을 결심했을 것이 분명하다. 겉으로는 여러 가지 다른 이유들을 댈지 모르지만, 프로리그 직행을 결심하게 만든 이유로 이것 이상 결정적인 것을 생각하기 힘들다.

경제학에서는 어떤 일과 관련된 득실을 각각 편익과 비용이라고 부른다. 합리적인 사람은 어떤 일에 따르는 편익과 비용을 비교해 편익이 더 크다고 판단되면 그 일을 하기로 결정하게 된다. 바로 이것이 합리적 선택의 기준이라고 말할 수 있다. 앞에서 본 장군의 예에서도 이와 같은 비교의 과정을 거쳐 프로리그로 직행하려는 결정이 내려졌음에 틀림이 없다.

경제적 측면에만 논의를 국한시킨다고 할 때, 장군이 대학에 들어감으로써 기대할 수 있는 편익은 4년 후 좀 더 성숙한 선수가 되어 좋은 조건으로 프로리그에 들어가는 것이다. 반면에 대학에 들어가면 프로리그에서 얻을 수 있는 상당한 수입을 포기하고 4년 동안 부모에게 용돈을 타 쓸 정도로 가난한 생활을 감수해야 한다. 바로 이것이 대학에 가기로 결정했을 때 그가 치러야 하는 비용이라고 말할 수 있다. 장군과 그의 주위에 있는 사람들이 나름대로 부지런히 주판알을 굴린 결과 편익보다 비용이 더 크다는 판단을 했기 때문에 대학 진학을 포기하는 쪽으로 결론이 났을 것이다.

이처럼 어떤 결정으로 인한 득실을 계산해 보고 그 비교결과에 따라 선택을 하는 것은 비단 이 예에 국한된 것이 아니다. 이는 무언가 결정을 내려야 하는 상황에 직면한 사람들이 거의 공통적으로 거치는 의사결정과정이다. 평소 잘 의식하지 못해서 그렇지, 우리는 하루에도 이런 계산을 수없이 반복하면서 살아가고 있다. 그와 같은 계산은 이른 아침에 언제 일어나야 할지를 결정할 때부터 시작된다. 조금 더 자자고 비비적거리다가 갑자기 이불을 걷어차고 나오는 것은 '지각하면 큰일이다.'라는 생각이 들기 때문이다. 더 잘 때 얻는 편익에 비해 지각함으로써 치르게 되는 비용이 더 크다고 생각해 졸린 눈을 비벼가며 벌떡 일어나는 것이다.

사람들의 행동을 이런 각도에서 설명하는 것에 거부감을 갖는 사람이 적지 않을 것이다. 이들은 사람들이 언제나 주판알을 굴려 자신의 행동을 결정하지는 않는다고 반박한다. 사실 우리 주위에는 알지도 못하는 사람의 생명을 구하려고 자신의 생명을 내던지는 사람도 있고, 삯바느질로 평생 동안 모은 재산을 자선단체에 기부하는 사람도 있다. 이들이 주판알을 굴려 득실을 따진 다음 그런 일을 했을 리 만무하다. 그렇지만 이런 사람들 역시 일상생활에서는 앞에서 말한 선택의 원칙에 따라 행동할 것임이 분명하다. 사람들이 일반적으로 이 선택의 원칙에 따라 행동한다는 사실을 아는 것은 그들의 행동을 좀 더 잘 이해하는 지름길이 될 수 있다.

기회비용

경제학의 눈으로 본 비용

독자가 지금 이 책을 읽기 위해 쓰고 있는 시간을 다른 데다 쓴다면 무엇을 할 수 있을까? 밀린 일을 할 수도 있겠고, 텔레비전에서 코미디 프로그램을 볼 수도 있을 것이며, 읽다 만 소설을 계속 읽을 수도 있을 것이다. 지금 열거한 것 말고도 그 시간에 할 수 있는 일은 무척 많다. 결국 이 책을 읽기 위해 그런 일들을 하지 못했고, 따라서 그 일들에서 얻을 수 있었던 가치를 포기한 셈이다. 그렇다면 이 책을 읽기 위해 바로 그 가치를 포기해야 했다는 의미에서 독자는 그만큼의 비용을 지불했다고 말할 수 있다. 우리가 어떤 일을 하는 데 1억원의 비용이 들었다고 말하는 것은, 그 일을 하기 위해 다른 일에 바로 그 돈을 쓸 수 있는 기회를 포기했다는 뜻이다.

독자가 이 책을 읽기 위해 포기한 여러 일 중 특히 코미디 프로그램을 보지 못한 것을 가장 아쉬워한다고 하자. 그리고 코미디 프로그램을 보면서 느꼈을 즐거움의 가치는 돈으로 환산해 5만원에 해당한다고 가정하자. 이런 상황이 주어졌을 때 경제학자는 이 책을 읽는 데 드는 **기회비용** opportunity cost이 5만원이라고 말한다. 이 책을 읽기 위해 그 가치에 해당하는 즐거움을 얻을 수 있는 기회를 포기해야만 했다는 뜻에서 기회비용이라는 이름이 붙었다. 경제학에서는 모든 비용을 기회비용의 관점에서 파악하기를 요구하는데, 우리는 이 기회비용의 개념에서 경제학적 사고의 독특한 면을 엿볼 수 있다.

이번에는 조금 다른 예를 통해 기회비용이란 개념에 대해 설명해 보기로 하자. 특급호텔의 이탈리아 요리부 주방장으로 있는 진충복 씨는 8백만원의 월급을 받고 있다. 어느 날 그는 직장을 그만두고 지하철 2호선 삼성역 부근에 '몬티첼로'라는 레스토랑을 열었다. 개업한 후 첫 1년간의 총매상고는 3억 5천만원이었으며, 비용으로는 재료 값, 인건비, 금리, 임대료 등을 모두 합쳐 2억 8천만원이 든 것으로 나타났다. 이 첫해의 영업실적을 놓고 볼 때 진씨는 독립을 함으로써 이득을 본 셈인가 아니면 그 반대인가? 이 물음에 답하기 위해서는 우선 그가 독립해서 얻은 이윤이 얼마인가를 계산해 보아야 한다.

레스토랑 운영 실적을 기록한 회계장부에는 7천만원의 영업이윤이 생긴 것으로 나타나 있다. 그 결과를 보고 그가 독립하기로 한 결정은 잘된 것이었다고 평가해도 좋을까? 경제학자라면 그와 같은 평가에 절대로 동의하지 않을 것이다. 경제학적 관점에서 계산을 해보면, 이 레스토랑의 운영을 통해 이윤을 얻기는커녕 오히려 손실을 본 것으로 드러날 수 있기 때문이다.

경제학적으로 이윤을 계산한다는 것은 수입에서 기회비용을 빼서 이윤을 계산한다는 것을 뜻한다. 앞에서 예로 든 2억 8천만원의 비용은 모두 눈에 보이는 비용으로, 이를 회계비용accounting cost이라고 부른다. 경제학자는 이 회계비용만을 비용으로 계산해서는 안 되고 눈에 보이지 않는 비용까지 포함시켜야 한다고 가르친다. 이렇게 눈에 보이지 않는 비용까지 포함된 것이 바로 기회비용이다.

그렇다면 눈에 보이지 않는 비용이란 과연 무엇인가? 진씨는 레스토랑 운영에 노력을 쏟아붓지만 이에 대해 어떤 보수를 받는 것은 아니다. 바로 이것이 눈에 보이지 않는 비용의 좋은 예다. 만약 그가 호텔의 주방장으로 계속 일했다면 매달 8백만원의 월급을 받을 수 있었는데 레스토랑을 경영함으로써 이를 잃게 되었다. 따라서 레스토랑 경영에 쏟아부은 그의 노력을 기회비용으로 환산해 보면 연간 9천 6백만원에 이른다. 이를 비용에 포함시키면 첫해에 지출한 총비용은 3억 7천 6백만원으로 늘어나고, 그렇다면 레스토랑 운영에서 2천 6백만원의 손실을 보았다는 결론이 나온다.

그가 스스로에게 그 금액에 해당하는 보수를 지급하지 않았다고 해서 비용이 들지 않은 것은 아니다. 기회비용이라는 것은 실제로 지출되었는지의 여부와 관계없이 실질적으로 보아 비용이 발생되었다고 볼 수 있는 모든 것을 포함하는 개념이다. 바로 이것이 기회비용이라는 개념이 갖는 독특한 성격이다.

그가 주방장으로서 연간 9천 6백만원의 소득을 얻을 수 있었음에도 불구하고 이를 포기했으므로 그만큼의 기회비용이 발생한 것으로 보아야 한다. 이렇게 기회비용의 관점에서 비용을 파악한다면 그가 독립하기로 한 것은 잘못된 결정이었다는 평가가 나온다. 경제학자는 현실의 선택 상황에서 바로 이와 같은 방식으로 평가해야 된다는 점을 강조하고 있다.

앞에서 장충훈이란 야구선수가 대학 진학에 따르는 비용이 편익보다 더 크다는 판단에서 프로리그 직행을 결심한 사례를 본 바 있다. 그는 바로 이 기회비용의 관점에서 대학 진학에 따르는 비용을 계산했을 것이다. 특기자로 대학에 입학할 그가 등록금을 면제받는 것은 물론 얼마간의 용돈까지 받아 쓸 수 있을지 모른다. 이렇게 돈 한 푼 내지 않고 대학을 다닐 수 있는데도 비용이 따른다고 인식하는 것은 기회비용의 관점에서 보았기 때문이다. 다시 말해 프로리그에 직행했다면 얻었을 4년 동안의 수입을 대학 진학에 따르는 기회비용으로 보았던 것이다. 이 예에서도 분명히 드러나지만, 모든 일을 기회비용의 관점에서 보아야 합리적 선택이 가능하게 된다.

이 세상에 공짜는 없다

반드시 경제학자가 아니더라도 모든 일에 대가가 따른다는 것을 알고 있다. 활용할 수 있는 경제적 자원이 한정된 상황에서 하나를 선택하면 반드시 다른 어떤 것을 포기해야 한다. 이렇게 다른 것을 반드시 포기해야 한다는 뜻에서 "이 세상에 공짜는 없다."고 말하는 것이다. 모든 일에 대가가 따른다는 것을 바꿔 표현하면, 어떤 일이든 비용이 들기 마련이라는 것이 된다. 그런데도 사람들이 이 점과 관련해 종종 오해를 하는 것은, 그 비용이 눈에 띄지 않는 경우가 많기 때문이다.

대부분의 사람들이 주머니에서 직접 돈이 나간 경우에만 비용을 지불한 것으로 인식한다. 실질적 의미에서 보면 비용을 지불한 셈인데도, 주머니에서 돈이 나가지 않으면 아무 비용도 들지 않은 것으로 생각한다는 말이다. 이 점에서 볼 때, 바로 앞에서 설명한 기회비용의 개념은 매우 중요한 의미를 갖는다. 기회비용의 개념은 눈에 보이지 않는 것까지 비용에 포함시킬 것을 요구하고 있기 때문이다. 기회비용의 관점에서 파악하면 모든 일에 대가가 따른다는 사실을 명확하게 인식할 수 있다.

그런데 현실에서 사람들이 기회비용을 분명하게 인식하고 그것에 입각해 의사결정을 하는 것은 결코 쉬운 일이 아니다. 그렇기 때문에 실제로는 비용이 드는데도 공짜인 것으로 잘못 아는 경우가 흔하게 나타난다. 예를 들어 어떤 사람이 오래전에 20달러를 주고 산 보르도 와인 한 병을 갖고 있다 하자. 그런데 와인 가격이 올라 지금은 그것 한 병의 가격이 75달러라고 한다.

만약 그 사람이 지금 그 와인을 마신다면 그것에 드는 비용이 과연 얼마일까? 그때 얼마를 주고 샀든 간에 이미 사놓아 둔 것을 마신 것이니 아무 비용이 들지 않는다고 생각하는 게 옳은 일일까? 그는 바로 그 와인을 따서 마시면서 "공짜라서 맛이 더 좋구나."라고 혼잣말을 하며 흐뭇한 미소를 지을지 모른다. 그러나 정말로 그 와인이 공짜일까? 그것을 다른 사람에게 팔면 75달러를 받을 수 있을 텐데, 그 돈을 포기하고 스스로 마신 것이니 결코 공짜일 수 없다. 이론적으로는 이 말이 옳지만 현실에서 사람들이 정말로 그렇게 생각하고 있을지의 여부는 잘 알 수 없는 일이다.

어떤 경제학자는 사람들이 어떤 방식으로 비용을 인식하는지 검증해 보기 위해 와인 애호가들을 상대로 설문조사를 실시해 보았다. 즉 그 와인을 마시는 데 드는 비용이 얼마라고 생각하느냐고 물어본 것인데, 응답자로 하여금 설문지에 제시된 다음 4개의 선택지 중에서 자신이 생각하는 비용과 일치하는 것을 고르게 만들었다.(재미 삼아 독자들도 이들 중 어떤 것을 고르게 될지 생각해 보기 바란다.)

(1) 0 (이미 그 와인의 가격을 지불했기 때문에)
(2) 20달러 (내가 지불한 가격이 바로 그것이므로)
(3) 75달러 (지금 그것을 팔면 받을 수 있는 금액이므로)
(4) −55달러 (75달러의 가치를 가진 와인을 마셨지만 20달러만 지불한 셈이므로)

설문조사를 해본 결과 각 선택지를 고른 응답자의 비율은 다음과 같은 것으로 드러났다.

(1) 30% (2) 18% (3) 20% (4) 25%

경제학적인 관점에서 볼 때 이 질문에 대한 정답은 (3)번이 된다. 이 와인의 기회비용은 다시 팔 때 받을 수 있는 가격 75달러이기 때문이다. 그러나 응답자 중 이것을 고른 사람은 고작 20%에 불과했다. 나머지 대다수의 응답자들은 어떤 행위에 따르는 기회비용을 정확하게 인식하지 못하고 있는 셈이다. 나중에 알려진 바에 따르면, (3)번을 고른 응답자의 대부분이 경제학자들이었다고 한다. 이를 보면 경제학을 전공하지 않은 사람에게는 기회비용의 개념을 올바로 이해한다는 것이 무척 어려운 일임을 실감할 수 있다.

흥미로운 점은 "이 세상에 공짜가 있다."라고 믿는 사람이 더 많았다는 사실이다. 응답자 중 30%에 이르는 가장 많은 사람들이 (1)을 선택해 그 와인을 마시는 행위에 아무런 비용이 따르지 않는다고 생각한 것으로 드러났다. 예전에 돈을 지불한 것이니 지금으로서는 공짜라고 생각한 것인데, 경제학적으로 따져 보면 매우 잘못된 생각이 아닐 수 없다. 그 와인을 언제라도 되팔 수 있는 한 그것을 마시는 데 드는 비용은 결코 0이 될 수 없으니 말이다.

이 설문조사를 실시한 사람은 과연 (4)번을 선택하는 응답자가 몇이나 될까 호기심을 가졌다. 그 비싼 와인을 마심으로써 55달러를 번 셈이라고 생각하는 사람은 자못 복잡하게 머리를 굴린 셈이 되기 때문이다. 설문조사를 실시한 사람은 그렇게 복잡하게 머리를 굴릴 수 있는 사람이 별로 없을 것이라고 예상했다. 그런데 설문조사 결과를 보면 놀랍게도 25%나 되는 응답자들이 (4)번을 선택한 것으로 드러났다. 이렇게 조금 엉뚱하게 머리를 굴릴 수 있는 사람의 숫자가 기회비용을 정확하게 인식한 사람의 숫자보다 더 많다는 점이 매우 흥미롭다.

지금 보는 예에서 예전에 20달러를 주고 사놓은 와인을 마시는 데 드는 기회비용이 75달러라는 데 아무런 의문의 여지가 없다. 그런데도 가장 많은 숫자의 사람들이 (1)번을 선택함으로써 그것이 공짜라고 대답했다. 그리고 엉뚱하게 오히려 돈을 번 셈이 된다고 인식해 (4)번을 선택한 사람의 숫자가 그다음으로 많았다. 이는 현실의 복잡한 상황에서 기회비용을 정확하게 인식하는 일이 생각 밖으로 어렵다는 뜻이다. 경제학을 가르치면서 기회비용의 개념을 정확하게 이해하는 것이 합리적 선택의 기초라는 점을 아무리 강조한다 해도 현실의 사람들에게는 '소귀에 경 읽기'에 지나지 않을지도 모른다.

매몰비용

과거는 과거로 돌려라

합리적 선택의 과정에서 중요한 역할을 하는 또 다른 비용의 개념으로 **매몰비용**sunk cost이란 것이 있다. 매몰비용이란 일단 지출된 뒤에는 어떤 선택을 하든 다시 회수할 수 없는 성격을 가진 비용을 뜻한다. 예를 들어 박샛별씨가 음식점을 새로 열면서, 내부 장식을 하고 개업 광고 전단을 만드는 데 각각 5백만원과 3백만원의 경비를 지출했다고 하자. 이와 같은 성격의 경비는 한번 지출하면 그만이라서 박씨가 어떤 방법을 쓰더라도 다시 회수할 수 없다. 이런 성격을 갖는 비용을 매몰비용이라고 부르는데, 가라앉아 묻혀 버리기 때문에 도로 찾을 수 없다는 뜻에서 그런 이름이 붙었다.

일단 지출된 매몰비용은 철저하게 잊어버리는 것이 합리적 선택의 요령이다. 다시 말해 과거는 과거로 돌려야 하며, 그것이 미래의 선택에 영향을 주는 일이 생겨서는 안 된다는 뜻이다. 그러나 매몰비용의 성격을 갖는 비용을 지출해 놓고 미련을 버리지 못해 비합리적 선택에 이르는 사례를 많이 볼 수 있다. 일단 지출된 다음에는 어떤 선택을 하더라도 회수할 수 없는 것을 뻔히 알면서도, 들인 돈이 아깝다는 생각에서 나중에 후회할 일을 하고 마는 사람들이 많은 것이다.

우리말에 "본전을 뽑아야 한다."라는 말이 있는데, 이는 비합리적인 태도의 전형이라고 말할 수 있다. 비싼 돈을 내고 음악회에 간 사람이 연주가 무척 시시하다고 느끼면서도 자리를 뜨지 않는 것이 그 좋은 예다. 시시한 연주를 참고 듣느니 집에 가서 TV나 보는 것이 훨씬 더 낫다고 생각하면서도 본전을 뽑기 위해 계속 앉아 있는 것은 결코 합리적인 행동이 아니다. 참을성을 발휘해 자리를 지키고 앉아 있는다 해서 입장권을 사기 위해 지불한 돈을 되돌려 주는 것도 아니다. 아무리 비싼 돈을 내고 입장권을 샀다 해도 그것은 이미 버려진 돈일 뿐이다. 그렇다면 연주가 무척 시시하다는 것을 발견한 순간 자리를 뜨는 것이 최선의 선택임이 분명하다.

기업을 경영하는 사람의 경우에도 이미 지출된 매몰비용에 미련을 가져 비합리적인 선택에 이르는 사례가 많다. 예를 들어 어떤 기업이 새로운 상품을 개발하고 이를 널리 알리기 위해 대대적인 광고활동을 벌였다고 한다. 그런데 이 상품을 시판할 단계에 이르러 가격을 얼마로 결정할지를 둘러싸고 임원회의에서 열띤 논쟁이 벌어졌다. 한 임원이 수요와 생산비용의 측면을 모두 감안해 보면 3만원이 그 상품의 적정가격이라고 발언했다. 이 말이 끝나자마자 다른 임원이 그렇게 낮은 가격으로는 광고에 쏟아부은 엄청난 돈을 회수할 길이 없다고 반박하고 나섰다. 이미 지출한 막대한 광고비를 회수하려면 적어도 5만원은 되어야 한다는 것이 그의 주장이었다.

만약 그 기업이 이미 지출한 광고비를 계산에 넣고 가격을 결정했다면, 그것은 분명히 잘못된 결정이다. 지금 이 시점에서는 어떻게 하든 그 광고비를 회수할 길이 없다. 그러니 이미 지출된 광고비는 아예 잊어버리고, 현재의 수요와 비용 조건만을 고려해 이윤을 극대화할 수 있는 수준에서 가격을 결정해야 하는 것이다. 만약 광고비를 회수하려고 가격을 그 이상으로 높이면 틀림없이 이윤이 줄어들게 된다. 자세히 들여다보면 이런 식의 어리석은 의사결정으로 커다란 손해를 자초하는 기업들이 의외로 많을지 모른다.

콩코드의 오류

우리 자신을 돌아보면 매몰비용에 연연한 나머지 나중에 후회하게 될 결정을 내릴 때가 많다는 것을 발견하게 된다. 비용이 든 것은 아깝지만 어차피 회수할 수 없다면 그저 잊어버리는 것이 상책임에도 불구하고 그렇게 하지 못하는 것이 우리 인간이다. 인간의 합리성에는 한계가 있기 마련이어서 매몰비용은 잊어버려야 한다는 합리성의 원칙을 실행에 옮기는 일이 무척 어렵다. 평소에는 매우 합리적이라는 평가를 받는 사람조차 매몰비용에 연연해 잘못된 결정을 내리는 사례가 너무나 많다.

흥미로운 것은 개인뿐 아니라 정부도 매몰비용에 연연해 잘못된 결정을 내리는 경우가 적지 않다는 사실이다. 정부가 잘못된 결정을 내리면 온 국민이 그 비용을 부담해야 되는데도, 국민을 대표하는 정책담당자들이 그런 잘못을 종종 저지르고 있는 것이다. 우리는 그 대표적 사례를 영국과 프랑스가 합작해 만든 콩코드Concorde 초음속여객기 개발 과정에서 찾아볼 수 있다. 1969년부터 2003년까지 고작 34년 동안만 하늘을 날았던 이 초음속여객기는 개발 과정에서 이미 경제성이 없다는 판정을 받고 있었다.

그러나 두 나라 정부는 벌써 많은 돈이 투입되었다는 이유로 개발을 강행했고, 그 결과 더 큰 낭비를 초래하게 되었다. 사후적으로 평가해 보면 경제성이 없다는 판단이 내려진 시점에서 그때까지 지출한 비용만 손해를 보기로 하는 것이 훨씬 더 현명한 결정이었다. 경제성이 없음을 뻔히 알면서도 그때까지 들인 돈이 아깝다는 이유로 개발을 강행한 결과 더 큰 손실을 입게 되었기 때문이다. 이처럼 콩코드 초음속여객기 개발 과정에서 매몰비용과 관련해 비합리적 선택을 했다는 뜻에서 이 현상을 **콩코드의 오류**Concorde fallacy라고 부른다.

우리나라에서도 이와 비슷한 사례를 적지 않게 발견할 수 있다. 새만금 지역의 갯벌을 메워 간척지로 만드는 새만금사업은 환경 파괴가 우려될 뿐 아니라 경제성이 없다는 비판에 직면해 몇 번씩 공사 중단의 위기를 맞았다. 공사를 중단해야 한다는 얘기가 나올 때마다 중단하면 안 된다는 주장을 펴는 사람들이 늘 내거는 이유는 이미 많은 비용이 투하되었다는 사실이었다. 그때까지 물막이 공사에 얼마나 많은 비용이 들었는데 아깝게 공사를 중단하느냐는 주장을 반대논리로 내세웠던 것이다.

그러나 아무리 많은 비용이 들었다 하더라도 그것은 매몰비용의 성격을 갖고 있었다. 어떻게 하든 그동안 지불한 비용은 단 한 푼도 회수할 수 없었기 때문이다. 물막이를 하기 위해 던져 넣은 돌들을 다시 회수해 팔 수도 없는 일이었으니 말이다. 그렇다면 그 시점에서 공사를 계속해야 하는지의 여부는 이미 얼마의 비용을 투하했는지와는 상관없이 오직 미래만을 내다보고 결정되어야 할 일이었다. 공사를 계속할 때 앞으로 발생할 비용과 편익을 계산해 보고 그 편익보다 비용이 더 크다고 판단되면 주저하지 않고 공사 중단을 결정했어야 마땅한 일이라는 말이다.

새만금사업이 끝난 지가 이미 10년이 넘는데도 그곳은 아직도 개발이 되지 못한 상태로 남아 있다. 이는 정부가 당초 예상한 것과 달리 간척사업의 경제성이 그리 크지 못했다는 것을 뜻한다. 공사를 중단해야 한다는 주장이 제기된 순간에 중단 결정을 내렸으면 최소한 추가로 들인 비용만은 절약할 수 있었다. 그러나 매몰비용에 연연해 현명한 결정을 내리지 못하는 바람에 더 많은 비용을 낭비하는 결과를 가져왔다. 가끔 새만금방조제를 지날 때가 있는데, 그때마다 매몰비용을 머리에 떠올리며 쓴웃음을 짓는다.

지금 우리 사회는 매몰비용과 관련해 자칫하면 잘못된 결정을 내릴 수 있는 중대한 기로에 와있다. 22조원 이상의 엄청난 예산을 쏟아부은 '4대강사업'은 출범 당시부터 경제성이 없다는 비판에 직면했다. 정부가 사업의 목표로 내건 홍수 방지, 가뭄 대비 그리고 수질 정화라는 것이 사실 별

실체가 없는 것이었다. 4대강 연변에는 이미 많은 홍수 방지 투자가 되어 있는 상황이어서 그와 같은 엄청난 추가 투자는 필요 없는 상황이었다. 그리고 가뭄 피해가 발생하는 지역이 대부분 4대강과 멀리 떨어져 있기 때문에 4대강 물을 가둬둔다고 해서 별 이득이 생길 것도 없었다. 게다가 4대강에 16개나 되는 댐을 건설해 물길을 막아 수질을 정화시킬 수 있다는 것은 뭇사람의 조롱거리가 될 정도로 우스꽝스러운 거짓 주장이었다.

수많은 전문가와 사회인사들의 격렬한 반대에도 불구하고 정부는 고집스럽게 4대강사업을 밀어붙여 그 강들을 물이 흐르지 않는 호수로 만들어버리고 말았다. 그 결과 4대강 주변의 생태계는 회생불능의 타격을 입었다. 특히 여름철만 되면 4대강 어디에서든 무섭게 번져나가는 녹조는 큰 골칫거리가 아닐 수 없다. 이 녹조에는 유독성분이 다량 함유되어 있어 그 물을 이용하는 사람의 건강에 심각한 영향을 줄 수도 있다.

사실 지금 상황에서 4대강 댐들의 순기능은 거의 없다고 해도 과언이 아니다. 홍수 방지나 가뭄 대비와 관련된 편익은 그 크기가 워낙 미미하기 때문에 그 댐들이 꼭 필요하다고 말할 수 없다. 이에 비해 그 댐들로 인한 환경피해가 막대할 뿐 아니라, 그것들을 유지·보수하는 데 적지 않은 비용을 계속 투입해야 한다. 그런데 4대강사업에 든 22조원의 비용이 매몰비용의 성격을 갖는다는 것은 의심의 여지가 없는 사실이다. 그렇다면 지금 이 시점에서 우리가 내려야 할 유일한 합리적 결정은 댐들의 해체밖에 없다는 결론이 나온다.

경제적 논리는 이처럼 자명한 답을 내놓고 있지만, 실제로 댐들을 해체해야 된다는 말이 나오면 수없이 많은 사이비 논리들이 등장해 우리의 판단을 흐리게 만든다. 그렇게 되면 엄청난 예산 낭비와 환경 파괴를 저지른 것이 증명된 셈이기 때문에 무슨 수를 써서라도 훼방을 놓아야 한다고 생각하는 사람이 많기 때문이다. 논쟁에서 이들이 승리하게 되면 우리는 또 한 번의 기회를 놓치고 엎친 데 덮친 격의 피해를 입게 된다. 그리고 후세의 사람들은 이를 가리켜 '4대강사업의 오류'라는 불명예스러운 이름으로 부를지도 모른다.

조삼모사

중국의 고전 『열자』列子에는 어떤 미련한 동물의 이야기가 나온다. 그 동물은 먹이를 아침에 세 개, 저녁에 네 개를 주겠다는 말에 성난 표정을 지었다. 그러다가 아침에 네 개, 저녁에 세 개를 주겠다고 말을 바꾸니 크게 기뻐했다고 한다. 하루에 먹을 분량은 일곱 개로 똑같은데 그중 한 개를 겨우 한나절 앞당겨 먹을 수 있다고 좋아하니 미련하기 짝이 없는 녀석이다. 바로 눈앞의 이익만 바라보고 사는 인간들의 우둔함을 비웃기 위해 이 미련한 동물의 우화를 지어냈으리라.

이 우화에 담긴 도덕적 교훈은 우리가 마음에 깊이 새겨두어야 마땅하리라고 생각한다. 그런데 사람들이 생각하듯 이 이야기에 나오는 동물이 정말로 미련한 녀석이었을까? 경제학의 관점에서 보면 이 동물이 미련하기는커녕 웬만한 사람보다 훨씬 더 똑똑한 녀석이었다는 평가가 나온다. 똑같은 먹이라고 해도 저녁에 먹는 것과 아침에 먹는 것 사이에는 분명한 차이가 있다. 이런 차이를 아는 그 동물은 '경제적 동물'economic animal이란 별명을 붙여줘도 좋을 만큼 똑똑한 녀석이다.

어느 누구라도 당장 받을 수 있는 3백만원이 1년 후에 받게 될 3백만원보다 더 좋다고 생각한다. 3백만원을 꾸어 쓴 사람이 1년 후에는 이자를 덧붙여 그보다 더 큰 금액을 갚아야 하는 것만 보아도 잘 알 수 있다. 만약 1년 후의 3백만원보다 당장의 3백만원이 더 좋다면, 똑같은 논리에서 저녁의 3백만원보다 아침의 3백만원이 더 좋다고 말할 수 있다. 단지 한나절이라도 앞당겨 받는 것이 나중에 받는 것보다 더 좋다는 데는 의문의 여지가 없다. 이 논리에 따르면 똑같은 먹이라도 아침에 먹으면 저녁에 먹는 것보다 더 좋다는 결론이 나온다.

경제학을 배우지 않은 사람도 1년간의 이자율이 0.25, 즉 25%라면 1년 후에 받게 될 3백만원이 현재의 가치로 2백 4십만원에 해당된다는 것 정도는 안다. 3백만원이란 금액을 1에다 이자율을 더한 값, 즉 1.25로 나누어 **할인**discount함으로써 2백 4십만원이란 답을 얻을 수 있다. 이를 가리켜 경제학에서는 1년 후에 받을 3백만원의 '현재가치'present value가 2백 4십만원이라고 표현하다. 우리는 할인을 함으로써 미래에 발생할 소득이나 비용이 현재의 시점에서 어떤 가치를 갖는지 알 수 있다.

이번에는 한나절 동안의 이자율이 1%라 가정하고, 앞에서 말한 두 가지의 먹이 주는 방법을 아침 현재의 가치로 환산, 비교해 보기로 하자. 우선 애당초 제의한 대로 아침에 세 개, 저녁에 네 개를 주는 경우 하루치 먹이의 현재가치는 다음과 같이 계산할 수 있다. 저녁에 먹을 수 있는 네 개를 1.01이라는 숫자로 나누어 아침 현재의 가치로 환산하면 3.96개가 된다. 아침에 먹을 수 있는 세 개의 현재가치는 물론 그대로 세 개다. 따라서 아침의 세 개와 저녁의 네 개라는 조합을 아침 현재의 가치로 표현하면 6.96개가 된다.

이번에는 새로운 제안, 즉 아침에 네 개, 저녁에 세 개를 주는 방법의 현재가치를 계산해 보자. 저녁의 세 개를 1.01로 나누어 현재가치를 구하면 2.97개라는 결과가 나온다. 여기에 아침의 네 개를 더해 얻는 6.97개라는 수치가 이 새로운 방법의 현재가치가 된다. 이 두 방법의 현재가치를 비교해 보면, 아주 작은 차이기는 하지만 새로운 방식이 더 낫다는 결론이 나온다. 이 작은 차이까지 알고 있었던 그 동물은 우둔하기는커녕 똑똑하기 그지없는 녀석이었던 셈이다.

마시멜로 이야기

데 포사다J. de Posada와 싱어E. Singer가 지은 『마시멜로 이야기』*Don't Eat the Marshmallow... Yet*는 2005년 처음 번역되어 나온 이후 수십만 권 이상이 팔렸다고 한다. 이 베스트셀러의 주인공 조나단은 40세의 젊은 나이에 억만장자의 반열에 오른 성공적인 사업가다. 어느 날 그는 운전수 찰리에게 자신이 어린 시절 받았던 '마시멜로 실험'에 대해 이야기해 주었다.

스탠포드 대학교의 심리학과에서 실시한 이 실험은 어린이들의 참을성을 테스트하는 데 주목적이 있었다. 실험 대상이 된 어린이 앞에 마시멜로를 한 개 놓아주고 그것을 먹고 싶은 충동을 참아낼 수 있는지를 테스트해 보았다. 만약 그 충동을 15분 동안 잘 참아내면 상으로 마시멜로를 하나 더 주겠다는 약속을 하고, 과연 어린이가 그것을 먹지 않고 견뎌낼 수 있는지를 관찰하는 실험이다.

이 실험에 관한 설명을 들은 찰리는 이렇게 외친다. "오호라, 그건 백 퍼센트 수익을 보장 받는 투자네요." 맞는 말이다. 15분만 참으면 마시멜로를 두 개나 먹을 수 있으니 그동안의 수익률이 100%인 셈이다. 이것은 15분 동안을 참는 것과 관련된 할인율이 100%임을 뜻한다. 수익률은 현재에서 미래로 가는 과정에 적용되는 한편, 할인율은 미래에서 현재로 거슬러 오는 과정에 적용된다.

조나단의 설명에 따르면 그 15분을 참지 못해 마시멜로를 먹어버린 어린이가 꽤 많았다고 한다. 그런 어린이의 경우에는 15분 동안의 할인율이 100%를 넘는다는 것을 뜻한다. 할인율이 높을수록 기다림을 참지 못하는 태도가 나온다. 그렇기 때문에 100%가 넘는 높은 할인율을 갖고 있는 어린이는 마시멜로 한 개를 먹어치워 버리는 결정을 하게 된다. 반면에 할인율이 100%보다 더 낮은 어린이는 참고 기다려 15분 후 마시멜로 두 개를 먹는 쪽을 선택한다.

10년 후 마시멜로를 먹어버린 어린이의 집단과 참고 기다린 어린이의 집단을 비교해 본 결과는 상당히 흥미로웠다. 참고 기다린 어린이의 집단이 상대적으로 더 뛰어난 학업성적을 보였을 뿐 아니라, 친구들과의 관계도 더 원만한 것으로 드러났던 것이다. 스트레스를 효과적으로 관리한다는 측면에서도 참고 기다린 어린이의 집단이 더 우월한 것으로 나타났다.

이 실험 결과를 보면 한순간의 유혹을 참을 수 있는지의 여부가 인생의 성패에 큰 영향을 미친다는 것을 잘 알 수 있다. "세 살 버릇 여든 살까지 간다."라는 말이 있듯, 어린이 때 그런 참을성을 발휘할 수 있는 사람은 커서도 참고 견디는 일에 능숙할 가능성이 크다. 참고 견디는 능력이 사회적 성공의 열쇠가 된다는 것은 상식에 속하는 일이다. 이것이 바로 조나단이 찰리에게 가르쳐 주고 싶었던 삶의 지혜였다.

실험 당시 조나단이 네 살배기 어린이였기 때문에 충동을 참기가 더욱 힘들었던 점이 있다. 어른이라면 아무리 좋아하는 것을 앞에 놓아둔다 해도 15분 정도 참는 것은 누워서 떡 먹기처럼 쉬웠을 텐데 말이다. 이 에피소드에서 우리는 할인율과 관련된 또 하나의 행태적 특성을 찾아낼 수 있다. 그것은 사람이 성숙해짐에 따라 할인율이 점차 낮아지는 경향을 보인다는 사실이다.

우리가 '성숙'이라고 부르는 과정은 좀 더 먼 데까지 볼 수 있는 능력을 길러 나간다는 것을 뜻한다. 성숙한 사람만이 앞날의 더 큰 이득을 위해 눈앞의 이득을 선뜻 포기할 수 있다. 그런 행동을 할 수 있으려면 낮은 할인율을 가져야만 하는데, 이는 할인율이 성숙도를 나타내는 한 지표가 될 수 있다는 뜻이다. 할인율의 개념이 인간의 성숙성과도 깊은 관련을 갖는다는 것은 매우 흥미로운 일이 아닐 수 없다.

코카콜라지수와 초콜릿지수

1997년 12월 20일 자 *The Economist* 지에는 그림을 곁들인 아주 재미있는 기사가 하나 올라와 있었다. 이 기사는 구체적인 통계자료까지 제시하며 콜라 소비가 많은 나라의 국민이 상대적으로 더 부유할 뿐 아니라 더 좋은 삶의 질을 누리는 경향이 있음을 설명하고 있다. 더욱 놀라운 것은 콜라 소비가 많은 나라의 국민이 더 많은 정치적 자유도 누리고 있다는 사실이다.

비록 자세한 통계자료가 제시된 것은 아니지만, 그 신빙성은 전혀 의심의 여지가 없어 보인다. 이것이 사실이라면 '코카콜라지수'Coca-Cola index라는 것을 만들어 볼 수 있을지 모른다. 각 나라 국민이 얼마나 많은 콜라를 소비했는지를 수치화해 삶의 질과 정치적 자유에 어떤 변화가 생겼는지 살펴볼 수 있을 것이라는 말이다.

콜라를 많이 마실수록 더 건강하고, 더 많은 교육을 받고, 더 부유해지는 것은 물론, 더 많은 정치적 자유까지 누릴 수 있다니! 아마 이 말을 곧이곧대로 믿는 사람은 하나도 없을 것이다. 그렇다면 통계자료가 틀렸다는 말인가? 이 기사에 인용된 통계자료는 UN, Freedom House 등 권위 있는 기관에서 발표한 것이기 때문에 잘못되어 있을 가능성은 매우 희박하다. 문제의 핵심은 통계자료 그 자체에 있는 것이 아니라 이것의 해석이 잘못되었다는 데 있다.

상식적으로 생각해 볼 때, 코카콜라를 많이 마시기 때문에 삶의 질이 더 높아지고 정치적 자유도 더 커졌다는 것은 말이 되지 않는다. *The*

Economist 지가 적절하게 지적하고 있듯, 삶의 질이 높고 정치적으로도 자유로운 나라의 국민이 콜라를 많이 마시는 경향이 있다는 것이 올바른 해석이라는 데 의문의 여지가 없다. 콜라 소비량과 삶의 질 혹은 정치적 자유 사이에는 단순한 상관관계만이 존재한다. 이것을 인과관계로 잘못 해석하면 방금 전에 본 것과 같은 어처구니없는 주장을 하게 된다.

이보다는 인과관계의 성격이 약간 더 강하다고 볼 수 있는 또 다른 예가 하나 있다. 어떤 나라의 초콜릿 소비량과 노벨상 수상자 사이의 관계가 바로 그것이다. 2012년 뉴잉글랜드의학저널*New England Journal of Medicine*이라는 유명 의학 학술지에 바로 이 둘 사이의 관계를 분석한 논문이 등장했다. 그 논문의 저자는 양자 사이에 다음과 같은 관계가 있을 것으로 추정했다. 노벨상 수상자는 인지능력이 높은 사람일 텐데, 초콜릿에 많이 포함되어 있는 플라바놀flavanol이 인지능력을 높여줄 수 있다면, 초콜릿을 많이 먹는 나라일수록 노벨상 수상자를 더 많이 배출했으리라고 본 것이다.

그가 어떤 나라의 1인당 연간 초콜릿 소비량과 인구 1천만 명당 노벨상 수상자 수 사이에 존재하는 관계를 조사한 결과는 매우 흥미로웠다. 양자 사이에 매우 밀접한 상관관계가 존재하는 것으로 드러났던 것이다. 초콜릿 소비량과 (인구 1천만 명당) 노벨상 수상자 수가 모두 가장 낮은 중국으로부터 시작해 어떤 나라의 초콜릿 소비량이 증가함에 따라 노벨상 수상자 수가 비례적으로 늘어나는 추세를 볼 수 있었던 것이다. 스위스가 양자 모두에서 제일 높은 수준에 있는 것으로 드러났다. 그렇다면 초콜릿지수chocolate index를 만들어 어떤 나라가 얼마나 많은 노벨상 수상자를 배출할 것인지 예측해 볼 수도 있을지 모른다.

그러나 초콜릿 소비가 정말로 인지적 능력의 향상을 가져오고 이것이 다시 노벨상 수상으로 이어진다는 인과관계는 선뜻 믿기가 힘들다. 앞에서 본 코카콜라의 예와 비슷하게 부유한 나라 사람들이 초콜릿을 상대적으로 더 많이 먹고 이런 나라들에서 노벨상 수상자도 많이 배출되는 단순한 상관관계로 설명하는 쪽이 훨씬 더 신빙성이 있으리라고 생각한다. 학계에서 그 논문이 그저 '재미있다' 정도의 평가를 받는 것만 봐도 양자 사이의 관계를 진지하게 받아들일 필요가 없음을 알 수 있다.

어떤 개발도상국의 지도자가 국민을 모아놓고 선진국이 되려면 우리도 콜라를 많이 마시고 초콜릿을 많이 먹어야 한다고 연설하는 광경을 상상해 보기 바란다. 너무나 우스꽝스러운 광경이 아닐까? 그렇다면 우리 사회의 지도층 인사들 중 그렇게 우스꽝스러운 주장을 하는 사람은 없을까? 따지고 보면 그와 비슷하게 어리석은 생각을 갖고 있는 사람이 의외로 많을지 모른다. 지도층을 자처하는 사람들 중에는 "선진국에서는 이렇게 하더라."라는 말을 유독 즐겨 쓰는 사람이 많은데, 이런 사람들이 바로 그 경우에 속할 가능성이 크다.

깡통따개가 있다고 가정하자

경제학자들이 유달리 가정을 즐겨 사용한다는 사실을 풍자하는 농담이 하나 있다. 난파한 배에 타고 있던 사람들 중 세 사람만이 간신히 무인도에 상륙하게 되었다고 한다. 그 세 사람은 화학자, 물리학자, 경제학자였는데, 먹을 것을 제대로 찾지 못해 엄청난 고생을 겪어야 했다. 그러던 차에 난파한 배에 실려 있던 상자 하나가 해안으로 떠밀려 왔는데, 그 안에는 갖가지 통조림이 가득 들어 있었다. 그러나 불행하게도 그들은 깡통따개를 갖고 있지 못했기 때문에 군침만 삼킬 수밖에 없었다.

어떻게 하면 깡통을 딸 수 있을까 궁리하던 차에, 먼저 화학자가 하나의 방법을 제시했다. 화학반응을 이용해 깡통을 부식시키면 그 안에 든 내용물을 꺼내 먹을 수 있으리라는 것이었다. 이를 들은 물리학자는 더 좋은 방법이 있다고 하면서 다음과 같은 방법을 제시했다. 즉 뾰족한 돌을 주워 높은 나무 위로 올라간 다음, 깡통을 향해 이를 떨어뜨림으로써 구멍을 뚫는 방법이었다.

이를 들은 경제학자는 더 간단하고 좋은 방법이 있는데 왜 그런 귀찮은 방법을 쓰려 하느냐고 말했다. 깡통따개가 있다고 가정하면 문제없이 깡통을 딸 수 있으리란 것이 그의 주장이었다. 경제학자는 가정만 하면 모든 문제가 해결될 줄 안다고 믿는다는 농담이다. 이 농담으로 인해 "깡통따개가 있다고 가정하자."라는 말은 경제학자를 비꼬는 말로 자주 사용되고 있다. 그날 밤 그 경제학자는 깡통에 든 맛있는 소시지를 먹은 것으로 가정하고 나뭇잎을 쌓아 만든 잠자리에 들었다고 한다.

경제학 교육의 효과

경제학을 배우는 주요한 목적은 합리적 선택의 기본 원리를 배우는 데 있다. 합리적 선택을 한다는 것과 타산적이거나 이기적으로 행동하는 것 사이에는 명백한 차이가 있다. 그러나 합리적 선택을 추구하는 행동이 자칫하면 이기적인 행동으로 변질될 가능성이 큰 것은 사실이다. 합리적 선택이란 쉽게 말해 여러 선택가능성 중 자신에게 가장 유리한 쪽을 선택하는 것을 뜻한다. 자신에게 유리한 것을 찾는 데 너무 집착한 나머지 자신의 이득만을 앞세우는 태도가 나타날 수 있는 것이다.

경제학을 가르치는 사람의 입장에서 보면 바로 이 점이 큰 걱정거리가 아닐 수 없다. 즉 경제학 교육에서 강조하는 합리적 선택이 자칫 이기적인 행동을 부추기는 부작용을 가져올지 모른다는 점을 걱정하는 것이다. 이 걱정이 단지 기우에 불과한지 아니면 근거가 있는 것인지를 확인하기 위해 경제학 강의를 듣는 학생들을 대상으로 몇 가지 실험을 해 본 적이 있다. 그러나 실험마다 결과가 다르게 나와, 아직 어느 한쪽으로 명백한 결론을 내기는 힘든 형편이다.

어떤 경제학자는 두 사람씩 짝이 되어 일정한 금액의 돈을 나누어 갖는 게임의 형식으로 실험을 해보았다. 예를 들어 짝이 된 두 사람에게 10만원을 주고 다음과 같은 절차를 통해 둘 사이에서 나눠 갖게 만든다. 둘 중 어느 한 사람이 어떤 비율로 나눌 것을 제의하면 다른 사람은 그 제의를 받아들이거나 거부할 수 있다. 그 제의를 받아들이면 그 제의 내용에 따라 나눠 갖는 한편, 거부하면 둘 다 아무것도 얻지 못한 채 게임이 끝난다.

제의를 하는 사람 입장에서 본 합리적 선택은 거의 다 자신이 갖겠다고 제의하는 것이다. 예컨대 자신이 9만원, 상대방은 1만원의 비율로 나누자고 제의하는 것이 합리적이란 말이다. 상대방이 그 제의를 거부하면 아무것도 얻지 못하기 때문에 울며 겨자 먹기로 받아들일 것이라고 예상할 수 있기 때문이다. 이런 제의가 합리적이기는 하지만, 동시에 이기적인 성격을 갖는 것 또한 사실이다.

이 실험을 실시한 경제학자는 제의를 하는 사람이 경제학 전공자일 때와 비전공자일 때 어떤 차이가 있는지에 관심의 초점을 맞췄다. 그런데 실험 결과는 불행히도 경제학 교육이 사람을 좀 더 이기적으로 만든다는 쪽으로 드러났다. 비전공자들은 대개 그 금액을 반반씩 나누자고 제의한 반면, 경제학 전공자들은 자기가 훨씬 더 많이 갖는 쪽으로 제의한 것으로 나타났기 때문이다. 이 결과만 놓고 보면 경제학 교육이 사람을 이기적으로 만든 셈이 된다.

다른 경제학자는 강의실에 일정액의 돈이 든 봉투를 몇 개 떨어뜨려 놓고 그것을 정직하게 되돌려 주는 학생의 비율이 얼마나 되는지 알아보는 방식으로 실험을 실시했다. 그는 경제학 강의가 진행된 교실과 다른 과목의 강의가 진행된 교실 사이에 정직성의 차이가 있는지를 관찰해 보았다. 이 실험의 결과는 경제학 강의가 진행된 교실에서 정직하게 되돌려 주는 학생의 비율이 더 높았던 것으로 드러났다. 이는 경제학 교육이 사람을 이기적으로 만드는 것이 아니라 오히려 그 반대의 효과를 갖는다는 뜻이다.

합리적 선택을 하라고 가르치는 것이 모든 일에서 주판알을 튀겨보는 식으로 각박하게 살라고 가르치는 것은 결코 아니다. 슈바이처 박사나 테레사 수녀처럼 남을 위해 일생을 바친 사람도 나름대로 합리적 선택의 결과로 그런 삶을 살게 된 것이라고 볼 수 있다. 자기의 가치체계에서 남에 대한 봉사가 절대적 위치를 차지한다면 자신이 가진 모든 자원을 봉사생활에 쏟아붓는 것이 합리적 선택임은 두말할 나위도 없다. 이기적인 행동을 하면서 그것을 경제학 교육의 탓으로 돌리는 것은 그다지 설득력이 없다.

3

소비자의 세계

많을수록 더 좋다?

한계효용체감의 법칙은 어떤 상품의 소비량이 많아짐에 따라 추가적으로 얻는 만족감, 즉 한계효용이 점차 작아진다는 것을 가리킨다. 그런데 이 법칙은 궁극적으로 어떤 상품에서 나오는 한계효용이 음(−)의 값을 갖는 수준까지 떨어질 수 있음을 시사하고 있다. 아무리 콜라를 좋아하는 사람이라도 한 컵, 두 컵 마시다 보면 더 이상 마시기 싫어지는 상태에 도달하게 된다. 이때부터는 콜라에서 나오는 한계효용이 음의 값을 갖기 시작한다. 콜라뿐 아니라 어느 상품의 경우에도 이와 비슷한 현상이 나타나리라고 기대할 수 있다.

오래전에 나온 「탈옥」이라는 영화를 보면, 죄수들이 무료를 달래기 위해 편을 갈라 내기를 하는 장면이 나온다. 주인공이 삶은 달걀 50개를 먹을 수 있다고 장담을 하자, 그렇게 할 수 있다고 생각하는 사람들과 그렇게 할 수 없다는 사람들이 내기를 하게 된 것이다.

처음 30여 개를 먹는 데는 별 어려움이 없었지만, 40개에 가까워지면서 괴로움이 시작된다. 48개째가 되면 씹을 힘조차 없어져 동료 죄수가 턱을 움직여 주는 지경에까지 이른다. 결국 그는 50개를 다 먹게 되지만, 삶은 달걀의 한계효용이 음의 값 수준으로 떨어진 것은 두말할 나위도 없다.

그런데 'the more, the better'라는 영어의 표현이 있듯, 많을수록 더 좋다고 말하는 경우를 종종 목격하게 된다. 경제학 교과서를 읽어보면 은연중에 많을수록 더 좋다는 식으로 서술되어 있는 경우를 자주 발견할 수 있다. 한계효용이 음의 값으로 떨어질 수 있다는 것을 안다면 그렇게 욕심을 부리지 않을 텐데, 하여튼 약간 이해하기 힘든 태도가 아닐 수 없다.

이 의문에 대한 해답은 경제학에서 채택되고 있는 하나의 기본 가정에서 찾을 수 있다. 그것은 원하지 않는 물건을 갖고 있는 경우 아무 비용도 들이지 않고 이를 자유로이 처분할 수 있다는 가정이다. 원하지 않는 것을 자유롭게 처분할 수 있는 한, 더 많은 것을 마다할 이유가 전혀 없다. 그러나 위의 예에서는 그것을 반드시 먹어야 했기 때문에 많을수록 더 좋을 수 없는 상황이었던 것이다. 경제학자들이 많을수록 더 좋다고 말할 때는 원하지 않는 물건을 자유롭게 처분할 수 있다는 가정하에서 그런 말을 한다는 것을 알아두기 바란다.

보리 값이 떨어지면

이제 우리 사회에 가난해서 쌀밥을 못 먹고 보리밥을 먹어야만 하는 사람은 거의 없다. 그러나 내가 어렸을 때만 해도 흰쌀밥 한번 배불리 먹어 보는 것이 가난한 사람들의 소원이었다. 요즈음에는 사람들이 쌀밥을 마다하고 건강을 위해 일부러 꽁보리밥을 찾으니 세상이 달라져도 이만저만 달라진 게 아니다. 그 가난했던 시절에 딱 한 가지 좋은 점이 있기는 했다. 보리밥에 푸성귀가 주요 식단이었으니 요새처럼 비만이다 혹은 성인병이다 하고 난리를 치지 않아도 되었던 게 바로 그것이다. 그렇다고 그 가난했던 시절로 되돌아가고 싶다는 것은 아니지만 말이다.

보리가 싸서 가난한 사람들이 할 수 없이 이를 먹어야 했던 시절로 다시 되돌아가 보기로 하자. 이런 상황에서 보리 값이 떨어지면 사람들이 보리를 예전보다 더 먹게 될까 아니면 덜 먹게 될까? 사과 값이 떨어지면 틀림없이 사람들은 예전보다 더 많은 사과를 먹게 된다. 경제학 지식이 없는 사람이라도 어떤 상품의 가격이 떨어지면 그 상품에 대한 수요량이 증가한다는 사실을 어렴풋이나마 알고 있다. 이것은 사과뿐 아니라 거의 모든 상품들에 적용될 수 있는 일반적 법칙이라는 뜻에서 '수요의 법칙'law of demand이라는 말까지 붙어 있다. 그런데 보리의 경우는 반드시 그런 결과가 나오지 않을 수 있다는 점에서 우리의 관심을 끈다.

그렇다면 사과와 보리 사이에 어떤 차이가 있기에 가격이 떨어질 때 사람들의 반응이 서로 다르게 나타난 것일까? 사과와 달리 보리는 사람들이 가난해서 할 수 없이 먹는 식품이라는 특징이 있다. 다시 말해 살림에 여유가 있다면 쌀밥을 먹겠지만 그렇지 못해 할 수 없이 보리밥을 먹는다는 뜻이다. 따라서 사람들의 소득이 늘어나면서 보리의 수요량이 점차 줄어들리라고 예상할 수 있다. 바로 이와 같은 특성 때문에 보리 값이 떨어지면서 그것의 수요량이 줄어드는 결과가 나타날 수 있는 것이다.

이 점을 좀 더 분명하게 이해하기 위해 다음과 같은 예를 생각해 보기로 하자. 어떤 가난한 가정이 있는데, 너무 가난한 나머지 주식은 거의 모두 보리로 해결한다고 한다. 그 가정의 전체 지출 중 식비가 대부분을 차지하고 있으며, 특히 보리에 대한 지출이 아주 큰 비중을 차지하고 있다.

만약 보리 값이 떨어진다면 그 가정은 예전보다 더 적은 돈으로 주식을 조달할 수 있게 되어 살림에 여유가 생긴 것으로 느끼게 된다. 이제 약간의 여유가 생긴 그 가정은 평소에 그렇게도 먹고 싶었던 쌀을 조금 사 보리에 섞어 먹기 시작했다. 이에 따라 똑같은 하루 세끼 밥을 짓는 데 예전처럼 많은 보리가 필요 없게 된다. 다시 말해 보리 값이 떨어지자 예전보다 보리를 더 적게 수요하는 결과가 빚어진 것이다.

지금 보고 있는 보리의 예처럼 어떤 상품의 값이 떨어진 결과 그것에 대한 수요량이 줄어드는 반응이 나올 수 있다. 이렇게 가격이 떨어지면 그 수요량이 예전보다 더 작아지는 특성을 갖는 상품을 **기픈재**Giffen good라고 부른다. 어떤 상품의 가격이 떨어지면 그 수요량이 줄어드는 역설적 현상을 처음 발견한 사람은 영국의 경제학자 기픈R. Giffen이었다. 그는 아일랜드 사람이 주식으로 삼는 감자가 이와 같은 성격을 갖고 있음을 발견했던 것이다. 사람들은 그의 이름을 따서 그런 성격을 갖는 상품을 기픈재라고 부르게 되었다.

우리나라의 보리나 아일랜드의 감자가 기픈재의 성격을 갖게 되는 근본적 이유는 소득이 늘어남에 따라 이 상품들의 수요량이 점차 줄어든다는 데서 찾을 수 있다. 보통 상품의 경우 소비자의 소득이 늘어나면서 그 상품의 수요량도 더 커지게 마련이다. 그런데 가난해서 할 수 없이 먹는 보리나 감자의 경우에는 사람들이 부유해지면서 소비량이 점차 줄어드는 현상이 나타난다. 여유가 생기면 보리나 감자를 쌀밥이나 흰빵으로 대체하기 시작할 것이기 때문이다. 대중교통 서비스라든지 값싼 의류 같은 것들도 소득이 늘면서 그 수요량이 줄어드는데, 경제학에서는 이와 같은 상품을 '열등재'inferior goods라고 부른다.

앞에서 예로 든 가난한 가정은 보리 값이 떨어져 살림에 약간의 여유가 생긴 것으로 느낌에 따라 열등재인 보리의 소비를 줄인 것으로 해석할 수 있다. 그런데 이 예는 보리 값이 떨어질 때 '그런 반응을 보일 수 있음'을 설명한 것일 뿐, 반드시 그런 반응을 보인다고 설명한 것은 아니라는 점에 주의해야 한다. 열등재라고 해서 모두가 기픈재의 성격을 갖는 것은 아니다. 열등재이면서도 보통의 상품처럼 가격이 떨어지면 수요량이 늘어나는 경우가 대부분이다. 특별한 조건이 충족되는 예외적인 상황에서만 기픈재가 될 수 있어, 현실에서 그 예를 발견하기는 아주 어렵다.

과시적 소비의 경제학

호텔 정문 쪽으로 새카만 벤츠 승용차 한 대가 미끄러져 들어온다. 호텔 종업원이 서둘러 달려가 차 문을 열어주면 중년의 신사가 점잔을 빼며 내린다. 그 옆을 지나던 사람들이 그를 부러운 시선으로 쳐다보는데, 그는 이를 못 본 척하고 로비로 걸어 들어간다. 바로 이 맛이 없다면 누가 구태여 그 비싼 돈을 주고 외제 고급승용차를 구입하겠는가? 만약 외제 고급차에 붙는 관세나 다른 추가적 비용이 전혀 없어 국내산 고급차와 비슷한 가격으로도 살 수 있다면 이를 타고 으스대는 재미는 뚝 떨어져 버릴 것이다.

거리에서 숱하게 볼 수 있는 소위 '명품' 브랜드의 옷이나 핸드백 같은 것들도 이와 마찬가지 효과를 낸다. 물론 고급 브랜드 상품이 비싼 만큼 품질도 더 좋을지 모른다. 그러나 가격이 보통 물건의 서너 배라고 해서 품질까지 서너 배로 좋지는 않다. 그렇다면 결국 그 비싼 값은 거의 전부가 브랜드에 대해 지불하는 대가라고 볼 수 있다. 턱없이 높은 가격을 지불하고 유명 브랜드의 상품을 사는 사람은 "나는 워낙 부자여서 이 정도 낭비는 문제가 아니다."라고 외치는 셈이다. 자신의 경제적 능력에 관한 정보의 전달에 무척 비싼 비용을 지불하는 것이다.

이처럼 어떤 상품을 자신의 경제적 능력을 과시하려는 의도로 구매하는 것을 가리켜 '과시적 소비'라고 부른다. 미국의 경제학자 베블렌T. Veblen은 『유한계급론』*The Theory of Leisure Class*이라는 책에서 어느 사회든 이와 같은 성격의 소비가 존재하고 있음을 지적했다. 그는 당시의 부유한 사람들이 왜 모든 일을 아랫사람에게 시키고 자신은 손가락 하나 까딱하려 들지 않는지 그 이유를 다음과 같이 설명했다. 그것은 다름이 아니라 당시 미국 사회에서는 여가를 가졌다는 것이 바로 부유함의 상징이었기 때문이라는 것이다. 남들은 먹고살기 위해 땀 흘려 일해야 하는데 자신은 한가롭게 일광욕이나 하며 지낼 수 있음을 과시하기 위해 많은 하인을 거느리고 있었다는 해석이다.

이렇게 과시적인 소비를 위해 구매하는 상품이라면 비쌀수록 그 효용가치가 더 크게 된다. 우리는 신문이나 TV에서 수백만원짜리 핸드백이 불티나게 팔리고 있다는 보도를 종종 접한다. 사람들은 이를 보고 그렇게 엄청나게 비싼 핸드백을 너도나도 사려고 아우성치는 이유가 도대체 무엇인지 궁금해 한다. 그렇지만 곰곰이 생각해 보면 궁금해야 할 이유가 하나도 없음을 알게 된다. 보통 사람들은 감히 엄두도 내지 못할 만큼 비싸다는 바로 그 사실이 인기의 비결임이 너무나 명백하기 때문이다. 과시적 소비의 효과를 크게 거두려면 값이 너무나 비싸 아무나 감히 사려 들지 못해야 한다.

한때는 부유함의 상징으로 크게 유행했던 브랜드의 상품이라도 모든 사람이 소비할 수 있을 정도로 값이 내리면 이제 과시를 위해서는 더 이상 쓸모가 없어진다. 따라서 과시적 소비의 성격을 갖는 상품의 경우에는 그 가격이 비싸면 비쌀수록 더욱 잘 팔리는 경향이 나타날 수 있다. 반면에 가격이 떨어지면 수요량이 오히려 줄어드는 이상한 현상이 나타날 가능성이 있다. 바로 앞에서 설명한 기픈재와 마찬가지로, 수요의 법칙에 대한 또 하나의 예외를 바로 이런 상품에서 발견할 수 있다.

그런데 사람들은 도대체 어떤 이유로 자신의 경제적 능력을 과시하기 위해 그다지도 애를 쓰고 있을까? 인간이라는 동물은 태어날 때부터 남에게 뽐내기를 좋아하는 성격을 갖고 있기 때문일까? 그렇지만 뽐내는 행위 그 자체에서 즐거움을 얻기 때문이라는 이유 하나만으로는 별 설득력이 없다. 예를 들어 진화론적 입장에서 자신의 부를 뽐내는 것이 유리한 생존 전략이라는 등의 좀 더 설득력 있는 설명이 필요하다.

우리는 동물의 세계에서 이 수수께끼에 대한 답을 얻을 수 있다. 화려한 깃털을 뽐내는 새나 매끄러운 비늘을 뽐내는 물고기는 과연 무엇을 노리고 그렇게 하는 것일까? 그 새의 화려한 깃털과 물고기의 매끄러운 비늘은 이성에게 자신이 건강하다는 정보를 전달하는 기능을 수행한다. 동물들은 본능적으로 건강한 이성의 짝을 찾으려 하기 때문에 이렇게 뽐내는 행위는 자손의 번식에 유리한 전략이 된다. 동물로서의 사람도 바로 이와 같은 이유로 과시적 소비를 하고 있을 가능성이 높다.

동물들과 마찬가지로, 턱없이 비싼 유명 브랜드의 상품을 구입하는 인간은 자신의 부유함을 뽐내려는 목적을 갖고 있다. 우리 자신은 이 사실을 자각하지 못할지라도 오랜 진화과정 속에서 이런 사회생활의 방식이 거의 본능처럼 굳어 버렸을지 모른다. 오늘날처럼 브랜드 상품이 존재하지 않았던 원시시대에는 그때 나름대로 부의 상징으로 통하는 무언가가 존재하고 있었음이 분명하다.

역설적이기는 하지만, 화려한 깃털을 뽐내는 전략이 실상 자신의 생존에는 매우 큰 위험을 가져다줄 수 있다. 작은 새들이 독수리의 공격을 피하기 위해서는 주위환경과 비슷한 색의 깃털로 몸을 감싸야 한다. 원색의 찬란한 깃털을 뽐내는 새는 당장 독수리의 날카로운 발톱에 채여가게 마련이다. 그럼에도 불구하고 진화과정에서 화려한 깃털의 새들이 살아남은 것을 보면, 그것이 주는 위험보다 짝 찾기에서 발휘되는 유리함이 더 큰 효과를 발휘했다고 짐작할 수 있다.

사람의 사회도 이와 마찬가지 경우가 아닌가 싶다. 자신의 부를 뽐내는 사람은 주위의 질시를 받아 위험에 처할 수도 있지만, 이를 상쇄하고도 남는 이득이 있었기에 그런 태도를 버리지 않고 살아온 것이 아닐까? 얼핏 보면 납득하기 어려운 '명품 소비'의 열풍이 좀체 수그러들지 않는 이유가 바로 여기에 있을지 모른다.

담배, 비싸면 끊을까?

건강 관련 연구들에서 속속 밝혀지고 있지만, 흡연은 거의 모든 질병의 원인이라 해도 좋을 만큼 건강에 해로운 것이 사실이다. 사회적 관점에서 볼 때 흡연율을 낮추는 것이 바람직하다는 데는 의문의 여지가 없으나, 문제는 과연 어떤 방법을 통해 사람들을 그런 방향으로 이끌어 가야 하느냐에 있다.

현재 가장 많이 사용되고 있는 방법은 금연구역을 확대해 담배 피우는 것을 어렵게 만들거나, 유해 경고문을 통해 담배를 끊게끔 유도하는 것 등이다. 이런 방법만으로 한계가 있다고 생각하는 사람들은 좀 더 강력한 조치가 필요하다고 주장하는데, 그 한 예가 담배에 부과되는 세금을 대폭 올리자는 것이다. 어떤 상품의 가격이 오르면 수요량이 떨어지듯, 담배 값이 오르면 흡연율이 자연히 떨어질 것이라고 말한다.

담배 값이 오름에 따라 사람들이 담배를 더 적게 피울 것이라는 점에는 의문의 여지가 없다. 다만 문제되는 것은 과연 그 감소폭이 어느 정도나 될 것이냐에 있다. 담배 값 인상에 반대하는 사람들은 그렇게 해 보았자 흡연율은 별로 떨어지지 않으면서 부작용만 생길 것이라고 주장한다. 그 부작용이란 물가상승을 유발하고, 저소득층의 경제적 부담이 더 커지게 만든다는 것을 뜻한다.

이 문제를 둘러싼 정부 부처 간의 이견도 매우 심각한 양상을 보이고 있다. 그동안 보건복지부는 담배 값 인상을 통해 흡연율 하락을 유도하는 정책을 계속 추진해 왔다. 보건복지부는 여러 가지 통계자료를 제시하며 담배 값 인상이 상당한 효과를 거둘 수 있음을 강조하고 있다. 반면에 기획재정부는 그와 같은 정책이 갖는 효과에 대해 매우 회의적인 태도를 버리지 않고 있다.

우리가 담배 수요 가격탄력성의 정확한 값을 알고 있다면 담배 값 인상의 효과를 둘러싸고 논란을 벌일 이유가 없다. 수요의 가격탄력성이란 가격의 작은 변화에 대해 수요량이 얼마나 민감하게 반응하는지를 뜻하는 개념이다. 문제는 현재 나온 연구 결과만 가지고는 그 정확한 값이 무엇인지 결론을 내리기가 어렵다는 데 있다. 미국의 경우 담배 수요의 가격탄력성이 0.5에서 1의 사이에 있는 어떤 값이라는 것이 정설로 되어 있다. 즉 담배 값이 1% 오를 때 담배 수요량은 0.5%에서 1% 사이의 한 크기로 줄어든다는 데 대체로 의견의 일치를 보고 있다는 말이다.

이에 비해 우리나라에서 구한 가격탄력성은 연구자마다 매우 큰 차이를 보이고 있다. 예를 들어 한 연구자에 따르면 우리나라 사람들의 가격탄력성이 0.058로 매우 작은 값을 갖는다고 한다. 반면에 다른 연구자는 성인들의 가격탄력성이 0.4, 그리고 12살에서 17살에 이르는 청소년들의 가격탄력성은 1.4나 되는 큰 값을 갖는다는 분석 결과를 내놓고 있다. 분석 결과들이 이와 같이 큰 차이를 보이고 있는 상황에서는 이렇다 할 결론을 내기가 힘들다.

그렇기 때문에 담배를 덜 피우도록 유도하려는 의도에서 담배에 대한 세금을 무겁게 만들려는 시도는 언제나 치열한 논란을 불러올 수밖에 없다. 현실 경제에 대한 지식의 부족이 중요한 사회적 이슈에 관한 해답을 찾기 어렵게 만드는 요인이 되고 있는 것이다. 우리나라의 경제학자들이 좀 더 분발해야 할 또 하나의 이유를 바로 여기에서 찾을 수 있다.

미국 사람들은 왜 뚱뚱해졌는가?

지난 40년 동안 미국의 비만 인구는 13%에서 27%로 두 배 이상 늘어났다고 한다. 과체중 혹은 비만에 속하는 사람의 비율도 45%에서 61%로 늘어났다. 이제 미국 사람들 중 정상 체중을 가진 사람의 비율은 고작 39%에 지나지 않는다는 말이다. 이와 비슷한 현상은 다른 나라에서도 나타나고 있지만, 미국처럼 그 정도가 심한 나라는 찾아 볼 수 없다.

경제학적 관점에서 미국 사람들이 왜 뚱뚱해졌는지 그 이유를 찾으려는 시도가 있어 우리의 관심을 끈다. 커틀러 등D. Cutler *et al.*은 비만 인구 증가의 근본적 원인을 식품 소비와 관련된 시간 비용의 감소에서 찾고 있다. 그들이 조사한 바에 따르면, 1980년대 이래 미국 사람들의 에너지 섭취량은 크게 늘어났다고 한다. 이렇게 에너지 섭취량이 크게 늘어난 것이 비만화의 주요 원인이었다는 것이 그들의 해석이다.

그렇다면 미국 사람들의 에너지 섭취량이 크게 늘어난 이유는 과연 무엇일까? 그들은 식품 소비와 관련된 시간 비용의 감소가 중요한 역할을 했다는 경제학적 해석을 제시하고 있다. 과거에는 미국 사람들이 먹는 대부분의 식품이 가정에서 만든 것이었다. 그러나 이제는 식품의 대량 생산 체제가 갖춰짐에 따라 사서 먹는 식품의 비중이 아주 커졌다. 그 결과 식품 소비와 관련된 시간 비용이 대폭 줄어들게 되었다는 것이 그들의 해석이다.

1965년에는 가정주부가 식사를 준비하고 설거지를 하는 데 하루 평균 2시간 이상을 썼다고 한다. 이에 비해 1995년에는 그런 데 쓰는 시간이 1시간 정도로 줄어들었다. 이와 같은 식품 소비와 관련된 시간 비용의 감소가 미국 사람들로 하여금 종전보다 더 많이 먹게 만든 핵심 요인이라는 것이 그들의 결론이다. 가격이 떨어지면 수요량이 늘어나는 현상이 여기서도 나타났다는 말이다.

일반적으로 어떤 상품의 가격이 떨어지면 소비자의 효용은 증가하게 된다. 식품 소비와 관련된 시간 비용의 하락도 이와 비슷한 효과를 낸다. 그러나 사람들의 자제력에 문제가 있어 먹는 양을 스스로 통제하지 못하는 경우에는 그와 같은 시간 비용의 하락이 반가운 일만은 아니다. 미국에서 1년 동안 다이어트와 관련해 지출하는 비용이 4백억 달러에서 1천억 달러에 이른다는 사실이 바로 그 점을 잘 말해주고 있다.

식품의 생산, 배달과 관련된 기술이 발전함에 따라 비만의 문제가 좀 더 심각한 양상을 띨 수 있다. 식품의 생산, 배달의 측면에서 미국은 다른 어떤 나라보다 더 우월한 기술을 갖고 있다. 이 때문에 미국의 비만 인구가 다른 나라보다 훨씬 더 많을 가능성이 크다. 우습게 들릴지 모르지만 식품산업에 대한 규제를 통해 이들의 생산성을 낮추면 비만 문제가 어느 정도 줄어들지 모른다.

비만 인구의 증가가 가장 현저하게 나타나는 집단이 바로 기혼 여성이라는 점도 식품의 생산, 배달 기술의 발전과 관련이 있다. 일반적으로 독신자들에 비해 기혼 여성은 식사 준비에 훨씬 더 많은 시간을 쓴다. 따라서 그와 같은 기술 발전은 기혼 여성의 시간 비용을 훨씬 더 큰 폭으로 줄여주는 효과를 가져왔다. 반면에 독신자들이 식사 준비에 쓰는 시간에는 별로 큰 영향을 주지 않는다. 그렇기 때문에 기혼 여성들의 식사량이 상대적으로 더 크게 늘어났던 것이라고 볼 수 있다.

스타벅스의 굴욕

전 세계에 점포 4만 곳을 열겠다는 야심찬 계획을 자랑하던 스타벅스는 2009년 미국 경제의 침체로 인해 큰 타격을 받았다. 2006년 중반 39.63달러를 기록했던 스타벅스의 주가는 2009년 3월 8.56달러 수준으로 내려앉았다. 2008년도의 수입은 그 전해에 비해 절반 수준으로 떨어졌고, 매장 600여 개가 문을 닫고 직원 1만 2천 명을 감원했다. 2009년에도 매장 300개와 직원 6천여 명을 줄이려는 계획을 세우기까지 했다.

당황한 스타벅스사는 그때까지 지켜오던 고가 브랜드 이미지를 내던질 태세까지 보였다. 2009년 3월부터 종전 커피 한 잔 값에 아침용 샌드위치나 케이크 혹은 오트밀을 곁들여 주는 커피세트를 팔기 시작했다. 또한 1달러짜리 인스턴트커피 '비아'Via라는 신상품을 고객에게 선보이기도 했다. 상황이 어려워지자 격조 있는 커피숍이라는 이미지를 고수하기 힘들다고 느꼈기 때문이었을 것이다.

그 당시 이와 같은 '스타벅스의 굴욕'과 대조적으로 맥도날드는 승승장구하는 모습을 보였다. 5년째 매출 증가를 기록하고 있던 맥도날드의 주가는 극심한 경기침체 상황에서도 계속 최고 기록을 갈아치웠다. 2008년 경기침체가 가시화될 전망이 보이자 재빠르게 1달러짜리 '더블치즈버거'를 포함해 다양한 1달러 이하의 메뉴를 개발한 것이 톡톡한 효과를 냈다. 그 결과 2009년 1월의 매출은 7%나 증가했다고 한다.

지금 보는 것처럼 경기침체가 비슷한 업종에서 영업하고 있는 두 기업에 상반된 영향을 주는 이유는 무엇일까? 이 의문에 대한 답은 수요의 소득탄력성에서 찾을 수 있다(소득탄력성은 소득에 생긴 작은 변화에 대해 수요량이 얼마나 민감하게 반응하는지를 나타낸다). 불황은 수요의 소득탄력성이 큰 상품을 생산하는 기업에게 특히 불리하게 작용한다. 사람들의 소득이 떨어지면서 수요가 급격하게 줄어들기 때문이다. 반면에 수요의 소득탄력성이 작은 상품을 생산하는 기업은 불황의 영향을 상대적으로 덜 받게 된다.

고품격 커피숍을 지향해 오던 스타벅스의 커피에 대한 수요의 소득탄력성은 비교적 크다고 볼 수 있다. 사람들의 소득이 늘어가면서 싸구려 커피 대신에 고급 커피를 더 많이 마시게 되는 것은 자연스러운 현상이다. 그렇기 때문에 수요의 소득탄력성이 큰 값을 가질 수밖에 없다. 반면에 중하위 소득계층이 주요 수요자인 햄버거의 경우에는 수요의 소득탄력성이 아주 작다. 심지어 음(−)의 값을 가질 가능성까지 있다. 다시 말해 소득이 증가하면 햄버거 수요량이 줄어들 수도 있다는 뜻이다.

불황으로 인해 소득이 줄어든 사람들의 커피와 햄버거 소비에 어떤 변화가 올지 짐작해 보자. 경기가 좋았을 때는 고급 커피를 사먹었지만 이제는 부담이 된다고 느낀다. 그래서 인스턴트커피 한 통을 사다놓고 매일 그것을 타서 마시는 것으로 만족한다. 또한 주머니 사정이 빡빡해지면서 값싼 햄버거로 끼니를 때우는 사람이 크게 늘어난다.

이런 분위기에서 스타벅스의 경영자가 아무리 발버둥을 쳐본들 수익성이 크게 나아질 리 없다. 그 당시 미국의 경기침체가 심각한 상황으로 치달으면서 스타벅스의 굴욕은 이미 예견된 것이었다. 하여튼 호황과 불황의 국면에서 수요의 소득탄력성에 따라 기업의 운명이 엇갈린다는 것은 매우 흥미로운 사실이다. 주식에 투자하는 사람은 이 사실을 중요하게 고려해야 할 것이다.

교환은 모두에게 이득을 준다

어떤 사람이 시장에 가서 한 개의 값이 2천원인 사과 다섯 개를 샀다고 하자. 나중에 그가 먹을 때 느끼는 즐거움은 그가 지불한 금액 1만원보다 더 클 것이 분명하다. 그렇지 않으면 귀찮음을 무릅쓰고 시장까지 가서 사과를 사는 수고를 하려 들지 않았을 것이기 때문이다. 이처럼 소비자가 어떤 물건을 살 때는 언제나 그가 지불한 금액 이상의 만족감을 얻는다. 그 만족감을 화폐 단위로 표시하고 여기에서 지불한 금액을 빼면 바로 그 교환에서 소비자가 얻는 이득을 구체적인 수치로 나타낼 수 있다. 이것은 소비자가 교환에서 얻는 잉여라는 뜻에서 **소비자잉여**consumer surplus라고 불린다.

일반적으로 소비자가 똑같은 상품 여러 개를 소비할 때 처음에는 매우 큰 만족감을 느낀다. 예컨대 사과 다섯 개를 먹는 소비자의 경우, 첫 번째 사과를 먹을 때의 만족감은 매우 크다는 말이다. 이에 비해 두 번째 사과를 먹을 때의 만족감은 약간 작아진다. 그러다가 세 번째, 네 번째로 가면 한층 더 만족감이 작아지게 된다. 우리 자신의 경험에 비추어 보면 이 말이 맞는다는 것을 알 수 있다.

그런데 사과를 다섯 개 산 소비자의 경우, 다섯 번째 사과를 소비할 때의 만족감이 사과의 가격(2천원)과 똑같아야 한다. 즉 네 번째까지는 가격보다 더 큰 만족감을 얻지만, 마지막 다섯 번째에 가서는 가격과 똑같아져야 한다는 것이다. 다음과 같은 예를 생각해 보면 왜 그렇게 되는지 이해할 수 있다.

예를 들어 다섯 번째 사과가 주는 만족감의 크기가 돈으로 따져 1천 5백원이라고 하자. 이 경우 소비자는 그 다섯 번째 사과를 사려 하지 않을 것이다. 지불한 가격보다 더 작은 만족감을 주는 상품을 살 사람은 아무도 없다. 이번에는 다섯 번째 사과가 가격보다 더 큰 만족감, 예컨대 2천 5백원에 해당하는 만족감을 준다고 해보자. 이 경우 소비자는 그 다섯 번째 사과를 사는 것은 물론, 더 많은 사과를 사려고 할 것이다. 소비자는 사과 한 개를 더 소비할 때의 만족감이 그것의 가격과 같아질 때 가서야 비로소 더 이상 사지 않겠다고 결정한다. 이상의 논의를 종합해 보면, 어떤 상품의 마지막 단위에서 나오는 만족감이 가격과 똑같아지는 수준에서 구입량이 결정된다는 것을 알 수 있다.

다음과 같은 구체적 예를 들어 사과 다섯 개를 산 사람이 얻는 소비자잉여를 계산해 보자. 그가 첫 번째 사과에서 얻는 만족감을 화폐단위로 표시하면 4천원이라고 한다. 그리고 두 번째는 3천 5백원, 세 번째는 3천원, 네 번째는 2천 5백원, 다섯 번째는 2천원에 해당하는 만족감을 얻는다고 한다. 그렇다면 그가 다섯 개의 사과를 모두 소비했을 때 얻는 만족감의 크기는 이 모두를 합친 것, 즉 1만 5천원어치가 된다. 이는 그가 다섯 개의 사과를 사기 위해 1만 5천원까지 지불할 용의를 갖는다는 것을 뜻한다. 그렇지만 가격이 2천원인 사과 다섯 개의 값은 1만원밖에 되지 않아, 결국 5천원에 해당하는 소비자잉여가 생긴다.

상품의 거래에서 소비자만 이득을 얻는 것은 아니다. 거래 상대방, 즉 생산자도 이득을 얻는데, 이를 **생산자잉여**producer surplus라고 부른다. 생산자잉여는 물건을 팔고 얻은 수입이 그것에 대해 최소한 받아야겠다고 생각하는 금액을 초과하는 부분을 뜻한다.

예를 들어 사과를 생산한 사람이 사과 하나하나에 대해 다음과 같은 금액을 받아야겠다는 생각을 갖는다고 하자. 즉 첫 번째 사과에 대해서는 1천원, 두 번째는 1천 3백원, 세 번째는 1천 5백원, 네 번째는 1천 7백원, 그리고 다섯 번째는 2천원을 받아야 한다고 생각한다. 이 경우에도 마지막 다섯 번째의 사과에 대해 받아야겠다는 금액이 가격과 똑같아야 한다. 그렇지 않으면 다섯 개보다 덜 팔거나 아니면 더 많이 파는 결과가 나오기 때문이다(앞서 본 소비자의 경우와 비슷하게 생각해 보면 왜 그런지 알 수 있다).

위의 예에 따르면, 사과를 생산해 파는 사람은 다섯 개에 대해 최소 7천 5백원을 받아야겠다고 생각한다. 그런데 그가 얻는 수입은 1만원이 되므로, 2천 5백원어치의 생산자잉여를 얻게 되는 것이다. 지금 예로 들고 있는 사과의 거래에서 소비자는 소비자대로, 생산자는 생산자대로 이득을 얻는다는 것을 알 수 있다. 상품의 교환을 통해 모두가 이득을 볼 수 있다는 것은 바로 이를 두고 하는 말이다. 사회 전체의 관점에서 보면 이와 같은 교환에서 소비자잉여와 생산자잉여를 합친 것에 해당하는 사회후생의 증가가 생긴다. 이를 '사회적 잉여'social surplus라고 부르는데, 사람들이 아무런 제약 없이 자유로이 상품을 교환할 때 이것이 가장 커질 수 있다.

왜 책 사재기가 없어지지 않을까?

지금은 많이 줄었다고 하지만, 어떤 책을 펴낸 출판사가 그 책을 대량으로 사들여 베스트셀러 리스트에 올려놓는 경우가 있다. '사재기'로 불리는 이 관행이 사라지지 않는 것은 나름대로 효과적인 홍보전략이기 때문이다. 비용 대비 효과가 가장 큰 홍보전략이라는 것이 출판업계의 정설이다. 처벌받을 위험을 무릅쓰고 암암리에 사재기를 하는 것을 보면 이것의 매력이 얼마나 큰지 알 수 있다.

사재기를 통해 어떤 책을 일단 베스트셀러 리스트에 올려놓으면 이제는 독자들이 몰려들어 책 판매가 늘어나기 시작한다. 독자들 입장에서 보면 매일 쏟아지는 수없이 많은 책들을 제목만 보고 평가하기가 무척 어렵다. 서점에 가서 책을 펴들고 몇 페이지 읽어본다 해도 정말로 읽을 만한 책인지 판단하기 어려운 것은 마찬가지다. 이 상황에서 많은 사람들이 베스트셀러 리스트에 오른 책을 고르는 전략을 선택한다.

어떤 책이 베스트셀러 리스트에 올랐다는 것은 많은 사람들이 그 책을 읽을 만하다고 평가한다는 것을 뜻한다. 따라서 자신도 안심하고 그 책을 살 수 있다. 베스트셀러 리스트에 오르면서 상승작용에 의해 수요가 더욱 커질 수 있는 이유가 바로 여기에 있다. 말하자면 베스트셀러 리스트가 **유행효과**bandwagon effect를 만들어내는 역할을 하고 있는 셈이다. 사재기 전략의 목표는 바로 이 유행효과를 촉발하는 데 있다.

심리학자들은 이 유행효과의 배후에 '군집지능'swarm intelligence이 있다고 말한다. 군집지능이란 개미나 벌 같은 사회적 동물이 집단에서 행동하는 방식을 가리키는 말이다. 인간 역시 사회적 동물이기 때문에 이 군집지능에 따라 행동하고 있음이 분명하다. 군집지능에 따라 행동한다는 것은 다른 사람들이 어떤 행동을 하면 본능적으로 그 행동을 따라 한다는 것을 뜻한다.

일부 유통체인이 실험하고 있는 '스마트카트'smartcart 기술은 바로 이 군집지능을 활용해 판매량을 늘리려는 목표를 갖고 있다. 이 기술은 다음과 같은 원리에 의해 작동하고 있다. 우선 슈퍼마켓 측은 선반에 진열되어 있는 모든 물건에 라디오 신호를 보내는 작은 장치를 달아 놓는다. 고객이 끌고 다니는 카트에는 스캐너가 달려 있어 어떤 물건을 그 안에 집어넣는 순간 그 물건을 샀다는 정보가 중앙 컴퓨터로 전송된다.

이렇게 모아진 구매 정보는 각 상품이 진열된 선반에 붙어 있는 스크린에 게시된다. 고객들은 그것을 보고 각 상품이 얼마나 인기가 있는지를 판단하게 된다. 어떤 상품을 집어 들고 그것을 살까 말까 망설이고 있는 사람에게는 그 정보가 결정적인 역할을 할 수 있다. 고객들에게 인기 있는 상품으로 드러나면 안심하고 그것을 사기로 결정한다. 반면에 아무도 사지 않은 상품이라면 주저하지 않고 선반 위에 도로 올려놓는다.

광고라는 것은 유행효과를 만들어내는 데 그 궁극적 목표가 있다고 말할 수 있다. 소비자에게 다른 사람들이 쓰는데 나만 빠질 수 없다는 절박감을 심어주는 효과를 노리고 있는 것이다. 내가 좋아하는 스타가 그 상품을 쓰고 있다는 사실을 알게 되는 순간 그 절박감은 한층 더 커진다. 엄청난 돈을 지불하고 유명 연예인을 광고에 출연시키는 이유가 바로 여기에 있다.

4

기업의 세계

세계에서 가장 긴 역사를 가진 기업

현존하는 기업 중 아마도 가장 긴 역사를 가진 것은 영국의 보험회사 로이드Lloyd's 일 것이다. 1600년대 런던에서는 로이드E. Lloyd 라는 사람이 운영하는 커피하우스가 신대륙과 무역을 하는 사람들의 사교장 역할을 하고 있었다. 해상무역에는 많은 위험이 따르는 것이 보통이기 때문에 그곳에 모인 사람들의 대화에서도 위험이 주제가 되는 경우가 많았다.

신대륙에서 값비싼 물건을 잔뜩 싣고 입항한 사람들은 큰돈을 벌 수 있다. 그러나 항해 도중 악천후를 만나 좌초할 수도 있고, 선상반란이 일어날 수도 있고, 해적을 만날 수도 있어 큰 고민이다. 이때 어떤 돈 많은 사람이 나타나 사고가 나면 보상을 해줄 테니 무역에서 얻은 이익의 일부를 나눠 달라는 제의를 했다고 하자. 이와 같은 거래가 양측 모두에게 이득이 될 것이기 때문에 그들은 흔쾌히 악수를 나누고 계약서에 서명을 했을 것이다. 실제로 그들은 보험계약을 체결한 셈이고, 이와 같은 과정을 통해 자연발생적으로 보험업이 태동하게 된 것이다. 이런 연원을 갖는 로이드 보험회사는 3백 년 이상의 역사를 갖고 있는 셈이다.

그런데 이보다 훨씬 더 긴 역사를 갖고 있는 기업이 있다. 무려 1428년에 이르는 긴 역사를 갖고 있는 일본의 콘고구미金剛組가 바로 그것이다. 사찰 건축에 주로 종사하는 이 건설회사는 578년 콘고 시게미쓰金剛重光 라는 사람이 처음 만들었는데, 그는 백제에서 일본으로 건너간 사람이었다. 당대의 권력자 쇼토쿠 태자가 오사카 지역의 시텐노지라는 절을 건립하기 위해 백제의 건축장인 3명을 초대했는데, 콘고가 그중의 한 명이었던 것이다.

16세기에 들어오면서 콘고구미는 전성기를 구가해 오사카 성 건설과 호류지의 개축에 참여했다고 한다. 콘고의 후손들이 40대에 걸쳐 계속 당주 자리를 이어오던 콘고구미는 1955년 주식회사로 전환되었는데, 제2차 세계대전 이후의 재건과정에서 일어난 건설붐의 혜택을 보았다고 한다. 그리고 사찰 건축에 전통적 공법과 철근 콘크리트를 쓰는 공법을 조화시킨 새로운 접근법을 개발해 각광을 받기도 했다.

그러나 천 년 이상의 긴 전통을 갖고 있는 콘고구미 역시 일본 경제를 강타한 극심한 불황의 덫에 걸리고 말았다. 엄청난 부채에 시달리던 콘고구미는 2006년 파산의 운명을 맞게 된 것이다. 이로 인해 콘고구미는 독립기업으로서의 간판을 내리고 다카미쓰건설이란 기업의 한 부서로 재편되기에 이르렀다. 백제인의 후예들이 천 년 이상의 자랑스러운 전통을 이어오던 유서 깊은 기업이 불황의 덫을 피하지 못하고 청산되는 운명을 맞게 된 것이다.

기업의 사회적 책임

최근 들어 '기업의 사회적 책임'corporate social responsibility이 기업 경영의 주요한 화두로 등장하고 있다. 기업을 경영할 때 이윤에만 관심을 쏟을 것이 아니라 사회적 책임까지 함께 고려해야 마땅하다는 이념이다. 말하자면 기업이 이윤만을 추구하는 조직으로서가 아니라 모범적인 시민으로서의 자세를 보이는 것이 중요하다는 뜻이다.

전통적인 견해에 따르면 주주의 이익을 극대화하는 방향으로 기업을 경영하는 사람이 좋은 경영자다. 바꿔 말해 이윤의 극대화를 추구하는 것이 최선의 경영 방식이라고 보는 것이다. 그러나 기업의 사회적 책임이란 관점에서 보면 주주뿐 아니라 기업의 다른 이해당사자stakeholder들, 즉 근로자나 소비자의 이익도 함께 고려해야 한다. 나아가 사회 전체 그리고 미래세대에 미칠 영향까지 고려해 기업을 경영하는 것이 바람직하다.

일반적으로 기업의 경영 성과는 오직 얼마만큼의 이윤을 만들어냈느냐에 의해서만 평가된다. 그러나 기업의 사회적 책임을 주장하는 사람들은 기업이 환경 보호나 사회정의 실현 등의 사회적 이슈에 얼마나 기여했는지도 평가 대상에 함께 포함되어야 한다고 말한다. 이런 사회적 이슈에는 아랑곳하지 않고 오직 이윤을 크게 만드는 데만 집착하는 기업은 결코 좋은 기업이라고 말할 수 없다는 것이다.

기업의 사회적 책임이라는 이념이 점차 보편화되어가는 것은 사실이지만, 이에 대한 반론도 만만치 않다. 프리드먼M. Friedman은 이 문제와 관련해 "기업이 해야 할 일은 사업이다."Business of business is business.라는 유명한 말을 남겼다. 사회적 책임이니 뭐니 떠들어댈 것이 아니라, 사업을 잘해 이윤을 많이 만들어내는 것이 기업의 본분이라는 뜻이다.

경영자가 주주의 가치를 극대화하는 방향으로 기업을 경영해야 한다는 말이 틀린 것은 아니다. 그러나 오늘날의 환경은 이윤만을 추구하는 근시안적 경영 방식이 결과적으로 이윤을 가장 크게 만들지 못하는 것으로 바뀌었다. 근로자나 소비자의 이익도 함께 고려해야 장기적으로 이윤이 더 커질 수 있는 상황으로 바뀌었다는 말이다.

경영 컨설턴트 데이비스I. Davis에 따르면, 사회적 책임의 적극적 추구가 소비자 만족도를 높이고 근로자들의 사기를 높여줌으로써 이윤 창출에 도움이 된다고 한다. 또한 공공정책이나 규제라는 관점에서 볼 때도 사회적 책임을 추구하는 기업이 이득을 볼 수 있다고 한다. 그는 새로 개발한 AIDS약에 높은 가격을 매긴 제약회사에 대해 정부가 규제 강화로 대응한 사례를 들고 있다.

요즈음 기업들은 앞다투어 자기네들이 얼마나 많은 사회적 기여를 하고 있는지 선전하고 있다. 이런 선전을 통해 이윤만을 추구하는 기업이라는 이미지를 벗어던지려고 노력하는 것을 볼 수 있다. 이제는 기업의 사회적 책임과 관련된 전문 컨설팅회사까지 등장하는 단계에 이르렀다. 기업의 입장에서 볼 때 모범적인 시민이 되라는 사회적 압력을 무시할 수 없는 상황이 되었기 때문이다.

그러나 기업의 사회적 책임을 맹목적으로 강조하는 것은 그리 바람직한 일이 아니다. 사회적 책임을 중요하게 생각하는 것은 바람직하지만, 그것이 기업의 가장 중요한 목표가 될 수는 없기 때문이다. 사회봉사를 목적으로 만들어진 단체라면 모를까, 영리를 추구하는 기업이라면 이윤이 가장 중요한 목표가 될 수밖에 없다. 이윤과 사회적 책임 사이에서 적절한 조화가 필요하다는 것은 두말할 나위도 없다.

기업에게는 이윤만이 최고의 목표인가?

현대의 경제이론에서는 기업의 목표가 이윤극대화를 추구하는 데 있다는 가정이 널리 채택되고 있다. 경제학 교과서들을 보면, 으레 기업이 이윤극대화를 추구한다는 전제하에서 기업의 행위를 분석하고 있다. 그러나 이 가정이 과연 얼마나 큰 타당성을 가지고 있는지에 대해 의문을 품는 사람들이 적지 않다.

요즈음의 기업을 관찰해 보면 이윤극대화만이 기업의 유일한 목표라고 보기는 힘든 점이 종종 눈에 띈다. 어떤 기업은 안정적 성장이란 목표를 중요하게 생각해 당장의 이윤을 극대화하는 데 소극적인 태도를 보인다. 또한 매출액을 늘리는 데 우선순위를 두는 것 같아 보이는 기업도 있고, 시장점유율을 확보하는 데 열을 올리는 기업도 있다.

특히 소유와 경영이 분리된 현대의 기업에서는 전문경영인이 과연 이윤극대화를 추구하는 방향으로 기업을 이끌어나가는지의 여부가 분명치 않다. 전문경영인은 기업의 외형, 즉 매출액을 극대화하는 방향으로 기업을 운영하게 될 가능성이 크다. 경영인으로서 누릴 수 있는 위신, 영향력 혹은 보수는 이윤의 크기보다 매출액의 크기에 더 많이 좌우되기 때문이다. 이윤이 많이 나는 소규모 화장품회사의 사장보다는 이윤이 적게 나더라도 규모가 큰 중공업회사의 사장이 더 큰 영향력을 갖는 법이다. 전문경영인도 사람인지라 자신에게 돌아오는 이득을 고려해 기업을 경영할 가능성이 큰데, 그렇다면 가능한 한 매출액을 크게 만드는 쪽으로 방향을 잡지 않을까?

이와는 다른 각도에서 현실의 기업들이 이윤극대화를 추구하지 않을 것이라고 설명하는 사람들도 있다. 경제학뿐 아니라 경영학이나 심리학 등 다방면에 능통한 학자 사이먼H. Simon이 그중 한 사람이다. 그는 기업들이 마지막 한 푼의 이윤까지 더 얻으려고 노력하지 않는다고 보았다. 즉 적절한 수준의 이윤을 얻었다고 판단하면 그 선에서 만족할 뿐 극대화될 때까지 이리 뛰고 저리 뛰지는 않는다는 것이다.

사이먼은 기업이 설사 이윤극대화를 추구한다 해도 정보의 부족이나 불확실성 등의 문제 때문에 그 목표를 도저히 달성할 수 없다는 점을 강조했다. 인간이란 원래 제한된 합리성밖에 갖지 못한 존재이기 때문이다. 경제이론에서 상정하고 있는 것처럼 무엇을 극대화하는 것이 결코 쉽지 않다는 지적이다.

그러나 이렇게 이윤극대화 가설에 대한 비판의 소리가 높은 중에도 여전히 이를 옹호하는 경제학자들이 많다. 그 대표적인 예가 프리드먼M. Friedman인데, 그는 당구선수의 예를 들어 이윤극대화 가설을 지지하는 논리를 제시하고 있다.

어떤 당구선수가 역학의 법칙을 이해하고 있으며, 실제 경기에서 이 법칙을 활용하고 있다는 가설을 세웠다고 하자. 우리는 이 가설에 입각해 그가 앞으로 어떻게 경기를 풀어나갈 것인지를 예측할 수 있다. 예컨대 공들이 특정한 위치에 놓여 있을 때, 역학의 법칙을 활용해 어떤 타점을 어떤 각도에서, 그리고 얼마나 센 힘으로 쳐야 하는지를 계산할 수 있다. 이 가설은 그가 바로 이 계산 결과와 일치하는 방법으로 경기를 풀어나갈 것이라고 예측하는 것이다.

만약 그가 정말로 훌륭한 당구선수라면 역학의 법칙이 요구하는 바대로 경기를 풀어나갈 것이다. 따라서 이 가설에 따른 예측은 그의 실제 행동과 정확하게 부합되는 결과가 나타날 것이다. 그렇지만 실제로 그 당구선수가 역학의 법칙을 이해하고 있을 가능성은 지극히 희박하다. 따라서 그 가설의 전제조건, 즉 그가 역학의 법칙을 이해한다는 가정은 현실과 어긋난다고 볼 수 있다. 어떤 사람은 이 점을 들어 그 가설이 아무런 의미를 갖지 못한다고 단정해 버릴지 모른다.

프리드먼은 어떤 가설의 타당성을 평가하는 가장 중요한 기준은 그것이 현실을 얼마나 정확하게 예측할 수 있는지의 여부라는 점을 강조한다. 이에 비해 가정의 현실성은 별로 중요한 평가 기준이 될 수 없다는 것이다. 가정의 현실성과는 상관없이 그 당구선수의 행동을 정확하게 예측할 수 있는 한 그 가설은 타당성을 인정받을 수 있다는 것이 그의 주장이다. 그는 경제이론의 경우도 이와 마찬가지로 사람들의 경제행위를 정확하게 예측할 수 있는지의 여부가 이론의 정당성을 평가하는 궁극적 기준이 되어야 한다고 주장했다. 그는 바로 이 근거에서 이윤극대화 가설을 적극적으로 옹호했다.

일반적으로 기업을 경영하는 사람들은 어떤 목표를 추구하느냐는 질문에 대해 이윤극대화보다는 좀 더 고상한 목표를 말하는 경향이 있다. 예를 들어 사업을 함으로써 국가경제에 기여하려 한다느니, 좋은 제품을 만들어 소비자에게 봉사하려 한다는 등의 대답이 나오기가 십상이다. 이런 대답이 어느 정도로 진심에서 우러나온 것인지는 분명하지 않다. 프리드먼은 설사 이 말이 사실이라고 해도 그것만으로 이윤극대화의 가설 그 자체를 부정해야 할 충분한 이유는 되지 않는다고 말한다. 이 가설이 기업의 행위를 정확하게 예측해 줄 수만 있다면 이론으로서의 타당성을 갖는다는 것이 그의 결론이다.

주식가격 극대화?

한때 투명경영의 대명사처럼 불렸던 미국 기업들이 그동안 주식가격을 높이기 위해 갖가지 수법으로 회계부정을 저질러 온 사실이 드러나게 되었다. 2002년 Enron이란 굴지의 에너지 회사가 파산하면서 대규모 회계부정을 저질렀다는 사실이 드러나 월스트리트에 메가톤급 충격을 가져다 주었다. 우리를 더욱 경악하게 만든 것은 공정성과 투명성의 최후 보루라고 할 수 있는 회계법인의 공모하에 이런 일이 저질러졌다는 사실이다.

이와 같은 회계부정의 근본적 원인은 수단 방법을 가리지 않고 주식가격을 띄우려는 전문경영인의 욕망에서 찾을 수 있다. 원칙적으로 말해 주식가격은 기업의 수익성을 반영하는 것이고, 따라서 기업을 효율적으로 운영해 이윤을 많이 내면 주식가격이 높아지게 마련이다. 그렇기 때문에 주식가격을 가능한 한 높게 만들려는 방향으로 기업을 경영하는 것은 주주들의 이익과 합치된다고 말할 수 있다.

문제는 정도가 지나쳐 전문경영인들이 주식가격을 높이기 위해 수단 방법을 가리지 않게 되었다는 데 있다. 주식가격에 좋은 영향을 줄 정보만을 흘리고 불리하다고 판단되는 정보는 꽁꽁 숨겨두는 것이 그 좋은 예다. 때로는 근거 없는 정보를 유포시켜 투자자들을 현혹시키는 일도 서슴지 않는다. 심지어는 장부를 조작해 이윤을 부풀리는 수법까지 동원하게 되는데, 그것이 바로 회계부정 스캔들이다.

전문경영인들이 주식가격을 높이는 데 혈안이 되는 것은 이로 인해 자신에게 돌아오는 이득이 엄청나게 크기 때문이다. 주식가격이 높아지면 경영자로서의 명성이 높아지는 것 정도의 이득에 그치는 것이 아니라, 이보다 훨씬 더 큰 이득을 얻게 된다. 일반적으로 전문경영인은 자기 회사의 주식 혹은 주식옵션(일정한 가격에 주식을 살 수 있는 권리)을 다량 보유하고 있다. 따라서 주식가격이 오름에 따라 천문학적인 이득을 얻을 수 있는 구도가 형성되어 있는 것이다.

이론적으로 보면 주식가격을 극대화한다는 것이 이윤을 극대화한다는 것을 뜻할 수 있다. 그러나 미국 기업들의 회계부정 스캔들이 보여주듯, 현실에서는 이 둘 사이에 엄청난 차이가 존재한다. 이윤이 별로 나지 않은 상황에서도 부정한 방법으로 장부를 조작함으로써 주식가격을 높일 수 있기 때문이다. 소유와 경영이 분리된 상황에서 마치 황제처럼 군림하는 전문경영인들이 자신의 이익을 앞세워 기업을 경영해 나가는 한 이 차이는 결코 좁혀질 수 없다.

X-효율성

덤으로 존재하는 효율성

처방을 그대로 따라 만든 보약도 어떤 것은 더 약효가 있고 어떤 것은 덜한 차이가 있기 마련이다. 처방은 그 보약에 어떤 재료들이 얼마의 분량으로 들어가야 한다는 것을 지정할 뿐이다. 그러나 똑같은 당귀, 작약이라 해도 어디서 어떤 조건하에 성장한 것이며, 언제 채취했느냐에 따라 약효가 천차만별일 것이다. 또한 약재까지 똑같은 것을 썼다 해도 어떤 방법으로 달였느냐에 따라 약효가 달라질 수 있다. 심지어는 누가 어떤 마음으로 약을 달였는지가 약효에 영향을 줄 가능성까지도 있다.

경제학에서 생산과정이 효율적이라고 할 때는 대개 노동과 자본 같은 생산요소가 적절한 비율로 결합되어 투입된 상태를 뜻한다. 경제학 교과서를 보면 어떤 조건이 충족되어야 생산과정이 효율적으로 될 수 있는지 자세하게 설명되어 있다. 그런데 실제로는 기업이 이 조건을 충족시키는 것만으로 최대한의 효율성을 발휘한다는 보장이 없다. 다음과 같은 예를 통해 이 말이 구체적으로 무엇을 뜻하는지 알아보기로 하자.

어떤 산업 안에 규모가 비슷한 두 기업이 생산활동을 하고 있다고 하자. 이 두 기업은 생산과정에 노동과 자본이 2 : 1의 비율로 결합되어 투입되는 것이 효율적이라는 사실을 알고 이 비율을 충실하게 지키고 있다. 그런데 어떤 외부인사가 두 기업을 돌아본 결과, 한 기업에서는 모두가 신바람이 나서 일하는 반면, 다른 기업에서는 전부 퉁퉁 부은 얼굴로 마지못해 일에 매달려 있는 것을 발견했다고 한다. 상식적으로 판단해 볼 때 이 두 기업 중 어느 쪽의 생산성이 더 높을 것인지는 너무나도 분명하다. 그러므로 한 기업은 교과서적인 의미의 효율성 조건은 충족시켰으면서도 최대한의 효율성을 달성하는 데에는 실패한 셈이다.

라이벤스타인H. Leibenstein은 이 예에서 보는 것처럼 전통적인 이론에서 말하고 있는 효율성의 개념과는 다른 성격의 효율성이 현실의 경제에 존재하고 있음을 지적했다. 그는 이와 같은 성격의 효율성을 **X-효율성** X-efficiency이라고 불렀는데, 여기에서 X라는 표현은 덤이란 뜻의 'extra'를 뜻한다고 한다. 근로자들이 열성적으로 일해 생긴 효율성이라면 덤으로 얻어진 효율성이라고 볼 수 있다는 뜻에서 이런 이름이 붙었다.

어떤 기업 안의 생산과정을 자세히 들여다보면, 이처럼 겉으로는 잘 드러나지 않지만 실제로 생산성에 중요한 영향을 미치고 있는 요인들이 구석구석에 존재하는 것을 발견하게 된다. 기업이 치열한 경쟁에서 살아남기 위해서는 이렇게 덤으로 얻어질 수 있는 효율성까지 최대한으로 활용하지 않으면 안 된다.

훌륭한 경영자란 근로자들로 하여금 신바람이 나서 일할 수 있게 해줌으로써 X-효율성을 극대화할 수 있는 사람이다. 스타급 선수 한 명 없이 모두 평범하기 그지없는 선수들로 이루어진 운동팀이 막상 경기에 나서면 무서운 저력을 발휘하는 것을 종종 본다. 이런 팀의 감독은 선수들로 하여금 최대한의 X-효율성을 발휘하게 만드는 비법을 알고 있음에 틀림이 없다.

지난 몇십 년 동안 우리 국민은 잘살아 보자는 일념에서 하나로 똘똘 뭉쳐 열심히 일해 왔다. 바로 이 열정이 우리 경제의 효율성이 최고 수준으로 높아질 수 있었던 비결이었다. 그런 우리 경제가 언제부터인지 예전의 활기를 잃고 맥없이 흐느적거리는 모습을 보이고 있다. 이는 요즈음 우리 사회에서 신바람이 나 있는 사람을 찾아보기가 힘들다는 것과 밀접한 관련을 갖고 있다. 그동안 우리 사회 곳곳에 뿌리박고 있던 부조리, 경직성, 그리고 부패 같은 것들이 사람들의 신바람을 빼앗아간 주범이었을 것이다. 정직하게 일한 사람이 정당한 대우를 받는 사회가 되어야만 우리 사회의 X-효율성이 다시 예전의 최고 수준으로 회복될 수 있다.

규모의 경제

규모가 클수록 좋다

자동차나 가전제품 같은 공산품들은 대량으로 생산하는 체제를 갖추어야 가격경쟁력이 생긴다. 규모가 커질수록 생산단가가 낮아지는 생산 기술상의 특성이 그 산업들에 존재하기 때문이다. 이렇게 규모가 커지면서 생산단가가 낮아질 때 **규모의 경제**economies of scale가 존재한다고 말한다. 오늘날 많은 산업에서 범세계적인 차원의 인수·합병M&A 바람이 불고 있는데, 이는 규모의 경제를 최대한 활용하려는 경영전략에 그 뿌리를 두고 있다.

규모의 경제가 나타나는 데는 여러 가지 이유가 있을 수 있다. 우선 생산규모가 커지면서 분업에 의한 전문화가 가능한 데서 규모의 경제가 나타날 수 있다. 스미스A. Smith는 『국부론』에서 핀 만드는 공장의 예를 들어 분업이 생산의 효율성을 얼마나 현저하게 향상시킬 수 있는지 생생하게 설명했다.

하루 몇십 개의 핀을 만들 정도인 작은 생산규모에서는 한 사람이 철사를 만들고, 자르고, 뾰족하게 만드는 일을 모두 도맡아 해야 한다. 이런 상황에서는 생산이 효율적으로 이루어질 수 없어 핀 하나의 생산단가가 무척 높을 수밖에 없다. 이를 보면 분업에 의한 전문화가 가능해지는 데서 규모의 경제가 생길 수 있음을 쉽게 이해할 수 있다.

또한 순수하게 기술적인 요인에 의해 규모의 경제가 나타나기도 한다. 공학에서는 어떤 시설의 용량을 증가시키는 데 소요되는 비용과 관련해 소위 '0.6규칙'이라는 것이 존재하는 것으로 알려져 있다. 그 규칙은 시설

용량을 k배로 증가시키려고 할 때 이에 드는 비용은 $k^{0.6}$배로 증가한다는 내용을 담고 있다. 예를 들어 수돗물의 생산능력을 두 배로 증가시키는 데 드는 비용은 원래의 두 배가 아니라 $2^{0.6}$배, 즉 1.52배가 된다는 말이다. 나아가 생산능력이 세 배가 되려면 비용이 1.93배, 네 배로 되려면 2.30배라는 식으로 변화해 간다. 이는 수돗물 1톤당의 생산단가가 점차 떨어지는 규모의 경제가 나타날 것임을 뜻한다.

그런데 규모의 경제가 현저하게 나타나는 산업에서는 경쟁체제가 성립하기 어렵다. 처음에는 여러 개의 기업이 경쟁하고 있다 하더라도, 그중 한 기업이 생산수준을 크게 늘리면 다른 기업들은 곧 도태되고 만다. 규모의 경제로 인해 이 기업의 생산단가가 다른 기업보다 현저히 더 낮아져 경쟁을 하려야 할 수 없는 상태가 되기 때문이다.

이처럼 규모의 경제가 현저한 산업에서는 자연발생적으로 독점화의 경향이 나타나게 된다. 이런 이유로 발생하는 독점체제를 '자연독점'natural monopoly이라고 부르는데, 이를 인위적으로 해체해 경쟁체제로 만들려고 하는 것은 그리 바람직한 일이 아니다. 독점기업을 여러 개의 기업으로 나누는 과정에서 생산단가가 더 높아지는 비효율성이 발생하기 때문이다. 따라서 아예 독점의 상태로 놓아두고 불공정거래가 발생하지 않도록 규제를 하는 것이 더욱 현명한 대응이 된다.

범위의 경제

폭이 넓을수록 좋다

구두와 핸드백을 생산하던 기업이 있었는데, 구두를 생산하는 부서와 핸드백을 생산하는 부서가 따로 떨어져 나가 각각 독립된 기업이 되었다고 하자. 종전에는 가죽을 처리하고 가공하는 시설 하나로 구두와 핸드백을 함께 생산할 수 있었는데, 이제는 두 기업으로 나누어졌기 때문에 각 기업이 따로 그 시설을 마련해 놓고 있어야 한다. 이제는 그 시설이 한 가지 상품을 생산하는 데만 사용되기 때문에 놀려두는 상태로 있는 시간이 길어지게 되었지만 어쩔 수 없다. 이렇게 활용도가 낮은 시설을 각 기업이 따로 유지해야 되는 상황에서는 생산비용이 자연히 더 높아진다. 만약 예전처럼 한 기업으로 통합되어 구두와 핸드백을 함께 생산하게 된다면 그 시설을 좀 더 효율적으로 사용할 수 있게 되어 생산비용이 절감될 것이다.

이해를 돕기 위해 다음과 같은 구체적 예를 들어보기로 하자. 독립된 두 기업이 한 상품씩 따로 생산할 경우, 구두 3백 켤레를 생산하는 데 6백만원의 비용이 들고 핸드백 2백 개를 생산하는 데 8백만원이 든다고 한다. 그런데 한 기업이 이들을 동시에 생산하면 총 1천 2백만원의 비용으로 앞에서와 같은 양의 구두와 핸드백을 생산할 수 있다고 한다. 한 상품씩 따로 생산할 때의 비용을 더하면 1천 4백만원이 되는데, 한꺼번에 생산하면 그보다 2백만원만큼 더 적은 비용이 드는 것이다. 한 기업이 동시에 생산함으로써 비용상의 이점이 생긴다는 것은 바로 이와 같은 결과가 나타난다는 뜻이다.

만약 구두와 핸드백을 생산하는 기업이 가죽코트까지 생산하게 되면 비용상의 이득은 한층 더 커질 수 있다. 이렇게 기업이 생산하는 상품의 범위가 더 커짐에 따라 비용이 절약되는 현상을 가리켜 **범위의 경제**economies of scope라고 부른다. 바로 앞에서 든 예는 한 생산시설을 여러 생산공정에서 함께 사용할 수 있어 생기는 범위의 경제라고 말할 수 있다. 그 밖에도 한 경영진이 여러 상품의 생산라인을 함께 관리함으로써 각 라인에 별도의 경영진을 두는 것에 비해 비용이 절감되기 때문에 생기는 범위의 경제도 있을 수 있다.

물론 여러 가지 상품을 동시에 생산하는 것이 반드시 이득만을 가져오지는 않는다. 예컨대 하나의 생산라인에 근무하는 사람이 다른 생산라인에 방해를 일으키는 일이 일어날 수도 있다. 이런 경우에는 오히려 '범위의 불경제'가 나타난다고 말할 수 있다.

그런데 지금 설명하고 있는 범위의 경제는 바로 앞에서 설명한 규모의 경제와 어떤 관계를 갖고 있을까? 규모의 경제가 있기 때문에 범위의 경제가 생긴다고 믿는 사람이 있을지 모르나 사실은 양자 사이에 아무 관계도 없다. 다음과 같은 예를 보면 규모의 경제가 없는 경우에도 범위의 경제가 나타날 수 있음을 쉽게 알 수 있다. 예를 들어 바이올린이나 첼로 같은 악기는 아주 숙련된 기술자가 소규모로 생산하는 것이 경제적이다. 그렇지만 앞에서 본 구두와 핸드백의 예처럼 두 악기를 한 기업이 함께 생산함으로써 비용상의 이점이 생길 가능성은 충분히 있다. 이 예를 보면 규모의 경제와 범위의 경제 사이에는 아무런 관계가 없음을 알 수 있다.

우리 사회에서 문제되고 있는 재벌들의 '문어발식 확장'이 범위의 경제에 의해서 정당화될 수 있을까? 그동안 재벌들의 과도한 확장욕이 여러 가지 경제, 사회적 문제를 야기해 온 것이 사실이다. 확장하려는 시도가 정당화되려면 범위의 경제로 인한 효율성의 상승폭이 커서 확장에 따르는 부정적 효과를 상쇄하고도 남음이 있다는 것을 입증할 수 있어야 한다. 그러나 각 재벌그룹 안에 포함되어 있는 수십 개에 달하는 기업들의 면모를 보면 그들 사이에서 그리 큰 범위의 경제가 나올 수 있을 것 같지 않다. 범위의 경제로 정당화할 수도 없으면서 이리저리 확장만을 일삼는다면 여론의 지탄을 받아도 할 말이 별로 없을 것이다.

코카콜라회사의 기발한 판매전략

세계 어느 곳에 가 보아도 붉은색의 거대한 코카콜라Coca-Cola 간판이 거리 한복판에 우뚝 서 있는 것을 볼 수 있다. 이 간판은 다 쓰러져 가는 집들이 다닥다닥 붙어 있는 빈민가 안에서도 볼 수 있고, 격렬하게 반미구호를 외쳐대는 군중들로 뒤덮인 거리에서도 발견할 수 있다. 붉은 바탕에 흰 글씨의 코카콜라 로고에서 우리는 끊임없이 이윤을 찾아 전 세계를 누비는 자본주의의 끈질긴 생명력을 보게 된다. 이 세상에서 자본주의를 상징하는 물건으로 이 코카콜라보다 더 적합한 것은 없으리라고 생각한다.

코카콜라회사는 이윤을 더 크게 만들기 위해 기발한 판매전략을 실험한 바 있는데, 이를 보면 "과연 자본주의의 첨병답구나!"라는 감탄이 저절로 나온다. 그것은 시시각각 변화하는 수요와 공급의 상황에 맞춰 콜라 가격을 수시로 변화시키는 전략이다. 목마른 사람들이 많이 몰려들면 바로 그 자리에서 콜라 가격을 높여 팔겠다는 것이니, 한 푼의 이윤이라도 더 얻으려는 그 철저한 타산에 혀를 내두르게 된다.

바람 한 점 없고 뜨거운 태양만이 이글거리는 여름날에는 시원한 콜라 생각이 더욱 간절해지는 법이다. 수요와 공급의 법칙에 따르면 이렇게 콜라에 대한 수요가 더 커질 때 콜라의 가격은 당연히 더 높이 올라가야 한다. 그렇지만 우리 주위에서 사람들이 콜라를 많이 찾는 날이라 해서 감히 평소보다 더 높은 가격을 부르는 상인을 보기는 힘들다. 뿐만 아니라 정말로 더운 날에 콜라 가격이 올라가는 일이 벌어지면, 사람들은 서늘한 날을 골라 미리 사재기를 할 것이므로 이윤을 늘리는 데 별 도움이 되지도 않을 것이다.

그렇지만 자판기에서 파는 콜라의 경우에는 상황이 전혀 다르다. 자판기에서 파는 콜라는 직장이나 학교에서, 또는 길을 가다가 갑자기 시원한 것이 마시고 싶어져 찾는 것이 보통이다. 그러므로 찌는 듯이 더운 날에는 자판기에서 파는 콜라 가격이 평소보다 두세 배나 더 높아져도 별수 없이 뽑아 먹을 수밖에 없다. 날씨가 더워질 것 같다고 자판기에서 미리 서너 캔을 뽑아놓고 기다릴 수도 없는 일이니까 말이다. 코카콜라회사는 바로 이 점을 노려 날씨에 따라 자판기에서 파는 콜라 가격을 변화시키는 전략을 시험해 본 것이다.

이와 같은 판매전략을 실천에 옮기는 데 별다른 기술이 필요한 것은 아니다. 그저 자판기에 온도계와 간단한 컴퓨터 칩 하나 정도만 부착해 놓으면 모든 준비가 끝난다. 이런 장치가 달린 자판기는 마치 사람의 마음을 꿰뚫어 보기라도 하듯 목이 더 마르다고 느끼는 날에는 영락없이 평소보다 훨씬 더 높은 가격을 요구하게 된다. 코카콜라회사는 세계 각처에서 이와 같은 자판기를 시험 운영해 본 바 있다고 한다.

충분히 예상할 수 있는 일이지만 이런 판매전략에 대한 소비자의 반응은 그리 호의적이지 않았다. 머지않아 소비자의 주머니를 꿰뚫어 보는 엑스레이 투시 장치가 달린 자판기까지 나와 주머니가 두둑할수록 더 높은 가격을 받을 때가 올지 모른다고 투덜대는 사람도 있었다. 그렇게 기온에 따라 값이 달라지는 자판기가 대중화되지 못한 것을 보면 코카콜라회사도 이 판매전략이 그리 좋지 않다는 판단을 내렸을 가능성이 크다.

그러나 우리가 잘 인식하지 못하고 있어서 그렇지, 이처럼 수요와 공급의 상황에 따라 가격을 수시로 변화시키는 전략은 다른 기업에 의해서도 점차 널리 채택되어 가고 있는 추세다. 여기에는 정보기술의 발전에 힘입어 그와 같은 전략의 활용이 더욱 쉬워진 것도 한몫을 하고 있다. 앞으로 정보기술이 더욱 발전해 나감에 따라 소비자의 주머니를 터는 데 훨씬 더 기발한 전략들이 동원될 것이다.

생고무 가격과 타이어 가격

브라질에 기상이변이 일어나는 바람에 고무나무들이 대량으로 말라 죽고 이에 따라 세계시장에서 생고무 가격이 급격하게 뛰어올랐다고 한다. 이 소식을 접한 우리나라의 타이어회사들은 일제히 타이어 가격을 20%씩 올려 받기 시작했다. 그런데 상식적으로 생각하면 타이어회사가 벌써부터 가격을 올려 받을 이유는 별로 없다. 지금 팔고 있는 타이어들은 예전에 싼값으로 수입한 생고무로 만든 것일 뿐 아니라, 생고무의 재고도 꽤 남아 있을 것이기 때문이다. 그렇다면 설사 타이어 가격이 결국 오를 것이기는 해도 몇 달 후에 올라야 마땅하다고 생각할 수 있다.

소비자들은 생고무 가격이 오른다는 소식을 접하자마자 타이어 가격을 올려 받는 타이어회사들에 맹렬한 비난을 퍼부었다. 이윤 추구에 눈이 멀어 탐욕스런 행동을 했다는 비난이 빗발치듯 했다. 그런데 그와 같은 타이어회사의 행동은 정말로 비난받아 마땅한 것일까? 논리적으로만 따져보면 타이어회사의 결정을 비난할 아무런 근거를 발견할 수 없다. 이윤극대화를 추구하는 타이어회사로서는 타이어 가격을 즉각 올리는 것이 지극히 합리적인 결정이기 때문이다.

이 점을 제대로 이해하기 위해서는 그 회사가 지금 재고로 갖고 있는 타이어가 자본의 성격을 갖고 있다는 사실에 주목해야 한다. 재고로 갖고 있는 상품은 당장 팔 수도 있고 아니면 놓아두었다가 나중에 팔 수도 있다는 점에서 자본의 성격을 갖는 것이다. 기업은 당연히 이윤을 가장 크게 만든다는 관점에서 그 재고를 시장에 내놓는 시기를 선택할 것이며, 이와 동시에 어떤 가격에 팔지를 결정하게 된다.

예컨대 다섯 달만 지나면 현재 갖고 있는 생고무가 바닥이 나서 비싼 가격을 주고 생고무를 수입해 써야 한다고 하자. 종전에는 타이어 한 개의 값이 15만원이었지만, 비싼 값에 수입한 생고무로 타이어를 만들게 되면 타이어 한 개의 값이 20만원으로 뛰어오를 것으로 예상된다고 한다.

다섯 달 후면 타이어 가격이 20만원으로 뛰어오를 텐데 지금 15만원을 받고 팔 회사는 없다. 창고에 보관해 두었다가 다섯 달 후 20만원에 팔아 이윤을 더 크게 만들 수 있기 때문이다. 따라서 타이어회사는 가격이 당장 20만원에 가까운 수준으로 오르지 않는 이상 결코 팔려 하지 않을 것이 분명하다. 그렇다면 생고무 가격이 오른다는 소식을 접하자마자 타이어 가격을 올려 받은 타이어회사들의 행동을 비난할 근거는 없는 셈이다.

이 논리에 따르면 원자재 가격이 내려간 때에는 상품의 가격도 신속하게 내려가야 마땅하다. 그러나 현실을 보면 반드시 그렇지 않은 경우도 많다. 1996년 6월 우리나라의 신문사들과 제지회사들은 신문용지 가격의 적정 인하폭을 두고 한바탕 싸움을 벌인 적이 있다. 신문사들은 1995년 톤당 970달러 수준에 머물렀던 펄프 가격이 1996년에는 530달러 수준으로 떨어졌기 때문에 신문용지 가격도 대폭 떨어져야 한다고 주장했다. 이에 대해 제지회사들은 신문용지의 가격을 겨우 5.1%만 인하하겠다고 맞서 둘 사이에 큰 싸움이 벌어졌다.

경제적 논리에 따르면 신문사들이 신문용지 가격을 대폭 낮추라고 구태여 요구하지 않아도 스스로 떨어졌어야 마땅하다. 그런데도 가격이 별로 떨어지지 않았던 것은 결국 제지업계 내부에서 어떤 담합이 이루어졌기 때문이었을 가능성이 크다. 제지업계는 독과점체제로 운영되고 있기 때문에 신문용지 가격을 5.1%만 내린 수준에서 버티기로 쉽게 합의에 도달할 수 있었을 것이다. 그렇지 않았다면 신문용지 가격의 폭락을 예측하고 대폭 내린 가격에 신문용지의 재고를 처리하려 드는 기업이 틀림없이 나타났어야 했다. 결국 공정거래위원회는 제지 3사 사이에 담합이 있었다는 판정을 내리고 이들에게 과징금을 부과함으로써 이 싸움에 종지부를 찍었다.

5

시장에서의 경쟁

완전경쟁

찾아보기 힘든데도 관심을 갖는 이유

당연한 말이지만, 경제학은 현실에서 나타나는 경제현상을 주요한 연구 대상으로 삼는다. 그러나 여기에 몇 가지 예외가 있는데, 그중 하나가 바로 **완전경쟁**perfect competition이란 현상이다. 경쟁의 한 형태인 완전경쟁은 현실에서 거의 찾아보기 힘든데도 경제학자들은 이에 많은 관심을 갖고 있다. 경제학에서 경쟁에 대한 논의는 언제나 완전경쟁시장의 이론으로부터 출발할 정도로 이에 대한 관심이 크다. 그렇지만 현실의 시장을 관찰해 보면 완전경쟁시장에 가까운 것조차 찾기 힘들 정도다. 자동차, 철강, 가전제품, 화장품 등 우리 주위에서 보는 상품들은 거의 모두 독과점 시장에서 거래되고 있는 실정이다.

이처럼 현실에서 그 예를 찾아보기도 힘든 완전경쟁시장에 그렇게 많은 관심을 갖는 이유는 과연 무엇일까? 우선 현실에서 완전경쟁이 이루어지고 있는 시장의 예를 찾아보기 힘든 이유부터 설명해 보기로 하자. 한마디로 말해 그것은 완전경쟁이 이루어지기 위해 충족되어야 하는 조건들이 너무나 까다롭기 때문이다. 어떤 시장에 수많은 공급자와 수요자가 존재하고 있다 해서 바로 완전경쟁이 이루어질 수 있는 것은 아니다. 극단적으로 치열한 경쟁이 벌어진다는 의미에서의 완전경쟁이 이루어지기 위해서는 이것 말고도 여러 조건들이 모두 충족되어야만 한다.

우선 들 수 있는 것은 어떤 시장 안에서 거래되는 상품이 완전히 동질적이어야 한다는 것이다. 같은 상품이라면 누가 생산했는지 전혀 분간할 수 없을 정도로 그 질이 똑같아야 한다는 말이다. 생산자마다 조금씩 다른 상품을 생산할 경우 각 생산자는 어느 정도 독점력을 갖게 되므로, 생산자 수가 아무리 많아도 완전경쟁이 이루어질 수 없다. 과연 어떤 상품이 이 조건을 충족시킬 수 있을까? 아무리 둘러보아도 누가 만드느냐에 따라 차이가 나는 것만 있을 뿐, 완전히 동질적인 경우는 거의 찾을 수 없을 것이다.

그다음으로는 어떤 기업이 그 시장에 자유롭게 들어가고 빠져나올 수 있어야 한다는 조건이 있다. 정상적인 수준 이상의 높은 수익률이 발생하면 이에 끌려 그 시장 안으로 진입하려는 기업이 생기게 된다. 완전경쟁이 이루어지기 위해서는 일체의 진입장벽이 존재하지 않아 어떤 기업이라도 마음대로 진입할 수 있어야 한다. 또한 손실을 보기 때문에 그 시장에서 떠나기를 원하는 기업이 있다면 역시 자유롭게 빠져나올 수 있어야 한다. 그러나 현실에는 자유로운 진입과 이탈을 방해하는 기술적·제도적 장벽이 상당히 많이 존재하고 있다.

마지막으로, 시장에 참여하고 있는 모든 경제주체들이 완전한 정보를 갖고 있어야 한다는 조건도 충족되어야 한다. 소비자는 자기가 사려고 하는 상품, 그리고 시장의 상황에 대해 완전한 정보를 갖고 있어야 한다. 뿐만 아니라 공급자도 시장의 상황에 대해 완전한 정보를 갖고 있어야 하는 것이다. 그러나 현실에서 이 조건이 충족되는 것은 생각처럼 쉽지 않다. 결론적으로 말해 지금까지 든 조건들을 모두 갖춘 시장의 예를 현실에서 찾아보기가 매우 어렵다.

그런데도 경제학자들이 완전경쟁시장에 각별한 관심을 쏟는 것은 어떤 이유에서일까? 그것은 완전경쟁시장이 현실에 존재하는 시장의 경쟁상황을 평가하는 하나의 기준이 될 수 있기 때문이다. 즉 현실의 시장에 어느 정도의 경쟁이 존재하고 있는지를 평가하는 기준으로 사용된다는 점에서 완전경쟁시장이 중요성을 갖는다는 말이다. 우리가 생각할 수 있는 여러 가지 경쟁형태 중에서 가장 이상적인 것은 완전경쟁이다. 따라서 현실의 시장이 완전경쟁시장에 가까울수록 더욱 바람직하다는 평가를 내릴 수 있다.

완전경쟁시장이 이상적이라고 말하는 것은 이 시장에서 자원이 효율적으로 배분될 수 있기 때문이다. 그렇다면 완전경쟁시장에서 효율적인 자원배분이 이루어진다고 볼 수 있는 근거는 과연 무엇일까? 여러 가지 근거를 댈 수 있겠지만, 경쟁의 압력이 워낙 거세기 때문에 모든 기업이 효율적인 운영을 하지 않으려야 않을 수 없다는 점을 드는 것만으로도 충분하다. 누가 시키지 않아도 완전경쟁시장 안의 기업들은 최대한의 효율성을 발휘하려고 노력할 수밖에 없다. 그렇게 하는 것만이 치열한 경쟁에서 살아남는 유일한 길이기 때문이다.

그런데 완전경쟁시장에 대해 한 가지 분명히 밝혀두어야 할 점이 있다. 이 시장이 이상적이라고 말하는 것은 오직 효율성의 관점에서 볼 때에 국한된다는 점이 바로 그것이다. 공평한 분배라는 측면에서 본다면 완전경쟁시장이 이상적이라고 말할 근거가 없다. 그렇다고 해서 완전경쟁체제하의 분배상태가 독과점시장의 경우보다 더욱 불공평하다는 뜻은 아니다. 다만 완전경쟁체제에서 나온 분배상태가 반드시 공평하리라는 보장이 없다는 점을 강조할 뿐이다. 모두들 완전경쟁시장을 찬양하지만, 이것도 나름대로 한계를 갖는다는 사실을 잊어서는 안 된다.

독점은 왜 나쁜가?

사회후생의 관점에서 볼 때 독점시장은 많은 부정적 측면을 갖고 있다. 그중 하나는 독점기업이 선택하는 생산량이 사회적으로 적절한 수준에 못 미치게 된다는 사실이다. 시장에 공급되는 상품의 양이 많아지면 가격은 떨어지게 마련이고, 이로 인해 이윤이 줄어드는 결과가 생긴다. 그러므로 이윤극대화를 추구하는 독점기업은 생산량을 적당히 줄여 높은 가격을 받고 판매하는 전략을 사용하게 된다. 그렇기 때문에 똑같은 조건하에 있는 시장이라도 독점화되어 있는 경우에는 완전경쟁이 이루어지는 경우에 비해 상품 생산량이 더 낮은 수준에 머물게 된다.

바로 앞에서 말한 것처럼 완전경쟁시장은 효율적인 자원배분을 가져다준다는 점에서 이상적인 경쟁형태라고 말할 수 있다. 반면에 독점화되어 있는 시장에서는 생산량이 사회적으로 최적인 수준에 미치지 못하는 결과가 나타난다. 상품 생산량이 최적에 이를 때 사회후생이 가장 커질 수 있다면, 독점체제하의 사회후생은 이보다 더 작을 것이 분명하다. 이와 같이 상품 생산량이 최적수준에 미치지 못해 사회후생이 줄어드는 것을 독점이 가져다주는 사회적 손실의 첫 번째 것으로 꼽을 수 있다.

또한 독점의 존재는 부의 편중을 심화시키는 결과를 가져오기도 한다. 독점체제하에서는 비정상적으로 높은 독점이윤이 발생하기 때문에 자연히 부가 편중되는 결과가 나타나게 된다. 세계적으로 이름난 부호의 가문, 예컨대 로스차일드, 카네기, 록펠러, 밴더빌트 등의 재산축적과정을 보면 독점이윤의 획득이 결정적인 역할을 했음을 발견할 수 있다. 우리나라의 경우에도 재벌의 급속한 성장배경에는 독과점체제에서 나온 막대한 이윤이 중요한 역할을 했다. 이와 같이 부의 편중은 사회적·정치적 권력의 집중으로 이어질 가능성이 크다. 우리가 정경유착이라고 부르는 사회적 병폐는 독점시장을 그 배경으로 하는 경우가 많다.

어떤 사람은 독점기업이 경쟁자의 등장을 막기 위해 진입장벽을 구축하는 데 들어가는 낭비적 지출이 상당하다는 점도 지적한다. 독점기업은 자신의 독점적 지위를 잃지 않으려고 높은 진입장벽을 쌓아 잠재적인 경쟁자가 감히 진입할 엄두를 내지 못하게 만든다. 엄청난 돈을 써 이곳저곳에서 광고를 한다거나, 관료들을 구워삶기 위해 많은 돈과 노력을 로비활동에 쏟아붓는 것은 모두 진입장벽을 견고하게 만들려는 시도의 일환이다. 그런 돈과 노력을 비용절감이나 품질개선 같은 유용한 목적에 썼다면 훨씬 더 생산적이었을 것이다. 단순히 진입장벽을 구축하려는 목적으로 낭비된 자원이 사회적 관점에서 볼 때 부정적인 것임은 두말할 나위가 없다.

나아가 독점기업은 경쟁의 압력이 없기 때문에 최대한의 효율성을 추구할 동기를 갖지 못한다. 치열한 경쟁이 벌어져 기업이 존망의 기로에 서 있다면 마지막 한 방울의 효율성까지 추구하려고 노력할 것이다. 그러나 독점적 지위 덕분에 어차피 충분한 이윤이 확보되어 있는 상황에서는 경영자나 근로자 모두 구태여 열심히 일해야 할 이유를 찾지 못한다. 다른 말로 바꿔 말하면, 독점체제는 앞 장에서 설명한 X-효율성의 측면에서 문제를 가질 수 있다는 뜻이다. 경쟁자도 없이 마음대로 시장을 요리할 수 있는 독점기업의 경우에는 아무래도 최대한의 효율성을 발휘하기 힘들 것이다.

어느 시골 의사의 이야기

시골의 어떤 마을에 오랫동안 그곳에서 개업 중인 의사가 한 명 있다고 한다. 그는 환자의 경제적 능력에 따라 진료비를 달리 받는 독특한 점을 갖고 있다. 즉 같은 종류의 치료를 해주고서도 부자에게는 높은 요금을 받는 한편, 가난한 사람에게는 낮은 요금을 받는다. 이와 같은 진료비 차등징수의 관행은 마을 사람들이 그를 좋아하게 만드는 또 하나의 이유가 되고 있다. 가난한 사람의 형편을 생각해 적은 진료비만을 받는 것은 인술을 펴는 그의 자세를 더욱 돋보이게 한다는 게 마을 사람들의 중론이다.

한 가지 재미있는 점은 모든 사람에게 똑같은 진료비를 받는 경우보다 차등을 두는 경우에 그의 수입이 더 커질 수도 있다는 사실이다. 지금의 중간 정도 수준에서 모든 환자에게 똑같은 진료비를 받기로 하여, 결과적으로 가난한 사람에게는 더 높은 진료비를 요구한다고 해보자. 이들은 비싸진 진료비 때문에 웬만한 아픔은 혼자서 참고 좀처럼 병원 문을 두드리지 않으려 할 것이다. 한편 부유한 사람은 진료비를 조금 낮춰준다고 해서 전보다 훨씬 더 자주 찾아오지도 않는다. 그러므로 모든 사람에게 똑같은 진료비를 받기로 하면 환자의 방문이 줄어들 것이고, 따라서 그의 수입도 예전보다 더 적어질 가능성이 크다.

이 의사가 정말로 수입을 늘리려는 의도로 진료비에 그와 같은 차등을 두었다고 생각하기는 힘들다. 마을 사람들이 믿고 싶어 하는 대로, 인술을 펴는 사람의 자비로운 마음에서 그런 생각이 나왔을지도 모른다. 그러나 그가 쓰고 있는 진료비 차등징수의 방법은 독점자가 이윤을 늘리기 위해 사용하는 가격정책의 특성을 그대로 갖고 있다. 시장을 독점하고 있는 공급자는 소비자를 몇 개의 그룹으로 나누고 그룹마다 다른 가격을 매기는 정책, 즉 **가격차별**price discrimination을 통해 이윤극대화를 추구하는 경우가 있다.

독점자가 소비자들을 차별하는 기본적 요령은 다음과 같다. 즉 높은 가격을 지불할 용의가 있는 소비자에게는 높은 가격을 매기고, 낮은 가격만 지불할 용의를 갖는 소비자에게는 낮은 가격을 매기는 것이다. 이 두 집단의 소비자들에게 중간 정도의 수준에서 똑같은 가격을 매기는 것보다 이렇게 차별을 함으로써 이윤이 더 커질 수 있다.

모든 소비자에게 똑같은 가격을 매긴다면 높은 가격을 낼 용의가 있는 소비자에게는 불필요한 가격 할인을 해주는 셈이다. 한편 낮은 가격만 낼 용의를 갖는 소비자는 그 가격이 너무 높다 해서 소비하려 들지 않을 것이다. 그렇기 때문에 모든 소비자에게 똑같은 가격을 매기면 가격차별을 할 때에 비해 이윤이 더 적어지는 결과가 빚어진다.

그 시골 의사의 환자들 중에서 누가 높은 치료비를 낼 용의가 있고 누가 낮은 치료비만 낼 용의를 갖고 있을까? 높은 가격을 낼 용의가 있는 사람은 당연히 부자들일 것이다. 돈이 많은 사람들은 조금만 아파도 병원을 찾을 것이며, 치료비의 높고 낮음에는 별 신경을 쓰지 않는다. 반면에 가난한 사람들은 웬만큼 아파도 치료비가 부담이 되어 그냥 참기로 결정할 가능성이 크다. 따라서 이런 사람들은 치료비로 아주 적은 금액만을 낼 용의를 갖는다.

경제학 강의를 들어본 일이 없었을 그 시골 의사가 가격차별의 이론을 알 리가 없다. 그는 단지 가난한 사람의 딱한 처지를 생각해 특별히 낮은 치료비를 받는 배려를 베풀어 주었을 가능성이 크다. 그러나 그와 같은 따뜻한 마음씨가 그에게 더 큰 수입을 가져다주는 결과를 빚었다는 사실이 흥미롭다. 가난한 사람에게 더 낮은 치료비를 받는 것은 이윤극대화를 위한 가격차별의 교과서적인 예라고 할 수 있다. 원래의 동기가 어찌 되었든 간에, 그 의사는 자신의 이익도 잘 챙기면서 마을 사람들의 존경까지 한 몸에 받는 행운을 누리고 있는 셈이다.

바겐세일의 속뜻

백화점들이 시도 때도 없이 바겐세일을 한다고 요란을 떨어 도심의 교통 체증만 더 커지게 만드는 것을 종종 본다. 세일광고를 보면 이것을 30%, 저것을 50%라는 식으로 엄청나게 값을 깎아주는 것 같지만, 막상 백화점에 가보면 "소문난 잔치에 먹을 것 없다."라는 속담을 떠올리게 만들기 십상이다. 일껏 마음에 드는 상품을 골라 놓으면 그건 세일에서 제외되는 상품이라는 말이 나온다. 세일의 대상이 되는 옷이 어디에 있느냐고 물어 그곳을 뒤져보면 이번에는 자기 몸에 맞는 것을 찾을 수 없다. 값비싼 브랜드가 모처럼 세일을 한다고 해도, 사이즈가 XS나 XL인 것들만 수북이 쌓아 놓고 있는 것이 보통이다.

매우 양심적으로 운영하는 백화점이 하나 있어, 세일행사를 할 때도 소비자를 우롱하는 행위는 결코 하지 않는다고 한다. 그렇다면 이런 백화점이 왜 세일행사를 하는지가 의문이 아닐 수 없다. 철이 바뀌면서 재고로 쌓일 물건들을 싼값으로라도 팔아 현금화하기를 원하기 때문일까? 특히 옷이 그렇지만, 철이나 유행이 지나면 거의 쓸모없는 것으로 변해 버리는 물건들이 많다. 이런 경우라면 창고에 쌓아 두느니 아예 헐값에라도 넘기는 게 더 나을 수 있다(그러나 백화점의 마진이 워낙 커서 반으로 깎아 팔아도 이윤이 남는 경우가 많다고 한다).

그렇다면 계절이나 유행과 아무 관련이 없는 물건들을 할인된 가격에 파는 행위는 어떻게 설명할 수 있을까? 이 의문을 푸는 열쇠는 보통 때와 세일기간 동안 각각 다른 가격으로 파는 것이 백화점의 이윤을 더 크게 만드는 데 도움이 된다는 사실에 있다. 바로 앞에서 가난한 사람에게 더 낮은 치료비를 받는 시골 의사가 실제로는 가격차별을 하고 있는 것이라는 사실을 설명한 바 있다. 이와 마찬가지로 세일행사를 하는 백화점도 일종의 가격차별을 실시하고 있는 셈이다. 세일기간 중에 백화점을 찾는 손님에게는 보통 때 찾아오는 고객보다 더 낮은 가격을 받는다는 점에서 가격차별을 실시하는 것으로 볼 수 있다.

가격차별의 요령은 높은 가격을 낼 용의가 있는 사람을 골라내 더 높은 가격을 받아내는 데 있다. 백화점이 이와 같은 방식으로 가격차별을 할 수 있기 위해서는 다음과 같은 두 가지 조건이 충족되어야 한다. 첫째로 각 고객이 얼마나 높은 가격을 낼 용의를 갖는지를 알 수 있어야 한다. 그러나 현실에서 각 고객이 얼마나 높은 가격을 낼 용의를 갖는지를 알아낸다는 것은 거의 불가능에 가까운 일이다. 둘째로 똑같은 상품에 대해 고객마다 다른 가격을 받을 수 있어야 한다. 예컨대 똑같은 화장품을 사러 온 두 사람 중 한 사람에게는 5만원을 받고 다른 사람에게는 7만원을 받을 수 있어야 한다. 이것 역시 실현되기 어려운 조건이라는 것은 두말할 나위도 없다.

결론적으로 말해 백화점은 보통의 방식으로 가격차별을 할 수 없는 처지에 있다. 이와 같은 상황에서 은밀한 방법으로 가격차별을 하는 수단으로서 세일행사가 활용되고 있는 것이다. 세일을 기다리지 않고 보통 때 백화점을 찾는 사람들은 비교적 높은 가격을 낼 용의가 있는 사람들이다. 반면에 당장 사지 않고 세일을 기다리는 사람들은 높은 가격을 낼 용의가 없는 사람들이다. 그 물건이 없어 불편함을 느끼면서도 세일을 기다린다는 것은 단 몇 푼이라도 더 낮은 가격을 원한다는 뜻이다. 이런 사람들, 즉 높은 가격을 낼 용의가 없는 사람들에게는 더 낮은 가격으로 판다는 것이 세일의 속뜻이다.

예컨대 신문이나 잡지에 나와 있는 쿠폰coupon을 오려 가면 5백원을 깎아 주는 것도 세일과 거의 비슷한 성격을 갖고 있다. 잡지에서 쿠폰을 오려내는 것이 그다지 성가신 일은 아니다. 그렇지만 대부분의 사람은 '그까짓 5백원'이라는 심정에서 그 작은 노력조차 기울이지 않는다. 반면에 쿠폰을 정성스럽게 오려 지갑에 넣어두는 사람이라면 단 5백원의 차이라도 매우 크다고 생각하는 사람이다. 이런 사람에게는 다른 사람에 비해 5백원을 깎은 가격을 받겠다는 데 쿠폰의 속뜻이 있다. 모든 고객에게 똑같은 가격을 받는 경우에 비해 이와 같은 가격차별을 할 때의 이윤이 더 커질 수 있음은 두말할 나위도 없다.

은밀한 가격차별의 수단으로 바겐세일이나 쿠폰이 공통적으로 갖는 성격이 하나 있다. 그것은 일종의 장애물을 설치해 놓고 어떤 사람이 그것을 넘는지의 여부를 보아 가격차별을 행한다는 점이다. 세일기간이 오기를 기다리는 것은 약간의 참을성을 요한다는 점에서 어떤 장애물이 놓여 있는 상황이라고 말할 수 있다. 또한 쿠폰을 오려 내는 수고도 또 다른 형태의 장애물로 볼 수 있다.

이 장애물을 넘는 사람들, 즉 세일기간이 올 때까지 기다리거나 쿠폰을 오려두는 사람들은 작은 가격 차이에 매우 민감한 사람들이다. 다시 말해 높은 가격을 낼 용의가 없는 사람들이라는 뜻이다. 이와 같이 간단한 장애물을 이용해 가격차별을 행하는 것이 바겐세일과 쿠폰에 감추어진 비밀이다.

흥정을 잘 하려면

중국에 여행 간 사람들은 우리나라에 비해 물건 값이 엄청나게 싼 데 대해 감탄을 하게 된다. 품질이 과히 나쁘지 않은데도 부르는 가격은 우리나라의 절반 수준에도 미치지 못하는 경우가 많다. 더 좋은 것은, 부르는 가격을 그대로 줄 필요도 없고 크게 깎아서 살 수 있다는 점이다. 이 사실을 아는 여행객은 부르는 가격 그 자체가 싸다고 생각하면서도 그 가격에는 사지 않겠다고 버티기 마련이다.

가게에서는 더 낮은 가격이 아니면 사지 않겠다는 여행객과 더 이상 깎아줄 수 없다고 버티는 주인 사이에 실랑이가 벌어진다. 둘 사이에서 벌어지는 치열한 눈치와 끈기의 싸움 끝에 드디어 얼마의 가격에 사고팔지가 결정된다. 그렇기 때문에 중국에 가서 물건을 사온 사람들을 보면 똑같은 상품인데도 지불한 가격은 천차만별인 것을 볼 수 있다. 부르는 가격의 절반으로 깎아서 산 사람조차도 바가지를 쓴 것은 아닌가라는 걱정을 해야 할 정도다.

그렇다면 자신이 부른 가격에서 크게 깎인 가격을 받게 되는 가게 주인은 이 거래에서 별 이득을 얻지 못하는 것일까? 겉으로는 밑진다고 울상을 짓는 척하지만, 사실 그는 짭짤한 이득을 얻고 있을 것이라고 짐작할 수 있다. 왜냐하면 이와 같은 방식으로 물건을 파는 그는 소비자에 따라 완벽하게 가격차별을 하고 있는 셈이기 때문이다. 결과적으로 각 소비자는 그가 최대한으로 지불할 용의가 있는 금액을 지불하고 그 물건을 사게 되기 때문이다.

가게 주인이 어느 날 정찰제를 실시해 일정한 가격으로 팔기 시작한다면 이윤이 급격하게 줄어드는 결과를 보게 될 것이다. 정찰제를 실시하면 그 가격보다 더 높은 가격을 지불할 용의가 있는 사람에게 쓸데없이 가격 할인을 해주는 결과가 빚어진다. 또한 가격을 적당히 낮춰주면 기꺼이 물건을 살 용의가 있는 사람을 놓치게 되는 결과도 빚어진다. 반면에 모든 소비자들과 일일이 흥정을 해서 가격을 결정하는 방식하에서는 그런 문제가 없어진다.

그렇지만 물건을 산 소비자가 실제로는 상당한 소비자잉여를 얻고 있을 가능성이 크다. 그가 최대한으로 지불할 용의가 있다고 말하는 가격이 사실은 상당히 깎아내린 가격인 경우가 많기 때문이다. 특히 속내를 얼굴에 잘 드러내지 않는 사람이라면 이런 거래방식에서 상대적으로 더 큰 이득을 얻을 수 있다. 그렇기 때문에 흥정으로 가격을 결정하는 가게에 들어갔을 때는 표정 관리에 각별히 신경을 써야 한다.

놀이동산 이야기

모처럼 주말을 맞아 아이들의 손을 잡고 놀이동산을 찾은 어떤 가장의 이야기다. 언제나 두 아이에게는 당연히 자유이용권을 사주어야 하겠지만 자신은 어떻게 할 것인지 결심이 빨리 서지 않는다. 자유이용권을 사서 들어가자니 공연히 손해를 보는 기분이지만, 입장료만 내고 들어가 놀이기구 몇 가지 타면 결국 돈이 더 들게 될지도 모르기 때문에 또다시 망설이게 되는 것이다.

아무나 자유로이 입장하게 하고 탈 때마다 정해진 요금을 내게 하면 될 텐데, 회사 측에서는 왜 그리 복잡한 요금구조를 만들어 놓아 사람을 귀찮게 하는가? 보나 마나 그렇게 해 놓음으로써 이윤을 더 크게 만들 수 있기 때문인 것 같은데, 그 이유는 과연 무엇일까?

자유이용권제도를 둔 이유는 비교적 쉽게 이해할 수 있다. 놀이기구 한 가지를 탈 때마다 일일이 표를 사야 하는 번거로움이 회사 측이나 방문객 측 어느 쪽에도 이득이 되지 않는다는 점이 우선 고려되었을 것이다. 그리고 자유이용권을 통해 대량구입자에게 할인을 해줌으로써 이윤을 늘릴 수 있는 가능성을 활용하고자 하는 의도도 있으리라('대량구입자'란 많은 놀이기구를 타려고 하는 사람을 뜻한다).

그런데 놀이기구를 이용하는 요금과는 별도로 입장료를 받는 제도를 둔 이유는 쉽게 떠오르지 않는다. 그 이유를 알아내기 위해 우선 다음과 같은 예를 생각해 보기로 하자. 충남 예산의 김병직 씨 과수원에서만 생산되는 아주 맛있는 사과가 있어 소비자들 사이에서 인기가 높다고 한다. 어느 날 그는 과수원 문 앞에 이제부터는 회원제로 사과를 판매하겠다는 광고를 써 붙였다. 즉 일정한 돈을 내고 회원권을 구입한 사람에 한해 예전 그대로 한 개에 3천원씩 받겠다고 덧붙였다. 그가 이런 판매정책을 쓰기로 결심한 배경에는 물론 이윤을 더 크게 만들려는 의도가 깔려 있다.

회원제가 실시되기 전 김씨 과수원에서 사과를 20개 샀던 어떤 소비자가 있다고 하자. 사과 한 개의 가격이 3천원이므로 6만원을 지불했지만, 실제로 그가 사과 20개를 사기 위해 최대한으로 지불할 용의가 있었던 금액은 6만원이 넘는다. 예를 들어 그가 사과 20개를 사기 위해 최대한으로 지불할 용의가 있는 금액은 9만원이었다고 하자. 이 금액과 실제로 낸 돈 사이의 차이, 즉 3만원이 교환에서 생기는 그의 이득이라고 할 수 있는데, 이를 소비자잉여라고 부른다는 것을 제3장에서 설명한 바 있다.

이 소비자에게 2만원의 입회비를 내고 회원이 되어야만 사과를 살 수 있다고 말하면 그는 어떤 반응을 보이게 될까? 만약 그가 종전처럼 20개의 사과를 사려고 한다면 그는 울며 겨자 먹기로 이 회원권을 구입할 것이라고 예상할 수 있다. 사과 20개를 소비함으로써 얻는 소비자잉여가 3만원인데 2만원의 입회비를 내야 하니 그가 이 교환에서 얻는 순이득은 1만원이 되는 셈이다. 만약 그가 회원제 실시에 불만을 품고 아예 회원이 되기를 거부한다면 그는 이 1만원의 이득을 포기해야 한다. 따라서 그의 합리적 선택은 불만이 있더라도 속으로 삭이고 회원이 되어 사과를 구입하는 것이 된다.

그런데 사실 김씨는 회원권의 값을 이보다 더 높이 올려도 된다. 예컨대 회원권의 값이 2만 3천원으로 올라도 그 소비자는 어쩔 수 없이 회원이 될 것이며, 2만 7천원으로 올라도 역시 마찬가지다. 논리적으로 생각해 보면, 김씨가 회원권 값으로 최대한 받을 수 있는 금액은 3만원이라는 사실을 알 수 있다. 다시 말해 사과를 소비함으로써 얻는 소비자잉여의 크기가 최대한으로 받을 수 있는 회원권 값이 되는 것이다. 지금 우리가 보는 김씨의 회원제 판매방식은 다음과 같은 특성을 갖고 있다. 즉 어떤 상품을 살 수 있는 권리에 대한 가격과 상품 단위당 가격의 두 부분으로 구성된 독특한 가격체계라는 특징이 있는 것이다.

이와 같은 판매방식을 **이부가격제도**two-part tariff라고 부르는데, 독점자가 최대한의 이윤을 얻기 위한 수단으로 종종 사용하고 있다. 이 제도의 요점은 상품을 살 수 있는 권리를 따로 팔되, 상품 단위당 가격은 최대한으로 낮추어 주는 것이다. 앞에서 예로 든 놀이동산의 입장료도 바로 이 구조를 갖고 있다. 입장료는 회원이 되기 위해 지불해야 하는 금액에 해당하는 한편, 놀이기구를 탈 때마다 내는 요금은 상품의 가격에 해당한다. 거의 모든 놀이동산이 이와 같은 가격정책을 쓰는 것을 볼 수 있다. 골프장이나 헬스클럽, 콘도의 경우에도 회원권을 우선 구입하고 사용할 때마다 추가로 요금을 내는 방식을 쓰고 있는데, 이것 역시 이부가격제도의 전형적인 사례임은 두말할 나위도 없다.

통큰 치킨?

어떤 물건을 너무 비싸게 팔면 “양심이 없다.” 혹은 “소비자를 우롱한다.”는 등의 비난이 쏟아진다. 소비자들 입장에서 보면 비싼 값을 주고 사는 게 결코 반가울 리 없어 그런 비난을 퍼부을 만하다. 정부의 독과점 규제도 독점력을 이용해 가격을 너무 높이는 행위를 방지하는 데 역점을 두고 있다.

그런데 때로는 물건을 너무 싸게 팔아 문제가 되기도 하는데, 어떤 연유로 그것이 문제가 되는지 의아해 하는 사람이 많다. 이 사람들은 낮은 가격으로 인해 소비자가 이득을 보게 될 텐데 왜 정부가 가로막고 나서느냐고 의문을 제기한다. 그런데 문제는 장기적인 관점에서 보면 그 낮은 가격이 소비자에게 반드시 이득이 되지 않는다는 데 있다.

이 세상의 3대 거짓말 중 하나가 “이거 밑지고 파는 겁니다.”라는 상인의 말이라는 우스갯소리가 있다. 순수하게 소비자를 위하는 마음 하나에서 가격을 파격적으로 낮추는 기업은 거의 없다. 어떤 형태로든 이를 통해 자신이 이득을 얻을 수 있기 때문에 그렇게 하는 것이 분명하다. 겉으로는 소비자를 위하는 척하면서 속으로는 자신의 이익을 챙기려는 의도가 숨어 있는 것이 보통이다.

가격을 낮춤으로써 이득을 볼 수 있는 이유는 이를 통해 경쟁자들을 몰아내고 독점적 지위를 구축할 수 있기 때문이다. 그렇게 되면 경쟁자들도 따라서 가격을 내려야 할 텐데, 자금력이 풍부하지 못한 기업은 수익성 악화를 견디지 못하고 문을 닫을 수밖에 없게 된다.

이렇게 경쟁자들을 몰아내 독점적 지위를 확보한 다음에는 가격을 예전보다 더 높은 수준으로 올리게 된다. 물론 이렇게 함으로써 얻는 이득은 일시적으로 가격을 낮춰 얻은 손실을 상쇄하고도 남을 만큼 크다. 그렇기 때문에 장기적인 관점에서 보면 이와 같은 '부당염매행위'predatory pricing가 소비자에게 이득이 되지 않는다고 말하는 것이다.

2010년 12월 대형유통업체 L마트가 '통큰 치킨'이라는 이름 아래 시중에서 1만 5천원 정도에 팔리는 튀김닭을 5천원이라는 싼 가격에 팔기 시작해 사회적 물의를 일으켰다. 통큰 치킨은 당연히 소비자들의 폭발적 반응을 불러일으켰으나 영세상인의 생존권을 침해한다는 비판 여론에 밀려 7일천하로 끝나고 말았다. 그러나 소비자의 이익이 우선되어야 하느냐 아니면 영세상인의 생존권이 우선되어야 하느냐를 둘러싼 열띤 논쟁은 그 뒤로도 끊이지 않고 이어졌다.

그러나 이 논쟁에서 소비자의 이익이 우선되어야 한다고 주장하는 사람들이 잊지 말아야 할 한 가지 중요한 사실이 있다. 그것은 그렇게 낮은 가격이 언제까지나 계속된다는 보장이 없다는 사실이다. 대형유통업체가 자선사업을 하려는 것이 아닌 한 원가에도 미치지 못하는 가격으로 계속 팔 이유가 없기 때문이다. 언젠가는 가격이 정상적이라고 생각되는 수준까지 오를 것이 분명한데, 그 과정에서 소비자의 이익이 침해되는 결과가 빚어질 수 있다. 즉 튀김닭을 파는 영세업체들이 모두 문을 닫고 대형유통업체가 독점체제를 구축한다면 장기적으로는 소비자에게 불리한 상황이 조성될 수 있는 것이다.

정말로 가격을 파괴하려나?

소수의 기업에 의해 과점화되어 있는 시장에서는 치열한 가격경쟁이 벌어지는 것이 보통이다. 한쪽에서 제품의 가격을 내려 소비자를 자기편으로 끌어들이려는 낌새를 보이면 다른 쪽에서는 이보다도 더 많이 내려 대응하는 식으로 살벌한 경쟁이 벌어지기 쉽다. 잘못하면 제 살 깎아 먹기식 경쟁을 통해 함께 망하는 길로 접어들 수도 있을 것이다. 그런데 겉으로는 매우 치열한 가격경쟁이 벌어지고 있는 것 같으면서도 실상은 매우 안전한 게임을 하고 있는 경우가 있다. 다음과 같은 예를 보면 이 말이 무엇을 뜻하는지 잘 알 수 있을 것이다.

우리나라에서 초대형 텔레비전을 취급하는 가게는 단 세 곳밖에 없는데, 그중 한 가게(세명사)에서 다음과 같은 내용의 광고를 모든 일간지에 게재했다.

"우리나라에서 저희보다 더 낮은 가격에 초대형 텔레비전을 파는 가게는 없습니다. 만약 저희 가게에서 사신 분이 다른 가게에서 더 싸게 사실 수 있음을 입증하신다면 그 차액의 두 배를 돌려드리겠습니다."

이 광고를 보면 머지않아 경쟁업체 사이에 치열한 가격전쟁이 벌어지게 될 것이라는 느낌을 받는다. 그리고 다른 가게들은 이처럼 살벌한 경쟁전략에 대해 무척 분개하고 있으리라는 짐작이 간다. 그러나 사실은 그 정반대일 수도 있다. 이 전략에 나만 살기 위해 죽자고 싸우겠다는 의도가 내포되어 있는 것으로 해석한다면, 그것은 무척 피상적인 관찰 결과에 지나지 않는다. 곰곰이 따져보면 쓸모없는 경쟁을 벌이지 말고 사이좋게 이윤을 나눠 갖자는 초대장임을 바로 알 수 있다.

예를 들어 세명사가 대당 500만원에 팔고 있는 모델을 다른 가게(텔레마트)에서는 470만원에 판다고 하자. 그리고 이 모델을 사려는 소비자가 있다면 이런 상황에서 어떤 가게를 선택할 것인지 생각해 보자. 텔레마트가 똑같은 모델을 30만원 더 싼 가격에 판다고 그쪽을 선택한다면 그는 바보 같은 짓을 하는 셈이다. 세명사에서 일단 구입한 다음 텔레마트의 가격표를 들고 가면 60만원을 돌려받을 수 있으므로 실제로는 440만원에 구입할 수 있게 된다. 이 사실을 아는 소비자들은 모두 세명사 쪽으로 몰려가 텔레비전을 구입하게 된다. 텔레마트는 싼 가격을 보고 손님이 구름처럼 몰려올 것이라고 기대했겠지만, 막상 뚜껑을 열고 보면 손님의 발길이 뚝 끊어진 것을 발견한다.

만약 텔레마트의 경영자가 현명한 사람이라면 세명사가 받는 가격보다 단 1원이라도 깎아서 부르지 않을 것이다(물론 더 높은 가격을 붙이는 것도 현명치 않은 일이다). 앞에서 본 세명사의 광고는 경쟁업체가 가격을 더 낮추어 부를 수 없게끔 억제하는 효과를 내고 있다. 말하자면 시장 가격을 세명사가 받고 있는 가격에 동결시킨 효과를 낸 셈이다. 그러므로 상당한 마진을 붙이고도 그 광고를 통해 경쟁업체가 이를 잠식하지 못하도록 억제하는 데 성공할 수 있다. 세명사뿐 아니라 다른 가게도 높은 마진의 혜택을 받고 있을 것이니 구태여 현상을 타파하기 위해 안간힘을 쓸 필요가 없을 것이다.

겉으로만 보면 세명사의 전략은 가격경쟁을 부추겨 소비자에게 이로운 결과를 가져올 것처럼 보인다. 그러나 실질적으로 이 전략은 과점업체 사이의 암묵적 담합을 이루어 내는 효과를 가져온다. 공정거래당국이 이 숨겨진 가시를 찾아내지 못한다면 그 과점기업들은 아무런 억제도 받지 않고 높은 수익률을 즐길 수 있게 된다. 물론 이 전략은 이미 널리 알려진 것이라 이를 사용하는 기업은 즉각 공정거래당국의 제재를 받게 될 것이다. 그러나 이렇게 기발한 전략을 짜낼 수 있는 기업가의 머리만은 표창을 해 주어야 마땅할지 모른다.

경합시장

울타리 밖의 늑대

일반적으로 공정거래정책은 완전경쟁을 가장 바람직한 경쟁형태로 보고 현실의 시장을 가능하면 이에 근접하게 만들고자 하는 목표를 지향하고 있다. 이 목표의 달성을 위해 종종 취해지는 조치가 바로 한 산업 내에 존재하는 기업들의 수를 늘려 경쟁의 활성화를 도모하는 것이다. 미국 정부가 전화산업에서 독점자로 군림하던 AT&T라는 거대 기업을 여러 개의 소규모 지역 전화회사로 분할한 것이 그 좋은 예다.

그런데 경쟁기업의 수가 많은 것이 바람직하다는 전통적인 사고방식에 반기를 들고 나온 사람들이 생겨나 우리의 관심을 끌고 있다. 이들은 **경합시장**contestable market의 모형이라는 새로운 이론을 통해 공정거래정책이 과거와는 다른 방식으로 수행되어야 한다고 주장했다.

경합시장이란 그 시장으로의 진입이 완전히 자유롭고, 또한 아무 비용도 들이지 않고 그곳에서 이탈해 나갈 수 있는 시장으로 정의된다. 이처럼 진입과 이탈이 완전히 자유롭기 때문에 이 시장에서는 이른바 '치고 빠지는'hit-and-run 방식의 진입이 가능하다. 다시 말해 이윤의 기회를 포착하면 지체 없이 진입해 그 이윤을 획득하고, 그다음에는 툭툭 털고 나올 수 있는 여건이 조성되어 있는 것이 바로 경합시장이다.

경합시장에서 영업하고 있는 기업들은 이와 같은 잠재적 진입자의 위협에 노출되어 있다. 이 잠재적 진입자들은 마치 울타리 밖에서 어린 양을 넘보며 끈질기게 기다리고 있는 늑대와 같다. 그들은 이 시장 안의 기업이 높은 수익률을 얻고 있음을 발견하는 즉시 진입할 태세를 취하고 있다. 바로 이 점에서 조금의 틈이라도 있으면 울타리 안으로 달려 들어올 늑대와 비슷하다는 것이다. 그러므로 경합시장에서 영업하고 있는 기업들은 정상적 수익률을 초과하는 수준의 이윤을 얻을 수 없다. 이처럼 그 안의 기업들이 정상적 수익률밖에 얻지 못하는 점에서 경합시장은 우리가 이상적이라고 생각하는 완전경쟁시장과 닮아 있다.

만약 현실의 시장이 이와 같은 경합시장의 성격을 갖는다면 기업의 수를 늘리는 방향으로 경쟁을 촉진하는 정책은 바람직하지 못하다. 경쟁하는 기업의 수가 적더라도 완전경쟁이 이루어질 때와 거의 똑같은 결과가 나올 수 있기 때문이다. 경합시장의 성격을 갖기 위해서는 진입과 이탈이 완전히 자유롭기 때문에 치고 빠지는 방식의 진입이 가능하다는 조건이 충족되어야 한다. 이 조건이 충족되어 경합시장이 성립하기만 하면 자원배분은 효율적이 된다. 이때 그 시장에서 활동하고 있는 기업의 수가 많고 적다는 사실 그 자체는 별로 큰 의미를 갖지 않는다.

경합시장의 이론은 공정거래정책이 무엇보다도 우선 진입과 이탈의 자유를 제한하는 여러 장애요소를 제거하는 데 주안점을 두어야 한다는 점을 강조한다. 특히 규모의 경제가 현저한 산업의 경우 기업의 수를 인위적으로 늘리는 방식으로 정책을 펴나가는 것이 더욱 부적절하다고 주장한다. 소규모의 기업이 난립함으로써 규모의 경제를 제대로 살리지 못하는 비효율성이 나타나기 때문이라는 것이다.

1970년대 후반 이 경합시장의 이론이 처음 제기되었을 때 경제학자들은 이를 신선한 충격으로 받아들였다. 그러나 최근 들어 이 이론에 대한 관심이 점차 줄어드는 듯한 느낌이다. 이 이론이 갖고 있는 가장 큰 문제점은 현실에서 경합시장의 조건을 완벽하게 갖춘 시장을 찾기 힘들다는 사실에 있다. 진입이 그런대로 쉽게 이루어질 수 있는 시장의 예는 찾을 수 있다 하더라도, 아무런 비용도 들이지 않고 이탈해 나갈 수 있는 시장의 예를 현실에서 찾기란 무척 힘들다. 그렇지만 공정거래정책과 관련된 문제에서 우리에게 하나의 새로운 시각을 소개해 준 공헌은 마땅히 인정해 주어야 할 것이다.

영화관 매점의 간식 가격이 모두 똑같은 이유

한국소비자단체가 조사한 바에 따르면 3대 멀티플렉스 영화관인 CGV, 롯데시네마, 그리고 메가박스의 매점에서 파는 간식의 가격이 너무나도 똑같은 현상을 볼 수 있다고 한다. 팝콘과 탄산음료의 값이 세 극장 모두에서 똑같을 뿐 아니라, 이 둘을 묶어서 파는 콤보상품의 값까지 놀라울 정도로 똑같았다. 그 밖의 다른 상품들, 예를 들어 나초, 핫도그, 오징어의 가격까지 똑같은 것으로 드러났다.

이 조사결과를 본 한국소비자단체는 시장점유율이 93.6%에 이르는 영화관 3사가 담합을 하지 않았다면 이런 현상이 나타날 리 없으므로 공정거래위원회가 철저히 조사해 담합했는지의 여부를 밝혀야 한다고 주장했다. 매점 상품 가격은 물론 영화 관람료까지 동일한 가격대에 형성되어 있는 가격경쟁 결여의 상황이 소비자의 이익을 침해하는 결과를 가져올 수 있다는 것이 그 단체의 주장이다.

이와 같은 지적에 대해 관련 업계는 절대로 담합이 없었다고 강력히 부인했다. 매점 상품의 가격은 원가와 유통비 등 다양한 요소를 고려해 정한 것이지 다른 영화관과 연합해 가격을 결정한 적은 없다는 것이 그들의 주장이다. 설사 담합을 했더라도 당연히 부정했을 것이고 보면, 관련 업계의 주장을 액면 그대로 믿기는 힘든 것이 사실이다. 그렇지만 그들이 담합을 했다는 확실한 증거가 없는 이상 정황 증거만을 갖고 실제로 담합행위가 있었다고 주장할 수도 없는 상황이다.

아직까지 이 문제에 대한 공식적인 입장 정리가 이루어진 바는 없으나, 가장 그럴듯한 시나리오는 영화관들 사이에서 암묵적인 담합이 이루어졌으리라는 것이다. 어느 영화관이 선도자가 되었는지는 잘 몰라도, 서로의 가격을 보고 베끼는 일이 이루어졌을 가능성이 크다(경제학에서는 이런 상황을 가리켜 "가격선도체제price leadership가 이루어졌다."고 말한다).

그런데 영화관 측은 담합을 하지 않았다는 근거로 다음과 같은 말을 하고 있다. "담합을 했다면 3사의 가격책정 시기가 비슷해야 할 텐데, 그 시기가 모두 다르다." 만약 이 주장이 사실이라면 그들이 암묵적인 담합을 했다는 강력한 증거가 될 수 있다는 점이 흥미로운 대목이다. 암묵적 담합이 이루어지는 가격선도체제하에서는 시차를 두고 가격이 똑같아지는 현상이 나타날 것이기 때문이다.

6

경제적 열매의 분배

어떤 것이 정의로운 분배인가?

모든 사람의 몫이 똑같은 분배상태를 '공평하다'고 말할 수 있을까? 능력이 다르고 노력까지 달리하는 사람들이 모두 똑같은 소득을 얻는 것이 오히려 불공평한 일이라고 느끼는 사람이 많을 것이다. 모든 사람의 몫이 똑같은 경우를 가리켜 '평등하다'고 말하는 것도 정확한 표현이 아니다. 그와 같은 상황은 엄밀히 말해 균등한 분배가 이루어진 상태라고 표현해야 마땅하다. 평등하다는 말은 단순히 모두의 몫이 균등한 것을 넘어 좀 더 포괄적인 의미를 갖고 있기 때문이다.

이와 같이 어려운 문제에 직면할 경우 우리는 으레 철학자에게 답을 청하곤 한다. 동서고금을 막론하고 철학자는 인간의 모든 문제에 대해 답을 갖고 있는 현명한 사람으로 인식되어 왔기 때문이다. 철학자는 "어떤 것이 공평한 분배인가?"라는 물음을 '분배와 관련한 정의'distributive justice의 문제로 접근했다. 그런데 정의로운 분배가 되기 위한 요건이 무엇이냐에 대한 철학자들의 생각은 조금씩 다른 것처럼 보인다. 다만 그 요건에 다음과 같은 네 가지가 기본적으로 포함되어야 한다는 데는 대체로 의견이 일치하고 있다.

첫 번째 요건은 모든 사람의 정당한 권리가 보장되어 있어야 한다는 것이다. 만약 어떤 사람의 정당한 권리가 무시된 상태에서 각자의 몫이 결정된다면 그것은 결코 정의로운 분배가 되지 못한다. 예컨대 남의 재산을 빼앗아 부자가 되고, 빼앗겼기 때문에 가난해지는 분배질서는 정당성을 인정받을 수 없다. 내가 땀 흘려 일한 대가를 남이 착취해 가는 일이 벌어지는 사회의 분배 역시 정의와는 거리가 멀다.

둘째로는 각 사람의 몫이 가능한 동등하게 나눠져 있어야 한다는 요건을 들 수 있다. 어떤 사람이 다른 사람보다 특별히 더 큰 몫을 가져야 한다면, 그 사람은 그럴 만한 도덕적 가치의 소유자임을 입증해야 한다. 인간은 서로 다른 용모, 성격, 그리고 가족 배경 등을 갖고 이 세상에 태어난다. 그렇다고 해서 기본적인 도덕적 가치마저 달리해서 태어나는 것은 결코 아니다. 모든 인간이 똑같은 도덕적 가치를 가지고 이 세상에 태어난다는 사실을 인정한다면 각자가 동등한 몫을 가질 권리가 있음을 인정할 수밖에 없다.

세 번째 요건은 모든 사람에게 공정하게 규칙을 적용해야 한다는 것이다. 어떤 사람은 무슨 일을 하더라도 눈감아 주는 반면, 다른 사람은 조금만 트집 잡힐 일을 해도 벌을 내리는 불공정한 사회질서를 정의롭다고 할 사람은 아무도 없다. 모든 경기자에게 공정하게 규칙을 적용시킨 게임의 결과에는 승복할 수 있지만, 편파적인 운영을 한 게임의 결과에는 아무도 승복하지 않는다. 어떤 분배상태가 정당성을 인정받으려면 그것이 공정한 게임의 결과여야만 한다.

마지막으로는 모든 사람이 자신의 자격에 합당한 몫을 차지하고 있는 분배여야 한다는 요건이 있다. 어떤 사람이 그럴 만한 자격도 없으면서 남들보다 수천 배나 더 큰 몫을 차지하고 있다면, 그것이 정의로운 분배라고 말하기 어렵다. 그렇다면 각자가 얼마만큼의 몫을 차지할 자격이 있는지는 무엇에 의해 결정되는 것인가? 자격을 결정하는 요인으로는 우선 능력이나 노력을 생각해 볼 수 있고, 또한 필요라는 것도 자격의 결정요인이 될 수 있다. 결국 어떤 사람이 얼마만큼의 몫을 받을 자격이 있는지는 여러 가지 사항이 고려되어 결정될 수밖에 없다.

지금까지 살펴본 것처럼 공평한 분배 혹은 정의로운 분배라는 것은 여러 가지 측면을 포함하는 포괄적 개념이다. 따라서 공평한 분배가 무엇을 의미하는지를 한마디로 규정해 말하기는 매우 힘들며, 사람마다 제각기 다른 생각을 갖고 있을 수 있다.

뿐만 아니라 정의를 구성하는 요건들 사이에 충돌이 일어날 수 있어, 정의로운 분배를 추구한다고 할 때 어떤 것에 우선순위를 두어야 하는지를 둘러싸고 이견이 생길 수 있다. 예를 들어 평등한 분배를 강조하는 재분배정책은 개인의 정당한 권리가 침해되는 결과를 빚을 수 있다. 개인의 권리가 무엇보다 더 중요한 요건이라고 생각하는 사람은 이와 같은 재분배정책이 정의롭지 못하다고 반대할 것이 뻔하다.

공평한 혹은 정의로운 분배가 무엇을 뜻하는지 알아내는 것은 생각만큼 쉬운 일이 아니다. 우리는 언제나 공평한 분배를 부르짖지만, 실제로는 어떤 목표를 지향해 나아가야 하는 것인지조차 잘 모르고 있는 셈이다. 더군다나 더욱 공평한 분배를 가져오기 위해 어떤 방식으로 접근해야 하느냐는 것 역시 답을 찾기가 매우 어려운 문제다. 그렇다고 해서 공평한 분배를 가져오기 위한 노력을 포기해도 좋다는 말은 결코 아니다. 다만 어떤 것이 공평한 분배를 의미하는지 그리고 어떻게 공평한 분배를 실현할 수 있는지 끊임없이 생각하고 의논해 볼 필요가 있다.

누가 가난해지고 누가 부자가 되는가?

우리가 알고 있는 한, 완전하게 경제적 평등을 이룩한 사회는 예전에도 없었고 지금도 없다. 인간사회에는 남보다 훨씬 더 잘사는 사람과 끼니조차 잇기 힘든 가난한 사람들이 반드시 섞여 살게 마련이다. 사람마다 생긴 모습이 제각각인 것처럼 경제적 지위에도 서로 차이가 나는 것이 자연스런 일인지 모른다. 그러나 모습이 서로 다른 것이 그저 기분상의 문제에 불과하다면, 경제적 지위에 차이가 나는 것은 삶의 질과 직결되는 중요한 문제이기 때문에 결코 가볍게 넘길 수 없다.

그렇다면 어떤 이유에서 사람들의 경제적 지위에 차이가 생겨나는 것일까? 불평등을 일으키는 원인으로 제일 먼저 생각할 수 있는 것은 사람마다 달리 타고난 '능력'이다. 정신적, 육체적 능력의 차이가 경제적 성패를 좌우하는 중요한 요인이라는 사실에는 의심의 여지가 없다.

마이크로소프트사의 빌 게이츠Bill Gates같이 머리가 좋은 사람은 바로 그 머리 하나만으로 수백억 달러에 이르는 큰돈을 벌었다. 슈퍼스타로 알려진 운동선수들을 보면 뛰어난 육체적 능력으로도 큰돈을 벌 수 있다는 것을 알 수 있다. 어떤 사회에서든 더 많은 능력을 가진 사람이 경제적 게임에서 남보다 유리한 고지를 차지하게 된다.

다음으로 생각해 볼 수 있는 불평등의 원인은 부모로부터 상속받은 재산의 차이다. 본인이 잘났고 못났고에 관계없이, 운 좋게 많은 유산을 상속받은 사람은 부자가 된다. 다시 말해 한 세대의 경제적 지위가 유산상속을 통해 다음 세대로 세습되는 것이다. 경제적 지위가 세습되는 정도는 사회의 제도나 관습에 따라 달라질 수 있다. 예컨대 어떤 사회에서는 상속세가 매우 무겁게 부과되어 부의 세습이 힘든 반면, 다른 사회에서는 유명무실한 상속세로 인해 쉽게 세습될 수 있는 등의 차이가 있을 수 있다. 요즈음 우리 사회에서 사람들의 입에 자주 오르내리는 '금수저'니 '흙수저'니 하는 말들은 세대 사이에서 이루어지는 경제적 지위의 세습을 가리키는 말이다.

뿐만 아니라 개인의 자유로운 선택의 결과로 소득이나 재산에 격차가 생길 수도 있다. 열심히 일해 돈을 많이 벌겠다는 선택을 한 사람이 있는 반면, 조금만 일하고 적게 벌기로 마음먹은 사람도 있다. 고등학교를 마치자마자 취직을 하는 사람도 있고, 대학원까지 다닌 다음 직장에 들어가는 사람도 있다. 힘들고 어렵더라도 높은 보수에 끌려 해외 건설현장에 취업하는 사람이 있고, 낮은 보수를 받더라도 국내 건설현장에 취업하는 사람이 있다. 또한 부지런히 저축해 많은 재산을 모으는 사람이 있는 반면, 써버리기를 좋아해 한 푼도 모으지 못하는 사람도 있다. 이와 같은 선택의 차이는 자연스럽게 소득이나 재산의 격차로 이어지게 마련이다.

조금 우습게 들릴지 모르지만 운수가 좋고 나쁨도 경제적 지위의 불평등을 일으키는 중요한 원인이 된다. 객관적인 여건이 거의 비슷한 두 사람이라 할지라도 운이 좋고 나쁨에 따라 경제적 성패가 엇갈리는 경우가 많다. 충분한 준비와 노력 없이 안일한 생각으로 사업에 뛰어들어 실패를 맛보고는 모든 것을 운수의 탓으로 돌리는 사람이 있을 수 있다. 그러나 최선의 노력을 다하고서도 운이 나빠 실패하는 사람도 결코 적지 않다. 예를 들어 이상하게 따뜻한 겨울 때문에 도산의 아픔을 맛본 난방기구 사업자의 경우는 운수의 탓으로밖에 설명할 길이 없다.

그다음으로 정부의 정책, 차별대우 혹은 부정부패 같은 사회적 요인도 경제적 지위에 차이가 나게 만든다. 예를 들어 경제의 외형적 성장을 극대화시키는 데 주력한 나머지 성장잠재력이 큰 몇 개 부문에 정부의 지원을 집중시키는 정책은 부의 편중을 심화시킬 수 있다. 지난날의 성장제일주의는 우리 사회에 불평등의 씨앗을 뿌려놓았고, 그 후유증은 아직도 완전히 치유되지 못하고 있다. 더군다나 정경유착에 의한 몇몇 사람들의 엄청난 축재는 자본주의 경제 질서의 기반이라고 할 수 있는 부의 정당성마저 뒤흔드는 불행한 결과를 가져왔다.

이와 더불어 경제구조의 변화도 어떤 개인의 경제적 성패에 큰 영향을 미칠 수 있다. 예를 들어 우리 경제에서 사양화되고 있는 산업에 종사하는 사람들은 개인적 능력과 상관없이 시간이 흐름에 따라 점차 불리한 상황에 처하게 된다. 아무리 능력이 뛰어나다 하더라도 자신이 오랜 기간 동안 일해 오던 산업 그 자체가 도태된다면 그 자신도 함께 도태의 길을 걸을 수밖에 없다. 반면에 우리 경제에서 한창 성장세를 보이는 산업에 특화된 기능의 보유자는 자동적으로 경제적 지위의 향상을 경험하게 된다.

현실에서 보는 빈부의 격차는 지금까지 든 여러 요인들이 복합적으로 작용한 결과일 것이다. 개인적 요인과 사회적 요인이 모두 중요한 역할을 하고 있다는 말이다. 그렇다면 어떤 사람이 빈곤의 늪에 빠졌을 때 이를 모두 개인의 책임으로 돌리는 것은 부당한 일이다. 즉 "네가 열심히 일하지 않은 탓이야."라든지 "네가 미래를 위한 대비를 게을리한 탓이야."라는 등의 말로 모든 책임을 그 자신의 탓으로 돌려서는 안 된다는 말이다. 경제구조의 변화 혹은 정부의 정책처럼 개인의 통제 밖에 있는 원인에 의해 빈곤의 늪에 빠질 수도 있고, 혹은 순전히 운이 나빠 빈곤의 늪에 빠질 수도 있는 일이다.

경제적 지위의 불평등을 일으키는 원인 중 어떤 것에 의한 불평등은 해소시킬 수 있고 해소시키는 것이 바람직하기도 하다. 반면에 그렇지 못한 경우도 있을 수 있다. 예를 들어 부정이나 부패 같은 사회적 요인에서 오는 불평등은 마음만 먹으면 충분히 해소시킬 수 있을 뿐 아니라, 당연히 그렇게 되어야 한다. 그러나 개인의 능력이나 선택의 차이에서 오는 경제적 지위의 격차는 쉽게 없앨 수 없고, 그렇게 하는 것이 바람직하지도 않다. 운수의 차이에서 오는 격차를 없애는 것이 타당한지는 잘 알 수 없으나 이것 역시 아무리 해도 어쩔 수 없기는 마찬가지다. 인간이 사는 사회에서 어느 정도의 불평등은 안고 살 수밖에 없는 이유가 바로 여기에 있다.

가정

불평등의 온상

가정은 우리에게 과연 어떤 의미를 갖고 있을까? 상한 마음을 따뜻한 사랑으로 감싸주는 곳일 수도 있고, 피곤한 몸을 달래주는 안온한 휴식의 장소일 수도 있다. 가정이 갖는 의미를 모두 전달하기 위해서는 이 정도의 찬사로도 충분치 않다고 느끼는 사람이 있을지 모른다. 그러나 가정이 어떤 한 사회적 문제를 더욱 심각하게 만드는 데 큰 몫을 하고 있다는 사실을 생각해 본 사람은 드물 것이다. 그것은 다름이 아니라 가정이 경제적 불평등의 싹을 틔우고 이를 키우는 역할을 하고 있다는 사실이다. 가정이라는 것이 아예 없었다면 우리가 사는 사회는 지금보다 훨씬 더 평등한 것이었을지 모른다.

부유한 가정의 자녀가 가난한 가정의 자녀보다 유리한 여건에서 인생의 첫걸음을 내디딜 수 있는 것은 너무나도 당연한 일이다. 부유한 가정은 좀 더 좋은 교육여건을 제공해 줄 수 있을 뿐 아니라, 재산의 증여와 상속을 통해 부모의 우월한 경제적 지위를 물려줄 수 있다. 반면에 가난한 가정에서 태어난 사람은 원하는 만큼의 교육조차 받을 수 없어 여간한 행운을 만나지 않고서는 신분 상승을 기대하기 힘들다.

부모로부터 물려받은 유전적 요인이 불평등의 창출에 기여하는 몫도 결코 적지 않다. 사람은 태어날 때 저마다 다른 신체적 혹은 정신적 특성을 물려받는다. 좋은 머리와 번뜩이는 기지를 물려받은 사람이 있는가 하면, 불운하게 그렇지 못한 사람도 있다. 현대사회에서는 좋은 머리뿐 아니라 강한 체력, 좋은 목소리, 빼어난 용모가 모두 경제적 성공의 열쇠가 될 수 있는데, 이러한 특성들도 모두 다 타고나는 것이라고 볼 수 있다. 영화「포레스트 검프」Forrest Gump의 주인공이 두 자리밖에 안 되는 지능지수로 큰 경제적 성공을 거두지만, 그것은 지극히 예외적인 일이다. 그와 같은 일이 일어나기가 무척 어려운 것을 알기 때문에 사람들은 그 인간승리에 더욱 큰 박수를 보냈던 것이다.

그런데 개인이 갖고 있는 신체적, 정신적 특성이 유전에 의해 선천적으로 결정되는 것만은 아니며 후천적 요인에 의해서 형성되는 측면도 있다. 『정글북』의 늑대소년처럼 동물사회에서 자란 사람이 있다면, 그는 한마디 말도 못하고 간단한 셈조차 제대로 하지 못할 것이다. 타고난 지능이 어느 수준이었든 간에 인간사회에서 통용되는 척도로 잰 그의 지능은 형편없이 낮게 나올 수밖에 없다. 이처럼 지능이나 그 밖의 개인적 특성들은 후천적 요인에 의해서도 상당한 영향을 받는 것이 보통이다.

그러나 지능에 영향을 주는 후천적 요인 중에서 가장 중요한 것이 가정 안의 환경이라는 사실을 잊어서는 안 된다. 가정 안의 환경은 지능뿐 아니라 다른 신체적, 정신적 특성에도 상당한 영향을 미치고 있다. 그러므로 유전에 의한 것이든 아니면 환경에 의한 것이든 간에 가정이라는 울타리 안에서 거의 모든 개인적 특성의 차이가 생겨난다는 사실만은 분명하다. 사람을 나무에 비유하자면 어떤 가정에서 돋아난 싹은 떡잎부터 실하게 생겼는가 하면, 다른 가정에서 돋아난 싹은 땅을 뚫고 나오기조차 힘들어 보이는 형국이다.

게다가 어린 묘목에 충분한 물과 비료를 공급해 주어 튼튼한 나무로 클 수 있는 여건을 마련해 줄 수 있는 가정이 있고 그렇지 못한 가정도 있다. 가정이라는 온상을 떠나 제자리에 옮겨 심을 때가 된 묘목들은 이제 그 크기가 천차만별로 다르게 된다. 결코 묘목이라 부를 수 없을 만큼 크고 알차게 성장한 것이 있는가 하면, 대지에 뿌리를 박기에는 아직 너무 연약한 것들도 많다. 대충 보기만 해도 어떤 묘목이 앞으로 얼마나 큰 나무로 성장할지 충분히 예측할 수 있을 정도다. 사람들이 가정을 떠나 독립적인 생활을 꾸려나가기 시작할 때 경제적 게임의 승자와 패자는 이미 어느 정도 가려진 셈인 것이다.

어떤 사회라도 가정이라는 기본적인 사회제도를 파괴하지 않고서는 불평등의 뿌리를 뽑을 수 없다. 그러나 사람들이 가정을 이루어 사는 것을 막을 수도 없고 그렇게 하는 것이 바람직하지도 않다. 유전적 요인에 의한 격차를 없애기 위해 공장에서 물건을 찍어내듯 똑같은 사람들을 만들어 내고, 가정환경의 차이를 없애기 위해 아기가 태어나자마자 어린이집에 집어넣는 세상이 온다고 상상해 보라. 그런 끔찍한 세상에서 사느니 아예 어느 정도의 불평등성을 안고 사는 편이 훨씬 나을 것이다. 우리 모두가 평등한 사회의 건설을 꿈꾸지만 그것은 이루어질 수 없는 꿈일 수밖에 없다.

지니계수

눈먼 사람 코끼리 만지기

우리나라의 소득분배상태가 다른 나라와 비교해 더욱 평등할까 아니면 그 반대일까? 또한 경제발전이 본격화하기 시작한 1970년대에 비해 지금의 분배상태는 더욱 평등한 것일까 아니면 그 반대일까? 이런 의문들에 답을 얻기 위해서는 각 사회의 소득분배가 얼마나 평등한지 그 정도를 객관적인 수치로 나타내 이를 서로 비교해 볼 수 있어야 한다. 바로 이 목적을 위해 고안된 것이 불평등도지수inequality index인데, 이 수치를 보면 한 사회의 소득이 얼마나 평등하게 분배되었는지 파악할 수 있다. 물가지수가 가격의 전반적 동향을 나타내 보이듯, 불평등도지수는 분배가 평등한 혹은 불평등한 정도를 하나의 수치로 대표해 보여준다.

불평등도지수는 여러 가지 방법에 의해 구할 수 있으며, 어떤 방법으로 구했느냐에 따라 지니계수라든가 앳킨슨지수 같은 독특한 이름이 붙여진다. 그중에서 가장 널리 알려져 있는 것이 **지니계수**Gini coefficient로서, 마치 불평등도지수의 대명사처럼 여겨지고 있다.

지니계수는 0에서부터 1에 이르는 값을 갖도록 되어 있다. 소득분배가 극단적으로 불평등한 사회, 즉 그 사회의 모든 소득을 단 한 사람이 독점하고 있는 사회에서 구한 지니계수의 값은 1이 된다. 반면에 모든 사람이 똑같이 소득을 나누어 갖고 있는 사회, 즉 가장 평등하다고 할 수 있는 사회에서 지니계수를 구해 보면 0의 값이 나오게 된다. 어떤 한 사회를 대상으로 하여 구한 지니계수의 값이 0에 가깝게 나올수록 그 사회의 분배상태는 평등하다고 평가할 수 있다.

우리나라의 1998년도 지니계수 값이 0.29였는데, 2015년의 지니계수 값은 0.27이었으니 그때에 비하면 분배상태가 약간 개선된 셈이다. 다른 나라에 대해 구한 지니계수를 살펴보면 우리나라보다 더 낮은 지니계수 값을 갖고 있는 경우가 그리 많지 않다. 분배가 워낙 불평등한 것으로 알려진 라틴 아메리카는 물론, 미국이나 영국 같은 선진국에서 구한 지니계수도 우리나라보다 더 큰 것을 볼 수 있다. 지니계수 값으로만 평가해 볼 때, 우리 사회의 소득분배는 그동안 상당히 개선되어 왔으며 다른 나라에 비해서도 상대적으로 더 평등한 상태라고 말할 수 있다.

그럼에도 불구하고 막상 우리나라 사람들은 현실의 분배상태에 대해 그다지 만족스러워하지 않는다. 여론조사 결과를 보면, 평등한 분배의 실현이 언제나 가장 중요한 현안과제 중 하나로 지적되고 있다. 일부에서 지적하듯 우리나라 사람들이 유달리 강한 평등의식을 갖고 있기 때문에 그 정도로는 만족하지 못하기 때문일까? 나는 결코 그렇지 않다고 생각한다. 사람들이 우리 사회의 소득분배가 불평등하다고 느끼는 데는 분명히 나름대로 이유가 있을 것이다. 다만 지니계수가 그 점을 전혀 반영하지 못하기 때문에 우리 사회의 분배 현실을 제대로 설명해 주지 못할 뿐이다.

한 사회에 존재하는 불평등은 여러 가지의 다양한 측면을 갖는 복합적인 현상이다. 지니계수는 그중에서 오직 한 가지 측면에만 초점을 맞추어 불평등의 정도를 측정한다. 즉 다른 측면에는 전혀 개의치 않고 단지 부유한 사람과 가난한 사람의 소득에 얼마만큼의 격차가 있느냐에 의해서 불평등의 정도를 평가하는 것이다. 그러므로 지니계수에만 의존하여 불평등의 성격을 파악한다면 현실과 동떨어진 결론에 도달할 가능성이 크다. 이는 마치 눈먼 사람이 코끼리의 귀를 만져보고 "아, 이 동물은 부채같이 생겼구나!"라고 말하는 격이다.

사실 이와 같은 성격은 지니계수에만 고유한 것이 아니고 현존하는 모든 불평등지수가 공통적으로 갖고 있는 특성이다. 지니계수로 재든 다른 불평등지수로 재든 간에, 구해진 지수 하나만 가지고 그 사회에 존재하는 불평등성을 포괄적으로 파악하기는 힘들다. 지니계수를 포함한 모든 불평등지수는 문제의 본질적인 측면, 즉 도덕적, 윤리적 관점에서 본 분배상태의 정당성을 전혀 평가할 수 없다는 한계를 갖고 있다.

최근 들어 '금수저'니 '흙수저'니 하는 말이 많이 들리고 있는데, 이는 우리 사회에서 세대 간 경제적 지위의 세습이 한층 더 강화되고 있음을 반영하고 있다. 부유한 가정의 자녀가 성인이 되어 다시 부자가 되고, 가난한 가정의 자녀는 다시 가난한 사람이 되는 구도가 점차 고착화되어 가고 있다는 말이다. 말하자면 사회적 이동성social mobility이 점차 작아지고 있다는 뜻인데, 이와 같은 변화도 지니계수에 전혀 반영될 수 없다. 그렇기 때문에 사회적 이동성이 줄어들어 사람들의 불만이 커진다 해도 지니계수는 이 점에 대해 아무 것도 말해주는 바가 없게 되는 것이다.

이처럼 현실의 분배상태가 얼마나 평등한지 혹은 불평등한지를 나타내주는 지표로서 지니계수는 명백한 한계를 갖고 있다. 그렇다고 해서 지니계수의 값이 아무런 의미도 갖지 않는다고 말하는 것은 아니지만, 여기에 생긴 작은 변화가 매우 큰 의미를 갖는다고 호들갑을 떨 필요는 없다. 객관화된 수치로 나타낼 수 없어도 우리가 실제의 분배상태에 대해 느끼는 감정이 현실을 더욱 충실하게 대변할 수도 있다. 모든 경제통계가 그렇지만 수치에 대한 맹신은 현실에 대한 왜곡된 이해로 이어질 수 있다.

피케티의 『21세기의 자본』

교과서를 빼놓는다면 경제학 서적으로서 수십만 권이나 팔려 베스트셀러 반열에 오르는 경우를 찾기 힘든 것이 사실이다. 그런데 프랑스의 천재 경제학자 피케티T. Piketty가 쓴 『21세기의 자본』*Capital in the Twenty-First Century*은 인터넷 서점 아마존Amazon의 베스트셀러 리스트에서 당당 1위를 차지할 정도로 높은 인기를 누렸다.

온통 수식으로 가득찬 여느 경제학 서적과 달리, 이 책에는 초등학교 수학책에나 등장할 정도로 지극히 간단한 세 개의 수식만이 등장한다. 그는 이 세 개의 수식을 통해 현대 자본주의 사회 안에 소득분배의 불평등성이 점차 커지는 경향이 내재되어 있다는 결론을 도출했다. 미국이 그 대표적 예지만, 세계 여러 나라에서 최근 들어 소득분배의 불평등성이 점차 커지는 현상이 관찰되고 있다. 그렇기 때문에 불평등성에 대한 관심이 그 어느 때보다 더 높아진 시점에서 이 책이 등장해 폭발적인 관심의 대상이 되었던 것이다.

이 책에서 피케티가 내리고 있는 결론은 자본의 수익률(r)이 경제성장률(g)보다 더 높은 한 국민소득에서 자본이 차지하는 몫은 더욱 커지고, 자본의 몫이 커짐에 따라 소득분배의 불평등성은 점차 더 커진다는 것이다. 그는 자본주의의 긴 역사를 보면 $r>g$라는 조건이 충족되기에 알맞은 상황이 지속되었음을 알 수 있다고 말한다. 그리고 세계 경제가 저성장기조에 들어가게 된 현재 시점에서도 이 조건이 충족될 가능성이 크다고 덧붙인다.

이처럼 자본의 몫이 점차 커짐에 따라 현대 자본주의 사회는 세습자본주의patrimonial capitalism의 상황으로 치닫게 되리라는 것이 그의 우울한 전망이다. 세습자본주의하에서는 누가 얼마나 좋은 능력을 가졌는지 혹은 얼마나 열심히 노력했는지가 경제적 성공의 요인으로서 별로 중요하지 않다. 그보다는 어떤 가정에서 태어났느냐가 훨씬 더 중요한 경제적 성공의 요인이다. 극소수의 부유층을 제외한다면 이런 세습자본주의의 등장을 반길 사람은 별로 없을 것이 분명하다.

피케티는 나날이 더 심화되어 가는 소득과 재산의 집중을 막기 위해 전 세계적 차원에서의 자본과세를 주장했다. 이를 통해 자본의 (세후) 수익률을 낮춰야만 집중 현상에 제동을 걸 수 있다는 이유에서다. 일반적으로 자본과세는 자본의 이동성 때문에 원래 의도한 효과를 거두기 힘든 것으로 알려져 있다. 즉 자본이 다른 나라로 빠져나감에 따라 자본의 수익률을 낮추려는 목표를 달성하기도 어려울뿐더러 경제도 어려워지는 문제가 있다는 말이다. 그는 세계 여러 나라가 공조체제를 구축함으로써 이 문제를 해결할 수 있다고 말한다.

이 책이 출판되자마자 세계 여러 나라 지식인들의 찬사가 쏟아졌다. 예를 들어 크루그먼P. Krugman은 이 책이 '불평등성에 대한 훌륭하고 철저한 고찰'magnificent, sweeping meditation on inequality이라고 칭찬했다. 그리고 이 책은 그해의 가장 중요한 책일뿐더러 아마도 향후 10년에도 이런 중요한 책은 다시 보기 힘들 것이라는 말까지 덧붙였다. 그러나 불평등성에 대해 다른 견해를 갖고 있는 보수진영의 비판도 만만치 않아 이런저런 문제점을 지적하는 수많은 글들이 쏟아져 나온 것도 사실이다.

이 책이 갖는 중요성은 그동안 관심의 사각지대에 놓여 있던 소득분배의 문제를 논의의 중심으로 끌어냈다는 데 있다. 이 책을 둘러싼 열띤 논쟁은 결론이 어떤 방향으로 나든 간에 그 자체로 바람직하다고 말할 수 있다. 지식인들과 경제학자들이 이제야 분배문제가 갖는 중요성에 눈뜨게 되었다고 볼 수 있기 때문이다. 전 세계에 불고 있는 '피케티 열풍'은 효율성만을 떠받들어 온 경제학계에 일대 혁신을 가져오는 계기가 되었다는 점에서 박수갈채를 받을 만하다.

슈퍼스타의 경제학

정보화 사회의 한 특징은 누구나 쉽게 세계에서 제일가는 운동선수, 성악가, 가수, 소설가, 배우와 접할 수 있는 기회를 가질 수 있다는 점이다. 예전엔 미국에 사는 사람이 아니고서는 베이브 루스가 홈런을 펑펑 날리던 광경을 볼 수 없었다. 그러나 지금은 아프리카의 오지에 사는 사람도 프리메라리가에서 슈퍼스타 메시와 호날두가 맞대결을 벌이는 멋진 경기 모습을 볼 수 있다.

이와 같은 현상의 경제적 귀결은 각 방면에서 아주 뛰어난 실력을 발휘하는 사람, 즉 슈퍼스타가 판을 독차지하는 결과가 나타난다는 것이다. 단지 인기뿐 아니라 소득의 측면에서도 슈퍼스타와 바로 그 아래 급 스타 사이에는 엄청나게 큰 차이가 나게 된다. 슈퍼스타에 거의 필적하는 실력을 갖고 있어도 그보다 약간만 떨어지면 훨씬 못한 대우를 감수해야 한다.

우리는 스포츠, 영화, 대중가요, 텔레비전 방송 등 여러 분야에서 수많은 슈퍼스타들을 볼 수 있다. 이렇게 슈퍼스타가 존재하기 위해서는 몇 가지 조건이 충족되어야 한다. 첫 번째 조건은 많은 사람이 그들의 서비스를 소비할 수 있어야 한다는 것이다. 영화나 텔레비전 방송에는 슈퍼스타가 많은데, 연극에는 그렇게 불릴 만한 사람이 거의 없는 이유는 무엇일까? 연극을 즐기는 사람의 수가 별로 많지 않은 데다가, 공연장에 가야만 제대로 즐길 수 있다는 점도 또 다른 이유가 될 수 있을 것이다.

두 번째 조건은 평범한 재주의 사람 여럿이 비범한 재주를 가진 한 사람을 당해 낼 수 없어야 한다는 것이다. 손재주가 좋아 같은 시간 안에 다른 사람보다 두 배나 더 많은 구두를 만들어내는 사람이 있다 하자. 그가 엄청나게 좋은 손재주를 가진 것은 분명하나 보통 사람 셋이 힘을 합치면 그를 능가할 수 있다. 그러나 연예계나 스포츠계의 평범한 스타 세 사람은 슈퍼스타 한 사람을 능가하지 못한다. 예컨대 무하마드 알리의 전성기에는 인기 없는 세 체급의 세계 챔피언전을 한꺼번에 연다 해도 알리 한 사람의 논타이틀전보다 더 많은 TV중계 시청자를 모을 수 없었다.

소수의 슈퍼스타가 판을 독점하는 현상은 오락산업에서 많이 나타나고 있다. 그런데 이와 같은 현상은 다른 직종에도 점차 파급되어 가고 있다. 예를 들어 의사, 변호사, 경영자 중에서도 가장 유능하다고 알려진 사람과 그보다 약간 못한 사람들 사이의 소득격차가 점차 커지고 있다. 우리는 이런 성격의 직종을 가리켜 '승자가 판을 독차지하는'winner-take-all 직종이라고 부른다. 이 직종의 공통된 특성은 절대적 성과가 아닌 상대적 성과가 보수를 결정하는 요인이 된다는 점이다. 즉 같은 직종에 종사하는 다른 사람에 비해 얼마나 더 뛰어난 실력을 발휘하는지가 보수의 결정에 중요한 역할을 하는 것이다.

이런 성격의 직종이 늘어가게 되면서 소득의 편중이 점차 심화되는 결과가 나타난다. 절대적 성과가 보수를 결정하는 체제하에서는 다른 사람에 비해 능력이 부족할 경우 바로 그 차이만큼만 더 적은 소득을 얻게 된다. 그러나 승자가 판을 독차지하는 직종에서는 약간의 능력 차이가 엄청나게 큰 소득의 격차로 이어지게 된다. 정보화의 진전이 슈퍼스타의 출현을 촉진시키는 역할을 하고 궁극적으로는 소득의 불평등을 심화시키는 결과를 가져오는 것이다. 우리 사회에서도 머지않아 이와 같은 현상이 여러 부문에서 현저하게 나타날 것으로 예상할 수 있다.

누가 중산층인가?

우리 사회에서 중산층이 점차 줄어들고 있다는 신문 보도를 자주 접하게 된다. 그렇다면 우리가 중산층이라고 부르는 계층은 과연 누구일까? 대충 말해 우리 사회에서 중간 정도의 생활수준을 갖고 있는 사람을 중산층이라고 부를 수 있다. 그러나 소득이 정확하게 어떤 범위에 있는 사람을 중산층이라고 부를 수 있느냐는 질문을 받으면 답하기가 그리 쉽지 않다.

사실 경제학자들 사이에서도 누구를 중산층으로 분류할 수 있느냐에 대해 의견 통일이 이루어지지 못한 상태다. 중산층을 정의하는 방법에는 크게 보아 두 가지가 있다. 하나는 상대적인 맥락을 중시해 한 사회의 여러 소득계층 중 중간에 속한 계층을 중산층으로 분류하는 접근방법이다. 다른 하나는 절대적으로 어떤 소득의 범위를 정해 그 범위에 드는 사람을 중산층으로 보는 접근방법이다.

첫 번째 접근방법의 구체적인 예로 다음과 같은 것을 들 수 있다. 우선 한 사회의 중위소득median income을 구하고 그것의 75%에서 125%에 이르는 범위 안의 소득을 얻는 사람을 중산층으로 보는 방법이 있다. 예를 들어 어떤 나라의 연간 중위소득이 1만 달러라면, 연간 소득이 7천 5백 달러에서 1만 2천 5백 달러 사이인 사람이 중산층으로 분류되는 것이다.

또한 소득계층 최상위 20%를 부유층으로 보고, 최하위 20%를 빈곤층으로 본 다음, 그 중간에 있는 60%의 사람들을 중산층으로 보는 방법도 있다. 이처럼 상대적 접근방법으로 중산층을 정의하면 중산층에 속하는 사람들의 소득 범위가 나라마다 달라진다. 예를 들어 방글라데시의 중산층에 속하는 사람의 소득으로는 미국에서 결코 중산층이 될 수 없는 일이 벌어질 수 있다.

두 번째 접근방법은 절대적인 관점에서 중산층의 소득 하한선과 상한선을 구하는 것이 그 핵심이다. 어떤 경제학자는 하루 소득 12달러와 50달러를 각각 그 답으로 찾았다. 12달러는 브라질 국민의 평균 소득인 한편, 50달러는 이탈리아 국민의 평균 소득이다. 어느 나라에서든 소득이 이 범위 안에 드는 사람을 대략 중산층으로 볼 수 있다는 뜻이다.

이와 같은 중산층의 정의에 따르면 중국이나 인도에는 중산층이 거의 없다는 결론이 나온다. 인구 대부분의 하루 소득이 12달러에 이르지 못하기 때문이다. 사실 개발도상국의 빈곤층은 하루 소득 2달러 미만의 사람들로 정의되는 것이 보통이다. 하루 소득이 최소한 12달러가 되어야 중산층으로 볼 수 있다는 것은 비현실적인 판단일 수 있다.

이 점을 감안해 하루 소득이 2달러에서 13달러에 이르는 범위에 있는 사람을 중산층으로 정의한 경제학자도 있다. 중산층 소득의 하한선을 2달러로 잡은 것은 그 미만을 빈곤층으로 보기 때문이다. 한편 상한선인 13달러라는 수치는 미국에서 하루 소득이 13달러 미만의 사람을 빈곤층으로 보는 데서 나왔다. 개발도상국의 관점에서는 그 정도의 소득이면 중산층으로 볼 수 있다는 생각을 한 것이다.

중산층을 이렇게 정의하면 최근 개발도상국에서 중산층이 엄청나게 빠른 속도로 늘어나고 있다는 결론이 나온다. 전 세계적으로 소득이 이 범주에 속하는 사람들의 숫자는 1990년에서 2005년에 이르는 기간 동안 14억 명에서 26억 명으로 커졌기 때문이다. 이와 같은 증가의 대부분이 개발도상국에서 일어났다는 것은 두말할 필요조차 없다. 중국만 하더라도 그런 사람의 숫자가 1억 7천 4백만 명에서 8억 6백만 명으로 늘어났다.

지금까지 본 여러 가지 중산층의 정의 중 어느 것이 가장 적합할까? 이에 대한 명백한 답을 얻기는 어렵다. 각 방법이 나름대로 장단점을 갖기 때문이다. 중산층에 관한 논의를 하는 목적이 무엇이냐에 따라 적절한 것을 선택해 쓰는 수밖에 없다.

예를 들어 우리 사회의 중산층이 줄어들고 있는지의 여부를 따져보려는 목적이라면 첫 번째 설명한 방법이 가장 좋을 것이다. 즉 중위소득의 75%에서 125%에 이르는 사람의 비율에 어떤 변화가 있었는지를 보면 바로 답이 나올 것이라는 말이다. 만약 개발도상국 사람들 중 빈곤에서 벗어나는 사람이 얼마나 되는지 알아보려는 목적이라면 마지막 방법이 더 낫다. 하루 소득이 2달러 이상으로 커진 사람들의 숫자로 쉽게 그 답을 얻을 수 있기 때문이다.

누가 빈곤층인가?

빈곤이란 인간다운 생활을 하기에 충분한 소득을 얻지 못하는 상황을 가리킨다. 그러나 정확하게 빈곤이 무엇인지에 대해, 즉 어떤 생활이 빈곤한 사람의 생활인지에 대해서는 사람마다 생각이 다를 수 있다. 더군다나 빈곤에 대한 인식은 사회에 따라 달라질 수밖에 없어 문제가 더욱 어려워진다. 예를 들어 미국에서 아주 가난한 생활을 하고 있는 사람이라도 소말리아의 기준으로 보면 상당히 넉넉한 사람으로 평가될 수 있을지 모른다.

그렇다면 어느 정도의 소득을 얻는 사람을 빈곤한 사람으로 볼 수 있을까? 최저한의 생활을 하기 위해 필요한 소득을 계산한 다음, 소득이 이보다 더 낮은 사람을 빈곤한 사람으로 규정하는 것이 일반적인 관행이다. 이렇게 빈곤한 사람과 그렇지 않은 사람을 구분하는 기준이 되는 소득수준을 **빈곤선**poverty line이라고 부른다. 다시 말해 어떤 사람의 소득이 바로 이 빈곤선보다 더 낮으면 그를 빈곤한 사람으로 보는 것이다.

라운트리S. Rowntree는 1899년 영국 요크York지역의 주민을 대상으로 최저한의 생활을 하기에 필요한 소득의 수준이 얼마인지를 조사했다. 그의 계산결과에 따르면, 한 주일당 음식물을 위한 지출 12실링 9펜스, 옷을 위한 지출 2실링 3펜스, 연료비 1실링 10펜스, 그리고 잡다한 지출 10펜스에다 따로 계산된 주택임대료를 합친 금액이 최저한의 생활을 위한 지출이었다고 한다. 오늘날에도 이와 같은 방식으로 최저생계비를 구하는 사례가 많은데, 그의 이름을 따 라운트리방식이라고 부른다.

이 방식은 생존에 필요한 최소한의 소비가 무엇인지 그 절대적 수준을 알아내는 데 중점을 두고 있다. 그런데 생존에 요구되는 최소한의 소비란 것이 과연 무엇을 의미하는 것일까? 생존을 위해서 무엇을 얼마만큼 먹어야 하며 옷은 얼마나 필요할까? 자녀들의 교육에 드는 비용이나 아플 때 사먹는 약 값은 어느 정도까지 드는 것으로 계산해야 할까? 생존에 필요한 최소한의 소비를 계산할 때 이런 자질구레한 문제들이 수없이 등장하게 된다.

더군다나 사회적인 측면까지 포함시켜 최소한의 소비를 생각할 경우 문제는 더욱 어려워진다. 신문도 보고 가끔 영화관에도 가야하며 친척들의 경조사에도 찾아가야 사회적 생존이 가능하다고 볼 수 있다. '생존'이라는 말을 단지 굶어 죽지 않고 얼어 죽지 않는 생물적 생존으로 해석하는 것은 적절하지 않다. 주위 사람들과 정상적인 교류가 가능하다는 의미에서의 사회적 생존까지 포함하는 개념으로 해석해야 한다. 그렇다면 사회적 생존에 필요한 최소한의 지출까지 포함시킨 최저생계비를 구해야 하는데, 이것이 말처럼 쉬운 일은 아니다. 사회적 생존을 위해 무엇을 얼마만큼 지출해야 하는지를 알아내는 것은 생물적 생존의 경우보다 훨씬 더 어렵다.

그런데 지금까지 설명한 라운트리방식은 빈곤에 상대적 측면이 존재하고 있다는 사실을 제대로 반영하지 못한다. 우리가 자주 쓰는 '상대적 박탈감'이라는 말이 바로 그런 상대적 측면을 가리키고 있다. 예를 들어 미국에서는 가난한 사람이라도 TV나 냉장고 정도는 갖고 있는 게 보통이다. 그러나 가난한 나라에 가면 그런 물건을 갖고 있는 사람은 부자라는 소리를 듣기 십상이다. 이처럼 빈곤은 주변 사람들의 생활수준과 동떨어져 정의될 수 없는 상대적 측면을 갖고 있다.

이 점을 고려해 평균소득이나 중위소득의 일정 비율, 예컨대 $\frac{1}{2}$ 혹은 $\frac{1}{3}$에 해당하는 소득을 빈곤선으로 선택하는 경우도 있다. 일반 사람들의 $\frac{1}{2}$ 혹은 $\frac{1}{3}$ 정도의 소득도 얻지 못하는 사람을 가난한 사람으로 본다는 뜻이다. 이렇게 상대적인 관점에서 빈곤을 정의할 경우에는 언제나 어느 정도의 빈곤인구가 남아있게 마련이다. 사회에서 빈곤을 완전히 없애버린다는 것은 라운트리방식처럼 절대적인 관점에서 빈곤선을 설정할 경우에만 가능한 일이다.

구멍 뚫린 양동이

부유한 사람에게 돈을 거두어 가난한 사람에게 나누어주는 소득재분배 정책을 탐탁지 않게 생각하는 사람들이 꽤 많다. 이 사람들은 이런저런 이유를 들어 그 정책이 바람직하지 못하다는 점을 부각시키려고 노력한다. 그들이 드는 이유 중 가장 자주 듣는 것은 소득재분배 정책이 경제의 효율성을 떨어뜨리는 결과를 가져온다는 것이다. 정부가 가난한 사람을 도와주면 일부러 가난해지려고 하는 사람이 생겨날 것이기 때문이라고 한다. 가난해지면 정부가 도와줄 텐데 구태여 열심히 일해 무엇하겠느냐는 태도가 나타날 것이라는 말이다.

이와 같은 주장에 일리가 없는 것은 아니다. 강력한 소득재분배 정책을 실시하고 있는 나라에서 이런 현상이 나타나고 있는 것도 사실이다. 선진국에서는 오래전부터 복지병welfare disease이라 부르는 현상이 심각한 사회문제가 되어 왔다. 사회복지 정책의 혜택이 나라의 도움만 믿고 빈둥거리는 사람들을 만들어 내는 현상을 복지병이라고 부른다. 사람의 행동은 주변 여건에 따라 달라지는데, 정부가 모든 것을 알아서 처리해 주는 상황이라면 각 개인이 스스로 알아서 최선의 노력을 다하는 태도가 나타나기 힘들다.

소득재분배 정책이 효율성의 측면에 나쁜 영향을 준다는 것은 결국 공평성equity과 효율성efficiency이 서로 충돌하는 성격을 갖는다는 것을 뜻한다. 사회의 공평성을 높이려는 정책은 효율성을 떨어뜨리고, 효율성을 높이려는 정책은 공평성에 악영향을 준다는 말이다. 사람들은 이 점과 관련해 다음과 같은 몇 가지 비유를 들고 있다.

우선 들 수 있는 것은 여러 사람이 떡을 나누어 먹는 상황에 대한 비유다. 큰 떡 하나를 다섯 사람이 나누어 먹는다고 할 때, 우선 각자 20%씩 균등하게 나누는 방법을 생각할 수 있다. 또 다른 방법은 한 사람이 40%를 차지하고 나머지 네 사람이 15%씩 나누어 먹는 것이다. 원래 15%의 몫을 차지하던 사람이 첫 번째 방법으로 분배의 방식이 바뀌어 20%를 차지하게 되면 더욱 높은 경제적 복지를 누릴 수 있을까?

이 비유를 드는 사람들은 "반드시 그렇지는 않다."고 말한다. 모든 사람에게 똑같은 크기로 나누려 하면 떡 그 자체의 크기가 작아지고, 절대적 크기로 볼 때 작은 떡의 20%가 큰 떡의 15%보다 더 작을 수 있기 때문이라는 것이다. 그들은 효율성이 떨어지는 것을 떡 그 자체의 크기가 작아지는 상황에 비유하고 있다.

만약 이것이 사실이라면 모든 사람이 떡을 균등하게 나누어 먹는 것은 그리 바람직한 일이 아니다. 오히려 한 사람에게 훨씬 더 큰 몫을 몰아줌으로써 다른 사람도 이득을 얻을 수 있기 때문이다. 이는 가난한 사람에게 도움을 주려는 의도에서 실시된 소득재분배 정책이 오히려 그들에게 손해를 가져다준다는 것을 뜻한다.

공평성을 높이려는 정책이 효율성을 떨어뜨리는 결과를 가져오는 것을 보여주는 또 다른 예로 구멍 뚫린 양동이의 비유가 있다. 이 비유는 소득재분배 정책이 부유한 사람의 항아리에서 물을 떠서 가난한 사람의 항아리에 옮겨주는 것과 같다는 것으로부터 출발한다. 그런데 물을 옮길 때 쓰는 양동이에 구멍이 뚫려 있기 때문에, 길에다 어느 정도 흘려버리고 그 나머지만을 가난한 사람에게 건네줄 수 있다고 한다. 효율성이 떨어진다는 사실을 길에다 흘려버리는 물에 비유하는 것이다. 만약 그 구멍이 매우 크다면 대부분의 물이 새나가고 막상 가난한 사람에게 돌아갈 물은 거의 남지 않을 것이라는 데 문제가 있다.

소득재분배 정책을 구멍 뚫린 양동이로 물을 나르는 데 비유한 것은 현실과 부합되는 측면이 있다. 그렇다고 해서 이 비유가 모든 소득재분배 정책을 반대하는 논리로 사용될 수는 없다. 만약 물 한 양동이를 나를 때 새나가는 물의 양이 기껏 몇 방울에 지나지 않는다면, 효율성의 관점에서 이 정책을 반대할 충분한 근거가 없는 셈이다.

문제는 실제로 재분배 과정에서 과연 얼마나 많은 물이 새나가게 될지에 있다. 바로 이점에 대한 견해 차이가 소득재분배 정책에 대한 지지와 반대의 입장 차이로 이어진다고 볼 수 있다. 즉 새나가는 물의 양이 별로 많지 않다고 보는 사람은 그 정책을 지지하는 반면, 그 양이 많다고 보는 사람은 반대하는 입장을 취하게 되는 것이다.

그러나 공평한 분배를 위한 개입이 언제나 효율성을 떨어뜨리는 결과를 가져온다고 단정해서는 안 된다. 장기적인 관점에서 보면, 공평성과 효율성 사이의 관계가 지금까지 본 것과 다를 수 있다. 다시 말해 이 둘이 서로 충돌하는 것이 아니라 오히려 서로 보완해 주는 관계에 있을 가능성이 높다는 말이다.

한 경제가 순조로운 성장을 계속해 나가려면 사회 구성원이 모두 한마음이 되어 양보하고 협력할 태세가 갖춰져야 한다. 각자 자기 몫 챙기기에 바쁜 사회에서는 성장이 제대로 이루어질 수 없다. 공평한 분배가 이루어지지 못한 사회일수록 각자 자기 몫 챙기는 현상이 더욱 심하게 나타날 것임은 두말할 나위도 없다. 그렇다면 공평한 분배가 효율성을 떨어뜨리는 역할을 하는 것이 아니라, 오히려 이것을 북돋는 역할을 하는 셈이다.

낙수효과와 끈끈이효과

미국의 레이건R. Reagan 대통령은 두 차례에 걸친 조세개혁을 통해 70%였던 최고소득세율을 28%로 크게 낮추는 파격적인 감세정책을 실행에 옮겼다. 그 이외에도 법인세제의 개혁을 통해 기업들에게 많은 혜택을 주는 등 그의 감세정책은 대체로 부유층에게 유리한 방향으로 작용한 것이 사실이었다. 그 당시 세계적으로 신자유주의의 바람이 크게 유행했는데, 그의 감세정책은 바로 그 신자유주의의 이념에 뿌리를 두고 있었다. 신자유주의 정책의 핵심은 세금을 깎아줌으로써 경제의 활력을 높일 수 있다는 데 있었다.

세금을 깎아줌으로써 경제의 활력을 높일 수 있다고 주장하는 사람들은 너무 무거운 세금 부담이 경제활동의 위축을 가져온다고 지적한다. 너무 무거운 세금 부담이 사람들의 일하려는 의욕을 저해할 뿐 아니라, 저축과 투자를 위축시키는 결과를 가져온다는 것이 그들의 주장이다. 바로 이 생각에서 나온 것이 소득세와 법인세 부담을 대폭 줄여주는 레이건의 감세정책이었다. 이 신자유주의적 감세정책은 그 뒤를 이은 공화당 출신 대통령들, 즉 부시G. Bush와 트럼프D. Trump에 의해서도 적극적으로 추진되었다.

이들의 감세정책에는 '부자감세'라는 별명이 붙었는데, 감세의 직접적 혜택이 주로 부유층에게 돌아간 데서 나온 별명이었다. 부자만을 위한 정책이 아니냐는 비판에 대해 그들은 경제가 활성화되면 그 이득이 중하위 소득계층에도 돌아가게 된다고 맞섰다. 일단 부유층에게 감세정책의 혜택이 돌아가지만 결국 가난한 사람에게도 혜택이 돌아간다는 논리였다. 비유를 들어 말하자면 어떤 화분에 준 물이 밑바닥의 구멍으로 흘러나와 그 아래에 놓여 있는 화분도 적시게 된다는 식이었다. 그와 같은 비유에서 **낙수효과**trickle-down effect라는 말이 나왔다.

그렇다면 미국의 신자유주의 정책이 실제로 그와 같은 낙수효과를 내기는 했을까? 많은 전문가들은 이 질문에 대해 “아니요.”라고 답한다. 말로는 그럴듯하게 들려도, 실제로 낙수효과가 발생하기는 무척 어렵다. 사실 미국의 신자유주의 정책은 경제를 활성화하는 데도 이렇다 할 효과를 내지 못했다. 많은 연구 결과들이 감세정책에도 불구하고 사람들이 더 열심히 일하고 더 열심히 저축, 투자하는 반응은 나타나지 않았음을 보여주고 있다. 경제가 활성화되는 효과 그 자체가 생기지 않았으니 가난한 사람에게 이득이 돌아갈 리 없었다.

낙수효과가 전혀 발생하지 않았다는 더욱 결정적인 증거를 1980년대 이래 미국 사회에서 급격하게 진행되어 온 불평등성의 심화에서 찾을 수 있다. 미국 역사상 소득분배의 불평등성이 가장 높은 수준에 있었던 때는 대공황이 일어나기 직전인 1920년대 후반이다. 대공황과 곧 이어 발생한 제2차 세계대전, 그리고 진보적인 정책으로 인해 평등화로의 반전이 일어났고 그 추세는 1970년대 초까지 계속되었다. 그러나 1980년대에 들어서면서 신자유주의 정책의 등장과 함께 다시 급격한 불평등화의 추세가 시작되었다. 그 결과 현재 미국은 거의 1920년대에 버금갈 정도의 불평등한 사회가 되어 버렸다.

만약 낙수효과가 어느 정도 발생했다면 그와 같은 급격한 불평등성의 심화는 나타나지 않았을 것이다. 전문가들의 분석에 따르면 신자유주의 정책의 혜택은 거의 모두 소득 최상위 0.1% 혹은 1%의 부유층에게로만 돌아갔다. 나머지 계층에게는 이렇다 할 혜택이 돌아가지 않았을 뿐 아니라, 중하위 소득계층은 오히려 실질소득이 감소하는 어려움까지 겪었다. 낙수효과라는 달콤한 구호는 완전히 헛된 것으로 드러나고 말았다.

결론적으로 말해 최상위 부유층에게 주어진 부자감세의 혜택은 그들만을 한층 더 부유하게 만드는 것으로 끝나고 말았다. 말하자면 신자유주의적 감세정책은 낙수효과가 아닌 끈끈이효과flypaper effect를 냈다는 뜻이다. 지금은 사라지고 없지만, 옛날에는 성가신 파리를 잡는 수단으로 끈끈이를 많이 사용했다. 파리가 좋아하는 냄새를 섞은 접착제를 발라놓은 종이가 바로 끈끈이였다. 파리가 그 냄새에 끌려 끈끈이 위에 앉으면 접착제 때문에 다시 날아오르지 못했다. 부유층에 주어진 부자감세의 혜택은 바로 이 끈끈이에 앉은 파리와 같이 그들의 수중에 계속 남아 있었다는 뜻에서 끈끈이효과가 발생한 셈이다.

이와 같은 미국 사회의 경험은 다른 나라에서도 똑같이 반복될 수 있다. 즉 낙수효과를 바라고 부유층에게 유리한 정책을 채택했는데, 끈끈이효과가 나타나 불평등성이 한층 더 심화되는 결과를 빚을 가능성이 크다는 말이다. "부자를 더욱 부유하게 만들어주면 결국 가난한 사람도 덕을 본다."는 말을 선뜻 믿어서는 안 된다. 이것은 지금까지 현실에서 단 한 번도 증명된 바가 없는 희망사항에 지나지 않기 때문이다.

이자를 받으면 안 된다?

'고리대금업'usury이라는 말은 마치 탐욕의 대명사와도 같은 의미로 쓰이고 있다. 생활이 어려워 돈을 빌리러 온 불쌍한 사람에게 엄청나게 높은 이자를 요구한다는 것은 결코 인간적이라고 할 수 없다. 요즈음 우리 사회에서도 급히 돈을 쓰려고 하는 사람들에게 연간 몇십 %나 되는 이자를 요구하는 사례가 많아 큰 물의를 일으키고 있다.

엄밀하게 말해 고리대금이라는 것은 정당하다고 인정되는 이자 이상을 요구하는 경우를 말한다. 그러나 중세 유럽에서는 이자를 요구하는 것 그 자체가 고리대금을 뜻하는 것으로 간주되었다. 따라서 남에게 돈을 빌려주고 이자를 받는 행위는 교회의 율법뿐 아니라 세속의 법률에 의해서도 엄격하게 금지되었다.

성경을 보면 이자를 받는 행위를 비난하는 구절이 간간이 등장한다. 당시의 사회에서는 종교의 영향이 절대적이었기 때문에, 성경에 그렇게 쓰여 있다는 것만으로도 이자를 불법화할 충분한 이유가 되었다. 당시의 학자들은 그 이외에도 이자를 주고받는 행위가 정당하지 못하다는 여러 가지 이유를 찾아 놓고 있었다. 예컨대 돈은 아무 것도 생산하지 못하기 때문에 이자도 만들어낼 수 없다든가, 이자는 시간에 대한 대가인데 돈을 빌려준 사람이 시간의 소유권을 갖는 것은 아니라는 등의 논리가 그것이다.

경제활동이 활발하지 않았던 중세 초기에는 돈을 빌리려는 목적이 주로 생계자금의 융통에 있었다. 따라서 고리대금의 피해가 상당했을 것이고, 이자를 주고받지 못하게 금지한 규정은 그런대로 의미를 가졌을 것이라고 짐작할 수 있다. 그러나 경제활동이 점차 활발해지고 이와 관련해 돈을 빌리는 사례가 많아짐에 따라 이자를 주고받지 못하도록 금지하는 규정은 점차 의미를 잃게 되었다.

그 당시 경제활동에 종사하는 사람들은 여러 가지 예외적인 상황을 만들어 공공연하게 이자를 주고받았다고 한다. 돈을 갚지 않을 경우 이자를 받아도 좋다는 예외규정이 있는 것을 이용해, 대출기간을 아주 짧게 정하고 그동안에 갚지 않은 것으로 만들어 이자를 받는 것이 그 한 예다. 또한 돈을 빌려주고 빌리는 사람이 조합을 만드는 형식을 취해 사업에서 나오는 이윤을 나누어 갖는다는 명목으로 이자를 받기도 했다.

셰익스피어의 희곡 「베니스의 상인」에는 유태인 고리대금업자 샤일록Shylock이 등장한다. 그가 정말로 나쁜 사람이었는지는 다시 평가해 볼 필요가 있지만, 하여튼 대금업에 종사하는 유태인이 많았던 것은 사실이다. 당시 유럽 사회에서 유태인 박해가 심해 이런 일이라도 하지 않으면 생계를 유지할 수 없었을뿐더러, 종교적으로도 이를 꺼릴 이유가 없었기 때문이라고 한다. 세계 금융업계에서 유태인 자본이 막강한 영향력을 행사하는 배경에는 바로 이런 역사적 뿌리가 있는 것이다.

이슬람권에서는 현대에 이르러서도 이자를 받는 것이 비윤리적이라는 입장이 견지되고 있다. 주류 이슬람 경제학자들은 현대 경제처럼 금융업이 고도로 발달된 상황에서도 이자라는 것이 결코 불가피한 존재가 될 수 없다고 주장한다. 이슬람의 정신에 충실하기 위해서는 은행이 대출해준 돈에 대해서도 이자를 받지 말아야 한다는 주장까지 제기되고 있다. 1999년 파키스탄 대법원은 어떤 이유에서든 이자를 주고받는 것은 코란의 가르침에 위배된다는 판결을 내린 바 있다.

충분히 예상할 수 있는 일이지만, 그것은 어디까지나 원칙이고 현실은 이와 큰 차이를 보이고 있다. 중세 유럽에서 사용되었던 것과 같은 여러 가지 편법을 통해, 이자가 아닌 것처럼 하면서 이자를 주고받는 것이 이슬람권의 현실이라고 한다.

지대추구행위

쉽게 큰돈을 버는 방법

지대rent라는 말이 때로는 한 사회에 주인 없이 떠돌아다니는 이권의 뜻으로 쓰이기도 한다. 이런 뜻에서의 지대는 어떤 수단을 쓰든 남보다 먼저 수중에 넣는 사람의 차지가 된다. 주인 없는 허허벌판에 먼저 깃발을 꽂는 사람이 임자가 되는 것이나 마찬가지다. 어느 사회든 운 좋게 지대를 얻을 수 있었다는 이유 하나만으로 큰 부자가 된 사람이 있게 마련이다. 우리 주위에서도 권력에 빌붙어 이권을 따내 엄청난 부를 축적한 사람들을 심심치 않게 볼 수 있다. 또한 우리나라의 기업가들 중에는 노력과 창의를 통해 돈을 벌기보다 지대를 얻는 데 더욱 열심인 사람들이 상당히 많다.

그렇다면 구체적으로 어떤 것을 주인 없이 떠돌아다니는 이권이라고 부르는 것일까? 다음과 같은 예를 들어 설명하면 이해가 쉬울 것이다. 널리 사용되면서도 국내에서는 전혀 생산되지 않고 오직 수입에만 의존하는 어떤 상품이 있다고 하자. 이 상품을 독점적으로 수입할 권리를 얻어낸 사람이 있다면, 그는 아무 힘도 들이지 않고 돈방석에 올라앉을 수 있다. 조그만 사무실 하나에 한두 사람의 직원을 써서 수입절차에 필요한 몇 가지 일만 챙기게 하면 된다. 이처럼 어떤 상품을 수입할 수 있는 권리 그 자체가 하나의 커다란 이권이 된다. 그런데 그 권리를 처음부터 갖고 있는 사람은 없고, 정부가 지정한 사람이 그 권리를 갖게 된다는 뜻에서 주인 없는 이권이라고 부를 수 있다.

또 다른 예로 다음과 같은 것을 들 수 있다. 아직 산업화가 덜 되어 있는 나라에서 정부가 특정한 산업을 전략적으로 키우려 한다고 하자. 이때 정부는 누가 그 산업을 담당하게 될 것인지를 결정하게 되는데, 누가 선택되든 바로 그 순간 재벌의 반열에 오르게 된다. 정부의 집중적 육성 대상이 된 산업에서 기업 활동을 함으로써 막대한 이득을 얻게 될 것이 분명하기 때문이다. 이 경우에도 그 이권은 정부가 지정해 주는 사람의 소유가 된다. 우리나라의 재벌 중에도 이와 같은 경로를 통해 재벌의 반열에 오른 사람이 상당히 있을 것으로 생각한다.

이런 이권은 쉽게 큰돈을 벌 수 있는 기회를 주기 때문에 군침을 흘리는 사람이 많을 수밖에 없다. 사람들이 이 이권을 얻기 위해 노력하는 행위를 **지대추구행위**rent seeking activities라고 부르는데, 이와 같은 행위야말로 사회적인 낭비와 부조리의 대명사라고 말할 수 있다.

수입권이나 신규 산업에 참여할 권리를 따내려고 이곳저곳에 연줄을 대고 뇌물을 건네는 것 같은 행동이 지대추구행위의 좋은 예다. 이런 지대추구행위는 연구개발투자를 한다거나 인력개발을 하는 등의 생산적인 활동과 거리가 멀다. 이와 같은 행동이 그 자체로 낭비일 뿐 아니라 사회의 부조리를 더욱 심화시키는 원인이 된다는 것은 새삼 강조할 필요조차 없다.

경우에 따라서는 이권을 제공하는 역할을 하는 정치가나 관료가 지대의 일부를 요구하기도 한다. 우리가 '정경유착'이라고 부르는 것은 이처럼 지대를 나누어 먹는 구조가 정착된 것을 뜻한다. 앞에서 지대를 일정한 주인이 없이 사회를 떠도는 이권이라고 정의했지만, 사실 그것의 진정한 주인은 국민 모두라고 할 수 있다. 정치가와 관료는 국민으로부터 그것을 관리할 권한을 위임받은 데 지나지 않는다. 그럼에도 불구하고 그것을 마음대로 분배하고 그 과정에서 자신의 몫을 챙기는 행위는 하등의 정당성도 없다.

일반적으로 후진국일수록 지대추구행위가 더 성행하는 경향이 있다. 부패한 정치가와 관료들이 지대를 수중에 넣으려고 아우성치는 광경은 후진국의 전형적인 모습임이 분명하다. 한 나라의 국민소득에서 지대가 차지하는 비중은 정부가 간섭하는 정도가 심할수록 더 커진다. 규제 하나하나가 모두 이권이 될 수 있기 때문이다. 정부가 모든 일에 시시콜콜하게 간섭하는 후진적인 나라에서 분배문제를 둘러싼 갈등이 유독 심하게 나타나는 것은 결코 우연이 아니다.

벌써 선진국의 대열에 끼어들었다고 떠들어대지만, 아직도 우리 사회는 지대추구행위가 만연하고 있다는 점에서 후진성을 면치 못하고 있다. 말 그대로의 선진국이 되려면 지대추구행위가 줄어들어야 하고, 그렇게 되려면 규제를 과감히 풀어 민간부문의 활력이 최대한으로 발휘될 수 있는 분위기를 만들어야 한다.

규제 완화의 논의가 나오면 어느 누구도 감히 드러내 놓고 반대하지는 않는다. 그러면서도 막상 규제를 완화하려는 구체적인 움직임이 시작되면 이곳저곳에서 제동을 걸고 들어온다. 결국 규제의 완화가 바로 지대의 상실로 이어지기 때문에 그렇게 집요한 방해를 하는 것이 아닐까?

경제적 지대

변호사시험 합격자 수가 크게 늘어난다면?

개념적으로 보아 어떤 생산요소가 받는 보수는 **경제적 지대** economic rent와 전용수입 transfer earnings의 두 부분으로 구성되어 있는 것이라고 이해할 수 있다. 예컨대 최필중 씨가 A 회사에서 일하고 얻은 근로소득이 월 5백만원이라고 할 때, 그것이 3백 2십만원의 전용수입과 1백 8십만원의 경제적 지대로 구성되어 있다는 식으로 생각할 수 있다는 말이다.

전용수입이란 어떤 생산요소를 현재의 고용상태에 붙잡아 두기 위해 최소한으로 지불해야 하는 금액을 가리킨다. 이에는 그 생산요소가 다른 데 고용되어도 최소한 그만큼의 보수를 얻을 수 있다는 뜻이 내포되어 있다. 바로 앞의 예에서 최씨의 전용수입이 3백 2십만원이라는 것은 A 회사가 그를 붙잡아 두려면 최소한 그 금액에 해당하는 보수를 지급해야 한다는 것을 뜻한다. 그가 다른 곳에서 일해도 3백 2십만원의 소득을 올릴 수 있다는 것은 그가 A 회사에서 일하는 것과 관련된 기회비용이 바로 그 금액에 해당한다는 뜻이다. 한편 경제적 지대는 어떤 생산요소를 현재의 고용상태에 붙잡아두기 위해 최소한으로 지불해야 하는 금액, 즉 전용수입을 초과해 지급되는 보수를 뜻한다.

그렇다면 어떤 생산요소가 얻는 소득 중 전용수입과 경제적 지대의 비율은 무엇에 의해 결정될까? 예를 들어 어떤 경우에 경제적 지대에 비해 전용수입의 상대적 비율이 더 높아지는 결과가 나타나게 될까? 답부터 우선 말한다면, 어떤 생산요소의 공급이 상대적으로 더 큰 신축성을 가질수록 보수 중에서 전용수입이 차지하는 비율은 더 커진다. 반면에 신축성이 작아질수록 경제적 지대가 차지하는 상대적 비중이 더 커지는 결과가 나타난다. 예컨대 공급이 거의 고정되어 있는 토지에 대한 보수의 경우에는 경제적 지대가 차지하는 비중이 상당히 높을 것이다. 반면에 미숙련 노동자처럼 그 공급이 매우 신축적인 생산요소의 경우에는 보수 중 경제적 지대가 차지하는 비중이 매우 작다.

우리 사회의 몇몇 직종에서 일하고 있는 사람들은 보통 사람들에 비해 무척 높은 소득을 얻고 있다. 예를 들어 변호사, 의사, 운동선수, 혹은 연예인 등이 얻는 소득은 웬만한 사업가보다 더 많을 정도다. 그런데 이들이 얻는 소득 중에는 경제적 지대의 성격을 갖는 부분이 매우 큰 비중을 차지한다. 예컨대 연간 수입이 5억원인 변호사의 경우를 보자. 만약 그가 변호사가 아닌 회사원으로 일한다면 연간 소득이 기껏해야 1억원 정도에 지나지 않을 것이다. 그렇다면 그의 전용수입은 1억원 정도에 불과한 셈이며, 이는 그의 소득 중 $\frac{4}{5}$ 가량이 경제적 지대의 성격을 갖는다는 말이 된다.

이들의 소득에서 경제적 지대가 차지하는 상대적 비중이 큰 이유는 공급이 신축적이지 못하다는 데서 찾을 수 있다. 앞에서 예로 든 직종에서 공급이 왜 신축적이지 못한가를 이해하는 것은 그다지 어렵지 않다. 우선 연예인이나 운동선수의 경우에는 그와 같은 능력을 갖춘 사람들이 애당초 매우 제한되어 있기 때문에 공급이 거의 고정된 것이나 다름없다. 노래 한 곡만 크게 히트해도 수억원의 수입이 생기는 것을 보고 수없이 많은 가수 지망생이 나타난다. 그렇지만 정작 가수로서 큰 성공을 거둘 만큼 재주가 있는 사람은 지극히 드물다. 결국 스타의 자질을 갖춘 몇몇 사람들만이 엄청난 경제적 지대를 얻을 수 있는 것이다.

변호사와 의사의 공급에 신축성이 없는 것은 인위적으로 자격을 취득하기 어렵게 만든 데 그 원인이 있다. 법학전문대학원의 정원이나 변호사시험 합격자 수를 늘린다는 말이 나오면 제일 먼저 반대하고 나서는 사람들이 변호사라는 사실은 결코 우연이 아니다. 변호사 수가 늘어나면 그들이 누리던 경제적 지대는 현저히 줄어들게 된다. 겉으로는 변호사의 자질이 떨어진다는 것을 반대의 명분으로 내걸고 있지만, 그들이 정말로 걱정하는 것은 경제적 지대의 상실임이 분명하다. 만약 변호사의 자질이 떨어지는 결과가 정말로 나타난다면, 그것을 가장 걱정해야 할 사람은 법률서비스의 소비자들이다. 왜 공급자인 변호사들이 소비자들보다 더 몸이 달아 걱정을 하고 있는지 이해하기 힘든 일이다.

7

국민소득

국내총생산

국민 전체가 버는 소득

소득이 많은 사람일수록 더욱 풍부한 소비생활을 누릴 수 있어 생활수준이 한층 더 높아질 수 있다. 이와 마찬가지로 한 나라 국민 전체가 얻는 소득이 커질수록 그들의 생활수준이 더욱 높아지게 된다. 국민 전체가 얻는 소득을 **국민소득**national income이라고 부르는데, 이것의 크기는 그 나라 국민의 전반적 생활수준과 밀접한 관계를 갖고 있다.

좀 더 정확하게 말하면, 국민소득을 인구로 나눈 값, 즉 1인당 국민소득이 클수록 그 나라 국민의 평균적 생활수준이 더 높아진다. 1950년대 우리나라의 1인당 국민소득은 1백 달러에도 미치지 못했는데, 몇십 년이 지난 오늘날 거의 3만 달러에 이르는 수준으로 커졌다. 이에 따라 우리 국민의 생활수준이 비약적으로 향상되어 왔음은 두말할 나위도 없다.

그렇다면 국민소득은 어떻게 측정할 수 있을까? 각 개인별로 얼마의 소득을 얻는지 알아낸 다음 이것을 모두 더하면 국민소득을 구할 수 있을까? 물론 이렇게 국민소득을 구할 수도 있겠지만 무척 어려운 일이기 때문에, 실제로는 다른 방법에 의해 국민소득을 구하게 된다. 가장 많이 쓰이는 방법은 어떤 한 해에 국내에서 생산된 모든 상품의 가치를 더해 그해의 국민소득을 구하는 것이다.

예를 들어 2017년 한 해 동안 어떤 나라에서 쌀 500톤, 자동차 40대, 그리고 옷 300벌이 생산되었다고 하자. 그리고 이 상품들의 단위당 가격은 쌀이 6백 달러, 자동차가 1만 5천 달러, 옷이 3백 달러라고 하자. 각 상품의 생산량에 가격을 곱해 상품의 가치를 구하면, 쌀이 30만 달러, 자동차가 60만 달러, 그리고 옷은 9만 달러가 된다. 이 셋을 모두 더해 얻은 99만 달러라는 수치는 국내에서 생산된 상품 전체의 가치를 나타낸다는 의미에서 **국내총생산**gross domestic product이라고 불린다. 국내총생산은 영문약자를 따 GDP라고 불리기도 하는데, 이를 국민 전체가 얻는 소득, 즉 국민소득으로 볼 수 있는 것이다.

여기서 한 가지 주의할 점이 있다. 지금 들고 있는 예에서는 세 가지 상품이 모두 소비자나 기업에 의해 바로 사용된다는 암묵적 가정하에서 설명했다. 그런데 실제로는 다른 상품을 만드는 데 중간재로 사용하는 상품도 생산되고 있다. 이런 상품의 경우에는 국내총생산의 계산에서 빠지게 된다. 이 중간재를 사용해 생산된 다른 상품의 가치를 더하고 다시 이 중간재의 가치를 더하면 이중계산이 되는 결과가 빚어지기 때문이다. 바로 앞에서 '국내에서 생산된 상품 전체의 가치'라는 말을 했는데, 그때 상품이란 말은 최종적인 용도로 사용되는 것만을 뜻한다는 점을 기억하기 바란다.

그렇다면 어떤 근거에서 국내총생산을 국민소득과 똑같은 것으로 볼 수 있을까? 이 의문에 답을 얻기 위해, 우선 자동차를 생산하는 기업이 얻은 60만 달러의 판매수입을 어디에 쓰는지 알아보기로 하자. 그 판매수입 중 일부는 자동차를 만드는 과정에서 사용된 생산요소에 대한 보수로 지급된다. 예를 들어 임금, 이자, 지대 등의 형태로 지급되어 생산요소를 공급한 사람의 소득이 되는 것이다. 판매수입 중 이렇게 생산요소에 대한 보수로 지급되고 남은 것이 바로 기업의 이윤이 된다. 그런데 이윤 역시 궁극적으로는 주주에게 배당금으로 지급되어 주주의 소득이 된다. 결국 자동차를 팔아 얻은 수입은 모두 생산에 참여한 사람들의 소득으로 분배되는 것이다.

마찬가지로 쌀과 옷을 팔아 얻은 수입도 그것들의 생산에 참여한 사람들의 소득으로 분배된다. 이처럼 어떤 상품이라 할지라도 그것을 팔아 얻은 수입은 모두 그것의 생산에 참여한 사람들의 소득으로 분배된다. 그런데 이 세 가지 상품의 생산과정에 참여한 사람들은 과연 누구일까? 그것은 두말할 나위도 없이 바로 그 나라 국민이다. 따라서 그 나라에서 생산된 세 가지 상품의 가치 99만 달러는 국민이 얻는 소득의 총합과 같아지게 된다. 바로 여기에서 국내총생산을 국민소득으로 볼 수 있는 근거가 생기는 것이다.

경제학자들이 국내총생산이란 지표에 관심을 갖는 이유는 대략 두 가지로 요약할 수 있다. 하나는 지금 보는 것처럼 국내총생산이 국민 전체의 소득을 나타내 국민의 생활수준과 밀접한 관련을 갖기 때문이다. 따라서 국민의 생활수준에 대한 관심은 자연히 국내총생산에 대한 관심으로 이어지게 된다.

다른 하나는 국내총생산을 통해 국내에서 이루어지고 있는 생산 활동이 얼마나 활발한지를 파악할 수 있기 때문이다. 생산 활동이 얼마나 활발한지에 따라 고용이나 물가의 동향이 달라지게 된다. 예를 들어 생산 활동이 활발하지 못할 때는 실업의 문제가 발생하는 반면, 너무 활발해지면 물가가 불안해지는 문제가 나타난다. 고용과 물가가 우리 경제생활에서 매우 중요한 의미를 갖기 때문에 경제학자들은 국내총생산의 움직임에 촉각을 곤두세우는 것이다.

경제성장과 경기변동

장기간에 걸쳐 우리나라의 국내총생산이 변화해 온 추이를 그림으로 나타내면, 거기에서 다음과 같은 두 가지 특징을 찾아볼 수 있다. 하나는 국내총생산이 지속적으로, 그리고 상당히 빠른 속도로 성장해 왔다는 사실이다. 1970년대 이래 우리 경제는 다른 나라들이 모두 부러워하는 빠른 성장을 이루어 내는 기적을 연출했다. 이렇게 높은 성장률에 힘입어 2016년의 국내총생산은 1970년의 국내총생산에 비해 약 20배나 더 높은 수준으로 늘어났다.

다른 하나는 국내총생산이 매년 똑같은 비율로 성장해 온 것이 아니라, 해마다 조금씩 다른 비율로 성장했다는 사실이다. 한 해 동안 국내총생산이 커지는 비율을 (경제)성장률이라고 부르는데, 어떤 해에는 성장률이 매우 높았던 반면 어떤 해에는 아주 낮은 수준으로 떨어지기도 했던 것을 볼 수 있다. 심지어 외환위기가 일어난 직후인 1998년에는 성장률이 −5.5%나 되는 수준으로 떨어지기도 했다. 이처럼 단기적으로는 성장률이 상당한 변동성을 보인다는 것을 두 번째 특징으로 들 수 있다.

이 두 가지 특징은 각각 국내총생산의 장기적, 단기적 변화와 밀접한 관련을 갖고 있다. 첫 번째 특징은 국내총생산이 장기적으로 변화해 가는 추세인데, 이 장기적 추세를 **경제성장**economic growth이라고 부른다. 한편 두 번째 특징인 단기적 동향은 **경기변동**business fluctuations이라고 부른다. 현실에서 국내총생산이 변화해온 경로는 이 장기추세와 단기 변동의 두 상이한 움직임으로 나누어서 생각해 볼 수 있다.

1970년대 이래 우리나라 국내총생산은 연평균 7%를 넘는 빠른 속도로 성장해 왔다. 이 정도의 성장률을 당연하게 여기는 사람이 많지만, 사실 이것은 엄청나게 높은 성장률이다. 이와 같이 높은 성장률을 달성한 나라는 전 세계에서 손으로 꼽을 정도에 지나지 않는다. 소위 '70의 법칙'rule of seventy이라고 불리는 공식에 이를 대입해 보면 이 7%의 성장률이란 것이 얼마나 빠른 성장 속도인지 잘 알 수 있다.

이 공식은 어떤 변수의 값이 매년 일정한 비율로 커진다고 할 때 원래 값의 두 배가 될 때까지 대략 몇 년이나 걸리는지를 계산하는 데 쓰인다. 어떤 변수의 값이 매년 x%의 비율로 커진다고 할 때, 원래의 두 배로 커지는 데 걸리는 햇수는 다음과 같은 관계를 통해 구할 수 있다는 것이 이 공식의 내용이다.

$$y = 70 \div x$$

이 공식에 따르면, 우리나라처럼 국내총생산이 연간 7%의 비율로 성장할 경우 약 10년이 지나면 원래의 두 배 수준에 이르게 된다. 한 세대generation에 해당하는 기간을 25년 정도로 잡을 수 있다. 그렇다면 한국의 젊은 세대는 부모 세대보다 대략 여섯 배나 더 높은 소득을 얻고 있다는 뜻이다. 똑같은 소득 수준에서 출발한 두 나라라 해도 성장률에 1%만 차이가 나면 70년 후에는 거의 두 배에 달하는 경제규모 차이로 이어지게 된다. 이를 보면 7%라는 성장률을 결코 만만하게 볼 것이 아님을 새삼 깨닫게 된다.

이 장기추세로서의 경제성장과 대조되는 현상으로 국내총생산의 단기적 변동성과 관련된 현상이 바로 경기변동이다. 단기적 관점에서 보면 어떤 때는 경제가 활발한 움직임을 보이는 반면 어떤 때는 침체된 상태에 빠지기도 한다. 현대 경제에서는 이처럼 경기가 일시적으로 좋아졌다가 나빠지고, 그 후 다시 좋아지는 경기변동이 주기적으로 일어난다. 경기가 좋아졌을 때 우리는 그 경제가 호황기boom에 있다고 말한다. 반면에 경제가 침체된 상태에 빠졌을 때는 불황기recession에 있다고 말한다.

경기변동을 '경기순환'이라고 부르기도 하는데, 이 표현은 호황과 불황이 규칙적으로 반복되고 있다는 인상을 주기 쉽다. 그러나 현실에서 나타나는 경기변동은 상당히 불규칙한 변화의 양상을 보인다. 실제로 국내총생산이 변화하는 양상을 자세히 관찰해보면 호황과 불황의 지속기간이나 국내총생산의 변동폭이 규칙적이지 않았음을 한눈에 알아볼 수 있다. 어느 때는 호황이나 불황이 오래 지속되기도 하는 한편, 어느 때는 빨리 끝나기도 한다. 이와 동시에 호황이나 불황 국면에서 국내총생산이 늘어나거나 줄어드는 폭도 둘쑥날쑥한 것을 볼 수 있다.

경기가 좋아지는 호황기에는 일자리가 많아져 고용이 안정되고 더 많은 소득을 올릴 수 있다. 그러나 정도가 지나쳐 경기가 과열될 정도에 이르면 물가가 뛰어오르기 시작한다. 한편 경기가 나빠지면 일자리를 잃는 사람들이 늘어나고 소득이 줄어들게 된다. 이처럼 경기가 너무 과열되어도 문제가 될 뿐 아니라, 반대로 너무 침체되어도 문제가 된다. 따라서 경제정책을 담당하는 정부로서는 경제를 안정된 상태로 유지하는 것이 무엇보다 중요한 과제가 된다.

명목인가, 아니면 실질인가

공무원의 처우를 획기적으로 개선하기 위해 정부가 내년도에 급여를 10% 인상하기로 결정했다고 하자. 그런데 물가가 바로 그 비율(10%)로 오른다면, 실질적인 구매력에 아무 변화가 없어 처우 개선의 효과는 전혀 나타나지 않는다. 만약 물가가 그 이상으로 오르면 공무원들의 실제 생활수준은 오히려 더 떨어지고 만다.

결국 중요한 것은 급여가 절대적으로 얼마나 올랐는지가 아니고, 물가에 비해 상대적으로 얼마나 더 올랐는지가 된다. 바꿔 말하면 명목적인 급여의 인상률이 중요한 것이 아니라, 실질적인 급여의 인상률이 중요하다는 뜻이다. 여기서 명목nominal이란 말은 물가상승을 감안하지 않은 절대적인 수치를 뜻하며, 실질real이란 말은 이를 감안한 상대적인 수치를 뜻한다.

명목적인 수치와 실질적인 수치 사이의 차이를 설명하기 위해 또 다른 예를 하나 더 들어보기로 하자. 지난 5년 동안 어떤 나라의 시장이자율은 5%의 수준에 머물러 있었는데, 물가는 매년 4%씩 상승했다고 한다. 복리로 이자가 붙는다고 할 때, 5년 전에 100만원을 예금한 사람은 128만원의 원리금을 찾게 된다. 28만원이나 되는 이자소득을 얻었다고 기뻐할지 모르지만, 사실은 물가 역시 비슷한 속도로 올랐기 때문에 별로 큰 이득을 본 것도 없다. 실질적인 구매력이란 기준에서 보면 1년 동안의 이자율이 고작 1%밖에 안 된다는 계산이 나오기 때문이다(명목이자율 5%에서 물가상승률 4%를 빼서 이 수치를 얻을 수 있다).

국민소득과 관련한 통계에서도 명목적인 수치와 실질적인 수치를 엄격하게 구분해 생각할 필요가 있다. 다음의 예를 보면 이 둘 사이에 혼동이 일어날 때 얼마나 우스꽝스러운 일이 벌어질 수 있는지를 잘 알 수 있다. 브라질을 다녀온 사람이 친구를 만나 담소를 즐기던 중, 지난 한 해 동안 그 나라 국민소득이 23%나 성장했다는 말을 했다. 이 말을 들은 친구는 브라질 같은 나라가 그처럼 크게 성장했을 리가 없다며 믿으려 들지 않았다. 사실 브라질이 아닌 어떤 나라라도 그렇게 빨리 성장한다는 것은 불가능에 가까운 일이다. 그렇지만 말하는 사람은 자신이 진실을 말하고 있는데도 믿어주지를 않으니 답답할 뿐이다.

내막을 들어본즉, 말하는 사람은 명목적인 성장률의 의미로 그렇게 말한 것인 반면, 듣는 사람은 실질적인 성장률이 그렇다는 것으로 받아들였기 때문에 오해가 생긴 것이다. 만약 작년 한 해 동안 브라질의 물가가 20% 상승했다면, 명목적으로 23% 성장했다는 것이 실질적으로는 고작 3% 성장했다는 것을 뜻한다. 명목적인 성장률인지 실질적인 성장률인지를 명확하게 해놓지 않고 말을 하면 큰 오해가 빚어질 수밖에 없다. 말하는 사람은 명목적인 성장률이 23%였다는 뜻이었는데, 듣는 사람은 이를 실질적인 성장률로 받아들였기 때문에 서로 말이 통하지 않았던 것이다.

국민소득에 관한 통계를 보면 '불변가격에 의한 국내총생산'이라는 표현이 나오는데, 이는 실질적인 가치로 따진 국내총생산이란 뜻이다. '실질국내총생산'real GDP이라고도 불리는 이 지표는 물가상승을 감안해 실질적인 가치로 국내총생산을 나타내는 특징을 갖고 있다. 한편 '경상가격에 의한 국내총생산'이라는 것은 명목적인 가치로 따진 국내총생산을 뜻한다. 이를 '명목국내총생산'nominal GDP이라고 부르기도 하는데, 단지 물가만 올라도 이것이 더 커지는 결과가 나타난다.

예를 들어 2017년과 2018년 사이에 실질적인 내용으로 보면 국내에서 이루어진 생산 활동에 아무 변화가 없다고 하자. 다시 말해 각 상품별로 생산량에 아무런 변화가 일어나지 않았다는 뜻이다. 그런데 이 한 해 동안 모든 상품의 가격이 정확하게 두 배로 뛰어올랐다고 한다. 이 경우 실질국내총생산을 구해 보면 전혀 변화가 없는 것으로 나타나는 반면, 명목국내총생산은 두 배로 늘어난 것으로 나타난다. 이와 같이 어느 방법으로 국내총생산을 측정하느냐에 따라 두 배나 되는 수치상의 차이가 날 수 있는 것이다.

지금까지 본 것처럼, 어떤 통계수치가 명목적인 것인지 아니면 실질적인 것인지에 따라 내용상 매우 큰 차이를 갖는다. 사람들이 경제적 의사결정을 할 때 중요하게 고려하는 것은 물론 실질적인 수치다. 예를 들어 근로자들은 앞으로 물가가 얼마나 오를 것인지 예상하고 이에 맞추어 임금을 올려달라고 요구한다. 결국 중요한 것은 실질적인 임금이라고 생각하기 때문이다. 남에게 돈을 빌려주는 사람이나 혹은 빌려서 투자하려는 기업가 역시 실질이자율을 고려해 의사결정을 하게 된다. 경제문제에 관심을 갖고 있는 사람이라면, 어떤 통계수치에 접했을 때 그것이 명목적인 것인지 아니면 실질적인 것인지를 우선 확인하는 버릇을 길러야 한다.

국내총생산의 경계문제

무엇까지 국내총생산에 포함시킬 수 있나?

2013년 미국 정부는 국내총생산 추계방식을 바꿨는데, 이로 인해 공식 통계에 나타난 국내총생산의 값이 3.6%나 늘어나는 결과가 빚어졌다. 사실 어떤 것을 국내총생산에 포함시킬지의 여부가 애매할 때가 많고, 따라서 어디까지 국내총생산에 포함시킬지 그 경계를 정확하게 설정하는 것은 매우 어려운 일이다. 미국 정부는 종전에는 국내총생산에 포함시키지 않던 기술개발투자R&D를 위한 지출을 새로이 국내총생산에 포함시킴으로써 그것의 값이 커지게 만들었던 것이다.

특허권 같은 기술개발투자의 성과는 오랫동안 활용할 수 있을뿐더러 미래에 소득을 가져다주는 성격을 갖고 있다. 또한 기술개발투자의 성과는 미래의 생산에 기여한다고 볼 수 있는데, 이와 같은 점에서 보면 고정투자를 한 것이나 마찬가지라고 말할 수 있다. 그러나 1993년에 만들어진 국민계정체계System of National Accounts; SNA에서는 기술개발투자의 성과가 갖는 가치를 측정하기 어렵다는 이유에서 기술개발투자 관련 지출을 국내총생산 계산에서 제외한 바 있다.

2008년에 새로 만들어진 SNA는 기술개발투자와 관련된 행위를 국내총생산에 포함시키는 것으로 변경했다. 원칙적으로 말하면 기술개발투자의 가치는 이로 인해 발생하는 미래 수익의 현재가치를 구함으로써 계산될 수 있다. 그러나 미래 수익을 계산하는 것은 어렵기 때문에 기술개발투자를 위한 지출액 그 자체를 투자로 보는 편법을 사용하기로 결정했다. 민간 기업의 기술개발투자뿐 아니라 정부가 보건, 국방, 우주개발 등을 위해

지출한 연구비도 투자로 간주해 국내총생산에 포함되기 시작했다. 미국의 국내총생산의 값이 3.6%나 늘어난 배경에는 바로 이와 같은 국내총생산 추계방식의 변화가 있었다.

가정 안에서 생산되고 소비되는 상품의 가치를 국내총생산에 포함시킬지의 여부도 쉽게 답하기 힘든 문제다. 현행 SNA에 따르면 가정 안에서 생산, 소비되는 모든 재화는 국내총생산에 포함된다. 예를 들어 집에서 기른 채소는 시장에서 거래될 수 있고 따라서 그 가치를 비교적 쉽게 측정할 수 있다. 그렇기 때문에 가정 안에서 생산, 소비되는 재화의 가치를 국내총생산에 포함시키는 데는 별 문제가 없다.

반면에 청소라든가 간병 같은 서비스가 가정 안에서 생산되는 경우에는 국내총생산 계산에서 제외하기로 결정했다. 그것의 정확한 가치 측정이 어렵다는 이유에서 포함시키지 않기로 결정했던 것이다. 그러나 서비스 역시 재화와 마찬가지로 시장에서 거래되는 경우가 많기 때문에 그것의 가치를 측정하는 것이 어렵다는 말은 별 설득력이 없다. 따라서 머지않은 장래에 가정 안에서 생산되는 서비스의 가치도 국내총생산에 포함되기 시작할 것으로 예상할 수 있다.

이와 같은 문제를 국내총생산의 '경계문제'boundary problem라고 부르는데, 이는 국내총생산의 값이 추계방식에 따라 크게 달라질 수 있음을 시사하고 있다. 사실 미국이 국내총생산 추계방식을 바꾼 첫 번째 나라는 아니었다. 오스트레일리아는 이미 2009년에 국내총생산 추계방식을 바꿨는데, 이로 인해 종전에 캐나다에 뒤지던 1인당 국내총생산이 더 앞서는 것으로 나타나게 되었다. 2012년에는 캐나다가 국내총생산 추계방식을 바꿨고, 그 결과 오스트레일리아와의 1인당 국내총생산 격차가 상당히 좁혀지게 되었다. 앞으로 더 많은 나라가 이 세 나라의 뒤를 이어 국내총생산 추계방식을 바꿀 것으로 예상되고 있다.

사교육비와 국민소득

우리가 사교육이라고 부르는 것에는 개인지도나 그룹지도처럼 음성적 형태로 이루어지는 것이 많이 포함되어 있다. 따라서 이런 형태의 사교육을 제공하고 받은 보수는 과세당국에 소득으로 신고되지 않을뿐더러 국민소득 통계에 포함되지도 않는다. 국내총생산에는 시장에서 거래된 상품의 가치만이 포함되어 계산되기 때문에, 음성적으로 이루어지는 사교육 서비스는 당연히 국민소득 통계에서 제외되는 것이다.

그렇지만 같은 사교육이라도 학원비나 교재비 같은 것들은 이미 오래전부터 국민소득 통계에 포함되어 왔다. 학원에서 제공하는 사교육 서비스와 개인이 제공하는 사교육 서비스 사이에 아무런 본질적 차이가 없는데도 이렇게 다른 대접을 받는 것은 문제가 있다고 볼 수 있다. 이 점을 감안해 정부는 2004년부터 음성적 사교육에 지출한 금액을 국민소득 통계에 집어넣기 시작했다.

그런데 음성적 사교육은 그 본질상 과연 얼마만큼의 규모가 되는지 정확하게 파악하기 어렵다는 문제가 있다. 음성적 사교육은 바로 뒤에서 설명하게 될 지하경제의 전형적 특징을 갖고 있다. 지하경제란 당사자들 사이에서 은밀하게 거래되는 것을 뜻하기 때문에, 통계당국으로서는 이와 같은 거래와 관련해 얼마나 되는 돈이 오고 갔는지 알 길이 없는 것이다.

따라서 한국은행은 국민소득 통계를 작성할 때 교육개발원이 만들어 놓은 자료에 근거해 사교육비의 규모를 파악하는 우회적 방법을 사용했다. 이와 같은 방식으로 추계한 2003년의 음성적 사교육비의 규모는 모두 4조

2천억원에 이르는 것으로 나타났다. 이렇게 음성적 사교육비를 국민소득 통계에 넣기로 결정함에 따라 우리나라의 국내총생산이 4조원 이상 늘어나는 결과가 빚어졌다.

1인당 국민소득이 높다고 더 잘사는가?

부유한 나라와 가난한 나라는 1인당 국민소득per capita national income에서 큰 차이를 보인다. 세계은행에서 나온 통계표는 1인당 국민소득을 기준으로 하여 세계 여러 나라를 고소득국, 중소득국, 저소득국으로 분류하고 있다. 우리나라는 이 분류에서 자랑스럽게도 고소득국의 그룹에 속하고 있다. 한국전쟁의 폐허에서 출발해 이제는 당당히 세계의 선진국들과 어깨를 나란히 하게 되었다는 말이다.

지난 몇십 년 동안의 우리 경제를 돌아보면 국민소득을 높이기 위한 안간힘의 역사였다는 느낌이 든다. 경제성장에서 정통성의 근거를 찾고자 했던 독재정권은 국민으로 하여금 국민소득만 올라가면 모든 문제가 해결될 수 있다고 믿게끔 만들었다. 국민의 기본권을 침해하는 일도 그것이 국민소득의 성장에 도움이 된다는 이유 하나만으로 면죄부를 받던 때조차 있었다. 우리 현대사의 큰 오점이라고 할 수 있는 '10월 유신'이라는 것도 1인당 국민소득을 1천 달러대로 올려주겠다는 약속으로 정당화시키려고 했던 것을 역사는 분명하게 기록하고 있다.

그렇다면 지금의 1인당 국민소득이 1950년대에 비해 거의 300배의 수준으로 증가했다고 해서 그때에 비해 300배나 더 잘살게 되었다고 말할 수 있을까? 1인당 국민소득이 커지면 생활수준이 향상되는 것이 일반적인 추세이기는 하지만, 양자가 정확하게 비례하는 것은 아니다. 예를 들어 마카오나 카타르의 1인당 국민소득은 미국보다 훨씬 더 크지만, 이 나라 국민의 평균적 생활수준이 미국 국민보다 더 높다고 믿기는 힘들다. 카지노나 원유로부터의 소득이 워낙 커서 1인당 국민소득의 수치가 높게 나왔을 뿐이다.

1인당 국민소득이 경제복지 수준의 정확한 척도가 될 수 없는 데는 여러 가지 이유가 있다. 무엇보다 우선 들 수 있는 것은 실물을 화폐 단위로 바꾸어 국민소득을 산출하는 과정에서 수치의 왜곡이 생길 수 있다는 점이다. 예를 들어 머리 한 번 깎는 데 우리나라에서는 5천원이 드는 한편 일본에서는 3천 엔이 든다고 하자. 원화의 대엔화 환율이 10 : 1이라면 일본의 이발요금은 원화로 3만원이 되어 우리나라보다 무려 여섯 배나 더 높은 셈이다. 그러므로 일본의 이발사가 한 사람의 머리를 깎으면 우리나라보다 여섯 배나 더 큰 소득으로 일본의 국민소득 통계에 포함된다. 국민소득 수치에는 바로 이와 같은 숫자의 마술이 숨겨져 있는 경우가 많다.

밀수, 마약거래, 사채거래 등 '지하경제' underground economy라고 부르는 부분에서 생산, 거래된 상품의 가치가 국민소득 통계에서 빠진다는 점도 고려해야 한다. 경제활동이 은밀하게 이루어져 공식통계에 잡히지 않는 부분을 지하경제라고 부른다. 어떤 상품이 지하경제에서 생산되었다고 해서 그것을 소비할 때 느끼는 만족감이 더 작아질 리 없다. 그러므로 공식적인 국민소득 통계는 실제의 생활수준을 지하경제에서 생산된 상품의 가치만큼 과소평가해서 보여주게 된다.

국민경제에서 지하경제가 차지하는 비중은 나라마다 다르고, 이에 따라 1인당 국민소득의 크기가 실질적인 국민의 생활수준과 비례하지 않을 수 있다. 예를 들어 이탈리아 같은 나라는 지하경제의 비중이 매우 큰 것으로 알려져 있는데, 이것이 사실이라면 이탈리아 사람들은 겉으로 나타난 것보다 더 풍족한 경제생활을 누리고 있을지 모른다.

국민소득에는 경제적 복지의 중요한 결정요인이 되는 여가 leisure의 가치가 포함되지 않기 때문에 실제의 복지수준을 제대로 반영하지 못하는 측면도 있다. 우리나라나 대만의 근로자들은 유럽의 근로자들에 비해 훨씬 더 노동시간이 길고 따라서 여가로 즐길 시간이 그만큼 더 적다. 그렇기 때문에 스페인 근로자가 우리나라 근로자와 똑같은 소득을 얻고 있다 하더라도 실제로는 그들의 경제적 복지가 더 높은 수준에 있게 된다.

마지막으로 국민소득 통계에는 환경의 가치가 포함되지 않기 때문에 실제의 경제적 복지와 차이를 보일 수 있다. 산업화는 생산을 증가시켜 국민소득을 더 크게 만들지만, 다른 한편으로는 환경의 파괴를 가져와 경제적 복지에 나쁜 영향을 준다. 환경의 파괴가 우리 강산을 보기 싫게 만들고 건강을 해치는 피해를 입힌다면, 이 부분은 경제성장의 부정적인 측면으로 적절하게 반영되어야 한다.

사실 우리는 그동안의 성장 과정에서 깨끗한 환경을 포기해야 하는 값비싼 대가를 치러야만 했다. 외국인의 탄성을 자아냈던 푸른 하늘은 이제 찾아보기 힘들게 되었고, 서울 시민들의 피서지였던 한강은 오염물질로 더럽혀진 지 오래다. 1인당 국민소득이 300배로 뛰었다고 해서 우리의 생활수준이 그만큼 향상되지 않는 또 하나의 중요한 이유를 바로 여기서 발견할 수 있다.

NEW, 녹색 GDP, 국민행복지수

바로 앞에서 설명한 것처럼 국내총생산은 경제복지 수준을 정확하게 반영하지 못한다. 몇몇 경제학자들은 이 한계를 지적하고 경제복지 수준을 좀 더 충실하게 반영하는 지표를 개발해야 할 필요성을 제기했다. 이들이 제안한 지표의 한 예가 NEWnet economic welfare라는 것인데, 국내총생산GDP을 다음과 같은 방식으로 수정해 이를 구할 수 있다. 우선 경제복지에 기여하는데도 국내총생산의 계산과정에서 제외된 항목이 있으면 그것의 가치를 계산해 더한다. 두 번째로는 경제복지에 부정적인 영향을 주는 것과 관련된 비용을 계산해 국내총생산에서 빼낸다.

경제복지에 기여하는데도 국내총생산의 계산에서 빠지는 것의 대표적인 예로 여가를 들 수 있다. 여가의 가치를 계산해 보면, 아시아의 여러 나라들에 비해 유럽과 북아메리카의 여러 나라들이 상대적으로 더 크게 나올 가능성이 크다. 다음으로는 지하경제에서 생산, 거래된 상품도 경제복지에 기여하는 것으로 볼 수 있다. 한편 경제복지에 부정적 영향을 주는 것의 대표적 사례는 환경오염인데, 이와 관련된 비용은 그 값을 국내총생산에서 빼야 한다.

앞에서의 설명은 대략적인 수정의 원칙이고, 실제로 국민의 경제복지 수준을 정확하게 반영하는 지표를 만들기 위해서는 많은 측면에서 적절한 수정을 가해야 한다. 구체적으로 어떤 수정작업이 필요한지에 대해서는 학자마다 견해가 조금씩 다를 수 있다. 사실 NEW 말고도 이와 비슷한 이름을 가진 여러 가지 경제복지 지표들이 제의된 바 있다. 그러나 어떤 지표라 할지라도 계산 그 자체가 어려울 뿐 아니라 계산과정에서 엄청난 오차가 발생할 가능성이 있다.

이와 같은 문제점 때문에 NEW처럼 포괄적인 관점에서 기존의 국민소득 개념을 수정하려는 시도는 그다지 큰 진전을 보이지 못하고 있다. 그 대신 단지 환경과 관련된 가치만을 반영하도록 제한적인 수정을 가하려는 시도가 근래에 들어오면서 점차 많은 관심을 끌고 있다. 녹색 GDPgreen GDP의 아이디어가 바로 그 한 예인데, 여러 나라가 이를 실제로 측정해 보려는 노력을 하고 있다.

녹색 GDP의 개념을 제의하고 있는 사람들은 기존의 국민소득 계산방법에 다음과 같은 문제점이 있다고 지적한다. 첫째로 깨끗한 공기나 하천, 그리고 넓은 삼림 같은 것들은 국민들의 복지와 밀접한 관련을 갖는다는 점에서 일종의 자산인데 이 점이 무시되었다고 한다. 둘째로는 삼림자원이나 어족자원 등이 고갈되면 그만큼 더 가난해질 수밖에 없다는 점도 제대로 반영되지 못했다고 한다. 마지막으로는 더러워진 환경을 정화하는 데 비용이 드는데도 오히려 이를 소득의 증가로 간주하는 경우도 있다는 점을 지적한다.

만약 어떤 나라의 녹색 GDP를 구할 수 있다면, 전통적 방식으로 구한 GDP와 비교함으로써 그 나라가 어떤 방식으로 성장을 추진하고 있는지 평가해 볼 수 있다. 즉 환경을 보호하면서 성장을 추진하고 있는지, 아니면 환경 파괴를 일으키면서 외형적 성장에만 주력하는지 알아낼 수 있는 것이다. 공식통계에 따르면 1971년에서 1984년에 이르는 기간 동안 인도네시아 경제는 연평균 7.1%의 비율로 성장했다고 한다. 그런데 어떤 학자가 녹색 GDP 방식에 의해 측정한 결과, 실질적인 성장률은 고작 4.0%에 지나지 않는 것으로 드러났다. 그렇다면 겉으로 드러난 높은 성장률이 실제로는 귀중한 환경자원의 고갈이라는 대가를 치르고 얻어진 것에 불과했던 셈이다.

인도 북쪽에 위치해 있는 부탄Bhutan이라는 작은 나라는 아예 국민행복지수gross national happiness라는 지표를 만들어 사용하고 있다. 이 지표는 1972년 국왕인 왕축Wangchuk의 지시로 만들어진 것인데, 서베이를 통해 국민의 일반적 복지수준을 측정해 얻는 수치다. 이 나라에서 국민행복지수는 단지 참고의 목적으로 사용되는 데 그치는 것이 아니라, 정책수립 과정에서 매우 중요한 역할을 수행하고 있다.

어떤 정책을 도입하려면 우선 그것의 수행이 국민행복지수에 어떤 영향을 줄 것인지 검증하는 과정을 거쳐야 한다. 다시 말해 그 정책이 수행됨으로 인해 국민행복지수가 개선될 수 있다는 결론을 낼 수 있어야만 타당성을 인정받을 수 있다는 뜻이다. 예를 들어 우리나라에서 5백억원 이상의 비용이 소요되는 공공사업의 경우에는 예비타당성 검토과정을 통해 경제성이 있다는 판정을 받아야 실행에 옮겨질 수 있다. 이와 비슷하게 모든 정책에 대해 국민행복지수 테스트의 의무를 부과하고 있는 것이다.

국민행복지수에서 강조되고 있는 네 가지 핵심적 기준이 있다. 그것은 지속가능한 발전, 전통적 가치의 보존과 진흥, 자연환경 보호, 그리고 바람직한 관리체제 확립이다. 이는 국민의 경제적 복지 수준이 단지 국내총생산의 크기뿐 아니라 다른 여러 요인들과도 밀접한 관련을 갖는다는 사실을 반영하고 있다. 국민행복지수는 아직 개념적으로 완전하게 정리되어 있지 못했을 뿐 아니라, 구체적인 측정방식의 측면에서도 더 많은 작업을 필요로 하는 것이 사실이다. 그러나 제대로 정비된다면 경제적 복지 수준의 지표로서 국내총생산보다 더 유용하게 활용될 수 있을지도 모른다.

지하경제

바깥으로 드러나기를 꺼려하는 경제활동

물건을 사고 신용카드로 결제하려 했는데 상인이 굳이 현금 결제를 요구하는 것을 자주 경험한다. 신용카드로 결제하면 상인의 입장에서 얼마간의 수수료를 지불해야 하는 불이익이 생기지만, 그것 때문에 막무가내로 현금 결제만을 고집하는 것으로 보이지는 않는다. 이것은 잘 알려진 비밀에 속하는데, 실제로는 상인들이 세금 부담을 피하려는 의도에서 현금 결제를 선호하는 경우가 많다. 현금 결제의 경우 국세청의 눈을 쉽게 피할 수 있기 때문이다.

상품의 거래행위 그 자체는 합법적이지만, 당국의 눈을 피해 거래가 이루어지고 있기 때문에 이런 행위는 국민소득 통계에서 빠지게 된다. 경제의 이런 부분을 가리켜 지하경제라고 부른다. 물론 밀수, 매춘이나 마약거래 등 그 자체가 불법적인 거래행위 역시 국민소득 통계에서 빠지는데, 이와 같은 거래행위도 지하경제의 중요한 부분을 구성하고 있다.

이 지하경제가 과연 어떤 크기를 갖고 있는지 정확하게 파악하는 것은 매우 어려운 일이다. 지하경제의 본질상 바깥으로 드러나기를 꺼려하는 성격을 갖고 있기 때문이다. 따라서 대략적인 추정만이 가능할 뿐인데, 이에 사용되는 방법으로는 다음과 같은 것들이 있다. 첫째로 직접적인 설문조사를 통해 사람들이 그런 행위를 얼마만큼 했는지를 알아보는 방법이 있다. 그러나 사람들이 자신의 떳떳하지 못한 행위를 얼마나 정직하게 밝힐 것인지가 의문이라 이 방법은 그리 신빙성 있는 것이 되지 못한다.

둘째로 현금에 대한 수요의 크기를 보고 지하경제의 규모를 추정하는 방법을 들 수 있다. 이 방식은 지하경제에서의 거래가 현금으로 결제될 것이기 때문에 지하경제 규모의 확대는 현금 수요의 증가를 가져올 것이라는 점에 착안하고 있다. 일반적으로 화폐에 대한 수요는 국민소득의 크기, 이자율, 지불 관행 등 여러 가지 변수에 의존하고 있다. 이런 변수들에 의해 설명될 수 있는 화폐수요를 초과하는 부분이 바로 지하경제와 관련을 가진다고 볼 수 있는 것이다.

이 두 가지 이외에도 많은 방법들이 사용되고 있는데, 어떤 하나가 특별하게 더 낫다고 말하기는 힘들다. 지하경제 연구의 최고 권위자 중 한 명인 슈나이더F. Schneider는 장기간에 걸쳐 세계 각국의 지하경제 규모를 꾸준하게 측정해 오고 있다. 그의 연구 결과에 따르면, 심지어 선진국에서도 지하경제의 규모가 상당히 크다고 한다. 예를 들어 2007년 OECD 21개국의 평균적인 지하경제 규모가 국내총생산GDP의 13.9%나 되는 것으로 나타나 있다.

충분히 예상할 수 있는 일이지만, 개발도상국들의 지하경제 규모는 이보다 훨씬 더 큰 것이 보통이다. 사하라 이남 아프리카 국가들의 평균적인 지하경제 규모는 40.2%, 중남미 국가들은 41.1%, 그리고 동아시아와 태평양 국가들은 32.3%나 되는 것을 볼 수 있다. 이를 보면 지하경제의 만연이 후진성의 한 지표가 된다고 말할 수 있다. 경제학자들의 연구에 따르면 지하경제의 존재가 경제성장을 더디게 만드는 요인 중 하나라고 한다. 개발도상국의 경우 지하경제를 둘러싸고 일종의 악순환의 고리가 형성되어 있는 셈이다.

자연재해의 경제학

2011년 3월 11일은 일본 국민에게 악몽의 날로 기록될 것이다. 일본의 동북지역을 강타한 진도 9.0의 지진은 순식간에 1만 5천 명에 달하는 목숨을 앗아갔을 뿐 아니라 1조 5천억 엔에 이르는 직접적인 재산피해까지 입혔다. 설상가상으로 지진과 함께 들이닥친 쓰나미는 일본 동북지역뿐 아니라 도쿄까지 전기를 공급하는 후쿠시마 원전의 붕괴를 가져왔다. 이로 인해 심각한 전력난이 일어난 것은 물론, 일본과 이웃 나라들이 방사능 오염에 대한 공포에 휩싸이게 되었다.

이러한 자연재해는 경제에 과연 어떤 영향을 미치게 될까? 자연재해로 인해 생산시설과 경제 인프라가 파괴되고 일할 사람이 줄어들면 경제활동에 악영향이 올 것임은 두말할 나위도 없다. 그렇다면 최소한 어느 정도의 시간이 흘러야 경제가 다시 예전의 상태로 돌아올 수 있을까? 호기심 많은 경제학자들은 과거의 역사적 경험을 바탕으로 지진, 쓰나미, 허리케인, 홍수 같은 자연재해가 경제에 미치는 영향을 분석해 보았다.

그들의 연구에 따르면 자연재해가 경제에 미치는 영향이 충격의 정도와 지속기간에 따라 달라지는 것은 물론, 발생지역이 선진국인지 혹은 개발도상국인지에 따라 달라진다고 한다. 그리고 재해가 발생하면 경제성장률이 급격히 하락하지만 곧 V자 형태로 신속히 회복하는 패턴을 보인다고 한다. 재해로 인해 생산시설이 파괴됨에 따라 생산성이 일시적으로 떨어지지만, 복구를 위한 자금이 투입되면서 투자수요가 확대되고 노동 공급량이 늘어나 생산이 급속히 늘어나기 때문이다.

1995년에 발생한 고베지진의 경우에는 지진이 발생한 1월의 산업생산이 2.6% 감소했지만 바로 그다음 달에는 2.2%의 증가세로 반전되었다고 한다. 그러나 2011년 일본이 겪은 재해는 지진과 쓰나미 외에도 방사능 위험까지 결부된 매우 독특한 양상을 띠고 있어서 피해의 규모도 컸고 회복도 쉽지 않았다. 가장 큰 문제는 원자력 발전소 폭발에 따른 전력부족 사태로 인해 산업 활동의 본격적인 회복이 지연된 데 있었다.

세계화의 영향으로 지구촌의 여러 나라가 유기적으로 연결되어 있는 점도 문제의 복잡성을 가중시키는 한 요인이 되고 있다. 예를 들어 일본은 자동차나 전자제품의 부품을 우리나라나 중국 같은 아시아 여러 나라에 공급하고 있는데, 일본의 생산에 차질이 생기면 이들 나라의 산업 활동에도 영향이 오게 된다. 또한 일본이 복구자금 확보를 위해 해외에 투자했던 자금을 회수하는 과정에서도 문제가 발생할 수 있다. 글로벌 유동성의 위축을 가져와 국제금리가 상승하고 이에 따라 세계 경제가 위축될 가능성이 있기 때문이다.

8

실업과 인플레이션

실업이란?

경제학에서 말하는 실업의 개념은 일반인이 생각하는 것과 상당한 차이가 있다. 실업자라고 하면 대부분의 사람들은 직장을 갖고 있지 않은 모든 사람을 머릿속에 떠올린다. 그렇다면 대학생, 가정주부, 물려받은 재산이 많아 놀고먹는 사람이 모두 실업자라고 말할 수 있을까? 경제학에서의 실업 정의에 따르면 이들 중 어느 누구도 실업자라고 말할 수 없다. 경제학에서 '실업자'라는 말은 단순히 직업이 없는 사람을 뜻하는 것이 아니라, 일할 의사가 있는데도 일자리를 얻지 못한 사람을 뜻하기 때문이다.

한 나라 안의 사람들을 경제적 특성에 따라 다음과 같이 구분할 수 있다. 이 구분과정을 자세히 살펴보면 정확하게 어떤 사람을 실업자로 분류할 수 있는지 알 수 있다. 첫 단계로 전 인구를 나이가 너무 어려 일할 능력이 없는 사람과 충분히 일할 수 있는 나이에 이른 사람으로 구분할 수 있다. 우리나라에서는 15세 이상이 되면 일할 능력을 갖춘다고 보아, 이들을 노동가능인구로 분류하고 있다. 이 노동가능인구는 일할 의사가 있는 경제활동인구와 그 의사가 없는 비경제활동인구로 다시 나누어진다.

그런데 경제활동인구로 분류되는 사람들 중 대부분은 일자리를 갖고 있을 것이고, 소수의 사람들만이 일자리를 얻지 못해 쉬고 있을 것이다. 경제학에서 말하는 실업자란 바로 이처럼 일하려는 의사가 있는데도 일자리를 찾지 못한 사람을 뜻한다. 그러므로 어떤 사람이 단지 일을 하지 않고 있다 해서 그가 실업자로 분류되는 것은 아니다. 어떤 이유로든 일할 의사가 없어 비경제활동인구로 분류되는 사람은 일을 하지 않아도 실업자로 집계되지 않는다.

그렇기 때문에 공식통계에서 실업자로 분류되는 사람은 '나이가 15세를 넘고 분명히 일하려는 의사가 있는데도 일자리를 얻지 못한 사람'에 한정된다. 우리나라 정부는 매달 3만 3천 가구를 대상으로 실시한 표본조사의 결과에 기초해 실업자를 파악하고 있다. 이 설문조사에서 몇 개의 질문을 던지고 응답자가 각각에 대해 일정한 방식으로 대답해야 실업자로 분류된다. 이 조사의 내용을 찬찬히 살펴보면, 어떤 한 사람이 실업자로 분류되는 것은 그리 쉽지 않다는 흥미로운 사실을 발견하게 된다.

어떤 사람에게 우선 "조사대상 기간 동안 한 주일에 수입을 얻기 위해 1시간 넘게 일한 적이 있습니까?"라고 묻는다. 이 질문에 대해 "그렇다."라고 대답하면 그 사람은 바로 취업자로 분류된다. 그러니까 지난 한 주일 동안 동네 편의점에서 1시간만 일했어도 그는 버젓한 취업자로 간주되는 것이다. 한 주일 동안 1시간만 일했다면 거의 놀면서 지낸 셈인데, 우리의 상식과 공식통계 사이에는 이처럼 매우 큰 간극이 존재한다.

그 질문에 대해 "아니다."라고 대답하는 사람에게는 다음과 같은 질문이 주어진다. "지난 일주일 동안 적극적으로 일자리를 찾아본 적이 있습니까?"가 바로 그것이다. 이에 대해 "아니다."라고 대답하는 사람은 비경제활동인구로 분류하기 때문에 실업자로 집계되지 않는다. 이 질문에 "그렇다."라고 대답하는 사람에게는 다시 "지난주에 일자리를 제안받았으면 응했을 것입니까?"라고 묻는다. 이 질문에 또 "그렇다."라고 대답한 사람만 실업자로 분류된다. 이 세 가지 관문을 모두 통과한 사람이 실업자로 분류되니, 실업자로 분류되기가 상당히 어려운 셈이다.

실업통계를 작성할 때 매우 객관적인 기준에 의해 실업 여부를 파악하고 있는 것처럼 보일 수 있다, 그러나 실제로는 상당한 정도의 자의성이 끼어들 수 있다. 예컨대 일자리를 찾으려고 노력해 오다가 결국 포기하고 만 사람들은 실질적으로 실업의 상태에 있는데도 통계에서는 그렇지 않은 것으로 처리된다. 또한 취업자로 간주되는 사람들 중에는 우리의 통념상 실질적으로 실업상태에 있는 사람들도 많이 포함되어 있다. 어떤 시점에서 한 나라의 실업률을 마치 두부 자르듯 명확하게 측정할 수 있는 것은 아니다.

실업률 통계의 허실

1997년 말의 외환위기 직후 우리나라의 실업률이 8%나 되는 수준으로 올라간 적이 있다. 지난 몇십 년 동안 줄곧 3~4%의 실업률을 유지해 오던 터라 그 충격이 이만저만 큰 게 아니었다. 그러나 유럽의 여러 나라는 8%의 실업률이라면 그다지 심각한 것이 아닐 정도로 높은 실업률이 일반화되어 있는 실정이다. 예를 들어 프랑스나 스페인 같은 나라의 경우에는 경제상황이 비교적 좋을 때에도 실업률이 10% 내외에 머무는 것이 보통이다. 선진국들 중에는 오직 일본만이 이들보다 현저히 더 낮은 실업률을 유지해 오고 있다.

이렇게 나라마다 실업률의 일반적인 수준이 다른 것은 사회, 문화적 배경이나 제도가 다르기 때문이다. 실업보험제도가 잘 갖춰져 있는 나라에서 실업률이 높은 경향이 있는 것이 그 좋은 예다. 또한 최저임금제도의 실시가 실업률을 높이는 또 다른 원인이 되는 경우도 있다. 실업보험제도가 잘 갖춰져 있으면 실업에 대한 두려움이 없어지기 때문에 현재의 직장이 조금만 마음에 들지 않아도 당장 그만둬 버린다. 그리고 누구에게나 높은 수준의 최저임금을 지급해야 되는 상황에서는 미숙련 근로자들이 일자리를 찾기가 어려워진다.

바로 앞에서 설명한 것처럼, 실업통계를 만들 때는 일할 의사가 있는데도 일자리를 찾지 못하는 사람만이 실업상태에 있는 것으로 본다. 이에 따라 전업주부처럼 아예 직장을 구할 생각이 없는 사람의 경우에는 실업통계에서 원천적으로 빠지는 결과가 나타난다. 이와 같은 관행도 각 나라의 실업률에 상당히 큰 차이가 나게 만드는 한 원인이 된다. 어느 나라든 남성에 비해 여성들이 구직에 더 큰 어려움을 겪는 게 일반적인 현상이다. 따라서 우리나라처럼 전업주부들이 상대적으로 더 많은 경우에는 자연히 통계상의 실업률이 더 낮은 것으로 나타난다.

그런데 우리나라 여성 중에 왜 전업주부가 많은지는 다시 한번 생각해 볼 필요가 있는 문제다. 이들 중에는 일하려는 의사가 있는데도 직장을 얻기가 무척 어렵기 때문에 아예 포기하고 전업주부가 되기로 결심한 경우가 많으리라고 짐작된다. 이렇게 일자리 찾기를 아예 포기했기 때문에 실업통계에서 빠지는 사람들을 **구직단념자**discouraged worker라고 부른다. 통계상으로는 이들이 실업자로 간주되지 않지만, 실질적인 의미에서 보면 우리가 보통 실업자라고 간주하는 사람과 아무런 차이가 없다. 이런 사람들 말고도 우리 사회에는 친척의 가게에서 잔일을 도와주는 정도의 수준으로 취업하고 있는 사람도 적지 않은데, 이들 역시 실질적으로는 실업자라고 보아야 마땅하다.

어느 나라든 이 점들을 감안해 실질적인 실업률을 구해 보면 상당히 높은 수치를 얻게 된다. 우리와 비슷한 실업률의 추이를 보이고 있는 일본의 경우, 어느 한 시점에서 구직단념자를 포함시켜 계산한 실질적인 실업률이 9%를 넘는다는 연구 결과가 발표된 적이 있다. 이는 당시의 공식적인 실업률 2.9%의 세 배가 넘는 높은 수준으로, 일본의 고용상태가 유럽 여러 나라보다 그리 크게 좋지도 않았다는 뜻이다. 우리나라도 이와 크게 다를 것 같지 않은데, 여성들이 처해 있는 열악한 상황이 통계상에 나타난 그들의 실업률을 낮추는 역할을 했다는 사실이 매우 역설적이다.

구직단념자의 존재는 체감되는 실업과 공식적인 실업통계가 그리 잘 부합되지 않는 결과를 빚는다. 때로는 통계당국의 의도적인 조작 때문에 실업통계가 현실과 동떨어진 것이 되는 경우도 있다. 그 좋은 예를 영국의 경우에서 찾을 수 있는데, 영국 정부는 1980년대에 무려 서른 번에 걸쳐 실업의 정의를 약간씩 수정해 온 전력을 갖고 있다. 그런데 한 가지 재미

있는 사실은 이렇게 실업의 정의를 수정할 때마다 공식통계상의 실업률이 일관되게 줄어드는 것으로 나타난 점이다. 우연의 일치라고 하기에는 뭔가 석연치 않아, 통계당국의 의도적인 조작이 개입되었을 가능성이 높다.

통계상의 실업률이 낮게 나오도록 애쓰는 정부가 오직 영국뿐이라고 보기 힘들다. 또한 이와 같은 노력이 비단 실업통계의 경우에 국한된다고 볼 이유도 없다. 사실 통계당국이 아무리 정직하게 노력한다 하더라도 현실을 정확하게 반영하는 통계수치를 얻기 힘들다. 게다가 통계당국이 손톱만큼의 사심 없이 일을 처리한다는 보장도 없다 보니, 실제로 통계의 신빙성이 생각만큼 크지 않을지도 모른다. 수치화되어 나타난 것을 그대로 믿어 버리는 태도가 그릇된 현실인식에 이르게 할 수 있음을 명심해야 한다.

실업률 0%와 완전고용

완전고용의 상태는 모든 생산적 자원이 완전히 활용되고 있는 상태를 뜻한다. 그렇다면 취업을 원하는 모든 사람이 직장을 가져 실업자가 한 명도 없어야 완전고용이라고 부를 수 있는 것일까? 이 물음에 대한 답은 물론 '아니요'가 된다. 아무리 경제상황이 좋다 해도 실업률이 0%에 가까운 수준으로 떨어진다는 것은 거의 불가능에 가까운 일이다. 우리가 완전고용의 상태라고 부르는 경우에도 실제로는 상당한 정도의 실업이 존재하고 있는 것이 보통이다.

어느 사회든 언제나 피치 못할 사정으로 잠시 실업 상태에 있는 사람이 있게 마련이다. 예컨대 이사를 한다든가 더 좋은 직장을 찾기 위해 다니던 직장을 그만두는 사람이 생기는 법이다. 이와 같은 성격의 실업을 '마찰적 실업'이라고 부르는데, 이것을 0의 수준으로 떨어뜨리기도 힘들거니와 그렇게 하는 것이 바람직하지도 않다. 그렇게 만들려면 모든 사람을 강제로 특정한 일자리에 배치해야 하는데, 이것을 바람직하다고 생각하는 사람은 아무도 없을 것이다.

마찰적 실업과 달리 사회적으로 문제가 되는 유형의 실업은 다음 두 가지다. 하나는 '구조적 실업'이라고 부르는 것인데, 자동화라든가 산업구조 재편 등 경제구조의 변화 때문에 발생하는 실업이다. 예를 들어 의류산업이 사양화하면 재단사가 갈 곳을 잃게 되어 발생하는 것이 바로 구조적 실업이다.

계속 변화하고 있는 경제에서는 이런 유형의 실업 역시 불가피하게 발생한다. 그러나 이와 같은 이유로 실업 상태에 빠져 있는 사람이 존재한다는 것은 심각한 사회적 문제가 아닐 수 없다. 마찰적 실업이 좀 더 나은 직장을 찾기 위해 자발적으로 경험하는 것임에 비해, 구조적 실업은 경제 상황의 변화 때문에 원하지도 않으면서 경험해야 하는 것이라는 차이가 있다.

사회적으로 문제가 되는 또 하나의 유형은 '경기적 실업'으로, 수요 부족으로 인해 경제가 불황에 빠질 때 발생하는 실업이다. 수요가 줄어들어 물건이 팔리지 않으면 기업들은 생산을 줄이게 되는데, 이 과정에서 발생하는 것이 경기적 실업이다. 경제학 교과서에서 실업이라고 할 때는 바로 이 유형의 실업을 뜻하는 경우가 대부분이다. 다시 말해 지금까지 살펴본 세 가지 유형 중 가장 많은 이론적 관심의 대상이 되고 있는 것이 바로 경기적 실업이다. 또한 정부의 경제안정정책도 이 유형의 실업을 줄이는 데 그 초점을 맞추고 있다.

구조적 실업과 경기적 실업이 모두 해소되고 마찰적 실업만 남은 상황을 완전고용 상태로 보는 것이 보통이다. 그렇다면 구체적으로 실업률이 몇 퍼센트일 때를 그와 같은 상황이라고 부를 수 있을까? 이에 대해 일률적인 답을 낼 수는 없는데, 나라마다 그 답이 조금씩 달라져야 하기 때문이다. 완전고용 상태로 볼 수 있는 실업률은 사회·문화적 배경이나 제도의 특성에 따라 달라지는 것이 보통이다. 심지어 같은 나라 안에서도 시간이 흘러 여건이 달라짐에 따라 완전고용이라고 볼 수 있는 실업률이 달라질 수 있다.

미국에서는 전통적으로 5~6% 정도의 실업률을 완전고용 상태로 보아왔다. 우리나라의 경우는 이보다 훨씬 낮아 3% 정도가 되어야 완전고용으로 볼 수 있을 것이다. 미국에서는 실업 가능성이 지극히 높은 여성이나 청소년들이 노동시장에 많이 참여하고 있기 때문에 실업률이 상대적으로 더 높을 수밖에 없다. 그렇기 때문에 완전고용이라고 볼 수 있는 실업률의 수준도 자연히 더 높아지게 되는 것이다.

오컨의 법칙

실업률의 변화폭과 국내총생산의 변화폭 사이에 존재하는 관계

일본의 근로자들이 높은 생산성을 보이는 이유로 종신고용의 관행을 드는 사람이 있다. 일단 고용한 사람은 불황이 와도 해고하지 않고 계속 일할 수 있게 해주기 때문에 열심히 일할 유인을 갖게 된다는 설명이다. 일본 경제의 성공에 놀란 사람들이 일본 것이면 무엇이든 부러운 눈으로 보았던 때가 있었는데, 종신고용의 관행도 그중 하나였다. 물론 지금은 상황이 많이 달라져 일본에서도 종신고용의 관행이 점차 줄어드는 경향이 나타나고 있기는 하다.

일본뿐 아니라 어느 나라 기업이든 불황이 왔다고 해서 근로자들을 곧바로 해고하지는 않는다. 노동조합 때문에 불황을 구실로 해고를 하는 것이 그리 쉽지 않은 점도 있지만, 그렇게 하는 것이 기업에게도 별 이득이 되지 않기 때문이다. 근로자를 훈련시키는 데 상당한 비용이 들기 때문에, 기존의 근로자를 해고하고 나중에 다시 새로운 근로자를 뽑아 쓰면 더 많은 비용이 든다. 따라서 기업들은 불황이 와도 해고를 하지 않고 근로자들을 적당히 놀려두는 쪽을 선택할 때가 많다.

이와 같은 고용관행에 의해 경기변동 과정에서 나타나는 실업률의 변화폭과 국내총생산GDP의 변화폭 사이에 존재하는 독특한 관계를 설명할 수 있다. 이 둘 사이에 존재하는 관계에 처음 주목한 사람은 미국의 경제학자 오컨A. Okun이었다. 그는 실업률이 오르고 내릴 때 국내총생산은 두 배나 더 큰 폭으로 줄어들고 늘어나는 경향이 있다는 사실을 발견했다. 예를 들어 실업률이 1% 줄면 국내총생산이 2% 늘어나는 한편, 실업률이 1% 늘면 국내총생산이 2% 줄어드는 일종의 경험적 법칙을 발견한 것이다. 이를 가리켜 **오컨의 법칙**Okun's law이라고 부르는데, 전통적인 경제이론의 관점에서 보면 약간 이해하기 어려운 현상이라고 말할 수 있다.

경제이론에서는 일반적으로 고용이 늘어날 때 추가적인 노동자가 가져다주는 생산물의 양은 점차 줄어든다고 본다. 이를 좀 더 엄밀하게 표현한 것이 그 유명한 맬서스T. Malthus의 『인구론』에 나오는 '수확체감의 법칙'이다. 만약 수확체감의 법칙이 작용한다면 실업률이 1% 줄어 고용이 바로 그 비율로 늘어날 때 생산량은 이보다 더 작은 비율로 늘어나야 한다. 그런데 오컨의 법칙은 고용이 늘어나는 비율보다 두 배나 더 큰 비율로 국내총생산이 늘어난다고 말한다.

이 역설적 현상을 설명해 주는 열쇠는 불황기에 해고하지 않고 거의 놀려둔 상태로 있었던 노동력이 경기가 회복되면서 활발히 움직이기 시작한다는 사실에서 찾을 수 있다. 경기회복이 시작되면 기업들은 우선 지금까지 놀려두고 있던 인력을 활용해 생산량을 늘린다. 만약 그것만으로 부족하다는 판단이 서면 그때부터 추가적인 인력을 고용하기 시작한다. 따라서 겉으로 드러난 고용 증가율이 1%라면 실질적인 의미에서 본 고용 증가율은 이보다 훨씬 더 큰 것이 보통이다. 이 점을 생각해 본다면 경기회복기에 실업률이 줄어드는 속도보다 국내총생산이 늘어나는 속도가 더 빠른 현상이 나타나는 이유를 알 수 있다.

불황이 시작될 때 기업들이 근로자들을 해고하지 않고 놀려두는 쪽을 선택하면 겉으로 드러난 실업률은 그리 크게 올라가지 않는다. 그렇지만 실질적인 의미에서 실업상태에 빠진 근로자들의 비율은 통계상에 나타난 실업률의 증가폭보다 훨씬 더 클 수밖에 없다. 이에 따라 실업률이 늘어나는 속도보다 더 빠른 속도로 국내총생산이 줄어드는 결과가 나타나게 된다. 결국 현실에서 기업들이 채택하고 있는 고용관행 때문에 수확체감의 법칙이 성립하는 세계에서 오컨의 법칙도 함께 성립할 수 있는 여지가 만들어진다고 볼 수 있다.

왜 인플레이션을 두려워하는가?

매크로랜드라는 나라 사람들은 내달부터 모든 상품의 가격이 10배씩 뛰어오를 것이라는 심상치 않은 소식을 들었다. 이 소식을 접하고 모든 사람이 당혹스러워하는데 유독 한 경제학자만이 태연한 얼굴을 하고 있었다. 그는 그 소식을 가져온 사람에게 다짐을 하듯 물었다. "정말로 모든 가격이 정확하게 10배씩 뛰어오른다는 말입니까?" 그 소식을 가져온 사람이 그렇다고 고개를 끄덕이자 그 경제학자는 혼잣말처럼 중얼거렸다. "그렇다면 별로 염려할 일이 아니군. 누가 갖고 있든 간에 모든 돈에 0을 하나씩만 더 붙여주면 예전과 전혀 다를 바 없이 경제가 돌아갈 테지."

현재 쌀 10kg의 가격은 5만원이고, 운동화 한 켤레의 가격은 2만원이라고 한다. 한 달에 20만원의 근로소득을 얻어 쌀 20kg과 운동화 다섯 켤레를 구입, 소비하던 어떤 사람이 있다고 하자. 만약 모든 상품의 가격이 10배로 오른다면 그의 소득도 10배로 따라 올라 2백만원이 된다. 그의 소득은 노동을 공급한 대가인데, 노동도 상품의 일종이므로 이것의 가격이 10배로 오르면서 그의 소득도 10배로 오를 것이기 때문이다. 이렇게 모든 상품의 가격이 10배로 오름과 동시에 그의 소득도 10배로 오르면 그의 소비생활에는 아무런 변화가 생기지 않는다. 그의 소득으로 예전처럼 쌀 20kg과 운동화 다섯 켤레를 살 수 있기 때문이다.

운동화를 생산하는 기업가는 운동화 값이 뛰어올라 판매수입이 10배로 증가한 것을 보고 잠시 즐거워할지 모른다. 그러나 임금, 임대료, 자재비용 할 것 없이 모두 10배로 늘려 지급해야 하기 때문에 운동화의 생산비용도 바로 이 비율로 증가한다는 것을 곧 깨닫게 된다. 이렇게 되면 종전에 비해 달라질 것이 전혀 없기 때문에 그의 생산 활동에는 아무런 변화가 일어나지 않는다. 앞에서 본 소비자의 경우와 마찬가지로 생산자 역시 이 가격 상승에서 아무런 영향을 받지 않을 것이다.

지금까지 살펴본 것처럼 모든 상품의 가격이 똑같은 비율로 상승할 때 소비자나 생산자 어느 누구도 이에 영향을 받지 않는다. 그 경제학자가 예견한 바대로 경제 전체가 종전과 다름없이 돌아가게 되는 것이다. 만약 모든 가격이 똑같은 비율로 상승하기만 한다면, 물가상승률이 10배가 아니라 100배가 되더라도 우리에게 약간의 불편 이상의 고통은 가져다주지 않을 것이다. 그 약간의 불편이란 상품의 가격표를 바꿔 다는 데 드는 수고 정도를 뜻한다. 메뉴비용menu cost이라고 불리는 이 비용은 우리가 인플레이션 하면 으레 생각하는 엄청난 사회적 비용보다 훨씬 작은 크기에 지나지 않는다.

사람들에게 인플레이션이 왜 문제가 되느냐고 물으면 봉급생활자들의 살림이 어려워지기 때문이라는 대답이 가장 많이 나온다. 그러나 이것은 인플레이션 그 자체의 문제가 아니고 가격 상승폭이 일정하지 않다는 데서 나오는 문제다. 예컨대 다른 상품들의 가격은 모두 10배로 오르는데 봉급만 5배 올랐기 때문에 봉급생활자의 살림이 어려워지는 문제가 생기는 것이다. 그렇지만 실제로 인플레이션이 진행되는 과정에서 상품마다 가격 상승폭이 천차만별인 경우가 보통이다. 이 점에서 본다면 사람들이 인플레이션을 싫어할 충분한 이유가 있는 셈이다.

인플레이션이 왜 문제가 되느냐는 질문에 대해 흔히 나오는 또 다른 대답은 돈을 빌려준 사람이 손해를 보고 빌린 사람이 이득을 보는 결과가 생긴다는 것이다. 만약 앞으로 일어날 인플레이션을 완벽하게 예상할 수 있다면 이로 인해 생기는 문제는 현저히 줄어들 것이다. 사람들이 이에 대해 미리 대비를 해놓을 수 있기 때문이다. 두 사람이 돈을 빌려주고 받을 때 예상되는 물가상승을 고려해 더 높은 이자율을 지불하기로 합의할 것이 분명하다. 그렇게 되면 돈을 빌려준 사람이 손해를 볼 이유가 전혀 없다.

그러나 현실적으로 보아 인플레이션을 정확하게 예상한다는 것은 불가능에 가까운 일이다. 예상된 인플레이션과 달리 예상치 못한 인플레이션은 여러 가지 문제를 일으킨다. 우선 들 수 있는 것은 인플레이션이 뜻하지 않은 소득재분배 효과를 가져올 수 있다는 점이다. 예상치 못한 인플레이션하에서는 돈을 빌려준 사람이 손해를 보고 빌린 사람이 이득을 보는 결과가 나타난다. 얼핏 생각해 보면 주로 가난한 사람들이 돈을 빌리는 것 같지만 실제로는 그렇지 않다. 가난한 사람은 고작 몇천만원 정도의 빚을 지고 있을 뿐이지만, 기업들은 몇천억, 몇조원의 빚을 지고 있는 게 보통이다. 그렇다면 기업을 소유한 사람들이 예상치 못한 인플레이션의 가장 큰 수혜자가 된다는 결론이 나온다.

또한 예상치 못한 인플레이션은 사람들로 하여금 긴 안목에서 앞날에 대한 계획을 세우기 어렵게 만든다. 몇 년 후에 물가가 얼마나 오를지도 모르는 상황에서 몇십 년 앞을 내다보고 계획을 세우는 개인이나 기업은 극히 드물 것이다. 나아가 예상치 못한 인플레이션은 투기를 부채질하는 부작용을 가져오기도 한다. 앞에서 설명한 것처럼 인플레이션이 진행될 때 가격상승폭이 들쑥날쑥한 것이 보통이므로, 가격이 많이 오를 것이라고 예상되는 상품에 대한 투기바람이 일어날 수 있다. 끊임없이 우리 사회를 휩쓸어온 부동산 투기바람이 그 좋은 예다.

이론상으로만 보면 인플레이션, 특히 예상된 인플레이션의 사회적 비용은 생각만큼 크지 않다. 그러나 현실에서 일어나는 인플레이션 상황에서는 상품들의 가격 상승폭이 들쑥날쑥할 뿐 아니라 그것의 발생을 미리 예상하기도 어렵다. 그렇다면 사람들이 인플레이션을 두려워할 충분한 이유가 있는 셈이다.

안정된 물가란 무엇을 뜻하는 것일까?

물가상승률이 너무 낮으면 경제성장에 오히려 해가 된다고 주장하는 사람들이 있다. 사실 물가가 떨어지는 디플레이션의 상황은 인플레이션의 상황보다 경제에 훨씬 더 심각한 문제를 일으킨다. 현실을 보면 물가가 적절한 수준으로 올라갈 때 경제가 원활하게 움직여 간다는 것을 실감할 수 있다. 따라서 물가 안정을 추구한다고 해서 0%의 물가상승률을 정책의 목표로 삼는다는 뜻은 아니다.

어떤 수준의 물가상승률이 안정된 물가를 뜻하는지의 문제는 **물가안정목표제**inflation targeting의 실시와 관련해 특별히 큰 중요성을 갖는다. 물가안정목표제하에서는 일정한 물가상승률의 목표치를 정해 놓고 이것의 달성에 전력을 기울이게 된다. 따라서 애당초 합리적인 수준의 물가상승률 목표치를 설정하는 것이 매우 중요한 과제가 된다. 그것이 너무 높거나 낮게 설정되어 있는 경우에는 물가안정목표제의 실시가 경제를 오히려 바람직하지 않은 방향으로 이끌어갈 가능성이 있다.

그렇다면 구체적으로 물가상승률이 몇 %인 경우에 물가가 안정되었다고 말할 수 있을까? 이에 대한 전문가들의 의견은 매우 다양한 것을 볼 수 있다. 예를 들어 유럽중앙은행European Central Bank; ECB은 소비자물가지수가 2% 이내로 상승하는 것을 안정된 물가로 정의하고 있다. 한편 오스트레일리아, 영국, 캐나다, 스웨덴의 중앙은행은 1.5%에서 2.5% 사이의 물가상승률을 목표로 삼는 것을 볼 수 있다. 미국의 경우에는 고정된 목표를 갖고 있지 않지만, 유럽 여러 나라들보다는 상대적으로 더 높은 물가상승률을 용인하는 분위기다.

그런데 ECB의 2%보다 더 높은 3~4%의 물가상승률을 목표로 삼는 것이 적절하다고 주장하는 사람들이 있다. 그와 같은 주장의 근거로 명목임금이 떨어지기는 어렵기 때문에 물가상승률이 너무 낮으면 실질임금이 떨어지기 어렵다는 점을 들고 있다. 경제가 침체된 경우에는 실질임금이 떨어져야 고용이 늘어날 수 있는데, 물가상승률이 너무 낮으면 그렇게 되기가 힘들다는 주장이다.

물론 물가상승률이 너무 높으면 근로자들이 임금 인상을 요구할 것이기 때문에 실질임금도 따라서 올라가는 역효과가 날 수 있다. 그런데 일반적으로 물가상승률이 3% 정도일 때는 임금 인상 요구를 하지 않는 경향이 있다고 한다. 그렇다면 이 수준의 물가상승률이 고용 증대에 기여할 수 있다는 뜻인데, 비유를 들어 말하면 적절한 물가상승이 노동시장의 바퀴가 부드럽게 돌아가게 하는 윤활유의 역할을 한다는 것이다.

너무 낮은 물가상승률이 바람직하지 않은 또 다른 이유를 통화정책의 효과가 떨어진다는 데서 찾을 수 있다. 경기침체가 아주 심각한 상황에서는 실질이자율을 마이너스(−)로 만들 필요가 있을 수도 있다. 그렇지 않으면 기업들이 좀처럼 투자를 하려 들지 않기 때문이다. 예를 들어 심각한 불황에 시달리던 1990년대의 일본 경제에서 바로 그와 같은 필요성이 제기된 바 있다.

그런데 명목이자율을 0% 아래로 떨어뜨릴 수는 없기 때문에 물가가 어느 정도 올라야 실질이자율이 마이너스 값을 가질 수 있다. 이 점에서 본다면 적절한 정도의 물가상승은 통화정책의 효율성을 높여주는 역할도 한다고 말할 수 있다. 그런데 문제는 과연 어느 수준의 물가상승률이 적절한 것인지 정확히 알 수 없다는 데 있다.

지난 100년 동안의 인플레이션

여러 가지 경로를 통해 수집한 통계자료를 종합해 보면, 1900년에서 2000년에 이르는 100년의 기간 동안 미국의 물가는 전반적으로 20배 정도 오른 것으로 나타나 있다. 이는 그 기간 동안 매년 3%의 비율로 물가가 상승해 왔음을 뜻한다. 3%라는 비교적 낮은 물가상승률이라도 이것이 100년 동안 누적되면 20배 정도의 물가상승을 가져오게 된다는 말이다.

그런데 그 내용을 자세히 들여다보면, 상품별로 가격 상승폭이 천차만별인 것을 알 수 있다. 예를 들어 호텔 숙박비는 75배나 더 높은 수준으로 상승했는데, 이는 다른 상품들의 평균 가격 상승폭의 3배가 넘는 수준이다. 반면에 똑같은 기간 동안 전화요금은 99%나 떨어져, 인플레이션을 감안한 실질적인 가격 하락폭은 99.9%에 이르는 것으로 나타나 있다.

누구나 짐작할 수 있듯이, 이렇게 상품별로 가격 상승폭이 다른 근본적 원인은 생산성 향상의 정도가 상품마다 다르다는 데서 찾을 수 있다. 예를 들어 기술혁신과 대량생산으로 인해 생산성 향상이 현저하게 나타나는 상품의 경우에는 실질가격이 현저한 하락 추세를 보인다. 앞에서 든 전화 이외에도 전기나 자동차 등의 상품이 그 좋은 예라고 할 수 있다.

반면에 호텔서비스처럼 생산성 향상이 일어나기 힘든 서비스의 경우에는 실질가격이 큰 폭으로 상승하는 경향을 보인다. 일반적으로 서비스산업에서는 생산성 향상이 일어나기 어려운 것으로 알려져 있다. 생산성 향상폭에 따라 가격의 상대적 상승폭이 달라지는 것은 미국뿐 아니라 모든 나라에서 공통적으로 일어나는 현상이다.

이와 같이 인플레이션이 일어나는 과정에서 상품과 상품 사이의 상대가격에 변화가 일어나기 때문에, 어떤 상품을 주로 구입하는지에 따라 실질적 구매력의 감소폭이 달라지는 결과가 빚어진다. 다시 말해 인플레이션에서 오는 고통이 사람마다 다를 수 있다는 뜻이다. 아주 예외적인 경우지만, 가격이 떨어지는 상품을 주로 구입하는 사람의 경우에는 실질적 구매력의 감소를 거의 경험하지 않을 수도 있다.

일반적으로 인플레이션에 의한 실질적 구매력 감소는 노년층에서 더 큰 폭으로 일어나는 경향이 있다. 이는 그들이 주로 구입하는 상품이 의료서비스나 가사서비스처럼 가격 상승폭이 상대적으로 더 큰 것이라는 데 기인한다. 이에 비해 청년층은 실질가격이 떨어지는 경향이 있는 IT기기나 휴대전화에 대해 상대적으로 더 많은 지출을 하는 경향을 보인다. 나아가 청년층은 인터넷을 통해 더 낮은 가격을 쉽게 찾아낼 수 있어 인플레이션의 영향을 덜 받게 된다는 점도 지적할 수 있다.

초인플레이션의 역사

어마어마하게 빠른 속도로 물가가 상승하는 초인플레이션hyperinflation의 역사는 멀리 3세기의 로마시대까지 거슬러 올라간다. 당시의 로마제국 정부는 군비 확장과 공공사업 수행을 위해 막대한 재정자금을 필요로 하고 있었는데, 조세수입만으로는 감당할 수 없게 되자 주화 발행량을 대폭 늘려 자금을 충당하는 방법을 채택했다. 218년부터 268년 사이의 기간 동안 주화의 은 함유량이 5천분의 1로 떨어진 것을 보면 당시의 상황을 충분히 짐작할 수 있다. 이와 같은 주화 발행량의 급증은 물가 폭등으로 이어졌는데, 그럼에도 불구하고 당시의 황제들은 상인들의 탐욕에 그 원인을 돌렸다.

근대에 들어와서 발생한 초인플레이션의 대표적 예로는 대혁명기의 프랑스를 꼽을 수 있다. 1789년 봄 프랑스 의회는 혁명기간 동안 교회에서 몰수한 재산을 기초로 4억 리브르의 지폐를 발행했다. 그 후 자금이 궁색한 혁명정부는 계속 지폐 발행량을 늘려가 1794년에는 70억 리브르 수준에 이르게 되었다. 지폐 발행량이 400억 리브르에 이르러 도저히 수습할 수 없는 단계에 이르자 혁명정부는 만다mandat라는 새로운 지폐를 발행했다. 그러나 이것의 가치도 2년 만에 97%나 상실되고 마는 극심한 인플레이션의 상황이 빚어졌다.

남북전쟁 기간 동안 미국 남부에서도 엄청난 규모의 인플레이션이 일어났다. 조세수입과 국채 발행을 통해 전비를 마련하기 힘들게 되자 남부 정부는 화폐 발행량을 늘리는 최후 수단을 선택했다. 그 결과 전쟁이 끝난

1865년 남부 지역의 생계비는 전쟁이 일어나기 직전의 92배 수준으로 뛰어오르게 되었다. 흥미로운 점은 너무나도 많은 돈을 찍어내다 보니 종이나 인쇄공을 구하기도 힘든 형편이 되었다는 사실이다. 막판에는 정부가 위조지폐에 '유효'valid라는 도장을 찍어 유통시키기까지 했다고 한다.

이처럼 초인플레이션은 주로 전쟁 중에 자주 발생했다. 제1차 세계대전 때 독일을 위시해 러시아, 오스트리아, 폴란드, 헝가리 등에서 극심한 인플레이션이 발생했다. 그리고 제2차 세계대전 때에는 그리스와 헝가리에서 살인적인 규모의 인플레이션이 발생한 바 있다.

그리스(1943~1944년)의 경우 한 달 동안의 물가상승률이 85억 5천만%에 이른 적이 있으며, 헝가리(1945~1946년)의 경우는 한 달 동안의 물가상승률이 무려 4.19×10^{18}%에 이르기도 했다. 물가상승률이 가장 높았을 시점에서는 15.6시간 만에 물가가 두 배씩 뛰어오를 정도였다고 한다.

최근의 예로 2000년대 초부터 짐바브웨Zimbabwe에서 일어났던 초인플레이션이 가장 정도가 심했다. 인플레이션이 얼마나 극심했는지 물가상승률을 계산하기조차 힘들 정도였다. 한 경제학자가 계산한 바에 따르면, 2008년 11월 14일 현재 연간 물가상승률은 무려 89.7×10^{21}%에 이르렀다. 2008년 어느 날 오후 맥주 한 병의 가격이 1천억 짐바브웨 달러였는데, 1시간 후에는 1천 5백억 짐바브웨 달러로 뛰어올랐다고 한다.

짐바브웨 정부는 인플레이션을 억제하기 위해 별의별 조치를 취해 보았으나 아무 효과가 없었다. 그 좋은 예가 2007년 2월에 발표한 인플레이션의 불법화 조치였다. 이 조치는 일부 상품에 대해 3월 1일부터 6월 30일까지 가격 인상을 불법화한 것이었는데, 위반자를 체포하는 일도 불사했다. 초인플레이션이 진행되는 과정에서 정부는 몇 차례에 걸쳐 화폐개혁redenomination을 단행했는데, 이로 인해 화폐단위에서 빠지게 된 0의 숫자가 무려 25개나 되었다.

어느 시점에 이르러 짐바브웨 달러는 거의 통용되지 않고 대부분의 거래가 물물교환의 형식으로 이루어졌다. 2015년 6월 더 이상 버티기가 힘들다고 판단한 중앙은행은 짐바브웨 달러의 사용 포기를 선언했다. 짐바브웨 달러 대신 미국 달러화나 다른 나라의 화폐를 공식 화폐로 사용하는 것이 바람직하다는 이유에서였다. 이 선언이 나온 시점에서 미화 1달러를 얻으려면 무려 3경 5천조 짐바브웨 달러를 지불해야 했다. 경은 조보다 한 단계 더 높은 숫자 단위로 0이 무려 16개나 붙어있는 엄청난 크기다. 이 환율에 따르면 최고액권인 100조 짐바브웨 달러의 가치가 미화 1센트에도 미치지 못하는 수준이다. 이것이 화폐가 아닌 기념품으로 팔릴 때 더 비싼 값을 받을 수 있을지 모른다.

인플레이션의 강도가 이 정도라면 그것을 예상했는지의 여부와 관계없이 엄청난 사회적 비용을 야기하게 된다. 이와 같은 상황에서 경제가 어떻게 돌아갈 것인지는 구태여 설명할 필요조차 없다. 경제는 거의 물물교환에 가까운 상태로 퇴화할 것이고, 이에 따른 경제적 손실은 이루 말할 수 없을 만큼 클 것이 분명하다. 사람들이 인플레이션에 대해 걱정하는 배경을 살펴보면, 인플레이션이 점차 증폭되어 이렇게 걷잡을 수 없는 상황으로 발전할지도 모른다는 두려움이 자리 잡고 있는 것을 발견할 수 있다.

인플레이션은 화폐적 현상?

장기적인 관점에서 볼 때 물가와 가장 밀접한 관련을 갖는 것은 화폐공급 증가율이다. 경제규모가 커져 거래액이 커짐에 따라 화폐 공급량도 늘어나는 것이 일반적인 경향이다. 화폐는 거래를 매개하는 역할을 하기 때문에 거래규모가 커지면 통화량도 함께 늘어나야 원활한 거래가 이루어질 수 있다. 그런데 때로는 거래규모가 커지는 속도에 비해 화폐공급이 늘어나는 속도가 너무 빠를 수 있고, 이런 경우에 인플레이션이 발생할 수 있는 것이다.

프리드먼M. Friedman은 "인플레이션은 언제나 그리고 어디에서나 화폐적 현상이다."Inflation is always and everywhere a monetary phenomenon.라는 유명한 말을 남겼다. 정부가 화폐를 너무 많이 발행하는 것이 인플레이션의 궁극적 원인이라는 뜻이다. 초인플레이션의 역사에서 가장 유명한 것은 1922년 1월부터 1924년 12월까지의 기간 동안 바이마르공화국Weimar Republic에서 일어난 살인적인 인플레이션이었다. 그때의 경험이 인플레이션은 화폐적 현상이라고 하는 프리드먼의 주장을 뒷받침해 주고 있다.

당시의 바이마르공화국 정부는 화폐 공급량의 급격한 증가를 통해 세계적인 불황에 따른 경기침체와 전후 배상의 문제를 해결하려고 했다. 이 과정에서 물가가 천정부지로 솟아오르게 되었는데, 통계자료를 보면 화폐 공급량과 물가상승률 사이의 밀접한 관계가 뚜렷이 드러난다. 3년 동안 물가가 무려 3조%나 상승했는데, 화폐 공급량도 이와 비슷한 속도로 증가했던 것을 볼 수 있다. 결국 1923년도 말의 통화개혁 조치를 통해 통화량이 안정을 되찾고 나서야 이 전대미문의 초인플레이션은 서서히 자취를 감추어가기 시작했다.

그렇다면 정부는 화폐 공급량을 적절하게 통제함으로써 인플레이션을 예방할 수 있을까? 이는 어느 정도 맞는 말이지만, 문제는 현실에서 정부가 화폐를 많이 발행하지 않을 수 없는 입장에 처해 있을 경우가 많다는 데 있다. 현대의 정부는 국방이나 치안 같은 기본임무 이외에도 경제, 사회, 문화 등 여러 방면에 걸쳐 적극적인 활동을 벌이고 있다. 이에 따라 막대한 규모의 재정지출이 필요하게 되어, 그 재원을 어떻게 조달하느냐가 중요한 문제로 대두하게 된다. 세금을 더 이상 거둘 수 없고 국채를 발행해 빌려 쓰기도 힘들다고 느낄 때 정부는 돈을 더 찍어내는 손쉬운 방법에 의존하게 된다.

바이마르공화국 정부도 급증하는 재정수요를 충당하기 위해 돈을 더 찍어낼 수밖에 없었다고 볼 수 있다. 이처럼 재정수요를 충당하기 위해 돈을 더 찍어내 인플레이션이 발생했다면 과연 이것을 순수한 화폐적 현상이라고 볼 수 있을까? 결과만 놓고 말한다면 프리드먼의 말대로 모든 인플레이션을 화폐적 현상으로 볼 수 있을지 모른다. 그러나 무리하게 화폐를 발행하려는 목적이 재정수요를 충당하는 데 있다면, 인플레이션의 근본원인은 과다한 재정지출에 있는 것으로 보아야 한다.

이런 의미에서 볼 때 인플레이션은 화폐적 현상이라기보다는 '재정적 현상'fiscal phenomenon이라고 말해야 옳을지 모른다. 실제로 여러 나라에서 방만한 재정운영이 인플레이션을 일으키는 주요인으로 작용한 사례를 자주 발견할 수 있다. IMF 같은 국제금융기관이 인플레이션의 문제로 골머리를 앓고 있는 나라들에 강력한 재정긴축을 권고하는 이유가 바로 여기에 있다. 그럼에도 불구하고 여러 가지 사정으로 인해 재정긴축을 실행에 옮기기 어렵기 때문에 인플레이션을 적절하게 통제하지 못하고 있는 것이다.

어떤 상품이 소비자물가 조사 대상이 되는가?

우리나라에서 소비자물가가 처음 조사되기 시작한 것은 일제강점기인 1936년이었다. 그러니까 소비자물가지수는 거의 80년이나 되는 긴 전통을 갖고 있는 셈이다. 소비자물가지수는 도시에 사는 사람들의 생활 물가를 반영하는 지표이기 때문에 이들의 주요 지출항목이 그 조사 대상이 된다. 좀 더 구체적으로 말해 현재 기준으로는 소비지출 총액의 1만분의 1을 넘는 상품이 조사 대상에 포함되고 있다.

시간이 흐름에 따라 소비지출의 내용이 달라지게 마련이기 때문에 조사 대상에 포함되는 상품의 리스트에도 변화가 생길 수밖에 없다. 조사 대상 품목은 5년마다 재조정되는데, 2015년 1월 현재 조사 대상 품목수는 481개에 이른다. 1936년의 첫 조사 때는 불과 10개 품목에 대해서만 조사가 이루어진 데 비해 조사 대상이 크게 늘어난 셈이다. 소비생활이 다양해지면서 좀 더 많은 상품들을 조사 대상에 포함시켜야 할 필요가 생겼기 때문이다.

조사 대상 품목의 리스트가 변화해 온 양상을 통해 우리 소비생활의 변천사를 관찰할 수 있다. 예를 들어 1970년에는 엿, 벽돌, 구두약 등이 빠지고 흑백TV, 선풍기, 냉장고, 라디오 등이 새로 포함되었다. 중산층들이 이런 가전제품에 대한 지출을 급격하게 늘렸기 때문이다. 1980년에는 가전제품 수요가 한층 더 고급화된 추세를 반영해 컬러TV, 세탁기, 전기밥

솥이 새로 추가된 것을 볼 수 있다. 반면에 흑백TV는 시대의 흐름을 반영해 1985년 퇴출의 운명을 맞게 된다.

이렇게 조사 대상 품목이 바뀌는 것과 동시에 소비지출 비중의 변화에 따라 각 상품에 적용되는 가중치도 달라진다. 예를 들어 쌀의 경우 소비지출에서 차지하는 비중이 1965년에는 무려 19.5%나 되었는데, 2005년에는 1.4%로 줄어들고, 2012년에는 다시 0.64%로 줄어든 것을 볼 수 있다. 보리쌀은 1965년만 해도 4.9%나 되는 비중을 차지하고 있었는데, 2005년에 이르러 0.03%로 비중이 크게 줄어들었다.

현재 가중치가 높은 품목으로는 전세금(6.2%), 스마트폰 이용료(3.39%), 휘발유(3.12%) 등을 꼽을 수 있다. 스마트폰 이용료는 2010년 처음 포함되기 시작했는데 이처럼 높은 지출비중을 보이고 있는 것이다. 도시가계의 가장 큰 지출항목이 전세금이라는 것은 서민들의 주거비용 부담이 얼마나 무거운지를 잘 말해주고 있다. 이는 식품비 지출의 대상이 되는 농축산물을 모두 합친 지출비중이 6.63%대에 머물고 있는 것과 좋은 대조를 이루고 있다.

'신라면 블랙'의 등장이 물가에 미치는 영향은?

기존 제품의 품질을 높이거나 새로운 첨가물을 넣어 만든 상품을 리뉴얼renewal 제품이라고 부른다. 2011년 기존의 '신라면'에 소뼈 성분을 추가한 '신라면 블랙', 그리고 기존의 '월드콘 오리지날'에 초코 비스킷을 더한 '월드콘 와퍼'라는 리뉴얼 제품이 등장했다. 업체 측은 소비자의 기호에 맞춰 제품을 다양화하기 위해 이런 상품을 내놓았다고 설명했다. 그러나 정부가 물가 안정을 위해 식료품 가격 인상을 억제하자 우회적으로 가격을 올리기 위해 그런 것이라는 의심의 눈초리를 보내는 사람도 있다.

일반적으로 리뉴얼 제품은 기존 제품보다 더 비싼 가격에 팔리지만 이것의 등장이 곧바로 소비자물가의 상승으로 이어지는 것은 아니다. 소비자물가지수는 가계의 소비지출 중 일정 비율 이상을 차지하는 상품들만을 조사 대상으로 삼는다. 따라서 리뉴얼 제품이든 신상품이든 출시 초기단계에서 판매량이 많지 않을 때는 조사 대상에서 제외된다. 그렇기 때문에 리뉴얼 제품의 가격이 아무리 더 높다 해도 소비자물가지수에는 아무런 영향을 주지 않는다.

그러나 리뉴얼 제품의 판매량이 늘어나 기존 제품을 대체하는 수준에 이르면 이것이 조사 대상에 포함되기 시작한다. 즉 새로 나온 신라면 블랙이 기존의 신라면보다 더 많이 팔리면 이제는 신라면 블랙이 조사 대상이 된다는 말이다. 그런데 문제는 기존 제품과 리뉴얼 제품의 가격 차이를 어떻게 소비자물가지수에 반영하느냐에 있다. 예를 들어 신라면은 대형 마트 기준으로 2011년 4월 현재 584원에 팔리고 있었는데, 신라면 블랙의 가격은 1,320원으로 126%나 더 높은 수준이었다. 그렇다면 이와 같이 큰 가격 차이를 소비자물가지수에 어떻게 반영시켜야 할까?

여기에는 여러 가지 방법이 있는데, 우선 들 수 있는 것은 기존 제품과 리뉴얼 제품 가격 사이의 차이를 그대로 반영하는 직접대체법이다. 이 방법을 사용하면 소비자물가지수에 라면 가격이 584원에서 1,320원으로 오른 것과 똑같은 변화를 가져다준다. 이 방법은 기존 제품과 리뉴얼 제품 사이에 의미 있는 품질의 차이가 없다는 암묵적인 가정을 그 바탕에 깔고 있다.

두 번째 방법은 지수접속법이라는 것인데, 기존 제품과 리뉴얼 제품 사이의 가격 차이가 품질의 차이를 반영한다고 간주하는 접근법이다. 즉 신라면 블랙의 가격이 126%나 더 높다는 것은 품질이 그만큼 더 좋다는 것을 뜻한다고 본다는 말이다. 그렇다면 실질적인 가격 상승은 없는 셈이고, 따라서 이 방법을 쓰면 소비자물가지수에는 아무런 변화가 생기지 않는다.

결국 리뉴얼 제품을 어떤 방법으로 처리하느냐에 따라 소비자물가지수가 다른 값을 갖게 되는 셈이다. 이를 보면 소비자물가지수의 값에 절대적인 의미를 부여할 필요는 없다는 사실을 깨닫게 된다. 모든 통계수치가 그렇듯, 어떤 방법을 쓰느냐에 따라 그 값이 달라진다는 것은 이를 통해 전달되는 정보가 완전한 것일 수 없음을 뜻한다. 이것 말고도 수많은 다른 이유에서 소비자물가지수의 값이 왜곡될 수 있는 가능성이 있다.

물가통계 얼마나 믿을 만한가?

정부의 물가통계가 피부로 느끼는 물가상승률을 제대로 반영하지 못한다는 불평을 자주 듣는다. 정부가 발표한 물가상승률이 10% 내외인데도 주부들은 채소며 생선 값이 두 배 가까이 뛰었다고 아우성칠 때가 많다. 물가당국이 통계수치상의 높은 물가상승률을 달가워하지 않는 것은 당연한 일이다. 따라서 가능하면 물가상승률을 낮게 보이도록 노력하리라는 것도 충분히 짐작이 가는 일이다. 꿩이 눈 속에 머리만 박은 채 숨었다고 생각하는 것을 어리석다고 비웃지만, 그런 행동이 훌륭한 효과를 거두기도 하는 게 바로 정치인 것이다.

선진국에서는 이와 대조적으로 정부의 통계가 실제의 물가상승폭을 과장해서 나타내고 있다는 주장이 자주 제기된다. 그와 같은 주장을 하는 사람은 우선 물가지수를 계산하는 방식, 특히 가중치를 주는 방식 그 자체에 그런 결과가 나올 가능성이 내포되어 있다고 말한다.

물가지수를 구할 때는 비중이 큰 상품의 가격동향이 더 많이 반영될 수 있도록 만들어야 한다. 예를 들어 똑같은 비율로 올랐다고 해서 쌀 값이 오른 것과 이쑤시개 값이 오른 것이 같은 의미를 가질 수 없다. 쌀에 비해 이쑤시개의 거래량이 형편없이 작기 때문인데, 그렇다면 쌀에 더 높은 가중치를 주어 그것의 가격 동향이 더 큰 폭으로 물가지수에 반영되도록 만들어야 한다.

그렇다면 가중치를 주는 방식의 어떤 성격 때문에 물가지수가 실제의 물가상승폭을 과장해서 나타내는 결과가 나타날 수 있을까? 가중치는 상품 거래량에 의해 결정되는데, 이것이 해마다 달라지기 때문에 어느 때의 거래량에 의해 가중치를 결정해야 하는가의 문제가 생긴다. 우리가 물가지수라고 할 때는 **소비자물가지수**consumer price index를 뜻하는 것이 보통인데, 이것을 구할 때 다음과 같은 방식으로 가중치를 결정한다. 즉 기준이 되는 어떤 한 해를 선정한 다음 그해의 거래량에 의해 가중치를 결정하고 계속 이를 사용해 물가지수를 계산한다.

예를 들어 2010년을 기준이 되는 해로 선정했고 하자. 통계당국은 일단 2010년도의 상품 거래량을 측정하고, 이에 기초해 물가지수 계산에 필요한 가중치를 결정한다. 기준이 되는 연도를 바꾸지 않는 한, 이렇게 결정된 가중치는 그 뒤로도 계속 사용된다. 2015년이나 2017년의 물가지수를 구할 때 똑같이 이 가중치를 사용한다는 말이다. 바로 이 사실로부터 앞에서 제기한 의문의 해답을 찾을 수 있다.

이와 같은 방식으로 소비자물가지수를 계산할 경우, 시간이 흐름에 따라 거래량이 급격하게 증가하는 상품의 가격동향이 너무 작은 비중으로 반영되는 결과가 나타난다. 예를 들어 어떤 상품의 거래량이 몇 해 사이에 서너 배로 증가했는데도 예전의 가중치를 그대로 적용한다면 그런 결과가 나타날 것이 뻔하다.

이렇게 거래량이 빠른 속도로 증가하는 상품들의 예로는 노트북이나 휴대전화 등을 들 수 있다. 일반적으로 이런 상품들은 거래량이 빠르게 증가하는 동시에 가격이 크게 떨어지는 특성을 보인다. 이와 같은 가격동향이 너무 작은 비중으로 반영되어 계산된 소비자물가지수는 실제의 물가상승폭을 과장해서 보여주게 된다. 예를 들어 실제로 물가는 10% 올랐는데 통계상의 소비자물가지수는 12%나 오른 것으로 나타날 가능성이 있다는 뜻이다.

또한 어떤 상품의 품질이 향상되어 실질적으로는 가격이 내렸다고 볼 수 있는데도 그 부분이 감안되지 못한다는 점에서 물가지수가 실제의 물가상승폭을 과장해 나타낼 가능성도 있다. 텔레비전이나 냉장고를 보면 몇 년 전만 해도 적지 않은 웃돈을 주고 사야 했던 선택사양이 올해에 나온 상품에는 기본사양으로 되어 있는 경우가 많다. 그러므로 품질의 향상을 감안한 실질적인 가격의 상승폭은 겉으로 드러난 것보다 더 작다고 할 수 있다. 물가지수에 이 사실이 제대로 반영될 수 없기 때문에 실제의 물가상승폭을 과장해서 보여줄 가능성이 크다.

현실의 경제에서는 새로운 상품이 속속 개발되어 소비자에게 소개되는데, 이와 같은 경향도 실질적인 물가하락의 효과를 가진다는 지적이 있다. 소비자가 어떤 신상품을 구입해 소비하기로 결정했다면 이는 종전의 상품을 소비할 때보다 더 큰 만족을 얻을 수 있음을 뜻한다. 그러므로 신상품에 대해서는 종전의 상품보다 더 높은 가격을 지불할 용의가 있는 셈이다. 신상품이 종전의 상품과 비슷한 가격에 판매되고 있다면 실질적으로는 그 가격이 하락했음을 뜻한다고 해석할 수 있다.

그뿐 아니라 유통혁신에 따른 가격파괴의 바람이 물가동향에 주는 영향도 적절히 감안해야 한다. 최근 작은 유통마진을 붙이는 대신 대량판매를 노리는 대형 유통체인이 국내외에서 급격한 성장세를 보이고 있다. 물가가 많이 뛰면 뛸수록 소비자들은 이와 같은 곳을 즐겨 찾게 된다. 그러므로 실질적인 의미에서의 소비자물가 상승폭은 이 같은 할인판매장의 등장으로 인해 훨씬 작아지는 결과가 나타난다. 그러나 유통혁신으로 인해 가격 상승의 경향이 상쇄된다는 사실도 물가지수에 제대로 반영되지 못한다.

이와 같은 경향이 우리나라의 물가통계에도 어느 정도 존재하고 있을지 모른다. 그렇다고 해서 우리나라의 공식 물가통계가 전반적으로 현실의 물가상승폭을 과장해서 보여준다고 보기는 힘들다. 우리 정부가 물가통계를 작성할 때 가능하면 물가상승률이 낮아 보이도록 만들려고 노력하는 것이 사실이기 때문이다. 게다가 설렁탕 값을 못 올리게 하니 고기를 적게 넣고, 목욕탕 요금을 못 올리게 하니 타월 값이란 명목으로 몇백원을 더 받는 우리 사회의 독특한 현실까지 감안하면, 장바구니 물가는 정부의 공식통계보다 훨씬 더 빠르게 오른다는 서민들의 불만에 충분히 이해가 간다.

세상의 갖가지 인플레이션

경제학에서 말하는 인플레이션이란 것은 상품들의 가격이 지속적으로 올라가 화폐의 가치가 떨어지는 것을 뜻한다. 그런데 이 세상에는 다른 데서도 어떤 것의 가치가 떨어진다는 의미에서의 인플레이션 현상이 일어나고 있다. 2012년 4월 7일 자 *The Economist* 지에는 여러 가지 재미있는 인플레이션 현상이 소개되어 우리의 흥미를 끌고 있다.

첫 번째 사례로 소개되고 있는 것은 특정 사이즈의 옷 치수가 계속 커져 온 '사이즈 인플레이션' size inflation 이다. 예를 들어 영국에서 팔리는 여성 바지 사이즈14의 실제 허리둘레는 1970년대에 비해 거의 10센티 이상이 더 커졌다고 한다. 즉 1970년대라면 사이즈18로 표시되었어야 할 여성 바지가 오늘날은 사이즈14로 표시되고 있다는 것이다. 이와 같은 경향은 영국뿐 아니라 미국에서도 관찰될 수 있다고 한다.

옷 제조업자들이 이와 같은 사이즈 인플레이션을 일으키는 이유는 그렇게 함으로써 옷을 더 많이 팔 수 있기 때문이다. 예컨대 원래 사이즈18의 큰 옷을 입는 사람이 날씬한 사람들이 입는 사이즈14가 자신에게 맞는다고 하면 기분이 어떨까? 기분이 좋을 것은 물론이고, 따라서 그는 흔쾌히 지갑을 열게 된다. 옷 제조업자는 바로 이것을 노리고 의도적으로 사이즈 인플레이션을 일으켰다고 볼 수 있다.

인플레이션 현상은 여행업계에서도 관찰될 수 있다고 한다. 전통적으로 별 다섯 개짜리 호텔이라면 최고급의 호텔로 인식되어 왔다. 그러나 요즈음에는 별 여섯 개짜리, 심지어는 일곱 개짜리까지 등장하고 있는 실정이다. 이처럼 호텔 등급의 인플레이션이 급속하게 진행되고 있는 것이다. 호

텔의 방도 예전에는 'deluxe room'이라면 가장 좋은 방을 뜻했지만 요즈음은 일반적인 방도 이런 이름으로 부른다. 'luxury'라는 표현만으로도 모자라 'superior luxury' 혹은 'grand superior luxury'라는 표현까지 등장할 정도다.

또 하나의 재미있는 인플레이션의 사례는 '성적 인플레이션'grade inflation이다. 영국 학교에서 25년 전에는 우수 학생들 중 A등급을 받은 비율이 9%에 불과했다고 한다. 지금은 그 비율이 27%로 급증했는데, 실제로 학생들의 실력이 향상되었다는 증거는 찾을 수 없는 실정이다. 한 연구에 따르면 지금의 A등급이 1980년대의 C등급에 해당된다고 하니, 엄청난 규모의 성적 인플레이션이 일어난 셈이다.

미국 대학에서도 학점 인플레이션이 광범하게 일어나고 있어 사람들의 관심을 끌고 있다. 미국 대학 졸업생 중 최상위등급으로 졸업하는 사람의 비율이 1960년에는 15%였던 것이 이제는 45%로 세 배 수준으로 치솟았다. 좋은 학점으로 졸업하는 학생들은 행복할지 모르지만, 문제가 아주 없는 것은 아니다. 학점 인플레이션은 열심히 노력하는 똑똑한 학생들에게 불공평한 일일 뿐 아니라, 기업이 훌륭한 자질을 가진 사람을 선발하는 것을 어렵게 만든다.

어느 종류의 인플레이션이든 간에 정보를 불분명하게 만들어 사람들의 행동을 왜곡한다는 문제점을 갖는다. 옷 사이즈 인플레이션은 사람들로 하여금 더 날씬한 체형을 갖기 위한 노력을 게을리하게 만든다. 성적 인플레이션이 더 열심히 공부하려는 의욕에 찬물을 끼얹는 결과를 가져올 것임도 부정하기 힘들다.

옷을 더 팔기 위해, 호텔에 더 많은 손님을 끌기 위해, 혹은 학생들을 기쁘게 해주기 위해 일으킨 인플레이션이 사회적 비용을 초래하는 결과를 빚고 있는 것이다. 이 점에서 본다면 경제학에서 배우는 인플레이션뿐 아니라 모든 종류의 인플레이션이 우리가 맞서 싸워야 하는 대상이 된다고 말할 수 있다.

경제고통지수

통계청의 발표에 따르면 2012년에 5.49였던 **경제고통지수**misery index가 2013년에 4.4로 떨어졌다고 한다. 경제고통지수란 실업률과 소비자물가의 상승률을 더한 값으로, 오컨A. Okun이란 경제학자가 고안해낸 개념이다. 이 두 수치를 합친 값이 경제적 고통의 지표가 된다는 엄밀한 근거는 없지만, 사람들의 느낌을 그런대로 충실하게 반영해 주는 지표라고 할 수 있다.

외환위기로 온 나라가 시끄럽던 1998년에는 높은 실업률 때문에 우리나라의 경제고통지수는 14.5라는 높은 값을 보였다. 그러나 1999년 이후로는 계속 하락하는 추세를 보여 2013년에는 4.4까지 떨어졌다. 이를 보면 외환위기 당시 우리 국민들이 느꼈을 경제적 고통의 정도가 얼마나 컸을지 능히 짐작할 수 있다.

그러나 경제고통지수가 경제생활의 어려움을 객관적으로 나타내는 절대적인 지표가 되지는 못한다. 예를 들어 최근에 볼 수 있는 6~7%대의 경제고통지수는 1980년대나 90년대 중반과 비교해 상대적으로 낮은 수준임이 분명하다. 그러나 적지 않은 사람들이 요즘의 경제상황이 그때보다 훨씬 더 어렵다는 생각을 갖고 있는 듯 보인다.

1980, 90년대의 경제고통지수가 높았던 것은 물가상승률이 높았기 때문이다. 그 당시 우리 경제는 빠르게 성장하는 과정에서 물가 안정을 조금 희생하더라도 경제성장률을 극대화하는 전략을 택하고 있었다. 그 반면 최근에는 물가가 상대적으로 안정된 추세를 보이고 있지만, 성장률이

낮은 수준으로 떨어져 사람들이 느끼는 체감경기가 매우 좋지 않은 상황이다.

물가상승률이 1% 더 커지는 것과 실업률이 1% 늘어나는 것이 우리에게 주는 고통이 똑같을 수 없다. 또한 이 둘 중에 어느 쪽이 더 큰 고통을 주는지는 경제상황과 시기에 따라 달라질 수도 있다. 그런데도 경제고통지수는 이 둘을 똑같이 취급하고 있기 때문에 경제생활의 어려움을 객관적으로 나타내주는 데 한계가 있을 수밖에 없다.

9

경기변동 :
경제의 주기적 순환

비공식적 경기변동의 지표들

경기의 상황에 따라 거리에서 보는 옷들의 색깔이 달라진다는 말이 있다. 경기가 좋을 때는 밝고 화려한 색깔이 자주 눈에 띄지만, 경기가 나쁠 때는 어둡고 칙칙한 색깔이 주류를 이룬다는 것이다. 그 밖에도 경기의 상황에 따라 나타나는 독특한 현상들을 많이 발견할 수 있다. 예를 들어 불황이 심해지면 점을 보러 가는 사람이 부쩍 많아진다고 한다. 사람들이 길거리에 버리는 담배꽁초의 길이도 불황기에는 한층 더 짧아진다는 조사 결과도 나와 있다.

뿐만 아니라 주로 마시는 술이 위스키나 맥주 같은 것에서 값이 싼 소주 쪽으로 바뀌는 것도 불황기의 한 특징적 현상이다. 불황으로 구매력이 줄어드니 자연히 값싼 술을 찾게 되는 것이다. 그 결과 술 소비가 전반적으로 줄어드는 중에서도 소주만은 예전보다 더 많이 팔려 나가는 현상이 나타난다. 1997년 말 외환위기로 경제가 바닥에 떨어져 있을 때 유독 라면 산업만 유례없는 호황을 누린 것과 비슷한 성격의 현상이라고 말할 수 있다.

선뜻 믿기 힘들지 모르지만, 불황이 사람들의 입맛을 바꿔놓는다고 말하는 사람도 있다. 경제가 무척 어려웠던 2013년 2월에 나온 한 신문기사를 보면, 매운맛 음식들이 불티나게 팔려 나갔다고 한다. 서울 여의도에서 조사한 바에 따르면, 매운 음식의 대명사인 불닭과 떡볶이 전문점 매출액이 전년 동기 대비 각각 57.7%와 73%나 급증했다고 한다. 그 틈을 타서 불닭 전문점은 1년 사이에 2배 이상 점포수가 늘었고, 떡볶이 전문점 수도 18.2% 증가했다.

전문가의 말에 따르면, 고추의 캡사이신 성분이 엔도르핀 분비를 촉진하기 때문에 우울하거나 기운이 없을 때는 매운맛 음식을 찾게 된다고 한다. 우리 몸 안에서 만들어지는 엔도르핀은 모르핀보다 200배나 진통작용이 더 강한 물질로 알려져 있다. 그렇기 때문에 불황에 지친 사람들에게는 매운 음식이 마치 마약과도 같은 진정효과를 가져다준다고 볼 수 있다.

또 한 가지 재미있는 것은 불황이 심해지면서 사탕과 초콜릿 같은 단 음식의 판매량이 늘어난다는 사실이다. 사람들이 이런저런 걱정을 달래기 위해 단것을 찾기 때문이 아닐까라고 짐작해 볼 수 있다. 경기침체가 상당히 심했던 2003년 초에는 초콜릿 매출이 그 전해의 같은 기간에 비해 14% 늘었고, 사탕의 매출은 40%나 늘었다고 한다. 매운 음식과 더불어 단 음식도 불황상품의 범주에 넣을 수 있다는 말이다.

병원의 경우에도 경기에 상당한 영향을 받는 것으로 알려져 있는데, 재미있는 것은 진료과목에 따라 각기 다른 영향을 받는다는 사실이다. 경기상황에 가장 민감하게 반응하는 것은 성형외과라고 한다. 단지 아름다워지기 위해 병원을 찾는 것이라면 경기가 좋고 나쁨에 따라 큰 차이가 날 것이 분명하다. 그리고 경기가 나쁠 때는 치과병원을 찾는 사람의 발길도 매우 드물어진다고 한다.

반면에 스트레스로 인한 소화불량이나 근육통 등으로 병원을 찾는 사람이 많아져 내과의 경우에는 불황의 영향을 그리 받지 않는 것으로 알려져 있다. 불황이 오면 신경정신과는 더욱 붐비게 되는데, 경제적 문제로 고민하다가 정신상담을 받으려 하는 사람이 더욱 늘어나기 때문이다.

공식적인 통계자료만 가지고 경기가 어떤 상황에 있는지 정확하게 판단하기 힘들 때가 많다. 이런 경우라면 위에서 설명한 현상들을 관찰한 결과에 의해 경기상황에 대해 나름대로 판단을 해볼 수 있다. 다시 말해 이런 현상들을 비공식적인 경기변동의 지표로 활용할 수 있다는 뜻이다. 제비가 돌아온 것을 보고 봄이 왔음을 짐작할 수 있듯, 사람들의 옷차림이 밝고 화려해지는 것에서 경기가 회복되는 기미를 느낄 수 있는 것이다.

어떤 때가 불황인가?

경제상황과 관련해 미국 사람들은 다음과 같은 농담을 주고받는다고 한다. "이웃집 사람이 실직을 당하면 경기 후퇴economic slowdown가 일어난 것이고, 내가 실직을 당하면 불황recession이 찾아온 것이다. 그리고 경제학자가 실직을 당하면 그때는 공황depression이 닥쳐온 것이다." 똑같은 경기침체라 해도 보는 시각에 따라 다른 평가가 나올 수 있음을 풍자한 농담이다.

우리는 불황이란 말을 일상적으로 쓰고 있지만, 사실 경제가 정확하게 어떤 상황에 있을 때를 불황이라고 부를 수 있는지는 쉽게 대답할 수 없는 문제다. 많은 사람들이 사용하고 있는 불황의 정의에 따르면, 두 개의 분기quarter에 걸쳐 계속 국내총생산이 줄어들 때 경제가 불황에 빠졌다고 말한다. 이것이 거의 공식화된 불황의 판단 기준이라고 말할 수 있다.

그런데 이렇게 국내총생산의 동향만으로 불황 여부를 판단하는 것은 현실성이 떨어진다는 지적이 있다. 예를 들어 2008년 2분기에 미국의 국내총생산은 3.3%의 연간 성장률을 기록한 바 있다. 이에 비해 유로지역과 일본의 국내총생산은 작은 폭으로 줄어들었다. 그리고 많은 경제학자들이 3분기에도 유로지역과 일본의 국내총생산이 계속 떨어질 것으로 예측하고 있었다.

이와 같은 국내총생산의 동향만으로 보면 미국 경제의 상황은 괜찮은 반면 유로지역과 일본 경제는 곧 불황에 빠져든다는 말이다. 그러나 실업률 통계를 보면 반드시 그렇지는 않다는 것을 알 수 있다. 2008년 8월 미국의 실업률은 전년도의 4.7%에서 1.6% 포인트나 오른 6.3%를 기록했다. 반면에 유로지역은 실업률이 오히려 떨어졌고 일본은 겨우 0.2% 포인트 더 커졌을 뿐이다. 만약 실업률을 기준으로 삼는다면 미국 경제의 상황이 상대적으로 더 나빴다는 평가가 나온다.

사실 일반 사람들이 체감하는 경기는 국내총생산보다 실업률과 더 밀접한 관련을 갖고 있다. 이 점에서 볼 때 두 개의 분기에 걸쳐 국내총생산이 떨어질 때 불황이라고 판정하는 것은 설득력이 떨어진다고 말할 수 있다. 뿐만 아니라 경기와 관련 있는 수많은 변수들 중 오직 국내총생산에만 관심을 집중해야 하는 이유가 무엇이냐는 의문도 제기될 수 있다.

그 대안으로 미국의 권위 있는 민간 경제연구기관인 NBER National Bureau of Economic Research에서는 좀 더 포괄적인 기준에 의해 불황 여부를 판단하는 방법을 쓰고 있다. 즉 산업생산, 실업, 실질소득, 도소매물가 등의 월별 동향을 총체적으로 평가해 불황 여부의 판정을 내리고 있는 것이다. 말하자면 전반적 경제활동의 절대적 수준이 떨어지는 시기를 불황이라고 부른다는 뜻이다.

지금까지 본 것처럼 불황을 정확하게 정의하는 것은 결코 쉬운 일이 아니다. 따라서 어느 한 시점에서 경제가 불황에 빠졌는지의 판단을 둘러싸고 이견이 생길 수 있다. 즉 어떤 사람은 경제가 불황에 빠졌다고 보는 반면, 그렇지 않다고 생각하는 사람도 있을 수 있다는 말이다. 그렇다면 현 단계에서 어떤 정책이 필요한지에 대한 생각도 다를 수밖에 없다. 어느 나라든 정책 처방을 둘러싸고 논란이 그치지 않는 것은 그리 이상한 일이 아니다.

불황과 공황 사이의 차이는?

어떤 상황을 불황 혹은 경기침체recession라고 부를 수 있을까? 이에 대해 엄밀한 정의를 내리는 것은 매우 어려운 일이다. 특히 그 정도가 아주 심한 불황을 가리키는 말인 '공황'depression은 정의하기가 더욱 힘들다. 따라서 어떤 경제가 불황상태에 있는지 아니면 공황상태에 있는지 정확하게 구분하기가 매우 어려운 실정이다.

공황을 정의하는 정확한 기준이 확립되어 있는 것은 아니지만, 일반적으로 통용되는 것은 다음과 같은 두 가지 기준이다. 하나는 실질국내총생산이 10%를 넘는 큰 폭으로 줄어드는 것이고, 다른 하나는 불황이 3년을 넘는 오랜 기간 동안 지속되는 것이다. 1920년대 말에 시작된 미국의 대공황Great Depression은 이 두 가지 기준을 모두 충족한다. 1929년에서 1933년에 이르는 기간 동안 국내총생산은 무려 30%나 줄어들었다. 또한 불황이 지속된 기간도 43개월로 3년이 넘었다.

그러나 소위 '잃어버린 10년'이라고 부르는 1990년대 일본의 장기 불황은 이 두 가지 기준 중 어느 것도 충족시키지 못한다. 가장 큰 폭의 국내총생산 감소가 고작 3.4%에 그쳤을 뿐 아니라, 불황이 가장 길게 지속된 기간도 2년밖에 되지 않기 때문이다. 따라서 1990년대의 일본 경제가 공황상태에 있었다고 말할 수 없다. 최근 선진국에서 공황이 나타난 경우는 거의 찾기 힘들다.

이에 비해 개발도상국에서는 공황이 자주 발생하고 있다. *The Economist*지가 지난 30년 동안 25개의 개발도상국에 대해 조사한 바에 따르면,

국내총생산이 10% 이상 줄어든 경우가 13번이나 있었다고 한다. 특히 아르헨티나와 폴란드는 그와 같은 경험을 두 번씩이나 겪었다. 가장 큰 폭의 국내총생산 감소를 경험한 것은 러시아로서 1990년에서 1998년에 이르는 기간 동안 무려 45%나 줄어들었다고 한다.

흥미로운 점은 1930년대 이전에는 모든 경기침체 상황을 'depression'이라고 표현했다는 사실이다. 'Great Depression'이란 말이 나온 이유가 바로 거기에 있었다. 아주 심각한 불황이라는 뜻에서 great라는 수식어를 붙였던 것이다. 그 이후에는 그때의 아픈 기억을 되살리지 않기 위해 'recession'이란 말을 쓰기 시작했다고 한다. 지금처럼 두 단어가 각각 다른 의미로 사용된 것은 최근에 들어서부터라는 말이다.

공황에 대해 지금까지 본 것과는 다른 정의를 제시한 사람도 있다. 그는 경기침체의 정도와 지속 기간으로 공황을 정의할 것이 아니라, 경기침체를 일으킨 원인이 무엇인지에 의해 정의해야 한다고 말했다. 일반적으로 불황은 통화정책의 고삐를 조인 결과로 일어나게 된다. 이와 달리 자산거품의 붕괴로 인해 불황이 발생하기도 하는데, 바로 이런 성격의 불황을 공황이라고 불러야 한다는 것이 그의 주장이다.

일반적 성격의 불황, 즉 통화정책의 고삐를 조인 결과 발생한 불황은 그 고삐를 풀어 대처하면 된다. 즉 통화량을 늘리고 이자율을 낮추면 경기가 바로 되살아날 수 있다. 그러나 자산시장 거품의 붕괴로 인해 발생한 공황의 경우에는 뾰족한 해결책이 없다. 2008년에 시작된 미국의 금융위기, 그리고 이에 따른 전 세계적인 불황에 대해 이렇다 할 대응책을 찾지 못하고 우왕좌왕할 수밖에 없었던 이유가 바로 여기에 있다.

불황을 너무 무서워할 필요는 없다

"모든 구름에 은빛 가장자리가 있다."Every cloud has its silver lining.라는 서양 속담이 있다. 시커먼 구름에도 주위에 은빛으로 반짝거리는 가장자리가 있듯, 인생의 궂은일에도 긍정적 측면이 있기 마련이라는 뜻을 가진 속담이다. 불황이라면 어떻게든 피해야 할 것으로 생각하는 사람이 많지만, 실제로는 경제에 긍정적인 효과를 미치는 측면도 있다.

오랫동안 호황이 계속되어 온 것을 보고 사람들이 앞으로도 호황이 지속될 것으로 기대한다고 하자. 앞으로 소득이 계속 늘어날 것을 예상하는 개인들은 구태여 절약하고 저축할 필요를 느끼지 못한다. 그렇기 때문에 돈을 빌려 흥청망청 쓰면서도 별 걱정을 하지 않는다. 또한 앞날을 낙관적으로 내다보는 기업들은 별로 이득이 나지 않을 사업에도 과감하게 투자한다.

말하자면 오랫동안 지속된 호황이 개인과 기업의 방만함을 불러온다는 뜻이다. 그 결과 경제의 곳곳에 군살이 끼어 체질이 약해지기 십상이다. 그렇기 때문에 정부가 호황을 계속 유지하기 위해 무리하게 개입하는 것은 바람직하지 않다. 미국 경제가 쓰라리게 경험한 바 있는 서브프라임 금융위기의 먼 원인을 이와 같은 무리한 개입에서 찾을 수 있다. 즉 그 위기의 뿌리가 호황을 지속시키기 위해 채택한 저금리정책에 있다고 볼 수 있다는 말이다.

미국 경제는 1990년대 내내 보는 사람을 놀라게 할 만큼 호경기를 누렸다. 닷컴 거품의 붕괴로 인해 촉발된 2001년의 불황도 연방준비은행의 신속한 개입으로 인해 바로 진정되고 말았다. 그 뒤로는 서브프라임 금융위기가 시작되기 전까지 이렇다 할 불황을 경험하지 않았다. 미국 경제가 이렇게 오랜 기간에 걸쳐 호황을 누려온 데는 저금리정책이 단단히 한몫을 했다.

미국 국민은 저금리정책으로 호황을 이끌어온 연방준비제도 그린스펀 A. Greenspan 의장의 마술사 같은 능력에 갈채를 보냈다. 그러나 바로 그 저금리정책이 서브프라임 금융위기를 일으키는 불씨가 되었다는 것이 학계의 일반적 평가다. 사후적으로 평가해 볼 때, 불황을 각오하고 이자율을 적정한 선에 유지하는 것이 미국 경제에 더 바람직했다고 말할 수 있다.

슘페터J. Schumpeter는 불황이 비효율적인 기업을 도태시키는 '창조적 파괴'creative destruction의 역할을 한다고 말했다. 호황기에는 비효율적 기업도 도태되지 않고 살아남을 수 있다. 따라서 호황이 오랫동안 계속되면 경제의 체질이 점차 약화될 수밖에 없다. 가끔 불황이란 창조적 파괴의 바람이 불어 비효율적 기업을 솎아내야만 경제가 건강해질 수 있다. 바로 이런 의미에서 불황은 필요악이라는 성격을 갖는다.

미국 캘리포니아의 세쿼이아 숲은 가끔씩 불이 나야 건강을 유지할 수 있다고 한다. 그래서 공원관리당국은 일부러 작은 규모의 불이 나게 만들어 세쿼이아 숲을 건강하게 만든다고 한다. 때때로 찾아오는 불황은 숲을 건강하게 만드는 불과 같은 역할을 한다. 물론 일부러 불황이 오게끔 만들 필요까지는 없다. 그러나 일단 불황이 발생하면 경제가 더욱 튼튼한 체질로 거듭날 수 있는 기회로 이를 이용할 수 있다. 불황을 너무 무서워할 필요는 없는 것이다.

대공황의 교훈

제1차 세계대전 직후, 즉 1920년대의 미국 경제는 이례적인 호경기를 구가하고 있었다. 그러나 1920년대 말에 들어오면서 분위기는 반전되어, 1929년부터 1933년에 이르는 4년이란 짧은 기간 동안에 산업생산이 $\frac{1}{3}$ 정도나 감소하는 극심한 불황을 겪게 되었다.

이 불황의 여파는 다른 나라에도 미쳐, 영국, 독일, 프랑스 등 여러 나라에서 연쇄적인 불황이 일어나게 되었다. 이와 같은 세계적 규모의 불황이 가져온 고통은 이루 말할 수 없는 것이었다. 곳곳에서 일자리 찾기에 지친 실업자들이 줄을 잇고, 먹을 것과 입을 것 없이 떠도는 사람들이 거리를 메우게 되었다.

이와 같은 대공황을 또다시 맞지 않기 위해서는 그때의 경험에서 무엇인가를 배워야 할 것이다. 대공황의 경험에서 교훈을 얻고자 한다면 무엇보다 우선 그것이 왜 발생하게 되었는지 그 원인을 알아내야 한다. 그런데 불행하게도 경제학자들 사이에는 대공황의 원인에 대해 아직도 의견이 분분한 상태다. 대공황의 원인에 대한 논쟁은 크게 보아 유효수요설과 통화설이라는 두 진영의 대결로 묘사할 수 있다.

유효수요설은 대공황이 총수요의 부족으로 인해 생긴 과잉 생산설비 때문에 일어났다고 설명한다. 그 당시 총수요가 현저하게 떨어지게 된 원인으로는 다음과 같은 점들을 든다. 첫째, 보호무역주의의 대두로 인해 미국 농업제품의 수출이 급격하게 감소되었다. 둘째, 소비성향이 낮은 부유층에 소득과 재산이 집중되면서 사회 전반의 소비수준이 떨어지게 되었다.

셋째, 부동산과 주식시장의 붕괴가 자산의 실질가치 하락을 가져와 소비수준을 떨어뜨리는 원인이 되었다. 마지막으로는 주택 건설과 내구소비재 수요가 포화상태에 이르러 더 이상의 총수요 증가가 어려웠다는 점을 들었다.

이에 맞서 프리드먼M. Friedman은 통화의 측면에서 대공황의 주된 원인을 찾아야 한다고 주장했다. 그는 금융공황이 대공황을 촉발하는 계기가 되었고, 정부의 부적절한 통화정책이 사태를 한층 더 악화시켰다고 지적했다. 금융공황은 Bank of United States라는 이름의 유태계 은행이 당시 뉴욕 금융계를 지배하고 있던 세력의 부당한 견제 때문에 파산하는 것으로부터 시작되었다고 한다. 상황을 잘못 판단한 통화당국이 통화의 공급을 줄임으로써 사태는 걷잡을 수 없이 악화될 수밖에 없었다는 것이 그의 주장이다.

우리는 이 두 가지 설명 중 어떤 것이 더 적절한지 아직 잘 모른다. 대공황의 경험에서 어떤 교훈을 찾아야 할지를 아직 모르고 있는 셈이다. 사실 학문으로서 역사가 갖는 매력은 바로 여기에 있는지 모른다. 과거의 모든 사건에 대해 각 사건이 어떤 이유로 인해 발생되었는지 정답을 모두 찾아낸다면 그것처럼 재미없는 일도 없을 테니까 말이다.

인플레이션과 실업

어느 쪽이 더 심각한 문제인가?

물가상승률이 1% 포인트 더 커지는 것과 실업률이 1% 포인트 더 커지는 것 중 어느 쪽이 사람들의 행복감을 더 큰 폭으로 떨어뜨리게 될까? 이와 같은 질문은 정부가 경제안정을 추구하는 정책을 수행할 때 고용 안정과 물가 안정의 두 목표 중 어느 쪽에 더 높은 우선순위를 두어야 하는지의 선택과 관련해 매우 중요한 의미를 갖는다. 당연한 말이지만, 사람들의 행복감을 더 크게 만드는 쪽으로 정책의 우선순위를 매겨야 할 것이기 때문이다.

만약 1% 포인트의 물가상승률과 실업률의 증가가 행복감에 각각 다른 정도의 영향을 미친다면 우리는 다음과 같은 질문을 제기해볼 수 있다. 실업률이 1% 포인트 더 커진다고 할 때 물가상승률을 몇 % 포인트 더 작게 만들어야 사람들의 행복감에 아무런 변화가 일어나지 않을까? 다시 말해 물가상승률과 실업률 사이에 구체적으로 어떤 교환관계가 있는지를 알아내고 싶은 것이다.

이 문제와 관련되어 수행된 많은 연구는 한 가지 점에서 일관된 결과를 내놓고 있다. 그것은 실업률이 1% 포인트 더 커지는 것이 물가상승률이 1% 포인트 더 커지는 것보다 행복감을 더 큰 폭으로 떨어뜨리는 결과를 가져온다는 사실이다. 따라서 바로 위에서 본 질문에 대한 답은 1보다 큰 어떤 값이 될 것이 분명한데, 문제는 연구마다 그 값이 크게 다르다는 데 있다.

예를 들어 월퍼스J. Wolfers라는 경제학자가 2003년에 쓴 논문에 따르면, 실업률 1% 포인트의 증가를 상쇄하기 위해서는 물가상승률이 무려 4.7% 포인트나 떨어져야 한다. 다시 말해 실업률 1% 포인트가 행복감에 미치는 영향은 물가상승률 1% 포인트의 영향에 비해 무려 4배 이상 크다는 뜻이다.

반면에 디 텔러-매컬록R. Di Tella and R. MacCulloch의 연구 결과를 보면 실업률 1% 포인트의 증가를 상쇄하기 위해 물가상승률이 1.7% 포인트 떨어져야 하는 것으로 나타나 있다. 위에서 본 월퍼스의 연구 결과와 두 배 이상의 차이를 보이고 있는 것이다. 따라서 사람들이 느끼는 행복감과 관련한 실업률과 물가상승률 사이의 구체적인 교환관계에 대해 어떤 확정적인 답을 기대하기는 힘든 형편이다.

이 문제와 관련된 여론을 조사한 결과 한 가지 재미있는 사실이 발견되었는데, 인플레이션을 더욱 심각한 문제로 보는 데 세대차가 존재한다는 점이다. 독일 사람의 경우, 1940년 이전에 태어난 사람 중 거의 90%가 인플레이션을 억제하는 것이 경제 측면에서 가장 중요한 현안문제라는 말에 완전히 동의하고 있는 것을 볼 수 있다. 그 반면 1950년 이후에 태어난 독일 사람 중 그런 의견을 갖고 있는 사람의 비율은 고작 51%밖에 되지 않는다고 한다.

나이가 많은 사람일수록 인플레이션을 더욱 심각한 문제로 인식하리라는 것은 충분히 기대할 수 있는 일이다. 그들은 연금 같은 고정소득으로 살아가고 있으므로 물가상승으로 인한 구매력 감소에 매우 민감한 반응을 보일 수밖에 없다. 인플레이션과 실업에 대한 인식에서 세대차가 존재하는 것은 자연스러운 현상이라고 말할 수 있다.

정치적 경기변동

선거철에 부는 돈바람

예전에는 선거철만 되면 으레 막대한 돈이 풀려나와 이곳저곳에서 먹고 마시며 흥청대는 모습을 보였다. 이렇게 풀려나간 돈 때문에 국민들은 선거가 끝나자마자 물가 불안에 시달리게 된다. 당선에만 눈이 어두운 집권당 정치인들은 이에 개의치 않고 선거 때마다 돈을 더 풀라고 정부를 졸라대곤 했다. 도대체 자기가 누구를 위해 정치를 하는 것인지조차 모르는 사람들이었는데, 그런 사람을 대표로 뽑아준 우리 자신 역시 한심하기는 마찬가지였다. 이처럼 정치적 목적으로 돈을 마구 찍어내 인플레이션의 심화를 가져온 사례가 수없이 많았다.

선진국에서도 이와 비슷하게 정치가들이 선거를 의식하고 취한 행동이 경제에 상당한 영향을 준다는 연구 결과가 나와 있다. 정치에 관심이 있는 사람들에게는 국민의 투표성향이 선거일 부근의 경제상황과 밀접한 관련을 갖고 있다는 사실이 거의 상식처럼 되어 있다. 투표일 부근의 시점에서 실업률이 높을 경우 집권당에 대한 지지율이 현저히 떨어진다는 것도 잘 알려진 사실이다. 따라서 집권세력은 선거가 임박하면 실업을 줄이기 위한 확장정책을 즐겨 쓴다.

물론 선거가 끝나면 경제가 과열되는 것을 막기 위해 긴축정책으로 기조를 바꾸게 된다. 이렇게 긴축정책을 쓰는 과정에서 실업률은 다시 예전 수준으로 올라간다. 실업이 줄어든 것은 잠깐에 그치고, 실업의 고통을 맛보아야 하는 사람들이 또다시 늘어나게 된다. 선거 전에 인위적으로 경기를 부추겼기 때문에 선거 후의 수습과정이 더욱 고통스러울 수 있다. 경제를 그대로 놓아두었더라면 자발적인 조정을 거쳐 실업문제가 저절로 해결될 수 있었을 텐데, 정부가 인위적으로 경기를 부추겨 그와 같은 조정의 기회를 놓쳤을 수도 있다.

투표자들이 그런 귀결을 정확하게 예상하고 있다면 선거 직전에 확장정책을 쓰는 집권세력의 수법은 잘 먹혀들어 가지 않을 것이 뻔하다. 합리적인 투표자들을 한 번 속일 수 있을지는 몰라도 다음 선거에서도 거듭 속일 수는 없다. 문제는 현실의 투표자들이 모든 것을 꿰뚫어 볼 만큼 합리적이지 못하다는 데 있다. 집권세력이 선거 때마다 이 수법을 즐겨 쓰는 것은 그것이 분명한 효과를 거둔다는 사실을 잘 알기 때문이다. 다시 말해 투표자들이 실업률을 낮춰주는 집권당에 기꺼이 표를 던져주는 현실 때문에 이런 일이 반복되는 것이다.

실제로 이런 일이 벌어진다면 경기의 흐름이 몇 년마다 실시되는 선거와 비슷한 주기로 변화할 가능성이 있다. 이처럼 선거를 의식한 정치가의 행동에 의해 발생하는 경기의 변동을 정치적 경기변동political business cycle이라고 부른다.

정부가 경제안정을 이유로 개입하는 것을 반대하는 사람들은 이 정치적 경기변동의 발생을 그 반대 근거 중 하나로 들고 있다. 정부를 움직이는 정치인들은 공익보다 자신의 정치적 목적을 더 앞세울 가능성이 다분히 있고, 그 결과 경제는 점차 더 불안정한 상태에 빠져들게 된다는 것이 그들의 주장이다. 이를 막기 위해서는 정부가 미리 정해진 규칙에 따라서만 행동하도록 행동반경을 좁힐 필요가 있을지 모른다.

한번 말한 것은 꼭 지켜야 한다

어떤 교수가 학생들을 공부시키려는 의도에서 예정에 없던 시험을 주겠다고 발표했다. 재미없는 경제학 책과 씨름하며 주말을 보낼 학생들은 불만이 이만저만이 아니다. 그렇지만 시험을 주는 교수도 불편을 겪게 되는 것은 마찬가지다. 우선 시험문제를 내는 일도 그렇거니와 200명이나 되는 학생들의 시험지를 채점하는 것도 보통 일이 아니다. 사실 학생들이 공부를 하게 만들면 그것으로 충분하지 반드시 시험까지 쳐야 하는 것은 아니다. 그렇다면 일단 시험을 주겠다고 공표해 열심히 공부하게 만든 다음 시험 당일에 가서 취소하면 되지 않겠느냐는 생각이 문득 머리에 떠오른다.

일단 시험을 예고하고 당일에 가서 취소하는 것은 아주 그럴듯한 아이디어다. 교수 자신은 아무 비용도 들이지 않고 학생들로 하여금 공부를 열심히 하게 만드는 효과를 가져오기 때문이다. 그러나 이와 같은 일을 몇 번 반복하고 나면, 시험을 본다고 예고해도 학생들은 이번에도 당일에 가서 취소되려니 하는 기대에서 공부하려 들지 않을 것이 뻔하다.

정부도 이 교수처럼 일관되지 않은 행동을 통해 '꿩 먹고 알 먹는' 효과를 거두려다 낭패를 볼 가능성이 있다. 예를 들어 국민의 발명의욕을 북돋기 위해 발명자에게 특허권을 부여해 앞으로 20년간 독점적 사용권을 부여하겠다고 약속했다 하자. 그런데 사회후생의 측면에서 보면 발명된 것을 여러 사람이 모두 활용할 수 있게 만드는 것이 더욱 바람직하다. 독점적 사용권을 부여하겠다는 약속을 통해 발명을 촉진시킨 다음 모든 사람이 발명의 결과를 마음대로 활용하게 만드는 것이 정부로서는 일거양득이 될 수 있다. 그러나 일관되지 못한 행동을 통해 국민들의 신뢰를 잃으면,

그다음부터는 아무도 발명 같은 일에 힘을 쏟으려 하지 않을 것이다.

정부가 정책의 일관성을 유지하지 못하면 어떤 정책을 쓰더라도 기대한 성과를 거두지 못한다. 모든 정책은 국민들이 일정한 방식으로 반응할 것을 전제로 하고 있으며, 바로 이와 같은 반응 때문에 정책이 효과를 나타낼 수 있다. 정부가 일관되지 못한 행동을 통해 신뢰를 잃는 경우, 국민들은 예상한 바와 다른 반응을 보이게 된다. 이렇게 국민이 엉뚱한 방향으로 반응하게 되면 애당초 기대했던 정책의 효과가 나타날 수 없다.

경제안정정책과 관련해서도 정부가 국민들에게 얼마나 신뢰를 받고 있느냐가 정책효과를 크게 좌우할 수 있다. 예컨대 사람들이 인플레이션을 잡기 위해 노력하겠다는 정부의 약속에 신뢰를 갖고 있는 경우에는 정말로 물가가 안정되는 결과가 나타난다. 근로자들이 이 약속을 믿는다면 임금인상 요구를 자제할 것이므로 임금상승에서 오는 인플레이션의 압력이 제거될 수 있다. 또한 생산자들도 이 약속에 신뢰를 가지고 있어야만 상품의 가격을 올리려는 충동을 스스로 억누르게 된다.

반면에 정부가 신뢰를 잃고 있다면 누구나 다 제 몫 챙기기에 바쁠 것이고 물가는 계속 뛰어오르게 될 것이다. 인플레이션을 잡겠다는 정부의 약속만 믿고 3%의 임금인상안에 동의한 후 무려 10%나 뛴 물가 때문에 고생을 한 경험이 있는 근로자라면 콩으로 메주를 쑨다 해도 믿지 않으려 한다. 정부가 물가를 반드시 잡겠으니 임금인상 요구를 자제하라고 설득해도 들으려 하지 않고, 이에 따라 인플레이션을 억제하는 일은 더욱 어려워진다.

경제학에서는 정부가 일관되지 못한 행동을 통해 신뢰를 잃고 그 결과 정책의 효율성마저 희생하게 되는 것을 '비일관성time inconsistency의 문제'라고 부른다. 구태여 이론을 들먹이지 않더라도, 정부의 입장에서 볼 때 국민의 신뢰가 얼마나 중요한지를 모르는 사람은 아무도 없다. 성수대교 붕괴나 삼풍백화점 붕괴, 세월호 침몰 같은 대형사고가 날 때마다 앞으로는 안전에 최우선을 두겠다는 정부의 약속이 거듭 반복된다. 그렇게 해놓고도 얼마 지나지 않아 그런 약속을 언제 했느냐는 식의 행동을 서슴지 않는 정부라면 어떤 일에서든 원한 만큼의 성과를 거두지 못할 것이 분명하다.

1997년의 외환위기와 2008년의 금융위기

1971년에서 1996년에 이르는 기간 동안 우리나라는 연평균 성장률이 7%가 넘을 정도로 빠른 경제성장을 지속해 왔다. 1980년에 정치적 혼란, 국제 석유가격 급등 그리고 농산물 흉작 등 여러 악재가 겹쳐 −1.5%의 성장률을 기록한 것이 거의 유일한 예외였다. 그러나 외환위기로 인해 1998년에는 경제성장률이 −5.5%로 크게 떨어졌다. 이런 심각한 위기상황은 전례가 드문 것이었기 때문에 충격이 그만큼 더 컸다.

외환위기를 겪은 지 약 10년이 지난 2008년 우리 경제는 또 한 번의 위기상황을 맞게 되었다. 미국발 글로벌 금융위기의 여파로 그해 4분기 이후 성장률이 또다시 마이너스 값으로 떨어지게 되었던 것이다. 표면적으로만 볼 때 이 두 번의 위기는 비슷한 점을 많이 갖고 있었다. 성장률이 급격히 떨어지고 실업자가 대량으로 발생하는 한편, 환율은 크게 뛰어오르는 등 비슷한 증상을 보였다.

그러나 이 두 위기 사이에는 근본적인 차이점이 있었음을 관찰할 수 있다. 1997년의 외환위기는 우리나라를 비롯한 일부 아시아 국가에 국한되어 발생했다. 또한 위기가 발생한 주요 원인도 아시아 국가 내부에서 찾을 수 있었다. 그렇기 때문에 일부 아시아 국가들이 외환위기를 겪고 있는 와중에서도 다른 나라들, 특히 선진국들은 평상시와 거의 다름없는 상황에 있었다.

반면에 2008년에는 미국의 서브프라임 모기지 사태가 전 세계적 차원의 금융위기로 확산되는 과정에서 우리 경제도 위기 상황에 빠져들게 되었다. 우리 경제의 내부적 상황이 위기 발생의 직접적 원인은 아니었고, 글로벌 금융위기의 불똥이 튀어 위기를 맞게 되었다는 점에서 외환위기 때와는 다른 상황이었다. 또한 외환위기 때는 별 영향을 받지 않았던 선진국들이 상대적으로 더 심각한 위기를 겪었다는 점에서도 차이가 있다.

이와 같은 차이 때문에 위기 발생시점에서의 수출 동향도 두 경우에서 매우 다른 양상을 보였다. 우선 외환위기의 경우에는 발생 직후 수출이 큰 폭으로 늘어났다는 점에 주목할 필요가 있다. 1998년에는 성장률이 마이너스 값으로 떨어졌는데도 총수출은 12.7%나 되는 폭으로 늘어났다. 선진국 경제에는 아무 문제가 없어 우리 수출품에 대한 수요가 줄어들지 않았기 때문이다. 또한 그즈음 환율이 급격하게 오른 것도 수출이 호조를 보이는 데 도움이 되었다.

그러나 글로벌 금융위기가 발생했을 때에는 환율이 올랐음에도 불구하고 수출이 감소세를 보였다. 2009년 1분기와 2분기의 수출 증가율은 각각 −10.6%와 −3.9%의 마이너스 값을 보인 바 있다. 해외 경제가 불황에 빠져 소비지출이 줄어들게 되면 우리나라 수출품에 대한 수요도 줄어들게끔 되어 있다. 이에 따라 일차적으로 수출산업이 타격을 받게 되었고, 그 충격은 경제 전체로 파급되어 나갔다.

외환위기가 일어났을 때는 위기의 충격이 매우 컸지만 수출이 호조를 보임에 따라 비교적 빠른 속도로 회복될 수 있었다. 그러나 글로벌 금융위기의 경우에는 수출의 부진으로 인해 회복속도가 상대적으로 느릴 수밖에 없었다. 선진국들의 경기회복이 늦어질수록 우리 경제의 회복도 그만큼 늦어질 것임은 두말할 나위도 없다.

10

화폐와 은행

자꾸 바뀌는 돈의 얼굴

돈이란 것이 없어 모든 상품을 물물교환에 의해 사고팔 수밖에 없다면 그처럼 불편한 일이 없으리라. 그러나 인류의 역사에서 주화나 종이돈이 사용되기 시작한 것은 그리 오래된 일이 아니다. 주화가 사용되기 시작한 게 기껏해야 몇천 년밖에 되지 않고, 종이돈은 그보다도 훨씬 더 후에야 등장하게 되었다. 그 이전에는 쌀이나 밀, 베, 소금, 가축 등 여러 가지 물건들이 돈의 역할을 했다. 그렇다고 해서 아무것이나 돈의 역할을 했던 것은 아니다. 예컨대 쑥갓이나 배추가 돈의 역할을 한 경우는 전혀 찾아볼 수 없는 것이 그 좋은 예다.

화폐는 다음과 같은 세 가지 중요한 기능을 수행하고 있다. 첫째는 물건을 사려는 사람과 팔려는 사람 사이에서 교환을 매개해 주는 기능이다. 교환의 매개체 역할을 하는 화폐가 없을 때는 물건끼리 맞바꾸는 불편함을 감수해야 한다. 둘째로는 계산 단위로서의 기능이다. 길이를 미터 같은 단위로 재듯 모든 물건이 갖는 가치를 화폐 단위로 잴 수 있는 것이다. 셋째로 화폐는 가치를 저장해 두는 수단으로 활용될 수 있다. 장사를 하고 남은 것이 있을 때 사람들은 보통 이를 돈으로 바꾸어 저장을 하게 된다.

쌀이나 밀, 베처럼 교환의 매개체로 사용되는 물건들을 '상품화폐'commodity money라고 부른다. 이런 물건들은 불완전하나마 이 세 가지 기능을 어느 정도 수행할 수 있어 돈처럼 쓰일 수 있었다. 그런데 상품화폐에는 여러 가지로 불편한 점이 많았고, 이에 따라 금이나 은 같은 귀금속이 대신 돈의 역할을 하게 되었다. 이런 귀금속의 무게를 달아 거래에 사용하면 상품화폐보다 훨씬 더 편리하다는 것을 발견했기 때문이다. 이에서 한 걸음 더 나아가 귀금속을 일정한 무게의 주화로 만들어 쓰면 한층 더 편리하다는 것까지 알게 되었다. 영국의 파운드처럼 화폐 단위가 무게 단위에 어원을 둔 것은 바로 이와 같은 돈의 역사를 반영하고 있다.

오늘날 우리가 흔히 쓰고 있는 종이돈, 즉 지폐는 주화보다도 한층 더 편리하게 사용될 수 있다. 그런데 이것은 사실 종이 한 장보다도 작은 한 낱 종이 쪼가리에 지나지 않는다. 장신구 등 여러 가지 용도로 사용될 수 있는 귀금속과 달리, 지폐는 휴지로 쓰기조차 힘들다. 사람들이 휴지로도 쓸 수 없는 종이 쪼가리를 아무 의심도 없이 돈으로 사용하고 있는 이유는 과연 무엇일까? 그것은 바로 정부가 그 돈의 가치를 보증했기 때문이다. 정부가 그 종이에 '이것이 돈이다'라는 의미를 부여했기 때문에 사람들은 집 한 채와 그 종이 몇 다발을 맞바꾸고도 불안해하지 않는다는 말이다.

요즈음은 '플라스틱 화폐'가 등장해 점차 지폐를 대체해 가고 있는 추세다. 금융기관이 신용을 보증하기 때문에 지폐와 똑같이 쓰일 수 있는 신용카드가 바로 그것이다. 우리나라에서도 요즈음은 거의 모든 상거래가 신용카드에 의해 결제될 정도로 널리 사용되고 있다. 신용카드를 쓰면 거래 내역이 노출되어 탈세하기가 힘들어지기 때문에 현금거래를 선호하는 상인들도 있다. 그러나 정부가 신용카드 사용에 대해 세제혜택을 주면서 그 사용범위가 크게 넓어지게 되었다.

머지않은 장래에 '전자화폐'가 널리 보급되면서 지폐는 물론 플라스틱 화폐까지 도태시킬 것으로 예상되고 있다. 벌써 몇 나라에서는 전자화폐가 실험적으로 사용되고 있는데, 사람들의 반응이 꽤 좋은 것으로 알려져 있다. 특히 스마트폰 사용이 보편화되면서 이를 통한 모바일페이mobile pay의 사용이 급속하게 확대되고 있는 추세다. 어떤 나라에서는 걸인에게 자선을 베풀 때도 모바일페이가 활용되고 있을 정도라고 한다. 우리가 흔히 '돈'이라고 생각하는 것의 실체가 크게 바뀔 날이 머지않았다.

얍섬의 돈 이야기

캐나다의 태평양 연안에 사는 인디언 부족들은 최근까지 조개껍질을 돈으로 사용했다. 그런가 하면 우리가 어렸을 때 본 만화에 나오는 것처럼 돌을 깎은 것을 돈으로 사용하는 사람들도 있다. 석기시대도 아닌 현대에 사는 사람들이 돌을 깎아 돈으로 만들어 쓴다는 이야기를 선뜻 믿으려 하지 않으리라고 생각한다. 그러나 이것은 꾸며낸 이야기가 결코 아니다. 미크로네시아연방의 일원인 남태평양의 얍Yap섬에 사는 사람들이 바로 그들이다. 이들은 최근까지도 석회석을 둥그런 모양으로 깎은 것을 화폐로 사용해 왔다.

나는 미국 워싱턴의 한 민속박물관에서 이 돌돈을 직접 본 적이 있다. 그중 큰 것은 지름이 초등학생 어린이 키 정도 되었고, 작은 것은 우리나라의 맷돌 정도 크기였다. 조그만 구멍이 뚫린 둥근 모습이 영락없이 우리의 맷돌을 닮았던 것으로 기억한다. 여러 개의 돌 중 큰 돌일수록 더 큰 액면을 의미하는 것은 두말할 나위도 없다. 이 섬은 미국의 보호령이었기 때문에 일상적인 물건을 사고파는 데 달러가 통용되고 있으나, 큰돈이 오가는 재산의 거래에는 돌돈을 사용하는 경우가 더 흔하다고 한다. 몇 년 전에 어떤 미국인은 지름이 80센티미터 정도 되는 돌돈을 지불하고 자그마한 빌딩을 하나 구입했다고 한다.

우리가 가장 호기심을 갖고 있는 부분은 그 무거운 돌돈을 어떻게 주고받았을까라는 점이다. 그들은 현명하게도 아주 큰 돌돈의 경우에는 말로만 주고받는 것으로 거래를 끝낸다고 한다. 예컨대 교회 앞마당에 놓여 있는 지름 1미터의 돌을 소유하고 있는 사람이 있다고 하자. 그가 이웃으로부터 집과 카누를 산 대가로 그 돌돈을 주기로 했다면 이제부터 그 돌돈이 너의 것이라고 말함으로써 모든 거래가 끝난다. 그 말 한마디로 이제 그 돌돈은 새 주인의 소유가 된 것이다.

언젠가 그 섬을 방문한 외지인은 우리로 치면 재벌에 해당하는 큰 부자의 소문을 듣게 되었다. 실제로 그의 돈을 본 적이 있는 사람은 아무도 없다는데, 이상하게도 어느 누구도 그가 큰 부자라는 사실에 의심을 갖지 않고 있었다. 이 사실에 흥미를 느껴 그 연유를 수소문해 물은 결과 한 재미있는 이야기를 듣게 되었다. 이 이야기에 따르면 그의 먼 할아버지 때로 거슬러 올라가야 비로소 그가 부자가 된 이유를 알 수 있다는 것이다. 즉 그의 할아버지가 그 옛날에 한 일 때문에 오늘날 그가 부자로 행세할 수 있다는 설명이다.

어느 날 그의 할아버지는 동네 사람들과 함께 그 섬에서 상당히 멀리 떨어진 한 무인도로 돌돈을 만드는 여행을 떠났다. 아무 돌이나 둥글게만 깎으면 모두 돈이 되는 것이 아니고, 바로 그 섬에서 나는 석회석만 돈이 될 수 있었기 때문이다. 그의 할아버지는 엄청나게 큰 돌을 다듬어 모두가 부러워하는 커다란 돌돈으로 만들었다. 그런데 너무 큰 탓에 집으로 돌아오는 도중 카누가 뒤집어져 물속에 빠지고 말았다.

비록 그 돌돈이 물속으로 가라앉았지만 같이 간 사람들은 그것이 얼마나 컸는지 다 알고 있었다. 그리고 큰 돌은 어차피 한곳에 놓아두고 말로만 주고받는 것이기 때문에 그 돌이 바다 밑에 누워 있다 한들 아무 문제가 없다는 데 모두들 의견을 같이 했다. 이것이 바로 그가 큰 부자가 된 연유이며, 그로부터 상속을 받은 후손들도 대대로 부자가 될 수 있었다고 한다. 어느 날 그 돌을 소유하고 있는 사람이 얍섬 번화가의 빌딩 하나를 사고 바다 밑의 그 돌돈은 네 것이라고 말하면 새 주인이 그것을 차지하게 될 것이다.

비트코인

점차 활용 범위를 넓혀가는 가상화폐

2009년 사토시 나카모토Satoshi Nakamoto라는 가명을 쓰는 프로그래머 혹은 프로그래머의 집단이 '비트코인'bitcoin이라는 이름의 가상화폐를 처음 세상에 내놓았다. 그 이전에 가상화폐가 존재하지 않았던 것은 아니지만, 비트코인은 다른 가상화폐에서 찾아볼 수 없는 독특한 성격을 갖고 있다. 그 독특한 성격 때문에 많은 사람의 주목을 받게 되고, 이와 동시에 실용화의 급물살을 타게 되었다. 그 결과 등장한 지 10년이 채 되지 않았는데도 가게에서 물건을 살 때 돈이나 신용카드처럼 비트코인을 사용할 수 있는 단계에 이르게 되었다.

비트코인은 수학을 기반으로 운영되는 화폐 시스템이라는 점에서 독특한 성격을 갖는다. 비트코인을 통한 거래가 발생했을 때 그 거래 내용이 자동적으로 암호화되는데, 이를 풀어내는 과정에서 복잡한 수학적 기법이 사용된다. 이 문제를 풀려면 수많은 계산과 검토과정을 거쳐야 하는데, 이에 성공한 사람에게 상금으로 일정액의 비트코인이 지급된다. 이런 과정을 거쳐 비트코인을 얻는 것이 마치 광석을 캐내는 과정과 비슷하다 하여 이 행위를 '채굴'mining이라고 부른다.

시중에 유통되는 비트코인의 양은 이렇게 상금으로 지급된 비트코인의 총합과 같다. 매 10분마다 일정한 금액의 비트코인이 상금으로 지급되기 때문에 시중에 유통되는 비트코인의 양 그 자체가 사전에 수학적으로 설계되어 있는 셈이다. 중앙은행이 경제상황을 보아가며 화폐 발행량을 조절하는 일반적인 화폐 시스템과는 아주 다른 방식으로 운영되고 있는 것이다.

비트코인은 P2Ppeer-to-peer방식으로 운영되는 시스템이기 때문에 은행 같은 중개기관이 거래에 개입하지 않는다. 그렇기 때문에 비트코인을 사용하는 거래를 통해 비용을 절감할 수 있는 이점이 있다. 예를 들어 신용카드를 사용하는 거래의 경우에는 상인이 카드회사에게 2~3%에 이르는 서비스요금을 지불해야 한다. 그러나 비트코인을 사용한 거래에 대해 지불되는 서비스요금은 0~2%의 범위에 있어 상대적으로 저렴한 편이다.

비트코인의 경우에는 익명성이 보장되며 거래 내용을 감시하는 감독기관도 존재하지 않는 특성이 있다. 어떤 사람의 경우에는 이런 특성이 아주 큰 매력이 될 수 있다. 특히 마약, 도박, 돈 세탁 같은 불법적인 행위를 하는 사람에게는 안성맞춤 격인 수단으로 활용될 수 있다. 2016년 국내 한 인터넷몰의 개인정보가 대량으로 유출되었을 때 그 일을 저지른 해커들이 돈이 아닌 비트코인을 요구했던 것이 그 좋은 예다.

일반 사람들이 채굴 행위를 통해 비트코인을 손에 넣을 확률은 지극히 작다. 웬만한 슈퍼컴퓨터가 아니면 문제 풀이에 소요되는 엄청난 계산을 감당해낼 수 없기 때문이다. 따라서 거의 모든 사람들이 거래소에서 돈을 주고 비트코인을 사는 방식으로 그것을 손에 넣고 있다. 그런데 비트코인의 가격은 매우 큰 폭으로 널뛰기를 하는 특성을 보여 왔다. 비트코인이 처음 등장했을 때의 가격은 코인당 1달러 정도에 불과했는데 2017년 10월에는 무려 4,700달러나 되는 수준으로 치솟았다.

일본에서는 비트코인을 사용할 수 있는 가게의 숫자가 급속하게 늘어 2016년 10월에는 2,500개에 이르렀다고 한다. 일본 정부는 비트코인을 화폐로 인정해 2017년부터는 이를 구입할 때 내야 했던 8%의 세금을 내지 않아도 좋게 만들었다. 반면에 우리나라에서는 아직 비트코인을 사용하는 가게 수가 극소수에 불과한 실정이다. 네트워크의 미비로 인해 신용카드에 비해 사용이 몹시 불편하다는 문제점이 있기 때문이다. 그러나 비트코인의 활용 범위가 점차 넓어지고 있는 세계적 추세를 고려해 우리 정부도 비트코인을 공식적인 결제수단으로 인정하는 방안을 추진하고 있다.

이 세상에서 지폐와 동전이 모두 사라진다면?

기원전 7세기경 동전이 처음 통용되기 시작한 이래 지폐와 동전 같은 현금은 편리한 지불수단으로 널리 사용되어 왔다. 그러나 신용카드나 전자화폐가 널리 사용되기 시작하면서 현금의 사용이 급격히 줄어들게 되었다. 통화량 중 지폐와 주화가 차지하는 비중은 영국에서 3%, 그리고 미국에서는 10%에 불과한 수준이다.

그렇다면 지폐와 동전이 완전히 사라진 '무현금경제'cashless economy가 곧 도래할 것인가? 만약 그런 날이 오게 된다면 경제에는 어떤 변화가 오게 될까? 로고프K. Rogoff의 말에 따르면, 현금이 모두 사라지게 되면 정부의 조세수입이 늘어나고, 범죄와의 전쟁이 쉬워지며, 통화정책이 더욱 효율적이 될 수 있다고 한다. 다시 말해 무현금경제에 긍정적인 측면이 많다는 것이다.

현금을 통한 거래는 흔적이 남지 않기 때문에 지하경제에서 이와 같은 거래방식을 특히 선호한다. 로고프는 대부분의 나라에서 현금을 통한 거래의 절반 정도가 정부의 눈에 띄지 않고 은밀하게 거래하려는 동기에서 이루어진다고 말한다. 그렇기 때문에 현금이 사라지게 되면 지하경제의 규모도 자연히 줄어들 것으로 기대할 수 있다. 그리고 지하경제가 줄어들면 정부는 당연히 더 많은 세금을 거두어들일 수 있다.

범죄자들은 불법적으로 취득한 이득을 이리저리 나누는 과정에서 현금, 특히 고액권을 많이 사용한다. 유로지역에서 5백 유로짜리 지폐가 발행되어 있지만 일반 사람들은 거의 볼 기회가 없다. 시중에 유통되는 5백 유로 지폐는 범죄자들이 대부분 소유하고 있는 것으로 알려져 있다. 지폐가 모두 사라지면 범죄자들은 현금거래가 어렵다고 느끼게 될 것이고, 이에 따라 범죄가 줄어드는 효과도 기대해 볼 수 있다.

무현금경제에서 통화정책이 더욱 효율적이 될 수 있다는 주장은 극심한 경기침체의 상황에서 이자율을 0% 이하로 낮출 수 있다는 데 근거하고 있다. 글로벌 금융위기 이후 각국의 중앙은행은 명목이자율을 거의 0% 대로 낮추었다. 그런데 경기회복을 위해서는 이자율이 마이너스 값을 갖는 수준까지 떨어지는 것이 바람직할 수도 있다. 그렇게 함으로써 돈을 쌓아놓고 있는 사람들로 하여금 더 많이 소비하고 더 많이 투자하도록 유도할 수 있기 때문이다.

만약 이자율이 정말로 마이너스 값으로 떨어지면 은행에 돈을 맡겼을 때 이자가 붙는 것이 아니라 오히려 이자를 지급해야 하는 상황이 된다. 그렇게 되면 돈 많은 사람들은 예금을 고액권으로 찾아 집 금고에 넣어두려 할 것이 분명하다. 사실 이자율이 많이 떨어진 나라들에서는 이미 이와 같은 현상이 나타나고 있다. 따라서 현금이 존재하는 한 이자율을 0% 이하의 수준으로 떨어뜨리는 것은 실효성이 없게 된다. 무현금경제에서 통화정책의 효과가 더 커질 수 있다는 주장은 바로 이 사실에 근거하고 있다.

그러나 지하경제나 범죄와는 아무 관련이 없어도 어쩔 수 없이 현금을 통한 거래를 해야 하는 경우가 너무나 많다. 만약 지폐와 동전이 모두 사라진다면 이런 거래를 하는 사람의 불편은 이루 말할 수 없이 커질 것이 분명하다. 또한 현금이 사라짐에 따라 거래와 관련된 비밀유지가 어려워지는 상황을 유권자들이 용인한다는 보장도 없다. 한 가지 타협안이 될 수 있는 것은 고액권을 없애고 소액권만 유통시킴으로써 현금이 범죄의 도구로 사용되는 것을 막는 일이다.

아타왈파의 복수

피자로F. Pizarro가 이끄는 스페인 정복군은 순식간에 잉카제국을 무너뜨리고 제국의 황제 아타왈파Atahualpa를 포로로 잡았다. 아타왈파는 스페인 사람들이 금을 엄청나게 좋아한다는 사실을 발견하고 원하는 대로 금을 줄 테니 자신을 풀어달라고 간청했다.

얼마만큼의 금을 원하느냐고 묻자 피자로는 이렇게 대답했다. "지금 당신이 감금되어 있는 방을 당신의 키가 닿을 수 있는 높이만큼 가득 채울 수 있어야 하오." 그 방은 가로, 세로가 각각 5미터와 7미터 정도 되는 크기였다. 아타왈파는 발 뒷꿈치를 들고 팔을 뻗어 그 끝을 붉은 선으로 표시했다. 그리고 바로 그 높이까지 두 달 안에 금을 가득 채워놓겠다고 약속했다. 아타왈파의 명령을 받은 잉카인들은 방방곡곡에서 온갖 종류의 금붙이를 모아와 스페인 사람에게 넘겨주었다. 그러나 아타왈파는 어처구니없는 죄명으로 처형되기에 이른다.

스페인 사람들의 탐욕은 이것에 그치지 않았다. 그들은 신전에 장식된 금이든 왕궁 바닥에 깔려 있는 금이든 닥치는 대로 약탈해 갔다. 이렇게 해서 실로 엄청난 양의 금과 은이 스페인으로 흘러들어 갔다. 이와 같은 귀금속의 유입을 통해 축적된 부를 기반으로 하여 16세기의 스페인 왕국은 유럽 전체를 호령하는 위치로 올라서게 되었다.

그러나 스페인 왕국의 번영은 잠시에 그치고 말았다. 정복 전쟁을 수행하기 위해 귀금속을 대량으로 사용한 결과 전대미문의 인플레이션이 발생했고, 그 결과 경제가 극도로 혼란해졌기 때문이다. 당시에는 귀금속이 바로 화폐의 역할을 했기 때문에 귀금속 유통량의 증가는 곧바로 물가상승으로 이어지게 되었다. 신대륙에서 흘러들어온 엄청난 양의 귀금속은 축복이 아니라 재앙이었던 것으로 드러났다.

스페인에서 시작된 인플레이션은 유럽 전역으로 퍼져 나갔다. 1540년부터 1640년까지의 백 년 동안 '가격 혁명'price revolution이라고 불리는 인플레이션의 파도가 유럽 전체를 휩쓸었다. 그전 몇백 년 동안 가격이 거의 오르지 않았던 식료품의 가격이 몇 배로 뛰어오르는 이변을 연출했다.

영국의 경우 그 기간 동안 생계비가 7배나 더 높은 수준으로 뛰어오른 것을 볼 수 있다. 백 년 동안 그 정도로 뛰어올랐다는 것은 연평균 2%의 비율로 물가가 상승했다는 것을 뜻한다. 오늘날의 관점에서 보면 별게 아닌 것처럼 보일지 몰라도 당시의 기준으로 보면 엄청나게 높은 물가상승률이었다.

귀금속의 대량 유입으로 인해 스페인이 겪은 어려움은 인플레이션뿐만이 아니었다. 아랍 여러 나라들, 나이지리아, 러시아 같은 현대의 자원 부국들이 겪는 어려움, 즉 '자원의 저주'resource curse가 당시의 스페인에 그대로 나타났다. 자원의 저주란 풍부한 자원에 안주해 경제의 생산성을 높이려는 노력을 게을리하는 현상을 뜻한다.

찬란한 문명을 자랑하던 잉카제국과 마야제국은 스페인 정복군에 의해 허무하게 무너져 내렸다. 그런데 스페인 사람들이 약탈해 간 금과 은이 스페인 왕국의 몰락을 가져왔다는 것은 역사의 아이러니가 아닐 수 없다. 약속대로 엄청난 양의 금을 넘겨주고도 억울하게 처형된 아타왈파의 통쾌한 복수가 이루어진 셈인지도 모른다.

의회 베이비시팅 협동조합 이야기

우리 사회에서는 적당히 넘어가 주지만, 미국 사회에서는 부모가 아이들을 홀로 집에 남겨 두고 외출하는 것을 범죄행위로 간주한다. 그렇기 때문에 외출을 하려면 반드시 아이를 대신 돌봐줄 사람을 구해 놓고 떠나야 한다. 주로 청소년들이 용돈을 벌기 위해 베이비시팅baby sitting이라고 부르는 이 일을 해준다.

그런데 필요한 시간에 맞춰 이 일을 해줄 사람을 구하는 일이 그리 쉽지 않다. 또한 낯선 사람에게 아이를 맡기는 것이 불안한 점도 있다. 미국 의회에서 일하는 직원들은 품앗이를 통해 이 문제를 해결하기 위해 일종의 협동조합을 만들었다. '의회 베이비시팅 협동조합'Capitol Hill Baby Sitting Co-op이라는 거창한 이름을 가진 모임이 바로 그것이었다.

이 협동조합의 회원이었으며 당시 재무부 차관직을 맡고 있었던 스위니R. Sweeny와 그 부인은 이 조합이 마치 현실의 경제처럼 움직여 나간다는 사실을 발견했다. 즉 협동조합이 운영되는 방식에 따라 불황을 겪기도 하고 인플레이션을 겪기도 한다는 사실을 발견한 것이다. 통화량에 따라 경제의 상황이 달라진다는 경제이론이 이 협동조합의 예에서 현실로 드러난 셈이다.

기본적으로 그 협동조합은 다음과 같은 원칙에 의해 운영되고 있다. 한 시간 동안 남의 아이를 돌봐 주면 그 대가로 한 시간 동안 자기 아이를 남에게 맡길 수 있는 쿠폰을 얻게 된다. 바로 이 쿠폰에 의해 베이비시팅 서비스의 거래가 이루어진다. 따라서 그 협동조합 안에서 쿠폰은 마치 현금과도 같은 역할을 한다.

이와 같은 품앗이 체제가 잘 돌아가려면 베이비시팅 서비스에 대한 수요와 공급이 어느 정도 비슷해야 한다. 한쪽이 지속적으로 더 크면 쿠폰이 모자라거나 남아도는 현상이 발생하기 때문이다. 어느 한 시점에서 남의 아이를 돌봐 주겠다는 사람이 많은데 맡기려 하는 사람은 별로 없는 현상이 지속적으로 나타나기 시작했다고 하자. 다시 말해 베이비시팅 서비스의 초과공급이 발생했다는 뜻이다. 이는 마치 상품의 공급은 넘쳐나는데 수요가 부족해 팔리지 않는 것과 비슷한 현상으로, 그 협동조합이 불황을 겪고 있는 셈이었다.

이와 같은 불황의 원인은 쿠폰을 모아두려는 사람이 너무 많았기 때문이다. 현실 경제에서 저축이 너무 많으면 불황이 찾아오듯, 쿠폰을 쓰려는 사람에 비해 모아두려는 사람이 더 많으면 문제가 생긴다. 이 문제를 해결하기 위해 모든 회원이 최소한 6주일에 한 번은 외출을 해야 한다는 규정을 만들었다고 한다. 여기에는 베이비시팅 서비스에 대한 수요를 강제적으로 늘리려는 의도가 깔려 있었다.

그 협동조합의 운영을 맡고 있는 사람들 중에는 변호사가 유달리 많았는데, 그들은 이런 강제 규정으로 문제를 해결할 수 있다고 믿었다. 그러나 스위니 부부가 관찰한 바에 따르면 상황은 그리 나아지지 않았다. 결국 협동조합은 화폐 공급량, 즉 쿠폰 공급량의 증가를 통해 이 문제의 해결을 시도하기에 이른다. 말하자면 통화정책을 통해 불황에서 벗어나려는 경제학적 접근법으로 문제의 해결을 시도했던 것이다.

쿠폰 공급량의 증가는 다음과 같은 조치에 의해 실행에 옮겨졌다. 종전에는 새로 가입하는 회원에게 20시간을 맡길 수 있는 쿠폰을 주고 탈퇴할 때 바로 그만큼을 반납하도록 요구했다. 이 규정을 바꿔 새로 가입할 때 30시간 분의 쿠폰을 주고 탈퇴할 때는 20시간 분의 쿠폰을 반납하게 만들었던 것이다. 그 결과 회원이 1명 바뀔 때마다 유통되는 쿠폰의 숫자가 10씩 늘어나게끔 되었다.

스위니 부부의 관찰에 따르면, 이와 같은 조치가 도입되면서 베이비시팅 서비스의 초과공급 문제가 바로 해결되었다고 한다. 그러나 2년 후에는 그 반대 상황으로 바뀐 것을 볼 수 있었다고 한다. 즉 남의 아이를 돌봐주려는 사람에 비해 맡기려 하는 사람이 너무 많은 상황으로 반전되었다는 것이다. 회원이 자꾸 바뀌면서 너무 많은 쿠폰이 발행되는 결과가 빚어졌기 때문이다.

만약 베이비시팅 서비스를 수요하는 사람과 공급하는 사람이 그것의 가격을 자유로이 협상할 수 있다면 어떤 일이 일어날까? 규정상으로는 한 시간의 가격이 쿠폰 한 장으로 고정되어 있지만, 두 측이 몰래 협상해 다른 가격을 적용하기로 합의할 수 있다. 아이를 맡아줄 사람을 구하기 힘든 상황에서는 가격이 자연스럽게 올라가게 된다. 예를 들어 한 시간에 쿠폰 두 장을 주어야 아이를 돌봐줄 사람을 찾을 수 있게 된다는 말이다. 말하자면 너무 많은 쿠폰이 발행된 나머지 인플레이션이 발생한 셈이다.

의회 베이비시팅 협동조합에서 쿠폰은 마치 화폐와 같은 역할을 한다. 베이비시팅 서비스에 대한 수요가 너무 적어 문제가 되는 상황에서 쿠폰 공급량을 늘리자 문제가 바로 해결되었다. 이는 우리가 현실 상황에서 보는 통화정책의 효과와 똑같다고 말할 수 있다. 쿠폰 공급량이 너무 많아지면 물가상승의 압력이 생긴다는 점도 현실 경제와 그대로 닮아 있다. 스위니 부부가 관찰한 바에 따르면, 그 협동조합이 하나의 모형 경제처럼 움직여 나가고 있는 것이다.

은행의 기원

은행은 저축한 사람의 돈을 맡아 이것을 필요로 하는 사람에게 연결해주는 중개자의 역할을 한다. 실물부문이 순조롭게 기능하기 위해서는 이와 같은 은행의 금융중개 기능이 제대로 뒷받침되어야만 한다. 그렇다면 이런 은행업의 첫 장을 연 사람들은 과연 누구였을까? 역사책을 뒤져보면 금gold 세공업자들이 첫 세대의 은행가들이었음을 발견할 수 있다. 우리가 갖고 있는 전형적인 은행가의 이미지와 금을 다루는 세공업자의 이미지가 그다지 잘 부합되는 것은 아니다. 그렇지만 금 세공업자가 하는 일의 성격상 자연스럽게 은행가로 변신할 만한 조건이 갖춰져 있었던 것이다.

옛날 서양에서는 금을 갖고 있는 사람이 그것을 보관해 둘 장소가 마땅치 않으면 동네의 금 세공업자에게 이를 맡겼다고 한다. 금 세공업자는 튼튼한 금고를 갖고 있는 것이 보통이었기 때문이다. 어떤 사람이 금을 가져와 맡기면 세공업자는 보관증 같은 것을 만들어 주었다. 그런데 사람들은 이 보관증이 상거래에 아주 편리하게 이용될 수 있다는 사실을 발견했다. 즉 금을 주고받을 필요가 생겼을 때, 이를 직접 주고받는 대신 그 보관증을 주고받으면 편리하다는 것을 알게 된 것이다. 그리하여 보관증이 마치 오늘날의 돈이나 수표와도 같은 역할을 하기 시작했다.

그런데 금 세공업자의 금고 속에는 언제나 상당히 많은 양의 금이 낮잠을 자고 있었다. 금을 맡긴 사람들이 가끔씩 도로 찾아가지만, 그들이 모두 일시에 몰려와 찾아가지는 않았기 때문이다. 그는 어차피 금고 속에서 낮잠을 자고 있을 금이라면 원하는 사람들에게 빌려주는 게 낫다는 생각을 하게 되었다. 그것을 빌려 사업을 할 수 있게 된 사람에게도 좋으려니와, 자신도 약간의 수수료를 받을 수 있어 누이 좋고 매부 좋은 셈이었다. 사실 그는 금을 빌리려는 사람에게 직접 금을 넘겨줄 필요조차 없었다. 금을 보관하고 있다는 증서만 만들어 주면 실제로 금을 빌려준 것과 똑같은 효과를 낼 수 있었기 때문이다.

어떤 금 세공업자는 이렇게 얼마간의 수수료를 챙기려다가 호된 맛을 보기도 했다. 빌려준 금이 잘 회수되지 않거나 예기치 않게 반환 요구가 한꺼번에 몰려들어 파산에 이른 사람도 생겨났다. 그러나 대부분의 금 세공업자는 이 새로운 사업에서 짭짤한 이득을 챙길 수 있었으며, 본업인 금 세공을 통해 버는 수입보다 금을 빌려주고 받은 수수료 수입이 더 큰 경우도 생겼다. 나중에는 아예 금 세공이 아니라 돈을 빌려주는 것이 자신의 본업이라고 생각하는 사람까지 나타났다.

금을 빌려주고 받는 데서 나오는 수수료 수입이 많아지려면 우선 금을 많이 맡아두고 있어야 한다. 그래서 예전에는 금을 보관해 주는 대가로 요금을 받았는데, 이제는 오히려 맡기는 사람에게 약간의 사례를 해주기 시작한다. 이 단계까지 오면 금 세공업자는 오늘날의 은행가와 조금도 다를 것이 없다. 그 사례금은 현대의 은행에서 예금에 대해 지급하는 이자에 해당한다고 말할 수 있다.

그 당시 대부분의 금 세공업자들은 이렇게 쉽게 돈을 벌 기회가 있는데도 고지식하게 금만 만지작거리고 있었을지 모른다. 그러나 소수의 발 빠른 금 세공업자는 이 기회를 충분히 활용해 상당한 부를 축적할 수 있었을 것이다. 그중에는 간판만 금 세공업이라고 내걸었을 뿐 실제로는 금을 맡고 빌려주는 일에 더욱 열심인 사람이 있었을 텐데, 이들이 바로 제1세대의 은행가들이었다. 그들의 거칠고 투박한 모습과 요즈음 은행에서 일하는 사람들의 말쑥한 모습이 별로 잘 어울리는 것 같지는 않지만 말이다.

시중은행도 돈을 만들어낸다?

중앙은행, 즉 한국은행만이 돈을 만들어낼 수 있다고 생각하는 사람들이 많다. 다시 말해 얼마만큼의 화폐가 공급되는지는 오직 한국은행에 의해 결정된다고 생각하는 사람이 많다는 뜻이다. 그러나 이것은 사실이 아니다. 시중의 일반은행도 화폐를 공급할 수 있기 때문에 중앙은행이 단독으로 화폐 공급량을 결정하지는 못한다. 중앙은행이 화폐 공급량의 결정에 주도적 역할을 한다는 것은 맞는 말이지만, 혼자서 그것을 결정한다는 것은 틀린 말이다.

은행은 저축자의 예금을 받아 돈을 필요로 하는 사람에게 빌려주는 금융중개 기능을 주업무로 한다. 이 과정에서 돈을 만들어내는 기능이 나오는데, 이를 가리켜 은행의 예금창조 기능이라고 부른다. 이 기능에 대해 설명하려면 우선 부분준비제도라는 것부터 설명해야 한다. 은행은 예금자들의 인출 요구에 부응하기 위해 예금의 일정 비율을 준비금으로 마련해 놓고 있어야 한다. 그 비율은 법률에 의해 결정되는데, 이것이 바로 부분준비제도다.

예를 들어 법으로 정한 지급준비율이 20%라고 하자. 이 경우 은행은 총예금액 중 20%를 준비금으로 따로 떼어 놓고 나머지를 수익 창출을 위한 대출에 활용하게 된다. 바로 이 과정에서 예금창조 기능이 나오는 것이다. 김씨라는 사업가가 미국에 인형을 수출하고 그 대금으로 10만 달러를 받았다고 하자. 한국은행이 이를 사들이고 그에게 1억원을 지급했다(당시의 환율은 1,000 : 1이라고 가정한다). 그는 이 돈을 주거래은행인 새로나뱅크에 예금했는데, 그 예금을 받은 은행이 이를 어떻게 활용하는지 살펴보자.

새로나뱅크는 그 예금의 20%에 해당하는 2천만원을 준비금으로 떼어놓고, 나머지 8천만원을 중소기업을 운영하는 최씨에게 대출해 줬다(은행은 대출을 통해 돈을 벌기 때문에 가능한 한 많은 대출을 해주려고 한다). 대출을 받은 최씨는 그 돈을 자신의 주거래은행인 최고은행에 예금했다. 최고은행은 그것의 20%인 1천 6백만원을 준비금으로 떼어놓고, 나머지 6천 4백만원을 음식점 주인 정씨에게 대출해 줬다. 그 돈을 받은 정씨는 자신의 주거래은행인 신라은행에 예금하고, 신라은행은 앞에서 본 것과 비슷한 일을 다시 되풀이한다.

이와 같은 과정이 무한히 반복된다면 각 은행에서 일어난 예금액 증가분의 합계(A)는 다음과 같은 값이 된다.

$$
\begin{aligned}
A &= 1억원 + 8,000만원 + 6,400만원 + \cdots\cdots \\
&= 1억원 \times (1 + 0.8 + 0.8^2 + \cdots\cdots) \\
&= 1억원 \times \frac{1}{1-0.8}
\end{aligned}
$$

두 번째 줄에서 세 번째 줄로 옮겨갈 때 무한급수의 합을 구하는 공식을 사용했음을 알아차릴 수 있을 것이다. 간단한 계산을 통해 A가 5억원이라는 답을 얻을 수 있다.

그렇다면 이 5억원이라는 숫자는 무엇을 의미하는 것일까? 이에 대한 답을 얻기 위해서는 우리가 화폐라고 부르는 것에는 현금뿐 아니라 예금도 포함된다는 사실을 알아야 한다. 예컨대 내 주머니에 있는 현금 20만원과 은행에 넣어둔 예금 20만원은 아무 차이가 없다. 그렇기 때문에 예금도 화폐의 일종이라고 말할 수 있는 것이다. 지금 보는 예에서 예금액의 증가분이 5억원이라는 것은 시중에서 유통되는 돈의 양이 그만큼 더 커졌다는 것을 뜻한다.

애당초 한국은행은 김씨의 달러를 우리 돈으로 바꿔주는 과정에서 1억원의 돈을 찍어냈다. 그런데 그 돈이 이 은행, 저 은행에 예금되고 대출되는 과정을 거쳐 총 5억원의 예금액 증가를 가져왔는데, 이는 화폐 공급량이 5억원만큼 증가했다는 뜻이다. 말하자면 시중은행이 4억원만큼의 돈을 더 만들어냈다는 말이다. 이렇게 원래의 1억원이 5억원으로 뻥튀기된 셈이라 해서, 이 5라는 숫자를 **통화승수**money multiplier라고 부른다. 한국은행에서 찍어낸 돈은 이 통화승수에 의해 몇 배나 더 큰 통화량의 증가로 이어진다. 시중은행의 예금창조 기능으로 인해 이와 같은 뻥튀기가 일어났다는 것은 두말할 나위도 없다.

중앙은행의 역사

중앙은행이라고 하면 우리나라의 한국은행, 미국의 연방준비은행Federal Reserve Bank, 그리고 EU의 유럽중앙은행European Central Bank 등이 우선 머리에 떠오른다. 중앙은행은 경기침체나 금융위기의 상황에서 자금난에 허덕이는 은행을 안정시키기 위해 통화 공급량을 늘리거나 이자율을 낮추어 주는 정책을 채택한다. 반대로 경기 과열의 상황에서는 물가 안정을 위해 통화 공급량을 줄이고 이자율을 높이는 정책을 채택한다. 그러나 중앙은행의 역사를 보면 이런 통화정책이 중앙은행의 주요 업무가 된 것은 생각보다 오래전의 일이 아니다.

세계 최초의 중앙은행은 영국의 잉글랜드은행Bank of England이라고 알려져 있다. 잉글랜드은행은 1694년에 처음 설립되었는데 당시에는 보통의 상업은행 중 하나일 뿐이었다. 영국 왕실은 잉글랜드은행을 통해 해군을 재건하는 데 필요한 자금을 조달했고, 이에 따라 잉글랜드은행은 왕실의 은행이 되었다. 그때는 왕실이 바로 정부를 뜻했으므로 정부의 은행이 되었던 셈이다.

그 이후 잉글랜드은행은 왕실의 은행으로서 점차 신뢰를 쌓아가게 되었다. 이에 따라 다른 은행들이 여유자금을 잉글랜드은행에 맡기기 시작하면서 은행의 은행이란 기능을 수행하게 되었다. 현대에는 오직 중앙은행만이 화폐를 발행할 수 있는 데 비해, 그 당시에는 어느 은행이나 마음대로 화폐를 발행할 수 있었다. 잉글랜드은행은 1844년 독점적인 화폐의 발행권을 얻게 되고, 국유화의 과정을 거쳐 오늘날의 중앙은행으로 변신하게 되었다.

미국에서도 19세기에 중앙은행을 설립하자는 말이 나오기는 했으나 그 시도는 실패로 돌아갔다. 현재 미국의 중앙은행 역할을 하고 있는 연방준비제도가 설립된 것은 1913년에 이르러서였다. 미국의 경우에도 현대적인 의미에서의 통화정책을 수행하기 위해 연방준비제도가 만들어진 것은 아니었다. 빈번하게 발생하는 은행의 파산사태로 인해 금융 불안이 커지자 이에 대처하기 위해 은행의 은행을 만들 필요에서 설립되었던 것이다.

우리나라의 한국은행은 1950년 6월 12일에 처음 그 문을 열었다. 한국은행은 영국처럼 경제적 필요에 의해 장기적으로 진화해 온 것이 아니라, 독립 후 국가제도의 정비 차원에서 정부 주도로 설립되었다는 특징을 갖는다. 현재 한국은행은 통화정책의 수립과 집행 이외에도 화폐의 발행과 유통, 최종대부자 기능을 비롯한 금융 안정 기능을 수행하고 있다. 또한 지급결제제도의 운영과 관리, 은행의 은행, 정부의 은행, 외국환의 관리, 경제조사와 통계작성 등의 다양한 역할을 맡고 있다.

전자화폐가 중앙은행을 몰아내게 될까?

덴마크 중앙은행은 2017년 1월 1일부로 지폐와 동전 생산을 전격 중단한다고 발표했다. 필요한 만큼의 화폐를 다른 나라에 위탁 생산해 들여오는 한편, 장기적으로는 전자화폐인 e-크로네e-krone의 전면적 도입을 추진하려는 의도에서 그런 결정을 내렸다는 것이다. 모바일결제의 비중이 급격히 늘어난 결과 거래에서 화폐를 사용하는 경우가 크게 줄어든 데 따른 결정이라고 한다.

덴마크 중앙은행에 따르면 국내 전체 거래에서 현금거래가 차지하는 비중은 고작 20% 내외에 불과하다고 한다. 반면에 덴마크 최대의 상업은행인 단스케뱅크Danske Bank의 모바일결제 시스템인 '모바일페이' 이용자는 2015년 현재 전체 인구의 절반을 훨씬 넘는 수준이라고 한다. 단스케뱅크는 '덴마크 노숙자연합'과 파트너십을 맺고 이들이 모바일페이로 기부를 받을 수 있도록 지원하기로 약속했다고 한다.

전자화폐가 보편화되어 감에 따라 이제 '화폐 없는 사회'cashless society의 도래가 눈앞의 일로 다가왔다. 몇몇 경제학자들은 전자화폐의 보편화와 더불어 중앙은행의 본원통화가 점차 사라져갈 것이라고 예측한다. 본원통화는 민간이 보유하는 현금과 은행의 지급준비금을 합친 것을 가리키는 말이다. 다시 말해 중앙은행의 창구를 통해 풀려나가는 일차적인 화폐공급을 뜻하는 것이다. 전자화폐가 점차 널리 유통되면서 이 둘이 모두 사라지게 된다는 것이 그들의 지적이다.

전자화폐를 사용하게 됨에 따라 사람들이 현금을 보유하지 않으려는 경향이 나타나리라는 것은 충분히 예측할 수 있는 일이다. 그런데 은행의 지급준비금도 사라질 것이라는 예측은 과연 어디에 그 근거를 두고 있는 것일까? 전자화폐의 경우에는 은행에 예금하지 않고 컴퓨터 관련 회사 같은 곳에 맡겨 놓을 것이고, 따라서 은행이 자취를 감추게 된다는 것이 그 예측의 근거다. 은행이 사라지면 당연히 은행의 지급준비금도 없어질 것이다.

그러나 이에 대한 반론도 만만치 않다. 반론을 펴는 사람들은 전자화폐가 널리 유통된다 하더라도 전통적인 화폐를 완전히 대체할 수는 없다는 점을 지적한다. 그들에 따르면 전통적인 화폐는 전자화폐가 갖지 못한 두 가지 중요한 장점을 갖는데, 그것은 단순성과 익명성이라고 한다. 특히 중요한 것은 익명성인데, 전자화폐는 그 본질상 익명성의 보장이 힘들다는 단점을 갖고 있다는 주장이다. 그러나 최근 등장한 비트코인bitcoin 같은 가상화폐는 블록체인blockchain 기술을 통해 익명성을 보장하고 있어 이와 같은 반론은 설득력을 잃어가고 있다.

만일 전통적인 화폐가 계속 남아 있다면 은행이 사라지는 일은 일어나지 않을 것이며, 본원통화가 사라지는 일도 일어나지 않을 것이다. 그렇기 때문에 본원통화를 관리하는 중앙은행의 역할도 그대로 남게 된다고 말할 수 있다. 설사 전통적인 화폐와 은행이 모두 사라지는 극단적인 경우에도, 중앙은행은 단기 이자율에 영향을 미칠 수 있는 능력을 계속 유지할 수 있다. 예를 들어 이자율을 높이고 싶으면 현행 이자율보다 더 높은 이자율에 전자화폐를 빌리겠다고 제의하면 되는 것이다.

어찌 되었든 전자화폐의 보편화와 더불어 중앙은행의 위상에 큰 변화가 오리라는 것은 부정하기 힘들다. 기술적인 측면에서만 본다면 중앙은행이 없어져도 무방한 상황이 될 수도 있다. 이 경우 중앙은행은 자신의 존재 가치를 입증해야 정부로부터 존속해도 좋다는 허가를 받게 된다. 전자화폐의 등장이 중앙은행을 매우 어려운 처지로 몰아넣게 될 것임이 분명하다.

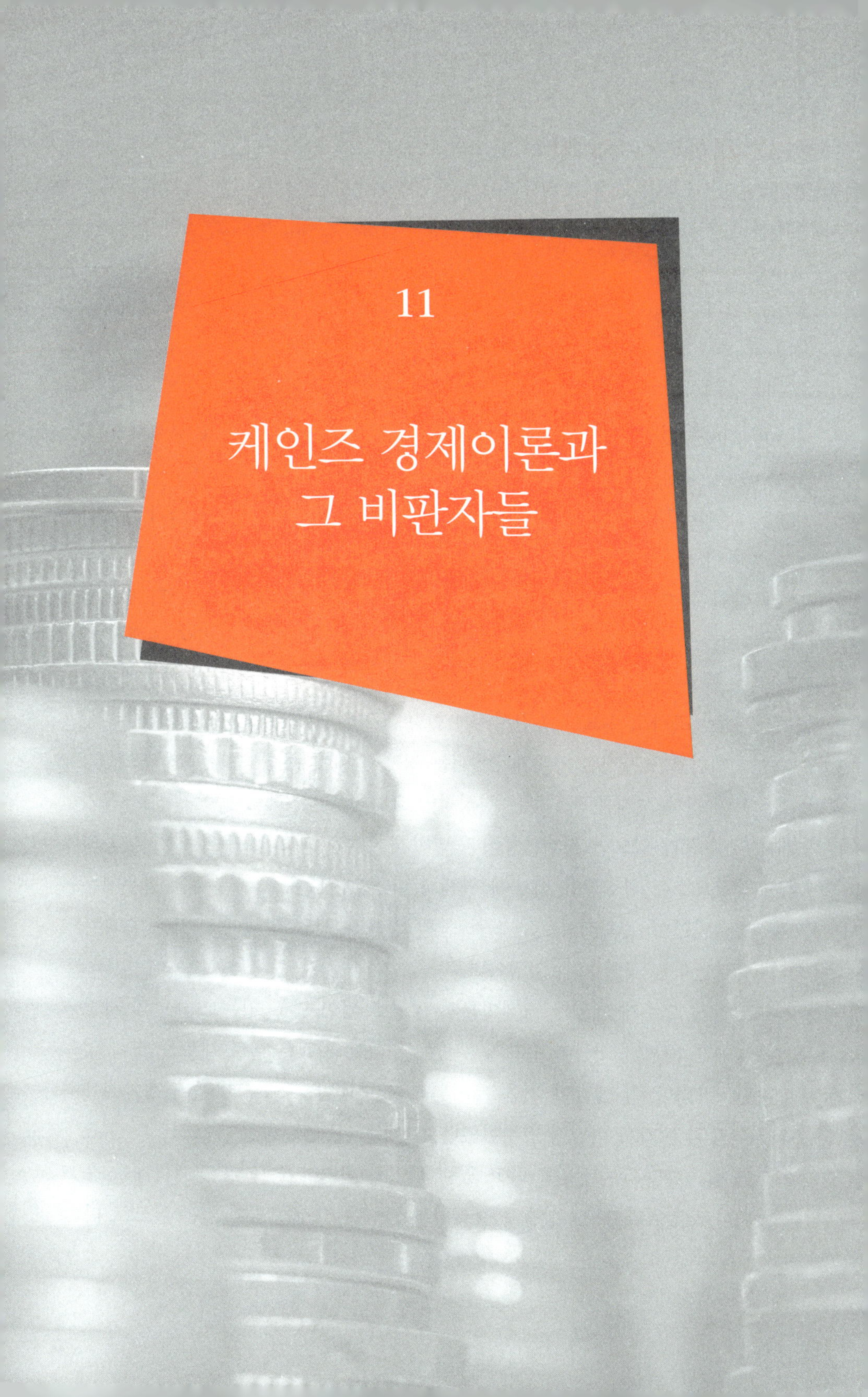

11

케인즈 경제이론과 그 비판자들

케인즈 혁명

바로 얼마 전까지만 해도 유례없는 호황을 구가하던 세계 경제가 1929년 갑자기 엄청난 불황의 수렁에 빠져들기 시작했다. 대공황Great Depression이라고 불리는 이 전대미문의 경제위기는 20세기 최고의 스타 경제학자 한 명을 탄생시켰다. 영국의 경제학자 케인즈J. M. Keynes가 바로 그 사람인데, 대공황이 일어난 원인에 대한 그의 분석은 당시의 경제학계에 커다란 충격을 가져다주었다. 그는 대공황이 다름 아닌 수요의 부족에서 생긴 현상이었다고 분석하고, 이에서 벗어나기 위해서는 정부가 적자재정을 감수하고라도 수요를 촉진시켜야 한다고 역설했다.

케인즈가 제시한 이론체계에서는 경제 전체에 존재하는 수요의 크고 작음이 경제 상태를 좌우하는 결정적인 요인이 된다. 예를 들어 충분한 크기의 수요가 있으면 경제활동이 활발하게 이루어지고, 노동이나 자본 등의 생산요소는 완전고용 상태에 있게 된다. 반면에 수요가 부족할 경우에는 경제활동이 위축되고 생산요소 중의 일부가 실업 상태에 빠지는 결과가 나타난다는 것이 그의 설명이다.

알게 모르게 케인즈 경제이론의 영향을 많이 받고 있는 오늘날의 사람들에게 문제의 핵심이 수요의 부족에 있다는 지적은 별로 새로울 것이 없다. 그러나 이 생각이 처음 제시된 1930년대만 해도 그것이 경제학계에 준 충격은 가히 혁명적인 것이었다. 그때는 아직도 "공급이 스스로의 수요를 창조한다."는 내용을 담고 있는 **세이의 법칙**Say's law이 경제학계를 풍미하고 있었다. 어떤 상품을 공급하는 사람은 그것을 팔아 얻은 돈으로 다른 상품을 사게 된다. 그러므로 공급한 금액만큼의 수요가 반드시 생기게 되어 있다는 것이 세이의 법칙이다. 이 법칙이 성립하면 경제 전반에 걸쳐 수요가 부족한 현상은 일어나지 않는다. 바로 이런 현실 인식이 당시의 경제학계를 주름잡고 있었던 것이다.

그러나 세이의 법칙으로는 물건을 못 팔아 기업들이 차례로 문을 닫는 당시의 상황을 설명할 수 없었다. 문제의 핵심이 수요 부족에 있다는 케인즈의 진단은 세이의 법칙에 실망한 당시 사람들의 마음을 사로잡게 되었다. 수요를 늘리면 대공황의 어둠에서 벗어날 수 있다는 그의 처방에 희망을 거는 사람이 날로 늘어났다.

케인즈는 수요를 늘릴 수 있는 방안의 하나로 정부가 의도적으로 적자재정을 운영하는 것을 제시했는데, 이로 말미암아 정부재정에 대한 사람들의 생각도 급격히 변화하게 되었다. 당시만 해도 건전한 정부라면 수입의 범위 내에서만 지출을 해야 한다는 생각이 지배적이었다. 그러나 케인즈의 영향으로 인해 상황에 따라서는 정부가 일부러 적자재정을 운영해야 할 필요가 있다는 새로운 인식이 싹트게 되었다.

케인즈 혁명의 불길은 영국의 케임브리지 대학교에서 처음 솟아올랐다. 그러나 이 횃불을 이어받아 진정한 혁명으로 성공시킨 것은 미국 경제학자들이었다. 제2차 세계대전이 끝난 직후 한센A. Hansen, 새무엘슨P. Samuelson, 클라인L. Klein 같은 미국의 쟁쟁한 소장 경제학자들을 중심으로 케인즈학파가 형성되기에 이르렀다. 이들의 열정적인 연구에 힘입어 현대 경제학의 한 중심축을 이루는 케인즈 경제이론의 기틀이 잡히게 되었다. 이들은 경제학계뿐 아니라 정치가, 관료들에게도 케인즈의 복음을 전파해 정책형성 과정에 커다란 영향을 주었다.

케인즈 경제이론의 영향력이 절정에 이른 것은 1960년대였다. 당시 미국을 비롯한 세계 경제는 유례없는 호황을 누리고 있어 낙관적인 분위기가 넘쳐흐르고 있었다. 어떤 케인즈학파 경제학자는 이제 불황을 걱정할 필요가 없어졌다고까지 호언장담할 정도였다. 케인즈 경제이론의 처방을 충실히 따르기만 하면 경제를 얼마든지 마음먹은 방향으로 이끌어갈 수 있다는 자신감이 있었기 때문이다. 지금 생각하면 어처구니없을 정도로 낙관적인 견해였지만, 하여튼 그것이 당시 경제학계의 지배적인 분위기였다. 케인즈 경제학에 그다지 호의적이지 않은 한 인사조차 "이제 우리는 모두 케인즈주의자가 되었다."We are all Keynesians now.고 토로했다는 일화는 케인즈 경제이론의 영향력이 얼마나 컸는지 잘 말해주고 있다.

오늘날 경제학의 주류를 형성하고 있는 것은 '신고전파 종합'neoclassical synthesis이라고 불리는 이론체계다. 신고전파의 가격이론에 케인즈의 국민소득이론을 접목시킨 이론체계라는 뜻에서 그와 같은 이름을 붙였다. 이를 보면 케인즈의 이론이 현대 경제학을 떠받치는 두 개의 기둥 중 하나에 해당한다는 사실을 알 수 있다. 우리의 인생에는 여러 가지 역설적인 일이 많이 일어난다. 대공황의 암울한 환경이 케인즈라는 불멸의 스타 경제학자가 탄생하는 계기가 되었다는 것도 그 좋은 예라고 할 수 있다.

임금에 신축성이 없으면?

우리가 알고 있는 경제이론에 따르면, 어떤 상품에 대한 수요량보다 공급량이 더 많을 때 그 상품의 가격은 떨어지게 된다. 경제이론을 잘 모르는 사람이라도 공급의 과잉 혹은 수요의 부족 때문에 팔려나가지 못한 물건들이 쌓이게 될 때 가격이 떨어진다는 것쯤은 알고 있다. 산더미처럼 쌓인 재고를 안고 있는 공급자는 어떻게 해서라도 이를 처분하고 싶어 할 것이고, 결국 가격을 대폭 내려 정리해 버리기로 결심할 수밖에 없다. 가격이 떨어지면 소비자들은 수요량을 늘리고 생산자들은 공급량을 줄이게 될 것이므로 공급과잉 상태는 저절로 해소되는 결과가 나타난다. 현실의 시장에서는 이러한 가격의 신축적인 움직임을 통해 수급 불균형이 해소되고 있다.

한 경제에 대량실업이 발생했다는 것은 노동에 대한 수요량보다 공급량이 더 많아 노동의 공급과잉 혹은 수요부족 상태가 조성되었음을 뜻한다. 그렇다면 노동의 가격, 즉 임금이 떨어져 이 공급과잉의 상태를 해소시키는 것을 기대할 수 있을 것이다. 그러나 실제로는 대규모의 실업이 존재하고 있는데도 임금이 쉽게 떨어지지 않고 그 결과 고용이 좀체 늘지 않는 현상을 관찰하게 될 때가 많다. 노동에 대한 수요가 클 때 임금이 올라가기는 쉬워도, 반대로 수요가 작을 때 내려가기는 어려운 것처럼 보이는 게 사실이다.

케인즈J. M. Keynes는 이와 같은 현상을 두고 임금이 '하방경직성'downward rigidity을 갖고 있기 때문이라고 설명한다. 임금이 떨어지기 힘든 이유에는 여러 가지가 있을 수 있다. 그중에서 우선 생각할 수 있는 것은, 기업주들이 장기고용계약에 묶여 있어 노동에 대한 수요가 줄어드는 상황에서도 임금을 낮추어 지급할 수 없는 경우다. 또한 노동조합이 임금하락에 강하게 저항하기 때문에 임금을 낮추기가 힘든 점도 있을 것이다. 하여튼 임금이 잘 떨어지지 않는다면 수요부족 현상이 나타날 때 대규모 실업이 발생할 수밖에 없다. 케인즈의 이론은 이와 같은 임금의 하방경직성을 통해 사람들이 원하지도 않는데 실업상태에 빠지게 되는 현상을 설명하고 있다.

이에 비해 고전파 경제학자들은 임금이 완전한 신축성을 갖는 것으로 보고 있다. 세이의 법칙을 신봉하는 당대의 경제학자들을 고전파 경제학자라고 부른다. 따라서 고전파의 이론에 따르면 대규모의 비자발적 실업은 일어나지 않는다. 수요가 부족한 상황에서는 임금이 충분하게 떨어져 대량실업이 발생하는 것을 막아주기 때문이다. 결국 고전파 경제이론과 케인즈 이론 사이의 결정적인 차이는 임금이 신축성을 갖는 것으로 보느냐 그렇지 않으냐에 있다. 다시 말해 시장이 수급 상황의 변동에 적절히 반응할 수 있는 능력을 가졌다고 믿는지 여부에 따라 두 이론체계가 갈리는 것이다.

요즈음에는 이와 같은 고전파 경제이론의 기본정신을 이어받았다고 평가받고 있는 '새 고전파경제학'new classical economics이 등장해 주목의 대상이 되고 있다. 이 학파의 가장 중요한 특징은 시장이 수급 불균형을 스스로 해결해 나가는 능력을 갖고 있다는 믿음이다. 물론 케인즈학파에 속해 있는 사람들이라 해서 시장이 이런 능력을 갖고 있음을 부정하는 것은 아니다. 다만 이 기능이 언제나 신속하고 완벽하게 발휘되지는 못하기 때문에 종종 대규모의 비자발적 실업이 발생하게 된다고 보는 점에서만 차이를 갖고 있다. 다시 말해 시장의 조절능력에 관한 케인즈학파 경제학자와 새 고전파경제학자 사이의 견해차는 그것을 얼마나 신뢰하느냐는 정도에서의 차이라고 말할 수 있다.

저축의 역설

저축은 악덕이다?

동서고금을 막론하고 절약과 저축은 경제생활에서 으뜸가는 미덕의 하나로 여겨져 왔다. 사려 깊은 사람이라면 의당 미래를 위해 저축할 줄 알아야 한다는 말을 수없이 들으면서 성장한 우리다. 그런데 경제학 교과서에 난데없이 소비가 미덕이고, 저축은 악덕이라는 말이 등장하는 것은 무슨 이유일까? 우리를 더욱 혼란스럽게 만드는 것은, 그런 중에도 저축을 많이 하라고 권하는 공익광고가 이곳저곳에 내걸려 있다는 사실이다. 저축이 악덕이라는데 왜 구태여 그것을 국민에게 권하는지 알 수 없다고 느끼는 것도 무리가 아니다.

우선 저축이 악덕이라는 말의 의미에 대해 설명해 보기로 하자. 케인즈 경제이론에서는 수요의 크기가 경제의 상황을 좌우하는 중요한 요인이다. 케인즈 경제이론의 핵심은 불황과 실업이 결국 그 경제 안의 수요가 충분하지 못하기 때문에 발생하는 문제라는 인식이다. 케인즈는 이와 같은 수요부족 현상이 심해지면 대공황 같은 엄청난 혼란까지 나타날 수 있다고 보았다.

한 경제 안의 전체 수요, 즉 총수요는 크게 보아 소비, 투자, 정부지출의 세 부분으로 구성되어 있다. 다시 말해 소비자의 소비지출, 기업의 투자지출, 그리고 정부부문의 지출이 총수요의 주요한 요소들인데, 그중에서 가장 큰 비중을 차지하는 것은 소비지출이다. 대부분의 나라에서 소비지출은 그 나라 총수요의 $\frac{2}{3}$ 정도나 되는 비중을 차지하고 있다. 만약 사람들이 저축을 늘린다면 소비가 줄어들 것은 뻔한 일이며, 총수요도 따라서 줄어들게 된다. 총수요가 줄어들면 기업들은 생산을 줄이기 시작하고 이에 따라 고용수준도 점차 떨어진다. 이렇게 저축을 늘리려는 시도가 경제에 나쁜 영향을 가져다준다는 뜻에서 '저축은 악덕'이라고 말하는 것이다.

애당초 사람들이 저축을 늘리려는 의도가 어디에 있었는지 몰라도, 궁극적으로는 저축을 늘릴 수도 없게 된다. 생산이 줄어들고 고용수준이 떨어져 경제가 불안해지면 사람들은 앞날을 걱정해 소비를 한층 더 줄이는 반응을 보인다. 그렇게 되면 경제가 더욱 위축되는 결과가 빚어지고, 이에 따라 국민의 소득도 줄어들게 된다. 이제는 소득이 줄어들어 저축을 더 많이 하려야 할 수 없는 처지에 빠지는 것이다. 이처럼 사람들이 저축을 늘리려 할 때 오히려 저축이 줄어드는 결과가 나타날 수 있는 것을 가리켜 **저축의 역설**paradox of thrift이라고 부른다.

일본 경제는 저축이 악덕이라는 것을 가장 극적으로 보여준 사례라고 말할 수 있다. 1980년대 후반에 들어오면서 그동안 순항을 계속하던 일본 경제는 거품이 터짐과 동시에 불황기로 빠져들기 시작했다. 불황에서 벗어나기 위해서는 사람들이 소비지출을 과감하게 늘렸어야 하는데, 워낙 조심성이 많은 일본 사람들은 그 반대로 저축을 늘리는 반응을 보였다. 이에 따라 경제는 한층 더 불안해지고, 불안감에 사로잡힌 사람들은 저축을 한층 더 늘리는 악순환이 계속되었다. 정부는 갖가지 정책을 동원해 국민의 소비지출을 촉진하려 했으나 아무 성과도 없었다. 그 결과 일본 경제는 20년 이상 계속된 장기불황에 허덕여야 했다.

그러나 저축이 악덕이 되는 것은 단기적으로 수요가 부족해 경제에 문제가 생긴 경우에 한정된다는 사실에 주의해야 한다. 만약 우리가 장기적인 시각에서 경제를 보게 되면 저축은 전혀 다른 모습으로 우리 눈에 들어오게 된다. 충분한 저축이 이루어지지 않으면 자본이 순조롭게 축적될 수 없고, 그렇게 되면 경제성장이 제대로 이루어질 수 없다. 해외에서 돈을 꾸어 투자할 수 있지만 끝없이 빌려오기만 할 수도 없는 일이다. 그러므로 장기적 관점에서 보면 저축은 경제성장의 원동력이 되어 미덕이라고 말할 수 있다.

요즈음은 상황이 많이 달라졌지만, 한때 미국 경제가 활력을 잃고 허우적거렸을 때가 있었다. 그렇게 된 주요한 원인은 미국 사람들이 저축을 게을리한 데 있었다. 기업들이 광고공세를 통해 소비 욕구를 자극한 데다 신용카드가 보편화되는 추세까지 겹쳐 미국 국민 사이에는 빚을 내서라도 쓰고 보자는 풍조가 만연했다. 그 결과 국민저축률은 유례없이 낮은 수준으로 곤두박질치게 되었고, 이에 따라 투자도 자연히 위축될 수밖에 없었다. 이렇게 투자가 부진해지면서 미국 기업들은 국제경쟁력을 서서히 잃어가게 되었다.

미국 경제가 아직도 안고 있는 또 하나의 심각한 문제, 즉 만성적인 국제수지 적자의 문제도 저축이 부족한 데서 나오고 있다. 국내의 저축이 너무나도 적기 때문에 미국 기업들이 투자를 하려면 해외에서 돈을 꾸어다 쓸 수밖에 없다. 해외에서 돈을 꾸어다 쓴다는 것은 결국 국제수지에 적자를 기록하게 된다는 것을 뜻한다. 이와 같이 저축은 상황에 따라 악덕도 될 수 있고 미덕도 될 수 있다. 어떤 때는 이것이 너무 많아서 탈, 그리고 다른 때는 이것이 너무 적어서 탈인 것이다.

승수효과

한 바가지 물의 힘

얼마 전만 해도 동네 한복판에 있는 펌프 주위에 마을사람들이 모여 있는 모습을 흔히 볼 수 있었다. 마른 펌프에 물을 한 바가지 붓고 손잡이를 부지런히 움직이면 이내 시원한 물이 쏟아져 나왔다. 케인즈는 불황에 허덕이는 경제를 마른 펌프에 비유하고, 정부가 지출을 늘려 말라버린 펌프에서 물이 다시 나오게 만들어야 한다고 역설했다. 펌프에 부어 넣은 한 바가지의 물이 몇 통의 물로 늘어나듯이, 정부지출도 이렇게 몇 배나 큰 소득의 증가로 이어지는 것을 **승수효과**multiplier effect라고 부른다.

예를 들어 정부가 지출을 100억원만큼 증가시켰다고 하자. 이것은 정부가 민간부문의 기업으로부터 100억원어치의 상품을 추가로 구입하게 됨을 뜻한다. 따라서 기업의 판매수입이 그만큼 늘어날 것인데, 이것은 임금, 이자, 임대료, 이윤 등으로 지불되므로 결국 국민의 소득이 100억원만큼 증가하게 된다.

이렇게 국민의 소득이 더 커지면 이에 따라 그들의 소비지출도 늘어난다. 사람들이 자신의 소득 중에서 80%를 소비하는 성향을 갖고 있다고 가정하기로 하자. 그렇다면 이 100억원의 소득 증가분 중 80억원이 추가적인 소비로 지출될 것이다. 이 추가적인 소비지출로 인해 기업의 수입이 그만큼 늘어나고, 결국 국민의 소득이 다시 80억원만큼 증가하게 된다.

사람들은 소득의 80%를 소비지출에 충당하기 때문에 이 80억원의 소득 증가는 다시 64억원의 소비 증가로 이어진다. 이에 따라 소득은 또다시 이 크기로 증가한다. 이처럼 소득의 증가가 소비의 증가를 불러오고,

이 소비의 증가가 다시 소득의 증가로 이어지는 과정은 끝없이 계속될 수 있다. 소득의 증가폭이 점차 작아져 결국 더 이상의 소득 증가가 일어나지 않을 때까지 발생한 소득의 총합은 얼마가 될 것인가? 소득의 증가폭이 ΔY라고 할 때, 우리는 그것을 다음과 같은 간단한 식을 통해 계산해 낼 수 있다.

$$\begin{aligned}\Delta Y &= 100+80+64+\cdots\cdots \\ &= 100\times(1+0.8+0.8^2+\cdots\cdots) \\ &= 100\times\frac{1}{1-0.8} \\ &= 500\end{aligned}$$

이를 보면 100억원의 정부지출 증가가 그 다섯 배인 500억원의 소득 증가로 이어진다는 것을 알 수 있다. 이 다섯 배란 숫자를 승수multiplier라고 부르는데, 정부지출을 1원 늘릴 때 국민소득이 얼마나 큰 폭으로 늘어나는지를 나타내고 있다. 정부지출의 증가가 마른 펌프에 부은 한 바가지의 물과 같은 역할을 한다는 비유의 의미가 바로 여기에 있다.

불황의 늪에 빠져 있는 경제에서는 사람들이 소비를 늘리고 기업이 투자를 늘려야 원래의 상태로 회복될 수 있다. 그러나 불황이 심해 미래의 전망이 불투명한 상황에서는 아무도 감히 그렇게 하려 들지 않는다. 이때 정부가 앞장서 지출을 증가시킴으로써 실마리를 풀어주는 역할을 해야 한다는 것이 케인즈의 주장이다. 그는 정부가 이 역할을 수행하기 위해 때로는 적자재정까지도 감수해야 할 필요가 있다고 역설했다. 그전까지만 해도 적자재정은 방만한 정부운영의 상징이었다. 그러나 이제는 적자재정이 경제를 회생시키는 데 유용한 역할을 할 수도 있다는 것으로 인식이 바뀌게 된 것이다.

구축효과

정부지출이 민간부문의 투자를 몰아낸다

언젠가 인터뷰를 하다가 어떤 기자로부터 "선생님은 케인즈학파인가요 아니면 시카고학파인가요?"라는 질문을 받은 적이 있다. 나는 이 질문에 실소를 금할 수 없었는데, 내가 전공한 경제학 분야(재정학)에서는 그것이 아무 의미도 없는 구분이었기 때문이다.

거시경제학 분야의 경제학자라면 그가 케인즈학파 경제학자인지 아니면 시카고학파 경제학자인지 구분해 보는 것에 어느 정도 의미가 있다. 이 두 진영은 거시경제학 부문의 양대 학맥을 구축하면서 여러 측면에서 대조적인 태도를 보이고 있다. 1970년대 초반 이 두 진영은 재정적자의 경제적 효과에 관해 치열한 논쟁을 벌여 경제학계를 후끈 달아오르게 만들었다. 구체적으로 말해 재정적자가 경제를 활성화시키는 효과를 갖는지의 여부를 놓고 벌어진 논쟁이었다. 경제가 활성화된다는 것은 경제활동이 활발해지고 이에 따라 국민소득과 고용이 늘어난다는 것을 뜻한다.

정부가 조세수입은 그대로 둔 채 국채를 발행해 지출을 늘린다고 하자. 이는 재정적자가 난다는 뜻인데, 케인즈 경제이론에 따르면 이 재정적자는 국민소득을 더 크게 만드는 효과를 낸다. 정부지출 증가가 총수요의 증가로 이어지고, 이에 따라 국민소득도 함께 커질 것이기 때문이다. 수요측면을 중시하는 케인즈 경제이론은 총수요가 증가하면 국민소득도 함께 커진다고 본다. 이 과정에서 승수효과가 작용해 궁극적인 국민소득의 증가폭은 정부지출의 증가폭보다 몇 배나 되는 크기가 된다는 것이 케인즈 경제이론의 설명이다.

반면에 시카고학파 경제학자들은 재정적자가 국민소득의 증가를 가져오지 못한다고 주장한다. 그들은 재정적자에 수반되는 국채의 발행이 민간부문의 투자를 위축시키는 결과를 가져오는 **구축효과**crowding-out effect를 그 이유로 들었다. 바로 이 구축효과로 인한 투자 감소가 정부지출 증가의 효과를 상쇄해 버리기 때문에 총수요도 늘어나지 않고 국민소득도 늘어나지 않는다는 것이 그들의 주장이다.

국채가 발행되면 자본시장에서 소화되게 마련인데, 시장의 자금이 국채를 사는 데 쓰이게 되면 민간부문의 기업들이 발행한 회사채는 점차 팔기가 힘들어진다. 회사채를 팔지 못해 자금을 조달할 수 없게 된 기업들은 할 수 없이 투자계획을 취소해야 한다. 결국 재정적자가 민간부문의 투자를 밀어내 버리는 결과를 가져오게 된 셈인데, 이것이 바로 구축효과다. 그렇게 되면 총수요가 예전 수준에 비해 더 커질 수 없고 따라서 국민소득도 더 커질 수 없다는 것이 구축효과의 논리다.

재정적자가 어느 정도의 구축효과를 가져오는 것은 분명한 사실이다. 그러나 그 크기를 정확히 알아내기는 매우 힘들다. 사실 구축효과의 크기는 재정적자가 나타난 시점에서 경제가 어떤 상황에 있느냐에 따라 달라질 수 있다. 예컨대 경제가 거의 완전고용 상태에 가까울 때라면 구축효과가 현저히 나타나는 반면, 침체된 상황에서는 별로 크지 않게 된다. 심지어 경제가 매우 침체된 상태에서의 재정적자는 민간부문의 투자를 오히려 촉진하는 결과를 가져올 수도 있다. 재정적자를 통해 경기를 일단 활성화시켜 놓으면, 기업들이 이에 용기를 얻어 투자를 늘리는 반응을 보일 수 있기 때문이다.

이론적 관점에서 볼 때 적자재정이 구축효과를 발생시킨다는 주장을 반박하기는 힘들다. 그러나 중요한 점은 구축효과가 발생한다는 사실 그 자체가 아니라 그 효과가 얼마나 크냐는 것이다. 시카고학파 경제학자는 그것이 매우 커서 국민소득이 거의 늘어나지 않을 것이라고 믿는다. 그렇지만 현실 경제에서 발생하는 구축효과가 시카고학파 경제학자들이 주장하는 것처럼 클 가능성은 그리 높아 보이지 않는다.

스태그플레이션

고용 불안과 물가 불안이 동시에 나타난다

케인즈 경제이론은 경제의 수요측면에만 거의 모든 관심을 기울이고 있다. 불황이나 인플레이션 같은 문제들은 수요가 너무 적거나 너무 많아 발생한 것으로 보며, 문제의 원인이 공급측면에 있다고는 생각하지 않는다. 이와 같은 현실 인식은 경제에 문제가 생겼을 때 수요를 조절함으로써 이를 해결할 수 있다는 믿음으로 이어진다. 예를 들어 경제가 불황에 빠져 실업률이 올라가면, 수요를 더 크게 만드는 정책을 통해 문제를 해결할 수 있다고 믿는다. 반면에 물가가 불안해지기 시작하면, 수요를 억제하는 정책으로 대응하면 된다고 생각한다.

우리가 흔히 듣는 재정정책이나 통화정책이라는 말은 수요를 조절하는 정책을 뜻한다. 수요를 더 크게 만들기 위한 통화정책의 예로는 시중에 돈을 더 푼다든가 이자율을 낮추는 것 등을 들 수 있다. 또한 정부의 지출을 늘리거나 세금을 깎아주는 재정정책을 통해서 수요를 더 크게 만들 수도 있다. 재정정책과 통화정책을 통해 경제 전체의 수요를 적절한 수준에 유지시킴으로써 고용과 물가를 안정시킬 수 있다는 것이 전형적인 케인즈 경제이론의 처방이다.

1960년대에 이르러 케인즈 경제이론은 전성기를 맞게 된다. 경제 현실을 이해하고 경제문제를 푸는 데 이 이론이 매우 유용한 역할을 한다는 믿음이 널리 퍼져 있었다는 뜻이다. 그러나 1970년대에 접어들며 종전에 보기 힘든 경제현상이 나타나기 시작하면서 케인즈 경제이론에 대한 믿음에 조금씩 금이 가기 시작했다. 그것은 불황과 인플레이션이 동시에 일어나는 **스태그플레이션**stagflation 현상이었다(불황을 뜻하는 'stagnation'이라는 단어의 앞부분과 인플레이션에서 딴 'flation'이란 부분을 붙여 이 말을 만들었다). 상당한 정도로 실업이 존재하는데도 물가가 떨어지지 않고 오히려 상승하는 색다른 현상이 그즈음 몇 나라에서 나타나기 시작했던 것이다.

케인즈 경제이론처럼 수요측면을 중시하는 이론은 이와 같은 현상이 나타나는 이유를 제대로 설명하지 못한다. 이 이론에 따르면, 수요가 너무 적을 때 불황이 발생해 실업이 늘어나지만 인플레이션은 발생하지 않는다. 반면에 수요가 너무 많으면 인플레이션의 위협이 커지기는 해도 경기가 좋아져 실업 문제는 발생하지 않는다. 그러므로 이 이론의 관점에서 볼 때, 실업과 인플레이션이 동시에 나타나는 것은 매우 이상한 현상이 아닐 수 없다. 어떤 이유에서 그런 현상이 나타나는지를 적절하게 설명해 주지 못한다는 점에서 케인즈 경제이론은 한계를 드러냈다.

뿐만 아니라 케인즈 경제이론은 스태그플레이션 문제에 대해 적절한 해결책을 제시해 주지 못했다. 수요를 조절하는 정책은 케인즈 경제이론의 트레이드마크와도 같은 처방이었지만, 이러지도 못하고 저러지도 못하는 딜레마에 빠지게 되었기 때문이다. 수요를 촉진하는 정책을 쓰면 실업은 줄지만 물가가 더 불안해진다. 반면에 수요를 억제하는 정책을 쓰면 물가 불안은 해소되지만 실업이 더 늘어나게 된다. 케인즈 경제이론으로는 스태그플레이션 문제의 적절한 해법을 찾을 수 없음이 분명해졌고, 이로 인해 케인즈 경제이론에 대한 신뢰에 큰 금이 가게 되었다.

이와 같은 배경을 등에 업고 등장한 것이 바로 '공급중시 경제학'supply-side economics이라고 불리는 이론이다. 이 이론은 공급 능력의 부족 때문에 스태그플레이션 현상을 비롯한 경제의 여러 문제들이 발생한다고 설명한다. 그리고 이 공급 능력의 부족이라는 문제가 발생하는 주요 원인으로 투자의 부진을 꼽는다. 이 이론을 믿는 사람들은 투자가 부진하기 때문에 신기술 도입이 제대로 이루어지지 않을 뿐 아니라 고용의 기회도 별로 늘어나지 않는다는 점을 지적한다. 또한 물가가 안정되기 위해서는 충분한 양의 상품이 공급될 수 있어야 하는데, 공급 능력의 부족 때문에 그렇게 되지 못한다고 말한다.

공급중시 경제학자들이 주장하는 것처럼 모든 문제가 공급 능력의 부족에서 비롯된다면 이것의 확충만이 문제를 근본적으로 해결하는 열쇠가 된다. 그들은 경제의 활력을 회복하기 위해 구체적으로 다음과 같은 정책을 채택해야 한다고 주장한다. 우선 과감한 소득세율 인하를 통해 근로의욕을 촉진하고 저축 증대를 유도하는 것이 무엇보다도 중요하다고 한다. 그리고 법인세제상의 각종 투자유인책을 활용해 기업의 투자활동을 부추기며, 특히 연구개발투자에 대폭적인 지원을 제공해야 한다고 말한다. 나아가 환경규제 등 생산성에 부정적인 영향을 주는 각종 규제조치들을 철폐할 것을 주장한다.

1980년대 초반에 등장한 미국의 레이거노믹스Reaganomics라든가 영국의 대처리즘Thatcherism은 이와 같은 정책처방의 실험장이었다. 그러나 이러한 시도는 한때 약간의 성과를 가져오는 듯했으나, 별 성공을 거두지 못한 채 중단되었다. 사람마다 평가가 조금씩 다르지만, 경제의 체질 그 자체를 개선시킬 정도의 성과는 거두지 못했다는 것이 중론이다. 이에 따라 이론으로서의 공급중시 경제학도 별다른 진전을 보지 못하고 서서히 퇴조해 버렸다. 한때의 유행이 지나자 이제는 공급중시 경제학이라는 말을 입에 올리는 사람조차 찾아보기 힘들어졌다.

합리적 기대

앞날에 대한 기대가 중요한 이유

사람들은 저마다 앞으로 일어날 일에 대해 예측을 해보고 이에 입각해 의사결정을 하게 된다. 예를 들어 경기가 좋아져 자기가 만든 상품에 대한 수요가 커질 것을 기대하는 기업가는 생산시설을 확장하기로 결정한다. 채권의 가격이 오를 것을 기대하는 사람은 주식을 팔고 그 돈으로 채권을 사려고 한다. 또한 마늘의 작황이 매우 나쁘다는 소식을 듣고 가격이 뛰어오를 것을 예상한 소비자는 일 년 동안 먹을 마늘을 미리 사재기해 놓는다. 이와 같이 앞날의 일에 대한 기대가 우리의 경제적 선택에 중대한 영향을 미치는 경우가 많다.

사람들이 앞날에 대해 어떤 기대를 갖고 있는지에 따라 전반적인 경제의 상황이 크게 달라질 수 있다. 예를 들어 경제가 침체된 상태에 있을 때 사람들이 짧은 기간 안에 경기가 회복될 것이라는 기대를 갖고 있으면 정말로 그렇게 될 가능성이 크다. 소비자들과 기업들이 경기가 곧 회복될 것이라는 기대에서 소비지출과 투자를 큰 폭으로 늘리게 되기 때문이다. 물가의 경우에도 사람들이 물가가 오르지 않을 것이라고 기대하면 실제로 물가가 안정된 모습을 보일 가능성이 크다.

그렇다면 사람들은 앞날의 일에 대해 어떤 방식으로 기대를 형성하고 있을까? 다시 말해 사람들이 앞날에 어떤 일이 일어나리라고 예측할 때 어떤 방법을 사용하는 것일까? 다음과 같은 구체적 예를 통해 몇 가지 가능성을 생각해 보기로 하자. 작년도에는 금 가격이 온스당 350달러였는데 올해에는 370달러로 상승했다고 한다. 이 상황에서 어떤 사람은 현재의 가격이 미래에도 지속되리라는 생각에서 내년에도 금값이 계속 370달러에 머물 것으로 예상할 것이다. 이는 매우 단순하고 소박한 기대형성의 방법이라고 할 수 있지만, 곰곰이 생각해 보면 우리 자신이 이와 같은 방식으로 미래에 대한 예측을 할 때가 의외로 많다.

이와 대조적으로 다음과 같이 매우 체계적인 방법으로 앞날에 대한 예측을 하는 사람도 있을 것이다. 그는 우선 금 가격의 동향과 관련이 있는 모든 사항들에 대한 정보를 빠짐없이 모은다. 예를 들어 주식시장, 외환시장, 원자재시장 등의 동향이 금 가격에 영향을 준다면, 이런 시장들과 관련된 정보를 모두 수집해 놓는 것이다. 심지어 정치적 상황도 중대한 영향을 끼친다고 생각해 중동이나 아프리카의 정세에 대해서까지 정보를 수집한다. 이렇게 필요한 모든 정보를 수집한 다음 이를 종합적으로 평가해 내년의 금 가격을 예측하게 된다. 경제학에서는 이와 같은 방식으로 앞날에 대한 예측을 하는 것을 가리켜 **합리적 기대**rational expectation라고 부른다.

현실에서 사람들이 어떤 방식으로 앞날의 일에 대해 예측을 하는지 정확히 알기는 힘들다. 사람마다 모두 다를 것이며, 똑같은 사람이라 할지라도 상황에 따라 달라질 수 있다. 최근 경제학자들 사이에서 많은 관심의 대상이 되는 것은 바로 앞에서 설명한 합리적 기대 형성의 방식이다. 경제학의 가장 중요한 기본가정은 사람들이 합리적이라는 것이다. 합리적인 사람은 앞날에 대한 예측을 할 때도 합리적인 방법을 사용할 것이며, 그렇다면 합리적 기대 형성의 방법이 가장 보편적일 것이라고 짐작할 수 있다. 최근에는 사람들이 합리적 기대를 한다는 전제하에서 경제적 논의가 이루어지는 것이 하나의 유행처럼 되었다.

예전의 경제학자들은 사람들의 기대가 경제의 움직임에 그렇게 중요한 역할을 하는지 뚜렷하게 인식하지 못하고 있었다. 합리적 기대라는 개념 그 자체가 경제학에 처음 소개된 것도 불과 몇십 년 전의 일이다. 사람들의 기대가 갖는 중요성에 대한 인식이 싹트기 시작하고 이와 더불어 합리적 기대라는 개념이 소개되기 시작하면서 경제이론에 커다란 지각변동이 일어나기 시작했다. 경제학계에서는 오래전부터 케인즈학파 경제학자들과 그들에 비판적인 경제학자들 사이에 열띤 논쟁이 계속되어 왔다. 합리적 기대라는 개념이 등장하면서 이 논쟁의 흐름이 크게 바뀔 정도의 판도 변화가 생기기 시작했던 것이다.

그렇다면 사람들이 어떤 방식으로 앞날에 대한 기대를 형성하느냐가 경제이론의 판도를 바꿀 만큼 중요한 문제가 되는 것은 어떤 이유에서일까? 이 의문에 대한 해답은 사람들이 어떻게 기대를 형성하느냐에 따라 정부의 정책, 특히 경제안정을 위한 정책의 효과가 달라진다는 데서 찾을 수 있다. 사람들이 모두 합리적 기대를 한다면 경제안정정책은 아무런 효과도 내지 못한다는 놀라운 결과가 나타난다(왜 그렇게 되는지는 바로 뒤에서 설명하려고 한다). 이는 정부가 경제안정을 위해 적극적으로 개입해야 한다고 주장해 온 케인즈학파 경제학자들에게 커다란 충격이 아닐 수 없었다.

합리적 기대라는 무기를 들고 케인즈 경제학에 대한 공격의 선봉에 선 사람이 바로 시카고 대학교의 루카스R. Lucas, Jr. 교수다. 그에게 노벨경제학상의 영예를 안겨준 중요한 이론적 업적 중 하나로 바로 합리적 기대와 관련된 연구를 꼽을 수 있다. 겉보기에는 그저 평범한 경제적 개념의 하나인 것 같은 합리적 기대가 경제이론의 판도에 변화를 가져올 만큼 큰 파문을 일으킨 것이다.

합리적기대이론

경제안정정책은 아무 성과도 거두지 못한다?

1970년대에는 사람들이 합리적으로 기대를 형성한다는 사실을 중심축으로 하는 새로운 이론이 등장했는데, 이것이 바로 **합리적기대이론**rational expectations hypothesis이다. 이 이론에 따르면, 사람들이 합리적으로 기대를 형성하는 상황에서 경제안정을 위한 정부의 개입은 아무런 효과를 거두지 못한다. '정책무력성의 명제'라고 불리는 이 결론은 그때까지 사람들이 당연하게 받아들였던 정부 개입의 당위성을 정면으로 부정하는 것을 뜻했다. 당시만 해도 케인즈 경제이론의 영향이 거의 절대적이었기 때문에 정부 개입을 통해 경제를 바람직한 방향으로 이끌어 갈 수 있다는 믿음이 온 사회에 팽배해 있었다. 이런 믿음을 갖고 있던 사람들에게 정책무력성의 명제는 큰 충격이 아닐 수 없었다.

모든 사람이 앞날의 일에 대해 합리적으로 기대를 형성하고 있다면 왜 경제안정정책이 아무 성과도 거두지 못하게 되는 것일까? 이 의문에 대한 답을 얻기 위해 우선 다음과 같은 예를 생각해 보자. 정부가 모피제품의 소비를 억제하려는 의도로 내년부터는 이에 대한 특별소비세의 세율을 지금의 두 배 수준으로 올린다고 발표했다고 한다. 합리적으로 기대를 형성하는 사람이라면 당연히 내년부터 모피제품의 가격이 오를 것으로 예상하게 된다. 따라서 언젠가 모피코트를 살 마음이 있는 사람은 가격이 오르기 전에 미리 사두기 위해 백화점으로 달려갈 것이다.

이 예는 사람들이 합리적으로 기대를 형성하고 있을 때 정부가 의도하는 바와 정반대의 결과가 나올 수 있음을 보여주고 있다. 즉 모피제품의 소비를 억제하려는 정부의 의도와 달리, 최소한 단기적으로는 이에 대한 수요가 급증하는 현상이 나타날 수 있는 것이다. 일반적으로 정책에 대한 국민들의 반응은 그 정책이 어떤 결과를 가져올 것이라고 기대하느냐에 따라 달라진다. 이렇게 국민의 반응이 여러 가지로 나올 수 있기 때문에, 이에 따라 정책의 효과도 여러 가지로 나오게 된다. 곧 보게 될 테지만 경제를 안정시키려는 정책의 경우도 이에서 예외가 될 수 없다.

경기침체로 인해 실업률이 상당히 높은 수준으로 올라간 상황에서 경기부양을 위해 정부가 돈을 더 찍어냈다고 하자. 정부가 돈을 더 찍어냈기 때문에 상품들의 가격이 일반적으로 오를 것은 분명한데, 웬일인지 임금은 바로 뒤따라 오르지 않는다고 가정해 보자. 물가가 오르는데 임금은 그대로라면 근로자들의 실질임금이 떨어지는 결과가 나타난다. 근로자들의 실질구매력이 떨어져 종전보다 더 적은 양의 상품밖에 살 수 없게 된다는 뜻에서 실질임금이 떨어졌다고 말하는 것이다. 이렇게 실질임금이 떨어지면 기업은 종전보다 노동의 고용량을 늘리는 반응을 보인다(이는 가격이 떨어질 때 소비자들이 더 많은 양의 상품을 수요하는 것과 똑같은 이치다).

지금까지의 논의에서 중요한 대목은 정부가 돈을 더 찍어냈을 때 임금이 뒤따라 오르지 않는다는 점이다. 그렇기 때문에 실질임금이 떨어지는 결과가 나타나고, 이에 따라 기업들이 고용을 늘리게 된 것이다. 이를 보면 돈을 더 찍어내기로 한 정책이 기대했던 대로 고용을 증대시키고 실업률을 떨어뜨리는 효과를 내기 위해서는 임금이 예전의 수준에 머물러 있어야 한다는 것을 알 수 있다. 어떤 이유에서인지는 몰라도, 정부가 돈을 더 찍어내도 근로자들이 종전의 임금에 만족하고 있을 때 경제안정정책이 기대했던 성과를 거둘 수 있다는 말이다.

만약 모든 사람들이 합리적으로 기대를 형성한다면 이와 같은 결과는 기대할 수 없다. 합리적으로 기대를 하는 근로자들은 돈을 더 찍어낸 결과 물가가 오르리라는 것을 정확히 예측하게 된다. 물가가 오를 것을 뻔히 아는 근로자들이 지금까지의 임금에 만족할 리 없고, 임금도 따라서 올려주기를 강력하게 요구할 것이다. 이들의 요구가 관철되어 물가가 오른 만큼 임금도 따라 오르면 실질임금은 예전의 수준에 그대로 머물러 있게 된다. 이 상황에서 기업은 고용을 증가시킬 이유를 발견하지 못하고, 결국 실업률은 전혀 떨어지지 않는다. 결론적으로 말해 근로자들이 합리적으로 기대를 형성하는 상황에서는 경제안정정책이 아무 쓸모가 없다는 뜻이다.

정책무력성의 명제에 따르면, 사람들이 그 결과를 미리 예상할 수 있는 한 경제안정정책은 기대했던 효과를 거두지 못한다. 다만 사람들이 예상치 못한 정책을 쓴다든가 그들을 속이는 정책을 쓸 경우 일시적으로 어떤 효과를 거둘 수 있다. 그렇지만 정책효과를 내기 위해 일부러 사람들을 놀라게 하거나 속이는 것은 결코 바람직하지 못하다. 뿐만 아니라 사람들이 합리적으로 기대를 하고 있다면 그들을 계속 속일 수도 없다. 한두 번은 속겠지만 계속 속이려 들면 이를 바로 알아차릴 것이기 때문이다.

합리적기대이론은 경제안정정책이 기대했던 효과를 거두지도 못할 뿐 아니라 오히려 나쁜 부작용만 일으킬 수 있다는 점을 강조한다. 그렇다면 정부는 자의적인 판단에 의해 경제정책을 운영해 갈 것이 아니라, 미리 정해진 규칙에 따라 일관성 있게 정책을 추진해 나가야 한다는 결론이 나온다. 이 이론은 정부의 개입을 최소화하고 모든 일을 시장의 자율에 내맡겨야 한다는 철학과 밀접한 관련을 맺고 있다. 경제학계를 보면 아직도 이 이론보다는 케인즈 경제이론의 영향이 절대적으로 더 큰 것을 관찰할 수 있다. 그러나 이 이론에 전적으로 동의하지는 않는다 하더라도, 거기에 유용한 함의가 내포되어 있다는 사실은 부정하지 않는 것이 일반적인 흐름이다.

케인즈학파 vs. 시카고학파 1

성서를 보면 다윗과 골리앗의 싸움 이야기가 나온다. 기골이 장대한 골리앗과 아주 작은 체구를 가진 다윗 사이의 싸움 이야기다. 경제학계에서도 이와 비슷한 싸움이 있었는데, 시카고학파와 케인즈학파 경제학자 사이의 논쟁이 바로 그것이다. 케인즈 경제이론이 1950년대와 60년대에 걸쳐 황금기를 맞으면서 이를 신봉하는 경제학자의 수는 눈덩이처럼 불어났다. 이런 상황에서 프리드먼M. Friedman을 중심으로 한 시카고학파 경제학자들은 케인즈 경제이론에 정면으로 도전하고 나섰다. 숫자로 두 진영의 세력을 가늠해 보면 흡사 다윗이 골리앗에게 싸움을 건 형국이었다.

두 학파 사이의 논쟁은 1960년대 시카고학파 경제학자들이 **통화주의** monetarism라는 이론을 들고 나오면서 본격적으로 시작되었다. 화폐의 중요성을 강조하는 이론이라는 뜻에서 통화주의라는 이름이 붙었는데, 그들은 경제안정을 위한 정부 개입이 과연 바람직한 것인지의 문제를 둘러싸고 케인즈학파 경제학자들과 날카로운 의견대립을 보였다. 앞에서 설명한 바 있지만, 케인즈는 불황이 심할 때 정부가 지출을 늘려 수요를 창출하는 데 앞장서야 한다는 점을 역설했다. 다시 말해 경제안정을 위해 정부가 적극적으로 개입해야 한다는 뜻인데, 이는 그의 뒤를 이은 케인즈학파 경제학자들의 공통적인 특징으로 굳어지게 되었다.

케인즈학파 경제학자들은 정부의 개입방식 중에서도 특히 재정정책을 선호하는 경향을 보였다. 재정정책이란 조세와 정부지출을 늘리고 줄임으로써 수요를 적절한 수준으로 유지하려는 정책을 뜻한다. 수요가 부족해 경제가 불황에 빠졌을 때 세금을 깎아주어 국민의 소비지출을 촉진시키거나 정부지출을 직접적으로 늘리는 것이 그 좋은 예다.

이에 대해 통화주의자들은 재정정책이 경제를 안정시키는 데 별 효과를 거두지 못한다고 반박했다. 그 반박의 주요한 근거가 된 것은 앞에서 본 '구축효과'였다. 구축효과란 국채 발행을 통한 정부지출의 증가가 민간부문의 투자를 몰아내는 결과를 가져온다는 것을 뜻한다. 정부지출의 증가가 투자의 감소로 상쇄되어 버리면 애당초 기대했던 경기회복의 효과를 거둘 수 없다는 것이 통화주의자들의 주장이었다.

이에서 한 걸음 더 나아가 통화주의자들은 정부의 개입이 오히려 경제를 더욱 불안하게 만들 가능성이 있다는 점을 지적했다. 그 근거로는 경제에 문제가 있음을 깨닫고 어떤 정책을 썼다 하더라도 상당한 시간이 지나야만 이것이 실제로 효과를 내기 시작한다는 점을 들었다.

예를 들어 2017년 3월 실업이 급격히 늘어나면서 정부가 대응방안을 고려하기 시작했다고 하자. 첫 단계에서 구체적으로 어떤 정책을 쓸 것인가의 논의에 최소 몇 달, 그다음 단계에서 정책이 집행되는 데도 몇 달의 시간이 걸린다. 그 정책이 실제로 효과를 내려면 어느 정도 시간이 흘러야 하는데 여기에도 최소한 몇 달이 필요하다. 이와 같이 어떤 정책이 효과를 내기 시작할 때까지는 상당한 시간이 걸리는데, 이를 '정책시차'policy lag라고 부른다.

정책시차가 1년 반이나 되어 바로 앞에서 말한 실업대책이 2018년 9월에 가서야 그 효과를 내기 시작했다고 하자. 만약 이때의 경제상황이 1년 반 전의 그것과 상당히 달라져 있다면 그 정책은 오히려 역효과를 내게 된다. 예컨대 이제는 물가가 불안해질 조짐을 보이는데, 1년 반 전에 실시한 실업대책의 효과가 나타나 수요가 더욱 늘어난다고 해보자. 이는 마치 불에다 기름을 붓는 격이어서, 물가 불안이 한층 더 심각해지는 결과가 빚어진다. 정책시차가 길수록 이와 같은 결과가 나타날 가능성이 더 높아진다는 것은 두말할 나위도 없다. 통화주의자들은 이 점을 들어 정부의 개입에 반대하는 입장을 취했다.

그렇다면 통화주의자들은 경제에 어떤 일이 일어나도 정부가 손을 놓고 바라만 보아야 한다고 주장하는 것일까? 물론 그렇지는 않다. 불가피하게 개입을 해야 할 경우가 생길 수 있지만, 그 경우에도 개입의 폭을 최소화해야 한다는 입장이다. 나아가 그때그때의 자의적인 상황판단에 따른 개입을 삼가고 사전에 미리 정해 놓은 규칙에 따라 경제정책을 운영해 나가는 것이 바람직하다고 말한다. 예를 들어 한 해 동안의 화폐 공급 증가율을 몇 % 수준으로 유지한다는 규칙을 미리 만들어 놓고 이에 따라 통화정책을 운영해 나가는 것이 바람직하다는 뜻이다.

케인즈학파 경제학자와 통화주의자 사이의 논쟁은 뚜렷한 승자가 가려지지 않은 상태에서 끝나게 되었다. 1970년대 시카고학파를 대표하는 이론체계가 통화주의에서 새 고전파경제학New classical economics으로 바뀌면서, 논쟁의 구도가 케인즈 경제이론 대 새 고전파경제학으로 바뀌었기 때문이다. 이제는 케인즈 경제이론에 대한 공격의 선봉장도 프리드먼에서 루카스R. Lucas, Jr.로 바뀌게 되었다.

그러나 어떻게 보면 장수와 군대의 이름만 바뀌었을 뿐 싸움의 본질적 내용은 예전과 전혀 달라진 바가 없다고 말할 수 있다. 경제안정을 위한 정부의 개입이 바람직한지의 여부가 논쟁의 핵심이라는 점에서는 아무런 차이가 없기 때문이다. 이제 시카고학파 대 케인즈학파 사이의 논쟁은 제1라운드가 끝나고 제2라운드로 접어든 셈이다.

케인즈학파 vs. 시카고학파 2

시카고학파의 새로운 대표로 등장한 새 고전파경제학은 합리적기대이론이라는 무기로 케인즈 경제이론에 공격의 포문을 열었다. 앞에서 설명한 것처럼, 합리적기대이론은 경제안정을 위한 정부의 개입이 아무런 효과도 거두지 못한다는 정책무력성의 명제로 이어진다.

케인즈학파 경제학자의 입장에서 본다면 이 정책무력성의 명제가 무척 당혹스러울 수밖에 없었다. 사람들이 합리적으로 앞날에 대한 기대를 형성한다는 사실을 부정하기 힘들었고, 따라서 그 명제의 유효성을 그대로 받아들일 수밖에 없었기 때문이다. 그렇다면 그동안 경제안정을 위한 정부 개입을 지지해 온 자신들의 입지가 무너져 버리는 셈이다.

케인즈학파 경제학자들은 새 고전파경제학자들의 공격에 당혹스러움을 느꼈지만, 다른 한편으로는 자신의 이론을 다시 돌아볼 수 있는 좋은 기회를 얻게 되었다. 그들은 새 고전파경제학이 지적하는 바를 일부 수용한 새로운 이론체계를 내놓게 되었는데, 이것이 바로 **새 케인즈경제학**new Keynesian economics이다. 새 케인즈경제학자들은 새 고전파경제학자들이 가격과 임금의 완전한 신축성을 가정했기 때문에 정부 개입이 아무런 효과를 거두지 못한다는 결과를 얻었다는 사실을 밝혀냈다. 그렇다면 물가와 임금에 경직성이 있음을 보임으로써 정책무력성의 명제를 극복할 수 있는 길이 열리게 된다.

이제 새 케인즈경제학자들에게 남은 과제는 과연 어디에서 물가와 임금의 경직성이 나오는지를 설명하는 일이다. 전통적인 케인즈학파 경제학자들도 노동조합이나 최저임금제 같은 제도적 요인 때문에 물가와 임금에 경직성이 생긴다는 것 정도는 알고 있었다. 그러나 제도적 요인 하나만으로 물가와 임금의 경직성이 생기는 이유를 충분하게 설명할 수 없다는 것을 잘 아는 새 케인즈경제학자들은 좀 더 체계적이고 설득력이 있는 이유를 찾으려 했다. 그 결과 새 케인즈경제학자들은 경직성이 생기게 되는 이유로 다음과 같은 것들을 찾아냈다.

첫째, 가격 변경에 따른 비용 때문에 생산자는 웬만하면 종전의 가격을 그대로 유지하려는 경향이 있는데 이것이 경직성의 한 원인이 될 수 있다. 예컨대 가격이 인쇄되어 있는 상품포장이나 카탈로그를 새것으로 바꾸는데 상당한 비용이 드는 것이 보통이다. 이를 '메뉴비용'menu cost이라고 부르는데, 이를 절약하기 위해 가격을 자주 변경하지 않으려는 경향이 있다는 것이다. 이 메뉴비용이 사소한 것처럼 보이기는 하지만, 실제로는 경제에 적지 않은 영향을 미칠 수 있다고 주장하는 학자들이 있다.

둘째로는 위험성이라는 요인이 가격의 경직성을 가져오기도 한다고 지적한다. 만약 경제에 불황이 와 상품 수요가 줄어들면 생산자들은 가격을 낮추거나 생산량을 감축해 수요의 감소에 대응해야 한다. 그런데 가격을 낮추는 방식으로 대응하는 것은 위험성이 크기 때문에 생산량을 감소시키는 것이 더 일반적이라고 설명한다. 가격을 낮추는 경우 경쟁기업이 어떤 반응을 보일 것인지는 물론 소비자들이 이를 어떻게 인식할 것인지도 불확실하기 때문이다. 따라서 기업은 수요의 감소에 직면해도 생산량을 줄일지언정 가격을 낮추지는 않는다고 설명한다.

이 이외에도 정보가 불완전하다거나 시장에서 불완전한 경쟁이 이루어지고 있다는 사실도 경직성의 원인으로 지적되고 있다. 하여튼 새 케인즈경제학자도 충분한 시간이 흐르면 물가와 임금이 점차 큰 신축성을 갖게 되리라는 사실을 부정하지 않는다. 그러나 단기적으로는 물가와 임금이 상당한 정도의 경직성을 갖는 것이 사실이라고 말한다. 케인즈 경제이론의 중요한 특징은 물가와 임금의 경직성 때문에 상당히 오랫동안 비자발적 실업이 존재할 수 있다고 보는 데 있다. 새 케인즈경제학자들은 바로 이 기본인식을 견지한다는 점에서 케인즈 경제이론의 전통을 그대로 잇고 있다.

지난 몇십 년 동안 계속되어 온 케인즈학파 경제학자와 시카고학파 경제학자 사이의 논쟁은 결국 시장기능이 얼마나 순조롭게 발휘될 수 있는지에 대한 견해 차이로 귀착된다. 시카고학파 경제학자들은 시장기능이 순조롭게 발휘될 수 있어 경제에 일시적인 불균형이 생겨도 시장기능에 의해 저절로 해소될 수 있다고 믿는다. 이처럼 시장기능을 기본적으로 신뢰하기 때문에 정부 개입을 불필요한 것으로 보게 되는 것이다.

반면에 케인즈학파 경제학자들은 물가와 임금에 경직성이 있어 불균형의 상태가 상당히 오랫동안 지속될 수 있다고 본다. 궁극적으로는 균형이 회복되겠지만 여기에 너무 많은 시간이 걸리기 때문에 정부가 개입해 문제의 빠른 해결을 도모해야 한다는 것이 그들의 생각이다.

이와 같은 견해차는 작은 정부가 좋으냐 아니면 큰 정부가 좋으냐는 문제에 관한 견해차로 이어진다. 시장의 자율을 중시하는 시카고학파 경제학자들은 언제나 변함없이 작은 정부를 부르짖어 왔다. 이에 비해 시장이 불완전하다고 생각하는 케인즈학파 경제학자들은 정부가 시장의 불완전성을 메워주는 역할을 해야 한다고 생각한다. 그렇기 때문에 경우에 따라서는 큰 정부가 바람직할 수 있다는 것이 그들의 믿음이다. 그들이 벌인 논쟁의 근저에는 시장과 정부에 관한 이와 같은 철학의 차이가 깔려 있는 것을 발견할 수 있다.

12

경제성장과 발전

이스털린의 역설

소득이 커지면 행복감도 따라서 커질까?

너무나도 가난해 기본적인 생활필수품조차 제대로 사 쓰지 못하는 사람이라면 소득의 증가가 곧바로 행복감의 증가로 이어질 것이 분명하다. 맛있는 반찬으로 밥을 배불리 먹을 수 있고 좀 더 좋은 옷을 입을 수 있으니 당연히 더욱 행복하다고 느낄 테니까 말이다. 그러나 주체할 수 없이 많은 돈을 갖고 있는 사람의 경우에는 소득의 증가가 반드시 행복감의 증가로 이어진다는 보장이 없다.

여러 나라들의 1인당 국민소득과 그 나라 사람들이 느끼는 행복감의 수준 사이의 관계를 보여주는 그림을 보면 다음과 같은 전형적 양상을 발견할 수 있다. 즉 낮은 소득수준에서는 소득의 증가가 행복감의 증가를 가져온다는 사실이 의심의 여지없이 분명하게 드러난다. 그러나 소득수준이 어느 정도 이상으로 올라가면 소득이 더 커져도 행복감의 수준은 별로 높아지지 않는 것을 볼 수 있다.

어떤 나라에서 경제성장과 더불어 국민소득이 커지는 과정에서도 이와 비슷한 양상을 발견할 수 있다. 즉 성장의 초기 단계에서 1인당 국민소득이 커짐에 따라 행복감도 빠르게 증가하지만, 일단 어느 단계에 이르면 행복감의 수준은 더 이상 올라가지 않는 현상이 나타난다는 뜻이다. 이와 같은 현상은 미국이나 유럽 여러 나라들에서 공통적으로 발견할 수 있는 현상이다.

1974년 이스털린R. Easterlin은 우리의 행복감이 소득수준과 비례해서 커지지는 않는다는 연구 결과를 발표해 사람들의 관심을 끌었다. 그의 이름을 따서 '**이스털린의 역설**'Easterlin paradox이라고 불리는 이 명제는 많은 논란을 불러일으켰는데, 그 이후 행복에 대한 많은 연구를 촉발하는 계기가 되었다. 이 방면의 연구업적이 축적됨에 따라 '행복의 경제학'economics of happiness이라는 새로운 연구 분야가 탄생하게 되었다.

행복의 경제학은 사람들의 행복감이 소득 이외의 많은 다른 요인들의 영향을 받는 것을 밝혀냈다. 따라서 행복의 경제학이란 관점에서 보면 경제성장으로 인한 1인당 국민소득의 증가는 행복이 증진되기 위한 필요조건에 지나지 않을 뿐 충분조건은 될 수 없다. 다시 말해 1인당 국민소득의 증가가 사람들을 더욱 행복하게 만든다는 보장이 없다는 뜻이다. 그렇다면 무조건 성장률을 높이는 데만 집착할 것이 아니라 사람들이 좀 더 행복해질 수 있도록 만드는 방법을 찾는 데 정책의 초점을 맞춰야 한다는 결론이 나온다.

우울한 학문

맬서스의 우울한 전망

맬서스T. Malthus가 쓴 『인구론』*An Essay on the Principle of Population*은 경제학의 역사에서 가장 영향력이 컸던 몇 개의 글 중 하나다. 그 당시 빈곤이 가장 큰 사회문제로 대두되었는데, 맬서스는 이 문제가 단지 정책의 잘못에 의해 빚어진 것은 아니라고 보았다. 그는 이 글을 통해 빈곤은 정부의 힘으로도 어쩔 수 없는 좀 더 큰 힘에 의해 발생한다는 것을 입증하려 했다.

맬서스는 다음과 같은 두 가지 명제에 기초해 인간사회에서 빈곤은 결코 해결될 수 없는 숙제일 수밖에 없다는 결론을 도출하고 있다. 첫 번째 명제는 인구가 매 25년마다 두 배로 불어날 만큼 급격한 증가세를 보인다는 것이다. 두 번째 명제는 가장 좋은 조건하에서도 식량 생산의 증가 속도가 매우 느리다는 것이다. 이 두 가지 명제가 엄밀한 통계자료의 뒷받침을 받고 있었던 것은 아니나, 당시의 사람들은 상당한 현실성을 갖는 것으로 생각했다.

인구는 엄청나게 빠른 속도로 증가하는데 식량 생산의 증가 속도는 매우 느리기 때문에 인간은 빈곤한 상태를 결코 벗어날 수 없다는 것이 맬서스의 결론이었다. 그는 이와 같은 구도에 본질적 변화가 없는 한 빈곤은 사라지지 않으며, 구제를 베푸는 것은 문제를 더욱 악화시킬 뿐이라고 주장했다. 오히려 구제를 베푸는 데 쓸 돈을 더 많은 부를 창출하는 데 투자하는 게 바람직하다는 것이 그의 생각이었다.

만약 맬서스의 결론이 맞는 것이라면 인류는 미래에 대해 아무런 희망을 가질 수 없다. 때때로 일어나는 전쟁이나 전염병 때문에 수많은 사람들이 죽어가고, 그렇지 않으면 굶주림으로 인해 더 많은 사람들이 죽어가는 일이 끝없이 반복된다. 역사학자 칼라일T. Carlyle이 경제학을 가리켜 '우울한 학문'dismal science이라고 부른 것은 바로 이와 같은 우울한 전망 때문이었다.

맬서스는 수요의 부족으로 인한 불황의 발생 가능성을 두고 리카도D. Ricardo와 치열한 논쟁을 벌인 것으로도 유명하다. 앞에서 설명한 것처럼 세이J. B. Say는 공급이 스스로의 수요를 창조하기 때문에 수요가 부족한 현상은 나타나지 않는다고 주장했다. 소위 '세이의 법칙'으로 알려진 이 주장이 옳다고 본 리카도와 틀리다고 본 맬서스 사이에 치열한 논쟁이 벌어진 것이다.

둘 사이의 논쟁은 날카롭고 명쾌한 논리를 앞세운 리카도의 승리로 끝났다. 본업이 성직자였던 맬서스가 당대 최고의 경제이론가였던 리카도를 상대로 논쟁을 벌인다는 것은 힘에 부치는 일이었다. 그 후 케인즈J. M. Keynes는 수요 부족의 상태가 종종 나타날 수 있음을 입증함으로써 그때 리카도가 거둔 승리가 단지 뛰어난 논쟁술에 의한 승리에 지나지 않았음을 밝혀냈다. 전해오는 말에 따르면, 케인즈는 "그때의 논쟁에서 맬서스가 승리했다면 경제학의 이론적 발전이 훨씬 더 앞당겨졌을 텐데."라고 말하면서 무척 아쉬워했다고 한다.

20세기

눈부신 성장의 세기

마르크스K. Marx는 19세기 유럽과 미국에서 활발하게 진행되고 있던 산업혁명을 목격하고, 이를 통한 생산성 증진은 인류 역사에서 가장 괄목할 만한 것이라고 평가한 바 있다. 그러나 20세기에 들어오면서 경제성장의 속도는 한층 더 빨라져, 19세기에 이룩한 성과가 그리 대단치 않은 것처럼 보일 정도가 되었다. 하여튼 지난 20세기는 사상 유례없이 빠른 성장을 이룩한 '눈부신 성장의 세기'였다고 말할 수 있다.

19세기 미국과 영국의 평균적인 1인당 GDP 성장률은 연간 1%에서 1.5%에 이르는 수준이었다. 그런데 20세기에 들어오면서 1인당 GDP 성장률은 거의 2%에 가까운 수준으로 높아졌다. 이 차이가 별것 아니라는 느낌을 줄지 모르지만, 장기적인 관점에서 보면 결코 작은 차이가 아니다. 예컨대 연간 성장률이 1.5%일 때는 100년 후 소득이 4.4배가 되지만, 2%로 높아지면 무려 7.2배나 되는 수준으로 올라가게 된다.

20세기에 전개된 경제성장 과정의 또 다른 특징은 부유한 나라와 가난한 나라 사이의 격차가 점점 더 커져 왔다는 데서 찾을 수 있다. 이와 같은 현상은 부유한 나라가 상대적으로 더 빨리 성장한 결과이기도 하지만, 가난한 나라가 오히려 종전보다 더 가난해졌기 때문에 그렇게 된 측면도 있다. 예를 들어 모잠비크 같은 나라는 1950년의 1인당 국민소득이 1,000달러 수준이었는데, 2007년에는 320달러 수준으로 떨어졌다.

그런데 이 빈부격차가 줄어드는 추세로 반전될 가능성은 그리 크지 않은 것처럼 보인다. 정보화의 진전과 더불어 이 나라들 사이의 격차는 오히려 점차 더 커져 갈 것으로 전망된다. 21세기의 경제성장은 정보통신기술에 의해 주도될 것인데, 이 측면에서 가난한 나라는 훨씬 더 불리한 입장에 놓여 있는 실정이다. 따라서 정보화의 진전과 더불어 나라들 사이의 소득격차 문제는 더욱 심각한 양상을 보일 가능성이 크다.

일반적으로 소득수준이 낮은 나라들은 아시아, 아프리카, 그리고 남아메리카의 낮은 위도 지역에 집중되어 있다. 반면에 소득수준이 높은 나라들은 서유럽이나 북아메리카의 높은 위도 지역에 주로 분포되어 있는 것을 볼 수 있다. 이와 같은 사실에 기초해 나라들 사이의 소득격차 문제를 '남북문제'North-South problem라고 부른다. 국제적인 경제협력을 논의하는 자리에서는 언제나 이 남북문제가 가장 중요한 현안과제로 등장하는 것을 볼 수 있다.

한 사회 안에서도 정보통신기술을 이용할 수 있는 사람들과 그렇지 못한 사람들 사이의 격차가 점차 커지는 현상이 나타나고 있다. 이를 '정보격차'digital divide라고 부르는데, 부유한 나라와 가난한 나라 사이에서도 이와 비슷한 현상이 나타나고 있다. 21세기의 경제성장이 아무리 눈부시다 해도, 남북문제가 성공적으로 해결되지 못하면 빈곤의 어두운 그림자는 쉽게 자취를 감추지 않을 것이다.

수렴

어렵고도 먼 길

가난한 나라들이 부유한 나라들의 소득수준에 수렴해 가는 것은 어렵고도 먼 길이다. 우리나라를 위시해 대만, 싱가포르, 홍콩 등 몇 나라가 그것이 가능함을 보여 주기는 했지만, 아직도 수많은 나라가 그런 희망조차 가질 수 없는 상황에서 허덕이고 있다. 개발도상국들 중 비교적 빠른 성장세를 보이는 나라들을 신흥국emerging economies이라고 부르는데, 이들이 과연 수렴convergence에 성공할 것인지의 여부가 세계의 관심을 끌고 있다.

중국, 인도, 인도네시아, 브라질, 러시아 등의 신흥국들은 2000년에 접어들면서 비약적인 성장을 기록했다. 이 나라들의 국내총생산은 2000년에서 2009년에 이르는 기간 동안 거의 두 배 수준으로 뛰어올랐다. 그 기간 동안 이들의 평균 경제성장률은 7.6%나 되어 같은 기간 동안 부유한 나라들의 평균 경제성장률보다 4.5% 포인트나 더 높은 수준이었다.

만약 신흥국들이 지금과 같은 4.5% 포인트의 경제성장률 우위를 계속 유지할 수 있다면 30년 정도면 부유한 나라들을 따라잡을 수 있다는 계산이 나온다. 즉 한 세대 정도만 기다리면 고대하던 수렴에 성공할 것이라는 말이다. 그러나 문제는 최근 들어 신흥국들의 성장세가 눈에 띄게 둔화되기 시작했고, 이에 따라 빠른 수렴에 대한 기대를 접어야 할 상황이 되었다는 데 있다.

2014년 4월 세계은행World Bank이 발표한 자료에 따르면 2008년 이후 신흥국들의 경제성장률은 부유한 나라들과 비슷한 수준으로 떨어졌다고 한다. 2013년 신흥국들의 평균 경제성장률은 미국에 비해 2.6% 포인트 더 높았을 뿐인데, 그나마 중국을 제외하고 다시 계산해 보면 그 격차가 1.1% 포인트로 줄어든다. 이 상황이 계속된다면 수렴에 걸리는 시간은 한 세대가 아닌 한 세기가 될 가능성이 크다. 중국을 제외한 신흥국들의 경제성장률에 기초해 수렴에 걸리는 시간을 계산해 보면 115년이라는 답이 나오기 때문이다.

국제통화기금International Monetary Fund; IMF이 2014년 발표한 성장률 전망은 수렴에 대한 기대를 더욱 어둡게 만들고 있다. 이 전망에 따르면 2014년 중국을 제외한 신흥국들의 경제성장률 전망치는 부유한 나라들에 비해 고작 0.39% 포인트 더 높을 뿐이라고 한다. 만약 이와 같은 상황이 앞으로도 지속된다면 수렴에 걸리는 시간은 3백 년 이상이 될 것으로 예상된다. 한 세대에 수렴이 이루어질 것이라는 기대가 이제는 3세기에 걸친 거북이걸음 정도의 기대로 바뀐 셈이다. 수렴이란 것이 정말로 어렵고도 먼 길이라는 사실을 새삼 절감하게 된다.

성장회계

무엇이 경제성장의 원천인가?

경제성장은 다음과 같은 두 가지 경로를 통해 이루어진다. 하나는 생산활동에 투입되는 자원, 즉 노동과 자본의 양이 늘어나는 것이다. 더 많은 사람들이 생산활동을 하고 더 많은 자본재가 생산활동에 투입되면 당연히 더 많은 상품들이 생산될 수 있다. 다른 하나는 기술진보인데, 투입된 노동과 자본의 양에 변화가 없더라도 기술진보가 일어나면 상품 생산량은 더 커진다. 그러므로 한 경제에서 이루어진 경제성장에는 노동이나 자본의 양이 늘어났기 때문이라고 볼 수 있는 부분과 기술진보 때문이라고 볼 수 있는 부분이 섞여 있게 마련이다.

생산활동에 투입되는 노동이나 자본의 양이 늘어나 이루어지는 성장을 '양적성장'이라고 부른다. 이에 비해 기술진보에 의해 이루어지는 성장은 '질적성장'이라고 부른다. 그렇다면 어떤 나라에서 실제로 이루어진 경제성장은 양적성장의 성격이 강할까 아니면 질적성장의 성격이 강할까? 이론적 관점에서 한 나라에서 이루어진 경제성장을 이 두 요인으로 분해해 볼 수 있는데, 이와 같은 작업을 **성장회계**growth accounting라고 부른다.

성장회계를 통해 각 나라가 성장해 온 과정을 분석해 보면 흥미로운 사실들을 발견할 수 있다. 동아시아의 '네 마리 용'이라고 불리는 우리나라, 홍콩, 싱가포르, 대만은 지난날 눈부신 경제성장을 이룩해 다른 나라들의 부러움과 경계의 대상이 되어 왔다. 경제학자들은 이들이 그와 같은 성공을 거둔 데 과연 어떤 비결이 있었는지에 대해 많은 관심을 가졌다. 성장회계의 관점에서 이들의 성장과정을 분석한 결과를 보면, 이 나라들이 이룩한 눈부신 경제성장은 주로 양적성장의 성격을 갖는다는 것을 알 수 있다.

가장 극단적인 예가 싱가포르로서, 양적인 성장을 의미한다고 볼 수 있는 부분이 전체 성장의 무려 98%나 차지하는 것을 발견할 수 있다. 반면에 미국의 경우에는 질적성장이 차지하는 비중이 42%나 되어 좋은 대조를 이루고 있다. 만약 이 분석결과가 사실이라면 '아시아의 기적'Asian Miracle을 가능하게 했던 숨은 비결은 높은 저축률과 노동시간의 연장에 불과했다는 결론에 이르게 된다.

우리가 주로 양적인 성장에 의존해 눈부신 경제성장을 이룩했다고 부끄러워해야 할 이유는 없다. 여건이 너무나 열악한 나머지 양적성장조차 감히 꿈꾸지 못하는 나라가 한둘이 아니다. 그러나 양적인 성장에는 기본적으로 한계가 있어 언젠가는 더 이상의 성장이 불가능해진다는 문제가 있다. 노동과 자본 투입량이 계속 증가하면 상품 생산량의 증가 속도가 더디어지기 시작한다. 뿐만 아니라 노동이나 자본 투입량을 한없이 늘려 나가기도 힘든 일이어서 양적성장에는 명백한 한계가 있을 수밖에 없다.

반면에 기술진보에 기초한 질적성장은 끝없이 지속될 수 있다. 그리고 지속적인 성장은 오직 질적성장을 통해서만 이루어질 수 있다. 따라서 가능하기만 하다면 최대한의 질적성장을 추구하는 것이 바람직한 일이다. 그렇지만 이와 같은 사실이 양적성장의 중요성을 경시하는 근거로 사용되어서는 안 된다. 경제발전의 단계에 따라 양적성장이 나름대로 의미를 갖는 시기가 있기 때문이다. 예컨대 발전의 초기단계에서는 양적성장을 추구하는 것이 비교적 효과적인 성장전략일 수 있다. 아직도 빈곤의 늪에서 허덕이는 수많은 나라들을 보면 양적성장을 이룩하는 것조차도 결코 쉬운 일이 아님을 알 수 있다.

고용 없는 성장

성장을 하는데도 왜 일자리는 늘어나지 않는가?

경제성장이 비교적 순조롭게 이루어지는 상황에서도 고용은 별로 늘어나지 않는 현상을 종종 관찰할 수 있다. 이런 '고용 없는 성장'jobless growth이라는 현상이 나타나게 된 원인으로 몇 가지가 지적되고 있다. 무엇보다 우선 비용 절감을 위해 기업들이 생산기지를 외국으로 옮겨 간 것이 고용 증가를 막은 주요 원인으로 꼽히고 있다. 또한 정보기술information technology 확산의 결과 생산과정에 투입되는 인력을 대폭 절약할 수 있게 된 것도 중요한 역할을 했다. 나아가 구조적으로 고용 감소의 경향을 보이는 산업의 비중이 점차 늘어나고 있는 것도 또 하나의 이유가 될 수 있다.

흥미로운 점은 이런 고용 없는 성장의 현상이 세계 여러 나라에서 나타나고 있다는 사실이다. 미국 등 선진국들에서는 물론 아시아의 여러 나라, 그리고 우리나라에서도 이런 현상이 나타나고 있는 것을 볼 수 있다. 경제성장에 따른 취업자 증가율을 '고용탄성치'라는 개념으로 나타낼 수 있는데, 우리 경제에서는 이 수치가 점차 떨어져 가는 추세를 보이고 있다.

좀 더 구체적으로 말해, 1997년까지는 고용탄성치가 평균적으로 0.33의 수준을 유지했는데, 외환위기 이후 10년간 0.31 수준으로 떨어졌고, 글로벌 금융위기 이후에는 다시 0.29로 떨어졌다. 많은 사람들이 이제는 우리 경제에서도 고용 없는 성장이 정착된 것이 아니냐는 우려를 하고 있다. 2001년만 해도 경제성장률이 1% 포인트 올라갈 때마다 13만 3,390개의 새 일자리가 창출될 수 있었다. 그런데 2002년에는 그것이 9만 4,460개로 줄어들고, 2003년에는 다시 3만 6,450개로 줄어들었다고 한다.

한 전문가의 해석에 따르면, 노동시장의 경직성과 높은 임금 상승률이 고용 없는 성장을 가져온 주요 원인이었다고 한다. 이와 같은 해석에 일리가 없는 것은 아니나, 전 세계적으로 이와 비슷한 현상이 일어나고 있음을 생각하면 그것만으로는 충분한 설명이 될 수 없다는 느낌을 받는다. 모든 나라에서 공통적으로 일어나고 있는 산업구조나 생산방식의 변화도 매우 중요한 역할을 하고 있으리라는 짐작을 해 볼 수 있다.

빨리 먹어야 성장률이 높아진다?

경제·경영부문 베스트셀러 리스트에 올랐던 『일본전산 이야기』라는 책이 있다. 이 책은 1973년 작은 시골 창고에서 출발해 계열사 140개에 직원 3만 명을 거느린 대기업으로 성장한 일본전산의 성공신화를 소개하고 있다. 이 기업의 CEO 나가모리 씨는 신입사원을 뽑을 때 밥을 빨리 먹는 사람을 우대하는 독특한 정책을 썼다고 기록되어 있다.

우스꽝스럽게 들릴지 모르지만, 나가모리 씨는 나름대로 이유가 있어 그런 정책을 썼다고 한다. 그에 따르면 밥을 빨리 먹는 사람이 다른 행동도 재빠르다고 한다. 뿐만 아니라 밥을 빨리 먹는다는 것은 그만큼 건강이 좋다는 뜻이기도 하다는 것이 그의 지론이다. 소화능력이 떨어지는 사람이라면 애당초 밥을 빨리 먹을 수 없기 때문이라는 것이다.

밥을 빨리 먹는 사람이 유능한 사원이라는 그의 말을 믿거나 말거나 아무 상관이 없다. 그가 큰 성공을 거두었다고 해서 그의 생각 모두가 맞을 리 없기 때문이다. 그러나 구체적인 통계자료를 들이대면서 밥을 빨리 먹는 국민을 가진 나라가 높은 경제성장률을 달성했다고 주장하면 조금 난처해진다. 통계자료 그 자체에 틀림이 없다면 그대로 무시해 버릴 수도 없는 일이기 때문이다.

OECD는 회원국 국민의 생활 여건에 대한 조사의 일환으로 하루 중 먹고 마시는 데 쓰는 시간이 나라별로 얼마나 다른지 조사해 보았다. 조사대상이 된 17개 나라 중 식사 시간이 가장 긴 나라는 예상대로 프랑스였다. 프랑스 사람들은 하루 평균 135분을 식사 시간에 쓰고 있는 것으로 드러났다. 포도주 마시고 대화를 즐기면서 느긋하게 식사를 하는 프랑스 사람의 모습이 눈에 보이는 듯하다.

반면에 식사 시간이 가장 짧은 나라는 북아메리카의 세 나라, 즉 미국, 캐나다, 멕시코인 것으로 나타났다. 이 세 나라 사람들이 식사에 쓰는 시간은 하루 75분에 지나지 않아 프랑스 사람의 절반 수준이었다. 우리나라의 경우에는 100분이 약간 못 되는 시간을 식사에 써서 짧은 순으로 따질 때 10위의 자리를 차지하고 있다.

그런데 한 가지 흥미로운 사실은 식사 시간이 짧은 나라들의 경제성장률이 상대적으로 더 높다는 것이다. 식사 시간이 100분 미만인 10개국의 2008년 평균 성장률을 계산해보면 −1.2%였다. 이에 비해 식사 시간이 100분을 넘는 7개국의 그해 평균 성장률은 −2%로 상당한 격차를 보이고 있다. 이와 같은 차이는 2001년부터 2008년에 이르는 기간 동안 매년 똑같이 나타났다.

유럽지역만 국한해서 볼 때도 이와 비슷한 양상이 나타났다. 이들 중 식사 시간이 상대적으로 짧은 네 나라(영국, 핀란드, 노르웨이, 스웨덴)의 2001~2008년 평균 성장률은 2%였다. 반면에 식사 시간이 긴 네 나라(프랑스, 독일, 이탈리아, 벨기에)의 같은 기간 평균 성장률은 1.5%에 지나지 않았다. 유일한 예외는 식사 시간이 여섯 번째로 긴 스페인이 비교적 높은 성장률을 보인 경우였다.

이 통계자료를 보고 짧은 식사 시간이 경제성장을 촉진시키는 요인이라고 생각하면 큰 오해다. 식사 시간과 경제성장률 사이에는 단순한 상관관계 이상의 것이 존재하지 않을 가능성이 크다. 상관관계를 인과관계로 오인해 '밥 빨리 먹기' 캠페인을 벌이는 것만큼 우스운 일은 없을 것이다.

왜 나라마다 발전의 정도가 다를까?

지금은 유럽과 북아메리카가 세계에서 제일 잘사는 지역이지만 아주 오래전부터 그랬던 것은 아니다. 13세기 몽골제국이 유럽 대륙을 휩쓸 때만 해도 세계의 중심은 아시아였고 유럽은 변방에 지나지 않았다. 유럽이 세계의 경제적 중심으로 부상하기 시작한 계기가 된 것은 18세기 영국에서 일어난 산업혁명industrial revolution이었다. 산업혁명이 일어나고 그 여파가 유럽 대륙으로 확산되기 전만 해도 유럽의 생산력 수준이 압도적으로 우월한 것은 아니었다.

한편 세계에서 가장 못사는 나라들은 거의 대부분이 아프리카에 모여 있는 것을 볼 수 있다. 아시아에도 가난한 나라들이 많지만 그래도 아프리카의 여러 나라들보다는 사정이 좀 더 나은 편이다. 이미 많은 아시아 국가들이 빈곤의 늪에서 빠져나와 본격적인 성장의 대열에 합류해 있는 것을 볼 수 있다. 그러나 아프리카 대륙에는 아직도 정체의 깊은 잠에서 깨어나지 못한 나라들이 거의 대부분이다. 그렇다면 그 나라들의 발전 정도가 상대적으로 뒤떨어지고 빈곤의 늪에서 쉽게 빠져나오지 못하는 이유는 과연 무엇일까?

나라마다 발전의 정도가 다른 이유로는 지리적 요인, 문화적 요인, 그리고 제도적 요인 등을 들 수 있다. 무엇보다 우선 나라마다 다른 지리적 여건이 발전의 정도에 영향을 줄 가능성을 생각해 볼 수 있다. 예를 들어 어떤 나라는 그 나라가 위치해 있는 지역의 특성상 불리한 토질, 기후, 생태 등의 조건을 안고 있어 경제발전이 제대로 이루어지지 못한다. 반면에 부유한 나라들은 상대적으로 더 유리한 지리적 여건 덕분으로 빠른 경제발전을 이루었을 수 있다.

열대지역의 아프리카 국가들은 일반적으로 경제발전에 불리한 지리적 여건을 갖고 있다. 특히 아프리카 지역의 높은 기온이 불리한 조건으로 작용한다고 볼 수 있다. 기온과 1인당 국민소득 사이의 관계를 분석한 연구 결과를 보면 양자 사이에 분명한 상관관계가 존재하는 것으로 드러난다. 어떤 나라의 평균 기온이 1℃ 올라감에 따라 그 나라의 1인당 국민소득이 8.5% 정도 더 낮아진다는 연구 결과가 나와 있다. 1965년부터 1990년에 이르는 기간 동안 열대지방에 있는 나라들의 평균 경제성장률은 세계의 평균 경제성장률에 비해 0.9% 포인트 더 낮았던 것을 볼 수 있다

높은 기온 그 자체가 경제성장을 더디게 만드는 요인이라고 보기는 힘들다. 기온이 높은 지역에서는 말라리아 등의 질병이 많이 유행하기 때문에 생산성이 낮은 경향을 보인다는 해석이 더욱 설득력이 있다. 또한 우리가 아직 찾아내지 못한 어떤 이유에서 기온이 높은 지역의 경제성장이 더딘 경향을 보일 수도 있다. 만약 이 가설이 맞는 것이라면 불리한 지리적 여건을 갖는 나라들은 앞으로도 상당 기간 동안 빈곤의 늪에서 빠져나오기 힘들 것이라는 우울한 전망이 나온다. 시간이 많이 흐른다 해도 그런 불리한 지리적 여건이 크게 달라질 리 없기 때문이다.

나라마다 발전의 정도가 다른 또 하나의 이유로 각 나라의 상이한 문화적 배경을 들 수 있다. 나라마다 다른 문화적 배경 때문에 가치관이라든가 선호 혹은 믿음에 차이가 생기고, 이런 차이로 인해 경제적 성과에 격차가 발생할 수 있는 것이다. 예를 들어 어떤 문화에서는 물질적 측면에 높은 가치를 부여하는 반면, 어떤 문화에서는 정신적 측면을 더 중요하게 생각하는 차이가 존재할 수 있다. 혹은 모험적인 투자나 혁신을 높이 평가하는 문화가 있을 수 있고 그렇지 않은 문화가 있을 수도 있다.

문화적 배경이 중요하다고 생각하는 사람들이 가장 자주 드는 예는 독일의 사회학자 베버M. Weber가 쓴 『프로테스탄트 윤리와 자본주의 정신』이

라는 책이다. 이 책에서 베버는 서유럽에서 이루어진 산업화의 뿌리를 근면과 저축을 중시하는 개신교의 윤리관에서 찾을 수 있다고 주장했다. 종교개혁을 이끈 루터M. Luther는 모든 직업이 하늘이 내린 소명calling이라고 말했다. 이는 각자 맡은 일을 성실하게 수행하는 것이 하늘의 뜻이라는 해석으로 이어져 개신교 윤리관의 기초를 형성하게 되었다.

이와 더불어 동아시아의 네 마리 용의 눈부신 성장과 이 지역에 보편적으로 존재하는 유교적 윤리 사이의 관계도 자주 언급되고 있는 예다. 교육의 중요성을 강조하고 근면성과 성실성을 중시하는 유교적 윤리 덕분에 이 나라들이 눈부신 성장을 이룰 수 있었다는 주장이다. 영혼의 구원을 강조하는 다른 종교와 달리, 유교에서는 근면성이나 성실성 같은 세속적인 윤리기준이 상대적으로 더 강조되고 있다. 바로 이와 같은 동아시아의 유교적 문화가 경제발전에 유리한 여건을 만들어 주었다고 볼 수 있다.

이 이외에 어떤 나라의 제도적 특성도 발전의 정도에 차이를 가져오는 중요한 요인이 될 수 있다. 여기서 말하는 제도란 것은 법률과 규정처럼 경제적 거래를 통제하는 공식적 규율, 그리고 통념이나 관행 같은 비공식적 규율을 포괄하는 개념이다. 어떤 사회의 제도적 특성에 따라 사람들이 경제활동을 할 때 직면하는 제약이 달라지고 유인구조도 달라질 수 있다. 바로 이 차이가 얼마나 열심히 일하고 저축하며 또한 새로운 기술에 대해 어떤 태도를 취할 것인지의 차이로 이어질 수 있다.

예를 들어 소유권이 잘 보호되고 계약이 잘 이행되는 사회와 그렇지 못한 사회 사이에 현저한 경제적 성과의 차이가 존재한다. 소유권이 잘 보호되지 못하고 계약이 잘 이행되지 않는 사회에서는 열심히 일하려는 태도, 정직하고 성실하게 살아가려는 태도를 찾아보기 어렵다. 땀 흘려 일한 성과를 다른 사람이 마음대로 빼어간다면 누가 구태여 열심히 일하려 들겠는가? 또한 계약이 잘 지켜지지 않는 사회에서 정직하고 성실하게 살아가려고 하는 사람을 찾아보기 힘든 것도 당연한 일이다.

라이베리아의 비극

아프리카 서부에 위치한 라이베리아Liberia는 1847년 미국의 해방노예들이 세운 아프리카 최초의 공화국이다. 미국에서 민주적인 정치를 경험한 바 있었던 그들은 나름대로 이상적인 정치체제를 확립하려는 의욕에 불타고 있었다. 당시만 해도 아프리카의 거의 전 지역이 서구 열강의 식민지배하에 있었던 시절이었는데, 오직 라이베리아만이 어둠 속의 횃불처럼 홀로 빛나고 있었다.

그 후 라이베리아는 경제적으로도 상당한 성공을 거두었지만, 한 가지 매우 심각한 잠재적 불안요소를 안고 있었다. 그것은 전 인구의 5%에 불과한 미국 해방노예 후손들이 사회의 모든 측면에서 지도층으로 군림하고 있었다는 문제였다. 나머지 95%의 토착민들은 사회의 하층민으로 천대받는 처지를 면치 못하고 있었는데, 이들의 불만이 커지면서 극심한 사회적 혼란에 휩싸이게 되었다.

결국 1980년 도우S. Doe 상사가 군사쿠데타를 일으켜 전권을 장악하고, 해방노예의 후손들에 대한 대대적 숙청을 단행하기에 이르렀다. 그러나 도우정권은 잔인한 행태를 보였을 뿐 아니라, 극심한 부패상까지 보여 민심을 얻는 데 실패했다. 이로 인한 극도의 정치적 혼란은 내전으로 이어져 1997년까지 끔찍한 동족상잔의 비극이 계속되었다.

1997년 실시된 선거에서 테일러C. Taylor가 대통령으로 당선되었으나, 오랜 내전이 남긴 상처는 너무나 깊었다. 의료시설은 거의 모두 파괴되었고, 수도인 몬로비아에서조차 전기와 수도 공급이 완전히 끊긴 상태였다.

테일러는 집권 후 국내외에서 많은 문제를 일으켰고, 그 결과 내전은 다시 격화되는 양상을 보이기 시작했다. 2003년 반란군이 국토의 대부분을 점령하게 되자 테일러는 대통령직에서 물러나 망명의 길을 떠나게 되었다.

1970년대 초만 하더라도 라이베리아의 1인당 국민소득은 1천 달러 수준에 이르렀다. 이는 그때 우리나라 1인당 국민소득과 거의 비슷한 수준으로, 당시의 아프리카에서는 예외적으로 높은 것이었다. 그러나 계속되는 정치적 불안으로 인해 곤두박질친 결과, 1990년대 중반에는 1백 달러에도 못 미치는 수준으로 떨어지게 되었다.

한때 아프리카에서 가장 앞선 나라로 꼽히던 라이베리아가 지금과 같은 비참한 상태로 추락한 것을 보면 정치적 안정이 얼마나 중요한 것인지를 새삼 깨닫게 된다. 정치적 혼란으로 인해 경제발전은커녕 오히려 경제가 몇십 년 전으로 뒷걸음질 친 사례가 비단 라이베리아에 그치지 않는다. 모잠비크, 우간다, 콩고, 소말리아, 수단 등 수많은 나라들에서 이와 비슷한 일이 일어났다. 지금 이 순간에도 세계 여러 나라에서 이와 똑같은 일이 되풀이되고 있는 것은 엄청난 비극이 아닐 수 없다.

자원의 저주

자원이 풍부하다 해서 반드시 좋은 것은 아니다

석유뿐 아니라 다른 원자재의 가격이 치솟을 때마다 자원이 부족한 우리가 겪는 어려움은 그만큼 커진다. 원자재 가격의 폭등 소식을 들을 때마다 자원을 풍부하게 갖고 있는 나라는 얼마나 좋을까라는 생각을 하게 된다. 그러나 경제학자들의 연구 결과에 비추어 보면 그런 나라를 부러워할 필요가 별로 없을 것 같다. 풍부한 자원을 갖고 있는 나라들의 경제성장 속도가 오히려 상대적으로 더 느린 것으로 나타나기 때문이다. 풍부한 자원의 존재가 경제성장에 해로울 수 있다는 뜻에서 '자원의 저주'resource curse라는 말까지 나오고 있다.

그렇다면 자원의 저주가 발생하는 이유는 과연 무엇일까? 우선 자원의 새로운 발견이나 가격 상승으로 인한 일시적 소득 증가가 과도한 소비로 이어질 수 있다는 점을 들 수 있다. 자원을 팔아 부자가 된 사람들이 흥청망청 써버리고 미래를 위한 저축과 투자를 소홀히 할 가능성이 큰 것이다. 정말로 이런 일이 일어난다면 풍부한 자원의 존재가 경제성장에 도움이 되기 힘들다. 그 후 자원이 고갈되거나 가격이 크게 떨어지면 경제는 오히려 크게 뒷걸음질 칠 수도 있다.

남태평양의 작은 섬나라인 나우루Nauru는 비료 원료인 인광석이 발견되면서 돈벼락을 맞게 되었다. 그 결과 이 나라는 1980년대 초 1인당 국민소득이 세계에서 가장 높은 나라 중 하나가 되었다. 그러나 그 나라 사람들은 벌어들인 돈을 수입 사치품에 모두 탕진해 버렸고, 결국 1990년대 인광석 매장량이 바닥나면서 잔치는 끝나고 말았다. 나우루 사람들은 비만과 당뇨에 시달리면서 물고기를 잡아 끼니를 해결할 수밖에 없는 처지에 빠져버렸다.

풍부한 자원이 장기적으로 경제성장에 나쁜 영향을 줄 수 있는 또 다른 이유는 자원의 개발과 수출 과정에서 산업구조가 왜곡될 수 있다는 데서 찾을 수 있다. 천연자원을 개발하기 위해 외국자본을 들여오고 자원을 수출해 외화를 벌어들이다 보면 국내에 외화가 넘쳐나는 현상이 나타나기 마련이다. 그렇게 되면 환율이 하락하게 되는데, 환율의 하락은 국내 산업의 가격경쟁력 약화로 이어지게 된다.

환율 하락으로 인해 특히 타격을 받는 것은 제조업 분야다. 서비스업의 경우에는 국제교역이 그리 활발하게 이루어지지 않기 때문에 환율의 영향을 비교적 적게 받는다. 그러나 국제교역이 아주 활발하게 이루어지는 제조업의 경우에는 환율의 변화가 중대한 영향을 미친다. 1959년 천연가스 개발로 큰돈을 벌게 된 네덜란드에서 바로 이와 같은 현상이 나타났다. 즉 환율 하락이 제조업의 위축을 초래했고, 그 결과 성장속도가 현저하게 느려진 현상이 나타난 것이다. 사람들은 이런 현상을 가리켜 '네덜란드병' Dutch disease이라고 부른다.

주로 개발도상국에서 발생하는 문제지만, 천연자원을 둘러싼 부정부패, 내전, 그리고 정책실패가 자원의 저주를 초래하는 또 다른 원인이 될 수 있다. 반면에 노르웨이의 경우에는 대규모 천연자원 개발의 덕을 톡톡히 본 경우라고 할 수 있다. 노르웨이는 북해유전에서 나온 원유를 수출해 많은 외화를 벌어들였지만 이로 인해 경제성장에 전혀 지장을 받지 않은 사례로 자주 인용되고 있다.

결론적으로 말해 풍부한 천연자원의 존재 그 자체가 축복일 수도 없고 저주일 수도 없다. 문제의 핵심은 이를 어떻게 활용하고 관리하는지에 있는 것이다. 또한 자원이 풍부하지 못하다 해서 크게 실망할 필요도 없다. 잘사는 나라들의 면면을 보면 천연자원이 별로 풍부하지 못한 나라들이 많이 포함되어 있는 것을 볼 수 있다.

13

국제무역과 금융

비교우위의 원칙

어떤 회사의 사장은 학생 시절에 파워포인트 발표문을 만들어 본 경험이 많아 지금도 이를 능숙하게 만들 줄 안다. 사내 연수과정에서 파워포인트 작성법을 처음 익힌 그의 비서보다 오히려 더 잘 만들 정도다. 그렇다고 해서 그가 모든 파워포인트 발표문을 직접 만들려고 한다면 그것은 무척 바보 같은 짓이다. 그의 시간은 한정되어 있기 때문에 기업 경영상의 결정을 내리는 데 전념하는 것이 바람직하다. 인건비 몇 푼을 절약하기 위해 아까운 시간을 파워포인트 발표문 작성에 허비하고, 그 결과 심사숙고하여 내려야 할 중대한 결정을 망쳐서는 안 된다.

이와 비슷한 또 다른 예를 들어보자. 어느 음식점의 주방에 박씨와 노씨 두 사람이 함께 일하고 있다. 그런데 주방장 격인 박씨는 요리를 하는 데 노씨보다 더 월등한 솜씨를 갖고 있는 것은 물론, 채소와 고기를 써는 데도 더 훌륭한 솜씨를 갖고 있다. 좀 더 구체적으로 말하자면, 박씨가 요리하는 일에서는 다섯 배나 더 솜씨가 좋고 써는 일에서는 두 배만큼 더 좋다고 한다. 그렇다면 박씨가 요리는 물론 써는 일까지 떠맡는 것이 바람직하다고 말할 수 있을까?

박씨가 써는 일까지 도맡아서 하고 노씨는 아무 일도 하지 않고 노닥거릴 때 어떤 일이 생길지 상상하기는 과히 어렵지 않다. 박씨 혼자 썰고 요리하느라 부산을 떠는 사이에 기다리다 지친 손님은 화를 내며 자리를 박차고 나가기가 십상일 것이다. 두 사람이 역할 분담 없이 써는 일과 요리하는 일에 함께 매달린다면 상황은 더욱 뒤죽박죽으로 될 것이 분명하다. 가장 효율적인 일의 분담은 노씨가 써는 일을 맡고 박씨가 요리하는 일을 맡는 것이다. 그래야만 맛있는 요리가 제때에 손님상에 놓일 수 있다. 박씨가 요리하는 데 상대적으로 더 큰 우위를 갖고 있으므로 요리에 전념하게 만든 것이 효율성의 비결이다.

위의 상황에서 노씨는 절대적인 관점에서 볼 때 두 가지 일 모두에서 박씨보다 비능률적이다. 그러나 노씨가 써는 일을 맡아야 하는 이유는 그가 이 일에 대해 **비교우위**comparative advantage를 갖고 있기 때문이다. 절대적으로는 두 가지 일 모두에서 열등하지만, 요리하는 일에 비하면 써는 일에서 상대적으로 효율적일 수 있다는 뜻에서 비교우위가 있다고 말하는 것이다. 박씨에 비해 요리기술이 다섯 배나 뒤지지만 써는 기술은 두 배밖에 뒤지지 않으므로 써는 일에서 상대적으로 효율적이라고 할 수 있다. 이 예에서 볼 수 있는 것처럼, 모든 면에서 열등하게 보이는 사람이라 할지라도 최소한 한 가지 일에서는 비교우위를 갖게 마련이다.

영국의 고전파 경제학자 리카도D. Ricardo는 나라와 나라 사이의 무역에도 이 비교우위의 원칙이 적용된다고 설명했다. 예를 들어 우리나라 근로자 한 명이 일 년에 컴퓨터를 50대 생산해 낼 수 있는 데 비해, 스리랑카의 근로자는 10대밖에 생산하지 못한다고 하자. 그리고 우리나라 근로자 한 명이 1년에 옷을 100벌 만드는데, 스리랑카 근로자는 50벌만 생산할 수 있다고 하자. 이 예에 따르면, 컴퓨터 생산의 경우 우리나라 근로자가 다섯 배나 더 생산적이지만 옷 생산에서는 그 격차가 두 배밖에 되지 않는다. 앞에서 본 예에 비추어보면 우리나라가 컴퓨터 생산에 비교우위를 갖는 한편, 스리랑카는 옷 생산에 비교우위를 갖는다는 것을 알 수 있다.

이 상황에서 가장 효율적인 분업체제는 우리나라가 비교우위를 갖는 컴퓨터 생산에 특화하는specialize 한편, 스리랑카는 옷 생산에 특화한 다음 서로 교역하는 체제다. 이와 같은 국제분업체제가 이루어지면 두 나라 국민 모두가 자급자족체제에서보다 한층 더 풍족한 소비생활을 누릴 수 있다는 것이 비교우위이론의 내용이다. 아무리 비생산적인 나라라도 최소한 하나의 산업에서는 비교우위를 갖기 때문에 서로 이득이 될 수 있는 국제교역의 여지는 항상 열려 있다고 말할 수 있다.

중국이 운동화를 수출하는 이유

쿠웨이트가 석유를 수출하고 콜롬비아가 커피를 수출하는 이유가 무엇인지 구태여 캐묻는 사람은 없다. 석유자원을 많이 갖고 있는 나라가 석유를 수출하고, 커피를 경작하기에 좋은 기후를 갖고 있는 나라가 커피를 수출한다는 대답은 누구라도 쉽게 할 수 있다. 그러나 어떤 나라가 특정한 상품을 수출하고 있는 이유를 이처럼 분명하게 댈 수 없는 경우가 더 많다. 예를 들어 중국이 운동화를 대량으로 만들어 수출하는 이유는 지하자원이나 기후 같은 것으로 분명하게 설명하기 힘들다.

비교우위의 원칙에 따르면 각 나라는 자신이 비교우위를 갖고 있는 상품을 생산, 수출하게 된다. 그렇다면 이 비교우위라는 것이 과연 어디에서 나오는 것일까? 우선 생각할 수 있는 것은 앞서 본 예에서처럼 어떤 나라가 풍부한 자원을 갖고 있어 비교우위를 갖게 되는 경우다. 또한 미국이 첨단산업 제품을 많이 수출하고 있는 것처럼, 우월한 기술에서 비교우위가 나올 수도 있다. 나아가 오랫동안 생산해 온 경험 때문에 비교우위를 갖는 경우도 있는데, 고급시계 분야에서 스위스가 다른 나라의 추종을 불허할 정도로 우위를 갖는 것이 그 좋은 예다.

그렇다면 중국이 운동화 생산에 비교우위를 갖는 이유는 앞에서 든 것 중 어느 것에 해당하는 것일까? 우선 답부터 말한다면 첫 번째 것, 즉 자원을 풍부하게 갖고 있기 때문에 비교우위를 갖는 경우에 해당한다. 중국은 노동이라는 자원을 풍부하게 갖고 있어 생산과정에서 노동이 많이 사용되는 운동화를 싸게 생산할 수 있다. 경제학 용어를 써서 표현하면, 노동이 풍부한 중국이 노동집약적으로 생산되는 운동화 생산에 비교우위를 갖는 것이다. 마찬가지 이유로 자본을 풍부하게 갖고 있는 나라는 자본집약적으로 생산되는 상품 생산에 비교우위를 갖게 된다.

이와 같은 상식 차원에서의 논의를 좀 더 엄밀하게 표현한 것이 바로 **헥셔-올린정리**Heckscher-Ohlin theorem다. 스웨덴의 두 경제학자 이름을 딴 이 정리는 어떤 나라가 무슨 생산요소를 상대적으로 더 풍부하게 갖고 있는지가 비교우위의 결정요인이라고 설명한다. 다시 말해 노동을 상대적으로 풍부하게 갖고 있는 나라는 노동집약적인 상품에, 그리고 자본을 상대적으로 풍부하게 갖고 있는 나라는 자본집약적인 상품에 비교우위를 갖는다는 것이 이 정리의 내용이다. 예컨대 중국이 운동화를 수출하고 독일이 자동차를 수출하는 것을 바로 이런 각도에서 설명할 수 있다.

자본을 매우 풍부하게 갖고 있는 나라를 꼽아 보라면 누구나 선뜻 미국을 가리킬 것이 분명하다. 따라서 헥셔-올린정리에 따르면 미국은 주로 자본집약적인 상품들을 수출하고 있어야 한다. 그런데 실제로 무역통계를 분석해본 결과는 이와 정반대로 나타나 사람들을 놀라게 했다. 레온티에프 W. Leontief라는 경제학자가 미국의 수출입 상품의 내용을 조사해 보았는데, 뜻밖에도 수출품이 상대적으로 더욱 노동집약적이라는 사실을 발견했던 것이다. 자본이 가장 풍부하다고 생각되는 미국이 노동집약적인 상품들을 수출하고 자본집약적인 상품들을 수입한다는 것은 잘 납득이 가지 않는 일임이 분명하다.

이 뜻밖의 결과를 **레온티에프역설**Leontief paradox이라고 부르는데, 한동안 국제무역이론을 전공하는 학자들 사이에는 이에 대한 설명을 찾으려는 연구가 큰 유행을 이루었다. 그러나 이러한 노력은 헥셔-올린정리가 이론적으로 타당하다는 것을 전제로 한 상황에서 현실과 타협할 수 있는 방법을 찾으려 했다는 한계를 갖고 있다. 다시 말해 이 정리 자체에 문제가 있을지도 모른다는 생각은 하지 않고 현실을 그것에 두드려 맞추려고 노력했을 뿐이라는 말이다. 그 정리에 미련을 갖지 말고 아예 비교우위가 생기는 원인을 다른 데서 찾으려고 노력하는 것이 더욱 생산적이었을지도 모른다.

산업내무역

왜 독일과 일본이 자동차를 서로 사고팔까?

상식적으로 생각해 보면 여건이 서로 비슷한 나라보다는 큰 차이가 나는 나라 사이에서 교역이 이루어질 가능성이 크다. 예를 들어 독일과 프랑스 사이보다는 독일과 태국 사이에서 더 많은 교역이 이루어질 것이라고 예측할 수 있다. 그러나 현실의 교역 상황은 이와 같은 예측과 매우 큰 차이를 보이고 있다. 무역통계를 보면 선진국의 주요 교역 상대는 개발도상국이 아니라 여건이 비슷한 다른 선진국들이라는 사실을 알 수 있다.

또 한 가지 재미있는 점은 이들이 동일한 품목을 수출하는 동시에 수입도 하는 사례가 상당히 많다는 사실이다. 예를 들어 일본이 미국이나 독일에 자동차를 수출하는 동시에 이들로부터 자동차를 수입하는 등의 일이 흔하게 벌어지고 있다.

이 현상을 이해하기 위해서는 공산품의 경우 제조업자마다 상품의 특성을 조금씩 다르게 만드는 **상품차별화**product differentiation가 광범하게 이루어지고 있다는 사실에 주목해야 한다. 예를 들어 같은 승용차라 해도, 어떤 회사의 차는 쾌적한 승차감에 중점을 둔 반면 다른 회사의 차는 주행능력에 중점을 두는 등 회사마다 조금씩 다른 특성의 승용차를 만들어내고 있다.

일본이 독일에 수출하는 차는 주로 대중들이 싸게 살 수 있는 중·소형 차들이다. 반면에 벤츠나 BMW 같은 고급차종의 경우에는 일본이 독일로부터 수입해 간다. 결국 독일과 일본은 자동차라는 하나의 상품을 서로 사고파는 식의 교역관계를 맺고 있는 것이다. 이처럼 한 나라가 수출하는 상품과 수입하는 상품이 서로 같은 현상의 배후에 앞에서 말한 상품차별화가 있음을 짐작할 수 있다.

여기에서 우리는 한 가지 의문을 제기할 수 있다. 즉 자동차의 종류가 아무리 많다 하더라도 한 나라가 모든 차종을 국내에서 생산할 수 있는데도 왜 어떤 차종은 수입에 의존하고 있는가라는 의문이다. 이 의문에 대한 해답의 열쇠는 규모의 경제라는 생산기술상의 특성에서 찾을 수 있다.

예컨대 자동차를 생산하는 과정에 규모의 경제가 존재해 한 가지 차종을 대량으로 생산할 때 비용이 현저히 절감될 수 있다고 하자. 그렇다면 모든 차종을 조금씩 생산하는 기업은 소수의 차종을 대량으로 생산하는 기업에 비해 경쟁력이 떨어지게 된다. 이 점을 생각해 보면 선진국들끼리 자동차를 서로 사고파는 현상이 나타나는 이유를 알 수 있다.

크루그먼P. Krugman은 이처럼 똑같은 상품을 서로 사고파는 형태의 무역이 상당한 비중을 차지하고 있음을 밝혀내고, 이를 **산업내무역**intra-industry trade이라 불렀다. 산업내무역에는 국제무역에 대한 우리의 상식과 조금 다른 측면이 있다. 우리가 국제무역이론을 처음 배울 때 본 예들은 각 나라가 서로 다른 상품을 수출하고 수입한다는 것이 대부분이었다. 예컨대 우리나라가 미국에 옷을 수출하고 기계를 수입한다든가, 영국이 포르투갈에 면제품을 수출하고 포도주를 수입한다든가 하는 식이었다. 이렇게 두 나라가 서로 다른 상품을 사고판다는 것이 우리의 상식인데, 산업내무역은 이런 상식과 거리가 먼 현상이다.

산업내무역은 주로 비슷한 여건을 보유하고 있는 나라 사이에서 일어날 가능성이 크다. 일본을 상대로 자동차를 사고팔 수 있는 나라는 독일처럼 그 자신이 상당히 발전된 자동차산업을 보유하고 있어야 한다. 마찬가지로 스위스와 화학제품을 사고팔 수 있는 나라는 스스로 상당히 발전된 화학산업을 보유하고 있어야 한다. 선진국들 사이에서 서로 사고파는 상품의 예는 지금 든 것 이외에도 수없이 많다. 그렇기 때문에 선진국 상호 간의 무역이 세계 전체의 무역에서 차지하는 비중이 매우 크게 나타날 수밖에 없다.

제품생애주기이론

말레이시아가 컴퓨터를 수출한다?

얼마 전까지만 해도 미국이 세계 컴퓨터시장에서 거의 독보적인 지위를 차지하고 있었다. 그러나 이제는 우리나라나 대만 같은 나라의 시장점유율이 급속하게 늘어나는 것으로 판도가 바뀌어 가고 있다. 이대로 가다가는 머지않아 말레이시아나 태국이 컴퓨터의 주요 수출국으로 등장할지도 모른다. 그 밖의 다른 첨단제품들도 지금은 선진국만이 생산하고 있지만 가까운 장래에 개발도상국에 의해 대량생산될 단계에 이를 것이다.

이처럼 몇몇 나라만이 생산, 수출하던 상품이 이내 다른 나라들에 의해 대량생산되는 단계에 들어서면서 국제무역의 흐름에 변화가 오게 된다. 사람이 생애의 어느 단계에 있느냐에 따라 행동이 달라지듯, 상품도 그 생산기술이 어느 단계에 이르렀느냐에 따라 수출하는 나라가 달라질 수 있다. 바로 이런 시각에서 무역의 흐름을 설명하려는 이론을 **제품생애주기이론**product life-cycle theory이라고 부르는데, 상품도 마치 사람처럼 생애의 여러 단계를 거친다고 보는 이론이라 해서 그런 이름이 붙었다.

이 이론에 따르면 어떤 상품이 처음 개발된 후 생애의 여러 단계를 거치면서 수출을 주로 담당하는 나라가 다음과 같이 바뀌어 가게 된다. 예컨대 어떤 신상품이 한 미국 기업에 의해 개발되어 국내외 시장에 처음 소개되었다고 하자. 이 단계에서는 미국이 이 상품의 시장에서 독보적인 위치를 차지하게 되기 때문에 당연히 수출까지 독점하게 된다. 설사 미국의 임금수준이 상대적으로 더 높더라도 이 단계에서는 그것이 별문제가 되지 않는다. 신제품의 경우에는 기술이 워낙 중요한 비중을 차지하기 때문에 임금의 높고 낮음이 경쟁력에 별 영향을 미치지 않기 때문이다.

그러나 얼마 되지 않아 다른 선진국들이 경쟁적으로 이 상품을 생산하면서 미국의 독점적 지위는 점차 약화되기 시작한다. 이들은 전반적인 기술수준에서 미국과 별 차이가 없기 때문에 마음만 먹으면 큰 어려움 없이 그 상품을 생산할 수 있다. 경쟁자들이 등장해 시장을 잠식해 감에 따라 미국 기업은 규모의 경제를 통한 비용절감이 점차 힘들어지는 것을 경험하게 된다. 이 단계에 이르면 다른 선진국들에 대한 미국의 수출이 크게 줄어들 뿐 아니라, 제3국 시장에서도 다른 선진국들과 치열한 경합이 벌어지기 시작한다.

시간이 좀 더 흐르면 그 상품의 생산기술이 보편화되어 어떤 나라의 기업이든 마음만 먹으면 생산할 수 있는 단계에 들어선다. 이 단계에 이르면 개발도상국의 기업들까지 그 상품을 대량으로 생산할 채비를 갖추게 된다. 이제 미국 기업의 상대적 우위는 완전히 사라지고, 좀 더 낮은 임금으로 생산이 가능한 개발도상국의 기업들이 경쟁력을 갖기 시작한다. 이런 추세가 계속되다 보면 미국이 오히려 그 상품을 수입하기 시작하는 것으로 판도가 바뀐다. 이처럼 한 상품이 생애의 어떤 단계에 있느냐에 따라 수출하는 나라가 바뀌어 간다는 것이 바로 제품생애주기이론이다.

지금까지의 경험에 비추어볼 때 제품생애주기이론은 상당한 현실설명력을 갖는다고 평가할 수 있다. 그동안 특정한 상품의 수출국과 수입국이 바뀌어 온 양상을 보면, 이 이론의 틀로 설명할 수 있는 부분이 상당히 큰 것을 알게 된다. 그러나 이 이론은 공산품의 무역에 대해서만 설명이 가능하다는 한계를 갖고 있다. 예를 들어 왜 태국이 쌀을 수출하고 미국이 영화를 수출하느냐에 대해서는 전혀 설명해 주는 바가 없는 것이다. 이와 같은 한계를 갖고 있기는 해도 국제무역의 흐름이 어떻게 결정되는가에 관해 하나의 새로운 시각을 제공해 주고 있는 것만은 분명하다.

보호무역이 필요한 이유

자유로운 무역이 이루어질 때 이에 참여하는 모든 나라가 더욱 풍요로운 소비생활을 누릴 수 있다. 그렇다고 해서 자유로운 무역에서 국민 모두가 더 큰 이득을 얻게 되는 것은 아니다. 어떤 사람들은 자유무역이 아닌 보호무역 아래서 오히려 더 큰 이득을 얻을 수도 있다. 사회 전체의 관점에서 볼 때 자유무역이 바람직하다는 것은 이로 인한 이득이 손해를 상쇄하고도 남을 만큼 더 크다는 것을 뜻한다. 그렇지만 이득을 보는 사람이 손해를 보는 사람에게 실제로 보상을 해주는 것은 아니다. 따라서 자유무역에서 손해를 보는 사람은 무역의 규제를 강력히 요구하기 마련이다.

반드시 개인적인 이해관계에서 나온 것은 아니라 할지라도, 보호무역을 두둔하는 논리가 상당히 많이 제기되어 있다. 보호무역을 두둔하는 논리 중 가장 많이 듣는 것은, 자유로운 무역으로 인해 실업이 발생한다는 주장이다. 그렇지만 이것이 자유로운 무역을 반대해야 할 정당한 근거로 사용되기는 어렵다. 앞에서 본 비교우위의 원칙은 생산성이 낮은 부문을 축소하고 비교우위가 있는 부문을 확대해 나갈 것을 요구한다. 바로 이 과정에서 경제 전체의 효율성이 향상되는 효과가 나온다.

보호무역을 통해 실업이 발생하는 것을 막을 수는 있지만, 값비싼 대가가 따르게 마련이다. 한 연구에 따르면 자동차 수입을 규제해 미국 자동차 회사에서 일하는 근로자들의 일자리 하나를 보장해 주는 데 드는 사회적 비용이 무려 10만 달러 이상이라고 한다. 겨우 3, 4만 달러의 가치를 갖는 일자리 하나를 보호하기 위해 10만 달러가 넘는 비용을 치러야 하는 것이다. 다만 자유로운 무역으로 인해 위축되는 산업이 주로 사양산업이라는 점에서는 문제가 될 수 있다. 사양산업에 종사하던 근로자들이 첨단산업으로 옮겨가 바로 새 일자리를 얻는다는 것은 매우 어려운 일이다. 이들의 처지를 생각한다면 국내 산업을 보호해 주어야 한다는 논리가 어느 정도 설득력을 가질 수 있다.

보호무역을 두둔하는 두 번째 논리는, 다양한 산업을 균형 있게 발전시키는 것이 매우 중요하다는 주장이다. 다양한 산업을 균형 있게 발전시키지 못하고 소수의 상품 생산에만 특화하는 것은 위험스러운 발전전략일 수 있다. 예를 들어 어떤 나라가 오락산업에 비교우위를 갖고 있어 여기에 모든 자원을 투입하는 전략을 채택했다고 하자. 평상시라면 이와 같은 전략을 통해 꽤 풍부한 소비생활을 즐길 수 있을지 모른다. 그러나 전 세계적으로 전쟁이나 기근이 일어나는 비상사태하에서는 경제 전체가 마비되는 위험에 빠질 수 있다. 이 점을 고려한다면, 국내에서 다양한 상품이 생산될 수 있도록 만드는 것이 바람직할지 모른다.

세 번째로는 안보의 측면에서 보호무역의 당위성을 주장하는 논리를 들 수 있다. 안보라는 측면에서 본다면, 유사시에 대비해 국내의 중화학 공업을 일정 수준으로 유지시켜 두는 것이 바람직할 수 있다. 뿐만 아니라 '식량안보'의 관점에서 국내 농업을 보호해 주는 것이 필요할지도 모른다. 현재 상황에서 미국, 캐나다, 오스트레일리아 등 몇 안 되는 나라가 세계의 식량수급을 마음대로 조절할 수 있다. 이들이 마음만 먹는다면 '식량의 무기화'가 이루어질 수 있고, 그렇게 되면 식량을 수입하는 나라들은 큰 타격을 입게 된다(농산물의 자급도가 30% 수준에도 미치지 못하는 우리나라도 이에서 예외가 될 수 없다). 그렇다면 최소한 주식으로 먹을 곡식 정도는 스스로 생산해야 한다는 생각을 해볼 수 있다.

네 번째로 들 수 있는 것은 외국정부의 불공정한 정책에 대한 대응의 일환으로 보호무역이 필요하다는 주장이다. 외국정부가 불공정한 정책을 쓰면 자기 나라 정부도 마땅히 이에 상응하는 정책을 써야 한다는 주장이다.

그런데 외국정부의 불공정한 정책을 비판하는 나라의 국민이 실제로는 이 정책의 수혜자라는 사실이 매우 역설적이다. 불공정한 정책의 대표적 사례는 수출업체에게 보조금을 지불해 수출단가를 낮출 수 있게 만들어 주는 것이다. 만약 우리 정부가 보조금을 지불해 미국에 어떤 상품을 싸게 수출할 수 있다면, 실제로 이에서 이득을 보는 것은 미국 국민이라고 말할 수 있다. 그런데도 기업들의 영향력이 워낙 크다 보니 일반 국민이 이득을 본다는 사실은 완전히 무시되고 마는 것이다.

보호무역의 당위성을 주장하는 논리의 마지막 예로 유치산업infant industry 보호론을 들 수 있다. 사람도 어렸을 때는 특별한 보호가 필요한 것과 마찬가지로, 산업의 경우에도 아직 미숙한 단계에 있을 때 외국의 경쟁압력으로부터 보호할 필요가 있다는 논리다. 이렇게 보호를 해주면 학습효과와 규모의 경제를 통해 차츰 경쟁력을 갖출 수 있는데, 그때 가서 보호막을 거두면 된다고 말한다. 학습효과란 생산의 경험이 쌓이면서 비용을 절약할 수 있는 방법을 배운다는 것을 뜻한다.

위에서 든 어떤 것이라 할지라도 보호무역이 필요하다는 완벽한 논리적 근거가 될 수 없다. 어느 나라에서든 마찬가지지만, 기업은 이런저런 이유를 대며 정부에 보호를 요청하는 습성을 갖고 있다. 우리나라 기업들도 이에서 예외가 되지 않는다. 그렇지만 국내 산업을 보호하기 위해서는 사회 전체가 상당한 비용을 치러야 한다는 사실을 잊어서는 안 된다. 기업가나 정치인들은 무조건 국내 산업을 보호해야 한다고 떠들어대지만, 실제로는 무분별한 보호가 가져오는 부작용이 훨씬 더 크다. 자유로운 무역은 세계적인 기업들과 경쟁함으로써 생산성을 높이는 촉진제 역할을 한다. 언제나 보호막 아래서 안주하려는 태도로는 세계를 주름잡는 기업이 될 수 없다.

양초 제조업자의 청원서

자유무역 옹호자들의 대표적 인물로 바스띠아F. Bastiat를 꼽는 사람이 많다. 그는 풍자적인 「양초 제조업자의 청원서」라는 글을 통해 보호무역을 주장하는 논리를 비웃고 있다. 그가 쓴 청원서의 핵심 부분을 뽑아 옮겨 보면 다음과 같다.

"존경하는 국회의원님들께.

. . . .

저희들은 엄청나게 유리한 조건에서 빛을 생산하기 때문에 아주 낮은 가격에 국내시장을 휩쓸고 있는 경쟁자와 피나는 경쟁을 벌이고 있습니다. 그가 나타나는 순간 모든 소비자들이 그에게로 쏠려가 저희들은 아무것도 팔 수 없게 됩니다. 그 결과 상당히 중요한 프랑스 산업의 한 분야가 한순간에 완전한 정체상태에 빠져버립니다. 이 경쟁자는 다름 아닌 해(sun)인데, 우리와 너무나 잔인한 싸움을 벌이고 있어 마치 영국의 사주를 받고 있는 것처럼 보입니다. 특히 해가 우리에게는 보이지 않는 존경심을 그 건방진 섬나라에게 보이는 것을 보면 더욱 그렇다는 생각이 듭니다.

저희들은 모든 창문, 지붕창, 채광창, 안팎의 덧문, 커튼, 여닫이 창, 둥근 창, 현창, 덧문—짧게 말해 햇빛이 집안으로 들어오는 모든 창, 구멍, 틈새, 터진 자리를 막는 것을 의무화하는 법률을 통과시켜 주시기를 간청합니다.

. . . .

양초, 등불, 가로등, 그리고 조명과 관계된 모든 것의
제조업자 드림"

이 청원서의 요지는 햇빛 때문에 자기네들 장사가 잘 되지 않으니 법률을 제정해 집안에 전혀 햇빛이 들지 못하도록 만들어 달라는 것이다. 이 우스꽝스러운 요청에 일고의 가치가 없음은 두말할 나위도 없다. 바스띠아는 일반적으로 보호무역을 주장하는 논리가 이 수준을 넘지 못한다는 것을 보이기 위해 이 풍자적인 청원서를 쓴 것이다. 보호무역을 배격하고 자유무역을 옹호하는 글로 이것보다 더 통렬한 것은 찾아보기 힘들 것이라고 생각한다.

세계화는 소득분배 양극화를 가져오는가?

자유로운 무역은 상품의 가격을 전 세계적으로 비슷하게 만드는 효과를 낸다. 국제무역이론에 따르면, 자유로운 무역은 이에서 한 걸음 더 나아가 임금 수준도 비슷하게 만드는 효과를 낸다고 한다. 이런 결과가 나오는 이유를 직관적으로 설명해 보면 다음과 같다.

중국보다 미국의 임금이 상대적으로 더 높기 때문에 미국 내의 운동화나 장난감 가격이 더 비싸다. 따라서 그 상품들을 중국에서 수입해 오게 되고, 그 결과 두 나라의 가격이 비슷한 수준으로 수렴한다. 이는 미국에서 생산된 운동화나 장난감의 가격이 내려감을 뜻하는데, 이 과정에서 그 상품들을 만드는 일에 종사하는 사람의 임금이 내려가게 된다.

중국에서 수입하는 상품들 중에는 미숙련 노동이 집중적으로 사용되어 생산된 것들이 많다. 따라서 자유로운 무역의 결과 임금 하락의 피해를 입게 되는 계층은 주로 미숙련 노동자들이다. 이론적으로만 따지면 궁극적으로 미국과 중국 미숙련 노동자의 임금 격차가 사라지게 된다. 세계화 globalization가 미국 소득분배의 양극화를 가져온다는 논리의 근거가 바로 여기에 있다. 정도의 차이는 있을 테지만, 우리나라에서도 이와 비슷한 현상이 나타날 수 있다.

그런데 현실에서 자유로운 무역이 소득분배 양극화에 어느 정도의 책임이 있는지에 대해서는 의견이 분분하다. 주어진 통계자료만 갖고는 이 문제에 대해 결정적인 답을 얻어내기가 어렵기 때문이다. 양극화에 기여하는 요인들이 많기 때문에 무역 자유화의 영향만을 따로 분리해 내려면 아주 자세한 통계자료가 필요하다. 그러나 그 정도로 자세한 통계자료는 어느 나라에서든 구할 수 없는 실정이다.

크루그먼P. Krugman은 1995년에 발표한 논문에서 가난한 나라와의 무역이 미국 소득분배 양극화의 주요 원인은 결코 아니라고 주장했다. 그에 따르면 1980년대에 진행된 숙련 노동자와 미숙련 노동자 사이의 임금 격차 증대폭 중 무역의 탓으로 돌릴 수 있는 부분은 겨우 $\frac{1}{10}$ 정도에 불과했다고 한다. 그는 기술진보 같은 다른 요인들로 설명할 수 있는 부분이 훨씬 더 크다고 말했다.

그러나 크루그먼은 최근 발표한 논문에서 태도를 바꿔 무역이 소득분배 양극화에 미치는 영향이 결코 작지 않다고 말했다. 그 영향이 이미 상당히 큰 상태일 뿐 아니라 나날이 더욱 커지고 있다는 것이 그의 지적이다. 그는 우선 중국 같은 가난한 나라와의 무역이 종전보다 크게 늘었다는 점을 주요한 이유로 꼽았다. 뿐만 아니라 생산 공정이 세분화되어 단순 부품들을 이런 나라들에서 수입해 오게 됨에 따라 미국 미숙련 노동자들의 처지가 더욱 열악해졌다는 점도 들었다.

이에 대한 반론도 만만치 않다. 카츠L. Katz는 중국의 수출품 중 컴퓨터나 전자제품 같은 기술집약적 상품의 비중이 점차 커진다는 점을 지적했다. 이는 중국과의 무역이 미국 미숙련 노동자들에게 미치는 악영향이 상대적으로 작아질 것임을 뜻한다. 이 사실을 감안해 소득분배 양극화 중 자유로운 무역 탓으로 돌릴 수 있는 부분을 다시 계산해 보면 불과 5%에 지나지 않는다는 것이 카츠의 결론이다.

우리 사회에서도 소득분배의 양극화가 심각한 문제로 제기되고 있다. 많은 사람들이 이를 세계화의 탓으로 돌리고 있지만, 그렇다고 단정 짓기에는 증거가 너무나도 부족한 상황이다.

국제수지 흑자와 적자의 진실

1970년대에 일어난 두 차례의 석유파동을 통해 중동 산유국들은 엄청난 부를 축적하게 되었다. 원유 값이 순식간에 몇 배로 뛰어오른 결과 온 세계의 달러가 그들의 수중으로 빨려 들어가기 시작했다. 뉴욕이나 로스앤젤레스의 빌딩과 베벌리힐즈의 고급저택은 하나둘씩 산유국 토후들의 차지가 되기 시작했다. 이대로 가다가는 머지않아 전 세계의 부동산이 그들 수중에 들어가게 되리라는 느낌마저 주었다. 1980년대에 들어서면서부터는 일본이 그들의 뒤를 이어 국제사회의 큰손으로 등장하게 되었다. 신흥부자답게 일본 사람들은 몇백만 달러를 내고 르누아르의 그림을 사기도 했고, 몇십억 달러를 들여 미국 영화사를 인수하기도 했다.

중동 산유국들과 일본이 이렇게 정신없이 사 모은 재산이 과연 그 나라 국민들에게 무엇을 가져다주었을까? 그들의 박물관에 인상파 화가의 그림 몇 점이 더 걸린다고 해서 루브르박물관이나 대영박물관에 필적할 수는 없을 것이다. 또한 미국 부동산 가격의 폭락으로 인해 부동산을 사들여 재미를 보기는커녕 큰 손실만 안고 물러나는 신세가 되었다. 일본이 거액을 들여 인수한 영화사업에서도 별 재미를 보지 못한 것으로 알려졌다. 이를 보면 산유국과 일본이 국제수지 흑자를 통해 쌓은 엄청난 양의 달러가 실제로 국민의 복지 수준 향상에 기여한 바는 별로 없었다는 것을 알 수 있다.

그런데도 아직까지 국제수지 흑자는 바로 번영의 표상이고 적자는 패배의 상징이라는 낡은 사고방식에 젖어 있는 사람들이 많다. 엄밀히 말해 흑자와 적자는 단지 국내로 흘러들어 오는 외화의 양과 흘러 나가는 양 중 어느 쪽이 더 큰지를 나타내는 말일 뿐이다. 흑자나 적자 그 자체가 바람직하다거나 그렇지 않다고 말할 본질적 이유가 전혀 없다. 물론 현실적으로 보아 국제수지에 적자가 나는 경우보다 흑자가 나는 쪽이 여러모로 더 유리한 것은 사실이다. 그러나 흑자 그 자체에 너무 큰 의미를 두는 것은 매우 어리석은 태도다.

국제수지에 흑자가 난다는 것은 그 나라 국민이 그만큼 허리띠를 졸라맸다는 것을 뜻한다. 자신이 생산해낸 것보다 더 적게 소비할 경우에만 흑자가 나타날 수 있기 때문이다. 일본 사람들이 더 좋은 집에서 살고 더 좋은 것을 먹기로 했다면 국제수지 흑자는 그만큼 줄어들었을 것이다. 이렇게 허리띠를 졸라맨 결과로 얻은 것이 기껏 로스앤젤레스의 빌딩 몇 채라면 그들이 과연 올바른 선택을 한 것일까? 더군다나 그 빌딩들의 값이 폭락해 엄청난 손실을 보았다면 허리띠를 졸라맨 대가 치고는 너무 초라한 것이 아닐 수 없다. 그 많은 흑자를 내게끔 만든 일본 정부를 칭찬하기보다는, 그렇게 되도록 방치한 그들의 어리석음을 비판해야 마땅할지 모른다.

소비생활의 측면에서 본다면 오히려 국제수지 적자를 기록한 나라의 국민이 더 큰 실속을 차리고 있는 셈이다. 요즈음의 미국이 그 좋은 예로, 적자를 통해 자기들이 생산한 것 이상으로 더욱 풍요한 소비생활을 누릴 수 있기 때문이다. 미국의 국제수지 적자는 매년 몇천억 달러에 이르는 수준인데, 이 적자가 없었다면 미국 국민의 소비생활은 엄청나게 빈약해졌을 것임에 틀림없다.

그렇지만 전 세계에서 오직 미국만이 해마다 이렇게 큰 적자를 내고도 끄떡없는 행복한 처지에 있다. 다른 나라 사람들이 미국으로 상품을 수출한 대가로 달러를 받는 데 동의하는 한 얼마든지 큰 적자를 내도 되기 때문이다. 다른 나라 같으면 불과 몇십억 달러의 국제수지 적자만 나도 '국가부도'니 뭐니 하는 소리가 나오게 되는데도 말이다.

경제가 성장하는 과정에서 투자활동이 활발하게 이루어진 결과 국제수지 적자가 생기는 경우도 있다. 여기서 그 이유를 자세하게 설명할 수 없지만, 국내에서 이루어진 저축보다 더 큰 규모의 투자가 일어나면 그 차이만큼의 국제수지 적자가 발생한다. 따라서 국제수지 적자가 발생하는 이유를 따져 보면 투자활동이 활발했기 때문인 것으로 드러나는 경우도 있다. 이런 이유로 발생하는 적자라면 우려해야 할 것이 아니라, 오히려 환영해야 마땅할 것이다. 다만 국내 기업들의 생산성이 떨어져 국제경쟁력을 잃었기 때문에 발생하는 적자라면 이는 우려할 만한 일이다. 또한 국제수지 적자가 지속적으로 발생하면 외환보유고가 줄어들어 국가부도의 위험까지 발생한다는 점도 심각하게 고려해야 한다.

경제생활의 요체는 결국 사람들이 이를 통해 얼마나 큰 경제적 복지를 누릴 수 있느냐에 있다. 그렇다면 정작 중요한 것은 국제수지의 흑자나 적자 그 자체가 아니고, 과연 그것을 통해 국민의 복지가 어떤 영향을 받고 있는지가 된다. 이와 같은 평범한 진리를 무시하고 국제수지 흑자가 더 커진다고 무조건 박수를 보내는 것은 어리석기 짝이 없는 일이다. 우리 사회에는 아직도 이와 같은 낡아빠진 사고방식에서 벗어나지 못한 사람들이 여전히 많이 남아 있다. 정치인이나 지식인들이 걸핏하면 '국가경쟁력'을 들먹이는데, 여기에도 그와 같은 맹목적인 측면이 있음에 유의해야 한다.

빅맥지수

세계 각국의 햄버거 가격을 비교해 보자

환율이란 두 나라 화폐 사이의 교환비율을 뜻한다. 예를 들어 우리 원화의 대달러 환율이 1,000 : 1이라면, 이는 우리나라 돈 1,000원이 미국 돈 1달러와 맞바꾸어질 수 있다는 뜻이다. 그렇다면 현실에서 이 환율은 어떻게 결정되는 것일까? 이 의문에 대한 답은 각 나라가 어떤 환율제도를 채택하고 있느냐에 따라 달라진다.

예컨대 고정환율제도를 채택하고 있으면 정부가 하나의 환율을 결정해 발표하고 별다른 사정이 없는 한 그 환율을 그대로 유지한다. 반면에 변동환율제도를 채택하는 경우에는 정부가 간여하지 않고 외환시장에서의 수급 상황에 의해 환율이 결정된다. 요즈음에는 거의 대부분의 나라가 변동환율제도를 채택하고 있으므로, 이를 전제하고 환율에 대한 설명을 해나가기로 하겠다.

쉽게 말해 환율은 (달러 같은) 외화의 가격을 뜻한다고 할 수 있다. 환율이 가격의 일종이라는 사실을 알면, 외환시장에서 환율이 결정되는 과정을 훨씬 쉽게 이해할 수 있다. 외화의 수요곡선과 공급곡선이 교차하는 점에서 환율이 결정되며, 이 두 곡선에 변화가 오면 환율에 변화가 생길 것이라는 점에서 여느 상품의 경우와 전혀 다를 바 없기 때문이다. 결국 외화에 대한 수요와 공급에 영향을 주는 요인들이 무엇인지만 알면 환율이 어떻게 결정되는지 바로 알 수 있다.

만약 환율이 어떤 한 수준으로 결정되었다면 과연 무엇을 반영해 그 수준으로 결정되었을까? 이 점에 대해 여러 가지 이론이 제기되었는데, 그

중 하나가 **구매력평가설**purchasing power parity이다. 이 이론에 따르면 환율은 두 나라 화폐 사이의 구매력 차이를 반영하는 수준에서 결정된다. 예를 들어 쌀 5kg, 양말 두 켤레, 그리고 사과 20개로 구성된 상품묶음이 있다고 하자. 2017년 1월 1일 현재의 가격으로 이를 산다고 가정했을 때, 우리나라에서는 10만원, 미국에서는 100달러가 각각 든다고 한다. 그렇다면 원화의 대달러 환율이 1,000 : 1이 되어야 두 화폐 사이의 구매력 차이가 적절하게 반영될 수 있다. 이처럼 두 화폐 사이의 구매력 차이를 반영하는 환율을 구매력평가 환율이라고 부른다.

그런데 2017년 한 해 동안 우리나라 물가가 7% 오른 데 비해 미국은 4%만 올랐다고 하자. 우리나라의 물가상승률이 더 높았기 때문에 원화의 구매력이 상대적으로 떨어진 셈인데, 이 이론에 따르면 연말의 환율은 이 사실을 반영해 1,029 : 1로 올라가게 된다. 물가가 올라간 후, 앞에서 예로 든 상품묶음을 사는 데 한국에서는 107,000원이 들고 미국에서는 104달러가 든다. 환율이 두 화폐 사이의 구매력 차이를 반영한다면 이 두 수치 사이의 비율인 1,029 : 1의 수준으로 올라야 하는 것이다. 1,029 : 1이라는 환율은 연초보다 약 3% 높은 수치인데, 이는 두 나라의 물가상승률 차이와 같은 비율임을 알 수 있다.

환율과 관련해 *The Economist*지는 1986년 이래 한 가지 재미있는 작업을 해오고 있다. 세계적인 체인망을 구축하고 있어 표준화된 상품을 전 세계에 공급하고 있는 맥도날드 햄버거의 각 나라 현지가격을 조사해 일종의 구매력평가 환율을 산출해 온 것이다. 예를 들어 이 회사의 간판 격인 빅맥Big Mac 햄버거가 미국에서 4달러인데 멕시코에서는 40페소라고 하자. 가격이 어느 화폐로 표시되었느냐만 다를 뿐 실질적인 내용에서 전혀 다를 바 없다면, 두 화폐 사이의 환율은 10 : 1이 되어야 한다. 이것이 바로 구매력의 차이를 반영하는 구매력평가 환율이라고 말할 수 있다.

만약 현실의 공정환율이 8 : 1이라고 한다면, 페소화가 실질적인 구매력에 비추어 고高평가되어 있다는 결론이 나온다. 구매력만으로 따지면 10

페소를 1달러로 바꿔주어야 하는데, 공정환율을 적용하면 10페소를 1달러 25센트로 바꿔준다. 바로 이런 뜻에서 페소화가 실질적인 구매력에 비해 고평가되었다고 말하는 것이다. 환율은 두 화폐 사이의 상대적 비율을 뜻하므로 페소화가 고평가되었다는 것은 달러화가 저평가되었다는 것을 뜻한다. 이와 같이 페소화가 고평가되어 있는 상황에서 멕시코를 방문한 미국 사람들은 모든 게 비싸다고 느끼게 된다. 다음과 같은 예를 보면 미국 사람들이 어떤 느낌을 갖게 될 것인지 바로 알 수 있다.

멕시코시티에 여행 온 미국 사람들이 시내 중심가의 한 맥도날드 햄버거 가게에 들렀다. 멕시코시티 대부분의 가게가 그렇듯, 그 가게도 8 : 1의 환율하에서 달러로 지불하는 것을 허용하고 있었다. 그들이 가격표를 보고 계산해 보니 개당 40페소인 빅맥 햄버거 10개를 사려면 50달러가 필요했다(400페소를 8로 나누어 50달러라는 답을 얻었다). 미국에서는 빅맥 10개의 값이 40달러밖에 되지 않는데, 멕시코시티에서는 25%나 더 비싼값을 지불해야 하는 것이다. 똑같은 햄버거인데 페소화가 고평가되어 있는 탓에 달러를 가진 미국 사람들은 더 비싼 값에 사 먹어야 한다. 그 미국 사람들은 비단 햄버거뿐 아니라 멕시코시티에서 파는 모든 물건들이 상당히 비싸다는 느낌을 받게 될 것이다.

빅맥처럼 표준화된 상품이라면 세계 어느 곳에서든 생김새나 맛 등이 똑같을 테고, 그렇다면 가격도 똑같아야 할 것이라고 생각할 수 있다. 이 생각에서 *The Economist*지가 빅맥의 각 나라 현지가격을 비교해 산출한 환율이 바로 **빅맥지수**Big Mac index다. 이렇게 구한 빅맥지수는 불완전하나마 구매력평가 환율에 가까운 성격을 갖게 된다. 진정한 구매력평가 환율을 구하려면 모든 상품을 대상으로 가격을 비교해 보아야 한다. 그런데 *The Economist*지는 편의상 빅맥이란 단 하나의 상품을 통해 구매력평가 환율을 구해 보려 한 것이다. 바로 이런 한계 때문에 빅맥지수가 진정한 구매력평가 환율이 되지는 못하지만, 그런대로 이에 가깝다고 인정해 줄 수 있다.

1995년 봄, 일본 엔화의 강세가 연일 계속되어 1달러당 80엔 수준까지 육박하게 되었다. 불과 얼마 전까지만 해도 1달러당 100엔 선이 무너지면 일본 기업의 국제경쟁력이 땅에 떨어진다고 엄살을 부렸던 것을 생각하면 엄청난 강세가 아닐 수 없다. 이와 같은 환율 변화에 따라 달러로 나타낸 일본의 국내총생산GDP이 미국의 국내총생산보다 더 커지는 뜻밖의 일이 벌어졌다. 일본이 1인당 국민소득에서 미국을 앞서는 것은 그런대로 이해가 되지만, 소득의 총규모까지 (인구가 두 배나 더 많은) 미국을 앞질렀다는 것은 어딘가 이상한 일이 아닐 수 없었다.

두 나라를 모두 가본 사람은 잘 알겠지만, 평균적인 일본 국민의 물질생활이 미국 국민보다 더 풍족한 것은 결코 아니다. 그런데도 일본의 1인당 국민소득이 미국보다 더 높은 것으로 나타난 이유는 다름 아닌 환율의 마술 때문이었다. 현실의 환율이 구매력평가 환율과 전혀 다른 방향으로 움직여 갈 때 그와 같은 현상이 나타나게 되는 것이다.

아닌 게 아니라 1995년 4월에 집계된 빅맥지수는 엔화가 구매력에 비해 100%나 고평가되어 있음을 말해 주고 있었다. 그렇기 때문에 달러로 나타낸 일본의 1인당 국민소득이 미국보다 높았지만, 실질적인 구매력으로 따진다면 미국 쪽이 더 컸다. 나라와 나라 사이의 비교에서 이처럼 환율의 마술 때문에 현실과 매우 동떨어진 평가에 이르게 될 수 있다.

미국의 이자율에 온 세계가 관심을 갖는 이유

환율에 급작스러운 이상이 생기면 경제전문가들은 으레 이자율정책에 문제가 있어서 그런 게 아닌가 의심한다. 예컨대 달러화에 대해 파운드화나 엔화가 초강세를 보여 불안정한 분위기가 조성되면 언제나 등장하는 처방이 바로 이자율 조정을 통한 문제의 해결이다. 즉 영국과 일본이 이자율을 내리고, 미국은 이자율을 높임으로써 환율을 바람직한 상태로 회복시켜야 한다는 처방이다. 겉보기에 이자율과 환율 사이에는 아무 관련이 없어 보이는데, 도대체 어떤 이유 때문에 환율문제로 이자율을 들먹거리는지 의아해하는 사람이 많을 것이다.

파운드화나 엔화의 가치가 계속 올라가는 것은 영국과 일본 기업들의 강한 가격경쟁력을 반영한다고 볼 수 있다. 예를 들어 꾸준한 연구개발투자에 힘입어 영국 기업들의 가격경쟁력이 종전보다 한층 더 커졌다고 하자. 그렇게 되면 영국의 수출이 늘어나고, 이에 따라 파운드화에 대한 수요가 더 커지는 결과가 나타난다. 영국 상품을 수입하려면 파운드화로 대금을 지불해야 하므로, 영국의 수출이 늘어나면 파운드화에 대한 수요가 늘어나는 것이다. 이처럼 파운드화에 대한 수요가 늘면 그것의 가격이 자연히 올라갈 텐데, 이는 파운드화가 강세를 보이기 시작한다는 것을 뜻한다. 이를 보면 파운드화의 강세가 영국 기업들의 강한 가격경쟁력을 반영하는 것임을 알 수 있다.

그런데 실제로는 환율이 가격경쟁력의 동향과는 다른 움직임을 보이는 경우가 종종 있다. 예를 들어 1980년대 초 미국의 달러화가 한동안 강세를 보인 적이 있는데, 그렇다고 해서 그즈음에 미국 기업들의 경쟁력이 갑자기 높아진 것도 아니었다. 그때는 미국 기업들의 경쟁력이 좀체로 회복되지 않고 있어 이대로 가다가는 일본 기업들에 의해 모두 도태되고 말지도 모른다는 위기감에 휩싸였던 시절이었다. 그와 같은 상황에서 달러화가 뜻밖의 강세를 보였는데, 당시 미국 정부가 채택했던 고高금리정책의 결과였다는 것이 전문가들의 공통된 견해였다. 다시 말해 미국의 이자율이 높았기 때문에 달러화가 강세를 보이게 되었다는 뜻이다.

오늘날처럼 자본이동이 자유로운 시대의 자본가에게는 국경의 존재가 별 의미를 갖지 못한다. 엄청나게 큰 규모의 자본이 조금이라도 더 높은 수익률을 찾아 전 세계를 누비고 다닌다. 어떤 나라의 이자율이 다른 나라보다 더 높다는 것은 그 나라 금융자산이 다른 나라 금융자산보다 더 높은 수익률을 가져다준다는 것을 뜻한다(채권이 금융자산의 대표적인 예라고 할 수 있다). 따라서 어떤 나라의 이자율이 높아지면 해외자본의 유입이 더욱 커지는 현상이 나타난다. 반면에 이자율이 낮아지면 국내에 들어와 있던 자본이 더 높은 수익률을 찾아 썰물처럼 빠져나가게 된다. 이 과정에서 외화에 대한 수요와 공급에 변화가 생기고, 이에 따라 환율이 변화하게 되는 것이다.

예를 들어 영국의 (연간) 이자율이 3%에서 5%로 올라갔다고 하자. 이제 영국의 금융자산은 예전에 비해 더 높은 수익률을 주게 되므로 해외자본이 앞다투어 영국으로 밀려들게 된다. 그런데 영국의 금융자산을 사기 위해서는 파운드화가 필요하기 때문에 파운드화에 대한 수요가 늘어나기 시작한다. 이렇게 파운드화에 대한 수요가 늘면 파운드화는 자연히 강세를 보이게 된다. 이 예를 통해 어느 나라든 다른 나라에 비해 상대적으로 더 높은 이자율을 유지하면 그 나라 화폐가 강세를 보일 것임을 짐작할 수 있다. 달러화가 뜻밖의 강세를 보인 데에는 그 당시 미국 정부가 취한 고금리정책이 주요한 역할을 했던 것이다.

이자율을 어떤 수준으로 유지할 것인지의 문제는 경제안정정책에서 매우 중요한 위치를 차지한다. 이자율이 달라짐에 따라 기업들의 투자 행위에 영향이 오고, 이에 따라 경제활동의 수준도 달라지기 때문이다. 예를 들어 경기가 침체되었을 때 이자율을 낮추면 투자가 촉진되어 경기가 활성화될 수 있다.

문제는 이렇게 국내 경제를 안정시키려는 의도로 시행되는 이자율정책이 환율에도 영향을 미친다는 데 있다. 한 나라의 이자율정책이 환율에 대한 영향을 통해 다른 나라의 경제에도 파급효과를 미치기 때문에, 오직 자기네 나라 경제를 안정시키려는 목표만 염두에 두고 이자율정책을 운영할 수 없다. 다시 말해 한 나라의 이자율정책은 그 나라뿐 아니라 모든 나라의 공동관심사가 된다는 뜻이다.

미국이 국내 경기의 부양을 위해 금리인하 조치를 취하면 이 조치가 환율에 미칠 영향을 우려하는 소리가 이곳저곳에서 터져 나온다. 세계 모든 나라가 미국의 이자율정책에 촉각을 곤두세우는 데는 나름대로 이유가 있는 것이다. 사실 이자율정책 이외에도 한 나라의 경제정책이 다른 나라에 파급효과를 가져오는 사례는 수없이 많다. 오늘날 나라와 나라 사이의 상호 연관관계가 날로 밀접해짐에 따라 순수하게 자기 나라 안에서 발생할 영향만을 고려해 선택할 수 있는 정책의 폭이 점차 좁아지고 있는 실정이다.

환율을 올리면 국제수지 적자가 줄어들까?

국제수지 적자나 흑자가 너무 커져 더 이상 방치할 수 없다고 생각되는 단계에 이르면 우선 환율을 조정해 이에 대처하는 것이 보통이다. 우리나라는 1970년대까지만 해도 만성적인 국제수지 적자를 기록해 왔고, 이에 따라 원화의 대달러 환율은 계속 올라갈 수밖에 없었다. 1960년대와 1970년대를 살았던 사람들은 몇 달이 멀다 하고 환율이 오르고 또 오르던 일을 기억할 수 있을 것이다. 그 결과 1961년에만 해도 100 : 1에 지나지 않았던 대 달러 환율이 1981년에는 700 : 1로 올라, 불과 20년 사이에 7배나 높은 수준으로 뛰어올랐던 것이다.

국제수지 적자가 너무 커져 문제가 생겼을 때 환율을 올려야 하는 이유는 무엇일까? 다시 말해 환율이 올라가면 왜 적자가 줄어든다고 기대할 수 있을까? 구체적인 수치를 예로 들어 환율의 변화가 국제수지에 어떤 영향을 가져다주는지 설명해 보기로 하자. 1달러에 1,000원이던 대달러 환율이 1,200원으로 올랐다고 한다. 이렇게 되면 우선 우리 수출품의 달러가격이 내려가고 이에 따라 수출이 증가하게 될 것이다. 국내가격이 12만원인 전자제품의 경우, 1,000 : 1의 환율에서 수출가격이 120달러였던 것이 1,200 : 1의 환율에서는 100달러로 떨어지게 된다. 해외의 수요자들은 싼 가격에 끌려 우리 전자제품을 더 많이 사려고 한다.

환율이 올라가면 수출이 늘어나는 동시에 수입은 줄어드는 효과가 나타난다. 예를 들어 미국산 오렌지를 kg당 10달러의 가격에 수입하고 있었다고 하자. 1,000 : 1의 환율에서 오렌지 1kg의 국내가격은 1만원이지만, 환율이 1,200 : 1로 오름에 따라 1만 2천원으로 오른다. 이렇게 오렌지의 국내가격이 오르면 우리나라 사람들은 이를 덜 먹게 되고, 이에 따라 수입이 줄어들 것이다. 결국 환율이 오르면 수출이 늘고 수입이 줄어드는 과정을 거쳐 국제수지의 적자가 줄어드는 결과가 나타날 수 있다.

여기에서 수출이 증가한다는 것은 수출 물량이 그렇게 되는 것을 뜻하지, 수출액의 증가를 뜻하는 것은 아니라는 점에 주의해야 한다. 수출액은 수출상품의 가격에 수출량을 곱해서 얻어지는데, 환율이 오르면 (달러로 표시된) 수출가격이 떨어지면서 물량이 늘어나므로 수출액이 줄어들 수도 있다. 수출가격의 하락폭에 비해 물량의 증가폭이 상대적으로 작을 경우에는 달러로 표시된 수출액이 종전보다 더 작아지는 결과가 나타난다.

앞서 본 전자제품의 예에서 수출량이 50만 대였는데 환율이 오른 후 55만 대로 증가했다고 하자. 그렇게 되면 환율이 오르기 전의 수출액이 6천만 달러였던 것이 오른 후에는 5천 5백만 달러로 줄어들게 된다. 환율이 올라 수출가격이 떨어질 때 수출량이 더 큰 폭으로 증가해야만 수출액이 종전보다 더 커질 수 있는 것이다.

수입의 경우에는 환율이 오름에 따라 (달러로 표시된) 수입액이 반드시 줄어들게 되어 있다. 수입품의 국내가격이 상승할 뿐 수입가격은 그대로인데 수입량이 줄어들기 때문이다. 그런데 환율이 오른 후 수입량이 크게 줄어야 국제수지 적자가 줄어들 가능성이 높아진다. 우리나라처럼 부품이나 중간재의 해외의존도가 높은 경우에는 환율이 올라도 수입물량이 그리 크게 줄지 않는다. 이런 상황에서는 환율 상승이 국제수지 적자를 줄이는 데 별 효과를 발휘하지 못한다. 결론적으로 말해, 환율이 올라 수출가격과 수입가격이 변화했는데도 수출이나 수입 물량의 변화가 미미하게 나타난다면 국제수지 적자가 줄어들지 못하는 결과가 나타날 수 있다. 환율이 오른다고 반드시 국제수지 적자가 줄어들 것으로 기대하지는 못한다는 말이다.

설사 환율이 오름에 따라 궁극적으로는 국제수지 적자가 줄어든다 해도 처음에는 일시적으로 적자가 더 커지는 현상이 흔히 발생한다. 무역통계를 보면 환율이 올라간 직후에는 오히려 국제수지 적자가 잠시 더 커지다가, 상당한 시간이 경과되고 나서야 줄어들기 시작하는 경우를 많이 발견할 수 있다. 국제수지가 변화해 가는 양상을 하나의 곡선으로 표시하면 처음에는 적자가 커져 아래쪽으로 내려가다가 나중에 가서야 적자가 줄어 위로 올라가는 양상을 보이게 된다. 이러한 움직임은 마치 영문의 J자를 옆으로 비스듬히 누인 모습과 비슷한 모양을 갖는다. 환율 상승이 국제수지에 미치는 이와 같은 영향을 가리켜 **J-곡선효과**J-curve effect라고 부른다.

화폐발행의 이득

금본위제하에서 금을 갖고 있는 사람은 언제라도 이를 금화로 만들 수 있다. 나라마다 금화의 주조를 담당하는 부서가 있어 금을 가져가면 약간의 수수료를 받고 금화로 만들어주기 때문이다. 이렇게 수수료를 내야 하기 때문에 금화가 갖고 있는 금으로서의 가치는 액면보다 약간 작아질 수밖에 없다. 예컨대 금 10g에 해당하는 액면을 가진 금화 속에 포함된 금의 양은 9g 정도밖에 되지 않는다.

만일 정부가 스스로 금을 조달해 화폐를 만든다면 금의 실제가치보다 더 큰 금액의 화폐를 만들 수 있다. 따라서 정부는 화폐를 새로 만들어 낼 때마다 일정한 비율로 수입을 올릴 수 있게 된다. 전통사회에서는 군주가 바로 정부를 의미했으며, 따라서 군주는 화폐를 찍어낼 수 있는 특권을 보유하고 있었다. 이 화폐발행의 특권에서 나오는 이득을 영어로 'seignorage'라고 부르는데, 군주 혹은 영주를 의미하는 단어 'seignor'에서 이 말이 나왔다고 한다.

일반적으로 화폐발행에서 생기는 이득은 결국 액면과 생산비용 사이의 차이에서 생긴다. 그런데 현대사회에서 주로 통용되는 지폐의 경우에는 그것을 찍어내는 데 드는 비용이 거의 0에 가깝다. 인쇄설비를 갖춘 다음 종이와 잉크만 준비하면 얼마든지 돈을 찍어낼 수 있기 때문이다. 그러므로 지폐를 발행하는 정부가 이를 통해 얻을 수 있는 이득, 즉 재정수입은 금속화폐 시대보다 한층 더 커지게 된다.

한 나라 정부가 발행한 화폐는 그 나라 안에서만 통용되는 것이 보통이다. 다른 나라 사람들과 교역할 때는 정해진 환율에 따라 그 나라 화폐로 바꾸어 대금을 지불해야 한다. 그러나 예외적으로 미국의 달러만은 자기 나라 안에서뿐 아니라 세계 어느 나라에서나 자유롭게 통용될 수 있다. 제2차 세계대전 후의 국제금융질서에서 달러화는 소위 '기축통화'vehicle currency라 하여 거의 세계 공통화폐에 가까운 지위를 얻게 되었다. 이처럼 세계 여러 나라에서 모두 통용될 수 있는 화폐를 발행하는 특권을 갖는 미국은 다른 나라들에 비해 한층 더 큰 화폐발행의 이득을 얻을 수 있다.

미국이 해마다 엄청난 국제수지 적자를 기록하면서도 별 탈 없이 나라 살림을 꾸려 나갈 수 있는 것이 그 이득의 단적인 예다. 국제수지에 적자가 난다는 것은 상품을 수출하고 받은 외화만으로 수입대금을 모두 지불할 수 없음을 뜻한다. 따라서 정부가 갖고 있던 외화나 금으로 나머지 수입대금을 지불하든가, 아니면 다른 나라로부터 돈을 빌려 지불할 수밖에 없다. 외화나 금을 산처럼 쌓아놓고 있는 것도 아니고 다른 나라로부터 무한정 돈을 빌릴 수 있는 처지도 아니라면, 어떤 한 나라가 국제수지 적자를 무한정 쌓아갈 수 없다.

그러나 달러가 세계에서 통용되는 화폐의 역할을 하기 때문에 미국만은 예외적으로 계속 달러를 찍어내 국제수지 적자를 메워 갈 수 있다. 미국 국민들이 자신이 생산한 것 이상으로 풍요로운 소비생활을 누릴 수 있는 비결이 바로 여기에 있다. 자기네 나라에서만 통용되는 화폐를 발행하는 다른 모든 나라들은 이런 종류의 화폐발행 이득을 결코 얻을 수 없다. 제2차 세계대전 후 미국이 세계의 패권을 잡게 되면서 생긴 이득 중 가장 실속 있는 것이 바로 이 화폐발행 이득이라고 말할 수 있다.

그러나 이제 미국은 그 특권적 지위를 서서히 잃어 가고 있다. 누적되는 국제수지 적자 때문에 달러에 대한 신뢰가 떨어져 다른 나라 사람들이 달러를 받으려 들지 않는 현상이 나타나기 시작했기 때문이다. 이제 달러는 유일한 세계화폐가 아니라 유럽연합EU의 유로화나 일본의 엔화와 어깨를 나란히 해야 하는 처지로 떨어지고 말았다. 지금의 추세가 계속되면 달러는 더 이상 세계화폐로서의 역할을 하지 못하고, 따라서 미국은 이로부터 나오는 화폐발행 이득도 잃게 될지 모른다. 이 단계에 이르면 미국 사람들은 허리띠를 졸라매 어떻게든 국제수지 적자를 줄일 방도를 강구할 수밖에 없을 것이다.

14

불확실성의 세계

다변화의 이득

우산 장사와 나막신 장사

우산을 파는 아들과 나막신을 파는 아들을 둔 탓에 비가 와도 걱정, 안 와도 걱정이었다는 어머니 얘기가 있다. 비가 오면 나막신 파는 아들이 손해를 볼까 봐 걱정하다가, 막상 비가 그치면 우산 파는 아들이 손해를 볼까 봐 또다시 걱정에 빠진다는 얘기다. 그런데 사실 그 어머니는 비가 와도 웃고 비가 안 와도 웃을 수 있는 처지에 있다. 비가 오면 우산 파는 아들에게 좋고, 비가 그치면 나막신 파는 아들에게 좋으니 말이다. 이처럼 모든 일을 긍정적인 시선에서 보면 좋을 텐데, 아쉽게도 이 세상에는 부정적인 시선으로 보는 사람이 더 많다.

이번에는 각도를 달리해 우산이나 나막신 장사를 하는 사람들 본인의 입장에서 얘기를 해보자. 어떤 사람이 자신의 전 재산을 털어 우산 장사를 시작했다고 하자. 만약 예년보다 더 많은 비가 내린다면 그의 사업은 크게 번창해 많은 재산을 모을 수 있게 된다. 반면에 이상하게도 마른 날씨가 계속된다면 얼마 가지 않아 끼니를 걱정해야 할 처지가 된다. 이와 같이 비가 많이 오느냐 아니냐의 여부에 따라 그의 사업은 '모 아니면 도'와 같은 극단적인 차이를 보이게 된다. 그가 전 재산을 털어 나막신 장사를 시작한 경우에도 역시 그의 사업은 날씨에 따라 성패가 분명하게 엇갈리는 특성을 보일 것이다.

사람들은 본래 위험부담을 싫어하는 습성을 갖고 있다. 따라서 이처럼 상황에 따라 사업의 성패가 극단적으로 엇갈리는 위험스러운 상황을 그리 달갑지 않게 생각한다. 만약 우산과 나막신 중 하나만 취급하지 않고 이 둘을 모두 취급하는 가게를 열면 그와 같은 위험을 크게 줄일 수 있다. 비가 많이 오든 적게 오든 사업 전체에서 나오는 이윤은 대개 비슷한 수준에 머물러 있을 가능성이 높기 때문이다. 한 상품에 모든 것을 걸 때 기대할 수 있는 '대박'의 꿈을 포기하는 대신, 언제나 평범한 수준의 이윤을 얻는 안정된 상황이 보장되는 것이다.

주식에 투자할 때도 위험을 피하려면 이와 비슷한 요령으로 투자대상을 적절하게 선택해야 한다. 한 가지 주식에 집중적으로 투자하면 경제상황에 따라 수익률이 크게 높아지기도 하고 낮아지기도 하는 결과가 빚어진다. 어떤 사람이 전 재산을 털어 반도체 관련 기업의 주식 한 가지만 사두었다고 하자. 반도체 가격이 크게 뛰어오른다면 그는 주식투자에서 엄청난 이득을 얻는다. 반면에 가격이 큰 폭으로 떨어지는 경우에는 투자한 금액의 몇 분의 일도 건지기 힘든 상황에 처한다. 위험부담을 싫어하는 사람이라면 이처럼 위험스런 투자전략을 쓰지 말아야 한다. 명예퇴직하고 받은 얼마 안 되는 돈을 주식에 투자하는 사람의 경우에는 더욱 그렇다고 말할 수 있다.

계란을 나를 때는 여러 개의 바구니에 나누어 담아 나르라고 이르는 말이 있다. 한 바구니에 넣어 나르다가 넘어지기라도 하면 몽땅 깨져 버리는 낭패를 당할 수 있기 때문이다. 이와 마찬가지로 주식투자에서도 위험을 줄이기 위해서는 여러 가지 주식으로 분산해 투자하는 전략을 채택해야 한다. 예를 들어 반도체산업의 주식뿐 아니라 건설업, 금융업, 식료품업 등 여러 산업의 주식을 골고루 섞어서 갖고 있어야 수익률이 위아래로 크게 널뛰기를 하는 위험을 회피할 수 있다. 이렇게 여러 가지 주식을 골고루 섞어서 가짐으로써 위험을 줄일 수 있는 것을 가리켜 **다변화**diversification**의 이득**이라고 부른다.

그런데 여러 가지 주식으로 나누어 투자한다고 해서 언제나 위험이 줄어드는 것은 아니다. 열 가지 주식으로 나누어 샀는데, 이 주식들이 모두 함께 움직이는 성격을 가진 것이라고 하자. 함께 움직인다는 것은 경제상황에 따라 주식 가격이 오르고 내릴 때 모두가 같은 방향으로 변화한다는 것을 뜻한다. 예를 들어 가격이 오를 때는 모두가 함께 오르고 내릴 때는 함께 내린다는 말이다. 이렇게 함께 움직이는 주식들은 가짓수가 많아도 결국 한 가지 주식이나 마찬가지다. 따라서 이런 경우라면 여러 가지 주식으로 나누어 투자한다 해도 위험이 전혀 줄어들지 않는다. 우산 장사를 하는 사람이 다변화하겠다고 우비까지 취급한다 해서 위험이 하나도 줄어들지 않는 것과 같은 이치다.

우산 장사를 하는 사람이 위험을 줄이려면 나막신처럼 우산과 반대 방향으로 움직이는 상품으로 다변화해야 한다. 마찬가지로 주식에 투자하는 사람은 서로 다른 방향으로 움직일 것으로 예상되는 주식들을 여러 가지 섞어서 구입해야 한다. 이에서 한 걸음 더 나아가 전 재산을 주식에 쏟아 부을 것이 아니라 은행예금, 채권, 부동산 등 다양한 자산으로 분산해 두는 것까지 생각해야 한다. 여러 가지 주식을 적절하게 섞어서 가졌다 하더라도 주식시장 전체가 가라앉을 때 생기는 위험을 피할 수 없기 때문이다.

여러 가지 형태의 자산으로 다변화함으로써 경제상황의 변동에서 오는 위험을 가능한 한 작게 만들 수 있다. 실제로 대부분의 사람들이 이와 같은 방식으로 자산을 분산해 놓고 있으리라고 생각한다. 구태여 경제학 강의를 듣지 않아도 생활 속에서 그 이치를 저절로 터득하게 되기 때문이 아닐까?

상트페테르부르크의 역설

엄청나게 유리한 내기인데도 돈을 걸지 않는 이유

어떤 주식의 가격이 현재는 3만원인데, 한 달 후 이것의 가격이 4만원으로 오를 확률이 $\frac{1}{2}$이고 2만 4천원으로 떨어질 확률이 $\frac{1}{2}$이라고 한다. 최동주 씨라는 사람에게 이 주식을 살 용의가 있느냐고 물어보니 그는 다음과 같이 중얼거렸다.

> "4만원이 될 확률이 $\frac{1}{2}$이고 2만 4천원이 될 확률이 $\frac{1}{2}$이니까 평균적으로 말하자면 3만 2천원이 된다는 셈이군. 괜찮은 것 같은데."

결국 그는 지난주에 보너스로 받은 3백만원의 돈을 모두 털어 1백 주를 구입했다고 한다. 독자들도 이런 제의를 받을 때 최씨와 비슷한 생각에서 그 주식을 사려고 마음먹게 될까?

미래에 일어날 일이 불확실할 때, 각각의 경우에 기대되는 금액에다 그 경우가 나타날 확률을 곱한 것을 모두 더해 구한 평균적인 값을 '기대치' expected value라고 부른다. 앞에서 나온 3만 2천원이란 수치는 그 주식의 한 달 후 가격의 기대치에 해당한다. 그렇다면 현실에서 사람들은 최씨처럼 불확실한 주식의 가격에 대해 일단 기대치를 구해 보고, 평균적인 의미에서 주식 가격이 오른다고 판단하면 선뜻 사게 될까? 만약 그럴 가능성이 높다고 생각하는 사람이 있다면 다음과 같은 게임의 경우를 생각해 보기 바란다.

이 게임에 참가한 사람은 동전을 던져 자기가 받을 상금을 결정하게 된다. 그는 동전의 앞면이 처음 나올 때까지 몇 번이고 계속 던질 수 있다.

즉 뒷면이 나오는 한 계속 던질 수 있지만, 앞면이 나오는 순간 그 게임은 끝나게 된다. 그리고 게임이 끝난 후 그가 받는 상금은 다음과 같은 방식으로 결정된다고 한다. 그가 동전을 던진 횟수를 n이라 했을 때 상금의 크기는 2^n달러가 되는 것이다. 예를 들어 두 번 뒷면이 나온 후 세 번째에 앞면이 나왔다면 그가 받을 상금은 2^3, 즉 8달러다.

라스베이거스의 한 카지노에서 이 게임을 할 수 있는데, 한 번의 게임을 위해 50만 달러를 내야 한다고 한다. 이 카지노를 찾는 수많은 사람 중 과연 몇 명이 이 게임을 하려고 할까? 여간한 강심장의 소유자가 아니라면 동전 한두 번 던져 보고 50만 달러를 날리게 될 이 게임을 하려 들지 않으리라고 생각한다. 그 카지노는 이 게임을 하려는 사람이 거의 없는 것을 보고 게임 참가비를 5만 달러로 낮추었다고 한다. 이렇게 참가비를 대폭 낮추면 게임을 하려 드는 사람이 몰려들기 시작할까? 그 게임을 하는 방은 예전과 다름없이 텅텅 빈 채로 남아 있을 것이 뻔하다.

그렇다면 이 게임에서 얻을 수 있는 상금의 가치가 얼마이기에 5만 달러를 내고 게임을 하라 해도 모두 고개를 내저을까? 게임에 참가하는 사람이 받는 상금은 불확실하기 때문에 기대치를 구해 그것의 가치를 따져볼 수밖에 없다. 지독하게 운이 나쁜 사람은 처음 던졌을 때 나올 확률이 $\frac{1}{2}$이므로 이 경우 상금의 기대치는 1달러가 된다. 이보다 조금 운이 좋은 사람은 한 번 뒷면을 던진 후 두 번째에 앞면이 나와 4달러의 상금을 받는다. 이런 결과가 나올 확률이 $\frac{1}{4}$이므로 이 경우에도 역시 상금의 기대치는 1달러가 된다.

그다음으로 두 번 뒷면이 나온 후 세 번째에 앞면이 나오는 경우, 세 번 뒷면이 나온 후 네 번째에 앞면이 나오는 경우 등 한없이 많은 가능성을 생각할 수 있다. 그런데 간단한 계산을 통해 어떤 경우라도 상금의 기대치가 1달러로 고정되어 있음을 알게 된다. 예컨대 n번 만에 앞면이 나왔다면, 이런 결과가 나올 확률은 $\left(\frac{1}{2}\right)^n$임을 쉽게 알 수 있다. 그런데 이 경우의 상금은 2^n달러이므로 상금의 기대치는 1달러가 된다. 이를 통해 몇 번째에 처음 앞면이 나오든지 간에 기대치는 항상 1달러로 고정되어 있다는 사실을 알 수 있다.

바로 앞에서 말한 것처럼 이 게임에서 나올 수 있는 경우의 수는 무한히 많다. 이 게임에 참가한 사람이 받을 수 있는 상금의 기대치는 각 경우의 기대상금을 모두 더함으로써 구할 수 있다. 각 경우의 기대상금이 1달러인데 경우의 수는 무한히 많으므로 결국 상금의 기대치는 무한대(∞)가 된다. 이 게임에서 얻을 수 있는 상금의 기대치가 이렇게 높을 리 없다고 생각하는 사람은 동전을 50번 던진 사람이 얼마의 상금을 타게 되는지 계산해 보기 바란다. 이때의 상금은 0이 무려 15개나 붙은 어마어마한 크기가 된다. 운 좋게 뒷면을 연속해 49번 던진 사람은 천조 달러가 넘는, 즉 이 세상의 모든 부를 합친 것만큼 큰 상금을 받게 되는 것이다.

스위스의 수학자 베르누이D. Bernoulli는 사람들이 왜 이렇게 엄청나게 큰 기대상금이 걸린 게임을 하려 들지 않느냐고 의문을 제기했다. 단돈 5만 달러만 내고 상금의 기대치가 무한한 게임을 하라고 해도 선뜻 응할 사람이 그리 많지 않다는 것이다. 그는 이를 '상트페테르부르크의 역설'이라고 불렀는데, 사람들이 기대치의 관점에서 볼 때 유리하다는 이유만으로 어떤 행동을 취하지는 않는다는 것을 시사해 주고 있다. 앞에서 예로 든 주식을 살 경우, 한 달 후 가격의 기대치가 3만 2천원이므로 기대되는 이득은 주당 2천원임 셈이다. 이와 같은 상황에서 최동주 씨처럼 그 주식을 선뜻 사려고 드는 사람이 실제로는 그리 많지 않으리라고 짐작할 수 있다.

보험과 복권

사람들이 보험에 드는 이유는 위험부담을 싫어하기 때문이다. 타고난 모험가라면 모를까 보통 사람들은 사고가 났을 때 큰 재산상의 손실을 보게 되는 위험부담을 지기 싫어한다. 그러므로 대부분의 사람들은 사고가 났을 때를 대비해 미리 보험에 들어둔다. 보험회사는 사고를 당하지 않은 사람에게서 거둔 돈을 사고를 당한 사람에게 중계해 주는 역할을 한다. 말하자면 보험회사는 위험을 나누어서 지고자 하는 사람들을 한데 모아주는 일을 하는 셈이다.

그런데 복권을 사는 사람은 보험에 드는 사람과는 반대로 위험을 자청해 부담하려고 하는 사람이다. 잘 알다시피 복권은 감추어진 세금의 성격을 갖고 있다. 정부나 공공단체가 어떤 사업을 벌이고 싶은데 재원을 마련하기 힘들 때 으레 쓰는 수법이 복권 발행이다. 그러니 평균적으로 보아 복권을 산 사람이 받는 상금은 이를 사기 위해 낸 돈보다 훨씬 작을 수밖에 없다. 확률적으로 볼 때 복권을 사는 행위가 자신에게 절대적으로 불리함을 알면서도 이를 흔쾌히 산다는 것은 그가 명백하게 위험부담을 좋아한다는 것을 뜻한다.

두어 가지 보험을 들어둔 사람이 퇴근길에 복권을 구입해 만족스러운 미소를 지으면서 안주머니에 집어넣는 광경을 쉽게 떠올릴 수 있다. 그러나 경제학적으로 볼 때 이 사람의 행동에는 납득하기 힘든 점이 있다. 경제학에서는 모든 경제주체가 합리적이라는 것을 기본가정으로 삼고 있는데, 이는 일관성 있는 행동을 한다는 것을 뜻한다. 그런데 위험부담을 싫어해 보험에 가입한 사람이 복권을 삼으로써 위험을 자청해서 부담하는 행위에는 분명히 일관성이 결여되어 있다. 바로 이런 측면에서 그 사람의 행동에 납득하기 힘든 점이 있다고 말하는 것이다.

경제이론에 따르면 위험을 부담하기 싫어하는 사람에게 억지로 부담을 지우려면 일정액의 **위험 프리미엄**risk premium을 주어야만 한다. 예를 들어 스턴트맨이나 광부에게 지급되는 위험수당이라든지, 채무불이행의 가능성이 높은 사채에 적용되는 이자율이 시장금리를 초과하는 부분 등이 모두 이 위험 프리미엄에 해당하는 것이다. 그렇다면 위험부담을 싫어하는 사람에게 확률상으로 명백히 불리한 복권을 사게 하기 위해서는 프리미엄을 지불해야만 한다는 말이 된다. 그러나 사라는 권유도 받지 않고 복권판매대로 달려가는 사람에게는 위험 프리미엄이라는 것이 아무런 의미가 없다.

복권을 주로 사는 사람은 부유한 사람이 아니라 가난한 사람들이다. 절박한 처지에 있는 사람일수록 우연을 믿고 싶은 심정이 강하기 때문일 것이다. 따라서 정부가 복권으로 재원을 조달하는 경우 결국 그 부담은 가난한 사람이 주로 지게 된다. 복권은 정부가 활용할 수 있는 재원조달 방법 중에 가장 역진적regressive인 성격을 갖고 있다. 여기서 역진적이라는 것은 가난한 사람일수록 세금의 부담이 상대적으로 더 큰 것을 뜻한다. 정부는 이를 뻔히 알면서도 그저 편리하니까 기회만 생기면 별의별 복권을 다 발행하고 있다.

체육진흥을 위해, 그리고 과학기술 개발을 위해 오늘도 가난한 이웃의 저녁 반찬거리가 희생되고 있다. 몰라서 그런 면도 있겠지만, 세금을 더 걷겠다면 아우성치며 반대하는 사람들이 복권을 발행하겠다고 하면 아무 말도 하지 않는다. 조세정의를 확립하는 일이 중요하다고 생각한다면, 그렇게 무책임한 방법으로 서민의 주머니를 터는 정부의 처사에 대해 강력히 반발해야 마땅한 일이다.

보험업의 기원

인류 역사에서 보험이란 개념이 처음 등장한 것은 거의 4천 년 전의 일이다. 기원전 18세기경에 제정된 것으로 알려진 바빌로니아의 함무라비 법전에는 선박의 항해에 필요한 자금을 빌린 사람에 관한 법규가 등장한다. 그 법규에 따르면 선박이 침몰되었을 경우에는 빌린 돈을 갚을 의무가 없어진다고 한다. 오늘날의 보험과 그 성격이 조금 다르지만, 뜻하지 않은 위험에 대한 보상이란 의미에서 보면 분명 보험의 일종이라고 볼 수 있다. 또한 그리스와 로마의 상공인들은 일종의 조합 같은 것을 만들어 그들 중 한 사람이 죽으면 평소에 모아둔 돈으로 남은 가족을 도와주었다고 한다. 동업자들이 모여 일종의 생명보험과 같은 제도를 운영하고 있었던 셈이다.

현대적인 보험업은 17세기 후반 영국 런던의 한 커피하우스에서 그 첫 장을 열게 되었다. 그 당시 처음 도입된 커피는 영국 사람들의 입맛을 사로잡았고, 이에 따라 런던에서는 이곳저곳에 커피하우스가 들어서기 시작했다. 템즈강 가까운 곳에 로이드E. Lloyd라는 사람이 운영하는 커피하우스가 있었는데, 런던에 입항한 선원들이 특히 그곳을 즐겨 찾았다. 그곳을 찾는 사람들이 주고받는 대화를 통해 로이드는 런던항을 드나드는 선박과 그것들의 항해에 관해 많은 정보를 얻을 수 있었다. 그는 이와 같은 정보를 체계적으로 정리해 '로이드 목록'이라는 자료를 발표하기까지 했다. 그 속에 담긴 정보는 매우 유용해 영국뿐 아니라 대륙에 있는 항구에서도 널리 유포될 정도였다고 한다.

로이드 커피하우스에서는 선박의 경매가 주기적으로 행해졌고, 한쪽 구석에 앉아 있는 선장들 사이에서는 새로 개발된 항로가 얼마나 위험한지에 대해 열띤 토론이 벌어졌다. 항해와 관련해 보험이 필요한 사람은 브로커를 통해 기꺼이 위험을 떠맡으려는 사람, 즉 보험업자들과 연결되었다. 로이드 커피하우스의 주변은 언제나 이런 부류의 사람들로 북적거렸다. 그즈음 런던항은 신세계를 상대로 한 무역으로 성황을 이루고 있었는데, 그 중심에 바로 이 로이드 커피하우스가 있었다. 즉 보험을 위시해 선박과 항해에 관한 거의 모든 일이 이곳 주변에서 이루어지고 있었던 것이다.

당시에는 아직 보험회사라는 조직이 만들어지지 않았고, 개인 차원에서 보험을 제공하는 것이 전부였다. 이 개인 보험업자들을 'underwriters'라고 불렀는데, 보험에 관한 계약서의 맨 아래쪽에 서명하는 사람이라는 뜻에서 이 이름이 붙었다(이 전통에 따라 오늘날도 보험업자를 바로 그 이름으로 부르고 있다).

당시의 낙관적인 분위기에 힘입어, 개인 보험업자들은 어떤 종류의 위험이든 기꺼이 떠맡으려는 태도를 보였다. 그들은 노상강도, 절도, 과음으로 인한 사망, 말의 죽음 등 갖가지 종류의 위험에 대해 보험을 제공했다. 심지어 여성의 정절을 보장하는 것과 관련한 보험까지 제공했다고 한다. 생각할 수 있는 거의 모든 위험에 대해 보험을 제공하고 있었던 셈이다.

로이드 커피하우스가 문을 연 지 거의 백 년이 되던 1771년 그곳 주변에서 활동하던 79명의 개인 보험업자들은 각자 100파운드씩 출자해 The Society of Lloyd's라는 조직을 결성했다. 이 조직은 회사가 아니라 구성원 각자가 독립된 방식으로 사업을 하는 개별 보험업자의 조합이란 형태를 갖고 있었다. 이들을 'Names'라고 불렀는데, 자기가 가진 모든 재산을 걸고 고객의 손해를 보상해 준다는 약속하에서 보험업을 수행했다. 바로 이 약속이 많은 고객을 끌어들였고, 이에 따라 그들의 사업은 날로 번창하게 되었다. 이 조직이 발전해 오늘날 보험회사의 대명사라고 불릴 만큼 전 세계적으로 이름을 날리는 로이드 보험회사가 되었다. 이 회사의 주주에 해당하는 사람들은 아직도 Names라고 불리며 회사의 부채에 대해 무한책임을 지고 있다.

지금까지 본 것처럼, 오늘날 크게 번창하고 있는 보험업도 처음에는 매우 작은 규모의 사업으로부터 출발했다. 초기 단계의 보험업은 변화무쌍한 바다에 배를 띄워 놓고 불안해하는 선주들과, 도박하는 심정으로 위험을 대신 떠맡는 개인 보험업자 사이의 개별적인 거래가 고작이었던 것이다. 그들은 위험에 대한 체계적인 지식도 별로 없이 보험료와 보험금을 결정하고 있었을 것으로 짐작된다. 그들이 참고로 할 수 있었던 것은 항해를 해본 사람들의 경험담 정도였을 텐데, 그것도 사람마다 서로 다른 얘기를 하는 통에 적지 않은 혼란을 겪었을 것이다. 오늘날의 보험업계가 자랑하는 위험성의 정밀한 측정이 가능하기까지에는 수많은 시행착오가 불가피했다.

선물

위험을 회피하는 수단 1

김장철에 출하될 배추를 심는 농민은 이중의 위험을 떠안게 된다. 한 가지 위험은 과연 농사가 잘되어 김장철에 차질 없이 배추를 수확할 수 있느냐는 데서 나온다. 그리고 다른 한 가지 위험은 김장철에 가서 배추 값이 높을 수도 있고 낮을 수도 있다는 데서 나온다. 그때의 배추 값이 얼마냐에 따라 그는 큰 이득을 볼 수도 있고 큰 손해를 볼 수도 있다. TV 뉴스에는 배추 값이 폭락해 이를 뽑는 데 드는 인건비마저 건질 수 없게 된 농민들이 경운기로 밭을 갈아엎는 서글픈 광경이 자주 등장한다. 그동안 내내 공들여 길러오던 배추를 뽑지도 않고 그대로 갈아엎는 그 참담한 심경은 다른 사람이 결코 알 수 없을 것이다.

첫 번째로 든 유형의 위험은 사람의 힘으로 통제한다는 것이 거의 불가능에 가깝다. 갑자기 주먹만 한 우박이 떨어져 잘 자라고 있던 배추를 엉망으로 만들어 놓는다면 하늘의 뜻이라고 체념하는 것 이외에 다른 방법이 없다. 이런 유형의 위험은 보험에 가입함으로써 회피할 수 있다. 요즈음은 다양한 보험상품이 등장해 별의별 위험에 대해 보험이 제공되고 있으므로 기상이변에 대비한 보험에 가입함으로써 마음의 평화를 얻을 수 있다.

그런데 두 번째 유형의 위험은 보험이 아닌 다른 방식으로 이를 회피하는 것이 일반적이다. 배추 씨를 심는 단계에서 야채 중매인과 특별한 계약을 맺음으로써 배추 값의 변동에서 오는 위험을 회피하는 방식이 많이 활용되고 있는 것이다. 그 특별한 계약이란 예컨대 김장철에 배추가 출하될 때 한 포기당 3천원에 사고팔겠다는 계약이다. 이와 같이 어떤 상품을 미래의 일정한 시점에서 사전에 합의된 가격으로 사고팔기로 약속한 것을 가리켜 **선물계약**futures contract이라고 부른다. 이 선물계약을 맺어 놓으면 그 농민은 배추를 출하할 시점에서 배추 값이 폭락할까 봐 노심초사할 필요가 없어진다. 이 계약을 통해 배추 값 변동에서 오는 위험이 전적으로 야채 중매인에게 떠넘겨지게 되기 때문이다.

그렇다면 야채 중매인은 왜 이런 위험을 자청해서 떠맡게 될까? 물론 그가 농민의 처지를 동정해서 그럴 리는 만무하고, 그렇게 하는 것이 자신에게 이득이 된다고 생각하기 때문이다. 따지고 보면 그는 일종의 도박을 한다는 의미에서 그 위험을 떠맡기로 결정한 것임을 알 수 있다. 도박을 통해 돈을 잃기도 하지만, 운이 좋으면 한밑천 단단히 잡을 수도 있다. 바로 이 매력에 끌려 자청해서 위험을 떠맡기로 결정한 것이다. 예를 들어 김장철에 즈음해 배추 값이 5천원으로 뛰어오른다면, 그는 포기당 2천원이나 되는 이득을 얻게 된다.

야채 중매인은 선물계약을 통해 김장철에 미리 합의된 가격으로 배추를 사겠다고 약속했다. 이와 같은 계약을 맺은 것을 가리켜 그가 "선물을 샀다."라고 말한다. 그와 같은 선물거래의 궁극적 대상은 물론 배추인데, 그 거래의 기초가 되는 상품이라는 뜻에서 '기초상품'fundamental이라고 부른다.

선물을 산 사람은 기초상품을 사고팔기로 약속한 시점에서의 가격이 높을수록 더 큰 이득을 얻는다. 사전에 합의된 가격으로 그 상품을 구입해 높은 가격에 되팔 수 있기 때문이다. 반면에 그 시점에서의 가격이 사전에 합의된 가격보다 더 낮은 수준으로 떨어지면 그 차액만큼 손해를 보게 된다. 그러므로 선물을 사는 사람들은 기초상품의 가격이 오를 것이라고 예상하는 사람들이라고 말할 수 있다.

그런데 농민과 선물계약을 맺는 상대방이 야채 중매인이 아니고 김치 제조업체일 수도 있다. 그 기업은 김장철에 즈음해 갑자기 배추 값이 오르면 손실이 생길 것을 두려워해 그와 같은 선물계약을 맺었다고 볼 수 있다. 이 경우에는 거래의 두 당사자가 모두 위험을 회피하려고 하는 의도에서 선물계약을 맺은 셈이다. 김장철 즈음에 배추 값이 떨어질 것을 두려워하는 농민과 그때 배추 값이 오를 것을 두려워하는 기업 모두에게 선물계약은 미리 정해진 가격에 배추를 거래할 수 있는 기회를 제공해 준다.

선물을 샀다거나 팔았다고 말하는 것은 선물이 마치 하나의 상품처럼 거래의 대상이 된다는 것을 뜻한다. 이런 선물들이 거래되는 시장을 **선물시장**futures market이라고 부르는데, 그 대표적 예로 미국의 시카고 선물거래소Chicago Board of Trade를 꼽을 수 있다. 그런데 현실에서 선물시장이 움직이는 모습을 보면, 선물계약에서 약정한 시점이 와도 실제로 상품을 주고받지 않는 것이 보통이다. 거래가 워낙 대량으로 그리고 체계적으로 이루어지기 때문에 단지 차액만 주고받는 것으로 끝내도 되기 때문이다.

예를 들어 어떤 사람이 선물시장을 통해 3개월 후인 11월 20일에 배추를 한 포기당 3천원의 가격에 5만 포기를 산다는 계약을 맺었다고 하자. 그런데 그날의 실제 배추 값이 4천원이라면 그가 5천만원(=1천원×5만 포기)을 받는 것으로 모든 일이 끝난다. 개념적으로는 그가 포기당 3천원에 구입해 4천원에 되파는 것이지만, 실제로는 그렇게 하지 않고 차액을 주고받는 것으로 거래가 끝난다는 말이다. 애당초 선물이라는 상품은 위험회피의 수단으로 도입된 것이지만, 실제로는 차익을 노려 위험을 떠안는 사람이 선물거래에 많이 참여하고 있다.

옵션

위험을 회피하는 수단 2

몇 년 전 러시아가 극도의 재정위기를 겪는 과정에서 그 나라 정부가 발행한 채권이 휴지조각으로 변해 버린 적이 있다. 이로 인해 러시아 채권을 사두었던 해외의 투자가들이 엄청난 금전적 손실을 입을 수밖에 없었다. 그 당시 러시아 채권에 투자했던 우리나라 금융기관과 여기에 돈을 맡긴 수많은 사람들도 뜻하지 않은 날벼락을 맞게 되었다.

그렇다면 해외 투자가들은 왜 안전하지도 않은 러시아 채권에 많은 돈을 투자하고 있었을까? 그 이유는 간단했는데, 러시아 채권이 너무나도 높은 수익률을 약속하고 있었기 때문이다. 그 당시 선진국의 채권을 사면 고작 연간 5%를 조금 넘는 수익률밖에 기대할 수 없었는데, 러시아 채권을 사면 20%가 넘는 수익률까지 기대할 수 있었다.

러시아 채권의 수익률이 그렇게 높았던 것은 그만큼 큰 위험성이 뒤따르기 때문이었다. 그러나 투자가들은 그 위험성을 그리 심각하게 받아들이지 않았다. '아무리 러시아의 경제상황이 나쁘다 한들 정부가 부도날 지경에까지 이르지는 않겠지.'라는 안이한 생각을 했던 것이다. 이와 같은 기대를 비웃기라도 하듯, 재정이 극도로 궁핍해진 러시아 정부는 결국 채무불이행을 선언해 버렸다. 이로 인해 해외 투자가들이 높은 수익률은커녕 원금조차 건질 수 없는 상황에 빠져 버렸다. 미국 정부까지 개입해 진화에 나선 덕에 세계적인 금융위기로 번지지는 않았지만 세계 금융계에 상당히 큰 충격을 가져다주었다.

그러나 당시 러시아 채권에 투자했던 모든 금융기관이 피해를 본 것은 아니었다. 우리나라의 경우에도 어떤 금융기관은 피해가 컸던 반면, 어떤 금융기관은 거의 피해를 보지 않았다. 그렇다면 이처럼 손해를 볼 것이 불을 보듯 뻔한 상황에서 손해를 보지 않을 수 있었던 비결은 무엇일까? 그 비결은 바로 **옵션**option이라는 독특한 성격의 상품을 이용한 데 있었다. 옵션은 미래의 일정한 시점에 미리 정해진 가격으로 어떤 상품을 사거나 팔 수 있는 권리를 뜻한다. 이것이 여느 상품처럼 거래되고 있는데, 다음의 예에서 보듯 이를 구입함으로써 미래에 발생할 위험에 대비할 수 있다.

어떤 사람이 특정한 회사(A회사)의 주식을 살 수 있는 옵션을 샀다고 하자. 이 옵션계약에는 어느 때 어떤 가격으로 그 주식을 살 권리를 갖게 되는지가 명시되어 있다. 예를 들어 옵션을 보유한 사람은 6개월 후 A회사의 주식을 주당 3만원에 500주를 살 수 있는 권리를 갖는다는 식이다.

여기에서 한 가지 주의할 점이 있는데, 그것은 옵션의 보유자가 주식을 살 '권리'를 갖는 것이지 반드시 사야 하는 것은 아니라는 사실이다. 만약 그 권리를 행사하는 것이 유리하지 않을 경우에는 이를 포기하면 그만인 것이다. 예컨대 앞에서 예로 든 A회사의 주식가격이 6개월 후 2만원으로 내린다면 그 권리를 포기하는 것이 더 낫다. 주식시장에서 2만원만 주면 그 주식을 살 수 있는데, 구태여 3만원을 주고 살 필요가 없기 때문이다.

옵션계약은 어떤 상품을 살 수 있는 권리만을 부여하는 것이 아니라 팔 수 있는 권리를 부여하기도 한다. 즉 미래의 일정한 시점에 미리 정해진 가격으로 어떤 상품을 팔 권리를 갖는다는 내용을 갖는 옵션계약을 맺을 수도 있다는 뜻이다. 어떤 상품을 살 권리를 갖는 것을 '콜옵션'call option, 그리고 팔 권리를 갖는 것을 '풋옵션'put option이라 불러 구별하고 있다. 러시아 채권에 투자했던 금융기관 중 몇몇은 바로 이 풋옵션을 적절히 이용해 아무 손해도 보지 않고 궁지에서 빠져나올 수 있었다.

사실 투자자들은 러시아 채권이 위험하다는 것을 알면서 높은 수익률에 끌려 이를 샀다. 러시아 정부가 부도를 내지는 않을 것이라는 막연한 기대를 갖고 부도 위험에 대한 별다른 대비 없이 채권을 산 투자자들이 많았다. 그러나 신중한 투자자라면 부도 위험에 대한 적절한 대비가 필요하다고 느꼈을 텐데, 다음과 같은 풋옵션계약을 통해 완벽한 대비를 해둘 수 있다. 즉 러시아 채권에 1년 동안 투자하기로 마음먹었다면, 그것을 사는 시점에서 1년 후 미리 정해진 가격으로 그것을 팔 권리를 얻는 풋옵션계약을 맺어 놓는 것이다. 그렇게 해 놓으면 설령 그 채권이 휴지조각으로 변해 버리는 상황이 발생해도 1년 후에는 미리 정해진 가격에 되팔 수 있게 된다. 이처럼 풋옵션을 통해 장래 발생할지도 모르는 위험에 대해 완벽한 대비를 할 수 있는 것이다.

우리나라의 몇몇 금융기관은 이런 단순한 대비책도 없이 투자자들을 끌어들여 이들에게 막대한 손해를 입혔다. 이들이라고 풋옵션을 통해 위험에 대비할 수 있음을 몰랐을 리 없다. 단지 풋옵션을 사는 데 드는 얼마간의 비용을 아끼려는 우둔함 때문에 그런 큰일을 저지르고 만 것이다.

1997년 말의 외환위기에 즈음해 명백하게 드러났지만, 우리나라 금융기관이 어줍지 않은 지식을 갖고 해외 금융시장에 뛰어들었다가 주머니만 털리고 돌아온 경우가 비단 이것뿐이 아니었다. 세계의 금융산업이 얼마나 눈부시게 발전하고 있는지 모른 채 단순한 '돈장사'로 일관해 온 우리 금융산업의 낙후성을 여실히 드러내는 사례였다.

주식옵션

요즈음은 우리나라에서도 최고경영진에 주식옵션stock option을 주는 기업들의 수가 부쩍 늘어났다. 주식옵션이란 일정한 시점에 미리 정해진 가격으로 어떤 회사의 주식을 살 수 있는 권리를 뜻한다. 다시 말해 주식옵션을 갖고 있는 사람은 그와 같은 조건으로 주식을 살 권리를 갖게 된다. 예를 들어 1년 후 어떤 회사의 주식을 주당 2만원의 가격으로 3만 주를 살 수 있는 권리를 갖는다는 식이다. 이런 권리를 갖고 있는 사람의 입장에서 보면 1년 후의 주식 가격이 높을수록 더 큰 이득을 얻을 수 있다. 그때의 주식 가격이 어떻든 옵션계약에서 미리 정해진 가격만 지불하면 그 주식을 살 수 있기 때문이다.

미국 기업들은 오래전부터 최고경영진이 더 열심히 일하게 만드는 유인책으로 주식옵션을 활용해 왔다. 미국의 최상위 1% 부자들의 면면을 보면 이런 주식옵션 덕분에 천문학적 규모의 재산을 모은 사람들이 많다. 최고경영진이 자기 회사 주식을 살 수 있는 권리를 갖고 있으면 주식 가격을 높이는 데 최선의 노력을 기울이게 된다. 주식 가격이 높아질수록 자신이 보유하는 주식옵션의 가치가 더 커지기 때문이다. 주식옵션이 성과 유인책으로 자주 활용되고 있는 이유가 바로 여기에 있다.

소유와 경영이 분리된 현대의 기업에서 주주와 전문경영인이 추구하는 목표가 서로 다를 수 있다. 주주의 관점에서 보면 이윤이 많이 생겨 주식가격이 높아지는 것이 바람직하다. 그래야 배당금도 더 많아지고 주식을 되팔아 얻는 자본이득도 더 커질 수 있기 때문이다. 따라서 주주가 추구하는 목표는 이윤의 극대화와 이를 통한 주식 가격의 극대화다. 우리가 경제학을 공부할 때 기업이 추구하는 목표는 이윤극대화라고 배우지만, 엄밀하게 말해 이것은 기업의 소유주라고 할 수 있는 주주가 추구하는 목표다.

그러나 전문경영인의 개인적 관점에서 보면, 이윤은 별로 중요하지 않고 매출액이 커야 좋다. 전문경영인의 위신이나 보수가 매출액과 비례해 커지기 때문이다. 따라서 기업경영의 책임을 맡은 전문경영인은 이윤이 아닌 매출액의 극대화를 추구할 수 있다. 다시 말해 전문경영인이 주주의 이익을 극대화하지 않는 방향으로 기업을 운영해 갈 가능성이 있다는 뜻이다. 바로 이 문제를 해결하기 위해 도입한 것이 주식옵션을 지급하는 방법이다. 주식옵션을 가진 최고경영진은 주식 가격이 높아질수록 더 큰 이득을 얻는다. 따라서 주주가 일일이 간섭하지 않아도, 자발적으로 주식 가격을 높이는 경영방침을 선택하게 된다.

바로 앞에서 설명한 것처럼 원래 옵션이란 상품은 위험을 회피하는 수단의 하나로 도입되었다. 주식옵션도 옵션의 일종이기 때문에 마찬가지라고 할 수 있는데, 최근에는 이것이 전문경영인에게 유인을 제공하는 수단으로도 자주 활용되고 있는 것이다. 그렇기 때문에 주식옵션이란 말이 나오면, 사람들은 우선 최고경영진에게 보너스의 형식으로 지급되는 보수를 연상하게 된다.

그런데 최근 주식옵션이 사람들 사이에서 많은 관심의 대상이 되는 더욱 중요한 이유는 다른 데 있다. 주식옵션이 갖는 독특한 성격 때문에 금융투자의 대상으로 널리 활용되고 있어 이에 대한 관심이 특히 큰 것이다. 투자대상으로서 주식옵션이 갖는 매력은, 운이 좋으면 얼마든지 큰 이득을 얻을 수 있지만 손실은 일정한 크기로 한정된다는 데 있다. 다시 말해 이에 투자함으로써 얻는 이득과 손실이 비대칭적이라는 점이 주식옵션의 독특한 매력이다.

예를 들어 어떤 사람이 3백만원을 지불하고 6개월 후 A회사의 주식을 주당 3만원에 500주를 살 수 있는 옵션을 구입했다고 하자. 6개월 후의 주식 가격이 7만원으로 오르면 이 옵션거래를 통한 그의 순수익은 1천 7백만원이 된다. 한 주당 3만원에 사서 7만원에 되팔 수 있으므로 4만원의 판매차익을 얻을 수 있다. 500주의 판매차익은 2천만원인데 옵션 구입을 위해 3백만원을 지불했으므로, 그는 옵션거래에서 무려 1천 7백만원이나 되는 순수익을 올린 것이다. 주식 가격이 더 높아짐에 따라 그가 얻을 이득도 한정 없이 커질 것임은 두말할 나위도 없다.

그러나 주식 가격이 아무리 낮아져도 그의 손실은 3백만원 이상으로 커지지 않는다. 최악의 경우 그 옵션을 포기해 버리면 그만인데, 이때의 손실은 옵션을 구입하는 데 지불한 금액(3백만원)과 같기 때문이다. 금융투자에서 일정 금액 이상의 손실을 보지 않는다는 점은 매우 큰 매력임이 분명하다. 금융투자 수단으로서 주식옵션이 갖는 최대의 매력은 이득이 한정 없이 커질 수 있는 반면 손실은 일정한 크기로 한정된다는 데 있다. 주식옵션에 투자하는 사람은 바로 이 매력에 이끌렸을 가능성이 크다.

그렇지만 주식을 직접 사는 것보다 주식옵션을 사는 것이 분명히 더 유리하다고는 말할 수 없다. 주식옵션에 상대적으로 유리한 점이 있다면, 그것은 주식옵션의 가격에 그대로 반영될 것이기 때문이다. 따라서 이를 지불하고 난 후에는 주식을 직접 사는 것에 비해 특별히 유리하다고 말하기 힘들게 된다. 사람에 따라 위험에 대한 태도가 다른데, 결국 이 차이가 어느 쪽으로 투자하게 될지를 결정하는 요인이 된다. 선진국에서는 이미 오래전부터 주식옵션 투자가 성행해 왔고, 우리나라에서도 최근 들어 투자 규모가 급격하게 늘어나고 있다.

파생금융상품

예전에는 별로 들어보지 못했는데 최근 들어 자주 사람들 입에 오르내리는 경제용어로 파생금융상품financial derivatives이란 것이 있다. 파생금융상품은 말 그대로 어떤 상품에서 파생되어 나와 금융시장에서 독자적인 상품으로 거래되는 것을 뜻한다. 파생의 원천이 되는 상품을 기초상품이라고 부르는데, 일반적인 상품, 주식, 채권, 외환 같은 것들이 기초상품이 될 수 있다. 사실 바로 앞에서 설명한 선물이나 옵션이 파생금융상품의 대표적 예다. 예를 들어 주식옵션이라는 것은 주식이란 기초상품에서 파생되어 나온 파생금융상품이다.

앞에서 설명한 것처럼, 애당초 선물이나 옵션 같은 파생금융상품은 위험부담을 회피하는 수단의 하나로 고안되었다. 기초상품의 가격변동에서 오는 위험을 회피하고 싶어 하는 사람은 선물이나 옵션을 이용해 그 위험에서 벗어날 수 있다. 선물이나 옵션을 거래하는 상대방이 그 위험을 떠맡게 되기 때문이다.

최근 들어 금융시장이 발달하고 국가 간의 거래가 활발해짐에 따라 금리나 환율 변동에서 오는 위험을 회피하기 위한 파생금융상품의 거래가 급속하게 늘어나고 있다. 파생금융상품은 가격 변동에서 오는 위험을 효과적으로 줄여준다는 점에서 경제의 안정성을 높여주는 기능을 한다. 그러나 위험을 떠맡아 높은 수익을 얻으려는 투기적 동기를 가진 사람들이 파생금융상품의 거래에 대거 참여함으로써 오히려 경제의 안정성이 흔들리는 결과가 빚어지기도 한다.

한 예로 1995년에는 영국 Barings금융그룹의 싱가포르 현지법인에 근무하는 28세의 젊은 직원이 선물투기로 13억 달러를 순식간에 날려 버린 적이 있다. 그 결과 200년의 긴 전통을 자랑하는 Barings그룹이 단돈 1파운드에 네덜란드의 ING그룹에 팔려 버리는 수모를 당하게 되었다. 우리나라의 금융기관들도 이렇다 할 준비 없이 파생금융상품 거래에 뛰어들었다가 엄청난 손실을 본 쓰라린 경험을 안고 있다. 이런 부작용 때문에 많은 전문가들이 파생금융상품 시장에 대한 좀 더 엄격한 규제와 감독이 필요하다는 지적을 하고 있다.

15

전략적 상황에서의 선택

게임이론과 경제학

요즈음의 경제학자들이 왜 **게임이론**game theory을 그렇게 자주 얘기하는지 의아하게 생각하는 사람이 있을 것이다. 게임이론은 원래 수학자들이 만들어 낸 이론인데, 그들보다 오히려 경제학자들이 더 즐겨 논의하고 있는 듯하니 이상하게 보이는 것도 무리가 아니다. 하여튼 경제학 연구의 최근 동향에서 가장 특징적인 사실 몇 가지를 골라보라 하면, 게임이론이 광범하게 활용되고 있다는 점을 빼놓을 수 없다. 이제는 경제학 연구와 교육 모두에서 게임이론이 필수불가결한 분석 도구로 자리 잡고 있다.

게임이론은 전략적 상황에 처한 경제주체들의 행동을 분석하기에 적합한 이론들이라는 점에서 그 유용성을 인정받고 있다. 전략적 상황이란 어떤 사람이 상대방의 반응을 고려하면서 의사결정을 해야 하는 상황을 뜻한다. 즉 '내가 어떤 행동을 취하면 상대방은 이런 반응을 보일 것이다.'라는 예측하에서 자신의 행동을 선택해야 하는 상황이 바로 그것이다. 내가 갖고 있는 선택가능성이 여러 가지 있고 이에 대한 상대방의 반응도 여러 가지가 있다면 이것들이 어떻게 짝을 짓느냐에 따라 수많은 다른 결과가 나올 수 있다. 전략적 상황에 있는 경제주체는 이 가능한 결과들을 모두 고려해 자신의 행동을 선택해야 하는 어려움에 처하게 된다.

예를 들어 어떤 기업이 고객을 끌어모으기 위해 가격을 낮추려 할 때는 경쟁기업이 어떻게 나올지를 미리 예측하고 결정을 내려야 한다. 경쟁기업이 예전의 가격을 그대로 유지한다면 가격을 낮추는 전략이 이득을 가져다줄 테지만, 그쪽에서도 함께 가격을 낮춘다면 아무 이득도 가져다주지 못할 것이다. 경쟁기업이 더 큰 폭으로 가격을 낮출 가능성도 있는데, 그렇게 되면 공연히 벌집만 건드린 꼴이 된다. 상대방이 어떻게 나올지 미리 예측하고 그래도 가격을 낮추는 것이 이득이 되는지를 판단하는 일은 결코 쉽지 않다.

기업만 이런 전략적 상황에 처하게 되는 것이 아니다. 따지고 보면 사회생활을 하는 우리는 언제나 이런 상황 속에서 살고 있는 셈이다. 예컨대 한 친구가 돈을 빌리려 자기를 찾아 왔는데, 빌린 돈을 반드시 갚을지가 분명치 않아 선뜻 빌려주고 싶지 않다고 하자. 그렇지만 그 요청을 거부하면 그가 절교를 선언할지 몰라 망설이게 된다. 즉 그에게서 어떤 반응이 나올지 모르기 때문에 빌려주어야 할지 말아야 할지 판단이 잘 서지 않는 것이다. 심지어 가족들 사이에서도 이와 비슷한 상황이 발생하기도 한다. 자식의 잘못된 행동에 대해 벌을 주는 부모는 자식이 어떤 반응을 보일지 신경을 쓰지 않을 수 없다. 그 벌을 받고 새사람이 될지 아니면 더욱더 비뚤어지게 될지 모르기 때문에 망설이게 된다.

게임이론은 전략적 상황에 처한 경제주체가 어떻게 행동할 것이며 이에 따라 어떤 결과가 발생할 것인가를 체계적으로 분석하는 데 주안점을 둔 이론이다. 사람들이 이런 상황에서 경제적 선택을 해야 할 경우가 많은 만큼 게임이론의 활용범위도 넓다고 말할 수 있다. 요즈음 경제학의 거의 모든 분야에서 게임이론의 분석방법이 널리 활용되고 있는 것은 결코 우연이 아니다. 게임이론이 특히 많이 활용되고 있는 곳은 '산업조직이론'이라고 부르는 분야다. 이 이론은 시장에서 경쟁하고 있는 기업들의 행태를 분석하는 데 관심의 초점을 맞추고 있으므로 게임이론이 매우 유용하게 활용될 수 있다.

게임이론이 경제학에서 유용하게 활용될 수 있음을 처음 알아차린 사람은 불멸의 천재 폰 노이만J. von Neumann이었다. 수학자와 물리학자로 더욱 유명한 그는 경제학에서도 매우 중요한 업적을 남겼다. 그는 1944년에 경제학자 모겐스턴O. Morgenstern과 공동으로 펴낸 『게임이론과 경제행위』

*Theory of Games and Economic Behaviour*라는 책에서 이 이론이 경제행위의 분석에도 유용하게 활용될 수 있음을 입증했다. 경제학에서 게임이론의 바람이 본격적으로 불기 시작한 것은 최근의 일이지만 사실 그 씨앗은 이미 오래전에 뿌려진 셈이다.

스웨덴 한림원은 매년 경제이론의 개발에 지대한 공헌을 한 사람을 뽑아 노벨상을 수여하고 있다. 게임이론의 전문가 세 명이 1994년의 노벨경제학상 수상자로 선정된 사실은 이 이론이 요즈음의 경제학에서 어떤 위치를 차지하고 있는가를 잘 말해 주고 있다. 이 셋 중 게임이론의 발전에 특히 공헌이 컸던 사람은 내쉬J. Nash였는데, 그는 원래 수학자로서 경제학과 전혀 인연이 없는 사람이었다. 그는 게임이론에서 가장 핵심적인 개념의 하나인 '내쉬균형'을 개발한 업적으로 노벨경제학상을 받게 되었다.

A Beautiful Mind

내쉬J. Nash가 1994년도 노벨경제학상 수상자로 발표되자 그가 살고 있는 인구 5만 명의 작은 도시 프린스턴Princeton의 주민들은 경악을 금치 못했다고 한다. 늘 초점이 없는 눈에 남루한 옷차림으로, 무언가 중얼거리면서 거리를 배회하던 그 부랑자 같은 사람이 노벨상 수상자로 뽑혔다니 놀라움이 클 수밖에 없었다. 그가 한때 천재 소리를 듣던 유명한 수학자였다는 사실을 아는 사람은 극히 소수에 불과했던 것이다.

고등학교 때까지는 그저 우수한 학생 중 하나였던 그였지만, 대학에 들어오면서 서서히 천재성을 드러내기 시작했다. 프린스턴 대학교 수학과 대학원에 지원했을 때 그의 학부 지도교수가 쓴 추천서에는 "This man is a mathematical genius."라는 말만 있었다고 한다. 그가 21세 때 쓴 논문에 내쉬균형의 개념이 첫 선을 보였고, 바로 이 업적으로 인해 40여 년이 지난 후 노벨상을 수상하게 되었다.

졸업 후 MIT의 수학교수로 취임한 그는 계속 눈부신 학문적 업적을 쌓아 나갔다. 그때까지 풀지 못했던 두 개의 중요한 문제를 성공적으로 풀어냄으로써 수학계의 노벨상이라고 불리는 필즈메달Fields medal 수상자로 거론되기까지 했다. *Fortune*지는 미래를 이끌 대표적인 젊은 수학자의 한 사람으로 그를 선정했다. 뿐만 아니라 그의 수학 강의를 들은 미모의 여학생과 결혼하는 등 모든 일이 순조롭게 풀려가는 듯했다.

그러나 '호사다마'라고나 할까, 30세의 나이에 이르렀을 때 뜻밖의 불행이 찾아왔다. 이상한 행동을 보이기 시작하더니 급기야 본격적인 조현병 증상이 나타난 것이다. 어느 날 아침 그는 *New York Times*지를 손에 들고 교수휴게실에 나타났다. 그는 신문의 한 귀퉁이에 다른 은하계로부터 온 비밀 메시지가 실려 있다고 주장해 동료들을 아연실색하게 만들었다.

처음에는 그저 농담이려니 하는 생각에서 웃어 넘겼다고 한다. 그러나 그의 이상스러운 행동은 점차 그 도를 더해가기 시작했다. 그는 극도의 정서불안, 환각, 환청에 시달리게 되었고, 주위 사람들은 그를 강제로 정신병원에 입원시킬 수밖에 없었다. 그로부터 30년 이상의 긴 세월을 조현병의 어두운 세계에 갇혀 극심한 고통을 겪었다. 일시적으로 증세가 호전된 때도 있었지만, 곧바로 예전의 상태로 돌아가는 일이 반복되었다.

교수직을 포기하고 모교인 프린스턴 대학교의 품으로 돌아온 그는 갖가지 기행을 일삼았다. 수학과 교실의 흑판을 알지 못할 글과 부호들로 가득 채우는 것이 그중 하나였다. 사람들이 그것을 지우면 거의 울음을 터뜨릴 정도로 화를 냈다고 한다. 도서관 앞을 지나는 사람들은 시가를 입에 물고 멍한 표정으로 벤치에 앉아 있는 그를 언제나 만날 수 있었다. 사람들은 이런 그를 '프린스턴 대학교의 유령'이라고 불렀다.

1990년대 초 주위 사람들은 60대의 나이에 접어든 내쉬의 언행에서 놀랄 만한 변화를 감지하기 시작했다. 조현병에 시달리고 있는 사람이라고 믿기 힘들 만큼 정상적인 태도를 보였기 때문이다. 그에게 보내진 행운의 미소는 1994년 게임이론에 대한 공헌을 인정받아 노벨경제학상을 수상하는 데서 절정을 이룬다. 사실 경제학계에서는 오래전부터 마땅히 그가 노벨상을 받아야 한다는 여론이 형성되어 있던 상황이었다.

21세의 어린 나이에 일약 스타가 된 천재 수학자 내쉬. 위대한 수학자의 반열에 한 걸음씩 다가가고 있었지만, 바로 그 앞에서 뜻하지 않은 조현병으로 인해 좌절하고 말았다. 그 뒤 30여 년에 걸친 투병생활과 기적적인 회복은 마치 한 편의 드라마와도 같다. 여성 저널리스트 내서S. Nasar는 그의 파란만장한 일생을 그린 전기 *A Beautiful Mind*를 펴냈다. 이 책은 그 뒤 똑같은 제목으로 영화화되어 많은 감동을 불러있으켰다. 우리나라에서도 상영된 이 영화는 최우수작품상을 비롯, 4개 부문에서 2002년도 아카데미상을 수상하는 영광을 안았다.

용의자의 딜레마 게임

자백이냐 부인이냐, 그것이 문제로다

게임의 여러 유형 가운데 경제학에서 가장 자주 등장하는 것 중 하나가 바로 **용의자의 딜레마**prisoner's dilemma 게임이다(많은 사람들이 '죄수의 딜레마'라는 표현을 쓰지만 내용을 알고 보면 틀린 표현임을 알 수 있다). 이 게임은 어떤 범죄를 함께 저질렀다고 짐작되는 두 용의자가 검사의 심문을 받고 있는 상황을 배경으로 한다. 검사는 두 사람이 서로 짜고 범행을 부인하는 것을 막기 위해 완벽하게 격리시킨 상태에서 따로 심문을 진행한다. 이들에게서 자백을 끌어내기 위해 검사는 두 용의자에게 각각 다음과 같은 제의를 했다.

> "둘 다 순순히 자백한다면 비교적 가벼운 형벌인 징역 3년을 구형하겠소. 그런데 당신의 동료는 자백했는데 당신만 끝내 부인할 경우, 그 사람은 방면해주겠지만 당신에게는 최고형인 10년을 구형할 작정이오. 만약 둘 다 끝까지 부인하면 이 범죄와는 관계없이 과거에 당신들이 저지른 사소한 잘못을 구실로 하여 징역 1년을 구형하겠소." (편의상 검사가 구형한 것은 그대로 판결에 반영된다고 가정한다.)

이 상황에서 각 용의자는 자백하는 것과 부인하는 것의 두 전략을 갖고 있는데, 각자가 어떤 전략을 선택하느냐에 따라 네 가지 다른 결과가 나올 수 있다. 두 사람 모두 상대방이 어떤 전략을 선택할지 모른 채 자신의 전략을 선택해야 하는 난처한 입장에 빠져 있는 것이 이 게임의 특징이다.

두 사람의 관점에서 볼 때 모두가 범행을 부인함으로써 1년의 가벼운 형을 받는 것이 최선의 결과임이 분명하다. 이런 생각에서 자신은 범행을 부인했는데, 상대방이 자백해 버린다면 10년형을 받는 결과가 나타난다. 반면에 의리를 저버리고 자백한 상대방은 자유의 몸이 된다. 그렇다면 의리니 뭐니 모두 때려치우고 아예 자백해 버림으로써 자신의 살길을 찾는 게 더 좋지 않을까? 마치 셰익스피어의 비극 「햄릿」*Hamlet*에서 보는 것처럼 "자백이냐 부인이냐, 그것이 문제로다."라는 난처한 상황이 아닐 수 없다.

우리는 이 게임에서 과연 어떤 결과가 나올 것인가에 관심을 갖고 있다. 즉 각 용의자가 어떤 전략을 선택하여 결국 게임이 네 가지 가능한 결과 중 어떤 것으로 귀결되는가를 예측해 보고 싶은 것이다. 예를 들어 둘이 모두 자백해 3년형을 받는 것으로 끝날 수 있고, 모두 부인해 1년의 가벼운 형만 받는 것으로 끝날 수도 있다. 아니면 한 사람은 자백해 자유를 얻고 다른 사람은 부인해 10년형을 받는 결과가 나타날 가능성도 있다. 이 여러 가지 가능성 중 게임의 결과로 귀착될 가능성이 가장 높은 것을 가리켜 '게임의 균형'이라고 부른다.

그런데 논리적으로 따져 보면, 두 용의자가 어떤 전략을 선택할지를 두고 고민할 필요가 전혀 없다. 그들이 처한 상황이 딜레마라고 말하기는 했지만, 논리적으로는 어떤 전략을 선택해야 할지 이미 답이 나와 있는 상황이기 때문이다. 독자가 그중의 한 용의자라 할 때 어떤 전략을 쓸 것인지 생각해 보기로 하자.

상대방이 자백할지 부인할지 잘 모르는 상황이므로 한 가지씩 따져 보는 방법을 써보기로 한다. 우선 상대방이 자백하는 전략을 선택한 경우를 상정하고, 내가 둘 중 어느 한 전략을 선택할 때 어떤 결과가 나타날지 따져 보자. 이 상황에서 내가 부인하는 전략을 선택하면 10년형을 받을 테지만, 자백하면 3년형만 받게 된다. 따라서 상대방이 자백한 상황에서는 나도 자백하는 쪽이 더 유리하다.

다음에는 상대방이 부인하는 전략을 선택한 경우를 생각해 보자. 이때 나도 부인하면 1년형을 받지만, 자백하면 방면되는 기쁨을 누릴 수 있다.

그러므로 이 경우에도 역시 나 자신만의 이득을 위해서는 자백하는 쪽이 더 유리하다. 다시 말해 상대방이 어떤 전략을 선택하든 간에 나로서는 자백하는 전략이 더 유리하다는 뜻이다. 두 용의자가 이런 논리적 추론을 할 수 있다면, 어떤 전략을 선택할 것인지 고민할 필요가 전혀 없다. 상대방의 전략과 상관없이 나는 자백해야 한다는 답이 뻔하게 나오기 때문이다.

지금까지의 논의를 정리하면, 어느 경우에서든 나로서는 자백을 하는 편이 더 유리하다. 게임이론의 용어를 써서 표현하면, 자백하는 것이 두 사람 모두에게 **우월전략**dominant strategy이 되는 것이다. 게임이론에서 우월전략이란 상대방이 어떤 전략을 선택하든 자신에게 더욱 유리한 결과를 가져오는 전략을 뜻한다. 게임을 하는 사람의 입장에서 보면 당연히 우월전략을 선택해야 하기 때문에 답이 뻔하게 나온다고 말한 것이다.

지금 보는 용의자의 딜레마 게임은 두 사람 모두 범행을 자백해 각자 3년의 형을 받는 것으로 귀결될 가능성이 아주 크다. 만약 두 사람이 모두 범행을 부인하고 버텼다면 1년형만 받았을 텐데 그 기회를 날려버린 셈이 된다. 부인하는 전략은 상대방도 함께 부인하리라는 믿음이 있을 때만 선택할 수 있다. 그런데 완전히 격리된 채 심문을 받고 있어 상대방이 자백할지도 모른다는 생각이 들기 때문에 부인하는 전략을 선택할 수 없다. 둘 다 굳세게 범행을 부인하면 더욱 유리한 결과를 얻을 수 있음에도 불구하고, 상대방에 대한 확신이 없어 둘 다 자백하는 길을 선택하고 만다는 것이 이 게임의 특징이다.

이 용의자의 딜레마 게임을 이용해 미국과 구소련 사이의 핵무기 개발 경쟁에 대한 설명을 시도한 정치학자가 있었다. 두 나라가 모두 핵무기 개발을 자제하고 그것에 쓸 돈을 국민의 복지에 쓴다면 서로 이득이 되는 결과가 나타날 것이다. 막상 쓰지도 않을 핵무기 개발에 많은 돈을 쏟아붓는 것은 아무런 이득도 되지 않기 때문이다.

그럼에도 불구하고 두 나라가 모두 이 두 전략 중 명백히 더 나쁜 쪽, 즉 핵무기를 개발하는 쪽을 선택한 데는 나름대로 이유가 있었다는 것이 그의 주장이다. 그는 이 핵무기 개발경쟁이 마치 용의자의 딜레마 게임과 비슷한 특성을 갖는다고 보았다. 그리고 핵무기를 개발하는 것이 우월전략이기 때문에 그와 같은 결과가 나올 수밖에 없었다고 설명했다(독자 스스로 핵무기 개발이 우월전략인 이유를 생각해 보기 바란다).

이런 맥락에서 보면 냉전시대에 왜 두 나라가 모두 핵무기를 개발해 '공포의 균형'을 이루고 있었는지를 쉽게 이해할 수 있다. 서로 상대방을 믿지 못해 두 나라는 그것이 별로 좋은 대안이 아님을 알면서도 할 수 없이 핵무기를 개발하는 쪽으로 결론을 내렸을 것이다. 만약 두 나라가 솔직한 대화를 했더라면 핵무기 개발을 자제해 서로에게 손해가 되는 결과를 피할 수도 있었다. 즉 우리는 핵무기를 개발하지 않겠으니 당신들도 개발하지 말라는 식으로 협조하는 체제를 구축할 수도 있는 일이었다. 그러나 이 노력이 성공을 거두기 위해서는 상호 간에 깊은 신뢰가 형성되어 있어야 하는데 그렇지 못한 것이 문제였다.

우리의 일상생활에서도 용의자의 딜레마 게임과 비슷한 상황에 처할 경우가 종종 있다. 이런 상황에 처해 있는 사람들에게 가장 중요한 것은 솔직한 대화를 통해 서로에게 이득이 되는 해결책을 찾는 일이다. 상대방을 조금이라도 신뢰하지 못하면 모두에게 손해가 되는 불행한 결과를 초래할 가능성이 매우 크다.

눈에는 눈, 이에는 이 전략

상대방에 대한 보복으로 협조를 유도한다

용의자의 딜레마 게임에서 중요한 점은 이것이 단 한 번만 행해지는 게임이라는 사실이다. 두 용의자가 모두 자백해 버리고 마는 결과는 이렇게 단 한 번만 게임을 한다는 상황과 밀접한 관련을 갖고 있다. 만약 이 게임이 여러 번 반복되어 행해지면 그 결과가 달라질 수 있을까? 다시 말해 둘 다 자백해 버리는 결과 대신 다른 결과가 나타날 수 있을까? 먼저 답부터 말하면, 게임이 여러 번 반복해서 행해지는 경우에는 용의자들이 범행을 부인하고 버티는 태도가 나타날 수 있다.

이 게임에서 둘 다 자백하고 마는 결과가 나오는 이유를 잘 생각해 보자. 범행을 부인하고 버티는 것은 상대방도 그렇게 해준다는 기대가 있을 때만 선택할 수 있는 전략이다. 따라서 부인하는 전략에는 서로 협조해 좋은 결과가 나오게끔 노력해 보자는 의도가 내포되어 있다. 그런데 상대방도 그렇게 해주리라는 믿음에서 부인하고 버텼는데 그가 자백해 버린다면 자신은 큰 손해를 입게 된다. 격리되어 심문을 받고 있는 상태이므로 상대방으로부터 함께 부인하고 버티겠다는 다짐을 받아낼 수도 없다. 그렇기 때문에 아예 자백해 버리고 말자는 결심에 이르게 되는 것이다.

자백하는 전략에는 상대방이야 어찌 되었든 자기만 잘되어 보겠다는 의도가 내포되어 있다. 한 용의자가 이런 이기적 전략으로 상대방에게 피해를 입혔을 때, 상대방은 이에 대해 보복하고 싶은 충동을 느낄 것이다. 그런데 게임이 단 한 번만 행해지는 경우에는 한쪽이 이기적 전략을 사용해도 상대방이 이에 대해 보복할 길이 없다. 바로 이 사실이 이기적 전략의 선택을 결정적으로 부추기고 있다. 만약 용의자의 딜레마 게임이 여러 번 행해진다면 이기적 전략을 쓰는 사람에게 다음번 게임에서 보복할 기회가 생긴다. 상대방을 믿고 버틴 사람이 배반을 당했다는 것을 알면, 다음번 게임을 할 때 이번에는 자신도 자백해 버려 상대방에게 보복을 가할 수 있는 것이다.

이처럼 상대방이 자백한 것을 발견하면 자신도 다음번에는 자백해 버리는 전략을 '눈에는 눈, 이에는 이'tit-for-tat 전략이라고 부른다. 상대방이 한 행동과 똑같은 행동을 함으로써 상대방이 입힌 피해를 되갚는다는 의도가 내포되어 있는 전략이다. 게임이 단 한 번만 행해진다면 이런 전략을 선택할 여지가 없지만, 여러 번 반복되는 경우에는 문제가 다르다. 한 사람이 이기적 전략을 선택하면 상대방도 그다음 게임에서 이기적 전략을 선택해 보복을 가할 수 있기 때문에 이기적 전략의 선택을 삼가게 될 것이기 때문이다. 이를 보면 게임이 여러 번 반복해 행해지는 경우에는 서로 협조하려는 분위기가 조성될 가능성이 높다는 것을 알 수 있다.

카르텔을 구성하고 있는 여러 기업들 사이의 관계가 용의자 딜레마 게임의 좋은 예라고 말할 수 있다. 각 기업이 카르텔협정을 준수하는 전략과 위반하는 전략 중 어느 쪽을 선택하느냐에 따라 다음과 같은 여러 가지 결과가 나온다고 가정해 보자. 만약 모두가 협정을 준수하면 각 기업이 80억원씩의 이윤을 얻게 되지만, 모두가 위반하면 40억원씩밖에 얻지 못한다. 다른 기업들은 카르텔협정을 준수하고 있는데 홀로 위반하는 기업이 있다면 이 기업은 100억원의 이윤을 얻는다. 반면에 협정을 준수하는 기업들의 이윤은 10억원에 불과하다고 한다. 이와 같은 상황은 전형적인 용의자의 딜레마게임의 구조를 갖추고 있음을 독자 스스로 확인할 수 있을 것이다.

카르텔을 구성하고 있는 개별 기업의 입장에서 보면 협정을 위반하는 것이 우월전략이다. 만약 모든 기업이 이 전략을 채택하면 카르텔 그 자체가 곧 붕괴되고 말 것이다. 그럼에도 불구하고 상당히 오랫동안 붕괴되지 않고 지속된 카르텔이 실제로 있었다는 사실이 우리의 관심을 끈다. 이는 카르텔 안의 기업들이 지속적인 관계를 맺고 있어 게임이 여러 번 반복되는 양상이 되었기 때문으로 해석할 수 있다. 기업들은 한때 돈을 버는 것으로 그치는 것이 아니라 계속해서 사업을 해나가야 한다. 다른 기업을 속여 일시적으로 큰돈을 번다 해도 이것이 발각되는 날에는 엄청난 보복을 감수해야 한다. 바로 이 사실이 카르텔협정을 자발적으로 준수하게 만드는 유인을 주었던 것이라고 볼 수 있다.

배수의 진

스스로 선택가능성을 줄여 좋은 결과를 얻는다

배수의 진을 친다는 것은 스스로 막다른 골목에 진을 치고 상대방을 기다리는 것을 뜻한다. 상식적으로 생각해 보면, 선택할 수 있는 가능성이 많으면 많을수록 더 좋은 일이다. 그렇기 때문에 대부분의 장수들은 막다른 골목에 진을 치지 않고 후퇴도 할 수 있는 장소에 진을 치는 것이다. 후퇴할 수 있는 길이 열려 있어도 후퇴하지 않으면 그만이 아닌가?

그러나 동서고금의 전쟁사에는 스스로 선택가능성을 줄임으로써 좋은 전과를 올렸다는 얘기가 자주 나온다. 11세기 영국을 정복한 노르망디 출신의 윌리엄 왕은 영국에 상륙하자마자 타고 온 배들을 모조리 불살라 버렸다고 한다. 이제 후퇴할 길은 없으니 다들 죽기를 각오하고 싸우자는 결의의 표시였고, 기대한 대로 병사들은 죽기를 각오하고 싸워 영국을 정복했다.

노름에 능한 사람은 좋은 패를 갖고 있는 듯한 표정을 지어 상대방으로 하여금 스스로 죽게 만드는 작전을 종종 구사한다. 그런데 어떤 노름꾼이 좋은 패를 갖고 있는 듯 득의양양한 표정을 지으면서, 막상 돈을 걸 때는 아주 작은 금액만 걸었다고 하자. 이를 본 상대방은 그가 형편없는 패를 쥔 상태에서 허세를 부리고 있음을 곧 간파해 버린다. 상대방으로 하여금 함부로 대들지 못하게 하는 효과를 내기 위해서는 엄청나게 큰돈을 걸어야만 한다. 그것을 잃는다면 끝장이 날 정도로 큰돈을 걸어놓아야 상대방에 대한 위협으로 신빙성을 갖기 때문이다. 이것은 막다른 골목에 배수의 진을 치고 덤비려면 덤벼 보라고 위협하는 것과 같은 전략이다. 최고의 도박사란 바로 이런 전략을 적절하게 구사할 줄 아는 사람이 아닐까?

다음의 예에서 볼 수 있듯, 기업들 사이의 경쟁에서도 배수의 진을 치고 버티는 측이 유리한 고지를 차지하게 되는 결과가 나타날 수 있다. 예를 들어 세종사가 독점하고 있는 시장에 닷컴사라는 기업이 진입을 시도한다고 하자. 실제로 진입할 것인지의 여부는 한 달 이내에 판가름 난다고 한다. 닷컴사가 진입을 결행했을 때 세종사가 쓸 수 있는 전략에는 다음 두 가지가 있다. 하나는 생산량을 대폭 늘려 시장 쟁탈을 위한 치열한 싸움을 시작하는 전략이다. 그리고 다른 하나는 생산량을 약간 줄여 상대방의 진입에 부드럽게 대응하는 전략이다. 상대방의 진입을 기정사실로 보아 피차 손해가 되는 소모전을 지양하고 공존의 길을 모색하자는 뜻이 담긴 전략인 것이다.

세종사가 홀로 시장을 독점하고 있을 때는 110억원의 이윤을 얻고 있었다고 한다. 그런데 닷컴사가 진입하고 이에 대해 세종사가 공존전략을 쓰면 두 기업이 각각 60억원씩의 이윤을 얻게 된다. 그러나 생산량을 늘려 맞서 싸우는 전략으로 대응하면 닷컴사는 20억원의 손실을 입고, 세종사도 역시 얼마간 타격을 입어 이윤이 40억원으로 줄어든다고 한다. 이와 같은 상황에서 두 기업이 어떻게 행동할 것인지 예측해 보기로 하자. 다시 말해 닷컴사가 과연 진입을 결행할 것인지, 그리고 만약 닷컴사가 진입을 결행했다면 세종사가 어떻게 대응할 것인지를 예측해 보려는 것이다.

우선 세종사 입장에서 생각해 보면, 이 회사는 상대방이 아예 진입할 마음을 먹지 못하도록 어떤 조처를 취해 두어야 할 필요를 느낀다. 그래서 닷컴사에게 진입할 경우에는 생산량을 대폭 늘려 일전을 불사하겠다는 위협의 메시지를 보낸다. 그러나 냉정히 따져보면 그와 같은 위협에 별 신빙성이 없다는 것이 바로 드러난다. 현실적으로 닷컴사가 막상 진입을 결행했을 때 세종사가 그 위협을 실행에 옮길 가능성은 지극히 희박하다. 위협을 실행에 옮겨 강하게 맞서 싸우게 되면 자신도 이윤이 줄어드는 손해를 감수해야 하기 때문이다(공존전략으로 대응하면 이윤이 60억원인데, 강하게 맞서 싸우면 40억원으로 줄어든다). 그러므로 막상 진입이 일어나면 위협한 것과는 달리 공존하는 전략을 선택할 가능성이 크다.

이와 같은 사정을 잘 알고 있는 닷컴사는 그 위협을 별로 심각하지 않게 여긴다. "우리는 진입할 테니 당신네들 마음대로 해보시오."라는 태도로 진입을 위한 준비를 해 나간다. 세종사는 무슨 수를 쓰든 그것이 결코 '헛된 위협'empty threat이 아니라는 사실을 상대방에게 납득시켜야만 한다.

세종사 경영진은 며칠 동안 궁리를 거듭한 끝에 다음과 같은 묘안을 생각해 냈다. 우선 최고경영자는 생산책임자를 불러 닷컴사가 진입하면 무조건 생산을 대폭 늘려 맞서 싸우라고 지시한다. 그는 이와 같은 지시 내용을 일부러 회사 내외에 공개하고 바로 두 달 예정의 오지여행을 떠난다. 그는 일부러 휴대전화나 편지 등 어떤 방법으로든 연락이 불가능한 아마존의 오지를 행선지로 택한다.

독자가 닷컴사의 최고경영자라고 할 때 이 상황에서 과연 진입하기로 결정할 수 있을까? 감히 그렇게 할 수 없을 것이다. 앞서의 설명에 따르면, 세종사의 생산책임자는 아무런 재량권을 갖고 있지 않다. 닷컴사가 진입을 결행할 경우에는 자기 회사에 손실이 돌아오게 될 것을 뻔히 알면서도 지시받은 대로 생산량을 대폭 늘릴 수밖에 없다. 상대방의 진입에 대해 죽기 살기로 싸울 수밖에 없는 상황을 만들어 놓은 셈이다. 이와 같이 배수의 진을 치고 기다리고 있는 상황에서 닷컴사는 그 위협이 헛된 것이 아님을 알고 진입을 포기하고 말 것이다.

어설프게 똑똑한 사람은 퇴로를 미리 마련해 놓고 모든 일에 임한다. 그렇다고 해서 이런 사람이 인생에서 언제나 성공을 거두는 것도 아니다. 그 퇴로를 믿고 열심히 노력하지 않으니 성공할 가능성이 오히려 더 작아지는 게 보통이다. 큰 성공을 거둔 사람들의 예를 보면 막다른 골목에서 배수의 진을 치고 과감하게 승부를 건 경우가 많다. 그렇다고 해서 언제나 무모한 행동으로 일관하는 사람은 바보에 불과하다. 임진왜란 때 엄청난 열세의 병력을 가지고 탄금대에서 배수의 진을 쳐 전멸을 자초한 신립 장군의 전략은 결코 현명했다고 할 수 없다. 나설 때와 물러설 때를 잘 가리는 사람이어야 인생의 위대한 승부사가 될 수 있다.

앞선 자의 이득

선수를 치는 것이 유리하다

두 화장품회사가 각각 신상품을 개발해 시장에 내놓으려 하고 있다. 이들이 내놓을 새 화장품은 남성용일 수도 있고 여성용일 수도 있는데, 각 기업이 어느 쪽을 선택하느냐에 따라 얻게 되는 이윤의 크기가 달라진다. 한 기업이 여성용 신상품을 내놓고 다른 기업이 남성용 신상품을 내놓을 경우, 여성용을 개발한 쪽은 20억원의 이윤을 얻고 남성용을 개발한 쪽은 10억원의 이윤을 얻게 된다. 그러나 두 기업이 모두 남성용 혹은 여성용의 신상품을 내놓으면 같은 시장을 놓고 경쟁을 벌이는 결과가 되어 각각 5억원씩 손실을 보게 된다고 한다.

상대방이 어떤 신상품을 시장에 내놓게 될지 모르는 상태에서 각자가 개발할 상품의 유형을 독자적으로 선택한다고 하자. 이때 두 기업 모두 여성용 신상품을 개발하고 싶어 할 것이 분명하다. 상대방이 남성용 쪽을 선택해 주기만 하면 자신은 20억원의 이윤을 얻을 수 있기 때문이다. 그러나 두 기업이 모두 이와 같은 생각에서 여성용 쪽을 선택한다면 실제로는 각자 5억원씩 손해를 보는 결과가 나타나게 된다. 이와 같은 결과가 나올 수 있다는 것을 잘 알고 있는 두 기업은 과연 어느 쪽을 선택해야 할지를 두고 고민하지 않을 수 없다.

만약 한 기업이 다른 기업에 앞서 신상품을 시장에 내놓을 수 있다면 그 기업은 명백한 우위를 차지할 수 있다. 그 기업이 먼저 여성용 신상품을 내놓으면 상대방은 울며 겨자 먹기로 남성용 신상품을 내놓을 수밖에 없기 때문이다. 따라서 어떤 방법을 통해서든 먼저 여성용 신상품을 내놓을 수 있는 기업은 확실하게 20억원의 이윤을 얻을 수 있다. 이와 같이 상대방에 앞서 신상품을 시장에 내놓은 기업이 얻게 되는 이득을 **앞선 자의 이득**first-mover advantage이라고 부른다.

그러므로 두 기업은 앞선 자의 이득을 확보하기 위해 서로 먼저 신상품을 시장에 내놓으려 들 것이 분명하다. 설령 신상품을 실제로 시장에 내놓을 준비가 채 끝나지 않은 상황에 있다 할지라도 곧 여성용 신상품을 개발할 것이라는 공약commitment을 통해 이 이득을 확보하려 들지 모른다. 여기서 말하는 공약은 기업이 시장에서 공개적으로 표출하는 약속을 뜻한다. 아직 만들지도 않은 여성용 화장품에 대한 선전을 대대적으로 벌이고, 심지어는 이에 대한 주문까지 미리 받아놓는 것이 바로 그와 같은 공약의 좋은 예다.

이와 같은 행동은 여성용 신상품을 개발하려는 자신의 결심이 확고하니 상대방은 남성용 쪽을 선택하는 게 좋을 것이라는 설득 반 위협 반의 효과를 갖는다. 상대방은 이 기업의 행동을 유심히 관찰하고 그것이 헛된 위협인지의 여부를 파악하려고 노력하게 된다. 만약 헛된 위협일 가능성이 높다고 판단하면 여성용 신상품의 개발을 강행하기로 결정할 것이다. 그러므로 앞선 자의 이득을 확보하고자 하는 기업은 그 위협이 신빙성을 갖고 있는 것처럼 보이게 만들기 위해 머리를 쥐어짜게 된다.

우리의 일상생활에서도 이와 같은 앞선 자의 이득이 발생하는 예를 많이 발견할 수 있다. 이번 토요일 오후 어디에서 데이트를 할 것인지를 두고 의견이 엇갈리는 두 연인이 있다고 하자. 남자 쪽은 야구장에 가는 것을 원하는데 여자 쪽은 음악회에 가기를 원한다. 이때 어떤 한쪽에서 자신이 가고 싶어 하는 곳의 입장권을 미리 사버리면 분명히 앞선 자의 이득을 얻을 수 있다. 더군다나 환불이 불가능한 입장권이라면 앞선 자의 이득은 한층 더 확고할 것이다. 서로 양보하고 아껴야 마땅할 연인 사이에서 그와 같은 강수를 써서는 안 되겠지만, 살다 보면 때로는 부득이하게 이런 전략을 써야 할 일이 생기게 마련이다.

승자의 불행

경매에서 이겼다고 섣불리 축배를 들지 마라

강원도의 어떤 곳에 희귀한 광물자원이 매장되어 있는 것으로 추정되는 국가소유의 야산이 하나 있다고 하자. 매장량에 대해서는 단지 추측만 가능할 뿐 정확하게 얼마나 되는지는 아무도 모른다고 한다. 정부는 이 광물자원의 개발을 민간에게 맡기기 위해 그 야산을 **경매**auction에 붙이려는 계획을 가지고 있다.

이 경매에 참여하는 업자들은 그 야산이 갖고 있는 광물자원의 정확한 가치가 얼마나 되는지 잘 모른다. 이들은 그 야산의 진정한 가치에 대해 나름대로 추측해 보고, 그 추측의 결과를 입찰가격으로 써넣게 된다. 예를 들어 그 산에 묻혀 있는 광물자원의 가치가 50억원 정도 되리라고 추측하는 업자는 바로 그 금액을 입찰가격으로 써넣게 되는 것이다.

이 경매에 참가하는 사람들 중에는 이 야산의 가치를 실제보다 더 높게 평가하는 사람도 있고 반면에 더 낮게 평가하는 사람도 있다. 더 높게 평가하는 사람과 더 낮게 평가하는 사람이 반반씩 섞여 있다고 하면, 이들이 추측한 가치의 평균치는 야산의 진정한 가치에 매우 가까우리라고 예상할 수 있다. 예를 들어 5억원을 더 높게 추측한 사람이 있으면 5억원을 더 낮게 추측한 사람이 있어 서로 상쇄되는 결과가 나타날 것이기 때문이다. 물론 과대평가와 과소평가가 정확하게 상쇄된다는 보장은 없지만, 대략 이와 같은 결과가 나타날 것이라는 데는 별 이견이 없을 것이다.

여기에서 한 가지 매우 재미있는 현상이 나타난다. 이 경매에서 그 야산의 주인으로 선정된 사람이 승리의 축배를 들고 있겠지만 사실은 울어야 할 처지에 빠진 것이라는 역설적인 현상이 바로 그것이다. 이 현상을 가리켜 **승자의 불행**winner's curse이라고 부르는데, 경매에서 이런 현상이 흔히 나타날 수 있다. 그가 이 경매에서 경쟁자들을 물리칠 수 있었던 것은 야산의 가치를 가장 높은 수준으로 추측했기 때문이다. 이는 그가 야산의 가치를 과대평가했을 뿐 아니라, 그 과대평가의 폭이 다른 어떤 사람보다 더 컸다는 것을 뜻한다. 따라서 그 야산의 진정한 가치는 그가 추측한 것보다 훨씬 더 작은 것으로 드러날 가능성이 매우 크다. 바로 이런 뜻에서 그가 실제로는 울어야 할 처지에 빠졌다고 말하는 것이다.

현명한 사람이라면 경매의 결과 이런 일이 일어나리라는 것을 미리 알고 입찰을 할 때 아예 자신의 추측보다 얼마간 깎아서 써낼 것이다. 그런데 경매를 주최하는 측에서 볼 때, 경매에 참가하는 사람들이 모두 깎아서 써내는 것은 결코 바람직하지 않다. 모든 참가자가 엄청나게 깎은 금액을 써내면 낙찰가격이 매우 낮아질 가능성이 있기 때문이다. 그런데 어떤 특정한 경매방식이 채택될 경우에는 참가자들이 깎지 않은 금액을 써내게 된다. 그 경매방식의 특성상 깎은 금액을 써넣는 것이 자신에게 별로 유리하지 않기 때문이다.

이런 성격을 갖는 경매방식의 예로 '제2가격입찰제'second-price sealed-bid auction란 독특한 이름의 경매방식을 들 수 있다. 이 경매방식하에서 참가자들은 밀봉된 봉투에 자신이 낼 용의가 있는 금액을 써내고, 이들 중 가장 높은 금액을 써낸 사람이 그 물건의 주인이 된다. 그런데 그가 지불해야 하는 금액은 자신이 써낸 금액이 아니고 두 번째로 높게 써낸 사람의 금액이 된다는 데 이 경매방식의 특징이 있다.

앞에서 예로 든 야산의 경매에 다섯 사람이 참가했는데, 이들이 써낸 금액이 각각 60억원, 55억원, 49억원, 47억원, 그리고 42억원이었다고 하자. 이 경매방식하에서는 60억원을 써낸 사람이 55억원을 지불하고 그 야산의 주인이 된다. 써낼 때는 60억원을 내겠다고 했지만 낙찰이 된 다음 그 대가를 지불할 때는 그다음으로 높은 금액, 즉 55억원만 지불하면 되는 것이다.

그렇다면 이 경매방식이 채택되었을 때 왜 사람들이 깎지 않은 금액을 써낼 것이라고 예상할 수 있을까? 그 야산의 가치를 60억원으로 추측한 사람이 바로 그 금액을 낼 용의가 있다고 써내는 것은 깎은 금액을 써내 보았자 아무 이득이 없기 때문이다. 예컨대 두 번째 높이 써낸 금액이 55억원인 상황에서 그가 3억 원을 깎아 57억원을 써냈다고 하자. 이 경우에도 그는 60억원이라고 써냈을 때와 똑같이 55억원을 내고 그 야산의 주인이 된다. 논리적으로 따져 보면, 그가 최대한 5억원까지 깎아 써낸다 해도 경매의 결과에 아무 변화가 일어나지 않는다.

이번에는 그 사람이 6억 원을 깎아 54억 원을 낼 용의가 있다고 써냈다고 해보자. 이 경우에는 55억원을 써낸 사람이 54억 원을 내고 그 야산의 주인이 된다. 마음속으로는 60억원까지 낼 용의가 있었지만, 너무 크게 깎은 금액을 써내는 바람에 그 야산을 다른 사람에게 넘겨주고 말았다. 너무 욕심을 부리지 말고 좀 더 높은 가격을 써냈으면 하는 후회가 일지만 이미 엎질러진 물이다. 이를 보면 마음속에 생각하는 금액을 깎아 써내는 것이 정도에 지나치면 이득은커녕 손해를 볼 가능성도 있다는 것을 알 수 있다.

결론적으로 말해, 지금 보는 경매방식하에서는 마음속에 생각하고 있는 금액을 깎아 써내는 것이 별로 좋은 전략이 아니다. 조금만 깎아 써내면 경매의 결과 그 자체에 아무 변화가 없고, 너무 많이 깎아 써내다 보면 경매에서 지는 결과에까지 이를 수 있다. 그렇기 때문에 모든 참가자들이 마음속으로 생각하는 금액을 정직하게 써내는 결과가 나타난다. 바로 이 점을 노리고 누군가가 이렇게 독특한 경매방식을 고안해 것이다.

그런데 지금까지의 설명은 그 가치가 객관적으로 정해져 있는 물건이 경매의 대상이 되는 경우에만 적용될 수 있다. 골동품이나 미술작품같이 사람들의 주관적 평가에 따라 그 가치가 크게 달라질 수 있는 물건이 경매의 대상이 되는 경우에는 적용될 수 없는 것이다. 다시 말해 이런 물건이 경매대상이 되는 경우에는 승자의 불행이란 현상이 나타나지 않는다는 뜻이다. 이런 물건들에는 객관적인 가치라는 것이 있을 수 없기 때문에 아무리 비싼 값을 내고 수중에 넣었다 하더라도 이득을 보았느니 손해를 보았느니 따질 이유가 없다.

프로 스포츠의 자유계약선수

반드시 '먹튀'는 아니다

자유계약선수free agent가 되면서 돈방석에 앉게 된 프로 스포츠 스타들의 이야기를 자주 듣는다. 큰돈이 걸려 있기 때문에 곧 자유계약선수의 지위를 얻게 될 선수들은 좋은 성적을 올리려고 혼신의 힘을 다해 그라운드를 누빈다. 그런데 거액을 받고 스카우트된 자유계약선수가 기대만큼 훌륭한 성적을 거두지 못하는 경우가 많다. 우리가 흔히 쓰는 '먹튀'라는 말은 바로 이런 경우를 가리키고 있다.

우리 속담에 "화장실 가기 전과 가고 난 후의 태도가 다르다."라는 말이 있다. 자유계약선수가 되기 전에는 높은 계약금을 바라고 열심히 노력하지만, 일단 계약을 맺은 후에는 열심히 노력할 유인이 없어지는 것이 사실이다. 아무리 진지하고 성실한 사람이라 할지라도 이런 유인구조에서 완벽하게 자유롭기는 어렵다. 거액의 계약금이 마음의 부담으로 남기는 하겠지만, 아무래도 계약을 맺기 전만큼 열심히 노력해야 할 절박한 필요성을 느끼기는 힘들 것이다.

그렇다면 먹튀로 판명된 자유계약선수의 경우를 이와 같은 유인구조의 문제로 만족스럽게 설명할 수 있을까? 부분적인 설명은 될 수 있지만, 그것만으로는 설득력이 떨어진다. 이 상황을 좀 더 만족스럽게 설명할 수 있는 다른 요인을 찾을 수 있는데, 그것은 바로 앞에서 말한 '승자의 불행'이다. 계약을 맺은 후 노력을 덜 해서 기대 이하의 성적을 내는 것이 아니라, 애당초 그 선수에게 너무 큰 기대를 걸었다는 데 문제가 있었다는 말이다.

야구를 예로 들자면, 어떤 선수의 가치를 평가하는 데 타율, 타점, 장타율, 홈런 수, 도루율, 수비율 등 수많은 변수들을 고려해야 한다. 어떤 선수는 공격은 좋은데 수비가 나쁘고, 타율은 높은데 장타율이 떨어지는 등 갖가지 복잡한 상황에서 선수의 가치를 매겨야 한다. 뿐만 아니라 그 선수의 나이나 (잘 모르는) 건강상태까지 고려해야 하기 때문에 얼마를 주어야 적절한지 알아내는 것은 정말로 어려운 일이다. 심지어는 앞으로 선수들의 평균적 보수가 얼마나 될지에 대한 예상도 그 선수의 가치 평가에 반영되어야 한다.

그렇기 때문에 자유계약선수 시장에 나온 특정한 선수에 대한 가치 평가는 어림짐작 이상의 것이 되기 어렵다. 각 구단은 나름대로의 기준에 따라 얼마의 가치가 있다고 평가할 텐데, 그 평가가 정확할 것이라는 보장이 없다. 그 선수를 과대평가한 구단이 그를 데려갈 가능성이 크고, 결국 계약을 맺은 후 실망을 할 가능성도 그만큼 크다. 그렇기 때문에 자유계약선수들 중 먹튀라고 비난을 받는 사람이 많은 것은 지극히 자연스러운 현상이다.

반드시 자유계약선수가 아니라 할지라도 거액을 들여 유망 신인 선수나 타 구단의 스타를 스카우트하는 경우에도 이와 비슷한 승자의 불행 현상이 나타날 수 있다. 구단들이 시행착오를 거쳐 각 선수의 가치를 좀 더 정확하게 평가하는 방법을 배워나갈 수 있겠지만, 한계가 있을 수밖에 없다. 따라서 거액을 들여 스카우트해 왔는데 몸값을 제대로 못한다는 불평은 결코 사라지지 않을 것이다.

협상의 기술 1

요즈음 경제학에서 어떤 문제들이 연구되고 있는지에 대해 소개하는 동시에, 독자들 스스로 자신의 경제학적 분석능력을 시험할 기회를 주기 위해 다음과 같은 게임을 소개하려고 한다. 게임에 참여하는 경제주체를 경기자player라고 부르는데, 지금 소개하려는 경제적 게임에는 두 명의 경기자가 참여하고 있다. 독자 스스로 그중의 한 경기자가 되어 홍명선 씨라는 낯선 사람과 다음과 같은 게임을 하게 된다고 상상해 보기 바란다.

이 게임은 주어진 금액(100만원)의 돈을 두 경기자가 합의해 나누어 갖는 것을 그 내용으로 한다. 각 경기자는 자신의 몫을 가능한 한 크게 만들고 싶어 하는데, 상대방과 합의를 이루어야 한다는 사실이 제약으로 작용하고 있다. 게임이 시작되면 우선 한 경기자가 이 돈을 어떤 비율로 나누자고 제의한다(독자가 바로 그 경기자라고 가정하자). 상대방이 이를 받아들여 합의에 이르면 게임은 바로 여기에서 끝나고 두 사람은 합의된 비율로 돈을 나누어 갖는다. 예를 들어 자신이 60만원을 갖고 상대방은 40만원을 갖는 게 어떻겠느냐는 독자의 제의에 홍씨가 동의하면 게임이 바로 끝나면서 두 사람은 그 비율로 돈을 나누어 갖게 된다.

만약 홍씨가 이 제안을 만족스럽게 생각하지 않아 거부하면 게임은 제2라운드로 접어든다. 그런데 이번에는 홍씨가 어떤 비율로 나누자는 제안을 하게 된다. 예를 들어 그가 자신이 70%를 차지하고 독자는 30%를 갖는 것으로 제의했다고 하자. 독자가 이 제안을 받아들이면 여기서 게임이 끝나고 그가 제의한 대로 돈을 나누어 갖는다.

만약 그 제안을 거부하면 게임은 제3라운드로 넘어가는데, 이때는 독자가 어떤 비율로 나눌 것인지 제의한다. 그런데 게임이 이 단계에서 무조건 끝나게 되어 있으므로, 독자가 제의한 것은 '최후통첩'의 성격을 갖는다. 즉 이제는 홍씨가 그 제의를 어떻게 생각하느냐와 관계없이 무조건 독자가 제의한 대로 돈을 나누어야 한다.

그런데 이 게임의 독특한 점은 라운드를 거듭할수록 둘 사이에 나누어 가질 수 있는 돈의 크기가 줄어든다는 데 있다. 다시 말해 제1라운드에서는 100만원을 둘이 나누어 가질 수 있지만, 제2라운드에서는 50만원을 갖고 나누어야 하며, 제3라운드에서는 다시 25만원으로 줄어든 돈을 갖고 나누게끔 되어 있다. 두 사람이 빨리 합의를 보지 못하고 시간을 지연시키면 공동으로 손해를 보도록 게임의 규칙을 만든 것이다.

게임에 대한 설명을 다 마쳤으니 이제 독자가 제1라운드에서 어떤 비율로 나누자고 제안할 것인지를 생각해 보기 바란다. 이때 어떤 비율로 나눌 것을 제안하면 자신이 가질 수 있는 금액이 최대로 될 수 있을까? 독자들이 논리적인 추론을 통해 그 답을 알아맞히라는 것인데, 충분히 생각할 여유를 주기 위해 다음 페이지에서 그 답과 해설을 보여주려고 한다. 답을 바로 보고 싶은 마음이 생기더라도 꾹 참고 스스로 답을 찾아내도록 노력하기를 권하고 싶다.

한 가지만 힌트를 주자면, 게임이 마지막 라운드까지 간 경우 독자는 분명히 25만원 전체를 혼자 독차지하겠다고 제의할 것이 분명하다. 최후통첩의 성격을 가진 것이므로 어차피 제의한 대로 실현되는 터라 상대방에게 단 1원이라도 나누어 줄 필요가 없기 때문이다(인간적으로는 상대방의 처지에 동정할 수 있겠지만 지금은 그런 감정에 얽매이지 말고 냉정해야 한다). 이 가능성을 잘 알고 있는 상대방이 제2라운드에서 어떤 제의를 할 것이며, 독자 자신은 그것을 감안하여 제1라운드에서 어떤 제안을 해야 할 것인지 생각해 보기 바란다.

협상의 기술 2

앞에서 힌트를 준 바와 같이, 독자가 제3라운드에서 제의를 할 경우에는 25만원을 다 갖겠다고 말할 것이 분명하다. 그러므로 홍명선 씨가 제2라운드에서 게임을 끝마치고 싶으면 독자에게 25만원보다 조금이라도 더 큰 금액을 제의해야만 한다. 예를 들어 제2라운드에서 나누어 가질 수 있는 총액 50만원 중에서 자신이 26만원을 차지하고 독자는 24만원을 가지라고 제의하면 독자는 당연히 이를 거부하고 제3라운드로 가려 할 것이다. 홍씨는 만약 제2라운드에서 합의를 보지 못하면 자신의 몫은 하나도 남지 않게 될 것임을 염두에 두고 제의를 해야 한다.

홍씨가 제2라운드에서 독자에게 25만 1원을 주고 자신이 24만 9,999원을 갖는 방식으로 나누기를 제의했다고 하자. 독자는 마지막 라운드에서 자기가 돈을 혼자서 독차지한다 해도 25만원밖에 얻지 못할 것임을 알기 때문에 이 제의를 받아들인다(1원이 아무리 작은 돈이라 해도 더 받는 게 나쁠 리 없다). 지금까지의 논의를 종합해 보면, 게임이 제2라운드에 접어드는 경우 홍씨는 24만 9,999원 이상의 돈을 기대하지 못한다. 그러므로 독자가 게임이 시작되는 단계에서 자신이 75만원을 갖고 홍씨에게는 25만원을 주겠다는 제안을 하면 그는 이를 받아들이게 된다.

이와 같은 논리적 과정을 통해 첫 라운드에서 독자가 최대한으로 얻어낼 수 있는 금액은 75만원이라는 답을 얻을 수 있다. 한 가지 재미있는 점은, 사람들에게 이와 비슷한 게임을 하도록 실험을 했더니 첫 번째 제안을 하면서 논리적으로 자신이 가질 수 있는 최대한의 금액을 요구하는 사람이 한 명도 없었다는 사실이다.

미국의 한 대학에서 학부 학생 40명을 상대로 실험한 결과에 따르면, 자신이 가질 수 있는 최대한의 금액을 요구한 사람은 하나도 없었으며 반이 넘는 28명이 공평하게 반반씩 가르자는 제의를 했다고 한다. 이 실험결과는 사람들이 실제 상황에서는 이론적으로 예측하는 바와 다르게 행동할 가능성이 크다는 사실을 시사해 주고 있다. 예컨대 75만원을 갖겠다고 제의하는 것이 합리적임을 알면서도 그것은 공정하지 못한 일이라는 생각에서 반반씩 나누자고 제의했을 가능성이 크다.

독자들 중에는 경제학자가 왜 이와 같은 문제에 관심을 가져야 하느냐고 의아해하는 사람이 있으리라고 생각한다. 이 게임이 예컨대 노동조합과 사용자가 내년도의 임금을 놓고 협상하는 과정을 추상화해 보여 주고 있는 것이라는 사실을 알면 그와 같은 의문은 저절로 해소될 것이다. 빨리 합의를 보지 못하고 시간을 끌면 두 측에게 모두 손해가 돌아간다는 사실을 반영하기 위해 라운드가 거듭될수록 나눠 가질 수 있는 돈의 크기가 줄어드는 것으로 게임의 규칙을 만들었다. 그 밖에도 어떤 물건을 놓고 최소한 얼마를 받아야 한다는 상인과 얼마 이상은 내지 않겠다고 버티는 손님 사이의 관계와 같이, 이 게임과 비슷한 구조를 갖는 현실의 사례는 얼마든지 많을 수 있다.

실제의 세계에서 나타나는 현상들을 체계적으로 이해하기 위해서는 이 예에서 본 바와 같은 추상화 작업을 거쳐야만 한다. 그러나 경제학이 추상화의 정도를 날로 더해 감에 따라, 일반사람들에게는 요즈음의 경제학자들이 별의별 괴상한 문제들을 가지고 요란을 떠는 것처럼 보일지도 모른다. 사회과학을 하는 사람들 중 유독 경제학자들이 괴짜 취급을 받는 데는 나름대로 이유가 있다.

16

정보는 값진 것

정보와 탐색행위

우리가 경제생활을 영위해 나가는 데는 많은 양의 정보가 필요하다. 그런데 가만히 있어도 모든 정보가 저절로 굴러들어 오는 것은 아니며, 이를 얻기 위해 비용을 지불해야 하는 경우가 많다. 다시 말해 정보가 하나의 경제재, 즉 희소하기 때문에 아껴 써야 하는 자원인 셈이다. 사람들은 비용을 들여가며 정보를 얻으려고 노력하는데, **탐색행위**search activities가 그 중 하나다. 사람들이 탐색행위를 하는 것은 여기에서 어떤 경제적 이득을 얻을 수 있기 때문이다.

똑같은 물건이라도 가게마다 조금씩 다른 가격을 부르는 것이 일반적이다. 따라서 여러 가게를 돌아다녀 보면 더 싸게 파는 가게를 발견할 수 있는데, 이것이 바로 탐색행위의 좋은 예다. 이 탐색행위에서 얻는 경제적 이득은 더 싼 가격에 구입함으로써 절약할 수 있는 돈이다. 그렇지만 여러 가게를 돌아다니려면 시간이나 노력을 들여야 하는 것처럼, 탐색행위에는 비용이 뒤따르게 마련이다. 합리적인 경제주체는 탐색행위에서 얻을 수 있는 이득과 비용을 비교해 어느 수준까지 이를 계속할 것인지 결정한다.

예를 들어 10분 동안 더 탐색해서 얻는 이득이 이것에 소요되는 비용을 초과하면 그렇게 하기로 결정할 것이다. 그런데 탐색행위에 드는 비용과 이로부터 나오는 이득의 크기는 소비자가 처해 있는 여건에 따라 다른 것이 보통이다.

우선 소비자가 탐색행위로부터 얻는 이득은 그의 상품 구입량이 많을수록 더욱 커진다. 더 싼 가격으로 물건을 산다 해도 구입량이 워낙 적으면 그 이득이 별로 크지 않다. 다음으로는 탐색행위로부터 얻은 정보가 유효한 기간이 길수록 이득이 더욱 커진다. 낯선 동네에 들른 여행자는 맥주를 가장 싸게 파는 가게를 찾기 위해 여기저기 돌아다니지 않는다. 그 정보를 얻어 보았자 다른 마을로 떠나는 순간 쓸모가 없어지기 때문이다.

한편 탐색행위에 드는 비용은 주로 시간과 관련된 것이므로 소비자의 임금률이 높아질수록 비용이 더 커진다. 시간당 10만원을 벌 수 있는 변호사가 몇천원의 돈을 아끼려고 이 가게 저 가게를 기웃거리지 않을 것이다. 나아가 소비자의 교육수준이 높을수록 탐색행위를 더욱 효율적으로 수행해 이와 관련된 비용을 낮출 수 있다고 짐작해 볼 수도 있다. 예컨대 교육수준이 높은 사람은 소비자 관련 잡지나 인터넷 등을 이용해 적은 비용으로 효율적인 탐색행위를 할 수 있다.

이렇게 자신이 처한 여건에 따라 탐색행위와 관련된 이득과 비용이 달라지므로 사람들은 저마다 다른 탐색행위의 수준을 선택한다. 같은 물건을 재래시장보다 훨씬 더 비싼 값에 파는 백화점이 문을 닫지 않아도 되는 것은 탐색행위를 거의 하지 않기로 작정한 사람들이 존재하기 때문이다. 백화점에서 파는 상품은 탐색행위에 드는 비용이 높은 사람들이 주로 찾는 것들이라는 사실도 결코 우연이 아니다.

만약 탐색행위를 하는 데 드는 비용이 아주 작다면, 똑같은 물건의 값이 가게마다 현저하게 차이가 나는 일은 일어나기 힘들다. 제일 싼 가격에 팔고 있는 가게를 쉽사리 찾을 수 있는 상황에서 남들보다 더 비싼 가격을 부르기 힘들기 때문이다. 예를 들어 서울 시내에 있는 모든 가전제품 대리점을 샅샅이 조사해 특정 모델을 얼마의 가격에 팔고 있는지 일일이 밝힌 소비자정보 잡지가 5천원에 판매되고 있다 하자. 그렇게 되면 각 모델별로 가장 낮은 가격에 팔고 있는 곳만 장사가 되고 나머지 가게들은 개점휴업 상태가 될 것이 뻔하다. 몇 달이 지나면 모든 가게의 가격이 똑같아지는 현상까지 나타나리라고 예상할 수 있다.

가게 주인들로 보아서는 이와 같은 상황이 그리 달갑지 않을 것이다.

그러므로 그들은 소비자의 탐색비용을 낮추어줄 수 있는 방법이 있어도 그렇게 하는 데 그다지 열의를 보이지 않는다. 전화로 어떤 물건의 가격을 물어보면 가게 주인이 흔쾌히 알려주는 경우가 무척 드물다. 머뭇머뭇하면서 가게에 직접 들러보라고 얼버무리는 경우가 대부분이다. 그 상인이 탐색행위에 관한 경제이론을 알고 있을 가능성은 매우 희박하다. 그러나 상인으로서의 직감을 통해 소비자의 탐색비용을 낮춰주는 것이 자신에게 그다지 이득이 되지 않는다는 사실을 잘 알고 있다.

이 예를 보면 우리 경제생활에서 정보가 부족한 현상이 종종 나타나는 이유를 한 가지 알아낼 수 있다. 즉 거래상대방이 완전한 정보를 갖게 되면 자신에게 손해가 돌아온다고 느끼는 경제주체가 정보의 유통을 인위적으로 억제하기 때문에 정보 부족의 현상이 나타나기도 하는 것이다. 사람들은 탐색행위를 통해 정보의 부족을 극복해 보려고 하지만 언제나 좋은 성과를 거두지는 못한다.

역 앞 음식점과 기사식당

여행을 많이 다녀본 사람은 잘 알겠지만, 역 앞에 있는 많은 음식점들 중 훌륭하다고 할 수 있는 곳은 비교적 드문 편이다. 그렇기 때문에 시간 여유가 약간이라도 있는 여행객은 일단 역 근처를 떠나 시내에 들어가 식사를 하는 쪽을 선택한다. 혹시나 하는 마음에서 역 근처의 음식점을 찾아보기도 하지만 번번이 실망을 하고 나오기가 일쑤다.

이런 현상을 설명하는 열쇠를 '탐색행위'에서 찾을 수 있다. 역 바로 앞의 음식점을 찾는 사람들 중에는 시간에 쫓기는 사람이 많으리라고 짐작할 수 있다. 시간에 쫓기는 사람의 입장에서 보면 좀 더 맛있는 음식점을 찾기 위해 탐색행위를 하는 것이 별로 득이 되지 않는다. 그렇기 때문에 시내 쪽으로 들어가 찾으면 더 좋은 곳을 찾을 수 있음을 알면서도 아예 단념해 버리고 마는 것이다.

뿐만 아니라 그 지역을 자주 찾는 사람이 아니라면, 정말로 좋은 음식점을 찾는다 하더라도 별 쓸모가 없다. 일생에 한두 번 올까 말까 한 지역에서 그런 음식점을 찾아 보았자 자신에게 돌아오는 이득이 별로 크지 않기 때문이다. 결론적으로 말해 여행객들에게는 좋은 음식점을 찾기 위해 적극적으로 탐색행위를 벌일 이유가 별로 없다는 뜻이다. 그렇기 때문에 적당히 음식을 만들어내도 찾는 사람이 있게 마련이고, 이를 아는 음식점 주인들은 구태여 더 좋은 음식을 만들기 위해 노력하지 않는다. 만약 사람들이 좋은 음식점을 찾으려고 열심히 돌아다닌다면 조금이라도 질이 떨어지는 음식점은 곧 문을 닫을 수밖에 없을 것이다.

이와 대조적으로 기사식당들은 일반적으로 값에 비해 질이 좋은 편이다. 기사식당에 가보면 기사가 아닌 사람들도 많이 눈에 띄는데, 이 사실을 알고 일부러 찾아온 사람들이다. 일반적으로 기사식당의 음식 맛이 좋은 이유 역시 탐색행위와 밀접한 관련을 갖고 있다. 운전기사들은 기동성이 좋기 때문에 탐색행위에 드는 비용이 매우 낮다고 볼 수 있다. 어차피 손님을 찾아 거리를 돌아다녀야 하기 때문에 탐색비용이 거의 0에 가깝다.

게다가 탐색행위의 성과로 좋은 곳을 발견하면 그것의 쓸모가 매우 큰 편이다. 일할 때의 거의 모든 식사를 외식으로 해결해야 하는 기사들 입장에서 볼 때, 자기 마음에 꼭 드는 음식점을 알아두고 있는 것은 보통 중요한 일이 아니다. 이와 같이 탐색행위에 드는 비용은 작은데 이에서 나오는 혜택이 크기 때문에 기사들은 열심히 탐색행위를 할 유인을 갖게 된다. 이런 상황에서는 모든 기사식당들이 손님을 잃지 않기 위해 온갖 노력을 다 할 수밖에 없다.

좋은 음식점 고르는 방법

외국을 여행하는 사람에게는 세끼 식사를 해결하는 일이 즐거움이자 동시에 괴로움이다. 아무 데나 들어갔다가 혹시 바가지를 쓰지나 않을까, 먹을 수도 없는 음식을 시키게 되지나 않을까 걱정이 앞서기 때문이다. 뉴욕이나 파리 같은 도시에 가면 음식점 앞에 진열되어 있는 메뉴표를 유심히 들여다보는 여행자들을 자주 목격할 수 있다. 고작 요리에 관한 간단한 설명이나 가격 정도의 정보를 얻을 수 있을 뿐이지만, 아무 것도 모르고 들어갈 수는 없다고 생각해 열심히 들여다보고 있는 것이다.

도쿄에 여행 온 서양 사람들은 독특한 방법으로 음식점을 선택하는 것으로 알려져 있다. 우리나라에서도 종종 볼 수 있지만, 일본의 음식점들은 문 옆에 플라스틱으로 만든 음식 모형을 진열해 놓는 경우가 많다. 여행자들은 바로 이 플라스틱 모형이 정교하게 만들어졌는지의 여부로 음식점의 질이 어떨지 짐작하는 방법을 쓴다고 한다. 즉 음식점에 관한 정보가 전혀 없을 때는 정교한 모형을 진열해 놓은 곳의 음식이 좋다고 판단해 그런 집을 선택한다는 것이다. 이것이 사실이라면, 진열해 놓은 모형이 정교하다는 것은 그 집에서 실제로 먹게 될 음식의 질이 좋을 것이라는 신호를 전달해 주고 있는 셈이다.

그렇다면 어떤 이유에서 플라스틱으로 만든 음식 모형이 신호 전달의 역할을 하게 되는 것일까? 이 의문에 대한 해답을 얻기 위해서는, 정교한 모형이 매우 비싸기 때문에 이것을 구입하여 진열해 놓으려면 큰 비용이 든다는 사실에 착안해야 한다. 그리고 음식 모형을 구입하는 데 드는 비용은 솜씨 좋은 주방장을 고용하거나 좋은 재료를 사기 위해 지출하는 비용과 달리 이윤 획득에 아무런 직접적 도움이 되지 않는다는 사실도 중요하다. 음식 모형을 구입하는 데 드는 비용은 겉으로 보기에 낭비되는 비용처럼 보이는데, 바로 이 특징 때문에 신호 전달의 역할을 할 수 있게 되는 것이다.

어떤 음식점이 싸구려 재료를 써서 음식을 만드는데도 플라스틱 모형만은 비싼 것을 사다가 진열해 놓았다고 하자. 그 플라스틱 모형에 끌려 이곳을 찾은 사람이라도 막상 음식을 먹어보고 질이 나쁘다는 것을 알면 다시는 찾지 않게 된다. 앞에서 말한 바와 같이 플라스틱 모형을 구입하는 데 드는 비용은 이윤을 얻는 데 직접 도움이 되지 않는 낭비적 지출의 일종이다. 그런데 음식의 질이 나빠 손님이 별로 없는 음식점이라면 손님 한 사람당의 낭비적 지출이 상대적으로 더 크게 된다. 그런 집이라면 아무렇게나 만든 싸구려 모형을 사다가 진열해 놓는 편이 더 낫다.

우리나라 음식점들은 조금 우스꽝스러운 방법으로 자신의 음식이 훌륭하다는 신호를 보내고 있다. 경기도 포천군의 이동이란 곳에 가면 자신이 '원조' 이동갈비 집임을 자처하는 간판이 줄지어 늘어선 것을 볼 수 있다. 어느 것에든 원조라는 것은 하나뿐이어야 하는 평범한 진리가 무색해지는 광경이다.

어느 일간지 혹은 방송에 소개된 적이 있다고 크게 써 붙여 놓은 광경도 우스꽝스럽기는 마찬가지다. 상식이 있는 사람이면 우리나라 언론의 생리로 보아 음식의 질을 객관적으로 평가해 보도하지 않을 때가 많다는 사실을 잘 안다. 그러니 자기네가 원조라든가 혹은 어디에 소개된 적이 있다든가 하는 신호는 아예 무시해 버리는 것이 합리적 선택의 요령일지도 모른다.

짜장면 곱빼기의 값

양이 보통보다 두 배인 짜장면 곱빼기의 값은 보통 짜장면 값의 두 배가 채 못 되는 것이 일반적이다. 짜장면 한 그릇 값이 6천원일 때 곱빼기의 값은 1만원 정도로 가격을 매기는 경우가 대부분인 것이다. 지금은 그것이 하나의 관례처럼 되어 버려 어느 음식점이나 그런 방식으로 가격을 매기는 측면도 있다. 그렇지만 이런 가격정책을 계속 유지하고 있는 데는 나름대로 이유가 있을 것이다. 결국 이 가격정책이 이윤을 더 크게 만드는 데 도움이 되기 때문임이 분명하다. 다음과 같은 예를 보면 왜 그런 결과가 나오는지 이해할 수 있다.

A, B 두 사람이 있는데 이들은 짜장면에 대해 각각 다음과 같은 금액을 낼 용의가 있다고 한다. 먼저 A는 첫 번째 그릇에 대해 6천 5백원까지 낼 용의가 있으나, 두 번째 그릇에 대해서는 3천원까지만 낼 용의가 있다. 그리고 B의 경우는 첫 번째 그릇에 대해 6천 5백원, 그리고 두 번째 그릇에 대해서는 4천원까지 낼 용의가 있다. 한편 짜장면 한 그릇 분량을 요리하는 데 드는 비용은 3천 5백원이라고 한다.

어떤 음식점에서 보통 짜장면의 값은 6천원, 그리고 곱빼기의 값은 이것의 두 배인 1만 2천원으로 매겼다고 하자. 이와 같은 가격하에서는 A와 B가 모두 보통 짜장면 한 그릇씩만 사 먹게 될 것이다. 소비자는 어떤 물건의 가격이 자신이 낼 용의가 있는 금액보다 (같거나) 작은 경우에만 이를 구입하게 된다. 그런데 A는 두 그릇 분량인 곱빼기에 대해 9천 5백원까지만 낼 용의가 있는 한편, B는 1만 5백원까지 낼 용의가 있다. 그렇기 때문에 어느 누구도 1만 2천원이나 하는 곱빼기를 먹으려 하지 않는다. 이렇게 두 사람이 모두 보통 짜장면 한 그릇씩 먹을 경우, 음식점 주인은 7천원의 비용을 들여 1만 2천원의 수입을 올림으로써 5천원의 이윤을 얻는다.

만약 곱빼기의 값을 1만원으로 내린다면 어떤 변화가 일어날까? A는 여전히 보통으로 한 그릇만 사 먹을 테지만, B는 이제 곱빼기를 사 먹게 된다. 이 경우에는 생산비용이 1만 5백원인데 판매수입은 1만 6천원이 되어 음식점 주인은 5천 5백원의 이윤을 얻는다. 앞서의 경우와 비교해 보면 이 경우의 이윤이 더 크다는 것을 알 수 있다. 이번에는 곱빼기의 값을 아주 낮춰 9천원으로 정했다고 하자. 그렇게 되면 B는 물론 A까지도 곱빼기를 사 먹을 것이다. 이때의 이윤은 4천원이 되는데, 왜 그렇게 되는지는 연습삼아 독자 스스로 계산해 보기 바란다.

이상의 논의에서 이윤을 크게 만들려면 어떤 가격정책을 써야 하는지 그 답이 금방 나온다. 곱빼기의 가격이 너무 높아도 안 되고 너무 낮아도 안 된다는 것이다. 너무 높을 경우에는 두 번째 그릇에 대해 비교적 높은 가격을 지불할 용의가 있는 B조차도 보통 짜장면을 먹는 데 그치고 만다. 그가 두 번째 그릇에 대해 지불할 용의가 있는 금액(4천원)이 이를 생산하는 데 드는 비용(3천 5백원)보다 더 크기 때문에, 그가 곱빼기를 사 먹으면 이윤이 더 커질 수 있다. 따라서 곱빼기의 가격을 너무 높여 그가 보통 짜장면을 사 먹게 만드는 것은 바람직하지 않다.

반면에 곱빼기의 가격을 너무 낮게 정하면 두 번째 그릇에 대해 아주 낮은 가격만 낼 용의가 있는 A까지 곱빼기를 사 먹는 결과가 나타난다. 음식점 주인의 관점에서 볼 때, 그가 곱빼기를 사 먹는 것은 바람직하지 못한 일이다. 그가 보통 짜장면 대신 곱빼기를 먹기 위해 최대한으로 지불할 용의가 있는 금액은 3천원밖에 되지 않는다. 그런데 보통 짜장면 대신 곱빼기를 생산하려면 비용이 3천 5백원이나 더 들기 때문에 A까지 곱빼기를 사먹게 하는 것은 수지맞는 장사가 아니다.

여기에서 문제의 핵심은 고객에 두 가지 유형(A, B)이 있는데 음식점 주인이 외양만 보고서는 어떤 유형의 고객인지 판별할 수 없다는 데 있다. 즉 어떤 사람이 A형의 고객인지 B형의 고객인지 금방 알아낼 수 있다면 곱빼기의 가격이 문제될 이유가 없다는 말이다. 각자가 최대한으로 낼 용의가 있는 바로 그 금액을 받아내면 이윤이 극대화되기 때문이다. 그러나 사람의 외양만 보고 어떤 유형의 고객인지 알 수 없는 경우에는 곱빼기의 가격을 어떤 수준에 결정하느냐가 중요한 문제가 된다. 너무 높지도 않고 너무 낮지도 않아 각자 자신의 유형을 스스로 드러내도록 만드는 것이 가격 결정의 요령이다. 앞서 본 예에서 보통을 시킨 사람은 스스로 A형임을 드러낸 것이고, 곱빼기를 시킨 사람은 스스로 B형임을 드러낸 셈이다.

현실적으로 보아 중국음식점 주인들이 이런 논리적 근거에서 짜장면 곱빼기의 가격을 결정했을 가능성은 지극히 희박하다. 그들 중 대학에서 경제학 과목을 한 번이라도 들어본 사람의 수는 별로 많지 않을 것이 분명하다. 그렇다면 그들은 경제학을 배우지 않고서도 경험을 통해 경제원리를 이미 체득하고 있는 셈이다. 세상을 가르친다고 자부하는 경제학자들이 실제로는 세상에서 많은 것을 배워야 하는 이유가 바로 여기에 있다.

개살구시장의 이론

겉만 보고 중고차를 사기가 겁나는 이유

중고차시장에 나온 차들은 대개 질이 나쁠 것이라고 지레짐작을 하는 사람이 많다. 여기에서 차를 사본 사람은 잘 알겠지만, 이 짐작이 과히 틀리지 않는 경우가 많다. 그렇다면 중고차시장에서 이와 같은 현상이 자주 나타나는 이유는 무엇일까? 중고차시장의 가장 큰 특징은 차를 사려는 사람이 겉모양만 보고는 그 차가 정말로 좋은 것인지 알아내기 힘들다는 데 있다. 즉 겉과 속이 다 좋은 차인지, 아니면 겉만 멀쩡하고 속으로는 골병이 든 차인지 구분하기 힘들다는 것이다. 바로 이와 같은 특징 때문에 중고차시장에서 산 차가 알고 보니 형편없는 것이었다고 한탄하는 사람이 많이 생겨난다.

어떤 사람이 싼값에 좋은 차를 구하려는 생각에서 중고차시장을 찾았다고 한다. 깨끗하게 차려입은 판매원이 좋은 차를 골라 준다고 이것저것 가리키고 있으나 어쩐지 미심쩍은 느낌이다. 겉모양은 모두 깨끗해 보이지만 속 내용이 어떤지 알 길이 없기 때문이다. 오히려 차의 나이에 비해 겉모양이 너무 깨끗하면 충돌사고가 났던 차가 아닌지 의심을 해야 할 판이다. 물론 그 중고차를 시장에 팔려고 내놓은 사람은 그 차의 질에 대해 잘 알고 있을 것이다. 이와 같이 중고차시장에는 두 거래당사자 중 한쪽에만 정보가 있고 다른 쪽에는 없는 독특한 상황이 조성되고 있다.

중고차시장에는 겉과 속이 모두 좋은 차들도 나와 있고, 겉만 멀쩡하고 속은 형편없는 차들도 나와 있다. 편의상 겉과 속이 모두 좋은 차를 '참살구', 그리고 겉만 좋고 속은 형편없는 차를 '개살구'라고 부르기로 하자

('빛 좋은 개살구'라는 우리 속담을 생각해 보면 이런 이름을 붙인 이유를 짐작할 수 있을 것이다). 만약 차를 사는 사람이 참살구인지 개살구인지 분명하게 알 수 있다면, 참살구에 대해서는 더 높은 가격을 지불할 용의를 갖고 있을 것이다. 예를 들어 개살구에 대해서는 1천만원밖에 내지 않으려 하지만, 참살구인 경우에는 1천 6백만원까지 낼 용의가 있다고 하자.

한편 중고차를 팔려고 내놓은 사람은 그 차가 참살구인지 아니면 개살구인지 분명히 알고 있다. 이들이 자기가 팔려는 차의 유형에 따라 각각 다음과 같은 값을 받으려 한다고 하자. 우선 자기 차가 참살구임을 아는 사람은 최소한 1천 5백만원을 받아야 하겠다고 생각한다. 이에 비해 개살구를 내놓은 사람은 9백원만 받을 수 있으면 기꺼이 팔려고 한다. 만약 중고차시장에서 이 두 유형이 확연하게 구별되어 거래된다면 다음과 같은 결과가 나타날 것이다. 즉 참살구는 1천 5백만원에서 1천 6백만원 사이, 그리고 개살구는 9백만원에서 1천만원 사이에서 거래되는 결과가 나타난다.

중고차시장에 나와 있는 차 중 반은 참살구인 반면, 나머지 반은 개살구라고 한다. 그러나 차를 사러 나온 사람은 두 유형의 차가 반반씩 섞여 있다는 사실만 알 뿐, 겉모습만 보고 그 차가 어느 쪽인지 가려내지 못한다. 어떤 차를 놓고 흥정을 벌이는데, 그가 확률이 반반이라는 생각에서 1천만원과 1천 6백만원의 평균에 해당하는 1천 3백만원을 내겠다고 하면 어떤 일이 벌어질까? 참살구인 차를 내놓은 사람은 이 가격이 마음에 들지 않아 팔려 하지 않을 것이다(그는 최소한 1천 5백만원은 받아야 차를 팔려고 한다). 반면에 개살구를 내놓은 사람은 얼씨구나 하면서 그 차를 넘겨줄 것이 분명하다.

이런 일이 거듭되다 보면, 궁극적으로 중고차시장에서 참살구는 모두 자취를 감추고 개살구만 득실거리는 결과가 나타난다. 그렇기 때문에 중고차시장에서 산 차가 알고 보니 형편없는 것이었다고 한탄하는 사람이 많이 생겨나는 것이다. 이렇게 외양만으로는 상품의 내용을 판단하기 힘든 상황에서 겉만 번지르르한 개살구가 판치는 시장을 **개살구시장**market for lemon이라고 부른다. 서양 사람들은 개살구, 즉 겉만 번지르르한 물건을 'lemon'이라고 부르기 때문에 개살구시장이라고 불러야 할 것을 그들은 '레몬시장'이라고 부르는 것이다.

지금 우리가 보고 있는 개살구시장에서는 결국 바람직하지 않은 상대를 만나 거래할 가능성이 매우 크다. 중고차를 사려는 사람의 입장에서 볼 때 바람직한 거래상대는 참살구를 팔려고 내놓은 사람이다. 그러나 막상 거래를 하게 되는 것은 바람직하지 않은 상대, 즉 개살구를 팔려고 내놓은 사람일 가능성이 크다.

반드시 중고차시장뿐 아니라 정보가 비대칭적으로 분포되어 있는 특징을 갖는 시장이면 어디에서나 이와 같은 개살구시장의 특성이 나타나게 된다. 이렇게 바람직하지 않은 상대를 만나 거래할 가능성이 높은 현상을 가리켜 **역선택**adverse selection이라고 부른다. 곧 보게 되듯, 이 역선택 현상은 그 자체가 매우 흥미 있는 경제학의 분석대상이 되고 있다.

역선택

머피의 법칙?

모처럼 주말을 맞아 교외로 나들이를 하려고 나섰으나 고속도로는 자동차들로 꽉 메워져 있다. 엉금엉금 기는 차량의 행렬 속에서 짜증만 늘어가던 중 어찌 된 일인지 바로 옆 차선의 차들이 갑자기 속도를 내며 시원하게 달려 나간다. 나도 그 차선으로 끼어들려고 하는데 좀처럼 기회가 나지 않는다. 드디어 나는 한 뼘밖에 안 되는 좁은 틈을 뚫고 그 차선으로 옮겨가는 데 성공한다. 그러나 이게 웬일인가? 그 차선에 들어서자마자 앞에서 달리던 차들이 브레이크를 밟기 시작하고, 그 대신 방금 전에 있던 차선 위의 차들이 속력을 내기 시작하는 게 아닌가! 살다 보면 이와 비슷한 일들이 자주 일어나는 것을 경험한다. 그래서 『머피의 법칙』*Murphy's Law*이란 책이 사람들의 인기를 끄는가 보다.

상품을 구입할 때 경험하는 다음과 같은 일도 머피의 법칙 중 하나로 꼽힐 만하다. 어떤 물건을 사려고 하는데, 들어보지도 못한 회사에서 나온 것이 아주 싼 가격에 팔리고 있다. 유명회사의 제품이라면 품질에 별문제가 없을 테지만, 이 회사의 제품은 어떨지 전혀 알 수가 없다. 형편이 넉넉하지 않은 나는 겉보기에 그 물건이 괜찮아 보인다는 점을 위안 삼아 그것을 사서 쓰기로 결심한다. 그런데 막상 써보니 그 물건은 형편없이 조악한 것이어서 다소 비싸더라도 유명회사 제품을 살 걸 하는 후회가 생긴다. 그 회사가 이름만 알려지지 않았을 뿐 내실이 있어 좋은 상품을 싼값에 내고 있을 가능성도 있다. 그러나 이처럼 미덥지 못한 마음으로 산 물건은 예외 없이 불만스러운 것으로 드러나고 만다.

들어보지도 못한 기업의 상품을 사서 쓰고 의외로 만족하는 경우보다 실망하는 경우가 훨씬 더 많은 것은 바로 앞에서 설명한 역선택의 논리가 그대로 들어맞는 사례라고 할 수 있다. 거래의 양 당사자 중 정보가 한쪽에만 있고 다른 쪽에는 없는 상황에서, 정보가 없는 쪽의 입장에서 볼 때 바람직하지 못한 상대방과 거래할 가능성이 높다는 것이 역선택의 논리다. 그 기업은 고의로 조악품을 생산해 싼값에 파는 전략을 사용하고 있을지도 모른다. 믿을 만한 제품을 생산하는 기업이라면 그렇게 낮은 가격으로 도저히 채산을 맞추지 못할 것이니 말이다.

현실 경제에서 역선택현상이 가장 흔하게 나타나는 시장의 대표적인 예가 바로 보험시장이다. 보험회사는 보험에 가입하기를 원하는 사람이 어떤 유형의 사람인지 잘 모른다. 구체적으로 말해 그가 사고 발생의 위험이 높은 사람인지 아니면 낮은 사람인지를 알지 못한다는 뜻이다. 보험회사는 사고 발생의 위험이 낮은 사람만 보험에 가입해 주기를 원한다. 그러나 누구든 마음대로 보험에 가입하도록 내버려 두면 실제로는 사고의 위험이 높은 사람이 주로 가입하는 현상이 생기는데, 이것이 바로 역선택현상이다.

예를 들어 어떤 보험회사가 다음과 같은 새로운 보험상품을 시장에 내놓았다고 하자. 이 보험에 가입한 사람은 연간 2천만원의 보험료를 내야 하는데, 그가 사망할 경우 원인에 관계없이 3억원의 보험금이 즉각 지급된다. 보험회사로 보아서는 건강한 사람들이 주로 가입해 주기를 원할 것이다. 그러나 건강해서 앞으로 오래 살 것이 분명한 사람이라면 결코 이 보험에 가입하려 들지 않는다. 반면에 지병으로 인해 얼마 더 살지 못할 것이라는 것을 아는 사람이면 선뜻 가입하려 들 것이다. 보험회사가 원하지 않는 유형의 사람들이 우선적으로 가입하는 역선택현상이 나타나게 된다는 말이다.

이처럼 건강하지 못한 사람들이 주로 가입하는 역선택현상이 일어남에 따라 보험회사는 손실을 보게 된다. 그 보험회사가 손실을 줄이기 위해 연간 보험료를 3천만원으로 올려 받기 시작했다고 하자. 그렇게 되면 역선택현상은 한층 더 심해질 것이라고 예상할 수 있다. 이제는 앞으로 한 15년 정도 더 살 것 같다고 느끼는 사람조차 선뜻 가입하려 들지 않게 된다. 가입을 원하는 사람들의 면면을 보면 모두 얼마 안 있어 사망할 사람들뿐이다. 보험회사가 보험료를 한층 더 높이는 것으로 대응하면 역선택현상이 한층 더 심화되는 결과가 빚어지는 것이다.

그러나 현실의 보험회사는 이 역선택현상이 나타날 가능성을 미리 알고 나름대로 대비를 해 둔다. 앞의 예에서는 누구나 생명보험에 가입할 수 있다고 가정했지만, 현실에서 그렇게 너그러운 조건의 보험상품을 파는 회사는 지극히 드물다. 생명보험회사는 가입희망자에게 신체검사를 요구하는 등 까다로운 조건을 붙여 가까운 장래에 사망할 확률이 높은 사람을 배제하고 있다. 역선택현상은 보험회사가 가입하기를 원하는 사람의 유형을 전혀 알지 못할 때 나타나는데, 신체검사 결과를 보면 어느 정도의 정보를 얻을 수 있어 이 현상이 발생하는 것을 막을 수 있다.

자동차보험의 경우 운전경력이 짧은 젊은 남자의 보험료를 특히 비싸게 만들어놓은 것도 역선택현상에 대한 대비책이라고 볼 수 있다. 통계적으로 볼 때 이 계층에 속하는 운전자는 가장 높은 사고의 확률을 갖고 있다. 아무나 똑같은 조건으로 가입할 수 있게 만들면, 사고의 위험성이 낮은 유형의 운전자는 가입을 꺼리고 사고의 확률이 높은 사람들이 주로 가입하는 결과가 나타난다.

다른 예를 하나 들자면, 직장이나 지역 단위로 집단적인 보험 프로그램을 마련해 놓고 해당자는 누구나 가입하도록 만드는 것도 역선택에 대한 대응책의 하나가 된다. 누구나 모두 의무적으로 가입해야 한다면 사고의 가능성이 높은 사람만 우선적으로 가입하는 현상이 일어나지 않을 것이기 때문이다.

익은 벼는 고개를 숙인다

주위 사람들에게 자신의 존재를 부각시키기 위해 잘난 체를 하는 사람들을 종종 보게 된다. 물론 그렇게 하는 사람들이 그리 환영을 받는 것은 아니다. 친구들 중 그런 사람을 보게 되면, "저 애는 왜 그러지?" 하고 혀를 차게 마련이다. 잘난 체의 정도가 너무 심하다고 느끼면 그 사람을 아예 '왕따'시켜 버리는 경우까지 있다.

정보가 비대칭적으로 존재하는 상황에서 능력 있는 사람이 자신에 대한 정보를 상대방에게 알릴 필요가 있는 것은 사실이다. 실제로는 능력 있는 사람인데도 무능력한 사람으로 오인을 받는 것이 결코 유쾌할 리 없다. 단지 체면이 깎이는 데 그치지 않고, 실질적인 불이익을 당할 수도 있다. 능력 없는 사람으로 오인되어 낮은 보수를 받게 되는 것이 그 좋은 예다.

그런데 현실을 보면, 능력 있는 사람이라 해서 모두가 자신의 능력에 대한 신호를 보내지는 않는다. 심지어 능력이 출중한 사람은 오히려 자신의 능력에 관한 신호를 전혀 보내지 않는 역설적 현상까지 관찰할 수 있다. "익은 벼는 고개를 숙인다."는 속담을 생각하게 만드는 사람들이 심심치 않게 눈에 띈다는 말이다.

정말로 능력이 출중한 사람은 겸손함까지 갖추기 마련이기 때문에 그런 현상이 나타나는 것일까? 벼에 관한 속담이 함축하고 있는 의미는 바로 그것이라고 볼 수 있다. 그러나 현실은 이와 매우 다를 가능성이 크다. 다시 말해 겸손함 때문이 아니라, 그렇게 하는 것이 자신에게 더욱 유리하다는 무의식적 판단에서 그런 행동을 할 가능성이 크다는 뜻이다.

세 가지 수준의 능력을 가진 사람들이 섞여 있는 한 사회를 예로 들어 보기로 하자. 즉 높은 능력, 중간 정도의 능력, 그리고 낮은 능력의 사람들로 구성된 어떤 사회를 생각해 보려고 하는 것이다. 이 사회에는 정보가 비대칭적으로 분포되어 있기 때문에 사람들의 능력은 자신만 알뿐 남들은 잘 모른다고 가정하기로 한다.

이런 비대칭 정보의 상황에서는 자신의 능력에 관한 신호를 보내려고 노력하는 사람들이 생기게 된다. 그렇다면 과연 어떤 부류에 속해 있는 사람들이 가장 열심히 신호를 보내려고 노력하게 될까? 우선 답부터 말한다면, '중간 정도의 능력'을 가진 사람들이다. 반면에 낮은 능력과 높은 능력의 소유자는 아무런 신호를 보내지 않을 것으로 예상할 수 있다.

낮은 능력의 소유자가 자신의 능력에 대한 신호를 보내지 않으려고 할 것은 너무나도 당연한 일이다. 조금 이해하기 힘든 것은 높은 능력의 소유자가 자신의 능력에 관한 신호를 보내지 않으려 한다는 점이다. 중간 정도의 능력을 가진 사람도 열심히 신호를 보내는데, 왜 그는 더 높은 능력을 가졌으면서도 침묵으로 일관하는 것일까?

중간 정도의 능력을 가진 사람이 열심히 신호를 보내는 이유는 그렇게 하지 않으면 낮은 능력의 소유자로 오해받을 가능성이 있기 때문이다. 그러나 높은 능력의 소유자는 아무런 신호를 보내지 않아도 무능력한 사람으로 오해받을 염려가 전혀 없다. 어떤 신호를 보낸다면 오히려 중간 정도의 능력을 가진 사람으로 오해받을 가능성이 있다.

이런 상황에서 높은 능력의 소유자에게 가장 합리적인 선택은 아무런 신호를 보내지 않는 것이다. 그로서 가장 중요한 일은 중간 정도 능력의 소유자와 구별되는 것인데, 이 목적은 아무런 신호를 보내지 않음으로써 달성할 수 있다. 아무런 신호도 보내지 않음으로써 중간 정도 능력의 보유자들과 확실한 선을 그을 수 있기 때문이다.

이 글을 읽고 있는 독자들도 학교에 다니면서 이와 비슷한 예를 직접 목격한 바 있으리라고 생각한다. 선생님이 어떤 것을 아는 사람은 손을 들어

보라고 했을 때 누가 가장 열렬한 몸짓으로 "저요, 저요!"를 외쳤는지 기억을 되살려 보기 바란다. 그 반에서 공부를 제일 잘하는 축에 속하는 학생은 오히려 미소만 짓고 있었을 가능성이 크다. 익은 벼가 고개를 숙이는 것은 자연의 법칙이지만, 뛰어난 능력의 소유자가 미소만 짓는 것은 뛰어난 처세술의 결과일지 모른다.

본인-대리인의 문제

대리인이 자신의 이익을 먼저 챙기려 할 수 있다

어린 나이에 고향을 떠나 서울로 이사해 사업으로 큰 성공을 거둔 사람이 있다. 그는 은퇴 후에 고향으로 돌아가 살 생각으로 넓은 밭이 딸린 집 한 채를 구입했다. 그러나 사업에 눈코 뜰 새 없이 바쁜 그가 직접 농사를 지을 수는 없기 때문에 현지 주민을 한 명 고용해 대신 그 밭에서 농사를 짓게 만들었다. 그 주민에게는 한 달에 2백만원의 보수를 지급하고, 수확철에 거둔 농작물을 판 대금은 전액 그 자신의 계좌로 입금해 주기로 계약을 맺었다.

그 지역은 양파 생산지로 유명한 곳이어서 그 밭에도 양파를 심기로 했다. 그가 나름대로 양파 수확량을 짐작해본 결과 5천만원 정도의 판매수입을 얻을 수 있다는 결론을 얻었다. 그런데 첫 수확이 끝나고 입금된 금액을 보니 고작 2천만원밖에 되지 않았다. 대리경작을 하는 사람에게 전화를 걸어 왜 판매수입이 그렇게 적으냐고 따져 물었는데도 시원한 대답을 얻지 못했다. 날씨가 좋지 않았고 병충해도 유달리 많아 그렇게 되었다는 변명만 늘어놓았기 때문이다.

대리경작을 하는 사람의 해명이 100퍼센트 맞는 것일 수도 있다. 어쩔 수 없는 주변 여건 때문에 양파 수확량이 예상치를 훨씬 더 밑도는 것으로 나타났을 수도 있다는 말이다. 그러나 주변여건 탓이라는 것은 변명일 뿐, 사실 결정적인 원인은 그가 열심히 일하지 않았다는 데 있었을 수도 있다. 서울에 사는 사업가가 일일이 감시하지 못하는 것을 틈타 적당히 시간만 때운 탓에 수확이 형편없었을 가능성이 크다는 것이다.

이 예에서 서울에 사는 사업가를 본인principal, 그리고 대리경작을 하는 현지주민을 대리인agent이라고 부른다. 이 둘 사이에서 농사를 대신 지어준다는 계약이 맺어짐에 따라 **본인-대리인의 관계**가 맺어지게 된다. 사업가는 직접 농사를 지을 능력도 없고 시간도 없기 때문에 현지 주민에게 대리경작을 부탁했다. 이와 같은 배경에서 본인-대리인의 관계가 맺어지게 되는 것이다.

이 계약이 맺어질 때 대리인은 본인을 위해 열심히 일해 주기로 약속을 한다. 매달 2백만원의 보수를 받는 대신 양파밭에 최대한의 노력을 쏟아 붓겠다는 약속을 한다는 말이다. 그러나 이런 약속에도 불구하고 대리인이 실제로는 밭 돌보는 일을 게을리할 가능성이 있다. 날씨가 좀 덥다고 밭에 나가지 않고 하루 종일 낮잠을 자거나, 자기 일 하느라고 밭 돌보는 일을 소홀히 하는 등의 행동이 나타날 수 있는 것이다. 수확량과 관계없이 매달 2백만원의 보수를 받는데 뜨거운 햇볕 아래 구슬땀을 흘리며 열심히 일해야 할 필요가 있을까?

이 상황에서 중요한 점은 본인이 대리인의 행동을 일일이 감시하지 못한다는 사실이다. 만약 그 사업가가 늘 바로 옆에 붙어서 감시를 한다면 대리경작을 하는 사람은 어쩔 수 없이 열심히 일할 수밖에 없다. 그러나 사업으로 바쁜 사람이 감독하기 위해 매일 내려가 볼 수도 없는 일이다. 대리경작을 하는 사람이 얼마나 열심히 일하는지는 자신만 알 뿐 사업가는 알 수 없다. 본인과 대리인 사이에 정보가 비대칭적으로 존재한다고 말할 수 있는데, 바로 이 상황에서 대리인이 자신의 이익을 먼저 챙기는 행위가 나타난다. 이렇게 대리인이 자신의 이득을 먼저 챙기는 행동을 할 때 **도덕적 해이**moral hazard가 일어났다고 말한다.

제4장에서 기업의 경영을 맡고 있는 전문경영인이 매출액의 극대화를 추구할 가능성이 있다고 설명한 바 있다. 주주의 관점에서 보면 이윤극대화를 추구하는 것이 바람직한데, 전문경영인 자신의 이익을 챙기기 위해 매출액극대화를 추구하는 것이다. 주주와 경영자 사이의 관계도 본인-대

리인 관계의 틀로 해석할 수 있는데, 전문경영인이 매출액극대화를 추구하는 것을 대리인에 의한 도덕적 해이의 한 예로 볼 수 있다.

대리인에 의한 도덕적 해이는 지금까지 본 예 말고도 다른 많은 예에서 발견할 수 있다. 어떤 가수의 매니저가 출연계약을 맺을 때 뒷돈을 챙기고 가수에게 불리한 계약서에 도장을 찍는 행위가 그 한 예가 될 수 있다. 또한 어떤 사건을 맡은 변호사가 적당히 시간을 때우고 수임료만 챙기는 것도 생각해볼 수 있다. 모든 본인-대리인 관계에서 도덕적 해이가 발생하는 것은 아니다. 대리인이 자신의 이익을 먼저 챙길 수 있는 상황에서도 이를 자제하는 경우가 있을 수 있기 때문이다. 그러나 자세히 관찰해 보면 대리인의 도덕적 해이가 발생하는 상황이 의외로 많이 눈에 띌 수 있다.

우리 사회에서 하나의 고질처럼 되어 있는 관료들의 무사안일, 부정부패 문제도 이 도덕적 해이 현상의 한 예로 볼 수 있다. '공복'public servant이라는 말이 시사하듯, 관료는 국민의 이익에 봉사할 의무를 갖는 대리인의 성격을 갖고 있다. 다시 말해 국민과 관료 사이에 본인-대리인의 관계가 존재한다는 것인데, 대리인인 관료들이 자신의 이익을 먼저 챙기려 하기 때문에 그런 문제가 생긴다고 볼 수 있다. 관료의 도덕적 해이는 국민이 그들의 행동을 감시하기 힘들 때 더욱 흔하게 나타나는 법이다. 언론의 자유가 제약되어 있는 독재체제에서 관료들의 부패가 한층 더 심하게 나타나는 것은 결코 우연이 아니다. 본인-대리인의 문제는 깨끗하고 효율적인 정부를 추구하는 과정에서 반드시 극복해야 할 중요한 과제다.

어떻게 하면 도덕적 해이를 막을 수 있을까?

앞에서 설명한 것처럼, 도덕적 해이는 본인이 대리인의 행동을 정확히 파악할 수 없는 상황에서 나타나는 현상이다. 만약 본인이 대리인의 행동을 정확하게 파악할 수 있다면 대리인은 스스로의 이익을 먼저 챙기는 일을 감히 하지 못한다. 이런 행동을 하다가 들키면 대리인으로서의 자격 그 자체를 잃을지도 모르기 때문이다. 그런데 대리계약을 맺는 사례를 보면, 본인이 직접 어떤 일을 수행하기에는 시간이 없거나 전문지식이 부족하다는 등의 이유로 할 수 없이 대리인을 고용하는 경우가 대부분이다. 따라서 대리인이 어떤 행동을 하고 있는지 일일이 파악하기는 힘든 상황이 조성되어 있다고 볼 수 있다.

대리인의 도덕적 해이를 막기 위해 그의 일거수일투족을 일일이 감시한다는 것은 가능하지도 않을뿐더러 바람직하지도 않다. 아예 간과 쓸개를 빼놓고 사는 사람이 아닌 한, 그렇게 살벌한 감시체제하에서 대리인의 임무를 맡으려 드는 사람도 없을 것이다. 그렇다면 본인-대리인의 관계에서 도덕적 해이는 도저히 막으려야 막을 수 없는 불가피한 현상인가? 현실에 존재하는 본인-대리인의 관계를 보면 대리인의 도덕적 해이를 상당한 정도로 억제하는 데 성공한 사례도 꽤 있다. 여기에는 어떤 비결이 있을 것임에 틀림없다.

그 비결이란 다름이 아니라, 대리계약을 맺을 때 그 속에 도덕적 해이를 막는 적절한 장치를 집어넣는 일이다. 대리계약이 어떤 성격을 가졌는지에 따라 도덕적 해이가 더욱 심하게 나타날 수도 있고 그 반대일 수도 있다. 밭을 대신 경작해 주는 현지 주민을 고용하는 경우를 예로 들어보기로 하자. 바로 앞에서 본 것처럼 수확한 것을 모두 주인이 갖고 대리경작을 한 사람에게는 고정된 월급을 지급하기로 계약을 한 경우라면 도덕적 해이가 현저하게 나타날 것이 분명하다. 대리경작을 하는 사람이 아무리 열심히 일한다 해도 자신에게 돌아오는 이득은 하나도 없기 때문이다.

반면에 수확한 것의 일정한 비율을 보수로 지급하기로 한 경우라면 상황이 다르다. 수확이 많아지면 지주뿐 아니라 경작자 자신에게도 이득이 되므로 자발적으로 열심히 일하려는 태도를 보일 것이다. 이처럼 대리경작을 하는 사람에게 어떤 방법으로 보수를 지급하느냐에 따라 도덕적 해이의 발생 가능성이 현저히 달라질 수 있다.

여기서 중요한 점은 대리인의 노력이 스스로의 보수와 직결되도록 만든다는 사실이다. 그렇게 함으로써 도덕적 해이의 발생 가능성이 크게 줄어들 수 있다. 문제의 핵심은 적절한 유인incentive을 주어 본인의 이익을 위해 열심히 일하는 것이 대리인 스스로에게도 유리한 결과를 낳도록 만드는 데 있다. 대리인이 도덕적 해이를 저지르기로 마음먹었다면, 그의 도덕심에 호소해 열심히 일하라고 훈계해 보았자 별 효과를 거두지 못한다. 그러나 적절한 유인을 제공하면 대리인은 스스로의 이득을 더 크게 만들기 위해서라도 열심히 일하게 된다.

우리가 현실에서 보는 보수지급 방법에는 이와 같은 발상에서 나온 것들이 많다. 매장의 종업원에게 월급을 주지 않고 판매한 금액에 비례한 보수를 지급하는 것이나, 보험회사에서 대리인에게 계약고에 따라 보상을 해주는 것이 모두 그 좋은 예가 된다. 또한 영업실적이 좋을 때 사원들에게 특별보너스를 지급하는 경영방침도 비슷한 동기에서 나온 것이라고 말할 수 있다.

앞에서 전문경영인에게 보수의 일부로서 일정한 가격에 주식을 살 수 있는 권리, 즉 주식옵션을 지급하는 사례가 많다고 설명한 바 있다. 주식옵션을 갖고 있는 경영자의 관점에서 보면 주식 가격이 더 높은 수준으로 오를수록 개인적 이득이 더욱 커진다. 그렇기 때문에 경영자는 누가 시키지 않아도 주식 가격을 최대한으로 높게 만드는 방향으로 기업을 경영하게 된다. 이윤이 극대화되어야 주식 가격이 최대한으로 높아진다는 것은 두말할 나위도 없다.

우리 사회에서는 월급제 실시를 주장하는 택시기사들과 이를 한사코 거부하는 회사 사이의 싸움이 아직도 계속되고 있다. 이들의 싸움이 택시파업으로 이어지면 공연히 죄 없는 서민만 발이 묶이는 불편을 겪어야 한다. 회사 측이 월급제 실시를 완강히 거부하는 이유는 지극히 단순하다. 그 제도하에서는 기사들이 구태여 열심히 일하려 들지 않을 것이라고 우려하기 때문이다. 사실 이것이 전혀 근거 없는 기우라고 말하기는 힘들다. 그날 번 돈을 몽땅 회사에 주고 정해진 월급을 받게 되어 있는데 구태여 수입을 많이 올리려고 노력하는 사람이 과연 몇이나 될까? 그저 회사 측이 눈살을 찌푸리지 않을 정도로만 벌고 말려는 사람들이 대부분일 것이다.

서민들의 변호사비용 부담을 줄이기 위해서는 '성공보수금', 즉 승소했을 경우 지급하는 사례금의 관행이 없어져야 한다고 주장하는 사람이 있다. 그러나 정부가 이 관행을 없애려 한다고 해서 정말로 그 뿌리가 뽑힐지는 의문이 아닐 수 없다. 애당초 사건을 맡길 때 왜 그와 같은 계약조건에 동의하게 되었는지를 생각해 보면 바로 알 수 있는 일이다. 성공보수금이라는 것은 결국 변호사의 도덕적 해이를 막기 위한 장치의 성격을 갖는다. 열심히 일해 승소하게 되면 변호사 자신의 이득도 커지게 된다는 데 이 장치의 특징이 있다. 따라서 정부가 이 관행을 금지시킨다 해도 음성적인 형태로 계속 비슷한 성격의 돈이 오갈지 모른다. 단순히 이 관행을 금지한다고 해서 변호사의 도덕적 해이가 없어지는 것은 아니기 때문이다.

효율임금의 이론

임금의 크기가 근로자의 생산성을 결정한다

어떤 식당의 주방에서 일하는 정씨는 지금의 보수에 대해 그다지 만족스러워하지 않고 있다. 내가 어느 곳에 가서 일해도 이만큼 받지 못하겠느냐는 생각이 항상 그의 머리를 떠나지 않는다. 반면에 그 식당의 카운터를 맡고 있는 이양은 자신의 보수가 매우 좋은 편이라고 느끼고 있다. 가정형편이 어려워 고등학교도 채 마치지 못한 자신이 그 정도 받으면 더 이상 바랄 게 없다고 생각한다. 이 두 사람의 생각이 이렇게 다르니 자연히 식당일을 하는 태도도 서로 다를 수밖에 없다. 정씨는 주방 안을 게으르게 어슬렁거리면서도 주인의 눈에 띌 것을 전혀 두려워하지 않는다. 그러나 이 직장을 놓치면 큰일이라고 생각하는 이양은 한눈 한번 팔지 않고 열심히 일한다.

일반적으로 우리가 어떤 식당에 들어가면 한눈에 그 집의 분위기를 눈치챌 수 있다. 어떤 집은 청소도 제대로 하지 않고, 다 식은 밥을 내오는가 하면, 반찬을 손님상 위에 내던지듯 늘어놓는다. 그 집 주인이 워낙 무심한 사람이라 그럴 수도 있겠지만, 종업원들이 마음속에 불만을 품고 있기 때문인 경우가 더 많다. 이들에게 불만의 원인이 무엇인지 물어보면, 대개 일에 비해 보수가 너무 박하다는 대답이 나온다. 반면에 어떤 집에 들어가면 모든 것이 청결하고 음식이나 서비스도 나무랄 데가 없다. 이렇게 좋은 식당을 만든 데는 주인만이 알고 있는 나름대로의 비결이 있을지 모른다. 그러나 보수를 박하게 주면서 종업원들로 하여금 열심히 일하게 만들었을 가능성은 매우 희박한 것이 분명하다.

전통적인 경제이론에서는 근로자의 생산성이 높고 낮음에 따라 임금의 크기가 결정된다고 설명한다. 그러나 지금 보고 있는 예에서는 이와 반대로 임금의 높고 낮음이 근로자의 생산성을 결정하는 요인이 되고 있다. 만약 높은 임금이 근로자의 생산성을 높이는 것이 사실이라면, 기업의 입장에서 볼 때 시장에서 통용되는 임금보다 더 높은 임금을 지급하는 것이 바람직할 수 있다. 높은 임금을 지불하면 근로자의 생산성이 높아지는 구체적 이유로 다음과 같은 것들을 생각할 수 있다.

우선 높은 임금은 능력이 있는 근로자들을 그 기업에 잡아두는 효과를 낸다는 점을 들 수 있다. 임금이 낮아지면 일반적으로 가장 능력 있는 근로자들부터 먼저 회사를 그만두는 현상이 나타난다. 능력이 있는 사람이라면 다른 직장으로 옮겨도 좋은 보수를 받을 수 있기 때문이다. 반면에 능력이 없는 사람은 마땅히 옮겨갈 곳도 없어 낮은 임금에도 불구하고 그대로 주저앉아 있을 수밖에 없다. 그러므로 높은 임금을 지급하면 능력 있는 근로자들의 비중이 높아지고, 이에 따라 기업의 생산성이 높아질 수 있다.

또한 임금이 낮아지면 회사를 그만두는 근로자들이 전반적으로 늘어난다는 사실도 높은 임금이 높은 생산성을 가져오는 이유 중 하나가 될 수 있다. 그 기업에서 일한 경력이 오랜 근로자들은 여러 가지 유용한 요령들을 터득하고 있어 높은 생산성을 발휘할 수 있다. 그런데 원래 있던 근로자들이 그만두어 새 근로자들을 고용하게 될 경우 이들이 일에 익숙해질 때까지는 상당한 시간이 소요되는 것이 보통이다. 그렇기 때문에 높은 임금을 주면 회사를 그만두는 근로자의 비율이 줄어들고 따라서 생산성이 높은 수준으로 유지될 수 있다.

나아가 높은 임금을 지급하면 근로자들의 태만을 막을 수 있어 생산성이 높아지게 된다. 수많은 사람들이 일하고 있는 회사에서 각 사람이 얼마나 열심히 일하고 있는지를 파악하는 것은 무척 어려운 일이다. 이런 상황을 틈타 일을 태만히 하는 사람들이 몇 명쯤 생겨나게 마련이다. 다시 말해 근로자의 도덕적 해이가 나타날 수 있는데, 높은 임금을 지급하면 이를 어느 정도 막을 수 있다.

시장의 평균적인 임금수준보다 더 높은 임금을 지급하는 기업에서 일하는 근로자는 누가 시키기 않아도 자발적으로 열심히 일하게 된다. 일을 태만하게 하다가 적발되면 그 직장을 잃게 될 것이고, 그렇게 되면 새 직장을 찾아야 하는데 지금만큼 높은 임금을 받기는 힘들 것이다. 따라서 그는 높은 임금을 지급하는 현재의 직장을 잃지 않으려고 열심히 일할 것이 분명하다.

이처럼 근로자의 생산성을 높이기 위해 일부러 시장에서 통용되는 임금수준보다 더 높여서 지급하는 임금을 **효율임금**efficiency wage이라고 부른다. 우리나라에서도 기업들이 효율임금을 지급하고 있는 사례를 꽤 많이 발견할 수 있으리라고 생각한다. 평균적인 임금수준에 비해 대기업들이 지급하는 임금은 일반적으로 더 높은 경향을 보인다. 그들이 주로 독과점산업에서 영업하고 있기 때문에 높은 임금을 지불할 여유가 있어서 그럴 수도 있고, 또 다른 이유도 있을 것이다. 그러나 이들이 효율임금의 관점에서 높은 임금을 지불하고 있다는 설명이 다른 어떤 것보다도 더 큰 설득력을 갖는 것이 사실이다.

각자 알아서 일하게 놓아두라?

기업의 입장에서 각 근로자가 얼마나 열심히 일하고 있는지를 정확하게 파악하는 것은 거의 불가능에 가까운 일이다. 기업 전체의 산출량이 얼마인지는 알 수 있지만, 각 근로자가 그것에 얼마나 기여했는지를 알아낼 방법은 없기 때문이다. 이런 상황에서 기업은 근로자들로 하여금 열심히 일하도록 유도하는 방안을 찾아보려고 노력하지만 그것이 말처럼 쉬운 일은 아니다.

작업감독을 통해 상과 벌을 줌으로써 더 열심히 일하도록 부추기는 방법은 오히려 역효과를 내는 경우도 많다. 사람들은 단지 돈만을 위해 열심히 일하는 것이 아니고 거기에 다른 동기가 있을 수 있다. 예를 들어 어떤 일을 잘 해내고 싶다는 바람 같은 본질적 동기intrinsic motive가 작용할 수 있다는 말이다. 한 심리학자의 실험 결과에 따르면, 이 본질적 동기의 존재 때문에 금전적 보상이 열심히 일하려는 자세에 오히려 나쁜 영향을 줄 수도 있다고 한다.

이 실험은 3D 퍼즐을 풀어 어떤 도형을 만들게 하는 것을 그 내용으로 하고 있었다. 이 작업은 재미있을뿐더러 머리를 많이 써야 하기 때문에 본질적 동기가 작용할 가능성이 컸다. 피실험자의 한 집단에 대해 도형을 하나씩 만들 때마다 1달러의 상금을 지급하다가 나중에는 지급을 중단하고 어떤 반응을 보이는지 관찰해 보았다. 지급이 중단되자 그들은 퍼즐 푸는 일보다 다른 일, 예컨대 잡지를 보는 일 같은 것에 더 열중하는 모습이 관찰되었다. 이는 상금의 지급이 그들의 본질적 동기를 죽여 버리는 결과를 가져왔음을 뜻한다.

엄중한 작업감독이 역효과를 낼 수 있는 또 다른 이유는 사람들이 공정성fairness을 중시하는 태도를 갖는다는 데서 찾을 수 있다. 공정성에 대한 실험 결과를 보면, 상대방으로부터 부당한 대우를 받았다고 인식하는 경우에는 자신에게 돌아오는 손해를 감수하고서라도 상대방에게 보복을 가하는 경향을 관찰할 수 있다. 따라서 상급자의 감독이 부당하다고 생각하면 자신에게 손해가 오더라도 일부러 일을 소홀히 해서 보복하려는 태도가 나올 수 있는 것이다.

결론적으로 말해 열심히 일하게 만들려는 동기에서 행해지는 작업감독에는 이득과 더불어 비용이 따르게 마련이다. 따라서 이 둘 사이의 관계를 고려해 적절한 감독의 수준을 찾아내는 일이 중요한 과제가 된다. 이 문제와 관련된 실험을 해본 결과 다음과 같은 흥미로운 결론이 도출되었다. 즉 이왕 감독을 할 바에야 철저히 하는 것이 좋고, 느슨하게 감독하는 것은 아예 하지 않는 것보다도 더 나쁜 결과를 가져온다는 것이다.

그 실험에서 사람들은 동전을 종류에 따라 분류하는 일을 했는데, 작업에 대한 감독 여부와 그 강도에 따라 세 개의 집단으로 나뉘어 진행되었다. 이 실험에서 바람직하지 않은 행동은 구체적으로 분류를 잘못하거나, 너무 많은 시간이 걸리거나, 동전을 훔치는 것으로 나타난다. 통제집단은 아무런 감독 없이 자유로이 일하고 일이 끝나면 결과와 관련 없이 바로 20유로를 받게 된다. 실험집단은 다시 둘로 나눠지는데, 한 집단은 작업상의 실수에 대해 관대한 벌칙이 가해지는 한편 다른 집단은 매우 엄중한 벌칙이 가해지는 차이를 갖고 있다.

실험 결과를 보면 가장 많은 실수를 저지른 집단은 관대한 벌칙이 적용된 집단이었다. 뿐만 아니라 일을 끝내는 시간도 더 늦어지는 경향이 있는 것으로 드러났다. 전반적으로 보아 아예 감독을 하지 않은 통제집단에 비해 작업 성과가 더 나쁘게 나타났다. 이 실험 결과로부터 우리가 얻을 수 있는 교훈은 이왕 감독을 하려면 철저히 하는 것이 바람직하다는 것이다.

느슨한 감독은 일하는 사람을 짜증나게 만들어 오히려 더 나쁜 결과로 이어질 수 있다.

일반적으로 여러 가지 선택가능성이 있을 때 중간적인 성격을 갖는 것이 가장 좋은 대안인 경우가 많다. 그러나 지금 우리가 살펴보고 있는 작업감독의 경우에는 이 말이 틀리다는 것이 흥미로운 점이다. 중간적인 성격을 갖는 것은 느슨하게 감독하는 것인데, 앞에서 본 실험 결과는 이것이 최악의 대안임을 보여주고 있다. 아예 감독을 하지 않고 본인이 자발적으로 일하도록 만드는 것이 더 나은 대안일 수도 있는 것이다.

17

시장과 정부

시장이 우리에게 낙원을 가져다주는가?

경제학에서 널리 알려져 있는 한 정리에 따르면, 모든 시장이 완전경쟁 상태에 있을 때 시장에 의한 자원배분은 효율적이 된다. 자원배분이 효율적이란 것은, 쉽게 말해 주어진 생산자원을 효과적으로 활용한 상태를 이루었다는 뜻이다. 스미스A. Smith는 효율적 자원배분을 가져다주는 이와 같은 시장의 기능을 '보이지 않는 손'invisible hand에 비유했다. 각자가 스스로의 이익만을 추구해도 시장의 보이지 않는 손이 이를 공익으로 이끌어준다는 비유다.

그러나 우리가 잘 알고 있듯, 시장이 우리에게 낙원을 가져다주는 것은 아니다. 시장은 나름대로의 한계를 갖고 있기 때문이다. 무엇보다 우선 시장은 소득이나 재산의 공평한 분배를 보장해주지 못한다. 즉 시장에서 이루어진 분배가 공평하다는 보장이 없다는 뜻이다. 시장이 뛰어난 능력을 발휘하는 것은 오직 배분allocation의 측면일 뿐, 분배distribution의 측면에서는 그렇지 못하다는 한계를 갖고 있다. 배분과 분배는 비슷하게 들려도 완전히 다른 개념이라는 데 주의해야 한다.

뿐만 아니라 시장은 경제를 항상 안정된 상태에 유지하지 못한다는 한계를 갖는다. 우리가 잘 알고 있듯, 시장경제에서는 주기적으로 물가나 고용이 불안한 상황이 발생한다. 때로는 1930년대의 대공황처럼 경제를 극심한 불황의 상태로 몰아넣을 수도 있고, 최근 짐바브웨Zimbabwe에서 일어난 초인플레이션처럼 살인적인 물가상승을 가져오기도 한다. 우리는 경제가 언제나 안정된 상황에 머물기를 바라지만, 시장경제는 이와 같은 우리의 희망을 실현시켜 주지 못한다.

시장은 이와 같은 분명한 한계를 갖고 있을 뿐 아니라, 때로는 효율적인 자원배분의 측면에서 실패를 드러내기도 한다. 다시 말해 시장에 의한 자원배분이 효율적이지 못한 경우가 자주 발생한다는 뜻이다. 시장경제가 효율적이라는 것은 다른 경제체제와 비교해 상대적으로 그렇다는 것이지, 언제 어느 경우에서나 완벽한 효율성을 발휘한다는 뜻이 아니다.

어떤 이유에서든 시장에 의한 자원배분이 효율적이지 못한 경우 우리는 **시장의 실패**market failure가 발생했다고 말한다. 시장의 실패를 일으키는 원인에는 여러 가지가 있는데, 무엇보다도 우선 불완전한 경쟁을 들 수 있다. 시장에 의한 자원배분이 효율적이라는 것은 완전한 경쟁이 이루어지는 것을 전제로 하고 있다. 독점 혹은 과점 상태에 있는 시장은 자원을 효율적으로 배분하지 못할 가능성이 크다. 우리가 현실에서 보는 시장 중 완전한 경쟁이 이루어진다고 볼 수 있는 시장은 지극히 드문 것이 사실이다. 그렇기 때문에 시장에 의한 자원배분이 당연히 효율적일 것이라고 기대하는 것은 매우 위험한 일이다.

또한 **공공재**public goods라고 불리는 재화나 서비스와 관련해서도 시장의 실패가 일어난다. 공공재란 도로나 공원처럼 여러 사람이 공동으로 소비하는 재화나 서비스를 뜻한다. 도로나 공원이 일단 만들어지면 누구나 공짜로 이를 이용할 수 있게 된다. 이를 만드는 데 드는 비용을 부담한 사람은 물론, 한 푼도 내지 않은 사람까지 자유로이 이용할 수 있는 것이다. 바로 이 특성 때문에 남이 비용을 들여 공공재를 생산하면 이에 무임승차를 하려는 사람이 생겨나게 된다. 민간업자가 주민들로부터 돈을 거두어 공원을 만들려 할 때 어떤 어려움에 부딪히게 될지 상상하기가 그리 어렵지 않다.

나아가 **외부효과**external effects라고 불리는 현상이 나타날 때도 시장의 실패가 일어난다. 외부효과 때문에 생기는 문제의 대표적인 사례가 요즈음 우리 사회에서도 자주 논의되고 있는 환경오염이다. 시장은 오염물질을 버려 남에게 폐를 끼치는 사람에게 이에 걸맞은 대가를 치르도록 만들지 못한다. 그렇기 때문에 사람들은 별 부담을 느끼지 않고 더러운 폐수와 매연을 마구 내버리게 되는 것이다. 모든 일을 시장에 맡긴다는 명목으로 이런 행위를 그대로 방치해 두면 환경오염이 점차 심화되는 결과가 빚어진다. 공공재나 외부효과의 존재가 시장의 실패를 일으키는 구체적 이유에 대해서는 뒤에서 더욱 자세하게 설명할 것이다.

정부의 실패

그렇다면 시장의 실패를 바로잡기 위해 정부가 개입하는 것이 바람직할까? 이 의문에 대해 "그렇다."라고 대답하는 사람이 많을 것으로 짐작한다. 그러나 시장의 실패가 일어났다고 해서 당연히 정부가 개입해야 할 이유가 생긴 것은 아니다. 시장의 실패를 바로잡기 위해 정부가 "개입할 수 있다."고 말할 수는 있어도, "당연히 개입해야 한다."고 말해서는 안 되는 것이다. 시장의 실패가 명백하게 나타나는 경우에도 정부는 신중히 고려해 개입 여부를 결정해야 한다. 왜냐하면 정부의 개입 그 자체가 비효율성을 일으키는 원인이 되어 사태를 더욱 악화시킬 가능성이 있기 때문이다.

정부의 개입은 주로 조세 부과나 규제의 실시를 통해 이루어진다. 그런데 조세 부과나 규제의 실시가 모두 비효율성 발생의 원인이 된다. 왜냐하면 민간부문의 자유로운 의사결정을 방해해 효율성을 떨어뜨리는 결과를 가져오기 때문이다. 때로는 좋은 의도에서 출발한 정부의 개입이 명백하게 바람직하지 못한 결과를 빚어내는 **정부의 실패**government failure도 일어날 수 있다. 시장이 실패할 수 있는 것처럼, 정부도 실패할 수 있는 것이다.

그렇다면 정부의 실패를 일으키는 원인에는 무엇이 있을까? 무엇보다 우선 들 수 있는 정부실패의 원인은 정보나 지식의 부족이다. 정부의 개입이 성과를 거두기 위해서는 우선 경제가 어떻게 움직여 가고 있는지 정확하게 알고 있어야 한다. 충분한 정보나 지식 없이 섣부른 개입을 시도하면 상황을 더욱 심각하게 만들 가능성이 크다. 정부가 활용할 수 있는 경제학적 지식이나 통계자료 등이 상당히 제한되어 있기 때문에 현실에서 정부 개입이 기대한 효과를 가져다주지 못하는 경우가 많다.

또한 정부가 어떤 정책에 대한 민간부문의 반응을 완전히 통제할 수 없다는 사실도 정부실패 발생의 원인이 될 수 있다. "말을 물가로 끌고 갈 수는 있어도 물을 마시게 만들 수는 없다."라는 격언이 있다. 정부의 정책에도 이와 비슷한 측면이 있다. 즉 정부가 국민을 일정한 방향으로 인도해 갈 수는 있지만, 어떤 특정한 행동을 하도록 강제할 수는 없다. 만약 국민이 정부가 기대한 대로 행동하지 않는다면 정부실패가 발생할 수밖에 없다.

정부의 실패가 발생하는 또 다른 중요한 원인을 어떤 정책이 입안, 실시되는 정치적 과정에서 찾을 수 있다. 모든 정책이 정치적 타협의 결과라고 볼 수 있는데, 이 과정을 거치는 동안 뜻밖의 왜곡이 일어날 수 있다. 자신의 이익을 추구하는 정치인들이 정책심의 과정에서 이리 고치고 저리 고친 나머지 결과적으로는 형편없는 정책이 실행에 옮겨질 수 있다. 어떻게든 선거에서 이기는 것만을 목표로 삼는 정치인은 어떤 정책이 갖는 경제적 합리성보다 자신의 정치적 이득을 더욱 중시할 가능성이 크다.

마지막으로는 정책을 직접 실행에 옮기는 과정에서 관료들의 도덕적 해이가 문제될 수 있다. 앞에서 설명한 것처럼 공익을 위해 일해야 할 관료가 자신의 이익을 먼저 챙기는 도덕적 해이를 저지를 가능성이 있다. 아무리 좋은 정책이라 할지라도 막상 이것을 실행에 옮기는 관료들에 문제가 있으면 원래 기대했던 효과를 내지 못한다.

현실에서 시장의 실패와 정부의 실패 중 어느 것이 더욱 심각한 문제인지는 열띤 논쟁의 대상이 될 수 있다. '작은 정부'를 주장하는 사람은 정부의 실패가 한층 더 심각한 문제를 일으킨다고 보는 사람이다. 스티글러 J. Stigler 같은 경제학자가 그 좋은 예인데, 그는 독점기업을 규제하기 위한 정부의 개입도 별로 탐탁지 않게 보고 있다. 하여튼 시장의 실패를 바로잡기 위한 정부의 개입은 이로 인한 효율성의 향상이 명백하게 예견될 수 있을 경우에만 정당화될 수 있다. 시장의 실패를 핑계 삼아 아무 때나 개입을 일삼는 정부는 결코 좋은 정부가 될 수 없다.

공공재의 문제

나라가 국방을 책임져야 하는 이유

사과가 전부 열 개 있는데 내가 세 개를 먹어 버리면 다른 사람이 먹을 수 있는 사과의 양은 세 개가 줄어 일곱 개가 된다. 내가 두 개를 더 먹으면 다른 사람이 먹을 수 있는 사과의 양은 이제 다섯 개로 줄어든다. 이와 같이 한 사람이 소비한 만큼 다른 사람이 소비할 수 있는 상품의 양이 줄어드는 것이 보통이다. 이는 사과와 관련해 나의 소비와 다른 사람의 소비가 서로 경쟁하는 관계에 있음을 뜻한다. 사과뿐 아니라 옷, 자동차, 연필 등 우리 주위에서 보는 거의 모든 상품들을 소비하는 과정에서 이와 같은 경쟁적 관계를 발견할 수 있다.

반면에 한 사람이 소비를 해도 다른 사람이 소비할 수 있는 양이 줄어들지 않는 경우도 있다. 국민을 외적의 침입에서 안전하게 보호해 주는 기능, 즉 국방서비스를 예로 들어보자. 내가 이 국방서비스의 혜택을 받아 외적의 침입에서 보호받았다 해서 다른 사람이 이 국방서비스의 혜택을 받을 수 있는 기회가 줄어드는 것은 결코 아니다. 이와 비슷한 예는 도로, 공원, 소방서비스, 경찰서비스 등 여러 가지를 들 수 있다. 이들의 공통된 특성은 나의 소비와 다른 사람의 소비가 경쟁적인 관계에 있지 않다는 데 있다.

이와 같이 사람들의 소비가 서로 경쟁적인 관계에 있지 않아 모두가 공동으로 소비에 참여할 수 있는 재화나 서비스를 **공공재**라고 부른다. 공공재가 갖는 또 하나의 특성은 대가를 치른 사람만 그것을 소비하게끔 제한할 수 없다는 점이다. 공공재가 아닌 보통의 재화나 서비스를 사용재private goods라고 부르는데, 사용재의 경우에는 대가를 치른 사람만 이를 소비할 수 있다. 앞에서 예로 든 사과, 옷, 자동차, 연필 등이 모두 이 경우에 해당한다. 그러나 공공재의 경우에는 대가를 치르지 않은 사람이라도 소비에서 배제할 수가 없다. 돈을 내고 국방서비스나 경찰서비스를 구입한 사람만 외적이나 도둑으로부터 보호를 받을 수 있게 만들 수 있는지 생각해 보기 바란다.

바로 이 성격 때문에 사람들이 공공재의 소비를 원하면서도 생산비용은 부담하지 않으려는 태도를 보이게 된다. 즉 모두가 남이 공공재를 생산하면 그때 가서 무임승차할 수 있기만을 노리는 현상이 나타나는 것이다. 영리를 목적으로 국방서비스 같은 공공재를 생산, 공급하는 기업들이 있다면 이들은 하루아침에 망하고 말 것이다. 시장의 자율에 맡길 경우, 공공재가 적절한 수준으로 공급되지 못할 것임은 두말할 나위도 없다.

앞에서 공공재의 존재가 시장의 실패를 가져오는 원인이 된다고 말한 것은 바로 이를 두고 한 말이다. 그렇기 때문에 공공재가 적절한 수준으로 생산, 공급되도록 만들기 위해서는 정부의 개입이 필요하다. 정부가 세금을 거두어 국방서비스와 경찰서비스를 생산, 공급하지 않으면 안 되는 이유가 바로 여기에 있다.

그러나 정부가 직접 공공재를 생산해 공급하기로 결정했다 해도 문제는 남는다. 적절한 양의 공공재를 생산하기 위해서는 우선 국민들이 얼마만큼을 원하는지 알고 있어야 한다. 그런데 막상 물어보면 자신의 진심을 털어놓는 사람이 드물다. 공공재를 생산하는 데 드는 비용을 전혀 부담하지 않아도 된다고 하면 누구나 많은 공공재를 원한다고 대답한다. 즉 정부가 돈을 내서 만드는 경우에는 도로, 다리, 공원, 도서관 등 원하는 것들이 한없이 많이 쏟아져 나온다. 반면에 공공재 생산에 드는 비용을 부담해야 하는 경우라면, 자기는 이를 필요로 하지 않는다는 대답이 나온다. 남들이 비용을 들여 공공재가 생산되면 무임승차를 할 수 있음을 알기 때문이다.

이렇게 사람들이 상황에 따라 다른 말을 하기 때문에 그들이 말하는 것만 듣고는 진정으로 얼마나 많은 공공재를 원하는지 알기 힘들다. 정부는 적절한 수준의 공공재를 생산, 공급하려고 노력하지만, 국민이 바라는 바를 정확하게 알지 못해 애를 먹는다. 따라서 어떻게 하면 사람들로 하여금 정직한 대답을 하도록 유도할 수 있느냐가 매우 중요한 일이 된다. 사람들이 자발적으로 정직한 대답을 하도록 유도하는 것은 정부의 효율적인 운영과 매우 깊은 관계를 갖는 중요한 과제다.

사람들이 공공재의 정확한 성격을 잘못 이해하고 있는 경우가 많다. 가장 흔한 오해는 공공재라는 것이 정부가 생산, 공급하는 재화나 서비스를 뜻한다고 생각하는 것이다. 공공재는 공급주체가 누구인지와 관계없이 단지 여러 사람이 공동으로 소비한다는 성격에 의해 정의되는 개념이다.

정부가 생산, 공급하는 재화나 서비스 중에 공공재의 성격을 갖는 것이 많은 것은 사실이다. 그렇지만 그중에서 명백하게 사용재의 성격을 갖는 것들도 많이 포함되어 있다. 정부가 생산, 공급하는 수돗물, 가스, 의료서비스 같은 것들이 그 좋은 예라고 할 수 있다. 이들의 경우에는 내가 소비한 만큼 다른 사람이 소비할 수 있는 양이 적어지기 때문에 공공재라고 볼 수 없다.

또한 공공재라 해서 오직 정부만이 이를 생산하는 것이 아니다. 영리를 추구하려는 의도 없이 개인이 공원이나 미술관 같은 것을 만들어 운영하는 사례가 그 좋은 예다. 정부가 오직 공공재만을 생산하는 것이 아니며, 공공재라 해서 반드시 정부에 의해서만 생산되는 것도 아니다. 다시 말해 공공재는 누가 생산하느냐와 관계없이 그것이 갖는 성격에 의해 정의되어야 하는 개념이다.

외부효과의 문제

시장이 환경오염 문제를 해결해 줄 수 있을까?

제3자에게 의도하지 않은 손해를 입히고도 이에 대해 대가를 지불하지 않을 때 우리는 (해로운) **외부효과**가 발생했다고 말한다. 남에게 손해를 입히고도 대가를 지불하지 않는다는 것은 이 일이 시장의 테두리 밖에서 일어남을 뜻한다 하여 그와 같은 이름이 붙었다. 시장 안에서 일어나는 거래라면 반드시 대가를 주고받는 행위가 뒤따르게 마련이다.

외부효과는 남에게 해를 끼치는 유형의 것만 있는 게 아니다. 내가 정성 들여 가꾼 화단이 지나가는 사람들에게 즐거움을 준다면 이때는 이로운 외부효과가 나타난 것이다. 나는 스스로의 즐거움을 위해 화단을 꾸몄는데 지나가는 사람들이 즐거움을 느꼈고, 이들에게서 대가를 받는 것도 아니기 때문에 이로운 외부효과가 생겼다고 말할 수 있다.

외부효과는 시장의 테두리 밖에서 일어나는 현상이기 때문에 이것이 관련된 경우에는 시장이 제대로 기능을 할 수 없다. 예를 들어 해로운 외부효과의 경우에는, 이를 발생시키고서도 아무런 대가를 지불하지 않기 때문에 너무 많이 만들어지는 경향이 나타난다. 해로운 외부효과가 너무 많이 발생해 생기는 문제의 대표적인 사례가 우리 사회에서 날로 심각해지고 있는 환경오염 문제다.

환경오염이 발생하는 근본적인 원인은 오염물질을 배출해 남에게 해를 끼친 사람이 이에 대해 아무 대가도 치르지 않는다는 데 있다. 그렇기 때문에 사람들이 자진해 오염물질의 배출을 억제할 아무런 유인이 없는 상황이다. 오염물질의 배출을 줄이려면 나름대로 비용을 지불해야 한다. 그러나 오염물질 배출을 줄여 자기에게 직접적으로 돌아오는 이득은 아주 적다. 오염물질을 배출해도 아무런 대가를 치르지 않아도 되는 상황에서 구태여 오염물질 배출을 줄이려고 노력할 사람은 아주 드물다.

환경오염 문제를 해결하기 위해서는 결국 오염물질을 배출하는 사람들이 이에 대한 대가를 치르도록 만드는 수밖에 없다. 환경을 깨끗하게 보존하자는 캠페인을 통해 각 개인의 자발적인 노력을 부추기는 방법도 있겠지만, 이에는 명백한 한계가 있다. 정부는 여러 가지 방식으로 사람들이 무분별하게 오염물질을 내다 버리지 못하도록 만들 수 있다. 환경세를 부과하는 것이 그 한 예인데, 내버리는 오염물질 1단위당 일정액의 부담을 지움으로써 사람들로 하여금 배출을 자제하도록 유도하는 방식이다.

또한 배출권제도를 통해 오염물질을 배출하는 사람들이 이에 대한 대가를 치르도록 만들 수도 있다. 이 제도는 정부가 오염물질을 배출할 수 있는 권리인 배출권을 발행하고, 이를 가진 경제주체만 오염물질을 배출할 수 있게 만든 제도다. 일단 발행된 배출권은 시장에서 자유롭게 거래될 수 있는데, 배출권을 사야 하기 때문에 오염물질 배출에 대해 대가를 지불하는 셈이 된다.

소수의 개인이나 기업이 오염물질을 배출하고 있는 경우에는 비교적 쉽게 규제를 할 수 있다. 그렇지만 가정에서 버리는 생활하수나 농민들이 사용한 농약에 의해서 발생하는 환경오염같이 많은 사람들이 조금씩 그 원인을 제공하는 환경오염 문제의 경우에는 효율적인 정책대응이 매우 힘들다.

산성비라든가 지구온난화, 혹은 오존층 파괴같이 범지구적인 차원에서 발생하는 문제의 경우도 마찬가지로 해결이 무척 어렵다. 문제를 일으키는 원인을 정확하게 알기 힘들뿐더러, 설사 안다 해도 이해관계가 복잡하게 얽혀 있어 해결의 실마리를 찾기 힘든 실정이다.

꿀벌들의 우화

외부효과로 인해 문제가 되는 대표적 사례로 환경오염 문제를 드는 경우가 많기 때문에 외부효과라고 하면 해로운 것을 연상하는 사람들이 많다. 그러나 남에게 의도하지 않은 혜택을 주면서 대가를 받지 않아 생긴 이로운 외부효과도 존재하고 있다. 우리 주위를 돌아보면 이로운 외부효과가 만들어지는 경우를 의외로 많이 발견할 수 있다.

경제학 교과서를 보면 이로운 외부효과의 사례로 과수원 주인과 꿀벌을 치는 사람 사이의 관계가 가끔 등장한다. 과수원이 여럿 모여 있는 지역에 들어와 꿀벌을 치는 사람이 있다고 하자. 그가 벌통을 놓은 곳 바로 옆에 있는 과수원은 꿀벌들의 활동 덕분에 과일 수확량이 늘어나는 혜택을 얻게 된다. 그러나 꿀벌을 치는 사람은 그 과수원 주인으로부터 고맙다는 인사를 듣는 데 그치고 만다.

이 예를 보면 의도하지 않은 혜택을 가져다주고 그에 대한 대가를 받지 않았기 때문에 이로운 외부효과가 만들어진 것처럼 보인다. 그런데 현실에서 과수원 주인과 꿀벌을 치는 사람 사이의 관계가 이 예에서 본 것과 똑같은지에 대해 의문을 품은 경제학자가 있었다. 그는 두 사람 사이의 관계가 단지 고맙다는 인사에만 그치는지, 아니면 어떤 대가가 오가고 있는지를 조사해볼 필요가 있다고 느꼈다.

그 경제학자는 과수원이 많기로 유명한 미국 워싱턴 주를 조사 대상으로 삼아 이 문제를 둘러싸고 과연 어떤 일이 벌어지고 있는지 살펴보았다. 그 결과 재미있는 사실을 발견했는데, 실제로는 과수원 주인이 꿀벌을 치는 사람에게 벌통을 옆에 놓아준 데 대한 대가를 지불하고 있다는 것이다. 그저 고맙다는 말 한마디 건네는 것으로 끝나는 관계가 절대로 아니라는 말이다.

더욱 흥미로운 점은 어떤 과일 나무를 기르는 과수원인지에 따라 지불하는 금액이 달라진다는 사실이다. 예를 들어 복숭아 과수원과 사과 과수원이 내는 금액이 서로 다르다는 것이다. 이 금액의 많고 적음은 과일 나무가 얼마나 많은 꿀을 내느냐에 의해서 결정된다고 한다. 꿀을 적게 내는 과일 나무일수록 더 많은 금액을 낸다는 것인데, 이를 보면 양자 사이의 관계에 시장의 원리가 그대로 반영되어 있음을 알 수 있다.

그 경제학자가 조사한 바가 사실이라면 과수원 주인과 꿀벌을 치는 사람 사이의 관계를 이로운 외부효과가 생기는 경우의 예로 써서는 안 된다. 이렇게 대가를 주고받는 경우에는 외부효과가 내부화되어 더 이상 외부효과의 범주에 포함될 수 없기 때문이다. 그가 쓴 논문의 제목이 「꿀벌들의 우화」The Fable of the Bees였는데, 꿀벌들로부터 외부효과와 관련된 우리의 상식이 틀렸음을 배울 수 있다는 뜻으로 그런 제목을 달았을 것이라고 생각한다.

기초학문이 직면한 위기의 본질

퇴근하다 보면 자연과학대학 쪽의 연구실들이 어둠 속에서 환히 불을 밝히고 있는 것을 볼 때가 많다. 그 방의 주인들이 퇴근도 하지 않고 연구에 몰두해 있다는 말인데, 그것을 보면서 나도 좀 더 일하다 퇴근해야 하는 게 아니냐는 자책을 한 적이 있다. 30여 년 동안 교수생활을 하면서 나름대로 열심히 살아왔다고 자부하기는 하지만, 밤잠을 설쳐 가며 학문을 연마한 옛 성현의 뒤를 따르지는 못한 것 같다.

그렇다면 퇴근도 미루면서 연구에 몰두하고 있는 과학자가 과연 어떤 동기에서 그와 같은 일을 하고 있는 것일까? 자신의 연구가 사회에 유익함을 가져다준다는 생각에서 오직 사회에 봉사한다는 일념으로 연구에 몰두하고 있는 것일까? 그런 고매한 동기에서 연구에 몰두하고 있는 과학자가 아주 없다고 말할 수는 없다. 그러나 현실적으로 보아 그런 사람이 그리 많을 것 같지는 않다.

솔직히 말해 열심히 연구를 하는 데서 오는 개인적 이득이 주요한 동기가 되고 있음을 부정하기 힘들다. 열심히 연구를 해서 업적을 쌓아야만 교수직을 유지할 수 있고 나아가 제때에 승진을 할 수 있다. 또한 많은 연구업적을 쌓으면 학자로서의 명성이 더 높아질 수 있고 더 많은 성과급을 받을 수도 있다. 물론 학문적 호기심에 불타 연구에 몰두하는 사람도 있겠지만 이것 역시 개인적 이득이라는 점에서는 크게 다를 바 없다.

그런데 이들의 연구 성과가 사회에 의도하지 않은 혜택을 가져다줄 수 있다. 단지 학문적 호기심에서 수행한 연구인데, 어떤 기업이 그 연구 결과를 활용해 획기적인 신상품을 개발한 것이 그 좋은 예다. 그렇다고 해서 그 신상품을 통해 엄청난 이윤을 얻은 기업이 그 연구자에게 물질적 보상을 해주지는 않는다. 연구 성과가 일단 학술지 등을 통해 발표되고 나면 특허권이 관련되지 않는 한 아무라도 그것을 자유로이 활용할 수 있기 때문이다.

그러므로 이런 연구 성과를 낸 과학자는 '제3자에게 의도하지 않은 혜택을 가져다주고서도 이에 대해 대가를 받지 않은' 셈이다. 이것은 그가 이로운 외부효과를 만들어 냈다는 것을 뜻한다. 바로 앞에서 설명했던 것처럼, 예전에는 양봉업자와 과수원 주인 사이의 관계를 이로운 외부효과의 예로 드는 경우가 많았다. 그 관계가 이로운 외부효과의 예로서 적합지 않음이 밝혀진 다음에는, 기초학문의 연구와 교육을 이로운 외부효과가 만들어지는 전형적인 예로 드는 것이 일반적 경향이다.

환경을 오염시키는 물질을 배출하는 것 같은 해로운 외부효과는 사회적 관점에서 볼 때 적절한 수준보다 더 많이 만들어지는 것이 문제다(그렇기 때문에 정부가 개입하지 않으면 환경오염의 문제를 해결하기 어렵게 된다). 반면에 지금 보는 것 같은 이로운 외부효과의 경우에는 사회적 관점에서 볼 때 적절한 수준보다 더 적게 만들어지는 것이 문제다. 보상을 받지도 못하는데 누가 구태여 자신의 노력을 들여 이로운 외부효과를 만들어내려고 하겠는가?

최근 몇몇 대학이 취직이 잘되는 학과 위주로 재편하는 과정에서 기초학문을 홀대하는 일이 벌어져 논란의 대상이 되고 있다. 인문학이나 자연과학 쪽 학과들은 비용만 많이 들 뿐 학교 발전에 별 도움이 되지 않는다는 생각에서 그렇게 했으리라고 짐작이 된다. 그런데 이런 시각은 사회 전체의 관점에서 볼 때 인문학이나 자연과학 같은 기초학문이 분명한 존재 의의를 갖는다는 사실을 무시했다는 점에서 문제를 갖는다. 이와 같은 대학의 태도로 인한 기초학문의 위기는 이로운 외부효과와 관련되어 발생하는 시장 실패의 전형적 예라고 말할 수 있다.

기초학문이 고사하는 불행한 결과를 막기 위해 정부가 지원을 해주는 것은 그와 같은 시장의 실패를 보완하기 위한 개입의 성격을 갖는다. 정부가 대학에 제공하는 지원이 충분하지 않다고 불평하는 사람들이 많다. 그러나 왜 정부가 대학에 지원을 제공해 줘야 하는지 그 근거를 분명히 밝히는 경우는 매우 드물다. 기초학문에 대한 정부의 지원은 시장의 실패를 보완한다는 점에서 분명한 근거를 밝힐 수 있는 예외적인 경우에 속한다. 무조건 대학에 대한 정부의 지원을 요구하는 것은 많은 사람의 공감과 지지를 받기 어렵다. 이 경우처럼 그 근거를 분명하게 밝힐 수 있는 경우에 한해 정부 지원의 정당성이 인정될 수 있음은 두말할 나위도 없다.

바그너의 법칙

19세기 독일의 경제학자 바그너A. Wagner는 유럽 여러 나라와 미국, 일본 등에서 정부지출의 상대적 비중이 점차 커져 가는 현상을 발견했다. 정부지출의 지속적 증가현상은 그 시대에서만 발견할 수 있는 것이 아니라 현대의 여러 나라에서도 발견할 수 있다. 이 현상을 **바그너의 법칙**Wagner's law이라고 부르는데, 과연 어떤 이유로 인해 그와 같은 현상이 나타나게 되는 것일까? 바그너 자신은 국민의 전반적 소득수준이 올라감에 따라 교육, 오락, 문화, 보건 등에 대한 수요가 커지고 이에 따라 정부의 지출이 증가한다고 말했지만 그다지 설득력이 있는 설명은 아니었다.

어떤 사람은 전쟁이나 천재지변이 일어나면 이를 계기로 정부지출이 갑자기 늘어나는 현상이 나타난다고 설명한다. 평상시에는 세금의 추가적 부담을 싫어하는 국민들이 정부지출의 증가를 용인하지 않지만, 그와 같은 위기상황에서는 대규모의 정부지출이 필요함을 인정해 주기 때문이라는 것이다. 이렇게 일단 늘어난 정부지출은 그 위기의 시간이 지나가도 좀체로 줄어들지 않는다. 피해복구사업이나 국채상환 등의 필요에 의해 정부지출이 계속 높은 수준에 머물러 있어야 하기 때문이다.

정부지출이 계속 늘어가는 현상은 정부부문의 생산성 향상속도가 매우 늦어 비용절감이 쉽지 않다는 데서도 그 원인을 찾을 수 있다. 정부부문은 서비스 생산을 위주로 하기 때문에 민간부문에 비해 생산성 향상이 매우 더딜 수밖에 없다. 사무자동화를 통해 약간의 개선이 가능하다고는 하지만 업무의 성격상 본질적으로 한계가 있다. 경찰이 도둑을 잡는 일에서

나 교사가 학생을 가르치는 일 등에서 생산성 향상을 기대한다는 것 자체가 무리다. 자동차나 반도체를 만드는 일에서 하루가 다르게 생산성이 향상될 수 있는 것과는 사정이 판이하게 다르다. 그러므로 정부부문의 경우 생산성 향상을 통한 비용절감이 매우 어려울 수밖에 없다.

또한 현대의 정부가 사회복지를 위해 개입의 폭을 점차 넓혀 온 것도 정부지출의 지속적 증가 현상과 밀접한 관련을 갖는다. 사회복지제도가 잘 발달한 나라를 보면 복지관련 지출이 전체 정부지출에서 차지하는 비중이 무척 높다. 더군다나 이런 성격의 지출은 늘어나기는 쉬워도 일단 늘어난 것이 줄어들기는 어렵다는 특성을 갖고 있다. 정치인으로서는 복지관련 지출을 삭감한다는 것이 마치 벌집을 건드리는 것처럼 위험스러운 일이다. 자칫하면 정치적 생명까지 위태로울 수 있기 때문에 가능한 한 복지관련 지출에는 손을 대려 하지 않는다. 그러다 보니 복지관련 지출이 계속 늘어나고, 이에 따라 전반적인 정부지출 수준도 따라서 높아질 수밖에 없다.

사람들은 어떤 문제가 되었든 정부가 해결해 주기를 기대하는 경향이 있는데, 이 경향 역시 정부지출이 끝없이 늘어나게 만드는 데 한몫을 단단히 한다. 국방이나 치안, 의무교육, 혹은 환경보호 같은 일과 관련해 정부의 역할을 기대하는 것은 지극히 당연한 일이다. 그러나 이에 그치지 않고, 중소기업 보호, 문예진흥, 스포츠 육성 등 정부에게 바라는 역할이 끝없이 많다.

이와 같은 역할이 바람직하지 않다는 것은 아니나, 문제는 아무 비용도 들이지 않고는 할 수 없다는 데 있다. 모든 일에 비용이 든다는 것은 자명한 사실이지만, 이 점에 대한 일반 사람들의 인식은 매우 희박한 실정이다. 정부지출 억제를 소리 높여 주장하는 사람도 자기 집 근방에 도로를 내거나 공원을 만드는 일에 관해서는 전혀 다른 말을 하기 일쑤다.

정부는 결코 산타클로스가 될 수 없다. 정부가 좀 더 많은 일을 하기 위해서는 결국 국민으로부터 세금을 더 거둬들여야 한다. 이 사실을 모를 리 없는 사람들이 정부에게 이것 해달라 저것 해달라는 식으로 끝없이 주문을 해대는 데는 나름대로 이유가 있다. 정부가 그런 일을 해줌으로써 자신에게 돌아오는 이득이 크지만 이로 인한 추가적 조세부담은 지극히 작기 때문이다. 자기 집 근방에 30억원을 들여 공원을 조성한다고 할 때 전국의 천만 가구 중 하나인 자기가 부담해야 하는 비용, 즉 추가적 조세부담은 몇백원에 지나지 않는다. 그렇기 때문에 별의별 사소한 일까지 모두 정부가 해주기를 요구하는 풍조가 생겨나는 것이다.

어떤 경제학자는 현대의 대의민주제가 그 본질상 재정지출의 지속적인 팽창을 가져오는 속성을 가졌다고 말하기도 한다. 국민에 의해 선출되는 정치인들은 이들이 원하는 바에 영합하려는 경향을 보인다. 따라서 이것저것 요구하는 것을 모두 들어주려 하고, 그 결과 재정지출은 눈덩이처럼 불어날 수밖에 없다는 것이다. 그러면서도 인기를 잃을 것을 두려워해 세금을 더 거두려 하지도 않기 때문에 문제가 더욱 심각해진다. 정부지출이 지속적으로 증가하는 것 자체도 문제인데, 부수적으로 재정적자의 문제까지 생기게 된다. 요즈음 많은 나라에서 문제가 되고 있는 재정적자는 대의민주제하에서 불가피하게 나타나는 현상인지 모른다.

부패의 경제학

새 정부가 들어설 때마다 빠지지 않고 등장하는 공약이 '부패가 없는 맑은 사회'지만 늘 공염불에 그치고 만다. 요즈음도 신문을 펴들면 사흘이 멀다 하고 부패한 정치인과 관료들의 얘기가 등장한다. 우리 사회에서는 무슨 사건이든 터졌다 하면 언제나 그 뒤에 부패의 고리가 단단히 얽혀진 모습이 드러난다. 국민의 입장에서 더욱 화가 치미는 것은, 잘못된 일을 바로잡아야 할 기관에서 일하는 사람들이 공범자로 드러났을 때다. 고양이에게 생선을 맡긴 꼴이 된 셈인데, 이렇게 되면 도대체 이 세상에 믿을 수 있는 사람이 과연 누구인가라는 한탄이 나올 만도 하다.

그렇지만 부패가 모든 국민에게 피해를 입히기만 하는 것은 아니다. 관료제의 한 특징이 경직성이라면, 뇌물이라는 윤활유를 쳐서 이것이 매끄럽게 돌아가게 함으로써 이득을 볼 수 있는 경우가 많다. 사업상 정부와 접촉해 본 경험이 있는 사람들은 거의 모두 이 말에 공감할 것이다. 부패를 미화하려는 건 결코 아니지만, 그 속에 긍정적인 면이 전혀 없다고 단정하기도 힘든 것이 사실이다. 심지어 부패한 정부가 경제발전을 더욱 촉진시키는 역할을 하는 경우도 있다는 연구 결과까지 나와 있다.

그러나 대다수의 연구 결과는 역시 부패가 경제성장에 나쁜 영향을 주는 것으로 나타난다. 부패한 정부가 이로운 효과를 더 많이 가져다준다는 것은 상식적으로 생각해 봐도 납득하기 어려운 주장이다. 설사 단기적으로는 성장에 도움을 줄지 몰라도, 얼마 후 틀림없이 더 큰 악영향이 나타날 것이 뻔하다. 많은 개발도상국들이 극도의 부패와 느림보 성장의 문제를 동시에 안고 있는 것은 결코 우연이 아니다. 우리 경제의 눈부신 성장도 '부패에 힘입어' 달성된 것이 아니라 '부패에도 불구하고' 달성된 것이 분명하다.

최근에는 부패의 유형에 따라 경제발전을 방해하는 정도가 다르다는 주장이 제기되어 관심을 끈다. 이들이 말하는 첫 번째 유형은 부패가 조직화되어 있어 일단 한 곳에 뇌물을 제공하면 원하는 결과를 확실하게 얻을 수 있는 경우다. 이 유형의 부패는 경제성장에 그리 큰 걸림돌이 되지는 않는다고 한다.

문제가 되는 것은 두 번째 유형의 부패인데, 그것은 이곳저곳에 뇌물을 갖다 주어야 할 뿐 아니라 결과도 확실하게 보장되지 않는 경우를 말한다. 경제성장에 매우 부정적인 역할을 하는 것은 바로 이 유형이라는 주장인데, 어설픈 부패구조보다는 아예 조직화된 것이 더 낫다고 말하는 점이 역설적이다.

이 연구에서 제시한 두 번째 유형의 부패가 만연된 나라로는 대부분의 아프리카 국가와 공산정권 몰락 후의 러시아를 들고 있다. 요즈음 러시아에 진출한 우리 기업이 늘고 있는데, 뇌물을 쓰고서도 뾰족한 효과가 나지 않는 것을 이미 뼈저리게 체험했으리라고 생각한다. 그 반면 공산당이 집권하고 있던 구소련의 부패는 첫 번째 유형의 성격이 더 강했다고 한다. 당시에는 지역의 공산당 조직이 교섭창구의 역할을 맡아 조직적인 부패구조를 형성했다고 한다. 효율성의 측면에서만 본다면 민주화된 러시아 사회가 예전보다도 훨씬 더 못해진 셈이다.

한편 우리나라는 불명예스럽게도 구소련과 더불어 첫 번째 유형의 부패가 만연된 나라의 예로 꼽히고 있다. 외국인의 눈에까지 그렇게 비쳤으니 우리 사회의 부패가 어느 수준에 있는지 능히 짐작할 수 있다. 다만 우리 사회가 두 유형 중에는 그래도 더 나은 쪽의 부패를 갖고 있다는 점에서 한 가닥 위안을 찾아야 할지 모르겠다.

18

환경보존의 문제

공유지의 비극

서민들의 반찬거리였던 굴비가 이제는 여간 부유하지 않고서는 좀체로 먹을 수 없는 귀한 생선으로 변해 버렸다. 우리나라뿐 아니라 중국, 대만의 어부들까지 너나없이 다투어 조기를 잡아 올린 결과 이제는 거의 씨가 말라 버렸기 때문이다. 바다에는 주인이 따로 없어 누구나 바다에 나가 물고기를 잡으면 자기 것이 된다. 그러므로 자연히 남획하게 되는 경향이 나타나고, 급기야는 물고기의 씨가 마르는 일까지 벌어진다. 어부들도 물고기의 씨가 마르면 자신에게 손해가 돌아온다는 사실을 잘 알고 있다. 그러나 자기만 잡지 않는다고 해서 문제가 해결되지 않으니 고민이 크다.

여러 사람이 공동으로 사용하는 목초지에 너무 많은 가축을 풀어놓아 그 땅이 황무지로 변해 버리는 경우도 이와 비슷한 사례다. 자신이 소유하는 땅에 가축을 놓아먹이는 사람은 너무 많은 가축을 풀어놓지 않으려고 무척 조심한다. 바보가 아닌 다음에야 그 땅이 황무지로 변해 버릴 정도로 많이 풀어놓는 것은 결코 이득이 되지 않음을 잘 알기 때문이다. 그렇지만 모든 마을 주민들이 공동으로 소유하고 있는 땅에 가축을 풀어놓을 때는 태도가 달라진다. '내가 몇 마리쯤 풀어놓아도 별 상관이 없겠지.'라는 안일한 생각으로 바뀌어 버리는 것이다. 개인소유의 땅에는 목초가 무성하게 자라 있는데, 공동소유의 땅은 시뻘건 황토를 드러내고 있는 광경을 찾아보기가 그리 어렵지 않다.

이 예들에서 문제가 일어나는 궁극적인 이유는 소유권이 분명하지 않아 각 개인이 자원을 아껴 쓸 유인을 갖지 못한다는 데 있다. 이처럼 소유권이 분명하지 않아 비효율적인 결과가 나타나는 현상을 가리켜 **공유지의 비극**tragedy of the commons이라고 부른다. 미생물학자 하딘G. Hardin이

1968년 *Science*지에 기고한 "The Tragedy of the Commons"라는 논문에서 이 말이 처음 쓰였다. 그는 인구폭발이 인류의 생존 그 자체를 위협하는 결과를 가져올지 모른다는 경고의 뜻으로 공유지의 비극이라는 표현을 썼다. 그에 따르면, 우리가 살고 있는 지구는 인류 전체가 공동으로 소유하는 재산이라고 할 수 있다. 그런데 일단 태어난 사람이면 누구라도 이 공동재산을 사용할 수 있기 때문에 지구는 언제나 너무 많은 사람들로 들끓을 수밖에 없다는 것이 그의 주장이다.

날로 심각해져 가는 환경오염의 문제도 공유지의 비극 현상의 한 예라고 할 수 있다. 만약 어떤 사람이 한강을 소유하고 있다면, 그는 누가 강에다 오염물질을 내버리는지 눈을 부라리면서 감시하려 들 것이다. 자신의 재산인 강물을 더럽혀 그 가치를 떨어뜨리는 행위를 그냥 보아 넘길 사람은 아무도 없다. 그러나 한강은 우리 모두의 공동재산이므로 어느 누구도 이를 보호하기 위해 특별한 관심을 기울이려 하지 않는다. 한강뿐 아니라 우리의 모든 강과 산, 그리고 들판이 이와 같은 상황에 처해 있어, 날이 갈수록 더욱 피폐해지는 결과가 빚어지고 있다.

그렇다면 한강, 낙동강, 설악산, 지리산 할 것 없이 모두 주인을 정해주는 방식으로 환경오염 문제를 풀어나가야 할 것인가? 소유권이 분명하지 않은 데서 공유지의 비극 현상이 발생하는 것은 사실이다. 그러나 이런 방식으로 문제를 해결하려는 것은 너무나 비현실적이다. 앞에서 든 공동목초지의 경우, 이것을 꼭 개인의 소유로 만들어야만 황폐화를 막을 수 있는 것은 아니다. 그 땅을 공동으로 소유한 마을 사람들이 모여 그것의 합리적인 활용방안을 강구한다면 그 땅은 언제까지라도 기름진 땅으로 남아 있을 수 있다. 환경을 보호하는 일도 마찬가지라고 말할 수 있다. 즉 모두가 앞날을 내다보는 현명한 자세로 우리의 공동재산인 환경을 보호하는 일에 동참함으로써 공유지의 비극을 극복해낼 수 있는 것이다.

우리 사회에서도 이제 환경을 보호하는 일의 중요성에 대한 공감대가 점차 확산되고 있다. 신문이나 TV의 보도를 보면, 우리 국민의 환경의식이 매우 높아진 것을 실감할 수 있다. 사실 요즈음에는 '환경보호'라는 말이 거의 유행어가 될 만큼 누구나 즐겨 부르짖는 것을 본다. 그러나 나 자신은 우리 사회가 아직도 환경보호에 대해 미적지근한 태도를 갖고 있다는 사실을 불만스럽게 생각한다.

한 가지 구체적인 예를 들어보기로 하자. 그동안의 연구를 통해 대도시 대기오염의 주범은 버스나 트럭 같은 디젤엔진 차임이 명백하게 밝혀졌다. 반드시 전문적인 연구가 아니더라도, 이 차들이 내뿜는 시커먼 연기를 보기만 하면 얼마나 해로운 것인지 금방 알 수 있다. 그런데도 정부는 이 차들이 연료로 쓰는 경유의 값을 비합리적으로 낮은 수준에 묶어 두고 있다. 오염물질 배출에 대해 책임을 지게 하기는커녕, 오히려 이들에게 두둑한 보너스를 안겨주는 셈이다. 이렇게 대기오염을 일으키는 장본인에게 상을 주는 사회인데, 어떻게 환경 의식이 높다고 칭찬해 줄 수 있겠는가?

지금 운행하고 있는 버스를 모두 저공해 버스로 교체하면 버스요금은 당연히 오르게 된다. 또한 저공해 트럭으로 물품을 운송하는 산업체는 더 큰 물류비용의 부담을 안게 된다. 버스요금이 올라가고 높은 물류비용 때문에 기업들의 국제경쟁력이 약해지는 것을 반길 사람은 아무도 없다. 더군다나 버스요금이 오르면 서민들의 생계에 큰 부담이 올 게 뻔하기 때문에 주저하는 마음이 드는 것도 사실이다. 그러나 아무 비용도 들이지 않고 환경보호라는 중요한 일을 수행할 수는 없다. 만약 깨끗한 공기가 더 중요하다고 생각한다면 더 높은 버스요금을 지불하는 비용을 감수할 수밖에 없다(물론 자가용을 타는 사람도 이에 상응하는 부담을 져야 마땅하다).

공유지의 비극을 막기 위해서는 모두가 바로 눈앞의 이득만을 추구하는 태도를 버려야 한다. 또한 공동재산을 보호하는 데 소요되는 비용을 모든 사람이 기꺼이 나누어 부담하는 자세를 가져야 한다. 말만으로는 결코 깨끗한 환경을 만들 수 없다. 국민 모두가 상당한 노력과 비용을 지불해야 눈에 보이는 효과를 얻을 수 있는 것이다. 우리가 이 비용을 기꺼이 부담할 용의를 가질 때 비로소 환경을 보호하는 일에 진정으로 참여하는 것이 된다. 지금처럼 미적지근한 태도로 일관한다면 우리 사회에서 공유지의 비극은 언제까지나 계속될 수밖에 없다.

인류역사 속의 환경문제

환경오염은 산업화가 이루어진 이후의 현대문명에서만 발생하는 독특한 문제라고 생각하는 사람이 많다. 사실 우리나라의 경우도 산업화가 본격화되기 이전인 1950년대에는 환경오염이 그다지 심각하지 않았다. 요즈음은 생각조차 할 수 없는 일이지만, 서울 시민이 한강에서 헤엄을 치며 더위를 식히던 것이 그리 오래전의 일도 아니다. 우리나라를 찾은 외국인은 으레 티 없이 파란 하늘이 가장 인상적이라는 말로 첫인사를 대신하곤 했다. 요즈음의 더러운 한강 물과 서울 하늘을 뒤덮고 있는 시커먼 매연은 우리가 물질적으로 좀 더 풍요롭게 살기 위해 지불한 값비싼 대가다.

그러나 실제로 인류역사에서 환경문제가 처음 대두된 것은 아주 먼 옛날부터다. 이미 기원전 1세기에 로마의 물은 식수로 부적합할 만큼 심각하게 오염되었다는 기록이 있다. 뿐만 아니라 당시 로마 주변의 대기는 납에 의해 상당히 심각하게 오염된 상태였다고 한다. 2천 년 전의 대기 성분을 어떻게 알아낼 수 있느냐고 의아해하는 사람이 있을지 모르지만, 빙하의 성분을 분석해 보면 옛날의 대기성분을 바로 알아낼 수 있다. 당시 로마사람들은 납으로 만든 항아리며 그릇을 많이 사용했는데, 납을 제련하는 과정에서 방출된 연기가 대기 중의 납 성분을 매우 높은 수준으로 올려놓았던 것이다.

환경파괴로 인해 발생한 대규모의 피해사례가 셀 수 없을 정도로 많았지만, 그중에서 가장 규모가 컸던 것은 1952년에 발생한 '런던 스모그 사건'이다. 바로 뒤에서 더욱 자세하게 설명하겠지만, 아황산가스와 매연의 농도가 살인적인 수준으로 올라가 급기야 수많은 사람이 사망하기에 이르렀다. 시커먼 연기를 내뿜으며 언덕길을 올라가는 버스나 트럭을 보면서 제발 우리 나라만은 그와 같은 재난을 맞지 않게 해달라고 기도할 수밖에 없다.

일본은 수질오염으로 인한 피해사례가 많기로 유명하다. 최근에는 환경을 깨끗이 하는 데 성공한 나라로 꼽히지만, 고도성장이 시작되었던 1950년대만 해도 심각한 환경오염의 문제를 겪고 있었다. 광산폐수에 섞여 방출된 카드뮴이 원인이 되어 발생한 '이따이이따이병'은 수백 명의 사람들을 참을 수 없는 고통에 빠뜨렸다. '이따이'라는 말은 일본어로 아프다는 뜻인데, 뼈가 약해져 부스러지는 그 병의 증상 때문에 아프다는 비명을 계속 질러댄다는 이유로 그런 이름이 붙었다.

우리도 그동안 1950년대의 일본 못지않게 환경을 마구 파괴하면서 살아왔다. 큰 인명피해 없이 고비를 넘긴 것이 다행이긴 하지만, 그동안 영문도 모르고 받아온 고통이 결코 적지 않았을 것이다. 온 나라 안의 땅, 하천 그리고 공기가 모두 병든 것이 아닌가 하는 걱정마저 든다.

환경에 대한 의식이 어느 정도 성숙한 단계에 이른 최근에도 무모한 환경파괴가 자행되고 있어 우려를 금할 수 없다. 그 좋은 예가 '4대강사업'으로, 이로 인해 전국의 강들이 썩은 물로 가득 찬 호수로 변해 버렸다. 해마다 여름이면 찾아오는 짙은 초록빛의 '녹조라테'는 우리 강의 수질오염이 얼마나 심각한 상황으로 치닫고 있는지를 생생하게 보여주고 있다.

우리가 정확한 실상을 몰랐기 때문에 걱정 없이 살고 있었는지도 모른다. 오늘도 보기만 해도 역겨운 폐수가 상수원으로 흘러드는가 하면, 시커먼 배기가스를 내뿜는 차들이 유유히 거리를 달리고 있다. 게다가 골프장이다 스키장이다 하여 마구 산을 깎아 내고, 상수원 바로 옆에 음식점과 러브호텔을 세우는 어리석은 짓들이 끊이지 않는다. 전국의 미세먼지 농도가 위험수준으로 치닫는 날이 점차 늘어가는데도 정부는 이렇다 할 대책을 취하지 않고 있다. 이렇게 환경보호를 게을리하다가는 그동안 큰 피해 없이 지내온 우리의 행운이 가까운 장래에 끝나고 말지도 모른다.

대악취 사건과 대스모그 사건

영국의 수도 런던London을 방문한 사람들은 그곳의 깨끗한 공기와 도시 중심을 관통하는 템스Thames강의 깨끗한 물에 감명을 받기 십상이다. 그러나 이 도시가 거의 재앙에 가까운 수준의 환경오염으로 인해 두 차례에 걸쳐 큰 피해를 입었다는 사실을 알고 있는 사람은 그리 많지 않다. 그런 환경재앙을 자초한 데 대한 뼈저린 반성과 이에 따른 대규모 환경투자 덕분에 지금의 깨끗한 공기와 물을 가질 수 있게 되었다.

1858년 여름 런던 시민들은 템스강으로부터 발생하는 극심한 악취 때문에 숨조차 제대로 쉴 수 없는 고통을 겪었다. 당시에는 하수시설이 없었기 때문에 인간과 동물의 분뇨, 그리고 온갖 쓰레기들이 모두 템스강으로 흘러들어 갔다. 인구가 급격히 불어나면서 강으로 흘러드는 오물의 양은 기하급수적으로 늘어났고, 그 결과 템스강은 전 세계에서 가장 더러운 강 중의 하나라는 오명을 얻게 되었다.

이미 1600년대부터 사람들은 템스강이 심각하게 오염되어 있다는 사실을 인식하고 있었지만, 별다른 조치를 취하지 않고 있었다. 1858년의 여름은 특히 더웠고, 내리쬐는 뜨거운 태양은 오물로 가득 찬 강물을 끓어오르게 만들었다. 뜨거운 열기로 인해 마치 오물이 발효되는 듯한 결과가 일어났고, 이로 인해 도저히 참을 수 없는 악취가 풍겨 나오게 되었다. 이것이 바로 그 유명한 런던의 '대악취 사건'The Great Stink인데, 악취를 못 이긴 사람들이 길가에 쓰러져 있다는 루머가 나돌 정도였다.

런던 시민의 관점에서 볼 때 다행스러웠던 것은 의원 나리들도 그 악취를 피할 수 없었다는 사실이었다. 영국의 의사당은 템스강 바로 옆에 위치해 있어 특히 악취가 심했는데, 이에 놀란 의원들은 문제를 해결할 방법을 찾기 시작했다. 그러나 문제의 근본적 해결을 위해서는 템스강 주변의 대규모 토목공사가 불가피했고, 이에 드는 막대한 경비 때문에 대부분의 의원들이 주저하는 태도를 보이고 있었다. 악취를 제거하기 위해 의사당의 커튼을 화학물질에 담그는 정도의 미봉책이 그들이 취할 수 있는 유일한 조처였다.

대중의 압력과 악취를 견디지 못한 의회는 결국 근본적인 해결책을 모색하기로 결정했다. 18일이라는 기록적으로 짧은 기간 안에 법안이 만들어지고, 통과되고, 발효되는 과정이 모두 끝났다. 이에 따라 토목기술자 베이절겟J. Bazalgette의 주도하에 런던 시 전체를 커버하는 대규모의 정교한 하수로망이 건설되기에 이른다. 뿐만 아니라 강으로 오물이 흘러드는 것을 막기 위해 템스강 연변에 높은 둑을 쌓았다. 이와 같은 대규모 투자 덕분으로 템스강은 전 세계에서 가장 깨끗한 강 중의 하나로 변모하게 되었다.

대악취 사건이 일어난 지 거의 100년 후 런던은 또 한 번의 환경재앙으로 인해 심한 홍역을 앓게 되었다. 1952년 10월에 발생한 '대스모그 사건'The Great Smog이 바로 그것이다. 그해 겨울은 유난히 추웠고, 따라서 런던 시민들은 더 많은 석탄을 태워 집을 덥혔다. 제2차 세계대전 직후의 어려운 상황에서 영국은 질이 좋은 석탄을 대부분 수출하고 국내의 난방용으로는 유황이 많이 함유된 나쁜 질의 석탄을 주로 사용했다. 따라서 난방용으로 사용된 석탄으로부터 많은 양의 유독가스가 배출되고 있었다.

게다가 런던 주변 지역에는 많은 화력발전소가 가동되고 있어 대기오염 문제를 더욱 심각하게 만들었다. 뿐만 아니라 디젤기관의 버스를 위시한 수많은 자동차들이 내뿜는 배기가스도 상당히 심각한 수준이었다. 이렇게 나빠진 공기는 기상조건의 변화로 인해 짙은 안개로 응축되어 온 도시를 뒤덮기 시작했다. 때마침 불어온 역선풍anticyclone이 기온역전 현상을 일으켜 유독가스가 많이 포함된 찬 공기가 지표면에 달라붙게 만들었던 것이다.

짙은 안개로 인해 어떤 지역에서의 가시거리는 불과 30센티미터에 지나지 않았다. 자신의 발을 내려다볼 수 없었으며 손을 길게 내밀면 그 모습이 사라졌다고 한다. 사람들이 짙은 안개 때문에 길을 잃을까봐 두려워 외출을 삼갔다는 말도 있다. 그러나 안개에 워낙 익숙해 있던 런던 시민들은 그렇게 짙은 안개가 끼었는데도 별 걱정을 하지 않았다고 한다. 늘 보던 안개가 조금 더 짙게 낀 정도로만 인식했던 것이다.

짙은 유독 스모그 현상은 5일 동안 계속되었으며, 몇 주일 후 집계된 통계를 보면 사건 발생 직후 4천 명 정도의 사람들이 이로 인해 때 이른 죽음을 맞이한 것으로 나타났다. 그 후로도 8천 명의 추가 사망자가 발생해 대스모그 사건의 총희생자 수는 1만 2천여 명에 이르게 되었다. 주로 노약자나 이미 호흡기 질환을 갖고 있던 사람들이 사망했는데, 대부분이 저산소증으로 인한 호흡기 염증으로 인해 죽음을 맞이한 경우였다.

이 대스모그 사건은 환경오염의 문제가 얼마나 심각한 것인지를 알려주는 계기가 되었다. 그 이전까지만 하더라도 사람들은 스모그가 도시생활의 일부라는 정도의 안이한 생각을 갖고 있었던 것이다. 경각심을 갖게 된 영국 정부는 일련의 환경 관련 규제법안을 마련해 대기오염 예방에 팔걷고 나서기 시작했다. 그 결과 오늘날 우리가 보는 깨끗한 공기의 런던으로 다시 태어나게 되었다.

소리 없는 봄

1962년 해양생물학자 카슨R. Carson 여사가 펴낸 한 권의 책이 온 세계를 경악의 도가니로 몰아넣었다. 『소리 없는 봄』*Silent Spring*이라는 제목이 붙은 이 책은 DDT와 같은 살충제의 남용이 우리 주변의 환경에 미치는 엄청난 해독을 생생하게 증언하고 있다.

이 책의 첫 장에는 평화롭던 한 마을이 갑자기 죽음의 그림자로 뒤덮이기 시작하는 끔찍한 장면이 묘사되어 있다. 가축들이 별안간 쓰러지기 시작하고, 사람들도 어른이나 아이 할 것 없이 알 수 없는 이유로 죽기 시작한다. 새들도 모두 죽어버려 봄이 왔는데도 마을은 깊은 정적 속에 빠져 있다. 이 '소리 없는 봄'은 살충제의 남용으로 인해 극도로 황폐화된 생태계를 뜻하는 것이었다.

당시만 해도 환경오염이 얼마나 심각한 문제인지에 대한 올바른 인식이 자리 잡지 못했던 때였다. 그렇기 때문에 이 책이 사람들에게 주는 충격은 엄청나게 클 수밖에 없었다. 그러나 살충제 제조업체 등 그동안 환경을 오염시키면서 돈을 벌어온 기업들은 아무 문제가 없다는 태도를 버리지 않았다. 그들은 카슨 여사가 근거 없는 주장으로 공연히 사람들을 불안하게 만든다고 비난했다. 그러나 그 뒤의 역사는 환경오염에 대한 카슨 여사의 경고에 한 점의 과장도 없었음을 보여주고 있다. 이 책이 기폭제가 되어 1960년대에는 세계 각지에서 활발한 환경보호 운동이 일어나기 시작했다.

요즈음에는 북극에서 사는 흰곰의 몸에서도 살충제 성분이 검출된다고 한다. 깨끗하기 짝이 없을 것 같은 북극 주변의 물고기까지 살충제에 오염되어 있기 때문이다. 최근에는 사람의 젖에도 다이옥신 성분이 섞여 있는 것이 발견되어 우리에게 큰 충격을 주고 있다. 아기에게 모유를 먹이는 것이 바람직하다고 믿어 왔는데, 그렇게 하는 것이 과연 현명한 일인지 아무도 자신 있게 대답할 수 없게 되었다. 우리가 모르는 사이에 환경오염의 해독이 우리 몸속 깊숙이 스며든 상태가 되어 버린 것이다.

얼마나 많은 농약을 뿌려댔는지 우리 들판에서 그 흔하던 벼메뚜기조차 보기 힘들 정도가 되었다. 농약에 오염된 물고기를 잡아먹고 빈사상태에 빠져 허덕이고 있는 물새들의 모습도 별로 낯설지 않다. 이곳저곳에 들어선 골프장에서는 맹독성 농약을 마구 뿌려대 인근 주민의 식수원마저 위협하고 있다. 어리석은 우리들은 얼마나 끔찍한 일이 벌어져야 스스로 한 일들을 뉘우치게 될까? 새들의 지저귐이 모두 사라져 버린 죽음의 봄을 맞고 나서 때늦은 후회를 하지 않기를 바랄 뿐이다.

지구온난화의 귀결

통계자료를 분석해 보면 기온과 경제성장률 사이에는 역(-)의 상관관계가 존재하는 것이 발견된다. 다시 말해 기온이 높아질수록 경제성장률이 떨어지는 현상을 발견할 수 있다는 뜻이다. 카리브해 연안에 있는 28개국을 대상으로 조사한 결과 기온이 1℃ 높아질 때마다 국내총생산GDP이 2.5% 줄어든다는 사실이 드러났다. 18세기 프랑스의 철학자 몽테스키외C-L. Montesquieu는 더운 기후가 좋은 삶의 물질적 조건에 나쁜 영향을 끼친다고 말한 바 있다. 그가 이런 통계자료를 보았을 리 없겠지만, 하여튼 그의 말은 현실과 부합되고 있는 셈이다.

그렇다면 지구온난화로 인해 전반적 기온 상승이 일어남과 동시에 이곳저곳에서 경제성장률 하락 현상이 발생하게 될까? 기온 상승이 성장률 하락과 관련을 갖는다 해서 높은 기온 그 자체가 성장률을 낮추는 원인으로 작용한다고 말하기는 힘들다. 높은 기온과 관련된 다른 요인, 예컨대 기상이변 같은 현상이 성장률을 낮추는 주요 원인으로 작용했을 가능성이 크다. 지구온난화가 기온 상승과 더불어 여러 가지 기상이변을 가져온다면 이로 인해 성장률 하락 현상이 나타날 가능성이 있다.

전반적 기온 상승은 여러 곳에서 극심한 가뭄을 일으킬 수 있다. 가뭄으로 인한 농산물 수확 감소는 농업 의존도가 높은 중, 저소득국가에 특히 큰 타격을 주게 된다. 또한 기온 상승과 더불어 더 많은 태풍 피해가 발생할 수 있다는 말도 나온다. 한 연구에 따르면, 1970년부터 2008년에 이르는 기간 동안 태풍으로 인한 피해는 전 세계의 평균 경제성장률을 1.3%

포인트 줄이는 결과를 가져왔다고 한다. 이 태풍 피해 역시 대비가 덜 된 중, 저소득국가에서 상대적으로 더 심하게 발생한 것임은 두말할 나위도 없다.

가난한 나라들이 지구온난화로 인한 피해를 주로 입게 되지만, 그렇다고 해서 부유한 나라들이 이에서 아무런 영향을 받지 않는 것은 아니다. 미국을 대상으로 한 연구에서 기온이 38℃ 수준으로 올라가면 (쾌적한 기온일 때에 비해) 농업, 임산업, 건설업 등에서의 노동 공급량이 하루 한 시간 정도의 폭으로 줄어든다는 사실이 밝혀졌다. 이 산업들은 대체로 야외에서 작업하는 것이라, 아주 높은 기온에서 사람들이 덜 열심히 일하려는 태도가 나오는 것은 당연한 일일 수 있다. 흥미로운 점은 콜센터나 자동차 공장처럼 실내에서 작업하는 직종에서도 외기온도가 상승하면 생산성이 떨어지는 현상이 나타난다는 사실이다. 그렇다면 지구온난화는 부유한 나라에서도 경제성장률을 떨어뜨리는 요인으로 작용할 수 있는 셈이다.

또 한 가지 고려해야 할 점은 기온 상승이 사망률의 증가를 가져온다는 사실이다. 이례적으로 높은 기온이 노약자의 조기사망을 가져오기 때문이다. 미국의 경우 기온이 32℃ 이상으로 올라가는 날이 하루 더 늘어남에 따라 사망률이 0.1% 더 커진다고 한다. 인도의 경우에는 그 폭이 더 커서 사망률의 증가폭이 0.8%에 이른다고 한다. 뿐만 아니라 농산물 수확 감소로 인한 영양 결핍은 주민들의 건강을 심각하게 해칠 수 있다. 결론적으로 말해 기온 상승은 경제의 기본이라고 할 수 있는 노동력의 공급에 문제를 일으킬 수 있는 것이다.

그런데 지구온난화는 장기간에 걸쳐 서서히 진행되는 현상이다. 따라서 기온 상승이 단기간에 미치는 영향에 기초해 그것의 장기적 귀결을 예측하는 것은 위험한 일이다. 무엇보다 우선 지구온난화와 더불어 장기간에 걸쳐 어떤 종류의 기상이변이 얼마나 자주, 어떤 정도로 일어날 것인지를 예측하기는 매우 어렵다. 또한 기온 상승과 기상이변이 우리의 경제생활의 어떤 측면에서 어떤 영향을 줄지를 정확하게 예측하는 것도 결코 쉬운 일이 아니다.

지구온난화가 농업에 나쁜 영향을 주리라는 것은 대체로 예상되는 결과지만, 이 문제도 그리 단순하지 않다. 우선 생각해 보아야 할 점은 기온 상승이 농업에 일방적으로 나쁜 영향을 끼치지는 않는다는 사실이다. 29°C에서 32°C 사이의 기온이 분기점이 되어 기온이 그 아래에 위치해 있는 지역에서는 기온 상승이 농업에 오히려 도움을 준다고 알려져 있다. 기온 상승이 나쁜 영향을 주는 것은 기온이 그보다 더 높은 지역에 국한되어 발생하는 현상이다.

또 한 가지 고려해야 할 점은 농사를 짓는 사람들이 나름대로 기온 상승에 적응할 것이라는 사실이다. 그들은 몇 차례의 시행착오를 거쳐 더위에 강한 작물이 무엇인지를 알아낼 것이고, 점진적으로 그런 작물을 주로 경작하는 양상을 보일 것이다. 그렇게 되면 기온 상승이 농산물의 수확에 미치는 영향에 관한 과거의 통계자료는 아무런 의미를 갖지 못한다. 비단 농민뿐 아니라 모든 경제주체가 기온 상승에 나름대로의 방식으로 적응해 갈 것이 분명하다.

지금 이 시점에서 지구온난화가 우리 인류에게 심각한 도전과제인 것은 사실이다. 전 세계가 협력해 지구온난화의 추세를 가능한 한 늦추려고 노력하는 것이 최선의 대응임은 의문의 여지가 없다. 그러나 지구온난화가 계속 진행된다 해서 인류의 종말이 오는 것은 아니다. 우리가 달라진 기후환경에 얼마나 성공적으로 적응해 가느냐에 따라 위협의 강도를 현저하게 낮출 수 있기 때문이다.

가축 방귀에 세금을 물린다?

'지구온난화'라는 말을 들으면 사람들은 곧바로 이산화탄소를 머릿속에 떠올린다. 지구온난화를 일으키는 주범이 바로 이산화탄소라고 생각하기 때문이다. 지구의 온도를 높이는 역할을 하는 기체를 **온실가스**greenhouse gas라고 부르는데, 온실가스에는 이산화탄소 말고도 다른 여러 가지가 있다. 사실 지구에서 발생하는 온실효과 중 이산화탄소가 차지하는 비중은 9~26%에 지나지 않는다.

놀랍게도 온실가스 중 압도적으로 큰 비중을 차지하고 있는 것은 수증기다. 온실효과 중에서 수증기가 차지하는 비중이 36~72%나 되어 이산화탄소보다 몇 배나 더 큰 것을 볼 수 있다. 만약 수증기가 존재하지 않았다면 지구는 차가운 돌덩어리에 지나지 않았을 것이다. 수증기는 지구의 온도를 우리가 살기에 알맞은 수준으로 유지시켜 주는 데 도움을 주고 있다. 그러나 이것이 온실가스의 일종임은 분명한 사실이다.

수증기, 이산화탄소 다음으로 중요한 온실가스는 메탄가스CH_4로 온실효과 중 4~9%의 비중을 갖고 있다. 사람들이 이산화탄소에만 관심을 쏟고 메탄가스는 가볍게 생각하는 경향이 있는데, 결코 무시할 수 없는 비중이다. 메탄가스의 분자당 온실효과는 이산화탄소의 수십 배에 이르는 것으로 알려져 있다. 대기 중 메탄가스의 평균 농도는 이산화탄소의 $\frac{1}{200}$에 불과한데도 그 정도의 온실효과를 내는 이유가 바로 여기에 있다.

더군다나 메탄가스의 농도 증가율은 이산화탄소의 두 배가 넘는 수준이어서 더욱 큰 걱정거리다. 산업화 이전 시대인 1750년과 비교해 이산화탄소의 농도는 38% 정도 증가한 데 비해, 메탄가스의 농도는 무려 150%나 증가했다. 이렇게 빠른 속도로 농도가 증가하면 머지않은 장래에 이산화탄소에 버금가는 비중을 차지하게 될지도 모른다.

메탄가스가 발생하는 원인은 다양한 것으로 알려져 있다. 총 메탄가스 방출량 중 45% 정도가 자연적으로 발생하는 한편, 나머지 55%는 인간의 활동에 의해 발생하고 있다. 자연발생적인 메탄가스는 습지에서 식물이 썩으면서 발생하는 것이 대부분을 차지하고 있다. 흥미로운 점은 쌀을 경작하는 논에서 방출되는 메탄가스의 양도 상당한 수준에 이르고 있다는 사실이다.

인간의 활동에 의해 발생하는 메탄가스 중 그 비중이 가장 큰 것은 축산업에 의한 것이다. 가축의 트림과 방귀에 다량의 메탄가스가 섞여 있는데, 축산업이 차지하는 비중은 총 방출량 중 19%나 된다. 전 지구적으로 축산업이 확대되면서 메탄가스의 발생량이 빠른 속도로 증가하고 있다. 육식 비중의 증가가 뜻하지 않게 지구온난화를 부추기는 결과를 가져온 것이다.

문제의 심각성을 인식한 덴마크 정부가 최근 가축 방귀에 세금을 물리겠다고 나서 사람들의 관심을 끌고 있다. 덴마크 세금위원회는 소 한 마리당 연간 600크로네(약 14만원)의 세금을 징수하는 법안을 내놓았다. 이 제안은 축산농가의 격렬한 반응을 불러일으켰는데, 한 농부는 다음과 같이 말했다고 한다. "새 세금정책이 소가 배출하는 가스를 줄이려는 데 목적이 있겠지만, 소는 가스 배출량을 조절하는 방법을 모르오."

이산화탄소 배출량을 줄이려는 목적에서 부과되는 탄소세는 이미 여러 나라가 부과하고 있다. 앞으로는 메탄세 혹은 방귀세가 그 뒤를 이어 등장하게 될지 모른다. 이대로 놓아두면 2040년에 이르러 지구의 평균 온도가 3℃ 정도 상승한다 하니 정말로 큰일이 아닐 수 없다. 지구촌 사람들이 모두 머리를 맞대고 하루빨리 지구온난화를 막을 방책을 찾아내야만 한다.

19

사회적 선택과 경제후생

보상의 원칙

화폐단위로 측정한 이득과 손실을 비교해 개선 여부를 평가한다

어떤 사회적 상태에서 사람들이 과연 얼마나 큰 후생, 즉 경제적 복지를 얻고 있을까? 만약 그 상태가 다른 상태로 변화할 때 사람들의 경제적 복지가 더 높은 수준으로 올라갈까 아니면 그 반대일까? 정책을 담당하는 사람은 이와 같은 의문들에 대해 나름대로 답을 갖고 있어야 한다. 그래야만 정책의 방향을 올바로 잡을 수 있기 때문이다. 경제학에서는 후생경제학welfare economics이라고 부르는 분야에서 이런 문제를 주로 다루고 있다. 따라서 사람들이 누리는 경제적 복지를 평가하는 기준을 마련하는 것이 후생경제학의 주요한 연구과제가 된다.

현실에서 어떤 변화로 인해 사람들의 경제적 복지가 더 높은 수준으로 올라가는지의 여부를 평가하는 것은 무척 어려운 일이다. 다시 말해 그와 같은 변화가 사회적인 관점에서 볼 때 과연 개선인지의 여부를 알기 힘들다는 뜻이다. 길을 가다가 "ㅇㅇ법의 개악을 반대한다."라고 쓰여진 현수막을 본 적이 있을 것이다. 우리는 그 현수막에서 개선을 표방한 법 개정이 오히려 더 나쁜 결과를 가져온다고 외치는 사람들의 아우성 소리를 듣는다. 한쪽에서는 개선을 가져온다고 법률의 개정을 추진하는데, 다른 쪽에서는 그것이 개악이라고 반대하고 나서니 문제가 복잡하게 꼬일 수밖에 없다.

만약 어떤 정책을 채택한 결과 모든 사람에게 이득이 생긴다면, 그것은 명백한 개선이라고 말할 수 있다. 그러나 현실에서 그와 같은 정책의 예는 찾으려야 찾을 수 없다는 데 문제가 있다. 어떤 정책이 채택되든 이득을 보는 사람과 손해를 보는 사람이 반드시 생기게 마련이다. 이런 경우라면 서로 다른 사람에게 발생하는 이득과 손해를 비교해 어느 쪽이 더 큰지 알 수 있어야 그 정책이 사회 전체에 개선을 가져왔는지 여부를 판가름할 수 있다. 문제는 어떤 사람이 본 이득과 다른 사람이 본 손해를 객관적으로 비교할 방법이 마땅치 않다는 데 있다.

우선 다음과 같은 방법으로 비교한다고 할 때 어떤 문제가 있을지 생각해 보자. 즉 어떤 변화로 인해 이득을 본 사람의 효용 증가폭과 손해를 본 사람의 효용 상실폭을 직접 비교해 본다. 이 비교의 결과 전자가 더 크다는 결론이 나오면 사회 전체의 후생이 증가되었기 때문에 그 변화는 개선이라고 평가하게 된다.

그러나 경제학의 어떤 이론도 서로 다른 두 사람의 효용을 1 : 1로 비교하는 것을 합리화시키는 근거를 제공해 주지 못한다. 예컨대 "내가 5단위의 효용을 더 얻었고 너는 3단위의 효용을 잃었으니 사회 전체의 관점에서 볼 때 그 변화는 개선이라고 보아야 한다."라고 말할 객관적 근거가 없다는 뜻이다. 무엇보다도 우선, 어떤 사람이 느끼는 효용을 3단위니 5단위니 하는 식으로 측정할 수 있는 적절한 방법 그 자체를 찾기도 힘들다.

칼도N. Kaldor는 다음과 같은 방법에 의해 사회적 변화의 개선 여부를 판단할 수 있다고 말했다. 우선 그 변화로 인해 이득을 보는 사람에게 그 이득을 화폐단위로 평가하게 하고, 손해를 보는 사람에게도 똑같이 화폐단위로 손해를 평가하게 한다. 그리고 이 둘을 비교해 이득의 화폐가치가 더 큰 것으로 드러나면 그 변화를 개선이라고 평가하게 된다. 예를 들어 어떤 변화로 인해 변씨는 8백만원에 해당하는 이득을 본 반면에 김씨는 6백만원에 해당하는 손해를 보았다고 대답했다고 하자. 이처럼 이득의 화폐가치가 손해의 화폐가치보다 더 큰 것으로 드러나면 그 변화를 개선이라고 평가할 수 있다는 것이 칼도의 말이다.

후생경제학에서는 이와 같은 평가방법을 **보상의 원칙**compensation principle이라고 부른다. 이득을 본 사람이 손해를 본 사람에게 보상을 해 주고도 남는 것이 있을 때 개선이 일어난 것으로 평가한다는 의미에서 그런 이름이 붙었다. 앞의 예에서 변씨가 8백만원의 이득을 보았으므로 김씨가 본 6백만원의 손해를 전부 보상해 주고서도 2백만원이 남는다는 뜻에서 개선이라고 평가한 것이다. 그런데 여기서 말하는 보상은 가상적인 보상일 뿐, 실제로 이루어진다는 의미가 아니라는 점에 주의하기 바란다. 현실세계에서는 변씨가 자기가 본 이득 중 일부를 김씨에게 보상해 주어야 할 하등의 이유가 없다.

이 방법은 객관적인 화폐단위로 개선인지의 여부를 평가한다는 점에서 앞에서 본 효용 비교의 방법보다 더 나아 보인다. 그러나 속 내용을 잘 살펴보면 이 방법도 실제로는 전혀 객관적이지 못하다는 사실을 알게 된다. 예컨대 3백만원이라는 금액이 재벌이나 일용직노동자에게 똑같은 의미를 가질 수 없다. 그런데도 보상의 원칙은 똑같은 3백만원이면 어느 누구에게나 똑같은 의미를 갖는다는 전제하에서 개선 여부를 평가하고 있다.

예를 들어 경기도의 한 야산에 골프장을 건설하면 인근의 주민들에게 100억원어치의 손해가 발생하는 동시에 골프장 소유자인 재벌에게는 110억원의 이득이 생긴다고 하자. 보상의 원칙을 적용하면 골프장 건설을 허가하는 것이 개선을 가져온다고 평가하게 된다. 그렇지만 이 평가에 선뜻 찬동하는 사람은 지극히 드물 것이라고 생각한다. 만약 주민들에게 100억원 이상의 보상을 실제로 해준다면 문제가 달라지겠지만, 보상의 원칙은 실제로 보상해 주는 것을 요구하지 않는다.

현재로서는 어떤 사회적 상태의 변화가 개선인지의 여부를 객관적으로 평가할 수 있는 방법이 없다. 어떤 정책에 대해 경제학자가 자신 있는 어조로 바람직하다고 말하는 경우에도, 결국 그것은 자신의 주관적인 평가결과에 지나지 않을 뿐이다. 모두가 흔쾌히 동의할 수 있다는 의미에서의 객관성은 기대할 수 없다는 뜻이다. 문제의 속성상 경제학의 이론적 발전과 더불어 뾰족한 해결책이 나타나기를 기대해 보기도 힘들다. 경제이론이 아무 도움을 줄 수 없다면, 결국 정치의 장에서 이 꼬여진 매듭을 풀 수밖에 없는 일이다.

차선의 이론

만족되지 못하는 조건의 수를 세는 것은 무의미하다

예를 들어 어떤 다섯 개의 조건이 모두 만족될 때 경제가 최선의 상태, 즉 사회후생이 극대화된 상태에 도달한다고 하자. 그중에서 한 조건이 만족되지 못하면 사회후생의 수준은 최선의 상태에 비해 어느 정도 떨어지게 된다. 그런데 추가적으로 또 한 개의 조건이 만족되지 못하는 사유가 발생했다고 하자. 이제 만족되지 못하는 조건이 하나 더 늘었으니 사회후생은 한층 더 떨어지게 되리라고 짐작하는 사람이 많을 것이다. 그러나 후생경제학에서 널리 알려진 **차선의 이론**theorem of second-best에 따르면, 이와 같은 짐작이 반드시 맞는 것은 아니다.

차선의 이론은 만족되지 못하는 효율성 조건의 수를 세어 이를 후생평가의 근거로 삼는 것이 전혀 의미가 없다는 사실을 지적하고 있다. 다시 말해 만족되지 못하는 조건의 수와 사회후생 사이에는 아무 관계가 없다는 말이다. 극단적인 경우 한 조건만 만족되지 못한 상황보다 다섯 개의 조건 모두가 만족되지 못한 상황에서의 사회후생이 더 높을 수 있다. 이 이론은 효율성을 위해 만족되어야 하는 여러 조건 중 가장 사소한 것 하나만 만족되지 못한 상태가 반드시 차선의 상태라고 말할 수 없다는 점을 강조한다.

사람들은 최선의 상태가 이루어질 수 없는 것을 발견하면 무엇 때문에 문제가 생겼는지 따져 보고 그것을 조금씩 고쳐 나가려고 노력하게 된다. 모든 문제가 완전히 시정되었을 때 최선의 상태가 달성된다는 것은 두말할 나위도 없다. 그러나 실제로 그렇게 되기는 힘들고 부분적으로 시정하는 데 그치는 경우가 대부분이다. 차선의 이론이 말하고 있는 바는 그와 같은 부분적인 시정이 더 높은 사회후생을 가져다준다는 보장이 없다는 것이다. 사회개혁을 추진하는 사람들은 차선의 이론이 말하고 있는 바를 곰곰이 새겨 볼 필요가 있으리라고 생각한다.

요즈음 우리 사회에는 여러 부문에서 개혁의 열풍이 강하게 몰아치고 있다. 만약 모든 부문에서의 개혁이 충분한 성공을 거둔다면 우리 사회는 분명 한층 더 살기 좋은 사회가 될 것이다. 그러나 일부에서만 개혁이 성공을 거두고 사회 일각의 부정, 부패, 부조리는 그대로 남겨둔다면 아예 처음부터 손을 대지 않으니만도 못할 수 있다. 개혁을 표방하고 부분적으로 손질한 결과 우리 사회가 오히려 더욱 왜곡된 구조를 갖게 될 가능성이 있기 때문이다.

간단한 예를 하나만 들어보기로 하자. 예전에는 일단 뇌물을 건네면 일 자체는 만족스럽게 돌아간 측면이 있었다고 말하는 사람이 많다. 그런데 개혁을 위한 노력을 통해 뇌물수수를 뿌리 뽑기는 했어도 공직자가 성심성의껏 국민에게 봉사하는 자세를 심는 데까지는 미치지 못했다고 하자. 그렇게 되면 이제는 도대체 되는 일이 없다고 불평하는 사람이 늘어날 것이 뻔하다.

그렇다고 해서 부정, 부패를 두둔하는 것은 아니나, 불완전한 개혁에 그와 같은 측면이 있는 것이 사실이다. 물론 사람이 하는 일이라 개혁을 한다 해도 완벽을 기하기는 힘들 것이다. 그러나 차선의 이론을 하나의 경고로 받아들여 훨씬 더 겸허하고 조심스러운 마음가짐으로 개혁의 문제를 다루어야 한다.

불가능성의 정리

민주적이며 효율적인 집단의사결정의 방법은 없다

각 개인은 사회문제에 대해 저마다 다른 생각들을 갖고 있다. 예를 들어 어떤 사람은 수학능력시험을 더욱 어렵게 내야 한다고 생각하는 반면, 어떤 사람은 오히려 지금보다 한층 더 쉽게 내야 한다고 생각한다. 정부가 환경보호에 좀 더 많은 노력을 기울여야 한다고 생각하는 사람이 있는가 하면, 그보다는 도로나 항만 같은 사회간접자본 형성에 더 큰 중점을 두어야 한다고 믿는 사람도 있다. 이와 같이 다양한 개인들의 생각을 묶어 사회 전체의 의견으로 만들어 내는 과정을 **집단의사결정**collective decision making이라고 부른다.

쉽게 말해 집단의사결정이란 사회 전체의 관점에서 어떤 상태가 좋은지 나쁜지에 대한 평가를 내리고 이에 상응하는 행동을 취하는 것을 뜻한다. 만약 어떤 일에 대해 모든 사람이 똑같은 생각을 갖고 있다면 집단의사결정 과정에서 문제가 생길 리 없다. 예를 들어 한강의 밤섬을 유원지로 개발하자는 제안에 국민 모두가 반대하면, 그것을 사회 전체의 의사로 받아들여 그 제안을 폐기해 버리면 된다. 그런데 모든 사람의 생각이 일치하지 않을 때가 많고, 이런 경우 어떤 것을 집단의 의사로 보아야 하는지는 그리 단순한 문제가 아니다. 예를 들어 밤섬 개발안에 대해 국민의 51%가 반대하고 49%가 찬성하는 경우라면 개발을 하기로 결정해야 할지의 여부가 분명하지 않다.

모든 사안을 과반수제로 결정하기로 사전합의를 해 놓았다면 국민의 51%가 반대하는 밤섬 개발안은 폐기되는 운명을 맞게 된다. 그러나 $\frac{1}{3}$

이상만 찬성하면 개발에 착수하기로 사전합의를 본 경우에는 개발하는 쪽으로 결론이 나게 된다. 반면에 밤섬 개발은 중요한 문제라는 생각에서 국민의 $\frac{2}{3}$ 이상이 찬성해야 개발을 할 수 있도록 규정을 만들 수도 있다. 집단의사결정 방법으로 과반수제가 가장 흔하게 채택되고 있지만, 그것 말고도 여러 가지 다른 방법들이 사용될 수 있다.

그중에는 다음과 같이 매우 어처구니없게 보이는 방법도 있을 수 있다. 즉 다른 사람이 어떻게 생각하든 관계없이 오직 한 사람의 독재자가 모든 문제에 관해 결정권을 갖는 경우가 바로 그것이다. 우리 사회가 이 방법을 채택하고 있는데 그 독재자가 밤섬 개발에 찬성한다면 다른 사람의 의견은 물어볼 필요조차 없다. 설사 그를 제외한 모든 국민이 반대한다 하더라도 전혀 문제가 되지 않기 때문이다. 이와 같이 한 사람의 독재자가 사회의 모든 일에 결정권을 갖는 집단의사결정 방법이 바람직하지 않음은 두말할 나위도 없다. 모든 사회구성원의 생각이 민주적인 절차에 의해 결집될 수 있어야 바람직한 집단의사결정 방법이라고 말할 수 있다.

그런데 민주성을 너무 강조한 나머지 비효율성을 초래하게 된다면 이것 역시 바람직하지 못하다. 예컨대 어떤 사안에 대해 한 사람만 반대해도 통과되지 못한다는 규정을 마련해 놓았다고 하자. 이와 같은 전원합의제는 어떤 사람의 의사도 무시되지 않는다는 의미에서 볼 때 무척 민주적인 의사결정 방법이다. 그러나 아무리 건설적인 제의라 할지라도 반대하는 사람이 꼭 나타나게 마련이고 보면, 이 제도하에서는 도대체 되는 일이 없을 것이 뻔하다. 비교적 많은 수의 사람들이 의사결정 과정에 참여하는 경우, 전원합의제는 효율적인 집단의사결정 방법이 될 수 없다.

결론적으로 말해 민주적이며 동시에 효율적이어야 바람직한 집단의사결정 방법이 될 수 있다. 그런데 **불가능성의 정리**impossibility theorem라고 불리는 이론에 따르면, 우리가 아무리 그것을 찾아 헤매도 결코 찾을 수 없다고 한다. 어떤 집단의사결정 방법이 효율적이면 민주적이지 못하고, 민주적이면 효율적이지 못한 결과가 빚어진다. 따라서 이 두 요건이 모두 충족되는 것은 불가능하다는 결론에 이르게 된다. 만약 이 정리가 맞는 것이라면 큰 문제가 아닐 수 없다. 사회에서 어떤 선택을 할 때, 독재적인 방법이나 비효율적인 방법 중 하나를 선택해 써야만 하기 때문이다. 이 두 방법 중 어느 것도 만족스럽지 못하다는 것은 두말할 필요도 없다.

그렇다고 해서 민주적인 집단의사결정 절차에 대한 희망을 완전히 포기할 필요는 없다. 불가능성의 정리는 사회의 '모든' 대안에 대해 완벽한 순서를 매기는 집단의사결정 방법에 관한 정리라는 사실을 알아야 한다. 다시 말해 백만 가지의 대안이 있을 때, 어떤 집단의사결정 방법에 의해 그중에서 제일 좋은 것은 무엇이며, 그다음은 무엇이라는 식으로 마지막 백만 번째의 것까지 모두 순서를 매긴다는 뜻이다. 그런데 사실은 여러 대안 중 어떤 것이 가장 좋은지를 알아내는 것으로 충분하다. 예컨대 70번째로 좋은 대안과 71번째로 좋은 대안을 비교하는 것은 아무런 의미가 없다는 말이다. 모든 대안의 순서를 매기는 것 같은 어려운 일을 해결할 수 있는 민주적이고 합리적인 방법을 찾지 못했다 해서 실망할 이유는 없다.

우리가 현실에서 부딪히게 되는 선택의 문제는 고작 서너 가지 대안 사이에서 제일 좋은 것을 고르는 경우가 대부분이다. 불가능성의 정리가 이와 같은 선택의 문제조차 민주적이고 효율적인 방법에 의해 해결할 수 없다고 말하는 것은 결코 아니다.

실제로 세계 여러 나라를 살펴보면, 민주적 원칙을 준수하면서도 상당히 효율적으로 사회를 운영해 나가는 사례를 많이 발견할 수 있다. 이를 보면 민주성과 효율성이 반드시 갈등을 빚어야 할 이유가 없다는 것을 알게 된다. 우리 사회에는 경제성장을 위해 독재가 불가피했다고 강변하는 사람들이 더러 있다. 이들이 불가능성의 정리를 마음속에 두고 그런 주장을 하는지 모르지만, 이 정리가 그들의 그릇된 신념을 정당화하는 데 쓰여서는 안 된다.

투표의 역설

비교 순서만 바꿔도 표결 결과가 달라진다

어떤 마을에 김, 이, 박씨 세 사람이 살고 있는데, 이들은 어떤 문제에 대해 의견이 엇갈릴 경우 과반수제majority rule에 의한 표결로 처리한다고 한다. 어느 날 이 세 사람이 모여 마을 앞의 다리를 어떤 규모로 놓을 것인지 의논하기 시작했다. 그런데 각자가 서로 다른 생각을 갖고 있어 결국 표결로 결정하게 되었다. 큰 다리를 놓자는 안을 A, 중간 크기로 놓자는 안을 B, 그리고 작은 다리를 놓자는 안을 C라고 할 때 각 사람은 이 안들을 다음과 같이 평가하고 있다.

우선 김씨의 경우 다리가 클수록 좋다고 생각하기 때문에 A, B, C의 순서로 세 안을 평가하고 있다. 이씨는 중간 크기의 다리가 가장 좋고 그다음으로는 작은 편이 낫다고 생각하여 B, C, A의 순서로 평가한다. 마지막으로 박씨는 작은 크기가 제일 좋고 그다음은 큰 다리라고 생각하여 C, A, B의 순으로 평가하고 있다.

이 문제에 대한 표결은 구체적으로 다음과 같은 방식에 의해 진행된다. 우선 두 안을 비교해 적은 표를 얻은 안을 탈락시킨다. 살아남은 안을 제3의 안과 다시 짝지어 표결에 부친 결과 과반수의 지지를 얻은 것이 최종적인 승자로 채택된다.

이 세 가지 안 중 우선 A안과 B안을 짝지어 표결에 부친다고 하자. 김씨와 박씨는 A안에 표를 던질 것이며, 이씨만이 B안에 표를 던질 것이다. 따라서 B안은 탈락하고 A안이 살아남아 C안과 겨루게 된다. 그런데 A안과 C안 사이의 표결에서는 김씨만이 A안을 지지할 뿐 나머지 두 사람은 C

안을 지지하게 된다. 따라서 C안, 즉 가장 작은 규모로 다리를 만들자는 안이 최종적인 승자가 된다.

이번에는 똑같은 표결방식을 그대로 사용하되, 둘씩 짝을 지우는 순서를 바꾸어 표결을 진행시켜 보자. 구체적으로 말해 이제는 B안과 C안을 먼저 짝지어 표결하는 것으로 시작하게 된다. 이 표결에서는 김씨와 이씨가 지지하는 B안이 박씨만 지지하는 C안을 누른다. 그다음에 B안과 A안이 대결하면 김씨와 박씨가 지지하는 A안이 이긴다. 결국 순서를 바꾸어 진행시킨 이번의 표결에서는 A안이 최종승자가 된다. 앞에서는 C안이 최종승자였는데, 표결의 순서가 바뀌자 A안으로 바뀌어 버린 것이다. 이렇게 단지 비교 순서만 바꿔도 채택되는 안이 달라지는 결과가 나타나는 것을 가리켜 **투표의 역설**voting paradox 현상이라고 부른다.

과반수 표결방식은 가장 흔하게 사용되는 집단의사결정 방식 중의 하나다. 전원합의제, 혹은 $\frac{2}{3}$ 이상의 지지를 요구하는 제도 등 여러 가지 다른 방식이 있지만 특별한 경우를 제외하고는 거의 전적으로 과반수제가 사용된다. 그런데 과반수제하에서는 지금 본 바와 같은 투표의 역설 현상이 나타날 수 있다는 것이 심각한 문제점으로 지적되고 있다.

이 현상이 나타날 경우에는 의사진행 과정을 장악하고 있는 사람이 큰 영향력을 행사할 수 있다. 비교의 순서에 따라 최종승자가 달라지는 점을 이용해 특정한 안에 유리한 비교 순서를 정할 수 있기 때문이다. 우리가 흔히 경험하는 일이지만, 회의에서는 사회자가 발언 순서를 어떻게 정하느냐는 사소한 것까지도 결과에 영향을 미칠 수 있다.

앞의 예에서 본 것 같은 상황이라면, 어떤 두 안을 먼저 비교할 것인지를 선택했을 때 표결의 결과는 이미 판가름이 난 셈이다. 만약 그 세 사람 중 하나가 표결 순서를 정할 권리를 갖고 있다면 언제나 그가 지지하는 안이 채택되는 결과가 나타난다. 투표의 역설 현상은 여러 사람이 모여 민주적으로 의사결정을 한다는 것이 얼마나 어려운 일이지 보여주는 하나의 좋은 사례가 된다.

점수투표제

선호의 강도까지 표현할 수 있게 만든다

밴 클라이번H. Van Cliburn이라는 피아니스트가 1958년 차이코프스키 콩쿠르에서 우승한 이면에는 재미있는 일화가 있다. 심사위원 중 한 사람이었던 대大피아니스트 리히터S. Richter가 그의 우승에 결정적인 역할을 한 과정에 대한 이야기다. 그는 클라이번에게 모든 항목에 걸쳐 최고점인 25점을 준 반면, 나머지 사람에게는 예외 없이 0점을 주었다고 한다. 다른 사람이 어떻게 채점했든 콩쿠르의 결과는 이미 그에 의해 결정이 나버린 셈이다. 클라이번의 재능에 반하기도 했지만, 심사하는 일이 너무 지겨운 나머지 빨리 끝내려고 그렇게 해버렸다는 후일담이 있다.

과반수제를 위시한 대부분의 표결방법은 각 투표자가 단순히 찬반 여부만을 표현할 수 있을 뿐 그 선호의 강도를 표현할 수 없게 해놓고 있다. 예를 들어 어떤 의안에 대해 목숨을 내걸고 반대하는 사람이나 마지못해 반대하는 사람이나 다 같이 '반대' 한 표씩만을 던질 수 있을 뿐이다. 따라서 이와 같은 표결방식에 의해 집단의 의사결정을 하게 되면 최선의 결정에 이르지 못할 가능성이 있다. 51%의 미온적인 찬성의견을 좇아 49%가 한사코 반대하는 의안을 통과시키는 것이 바람직하지 않음은 두말할 나위도 없다.

투표를 할 때 선호의 강도까지 표현할 수 있게 만드는 표결방법의 하나로 '점수투표제'point voting라는 것이 있다. 이것은 각 투표자에게 일정한 점수를 배정하고 선호의 강도에 따라 적절히 점수를 나누어주게 하는 표결방식이다. 예를 들어 세 사람의 후보 중에서 점수투표제에 의해 회장을 선출하려고 하는데, 각 투표자에게 10점씩 배정해 준다고 하자. 투표자는 이 10점의 점수를 자신의 선호에 따라 세 후보에게 나누어주며, 표결결과 가장 많은 점수를 얻은 후보자가 회장으로 뽑히게 된다. 만약 세 후보자 중 한 사람만 좋고 나머지는 끔찍이도 싫다면, 좋아하는 후보자에게 10점을 모두 몰아주어도 된다. 반면에 셋을 비슷하게 좋아하고 있을 경우에는 점수를 고루 나누어주게 된다.

점수투표제는 투표자들이 갖고 있는 선호의 강도를 충실하게 반영시켜 줄 수 있다는 장점을 갖는다. 그러나 이 방식은 투표자가 전략적 행동 strategic behavior을 통해 결과를 좌지우지할 수 있다는 심각한 문제점을 안고 있다. 전략적 행동이란 표결의 결과에 영향을 주기 위해 자신의 선호를 왜곡하여 투표하는 것을 의미한다.

다음의 예를 통해 차이코프스키 콩쿠르에 점수투표제가 도입되었다고 할 때 어떤 전략적 행동이 나올 수 있는지 살펴보기로 하자. 이제 각 심사위원은 자신에게 배정된 10점을 평가 결과에 따라 몇 참가자에게 나누어주게 된다(물론 한 참가자에게 10점을 전부 몰아줄 수도 있다). 러시아 출신의 A군을 가장 좋아하나 아무리 점수를 몰아주어도 우승 가능성이 없다는 사실을 아는 한 심사위원이 있다고 하자. 그런데 어떤 이유에서인지 몰라도 그는 밴 클라이번의 우승만은 한사코 막고 싶다.

이 심사위원은 다음과 같은 전략적 투표를 통해 밴 클라이번의 우승을 막으려고 시도할 수 있다. 그는 프랑스 출신의 B양에게 점수를 몰아주면 콩쿠르의 결과가 어떻게 될 것인지 생각해 본다. 그 결과 그에게 배정된 점수를 모두 그녀에게 몰아주기만 한다면 우승할 수 있다는 판단이 섰다. 이 판단에 따라 그는 서슴지 않고 그녀에게 10점의 점수를 몰아주었다. 사실 그녀를 그다지 좋아하는 것도 아니면서 밴 클라이번의 우승을 막기 위해 의도적으로 그녀에게 점수를 몰아준 것이다. 이처럼 표결결과에 영향을 주기 위해 의도적으로 선호를 왜곡하여 투표하는 것을 가리켜 전략적 행동이라고 부른다.

전략적 행동이 개입되어 얻은 표결결과에 문제가 있을 것임은 당연한 일이다. 앞에서 과반수제는 투표의 역설 현상을 일으키는 문제점을 갖는다고 설명한 바 있다. 그뿐 아니라 투표자가 가진 선호의 강도를 표현할 방도가 없다는 약점까지 갖고 있다. 그런데 지금 본 점수투표제는 이것대로 투표자의 전략적 행동에 취약성을 갖는다는 문제를 안고 있다. 경제학의 한 정리에 따르면, 지금까지 알려진 표결방식은 어느 것이든 나름대로 문제점을 갖는다고 한다. 이는 집단의 의사를 결정하려 할 때 믿고 사용할 방법이 없다는 비관적인 결론으로 이어진다.

우리가 무심코 쓰는 표결방식에 문제가 있을 수 있다는 사실을 이해한다면, 어떤 문제를 표결로써 해결하고자 할 때 매우 조심스러운 태도를 취할 수밖에 없게 된다. 예컨대 "이것은 다수결에 의해 결정된 것이니 전체의 의사가 그렇다고 보아야지."라든가, "권위 있는 심사위원들이 준 점수로 우승자를 결정했으니 당연히 제일 잘하는 사람이 뽑혔겠지."라는 등의 말을 자신 있게 하기가 힘들어진다. 어떤 표결방식을 채택하든 간에 표결의 결과는 이에 참여한 사람들의 의사를 불완전하게 대변할 뿐이다.

운석 충돌의 비용-편익분석

부산과 일본 후쿠오카를 잇는 해저터널을 건설한다면 수많은 사람들이 자동차로 편리하게 두 나라를 왕복하는 혜택을 누릴 수 있다. 배로 가는 것에 비해 여행시간이 많이 절약되는 이득도 생길 것이다. 그러나 해저터널 건설에는 엄청난 비용이 소요되기 때문에 과연 그것을 건설하는 계획을 실천에 옮겨야 하는지를 쉽게 판단하기 힘들다. 합리적인 판단을 내리기 위해서는 요모조모 별것을 다 따져 보아야 한다. 그런데 해저터널을 건설하는 경우 말고도, 댐이나 도로를 건설한다든가 학교를 짓는다든가 하는 수없이 많은 경우에서 이와 비슷한 판단의 어려움을 겪게 된다.

정부가 아무 공공사업이든 마구 손을 댄다면 엄청나게 큰 낭비를 가져오게 된다. 그러므로 어떤 공공사업을 시작하기 전에 그 타당성을 평가해 실천에 옮길 가치가 있는지의 여부부터 평가해야 한다. 이와 같은 평가작업에 고려해야 할 사항이 너무 많다 해서 주먹구구로 해치우려는 만용을 부려서는 안 된다. 주먹구구의 결과로 얻어진 평가를 믿어줄 사람은 아무도 없을 것이며, 오직 객관적이고 합리적인 기준에 의한 평가만이 신뢰를 얻을 수 있다.

체계적인 방법으로 공공사업의 타당성을 평가하기 위해 **비용-편익분석**cost-benefit analysis의 기법을 사용할 때가 많다. 이 분석방법은 공공사업뿐 아니라 민간부분의 투자사업에 대한 타당성을 평가하는 데도 적용될 수 있다. 간단히 말해 이 방법은 어떤 투자사업에 소요되는 비용과 이로부터 나오는 편익을 비교함으로써 그것을 실행에 옮기는 것이 타당한지의 여부를 평가한다. 투자사업에서 나오는 편익이 이에 소요되는 비용을 초과해야만 그 타당성을 인정받을 수 있으며, 여러 가지 투자사업 가운데서는 그 초과폭이 클수록 우선순위가 더욱 높아진다.

어떤 공공사업이 있다고 할 때, 그것의 수행에 소요되는 비용의 계산은 그다지 어렵지 않다. 사업 수행에 소요되는 자원이나 인력과 관련해 지출될 여러 가지 비용을 알아내 모두 더하면 되기 때문이다. 그러나 사업에서 나오는 편익은 워낙 다양한 형태를 갖고 있어 이들을 평가하는 데 많은 문제가 따른다. 시장가격에 기초해 공공사업에서 나오는 편익을 평가할 수 있는 경우라면 별문제가 없다. 그러나 시장가격에 의해 평가하기 힘든 상황이거나, 아예 시장가격이 존재하지 않는 형태의 편익이라면 문제가 아닐 수 없다.

예컨대 우주 탐색을 위해 우주선을 쏘아 올리는 데서 나오는 편익은 주로 국위선양이라든가 과학육성 같은 무형적intangible인 것들이다. 이와 같은 형태의 편익을 화폐단위로 측정하는 것은 보통 어려운 일이 아니다. 또한 희귀 동식물의 서식지를 국립공원으로 지정해 보존하는 것이 과연 얼마의 가치를 갖는 일인지도 애매하기 짝이 없다. 바로 뒤에 보게 되듯, 인간의 생명이 갖는 가치를 알아내는 문제도 여간 복잡한 일이 아니다. 만약 생명의 가치를 알지 못한다면 교통안전시설, 국민보건, 혹은 환경보호와 관련된 사업의 타당성을 객관적으로 평가하는 것은 거의 불가능한 일이 된다.

그렇다고 해서 비용-편익분석 그 자체를 포기할 수는 없다. 다음의 예를 보면 황당하게 보이는 분석결과라도 있는 편이 없는 것보다는 더 낫다는 사실을 알 수 있다. 언젠가 운석이 지구에 충돌해 핵폭발을 능가하는 큰 충격을 유발할지도 모른다는 사실이 사람들의 관심을 끈 적이 있다. 전문가의 계산에 따르면, 지름이 1~2킬로미터 정도 되는 운석이 지구에 떨어질 경우 전 인류의 $\frac{1}{4}$ 가량이 죽게 된다고 한다. 그런데 다행스럽게도 지구를 향해 날아오는 운석에 미사일을 쏘아 궤도를 약간만 틀면 이와 같은 대규모 참사를 막을 수 있다고 한다.

세계 각국이 공동으로 비용을 부담해 요격미사일을 설치하려 할 때 얼마 이내의 비용에서 그것이 정당화될 수 있을까? 이 의문에 대한 답을 얻기 위해서는, 우선 지구에 사는 평균적인 사람이 운석의 충돌로 인해 사망할 확률이 얼마나 되는지 알아야 한다. 한 해에 이런 일이 일어날 확률은 5십만분의 1이며 그 경우 전 세계 인구의 $\frac{1}{4}$이 죽게 된다고 가정하기로 하자. 그렇다면 운석 충돌로 인해 어떤 개인이 죽을 확률은 2백만분의 1이라는 계산결과가 나온다. 이 확률에 기초해 1년간의 예상 사망자 수를 계산하면 대략 3천 명이라는 답이 나온다.

만약 한 생명의 가치가 1백만 달러라고 하면 인명피해의 방지에 연간 30억 달러의 가치를 부여할 수 있다. 여기에 재산피해 방지의 가치를 더함으로써 요격미사일 프로그램에서 나오는 연간 총편익을 구할 수 있다. 이 방법으로 계산된 요격미사일 프로그램의 총편익에 비해 그 계획의 수행에 소용되는 비용이 더 작다면 그 타당성을 인정할 수 있을 것이다. 이와 같은 계산 결과에 문제점이 많은 것은 사실이다. 그렇지만 참고로 할 아무 근거도 없이 쓸모없는 공론만을 일삼는 것보다는 이나마의 자료라도 갖고 있는 편이 훨씬 더 낫지 않을까?

생명의 가치

좋든 싫든 돈으로 따져볼 수밖에 없다

생명의 가치를 얼마로 평가하느냐는 물음에 눈살을 찌푸리는 사람이 많을 것이다. 존엄한 생명의 가치를 어떻게 하찮은 돈과 비교할 수 있느냐는 도덕적 분노는 충분히 이해할 수 있다. 그러나 현실에서 이런 물음을 제기하고 이에 대해 답을 찾아 놓아야만 할 상황에 종종 직면하게 된다는 데 문제가 있다. 이 현실을 애써 외면하고 어떤 경우에도 생명의 가치를 돈으로 따져서는 안 된다는 도덕군자의 말만 되풀이하는 것도 답답한 일이 아닐 수 없다.

예를 들어 고속도로에 안전시설을 설치할 것인지의 여부를 고려하는데, 이것이 설치될 경우 교통사고로 인한 사망자가 100명 줄어든다고 하자. 이 경우에는 좋든 싫든 생명의 가치를 돈으로 따져야만 이를 실행에 옮겨야 마땅한지 여부의 결정을 내릴 수 있다. 만약 생명이란 것이 억만금의 돈을 주고도 바꿀 수 없을 정도로 귀중하다면 아무리 많은 돈이 들더라도 그 시설을 설치해야 한다. 그렇지만 합리적인 사람으로서 이렇게까지 극단적인 주장을 할 사람은 아무도 없을 것이다. 큰 소리로 생명의 존엄성을 강조하던 사람조차도 이 시설에 10조원이나 되는 돈이 든다는 말을 들으면 선뜻 찬성하지 못할 것이 분명하다.

이 시설에 소요되는 비용이 300억원인데 한 사람의 생명이 3억원 이상의 가치를 가진다면 그 시설은 타당성이 있는 것으로 평가할 수 있다. 정부의 사업 중에는 이렇게 생명의 가치를 구체적으로 평가할 수 있어야만 그 타당성을 평가할 수 있는 사례가 많다. 사용할 수 있는 자원이 무한하다면 우리에게 조금이라도 이득이 되는 사업을 모두 실천에 옮기면 된다. 그러나 사용 가능한 자원이 한정된 우리의 현실에서는 우선순위를 정해 더 큰 가치를 가진 사업부터 차례로 시행해 나가야 한다. 그러므로 우리는 사람의 생명을 쌀 몇 가마와 비교해야만 하는 불행한 선택의 문제에 자주 직면하게 된다.

생명의 가치를 실제로 계산하는 데는 다음 두 가지 방법이 사용되고 있다. 하나는 어떤 사람의 죽음으로 인해 상실된 소득에 의해 평가하는 방법으로, '인적자본human capital 접근법'이라고 부를 수 있다. 또 하나는 사람들이 안전성의 증대를 위해 지불할 용의가 있는 금액을 측정해 생명의 가치를 추정하는 방법이다. '지불의사willingness-to-pay 접근법'이라고 부를 수 있는 이 방법은, 설문조사를 통해 직접 묻거나 사람들의 선택행위를 관찰해 생명의 가치를 추정한다. 예를 들어 위험을 줄이기 위해 화재경보기를 구입하는 행위나, 보수는 적더라도 더욱 안전한 직업을 선택하는 행위 등을 추정의 근거로 삼을 수 있다.

선진국의 교통관계 부서들은 나름대로 생명의 가치를 계산해 놓고 정책적 판단의 근거로 삼고 있다. 그 수치들을 보면, 미국의 경우 생명의 가치를 260만 달러로 평가하고 있는 데 비해 네덜란드에서는 13만 달러에 지나지 않을 정도로 선진국들 사이에서도 큰 격차를 보이고 있다. 먹고살기조차 힘든 아프리카의 어떤 나라라면 생명의 가치가 거의 0에 가까울지도 모른다(정부군이 몇천 명의 양민을 거리낌 없이 학살했던 르완다 같은 나라에서는 생명의 가치가 마이너스의 값을 갖는다고 생각하는 것이 아닐까?).

생명의 가치를 이렇게 구체적인 수치로 나타낸다는 것은 결코 유쾌한 일이 아니다. 그러나 거듭 말하지만, 이것은 우리 경제생활에서 어쩔 수 없는 하나의 현실이다. 사정이 이렇다면 도덕군자처럼 점잔을 빼는 것보다는 합리적인 방법으로 생명의 가치를 계산할 수 있는 길을 찾으려 노력하는 편이 훨씬 더 현실적일지 모른다.

존재가치

광릉 숲의 크낙새가 갖는 가치는?

환경오염과 관련된 분쟁이 종종 일어나는데, 이때 오염을 일으킨 측이 얼마만큼의 배상을 하도록 만들어야 하는지가 어려운 문제로 등장한다. 특히 2007년 태안 앞바다 기름유출 사고처럼, 태안해안국립공원의 아름다운 바닷가를 온통 기름밭으로 만들어 버린 것 같은 오염사고의 경우에는 사건의 성격상 배상액의 결정이 더욱 힘들어진다. 인근 어민이 입은 직접적 피해뿐 아니라 주변 해안의 생태계와 경관에 미친 전반적 악영향에 대해 배상을 하도록 만들어야 마땅하나, 그 피해의 화폐가치를 알아내기 힘들기 때문이다.

결국 문제의 핵심은 아름다운 해안과 그 안의 건강한 생태계가 그 자체로서 갖는 가치, 즉 **존재가치**existence value가 얼마인지에 있다. 잘 보존된 환경이 갖는 가치 중 소위 존재가치라고 불리는 부분이 있다. 존재가치라는 것은 단지 어떤 것이 존재한다는 사실만으로 가치를 갖는다는 것을 뜻한다. 예를 들어 광릉 주변의 숲에 크낙새가 서식하고 있다 해서 우리가 어떤 경제적 혜택을 얻는 것은 아니다. 우리가 그 숲을 보전해야 한다면, 그 이유는 크낙새가 사는 숲의 존재 그 자체가 가치를 갖기 때문이다.

예를 들어 광릉 숲에 크낙새를 복원시키는 프로그램을 실천에 옮기려 하는데, 거기에 드는 비용이 20억원으로 예상된다고 하자. 이 프로그램이 정당화되기 위해서는 이로부터 나오는 편익이 20억원 이상이라는 점이 입증되어야 한다. 앞에서 설명한 바 있는 비용-편익분석을 통해 과연 이 프로그램이 타당성을 갖는지의 여부를 평가해야 한다는 말이다. 그런데 이 프로그램에서 나오는 편익은 거의 전적으로 존재가치, 즉 광릉 숲에 서식하는 크낙새의 가치로 구성되어 있다.

어떤 것의 가치를 평가할 때 시장에서 얼마의 가격으로 사고파느냐를 기준으로 삼는 경우가 많다. 예를 들어 어떤 해안의 간척사업을 통해 쌀이 5만 톤 더 생산될 수 있는데, 쌀 1톤이 3백만원의 가격으로 거래된다고 하자. 그렇다면 바로 그 시장가격에 기초해 그 간척사업에서 나오는 쌀 증산의 편익이 1천 5백억원이라고 계산해낼 수 있다. 그러나 광릉에 사는 크낙새는 시장에서 거래되지 않기 때문에 시장가격을 활용하는 것이 아예 불가능하다. 그렇기 때문에 존재가치의 평가는 그 본질상 무척 어려운 일이 될 수밖에 없다.

이 어려운 상황에서 구원투수로 등장한 것이 바로 **조건부평가법**contingent valuation method이라는 방법이다. 조건부평가법이란 이름은 가상적인 환경 개선의 가능성을 제시하고 사람들로 하여금 이에 대한 평가를 하게 만든다는 데서 나왔다. 예를 들어 수영을 즐길 수 있을 정도로 한강의 수질을 개선시킨다는 가상적인 시나리오를 제시하고, 이런 결과를 가져오기 위해 얼마의 추가적 세금을 부담할 용의가 있는지를 묻는다. 이 물음에 대한 사람들의 대답을 모은 다음 이를 통계적으로 처리함으로써 그런 환경정책의 편익을 계산하는 것이 조건부평가법의 특징이다.

광릉 숲에 크낙새를 복원시키는 프로그램의 경우에도 이 조건부평가법을 활용할 수 있다. 즉 설문조사를 통해 사람들이 이에 대해 얼마만큼의 비용을 부담할 용의가 있는지 물어볼 수 있는 것이다. 크낙새의 존재가치를 직접적으로 측정할 수 있는 방법은 없기 때문에 이와 같은 설문조사 결과에 기초해 간접적으로 평가하는 방법을 선택할 수 있다는 뜻이다.

존재가치를 평가하는 데는 이 조건부평가법이 나름대로 적합성을 갖는다는 점이 인정되고 있다. 실제로 환경오염 관련 분쟁에서도 조건부평가법에 기초해 배상액을 결정하는 사례가 점차 늘어나고 있는 상황이다. 최근 환경정책의 평가에 이 방법이 널리 활용되는 추세를 보이면서 이에 대한 학문적 관심도 점차 커지고 있다. 이 방법을 현실의 환경정책 평가에 적용하는 것이 타당한지의 여부를 둘러싸고 열띤 논쟁이 벌어지기도 한다. 이 방법에 대해 부정적 견해를 갖고 있는 사람들은 이것이 이론적, 실질적 측면에서 많은 문제점을 갖는다고 주장한다.

일반적으로 경제학자들은 어떤 것의 가치를 평가할 때 실제로 드러난 사람들의 행위에 기초해 결론을 도출하는 방법을 선호한다. 예컨대 사람들이 시장에서 어떤 상품을 얼마만큼 구입하기로 결정하는지를 관찰한 결과에 기초해 그 상품들에 부여한 가치를 알아낼 수 있다는 식이다. 사람들이 어떤 상품에 일정한 가치를 부여하고 있다면 그들의 선택행위에 이 사실이 구체적으로 반영될 것이라고 믿기 때문이다.

이런 생각을 갖는 경제학자들은 조건부평가법에 대해 부정적 평가를 내리고 있다. 이 방법은 설문조사를 통해 어떤 것의 가치를 알아낼 수 있다는 생각에 기초하고 있는데, 별로 신빙성이 없는 접근방식이라는 지적이다. 어떤 것의 가치가 높다고 대답하는 것만을 듣고서는 정말로 높은 가치를 부여하고 있는지의 여부를 알 수 없다고 믿기 때문이다. 그들에게 오직 의미를 갖는 것은 시장에서 관찰할 수 있는 소비자들의 실제 선택행위다.

조건부평가법이 설문조사 방법의 공통적인 문제점에서 자유롭지 못한 것만은 사실이다. 예컨대 설문조사의 경우에는 질문의 표현이나 순서를 조금만 바꾸어도 응답의 내용이 크게 달라지는 일이 종종 벌어진다. 이를 응답효과response effect라고 부르는데, 이 효과의 존재는 설문조사 결과의 신빙성을 떨어뜨리는 역할을 한다.

또한 평소 환경에 대해 별 생각이 없었던 사람이 환경에 대해 얼마의 가치를 부여한다고 대답하는 것이 과연 믿을 만한지에 대해서도 의문을 제기할 수 있다. 그 사람은 질문을 받고 갑자기 그 평가액을 생각해 냈을 것이 분명한데, 과연 그것을 얼마나 믿을 수 있겠느냐는 말이다.

그러나 조건부평가법에 대해 호의적인 태도를 갖고 있는 경제학자도 상당히 많다. 그들은 환경정책에서 나오는 편익이 공공재의 성격을 갖고 있는 경우가 많아 시장에서 관찰된 소비자의 선택행위에 기초한 평가가 지극히 힘들다는 점을 강조한다. 존재가치를 평가하는 어려운 문제에 직면해 있는 상황에서 가능한 모든 방법을 활용할 필요가 있고, 이 점에서 본다면 설문조사의 방법도 유용한 역할을 한다는 것이 그들의 주장이다.

20

조세의 세계

세금 이야기

고대 그리스 사람들은 연극을 무척 즐겨 수많은 희극과 비극 작품들이 상연되었다고 한다. 바로 뒤에서 자세하게 설명할 'liturgy'라고 불리는 독특한 제도는 그들이 연극을 제작할 때 드는 경비를 충당하기 위해 사용한 방법 중의 하나였다. 이 제도는 마을에서 가장 부유한 사람으로 하여금 연극을 제작하는 데 드는 비용을 전부 부담하게 만든다는 특징을 갖고 있다. 그들은 연극제작 비용뿐 아니라 갖가지 공공경비를 충당하는 데 이 제도를 활용했다고 한다. 결국 그것은 가장 부유한 한 사람에게 모든 조세부담을 지우는 특성을 갖는 일종의 조세제도였다고 볼 수 있다.

이색적인 세금의 또 다른 예로 과거 영국에서 부과되었던 아궁이세hearth tax와 창문세window tax를 들 수 있다. 아궁이세는 1662년에 도입되었는데, 집 안에 있는 아궁이 하나당 2실링의 세금을 내도록 요구하고 있다. 아궁이가 많은 집에 사는 사람일수록 더욱 부유할 것이라는 생각에서 이런 세금이 도입되었을 것으로 짐작되지만, 왜 하필이면 아궁이가 과세대상이 되어야 했는지 의문을 가질 만하다.

1696년에 도입된 창문세 역시 오늘날의 관점에서 보면 매우 이상한 세금이다. 이는 집에 붙어 있는 창문의 수에 따라 결정되는 세금인데, 여섯 개를 넘는 창문을 가진 집만 과세대상이 되었다고 한다. 일곱 개에서 아홉 개까지의 창문이 달린 집은 2실링, 열 개에서 열아홉 개의 창문이 달린 집은 4실링의 세금을 내야 했다. 창문의 숫자에 따라 세금을 매긴다는 발상은 앞에서 본 아궁이세의 경우와 비슷했을 것으로 짐작된다.

각자가 창문의 수에 따라 세금을 내야 할 때 세금 내기를 싫어하는 사람이 어떤 반응을 보일지는 누구라도 쉽게 짐작할 수 있다. 사람들은 당연히 창문의 수를 줄여 조세 부담을 회피하려는 태도를 보일 것이다. 당시의 사람들이 살던 집들을 보면, 창문이 있었던 자리에 벽돌을 쌓아 벽처럼 만든 모습을 볼 수 있다. 그런 집들이 아직도 남아 관광명소가 되고 있다고 하는데, 조세가 사람들의 행위에 어떤 영향을 미치게 되는지에 대한 산 교육장의 역할을 하고 있는 셈이다.

영국과 러시아에서는 수염을 기르는 남성에게 부과되는 수염세beard tax를 걷기도 했다. 영국의 헨리 8세는 1535년 수염세를 도입했는데, 수염을 기르고 있던 그 자신은 면세 혜택을 받았다고 한다. 한때 폐지되었던 수염세는 그의 딸 엘리자베스 1세에 의해 부활되어 2주 이상 수염을 기른 모든 사람에게 세금이 부과되었다. 러시아의 피터대제는 1724년 러시아 사회를 근대화한다는 명분으로 수염세를 부과했다. 서유럽 순방을 마치고 돌아온 그는 긴 수염이 후진성의 상징이라 보고 수염을 모두 잘라 버리라는 명령을 내렸다. 수염세는 이 명령에 복종하지 않는 사람들에게 내리는 징벌의 의미를 가졌다.

세금의 역사상 가장 잔인한 것은 코세nose tax라고 불리는 것이었다. 9세기 아일랜드를 지배하고 있던 덴마크인들은 인두세를 부과하고 이를 내지 않는 사람에게는 코를 베는 형벌을 가했다고 한다. 이 때문에 그 세금에 코세라는 이름이 붙었다. 영어 표현에 'pay through the nose'란 것이 있는데, '터무니 없는 돈을 치르다'라는 뜻을 갖고 있다. 이런 표현이 나온 배경에 바로 그 코세가 있었던 것으로 짐작되고 있다.

연극 공연과 세금

오늘날도 마찬가지지만 연극 한 편을 제작하려면 상당히 많은 비용이 들어 그것을 어떻게 조달하느냐가 중요한 문제로 등장한다. 연극을 무척 즐겼던 고대 그리스 사람들은 'liturgy'라고 불리는 독특한 제도를 통해 연극을 제작할 때 드는 경비를 충당했다고 한다. 이 제도는 마을에서 가장 부유한 사람으로 하여금 연극을 제작하는 데 드는 비용을 전부 부담하게 만든다는 특징을 갖고 있다.

그런데 문제는 어떻게 마을에서 가장 부유한 사람을 골라내느냐에 있다. 어떤 사람 하나를 골라 당신이 가장 부유하니 비용을 부담하라 하면, 다른 사람이 더 부유한데 왜 나를 지목하느냐고 반박할 가능성이 있다. 이와 같은 일이 일어날 경우를 대비해 이 제도는 다음과 같은 규정을 마련해 놓고 있다.

예컨대 마을 사람들은 파판드레우라는 사람이 가장 부유하다고 지목했는데, 그는 무스쿠리가 자기보다 더 부유하다고 항변했다 하자. 이 경우 무스쿠리는 다음 두 가지 가능성 중 하나를 선택해야 한다. 하나는 그가 가장 부유하다는 파판드레우의 말을 인정해 순순히 비용을 부담하는 것이다.

이 제도에서 우리의 흥미를 끄는 대목은 무스쿠리의 또 다른 선택가능성이다. 그는 자신이 가장 부유하다는 파판드레우의 말을 부정하고 다음과 같은 행동을 취할 수 있다. 즉 파판드레우에게 그렇다면 네가 가진 것 모두와 내가 가진 것 모두를 바꾸자고 제안할 수 있는 것이다. 파판드레우가 이 제의에 응하지 않는다면 그것은 자신의 재산이 더 많다는 것을 간접적으로 인정한 셈이 된다. 따라서 무스쿠리 대신 그가 연극 제작에 드는 비용을 부담해야 한다. 만약 파판드레우가 이 제의를 받아들이면 그가 가장 많다고 주장한 무스쿠리의 재산을 차지하게 된다. 그러므로 이 경우에도 역시 파판드레우가 비용을 부담해야 한다.

역사책을 보면 실제로 재산의 교환이 이루어진 사례는 거의 없었다고 전해진다. 그와 같은 교환이 이루어지게 될 조건이 무엇인가 생각해 보면 그런 사례가 지극히 드문 이유를 쉽사리 이해할 수 있다. 곰곰이 생각해 보면 실제로는 파판드레우가 더 부유한데 공연히 무스쿠리를 걸고넘어지려 할 경우에 재산의 교환이 이루어질 가능성이 높다는 것을 알 수 있다.

이 경우 실제로 재산의 교환이 이루어지면 파판드레우로서는 큰 손실을 입게 된다. 따라서 그럴 바에야 아예 연극제작에 드는 비용을 부담하고 자신의 재산을 그대로 지키는 편이 더 낫다는 생각을 하게 된다. 상황이 이렇기 때문에 가장 부유한 사람이 다른 사람을 가리키며 그가 더 부유하다고 말하는 일이 일어나기 힘든 것이다.

우리 사회에서도 조세부담이 불공평하게 나누어지고 있다는 불평의 소리가 높다. 가장 부유한 계층에 속하는 사업소득자나 변호사, 의사 같은 전문직 종사자 중에 의외로 적은 세금을 내는 사람들이 많다. 수입차를 타고 다니는 병원장이 지난 몇 해 동안 세금을 한 푼도 안 내고 지내 왔다는 신문기사 정도는 큰 뉴스가 아닐 정도다. 이에 비해 그리 부유하지도 않은 봉급생활자들은 아무 도리 없이 내야 할 세금을 모두 내고 살아야 한다. 오죽하면 이들의 지갑은 속이 훤히 들여다보이는 '유리지갑'이라는 말이 나왔을까? 현대의 우리에 비하면 그 옛날의 그리스 사람들이 훨씬 더 공평한 조세제도 밑에서 살았던 셈이다.

조세의 초과부담

납세자가 실질적으로 지는 부담은 낸 세금보다 더 크다

정부가 거둬들인 세금이 100억원이라면 납세자가 실질적으로 지게 되는 부담은 이보다 더 큰 것이 보통이다. 납세자의 실질적 부담은 조세부과로 인해 그들의 경제적 후생이 줄어드는 정도를 화폐단위로 나타낸 것을 뜻한다. 예컨대 앞서 말한 100억원의 세금으로 인해 납세자들이 지는 실질적인 부담이 120억원에 해당하는 크기로 나타났다고 하자. 이때 우리는 조세부과로 인해 20억원에 해당하는 **초과부담**excess burden이 발생했다고 말한다. 원래 부담하기로 된 100억원을 초과해 이만큼의 부담이 추가로 발생했다는 뜻이다. 이 초과부담을 가능한 한 적게 발생시키는 조세제도가 바람직한 것임은 두말할 나위도 없다.

조세부과가 초과부담을 일으키게 되는 것은 이로 인해 사람들의 경제적 의사결정에 교란이 생기기 때문이다. 아주 강한 누진성을 갖는 소득세의 부과로 인해 사람들이 종전보다 덜 열심히 일하는 반응을 보이게 되는 것이 그 좋은 예다. 각 개인이 세금 등에 구애받지 않고 얼마나 일할지를 자유롭게 결정하는 것이 가장 효율적인 결과를 가져온다. 소득세의 영향을 받아 얼마나 일할지에 대한 결정이 달라진다면, 그만큼 비효율적이 될 수밖에 없다. 그 결과 사람들의 경제적 후생이 더 낮은 수준으로 떨어지게 되는데, 바로 이 후생의 감소폭이 초과부담을 뜻하는 것이다.

앞에서 설명한 창문세의 경우에도 창문이 적게 달린 집들을 짓게 되는 형태로 교란이 생긴다. 그 결과 사람들이 불편한 집에서 살아야 하는 초과부담이 발생하는 것이다. 이 세상에 존재하는 거의 모든 조세가 사람들의 경제적 의사결정에 교란을 가져와 초과부담을 발생시킨다. 오직 하나의 예외가 바로 중립세lump-sum tax라는 것인데, 아무런 초과부담을 일으키지 않는 세금을 중립세라고 부른다. 문제는 현실에서 이런 성격을 갖는 조세를 찾는 것이 거의 불가능에 가깝다는 데 있다.

효율성의 측면에서 볼 때 바람직한 조세는, 가장 적은 초과부담만을 발생시키면서 원하는 만큼의 조세수입을 달성할 수 있는 것이다. 경제학에는 최적조세optimal tax의 이론이라는 것이 있는데, 바로 이와 같은 성격을 갖는 조세를 찾아내는 데 관심의 초점을 맞추고 있다. 여기에서 최적조세이론을 자세하게 설명할 수는 없으나 그중 가장 단순한 것을 하나 예로 들어 설명하면 다음과 같다.

여러 상품에 물품세를 부과해 일정한 조세수입을 올리려 하는 상황을 생각해 보기로 하자. 최적조세이론은 이 상황에서 초과부담을 최소화하면서 일정하게 주어진 조세수입 목표를 달성할 수 있는 방법을 찾고 있다. 각 상품에 적용되는 세율이 달라짐에 따라 초과부담의 크기가 달라질 텐데, 어떤 세율구조하에서 초과부담이 가장 작아질 수 있는지를 묻는 것이다. 결국 문제는 어떤 상품에 상대적으로 더 높은 세율을 적용하고 어떤 상품에는 상대적으로 더 낮은 세율을 적용해야 하는지로 귀착된다. 상품이 갖는 여러 성격 중 어느 것에 기준해 세율의 높낮이를 결정할 것인지 그 원칙을 밝히는 것이 최적조세이론의 내용이다.

앞에서 조세부과의 결과 초과부담이 생기는 것은 이로 인해 사람들의 경제적 의사결정에 교란이 생기기 때문이라고 설명한 바 있다. 바로 이 사실에서 최적물품세를 찾는 힌트를 얻을 수 있다. 즉 물품세가 부과되어도 소비자들의 선택에 별 변화가 없을 것으로 예상되는 상품에서 주로 세금을 거둠으로써 초과부담을 작게 만들 수 있다는 아이디어를 얻는다는 것이다. 구체적으로 말해 이런 상품에 대해서는 다른 상품들에 비해 더 높은 세율을 적용하는 것이 바람직하다. 반면에 물품세가 부과되면 소비자들의 선택에 큰 변화가 나타날 것으로 예상되는 상품에는 비교적 낮은 세율을 적용한다. 이것이 바로 **램지규칙**Ramsey rule이라고 불리는 최적조세이론의 내용이다.

그렇다면 물품세를 부과해도 소비자들의 선택에 별 변화가 없을 것으로 예상되는 상품은 어떤 것들일까? 우선 머릿속에 떠오르는 것이 쌀이나 배추, 대중교통 서비스처럼 필수품의 성격이 강한 상품들이다. 램지규칙에 따르면 이런 필수품들에 비교적 높은 세율을 적용하는 것이 바람직하다. 반면에 보석, 스포츠용품, 해외여행 서비스 같은 것처럼 사치재의 성격을 갖는 상품에는 비교적 낮은 세율을 적용해야 한다. 최적물품세라는 것은 바로 이와 같은 세율구조를 갖는 물품세 제도를 뜻한다.

이 설명에 잘 납득이 가지 않는다고 생각하는 독자들이 많을 것이다. 가난한 사람들이 상대적으로 더 많이 소비하는 쌀이나 배추에 무거운 세금을 물리는 것이 결코 바람직할 것 같지 않기 때문이다. 그런 필수품에는 아무런 세금을 물리지 않는 게 바람직할 것 같은데, 오히려 가장 높은 세율을 적용하라니 이해가 잘 가지 않는 것이다.

이 의문은 램지규칙이 뜻하는 최적조세가 무엇인지를 알면 금방 풀릴 수 있다. 이 규칙이 말하는 최적조세는 단지 효율성의 측면에서 볼 때 최적이라는 제한적인 의미를 갖는다. 따라서 분배의 공평성이란 측면은 전혀 고려되지 않는다. 공평성의 관점에서 보면 필수품에 상대적으로 낮은 세율을 적용하는 것이 바람직한데, 이 점이 완전히 무시되고 있다는 말이다.

현실에서의 조세는 상당한 크기의 초과부담을 일으키고 있는 것이 사실이다. 한 연구에 따르면, 미국의 경우 세금 1달러를 거두어들일 때 최소 17센트에서 최대 56센트에 이르는 초과부담이 발생한다고 한다. 미국뿐 아니라 다른 모든 나라에서도 조세부과로 인한 초과부담이 상당히 크다는 사실이 밝혀져 있다. 따라서 조세제도 개혁이 논의될 때마다 초과부담을 줄일 방안을 마련하는 일이 중요한 과제로 등장한다. 그러나 논의만 무성할 뿐 실제로 초과부담을 획기적으로 줄이는 뾰족한 방안을 찾지 못하고 마는 경우가 대부분이다. 조세로부터 나오는 초과부담을 줄인다는 것이 말처럼 쉬운 일은 아니기 때문이다.

조세부담의 전가

부담이 다른 사람에게로 떠넘겨질 수 있다

신문이나 TV에서 "법인의 조세부담이 너무 무겁다."라는 말이 나올 때, 법인이 정말로 조세를 부담하는 것인지 의문을 제기하는 사람은 별로 없다. 법적으로 그 존재가 인정된 실체로서 법인이 세금을 납부하는 것은 분명한 사실이다. 그렇기 때문에 법인이 정말로 조세부담을 지는 것인지의 여부에 아무런 의문도 제기하지 않는 것이다. 그러나 법인이 세금을 내는 것은 오직 형식일 뿐, 그 내용을 보면 법인의 소유자들, 즉 주주들이 세금을 내는 것이라고 말할 수 있다.

그렇다고 해서 정말로 주주들이 모든 법인세의 부담을 떠안는다고 말하는 것은 아니다. 실제로는 주주뿐 아니라 다른 사람들도 법인세의 부담을 지는 결과가 나타날 수 있다. 다시 말해 주주들이 법인세 부담 중 일부를 다른 사람들에게 떠넘기는 일이 벌어질 수 있다는 뜻이다. 법적으로 규정되어 있는 조세부담의 주체와 실제로 그 부담을 지는 사람이 다른 경우가 많다. 이렇게 조세부담이 다른 사람에게로 넘겨지는 현상을 가리켜 '조세부담의 전가shifting'라고 부른다. 현실에서 주주는 법인세 부담의 일부를 상품 소비자나 근로자들에게 전가시킬 수 있다.

예를 들어 법인세 부과의 결과 그 기업이 생산하고 있는 상품의 가격이 올랐다고 하자. 그렇게 되면 더 높은 가격에 그 상품을 구입하는 소비자가 법인세의 실질적인 부담을 나누어 지는 셈이 된다. 상품 가격의 상승으로 인해 소비자의 실질 구매력이 떨어진다는 것은 소득이 그만큼 줄어든다는 것을 뜻한다. 상품의 소비자들은 바로 이 소득 감소분에 해당하는 부담을 지게 되는 것이다.

또한 법인세가 부과된 후 기업이 상품 생산량을 줄이는 반응을 보일 수 있는데, 이 경우에는 근로자들에게도 부담의 일부가 돌아가는 결과가 빚어진다. 상품 생산량이 줄어들면서 고용이 줄고 임금도 떨어져 근로자들의 소득이 줄어들기 때문이다. 이처럼 주주가 지기로 되어 있는 법인세의 부담이 실제로는 소비자나 근로자에게 전가되는 일이 일어날 수 있다. 다만 그 부담의 전가가 얼마나 큰 폭으로 이루어지는지에 대해서는 아직도 경제학계에서 정설이라고 할 만한 것이 존재하지 않는 상황이다.

우리나라의 국민연금제도를 보면, 가입자 본인이 표준보수의 4.5%를 기여금으로 납부하고 고용주가 4.5%를 납부해 주는 것으로 되어 있다. 국민연금제도 시행으로 인한 부담을 근로자와 고용주가 사이좋게 나누어서 진다는 명분에서 이와 같은 체제가 도입된 것으로 알려져 있다. 그러나 고용주가 실제로 이 기여금의 부담을 지고 있는지는 별개의 문제다. 고용주가 이 부담의 일부 혹은 전부를 근로자에게 전가시킬 가능성이 있기 때문이다. 만약 이런 일이 정말로 일어나고 있다면, 고용주가 부담의 반을 나누어진다는 것은 그럴듯한 명분에 지나지 않게 된다. 극단적인 경우 실제로는 근로자 자신이 모든 부담을 지는 결과까지 빚어질 수 있다.

문제의 핵심은 국민연금제도가 도입되면서 임금이 어떻게 변화하느냐에 있다. 제도가 도입된 후 임금이 더 낮은 수준으로 떨어지면, 바로 그만큼의 부담이 근로자에게 전가된 결과가 빚어진다. 고용주가 부담의 반을 나누어진다는 것이 말 그대로 맞는 결과가 되려면 제도가 도입된 후에도 임금이 종전과 똑같은 수준에 머물러 있어야 한다. 만약 고용주가 부담하는 금액만큼 임금이 떨어진다면, 그 부담이 전적으로 근로자에게 전가되는 결과가 나타난다.

지금까지 본 것처럼, 조세의 실질적 부담은 법적으로 정해진 부담의 분배와는 다르게 나타나는 경우가 많다. 경제관계를 통해 조세부담이 다른 사람에게 전가되는 경우가 흔히 일어나기 때문이다. 따라서 고소득층의 부담을 무겁게 하려는 의도로 부과된 세금이 오히려 중, 저소득층의 부담만 더 무겁게 만드는 결과가 일어날 가능성이 있다.

소득세율을 내리면 더 많이 일할까?

소득세율이 너무 높아 사람들이 근로의욕을 잃을 수 있으므로 이를 낮춰 주어야 한다고 주장하는 사람이 있다. 세율이 아주 높으면 애써 벌어 보았자 자기 주머니에 남는 돈이 얼마 되지 않을 것이기 때문에 구태여 열심히 일하려 하지 않을 것이 뻔하다. 그러나 세율을 막상 내려 주었을 때 사람들이 정말로 더 많이 일하게 될 것인지는 확실하지 않다. 이론적으로 보면 세율이 내려간 후에 사람들이 예전보다 더 적게 일하는 결과가 나타날 가능성도 있다. 그리고 현실 경제에서 세율을 낮춰 주면 사람들의 근로의욕이 현저하게 더 높아진다는 증거를 찾기 힘든 것도 사실이다.

소득세율을 낮춰 주면 자신의 주머니로 들어가는 세후after-tax 임금률이 예전보다 더 높아지게 된다. 예를 들어 시간당 임금률이 10만원인 사람에게 40%의 세율을 적용했을 때의 세후 임금률은 6만원이지만, 세율을 20%로 낮추면 세후 임금률이 8만원으로 올라간다. 그 사람이 놀기 위해 1시간을 덜 일하기로 한다면, 예전에는 처분가능소득이 6만원 줄게 되나 이제는 그 감소폭이 8만원으로 늘어난다. 즉 일하지 않고 노는 행위가 그만큼 더 큰 소득의 감소를 가져오는 것이다. 이 때문에 그는 노는 시간을 줄이고 더 많이 일하고자 하는 생각을 가질 수 있다.

그러나 이와 같은 세후 임금률의 상승은 또 다른 측면을 갖고 있다. 예전에는 20시간을 일해야 120만원의 처분가능소득, 즉 세금을 내고 남은 소득을 얻을 수 있었다. 그러나 세후 임금률이 올라 이제는 15시간만 일해도 120만원의 처분가능소득을 얻을 수 있게 되었다. 그러므로 예전에 비해 몇 시간 정도 적게 일한다 해도 오히려 소득이 더 커질 수 있다. 말하자면 세후 임금률의 상승으로 인해 그의 실질적 소득이 더 커진 셈이다. 이와 같은 변화는 그로 하여금 예전처럼 열심히 일하지 않아도 되겠다는 생각을 하게 만든다.

지금까지의 논의를 종합해 보면, 소득세율의 인하로 인한 세후 임금률의 상승에서 두 가지 상반된 영향을 받는다는 것을 알 수 있다. 더 많이 일하려는 생각을 갖게 만들기도 하고, 다른 한편으로는 더 적게 일해도 된다는 생각을 하게 만들기도 한다. 이 두 상반된 영향 중에서 어느 것이 더 큰지에 따라 그는 예전보다 더 많이 일하는 반응을 보일 수도 있고 더 적게 일하는 반응을 보일 수도 있다. 이처럼 이론적 논의만으로는 소득세율을 낮춰 주는 것이 사람들의 근로의욕에 어떤 영향을 미칠지 분명하게 예측할 수 없다.

현실에서의 경험도 소득세율 인하가 근로의욕을 높이는 데 그다지 효과적이지 못함을 입증해 주고 있다. 미국의 레이건R. Reagan 행정부는 집권 초기에 공급중시경제학supply-side economics의 처방을 받아들여 소득세율을 대폭 인하한 바 있다.

공급중시경제학자들은 소득세율의 인하가 사람들의 근로의욕을 북돋을 것이라고 자신만만하게 떠들고 다녔다. 그들은 소득세율을 내려 주면 사람들이 전보다 더 열심히 일할 것이며, 따라서 조세수입이 오히려 더 커진다고까지 주장했다. 그러나 이 조치가 취해진 후 사람들이 예전보다 눈에 띄게 더 열심히 일하는 결과는 결코 나타나지 않았다. 몇몇 고소득자의 세금을 절약시켜 주는 불공평함과 눈덩이처럼 불어난 재정적자를 유산으로 남겼을 뿐이다.

이 세상에 "공짜 점심이란 없다."There is no free lunch.는 유명한 격언이 있다. 우리가 보통 '꿩 먹고 알 먹고'라고 부르는 종류의 결과는 애당초 기대하기 힘들다는 뜻이다. 이 냉엄한 경제논리를 이해하지 못하는 사람들은 소득세율의 인하가 공짜 점심을 가져다준다는 어리석은 믿음을 갖게 된다.

인플레이션세

물가상승이 정부의 빚을 줄여준다

지속적인 재정적자로 인해 국채 발행량이 끊임없이 불어나는 문제로 고민하는 나라가 많다. 국채는 정부가 국민에게 진 빚을 뜻하는데, 너무 큰 규모로 불어나면 국가의 신용도에 문제가 생길 수 있다. 다만 물가상승이 정부의 빚을 자동적으로 줄여주는 역할을 한다는 사실에서 약간의 위로를 받을 수 있다. 예컨대 2017년 말 현재 국채 발행 총액이 1,100조원이었는데, 2018년 한 해 동안 추가적인 국채 발행량이 0이라고 하자. 그런데 2018년 한 해 동안 물가가 10% 상승했다고 한다.

그렇다면 2018년 말의 국채 발행고가 명목상으로는 1,100조원에 머물러 있지만 10%의 물가상승률을 감안해 계산한 실질가치는 1,000조원으로 줄어든다. 정부가 빚을 한 푼도 갚지 않았지만 물가상승 때문에 결과적으로 100조원에 이르는 채무가 줄어든 셈이다. 물가상승으로 인해 국가의 채무가 자동적으로 줄어든다는 것은 정부가 **인플레이션세** inflation tax를 거두었다는 뜻이다. 물가가 상승하는 과정에서 국민이 알지도 못하는 사이에 엄청난 세금을 내게 되는 것이다.

정부의 공식통계에 나타난 조세수입에는 이 인플레이션세가 전혀 포함되지 않는다. 예를 들어 국세청이 2018년 한 해 동안 800조원의 세금을 거둔 것으로 발표했다고 하자. 이 통계수치는 국민들의 주머니에서 거둔 세금만을 포함하고 있을 뿐, 인플레이션세는 전혀 포함하지 않고 있다. 그러나 물가상승으로 인해 정부의 채무가 100조원 줄었다는 것은 실질적으로 정부가 그만큼의 수입을 얻었다는 것을 뜻한다. 따라서 이해의 실질적인 정부수입은 900조원이라고 해야 맞는 말이 된다.

정부가 인플레이션세를 거두고 있다면 한 해 동안의 재정수지도 보통과는 다른 방법으로 파악해야 한다. 예를 들어 2018년 한 해 동안의 정부수입이 500조원인데 지출은 560조원이라고 하자. 보통의 방법으로 정부의 재정수지를 따지면 60조원의 재정적자가 났다는 결론을 내리게 된다. 그러나 앞에서 말했듯 그해에 100조원에 해당하는 인플레이션세가 걷혔다면 실질적인 재정수지는 적자가 아니라 40조원의 흑자가 난 셈이다. 바로 이 수치가 현실적인 의미에서 정부재정의 수지를 나타내는 것이라고 볼 수 있다.

정부만이 물가상승에 의해 자동적으로 채무가 줄어드는 이득을 얻는 것은 아니다. 빚을 지고 있는 사람이면 누구나 물가상승에서 이와 같은 이득을 얻을 수 있다. 물론 물가가 오를 것이 분명하면 돈을 빌려주는 사람은 예상되는 물가상승률만큼 더 높은 이자율을 요구하게 될 것이다. 그렇게 하지 않으면 나중에는 원금까지 까먹는 결과를 빚을 수 있기 때문이다. 이렇게 이자율이 물가상승률과 함께 움직이는 경우에는 빚을 진 사람들이 물가상승에서 얻는 이득이 그리 크지 않다.

그런데 은행 같은 공식 금융기관은 정부의 통제 때문에 이자율을 마음대로 올려 받지 못한다. 한 해에 물가가 몇십 퍼센트씩 뛰고 있는 상황에서 5%를 조금 넘는 이자율로 대출을 받은 개인이나 기업이 엄청난 이득을 본다는 것은 두말할 필요조차 없다. 돈을 빌려서 실물투자를 해두면, 그 투자가 여간 잘못된 것이 아닌 바에야 밑지는 장사가 되려야 될 수 없다. 더군다나 그 돈으로 목이 좋은 곳의 땅이라도 사두었다면 돈 벌기는 땅 짚고 헤엄치기처럼 쉬울 것이 틀림없다. 인플레이션이 매우 심했던 1960, 70년대에 우리 정부는 막대한 인플레이션세를 거둘 수 있었고, 그 와중에서 소리 없이 부자가 된 사람도 아주 많았다.

비만세

정부가 무엇을 먹는지에도 개입한다

미국과 유럽 여러 나라들은 탄산음료나 패스트푸드처럼 비만을 유발하는 식품에 특별한 세금을 부과하고 있다. 말하자면 비만세obesity tax를 부과하고 있는 셈인데, 이제는 국민이 무엇을 먹는지의 문제에까지 정부가 개입하고 있는 셈이다. 비만으로 인한 사회적 비용을 줄이는 동시에 조세 수입도 확보할 수 있어 각국 정부는 적극적으로 이를 활용하고 있다.

원칙적으로 무엇을 먹을지는 개인적 선택의 문제이며 정부라 해서 이에 간섭할 권리를 갖는 것은 아니다. 내가 좋아하는 것을 먹을 자유마저 없다면 어찌 자유로운 사회가 될 수 있겠느냐는 불평이 나올 만도 하다. 내가 좋아하는 것을 먹고 그 결과 비만에 시달리게 된다 해도 그것은 전적으로 자신이 선택한 결과일 뿐이다. 부모도 아닌 정부가 나에게 이걸 먹어라 저건 먹지마라는 식으로 명령할 수 있는 것일까?

이런 관점에서 본다면 비만세 부과는 개인의 자유로운 선택에 대한 부당한 간섭의 성격을 갖는다. 그렇다면 비만세를 부과하는 정부는 과연 어떤 근거에서 정당성을 찾고 있을까? 비만세를 부과하는 정부는 비만이 개인적인 문제에 국한되는 것이 아니라는 점을 강조한다. 비만으로 인해 건강이 나빠지면 의료비가 더 많이 들 텐데, 그 의료비의 일부를 사회가 부담하게 된다면 비만은 당연히 사회적 관심사가 될 수밖에 없다는 입장이다.

정부가 마치 부모라도 되는 듯 개인의 자유로운 선택에 간섭하는 사례는 다른 곳에서도 많이 찾아볼 수 있다. 운전할 때 안전벨트를 매라, 도박을 하지 말라, 담배를 피우지 말라는 등 이런저런 간섭의 사례가 수없이 많다. 노후의 생계안정을 위한 강제저축 프로그램이라고 볼 수 있는 국민연금제도 역시 개인의 자유로운 선택을 제한한 사례라고 볼 수 있다.

개인의 자유로운 선택을 어느 정도까지 보장해 주어야 하느냐는 민주사회에서 제기될 수 있는 가장 본질적인 의문이다. 밀J. S. Mill은 『자유론』*On Liberty*에서 개인의 자유가 제한될 수 있는 유일한 정당성의 근거는 그의 행동이 남에게 해를 끼치는 것을 막는 데서만 찾을 수 있다고 말한 바 있다. 그는 "이렇게 하는 것이 너에게 좋다."라는 근거로 개인의 자유를 제한하는 것은 정당하지 못하다고 못 박는다. 밀의 이 말에 비추어 본다면 비만을 일으키는 음식을 먹지 못하게 만드는 것 역시 부당한 간섭이 아닐까?

탈세의 경제학

어떻게 하든 더 많은 세금을 거두려는 과세당국과 갖은 수를 써서 더 적게 내려는 납세자들 사이의 숨바꼭질은 인류 역사상 가장 오래된 게임의 하나라고 할 수 있다. 그런데 세금을 덜 내기 위한 노력이 모두 불법적인 것은 아니고, 경우에 따라서는 법에 전혀 어긋나지 않는 방법이 사용될 때도 있다. 합법적인 방법으로 세금을 적게 내려고 노력하는 행위를 조세의 회피tax avoidance라고 부른다. 이에 비해 조세의 포탈tax evasion, 즉 **탈세**는 불법적인 수단을 통해 납세의 의무를 벗어나려는 행위를 뜻한다.

조세의 회피는 우리가 보통 절세행위라고 부르는 것으로, 과세당국의 입장에서는 이에 대해 어찌해볼 도리가 없다. 예컨대 위스키에 무거운 세금을 부과하면 사람들은 소주로 대체함으로써 세금을 절약하려 할 텐데 이를 막을 어떤 뾰족한 대책이 있을 리 없다. 또한 상속·증여세의 규정을 교묘히 이용해 세금 한 푼 내지 않고 어마어마한 재산을 상속시킨다 해도 법을 어기지 않는 한 속수무책일 수밖에 없다. 기껏해야 절세행위에 이용될 수 있는 구멍을 가능한 한 작게 만들기 위해 노력하는 길밖에 없다. 그러나 아무리 완벽하게 대비를 한다 해도 납세자들이 워낙 집요하게 빠져나갈 구멍을 찾기 때문에 곧 허점이 드러나게 마련이다.

반면에 탈세행위는 법을 피해 가는 행위가 아니라 명백하게 어기는 행위이기 때문에 의지만 있다면 충분히 막을 수 있다. 탈세를 막는 방법을 찾아내기 위해서는 우선 사람들이 어떤 동기에서 그와 같이 불법적인 일을 저지르게 되는지를 살펴보아야 한다. 사람들이 탈세행위를 하는 이유는 단순하다. 어떻게든 세금을 적게 내려는 욕심에서 법을 어기는 일까지 서슴지 않는 것이다. 그렇지만 탈세행위에는 나름대로 비용이 따른다. 탈세를 시도하다 적발되면 더 큰 금전적 손실을 볼 수 있음은 물론, 심한 경우에는 감옥에까지 가게 된다. 어떤 사람이 탈세를 시도한다면, 결국 이로부터 나오는 이득이 이에 따르는 비용보다 더 크다는 판단이 섰기 때문일 것이다. 그러므로 사람들로 하여금 탈세행위를 하지 못하게 막기 위해서는 이로부터 나오는 이득을 줄이거나 이에 따르는 비용을 늘려야 한다.

탈세에 성공했을 때 생기는 이득은 이로 인해 절약된 세금이다. 그리고 소득을 1원 탈루시킬 때 절약되는 세금의 크기는 소득세율과 같다. 예를 들어 어떤 사람에게 적용되는 소득세율이 40%라고 하면, 그가 소득을 1만원 줄여 신고할 때 생기는 이득은 4천원이 된다. 그러므로 세율이 높을수록 탈세에서 나오는 이득이 더 커지고, 이에 따라 탈세를 하려는 유혹도 더 강해진다. 세율이 겨우 20%에 불과할 때는 탈세가 별로 일어나지 않아도, 무려 90%나 되는 높은 세율 아래서는 너도나도 탈세를 하려 들 것이 뻔하다.

탈세행위에 따르는 비용 중 가장 중요한 것은 당국에 의해 적발되었을 때 받아야 할 징벌이다. 예를 들어 탈세 시도가 적발될 확률이 0.1로 주어져 있고, 적발된 소득탈루액 1만원당의 벌금은 그 세 배인 3만원이라고 하자. 그렇다면 소득을 1만원 줄여서 신고하는 사람이 예상하는 비용은 3천원이 된다. 적발될 확률이 0.1인데 적발될 경우 3만원의 벌금을 내야 하므로 벌금의 기대치가 3천원(=0.1×3×1만)이 되는 것이다. 바로 이 금액이 1만원을 줄여서 소득을 신고하는 데 따르는 비용이라고 생각할 수 있다. 앞에서 소득세율이 40%일 때 1만원을 줄여 신고함으로써 얻는 이득은 4천원이라고 설명한 바 있다. 그렇다면 탈세행위에서 나오는 이득이 비용보다 더 큰 셈이므로 그는 탈세를 시도하게 된다.

탈세행위에 따르는 비용을 크게 만들기 위해서는 적발될 확률이나 벌금률을 높여야 한다. 이 두 가지 방법 중 하나만 실행에 옮겨도 탈세를 시도

하는 사람의 수는 현저하게 줄어들 것이다. 탈세를 시도하는 족족 적발되는 상황에서 어느 누가 감히 탈세하려 들까? 예컨대 탈세를 시도하다 들킨 사람에게 무조건 10억원이나 되는 무거운 벌금을 매기는 경우도 마찬가지다. 그러나 현실적으로 적발될 확률이나 벌금률을 아주 높게 만들기는 힘든 점이 있다. 적발의 확률을 높이는 데는 행정력이 뒷받침되어야 할 뿐 아니라, 개인의 사생활에 간섭하게 될 위험도 따른다. 또한 사소한 탈세범에게 그처럼 무거운 벌금형을 가하는 것에도 나름대로 문제가 있다.

한편 세율의 인하는 탈세행위에서 나오는 이득을 작게 만드는 결과를 가져온다. 따라서 다른 조건이 동일하다면 탈세하려는 경향도 줄어들 것이라고 예상할 수 있다. 세율이 아주 낮아 탈세에서 오는 이득이 작다면 사람들은 구태여 위험을 무릅쓰면서 탈세를 하려 들지 않을 것이다. 많은 나라가 이 방법을 통해 탈세를 막으려 하고 있으나, 그 효과에 대한 확실한 결과는 아직 나오지 않고 있다. 탈세가 마치 국민의 기본권이라도 되는 것처럼 생각하는 사람이 많은 우리 사회의 경우에는 어떤 방법을 쓰더라도 별 효과가 없을지 모른다.

21

인간의 경제학

행태경제이론

인간의 따뜻한 체온이 느껴지는 경제학

경제학은 뭔지 모르게 차갑다는 느낌을 주는 학문이다. 경제학뿐 아니라 경제학자도 역시 따뜻하다는 느낌과는 거리가 먼 것이 사실이다. 왜 그럴까? 경제학이 전형적 인간형으로 설정해 놓은 호모 이코노미쿠스*homo economicus*의 면모를 살펴보면 그 답이 바로 나온다. 즉 호모 이코노미쿠스가 갖는 성격에서 경제학이 차갑다는 느낌을 줄 수밖에 없는 이유를 찾아낼 수 있다는 말이다.

호모 이코노미쿠스는 사랑이나 미움, 기쁨이나 슬픔 같은 인간의 체취가 완전히 제거된 존재다. 그가 유일하게 관심을 갖고 있는 것은 물질적 측면일 뿐이며, 그는 오직 물질적 동기에 의해서만 움직이고 있다. 사실 우리 주변에서 이와 같은 사람을 쉽게 찾아볼 수 있는 것은 아니다. 그러나 경제학은 바로 이런 사람을 전형적 인간으로 보고 분석의 대상으로 삼고 있다. 온 세상이 이런 호모 이코노미쿠스로 가득 차 있다고 보는 경제학이 차갑다는 느낌을 주는 것은 당연한 일이다.

호모 이코노미쿠스가 갖고 있는 가장 중요한 특성은 물질에 대한 끝없는 욕망이다. 맛있는 음식, 멋진 옷, 안락한 집, 그리고 즐거운 휴가에 대한 그의 욕망은 한없이 크다. 단순히 생존에 필요한 물질을 다 갖고 있다고 해서 그것으로 만족하는 법이 없다. 모자람을 미덕으로 여겼던 그리스 철학자 디오게네스의 반대쪽 극단이 바로 이 호모 이코노미쿠스라고 보면 된다.

그러나 이 욕망을 채워 주는 수단이 되는 경제적 자원은 일정한 양으로 한정되어 있다. 그렇기 때문에 호모 이코노미쿠스는 늘 부족함을 느끼며 살아간다. 그는 자나 깨나 "더 많이 있었으면."이란 말을 입에 달고 산다. 이 상황에서 그는 '경제하려는' 강한 의지를 발휘한다. 경제하려는 의지란 한정된 자원으로 욕망을 최대한 충족시킬 수 있는 방법을 찾으려는 노력을 뜻한다.

한정된 자원으로 욕망을 최대한 충족시키기 위해서는 자원을 효율적으로 활용해야 한다. 그리고 자원을 효율적으로 활용하기 위해서는 합리적으로 판단하고 행동할 줄 알아야 한다. 따라서 합리성rationality은 호모 이코노미쿠스가 갖춰야 할 핵심적인 요건이 된다. 호모 이코노미쿠스의 경제 활동을 분석대상으로 삼는 경제학은 당연히 그를 합리성의 소유자라고 가정한다.

호모 이코노미쿠스의 또 다른 중요한 특징은 모든 행동의 근저에 이기심self-interest이 깔려 있다는 것이다. 여기서 말하는 이기심은 우리가 "저 사람 참 이기적이야."라고 말할 때의 이기심과 약간 다른 뜻을 갖고 있다. 이 말 속의 이기심이라는 것은 자기 이익만 챙기고 남 생각은 전혀 하지 않는다는 부정적 의미를 갖는다. 반면에 호모 이코노미쿠스의 이기심은 자신의 이익을 우선적으로 고려한다는 것만을 뜻할 뿐이다.

모든 학문에서 "인간은 과연 어떤 존재인가?"라는 의문이 매우 중요한 의미를 갖는다. 경제학에서는 인간이란 '자신의 이익을 합리적으로 추구하는 존재'라고 본다. 그런데 여기서 한 가지 주의할 점이 있다. 지금 말하고 있는 경제학이란 것이 무엇을 뜻하는지 정확하게 이해하고 있어야 한다는 것이다. 나는 경제학이란 말을 '교과서에서 배우는 전통적 경제이론'을 뜻하는 말로 쓰고 있다. 그렇다면 교과서에 나오지 않는 다른 경제이론이 있다는 말인가? 맞다. 그런 경제이론이 있다. 내가 앞으로 설명하려고 하는 **행태경제이론**behavioral economics이 그 좋은 예다.

현실의 인간은 물질적 측면뿐 아니라 감정적인 측면에도 많은 관심을 갖는 것이 보통이다. 때때로 비합리적인 행동을 일삼을 뿐 아니라, 철저하게 자기중심적이지도 않은 것이 우리가 현실에서 보는 인간이다. 이런 현실의 인간을 전형적인 인간형으로 설정하고 그들의 행위를 분석해야 비로소 현실을 정확하게 이해할 수 있다는 것이 행태경제학자들의 믿음이다. 행태경제이론에서 인간의 따뜻한 체온을 느낄 수 있다고 말하는 이유가 바로 여기에 있다.

행태경제이론은 태어난 지 불과 몇십 년 정도밖에 되지 않은 경제학의 뉴프론티어다. 극소수의 교과서를 제외하고는 행태경제이론에 대해 언급한 것조차 보기 힘든 현실이다. 그렇기 때문에 이를 '교과서에 나오지 않는 다른 경제이론'이라고 부르는 것이다. 행태경제이론은 호모 이코노미쿠스를 전형적 인간형으로 볼 수 있는지에 대해 의문을 제기함으로써 전통적 경제이론에 반기를 들고 있다.

행태경제이론의 기본 입장은 인간의 합리성과 이기심에 명백한 한계가 있다는 것이다. 잠시 책 읽기를 멈추고 독자 자신에 대해 생각해 보기 바란다. 자신이 어느 경우에서나 합리적인 행동을 해 왔다고 자신할 수 있을까? 또한 자신이 언제나 이기적인 태도를 취해 왔다고 생각하는가? 인간이 완벽하게 합리적이며 이기적인 존재가 아니라는 사실을 입증해 줄 현실의 증거는 수없이 많다.

휴리스틱

늘 계산기 두드려 가며 사는 것은 아니다

아무리 철저한 사람이라 해도 늘 백과사전 찾아보고 계산기 두드려 가며 사는 것은 아니다. 많은 상황에서 주먹구구나 어림짐작으로 판단하고 행동하는 것이 우리 인간의 진솔한 모습이다. 이렇게 하는 데는 나름대로 이유가 있다. 모든 것을 철저하게 따져보고 행동하는 데 상당한 비용이 들기 때문이다. 시간도 그렇지만 정신을 집중하는 데 드는 심리적 비용도 무시하지 못할 만큼 크다. 그렇기 때문에 철저하게 따져 보아 생기는 이득이 그리 크지 않은 한 주먹구구나 어림짐작으로 때우고 만다. 말하자면 이런 태도가 경제성의 원칙에 부합된다고 볼 수 있는 것이다.

경우에 따라서는 철저하게 따져볼 능력이 없어 주먹구구나 어림짐작으로 때우려고 할 수도 있다. 우리는 아인슈타인도 아니고 슈퍼컴퓨터도 아니다. 그렇기 때문에 선택에 관련된 모든 정보를 모아 처리할 능력을 갖지 못한다. 제한된 인식능력과 정보, 그리고 지식만을 갖고 있는 우리로서는 대부분의 경우에서 주먹구구나 어림짐작에 의존해 문제를 처리할 수밖에 없다. 사실 우리는 수없이 많은 상황에서 편의상 이와 같은 문제 처리방식을 사용하고 있다.

현실의 상황을 판단하는 일은 무척 복잡하기 때문에 사람들은 이를 단순화하기 위해 몇 개의 주먹구구 혹은 어림짐작식의 판단방식을 사용한다. 심리학자들은 이와 같은 판단 방식을 **휴리스틱**heuristics이라고 부른다(적절한 우리말 번역을 찾기 힘들어 외래어로 그냥 표현하는 경우가 많다). 행태경제학자들이 현실의 인간에서 찾아낸 가장 중요한 특징 중 하나가 바로 이 휴리스틱의 광범한 활용이다. 경제학에서 상정하고 있는 호모 이코노미쿠스와는 본질적으로 다른 방식으로 행동하고 있는 셈이다.

휴리스틱이 널리 사용되고 있다는 것은 심리학계에서 보편적으로 인정되고 있는 사실이다. 그런데 심리학계에서 휴리스틱을 보는 시각은 두 가지로 엇갈려 있다. 하나는 휴리스틱이 우리 삶에서 매우 긍정적인 역할을 하는 것으로 보는 시각이다. 휴리스틱이 지적 능력 혹은 정보의 부족함을 메워 주는 훌륭한 수단이 된다는 것이다. 휴리스틱에 의해 주변 상황을 판단하고 의사결정을 하는 것이 의외로 좋은 성과를 가져다준다는 연구 결과가 많이 나와 있다.

이와 대조적으로 휴리스틱은 인식의 편향을 가져온다는 점에서 부정적으로 보는 시각도 있다. 즉 휴리스틱이 사물을 객관적으로 인식하지 못하게 만드는 걸림돌 역할을 한다고 보는 견해도 있다는 말이다. 휴리스틱은 그 본질상 직관적이며 즉흥적인 특성을 갖고 있기 때문에 때때로 오판을 가져온다. 행태경제이론이 바로 이런 견해를 갖고 있다. 휴리스틱에 의해 주변 여건을 판단하는 사람은 호모 이코노미쿠스와 같은 합리성을 가질 수 없다는 것이 행태경제이론의 기본 입장이다.

닻내림효과

의미 없는 숫자의 마력

사람들에게 유엔 가입국들 중 아프리카 국가가 차지하는 비율이 몇 % 인지 짐작해 보게 만드는 실험을 한 적이 있다. 그런데 이 실험에 참가하는 사람은 자신의 짐작을 말하기 전에 한 가지 절차를 거쳐야 한다. 그것은 제비뽑기로 0에서 100에 이르는 숫자 중 하나를 뽑아야 한다는 것이다. 이렇게 뽑힌 숫자를 펼쳐 본 다음 아프리카 국가의 비율에 대한 짐작을 말하게 된다.

이런 실험을 해본 결과 아주 흥미로운 현상을 관찰할 수 있었다. 높은 숫자를 뽑은 사람일수록 아프리카 국가의 비율을 더 높게 짐작하는 것으로 나타났던 것이다. 예를 들어 10이란 숫자를 뽑은 사람들이 짐작한 비율의 중위값은 25%인 한편, 65를 뽑은 사람이 짐작한 비율의 중위값은 45%였다. 단지 높은 숫자를 뽑았다고 아프리카 국가의 비율을 더 높여서 짐작하다니!

논리적으로 따져 보면 그 숫자는 아프리카 국가의 비율에 대한 짐작과 아무런 상관이 없다. 10이라는 숫자를 뽑든 65라는 숫자를 뽑든 이로 인해 내 짐작이 달라져야 할 하등의 이유가 없다는 말이다. 그냥 무시해 버려도 아무 문제가 없는 무의미한 숫자일 뿐이다. 그런데도 현실에서 사람들은 분명히 그 숫자의 영향을 받고 있는 것이다. 머리를 갸우뚱하게 만드는 실험 결과가 아닐 수 없다.

어느 숫자를 뽑느냐에 따라 짐작이 달라진다는 것은 사람들이 아프리카 국가들의 비율을 짐작하는 과정에서 어떤 방법으로든 그 숫자를 이용한다는 것을 뜻한다. 문제의 본질과 아무 관련이 없는 숫자지만 하여튼 어떤 영향을 미치고 있는 것만은 분명하다. 심리학자의 설명에 따르면, 사람들은 그렇게 뽑힌 숫자를 짐작하는 과정의 출발점으로 삼는다고 한다.

예를 들어 10을 뽑은 사람은 아프리카 국가의 비율이 10%일 것이라는 짐작으로부터 출발한다. 여기서부터 출발해 만약 그보다 더 클 것이라는 판단이 나왔다면, 그다음 15%는 어떨지 생각해본다. 사람들은 이런 방식으로 아프리카 국가의 비율에 대한 짐작을 조정해 나간다는 것이 심리학자의 설명이다.

한편 65를 뽑은 사람은 아프리카 국가의 비율이 65%일 것이라는 짐작으로부터 출발한다. 65%보다 작을 것이라는 판단이 나오면 그다음에는 60%보다도 더 작을지를 생각해 본다. 심리학자들은 이런 과정을 거쳐 나온 최종적인 짐작이 처음 출발했던 수준에서 크게 떨어져 있지 않다고 설명한다. 따라서 10%에서 출발한 사람이 짐작한 아프리카 국가의 비율은 65%에서 출발한 사람이 짐작한 비율보다 더 낮을 수밖에 없다는 것이다.

이와 같은 실험 결과는 우리가 **닻내림효과**anchoring effect의 영향을 받는다는 것을 뜻한다. 배가 어느 지점에 닻을 내리면 물결에 따라 이리저리 움직여 봤자 그 부근에서 맴돌기 마련이다. 사람들이 어떤 것을 짐작할 때도 이처럼 어디에 닻을 내리느냐가 중요한 역할을 한다. 예컨대 10이란 숫자를 뽑아 10%를 짐작의 출발점으로 삼은 사람은 결국 거기서 크게 차이가 나지 않는 비율로 답을 내놓게 된다. 10이란 숫자를 보는 순간 바로 거기에 닻을 내린 것과 같은 결과가 빚어졌다는 말인데, 바로 이런 뜻에서 행태경제학자들은 닻내림효과라는 이름을 붙였다.

이 닻내림효과의 영향을 받아 이루어진 판단은 전통적 경제이론에서 말하는 합리적 판단과 거리가 멀다. 아무 의미도 없는 숫자가 판단에 영향을 미치는 것을 어찌 합리적이라고 말할 수 있는가? 문제는 닻내림효과가 아주 드물게 나타나는 것이 아니라는 데 있다. 우리가 닻내림효과의 영향을 받는 경우가 많다는 것은 우리 행동이 전통적 경제이론의 예측과 다를 가능성이 크다는 것을 뜻한다.

손실기피성향

손해를 보는 것은 정말로 싫다

경제학 교과서에 명백하게 설명되어 있지는 않지만, 암묵적으로 가정되어 있는 하나의 중요한 사실이 있다. 경제적 측면에서 어떤 사람이 느끼는 만족감은 그의 소득 혹은 재산의 크기에 의해 결정된다는 것이다. 즉 소득이 많을수록, 그리고 재산이 많을수록 만족감이 더 커지는 것으로 가정한다는 말이다. 그동안 경제학자들 사이에서 이 가정에 문제가 있다고 논란이 일어난 적은 별로 없다.

그렇지만 다음과 같은 예를 생각해 보면 그 가정이 현실과 상당히 동떨어져 있음을 알게 된다. 예를 들어 김민동 씨와 이규석 씨는 모두 3억원씩의 똑같은 재산을 갖고 있다고 하자. 그런데 김씨는 최근 주식 투자에서 5천만원을 벌어 재산이 3억원으로 불어났다. 반면에 이씨는 펀드에 넣어둔 돈에서 2억원의 손실을 보아 재산이 3억원으로 떨어졌다고 한다.

정말로 이 두 사람이 자신의 경제적 상황에 대해 똑같은 만족감을 갖고 있을까? 독자가 각각 김씨와 이씨의 처지가 되었다고 가정해 보기 바란다. 이 두 상태에서의 만족감이 똑같을 가능성은 0에 가까울 게 분명하다. 최근 주식 투자에서 재미를 본 김씨는 아주 행복해하고 있는 반면, 펀드 투자에서 큰 손해를 본 이씨는 참담한 심정이 되어 있으리라는 데 의심의 여지가 없다. 두 사람의 재산이 똑같기 때문에 만족감의 수준도 똑같을 것이라는 짐작은 현실과 크게 동떨어져 있다.

행태경제학자들의 연구에 따르면, 사람들의 만족감과 직결되는 것은 소득이나 재산의 크기 그 자체가 아니라고 한다. 사람들의 만족감과 직접적인 관련을 갖는 것은 소득과 재산의 변화 양상이라는 것이 그들의 지적이다. 다시 말해 이득을 보았느냐 아니면 손해를 보았느냐가 결정적인 영향을 미친다는 뜻이다. 사람들은 재산의 어떤 기준점reference point을 설정하고 재산이 그것보다 더 커졌는지 아니면 작아졌는지에 큰 관심을 갖는다. 바로 이 재산의 변화 양상이 만족감에 결정적인 영향을 미친다는 것이 행태경제학자의 설명이다.

행태경제학자들이 밝혀낸 또 하나의 사실은 사람들이 이득보다 손해에 훨씬 더 민감하게 반응한다는 점이다. 예를 들어 3천만원의 이득에서 얻는 만족감의 증가폭보다 3천만원의 손해로 인해 경험하는 만족감의 감소폭이 훨씬 더 크다는 말이다. 이는 조금의 손해라 할지라도 만족감을 크게 떨어뜨리는 요인으로 작용할 수 있음을 뜻한다.

이렇게 손해에 특히 민감하게 반응하는 태도는 약간 의외라고 생각될 수 있다. 3천만원의 손해를 보았다 하더라도 나중에 3천만원의 이득을 얻으면 깨끗하게 상쇄될 수 있는 것 아닌가? 그렇다면 이득이든 손해든 금액이 문제이지, 손해라고 해서 특별히 민감하게 반응해야 할 이유는 없다. 상식적으로 생각해 보면 분명 그렇다. 그러나 현실의 인간은 이런 상식과 어긋나는 행태를 보이고 있는 것이다.

현실의 인간에게는 자기가 지금 갖고 있는 것을 잃어버릴 수 있다는 걱정이 매우 중요한 역할을 한다. 그렇기 때문에 손해를 보는 것에 대해 특히 민감한 반응을 보이는 것이다. 행태경제학자는 바로 이런 **손실기피성향**loss aversion이 현실의 인간이 갖는 중요한 특성 중 하나라고 말한다. 사람들이 손실기피성향을 갖는다는 사실을 알고 있으면 그들이 현실에서 보이는 행태를 좀 더 잘 이해할 수 있다.

예컨대 노사협상이나 국제무역협상 같은 상황에서 협상 테이블에 앉은 두 측이 쉽사리 합의에 이르지 못하는 것도 손실기피성향과 관계를 갖는다. 협상과정에서 상대방이 양보한 것은 내 이득이 되는 한편, 상대방 자신에게는 손실이 된다. 마찬가지로 내가 양보한 것은 상대방의 이득이 되는 한편, 나에게는 손실이 된다. 여기서 기준점이 어디냐가 문제가 될 수 있는데, 대부분의 경우 협상이 시작되기 전의 상태가 기준점의 역할을 한다.

협상에 참여한 모든 사람이 손실기피성향을 갖는다면 상대방에게 양보를 하기가 무척 어려운 상황이 조성된다. 나는 큰 고통을 무릅쓰고 상대방에게 양보를 했는데, 막상 이득을 본 상대방은 별로 즐거워하지 않는 기색을 보이는 게 아닌가? 또한 상대방은 양보를 하면서 큰 인심을 쓰는 척하는데, 나로서는 별로 반갑지 않은 상황이 연출될 수도 있다. 이런 분위기 하에서 흔쾌히 양보를 할 사람은 별로 없다.

심리학자의 말에 따르면 손실기피성향이 개인이나 조직으로 하여금 현재의 상황에서 크게 바뀌지 않게 만드는 보수적인 힘으로 작용한다고 말한다. 현재의 상황에서 멀어질 때 생기는 손실이 그와 같은 변화에 강력한 저항력으로 작용하기 때문이라는 것이다. 한 가지 흥미로운 점은 이와 같은 보수성이 우리의 결혼생활이나 직장생활을 더욱 안정적으로 만들어 주는 역할을 한다는 사실이다.

부존효과

갖고 있는 것은 놓치기 싫다

어떤 사람에게 한 물건을 보여주고 그것의 가치가 얼마라고 생각하느냐고 물었다고 하자. 그런데 이 물음에 대해 그 물건을 갖고 있을 때와 갖고 있지 않을 때 각각 다른 대답이 나올까? 다시 말해 똑같은 사람인데 그 물건을 소유하고 있는지의 여부에 따라 각기 다른 가치로 평가하게 될 것이냐는 말이다. 예를 들어 생수 한 병의 가치를 물었는데 그것을 갖고 있을 경우에는 5백원으로 평가하다가 갖고 있지 않을 때는 4백원으로 평가하는 일이 실제로 나타날 수 있을까?

경제학을 가르칠 때 어떤 물건의 가치는 하나의 값으로 주어져 있다는 가정하에서 설명하는 것이 보통이다. 어떤 경제학 교과서를 봐도 그 물건의 소유 여부에 따라 평가한 가치가 달라진다는 설명은 없다. 그러나 현실의 상황에서 사람들은 어떤 물건을 소유했을 때와 소유하지 않았을 때 각기 다른 가치로 평가하는 이상한(?) 행동을 한다. 다음과 같은 실험 결과를 보면 이런 행동의 양상이 자주 나타난다는 것을 알 수 있다.

한 행태경제학자가 코넬Cornell 대학교 학생들에게 그 학교 로고가 들어있는 머그잔을 나눠 주고 학생들 사이에서 어떻게 거래가 이루어지는지 실험해 보았다. 그 실험을 좀 더 구체적으로 설명해 보면 다음과 같다. 우선 한 강의실 안의 학생들 중 무작위로 반을 골라 머그잔을 하나씩 나눠준다. 다음에는 학생들에게 그것을 자세히 들여다보고 자신에게 어느 정도의 가치가 있는지 생각해 보게 만든다(머그잔을 받지 못한 학생은 옆자리에 있는 사람의 머그잔을 들여다보게 한다).

실험의 내용은 그 머그잔을 받은 사람과 받지 못한 사람 사이에서 교환이 이루어지는지의 여부를 테스트하는 것이다. 교환이 이루어지는 기본적 규칙은 보통의 상품이 거래되는 것과 전혀 차이가 없다. 즉 머그잔을 갖지 못한 사람이 최대한 지불할 용의가 있는 금액이 머그잔을 갖고 있는 사람이 최소한으로 받아야겠다는 금액보다 더 크면 둘 사이에 교환이 이루어지는 것이다.

6달러의 가격표가 달린 그 머그잔에 대한 학생들의 평가는 각양각색일 것이 분명하다. 어떤 사람은 10달러 정도의 가치가 있다고 보는 반면, 2달러의 가치도 되지 않는다고 생각하는 사람도 있을 것이다. 또한 각 사람의 평가는 그가 머그잔을 갖고 있는지의 여부와 아무 관계가 없으리라고 짐작할 수 있다. 특별히 머그잔을 좋아하는 사람만 골라 나눠준 것이 아니라 무작위로 뽑아 나눠 주었기 때문이다.

그런데 실험의 결과 이상한 현상이 발견되었다. 머그잔을 갖고 있는 사람이 최소한 받아야겠다고 말하는 금액은 갖고 있지 않은 사람이 최대한 내겠다는 금액보다 더 큰 것으로 나타났기 때문이다. 머그잔을 갖고 있는 사람들이 최소한 받아야겠다는 금액의 중위값은 5.25달러였다. 반면에 머그잔을 갖고 있지 않은 사람들이 최대한 내겠다는 금액의 중위값은 2.75달러에 불과했다.

다시 한번 강조하지만 특별히 머그잔을 좋아하는 사람들을 골라 그것을 준 것이 아니다. 따라서 어떤 사람이 현재 머그잔을 갖고 있는지의 여부는 그의 성향과 아무런 관련이 없다. 그런데도 머그잔을 갖고 있다는 이유 하나만으로 평가액이 거의 두 배 수준으로 뛰어오르는 현상이 나타난 것이다. 이 실험에서만 그런 결과가 나타난 것이 아니다. 수없이 많은 실험에서 이와 똑같은 양상이 거듭 관찰된 바 있다.

왜 이런 현상이 나타났을까? 가장 그럴듯한 해석은 어떤 물건을 갖고 있는 사람이 그것을 포기하는 것을 꺼려하기 때문이라고 할 수 있다. 그렇기 때문에 상대적으로 더 높은 금액을 받아야만 그 물건을 넘겨주겠다는 태도가 나온 것으로 생각할 수 있다. 행태경제학자들은 이런 현상이 나타나게 만드는 이유가 **부존효과**endowment effect에 있다고 말한다. '부존'이란 말이 약간 애매하기는 하지만, 소유하고 있다는 것을 뜻한다고 생각하면 된다.

그렇다면 이 부존효과의 근저에 어떤 심리적 메커니즘이 깔려 있을까? 다시 말해 어떤 심리적 특성 때문에 자신이 소유하는 물건을 포기하기 싫어하는 태도가 나오는 것일까? 행태경제학자들은 이것이 사람들의 손실기피적인 태도와 밀접한 관련이 있는 것으로 해석한다. 바로 앞에서 설명한 것처럼, 손실기피적 태도란 지금 갖고 있는 것을 잃어버리는 것을 특히 싫어하는 태도를 뜻한다. 자신이 갖고 있는 머그잔을 잃어버리는 게 싫기 때문에 높은 가격을 받을 수 있어야만 팔겠다는 태도가 나온다는 해석이다.

장사를 하는 사람들은 이 부존효과를 이용해 이윤을 더 크게 만드는 수완을 발휘하기도 한다. 나중에 돈을 내도 되니까 어떤 물건을 우선 써보라는 권유를 받아 본 적이 있을 것이다. 과연 그 장삿속이 무엇일까? 그 상인은 행태경제이론이란 말을 들어 본 적도 없었을 게 분명하다. 그러나 흥미롭게도 이 이론을 적절하게 이용해 이윤을 더 크게 만들고 있는 것이다. 그와 같은 제의를 통해 노리고 있는 것은 부존효과를 만들어 내는 것이다.

예를 들어 어떤 운동기구에 30만원의 가격표가 붙어 있는데 소비자는 20만원까지만 낼 용의가 있다고 하자. 그렇다면 그는 운동기구를 사지 않기로 결정할 것이다. 가게 주인은 사지 않겠다고 돌아서는 그를 붙잡고 늘어지면서 아무 조건 없이 한 달만 써보라고 강권했다. 그런데 그 물건을 써보는 과정에서 부존효과가 발생해 소비자는 이제 35만원까지 낼 용의를 갖게 되었다. 한 달 후 그는 물건을 되돌려 주지 않고 30만원을 내고 사기로 결정한다.

운동기구를 파는 사람이 일단 공짜로 써보라고 권하는 것은 바로 이런 효과를 노리기 때문이다. 아무 조건 없이 써보라는 권유를 액면 그대로 믿어서는 안 된다. 이런 제의를 할 때 가게 주인은 함정을 파 놓고 소비자가 거기에 빠지기를 기대하고 있는 것이다. 경제학 공부를 전혀 하지 않은 사람이지만 경제이론을 교묘하게 이용하고 있는 점이 흥미롭다. 사실 경제이론 중에는 사람들이 뻔히 알고 있는 사실을 그럴듯하게 포장만 해 놓은 데 불과한 것도 많다.

틀짜기효과

단지 표현만 바꿨을 뿐인데

우리말에 "아 다르고 어 다르다."라는 말이 있다. 기본적으로는 똑같은 말인데 어떻게 표현하느냐에 따라 다르게 받아들여진다는 뜻이다. 단지 표현의 방식만 조금 바꿨을 뿐인데 그 말을 듣는 사람이 크게 다른 의미로 해석하는 경우가 많다. 사회생활에서 성공을 거두려면 이 사실을 잘 알고 있어야 한다. 똑같은 말이라도 상대방의 긍정적 반응을 불러일으킬 수 있는 방식으로 표현해야 그 사람과 좋은 관계를 맺을 수 있기 때문이다.

다음과 같은 예를 보면 어떤 방식으로 표현하느냐가 얼마나 중요한 의미를 갖는지 잘 알 수 있다. 어떤 나라에 그 정체가 잘 알려져 있지 않은 전염병이 발생해 상당수의 희생자가 발생할 것으로 예상되고 있다. 만약 그대로 방치할 경우 이로 인해 600명의 사망자가 발생할 것이 확실하다고 가정하자. 정부는 이 전염병의 확산을 막기 위한 대책을 세우기 위해 세계의 저명 의학자들로 구성된 대책단을 출범시켰다. 밤을 새운 연구 끝에 이들은 두 가지 대책을 만들어냈는데, 각 대책의 효과는 다음과 같다고 한다.

우선 A라는 대책을 채택할 경우에는 확실하게 사망자를 200명 줄이는 효과를 얻을 수 있다고 한다. 반면에 B라는 대책을 선택할 경우에는 그 효과가 불확실한 성격을 갖는다. 구체적으로 말해 $\frac{1}{3}$의 확률로 사망자 수를 600명 줄일 수 있고, $\frac{2}{3}$의 확률로 사망자 수를 전혀 줄일 수 없다고 한다. 정부는 이 두 대책 중 어느 쪽을 선택할지 고민하다가 국민에게 직접 물어보는 방식을 취하기로 결정했다.

정부는 일정 수의 사람을 뽑아 이들이 다음과 같이 묘사된 두 대책 사이에서 어느 쪽을 더 선호하는지 물어보았다.

대책 A	대책 B
사망자 수를 200명 줄일 수 있음	$\frac{1}{3}$의 확률로 사망자 수를 600명 줄일 수 있고, $\frac{2}{3}$의 확률로 사망자 수를 전혀 줄일 수 없음

조사결과 응답자의 72%에 해당하는 사람들이 대책 A를 더욱 선호하는 것으로 나타났다. 짐작컨대 사람들이 확실하게 200명을 구할 수 있다는 점을 더 높이 평가한 결과일 것이다.

이 조사결과를 본 정부는 국민의 여론에 따라 대책 A를 선택하는 쪽으로 방향을 잡았다. 그런데 여론을 다시 확인해볼 필요가 있다는 지적이 있어 한 번 더 조사해 보기로 했다. 똑같은 조사를 반복해 실시하는 데 부담을 느낀 정부는 각 대책에 대한 묘사를 약간 바꾸어 사람들의 의견을 물었다(단지 묘사의 방식만 바꿨을 뿐 각 대책이 갖는 효과의 본질은 종전과 똑같이 유지되었다).

우선 대책 A를 C로 이름을 바꾸고, 그 대책을 채택하면 400명의 사망자가 발생한다고 묘사했다. 아무 대책이 없으면 600명의 사망자가 발생하는데, 대책 A를 채택해 200명을 줄이면 사망자 수는 400명이 된다. 그렇기 때문에 대책 C의 경우에는 400명의 사망자가 발생한다고 묘사한 것이다. 이를 보면 대책 A와 C는 표현만 다를 뿐 본질적으로는 똑같은 대책임을 알 수 있다.

다음에는 대책 B를 D로 바꾸고 이것의 효과를 다음과 같이 묘사했다. 즉 이 대책을 채택하면 $\frac{1}{3}$의 확률로 아무도 죽지 않을 수 있고, $\frac{2}{3}$의 확률로 600명의 사망자가 발생한다고 묘사했다. 지금 보는 대책 D의 경우에도 대책 B와 단지 묘사 방식만 다를 뿐 본질에서는 아무런 차이가 없다.

정부는 앞에서와 똑같은 사람들에게 대책 C와 D 사이에서 어느 쪽을 더 선호하느냐고 물어보았다.

대책 C	대책 D
400명의 사망자 발생	$\frac{1}{3}$의 확률로 아무도 죽지 않을 수 있고, $\frac{2}{3}$의 확률로 600명의 사망자 발생

정부는 이 조사를 실시하면서 내내 시큰둥한 태도였다. 여론을 재차 확인한다는 의미에서 다시 한번 조사해 보는 것일 뿐, 특별히 놀랄 만한 결과가 나올 리 없기 때문이다. 당연히 대책 C를 선호한다는 대답이 압도적일 것이니 말이다. 그런데 결과를 보니 "어럽쇼?"였다. 똑같은 사람들인데도 이번 조사에서는 78%가 대책 D를 더욱 선호하는 것으로 드러났던 것이다.

말하자면 많은 사람들이 여기서 이 말을 하고 저기서는 저 말을 하는 일관성 없는 태도를 보인 셈이다. 그렇다고 이 사람들이 거짓말을 한 것은 아니다. 자신이 느낀 그대로 대답했을 것이 분명하다. 아무리 생각해 보아도 그들이 거짓말을 해야 할 이유를 전혀 찾을 수 없다. 아마 독자도 이들과 비슷한 방식으로 대답했을 것이라고 짐작한다. 그렇지 않을까?

지금 보는 것처럼 단지 대책의 효과에 대한 묘사만 바꿨을 뿐인데도 사람들의 선호가 반전되는 것은 심리학적 실험에서 흔히 나타나는 현상이다. 문제의 핵심은 사람들이 대책의 효과를 어떤 틀에 의해 인식하느냐에 있다. 첫 번째 조사에서는 '몇 명이 살게 되느냐'는 틀로 인식하는 반면, 두 번째 조사에서는 '몇 명이 죽게 되느냐'는 틀로 인식하는 차이가 있다. 대책 C를 선택하면 400명이 죽게 된다는 표현에 겁을 먹은 사람이 많았을 것으로 짐작된다. 각 대책에 대한 묘사를 바꿈으로써 사람들로 하여금 서로 다른 틀로 인식하게 만드는 효과를 가져왔고, 그에 따라 선호의 반전이 일어난 것이다.

이처럼 사람들이 어떤 틀에 의해 상황을 인식하느냐에 따라 행태가 달라지는 것을 가리켜 **틀짜기효과**framing effect라고 부른다. 심리학자들은 사람들이 선택할 때 특정한 '결정 틀'decision frame을 사용한다고 설명한다. 그 선택과 관련한 행동, 결과, 그리고 부수적 사건을 인식하는 하나의 틀이 존재한다는 말이다. 똑같은 물체를 여러 가지 다른 시각에서 볼 수 있듯, 선택과 관련된 문제를 여러 가지의 다른 틀로 인식할 수 있다. 그 중 어떤 틀에 의해 인식하느냐에 따라 행태가 달라질 수 있는 것이다.

심적회계

돈마다 주소가 따로 있다

올해 환갑을 맞은 진성준 씨는 잔치를 열지 않고 그 돈으로 부부 동반 해외여행을 다녀왔다. 낚시에 취미가 있는 그는 관광도 하고 연어 낚시도 할 겸 해서 알래스카를 찾았다. 거기서 잡은 연어를 냉동해 택배로 부쳤는데, 귀국 후 일주일쯤 되는 날 택배회사에서 그 물건을 분실했다는 통지가 왔다. 진씨가 항의하자 그 택배회사는 50만원의 보상금을 지급했다.

그 보상금을 받은 진씨는 모처럼 좋은 레스토랑에서 식사나 하자는 생각이 들었다. 그날 저녁 가족을 이끌고 프랑스 요리 레스토랑을 찾은 진씨는 45만원을 쓰고 집으로 돌아왔다. 상당히 그럴듯한 스토리다. 진씨의 행태에 별로 이상한 점을 발견하기 힘들다는 뜻이다. 독자라도 이런 상황에서 그와 비슷한 행태를 보일 것이라고 짐작 할 수 있다.

그런데 진씨의 연봉이 50만원 오른 경우에는 어떤 행태를 보일까? 연봉이 50만원 오른 것을 자축하는 의미로 호화 레스토랑에서 45만원을 쓰게 될까? 상식적으로 생각해보면 그럴 것 같지 않다. 특별히 통 큰 사람이 아닌 바에야, 연봉이 50만원 올랐다고 그것의 거의 전부를 외식하는 데 써버리지는 않을 것이 분명하다. 사실 그는 매년 50만원씩 더 받을 것이기 때문에 택배회사로부터 50만원을 받은 경우보다 더 큰 재정상 여유가 생긴 셈이다. 그런데도 씀씀이는 상대적으로 더 작은 이유가 과연 무엇일까?

진씨는 똑같은 50만원인데 택배회사에서 받은 50만원이 연봉 증가분 50만원과 그 성격이 다르다고 인식한 셈이다. 단지 금액이 똑같다고 해서 그에게 똑같은 의미를 갖는 것이 아니다. 그로서는 그 돈이 어떻게 해서 자기 주머니로 들어오게 되었는지가 중요한 점이다. 택배회사에서 받은 돈은 우연히 생긴 돈이니 편하게 써도 된다고 생각하기 십상이다. 그렇지만 연봉이 늘어난 것에 대해서는 그렇게 편한 태도를 취하기 어렵다.

5만원짜리 지폐는 모두 똑같은 모양을 갖고 있다. 따라서 주머니에 들어 있는 5만원짜리 지폐 세 장을 이것은 뭐, 저것은 뭐 식으로 구분하는 것은 불가능하다. 그렇지만 그 15만원 중 5만원은 고스톱에서 딴 것, 나머지 10만원은 월급에서 나온 것 같은 방식으로 구분하는 것은 가능하다. 나아가 그 15만원 중 4만원은 교통비, 5만원은 책 값, 6만원은 식사비로 쓸 예정이라는 식으로 구분할 수도 있다.

행태경제학자들은 사람들이 이렇게 돈을 구분해 놓는 것이 일반적 현상이라고 설명한다. 다시 말해 돈이 어떤 과정을 거쳐 수중에 들어오게 되었느냐 혹은 어디에 쓸 돈이냐에 따라 칸막이를 쳐놓고 구분하는 버릇을 갖고 있다는 뜻이다. 그리고 어떤 범주에 속하는 돈인지에 따라 각각 다른 소비성향을 갖는다는 점도 설명한다. 예컨대 노름에서 딴 돈 같은 경우는 헤프게 쓰지만, 월급에서 나온 돈은 아껴 가며 쓴다는 식이다. 또한 식비로 쓸 돈을 오락비로 전용하는 일 같은 것은 일어나기 힘들다고 말한다.

모든 회사는 수입과 지출을 적어 넣는 회계장부를 갖고 있다. 개인 중에도 수입과 지출을 일일이 가계부에 적어 넣는 사람들이 많다. 행태경제학자들은 모든 사람이 마음속에 이와 같은 장부를 갖고 있어 어떻게 생긴 돈이며 어디에 쓸 돈인지에 따라 들어오고 나가는 것을 기록한다고 본다. 이것을 **심적회계**mental accounting라고 부르는데, 바로 이 관점에서 보면 앞에서 본 진씨의 행태를 훨씬 더 쉽게 이해할 수 있다.

알래스카를 다녀온 진씨는 마음속에서 '우연히 얻은 돈'과 '정상적으로 번 돈'을 구분해 각각 다른 계정에 넣는다고 볼 수 있다. 우연히 얻은 돈은 편하게 써도 되니까 외식비로 거의 다 쓸 수 있다. 반면에 정상적으로 번 돈은 거기서 저축도 해야 하기 때문에 편하게 쓸 수 없다. 바로 이런 심적회계의 특성에서 앞에서 본 바와 같은 행태의 차이가 나온다고 볼 수 있다. 택배회사에서 받은 50만원은 쉽게 쓸 수 있지만, 연봉이 올라가 생긴 50만원은 쉽게 쓸 수 없다고 느낀다는 말이다.

자기위주편향

나는 다르다고 자신하는 우리

정부는 건강에 해로운 흡연을 억제하기 위해 별의별 일을 다 한다. 담뱃갑에 흡연으로 인해 형편없이 망가진 폐의 사진을 올려놓게 하는가 하면, 흡연이 후두암, 고혈압 등 만병의 근원이라는 TV 광고를 하기도 한다. 이런 방법으로도 안 되겠다 싶으면 담배에 붙이는 세금을 대폭 올려 흡연을 계속하기 어렵게 만들기도 한다. 우리 정부뿐 아니라 세계 모든 나라의 정부가 이런 금연캠페인을 벌이고 있다.

흡연이 건강에 무척 해롭다는 것은 의문의 여지가 없는 사실이다. 이것은 너무나도 잘 알려진 사실이기 때문에 흡연자가 이를 모르고 있을 리 없지만, 니코틴이 주는 만족감이 죽음의 공포보다 더 크기 때문에 담배를 끊지 않고 버티는 것이리라. 그러나 흡연과 관련한 위험성을 정확히 인식하고 있다면 그렇게 태연하게 담배를 계속 피울 수는 없는 일이다. 담배를 끊지 않으려 하는 심리의 배경에는 "나는 다르다."는 생각이 자리 잡고 있을 가능성이 크다. 즉 흡연의 위험성은 평균적인 확률일 뿐이고, 나는 거기서 예외라는 믿음을 갖고 있을 것이라는 말이다.

사실 우리 주위에서 죽을 때까지 손에서 담배를 놓지 않았는데도 운 좋게 장수한 사람을 심심치 않게 본다. 담배를 끊지 않는 사람은 그런 예외적인 경우를 보고 자신도 거기에 속한다고 자기 편한 대로 해석하고 있을 가능성이 크다. 이런 사람처럼 자신이 남들보다 특별히 더 운이 좋다거나 혹은 더 능력이 있다고 생각하는 것은 많은 사람들에게서 보편적으로 관찰할 수 있는 현상이다. 이와 같은 성향을 **자기위주편향**self-serving bias이라고 부르는데, 행태경제학자들은 사람들이 이런 성향을 보일 때가 많다고 말한다.

한 실험에서 사람들이 자신의 운전 능력을 어떻게 평가하고 있는지 물어 보았다. 평균적인 운전자에 비해 자신이 더 안전하게 운전하는지의 여부와 자신이 더 능숙하게 운전할 수 있는지의 여부를 물어보았던 것이다. 실험의 대상이 된 미국 사람들 중 60%가 자신은 안전한 운전습관이란 점에서 상위 20%에 속한다고 대답한 것으로 나타났다. 또한 응답자의 88%가 자신은 평균 수준의 운전자보다 더 안전하게 운전한다고 대답하는 것을 볼 수 있었다. 실제로는 평균보다 더 안전하게 운전하는 사람이 절반 이상이 될 수 없는데, 거의 전부가 자신은 평균보다 더 안전하게 운전한다고 자신한다는 뜻이다.

운전의 능숙성에 대한 스스로의 평가에서도 이와 비슷한 현상이 나타났다. 즉 46.3%의 응답자가 자신은 운전의 능숙성이란 점에서 상위 20%에 속한다고 대답한 것으로 나타난 것이다. 평균 수준의 운전자보다 더 능숙하게 운전한다고 대답한 사람들도 93%에 이르는 것으로 나타났다. 결론적으로 말해 사람들은 자신이 평균적 운전자보다 더 안전하게 그리고 더 능숙하게 운전한다는 자신감을 갖고 있다는 뜻이다. 자신의 운전 습관과 능력에 대한 이와 같은 자신감 과잉overconfidence은 자기위주편향에 기인한 것으로 해석할 수 있다.

흥미로운 점은 병원에 입원해야 할 정도로 심각한 교통사고를 일으킨 사람들조차 자신의 운전 능력에 대한 과신을 갖고 있다는 사실이다. 사고를 일으킨 50명의 운전자들을 사고를 일으킨 적이 없는 운전자들과 비교해 보는 실험에서 이와 같은 사실이 밝혀진 것이다. 사고를 낸 대부분의 운전자들이 일반적인 운전자와 비슷한 정도로 안전하게 그리고 능숙하게 운전한다고 대답하는 것을 볼 수 있었다. 사고 발생 원인에 대한 운전자 본인의 설명과 경찰 조사결과 사이에 상당한 차이가 있다는 사실은 자신의 운전 능력을 정확히 파악하지 못하고 있음을 말해주고 있다.

바로 여기에서 정부가 적극적으로 교통안전 캠페인을 벌이고 있는데도 교통사고 발생률은 전혀 떨어질 기미를 보이지 않는 이유를 찾아볼 수 있다. 그 캠페인에서는 사고를 예방하기 위해 주의해야 할 점들을 자세하게 가르쳐 준다. 그러나 자신이 평소 안전하게 운전하는 습관을 갖고 있다는 믿음을 갖는 사람은 그런 충고에 귀 기울이려 들지 않는다. 그런 충고는 난폭하게 운전하는 습관을 가진 사람에게나 해당될 뿐 자기와는 상관없는 일이라고 무시해 버리기 때문이다.

『손자병법』孫子兵法에 "적을 알고 자신을 알면 백 번을 싸워도 위태롭지 않다."知彼知己 百戰不殆라는 말이 있다. 자신을 정확하게 알고 있어야 싸움에서 승리할 수 있는 법인데, 자기위주편향으로 인한 과신에 사로잡힌 사람들은 자신을 냉철하게 돌아보지 못한다. 우리가 세상에서 겪는 실패의 많은 부분이 바로 이런 근거 없는 자신감 과잉에 기인하고 있다 해도 과언이 아니다. 실패를 피하려면 무엇보다 우선 자신을 냉철하게 돌아보는 습관을 길러야 한다. 그러나 자기위주편향이라는 개념이 우리에게 주는 교훈은 현실에서 이 일이 결코 쉽게 이루어질 수 없다는 것이다.

확증편향

생각이 다른 사람을 설득하는 것은 불가능한 일이다

나와 생각이 다른 친구를 어떻게든 설득해 보려고 노력한 경험을 갖고 있는 독자들이 많을 것이다. 그러나 그 설득이 별 효과를 내지 못한 경우가 대부분이었으리라고 생각한다. 상대방이 내 말에 가끔 고개를 끄덕이다가도 결국 자신의 생각을 하나도 바꾸지 않은 채 그 자리를 떠나지 않았던가? 헤어질 때 그는 어색한 미소로 악수를 청하면서 "오늘 대화 정말로 유익했어."라고 말했을지 모른다. 그러나 그의 속마음을 읽어보면 '역시 내 생각이 옳았군.'이라는 생각이 굳게 자리 잡고 있다.

우리가 현실에서 많이 경험하고 있듯, 특히 사회적 이슈에 관한 어떤 사람의 생각을 바꾼다는 것은 거의 불가능에 가까운 일이다. 우리 주위에서 보수적인 사람은 옆에서 아무리 설득해도 보수적 태도를 버릴 생각을 하지 않고, 진보적인 사람 역시 이와 똑같은 태도를 보인다. 다른 면에서는 특별히 고집 센 사람이 아닌데도 자신의 신념을 바꾸는 데는 무척 인색한 태도를 보이는 사람들이 많다.

2017년 초 서울에서는 토요일마다 밤 늦게까지 두 개의 대규모 시위가 열렸다. 하나는 '촛불집회'라고 부르는 것으로, 당시의 대통령이 저지른 비리를 규탄하는 성격의 시위였다. 다른 하나는 '태극기집회'라고 불렸는데, 대통령에게 아무 잘못도 없다는 것이 그들의 주장이었다. 대통령이 탄핵되고 사법처리가 시작되었어도 그들의 신념에는 손톱만큼의 변화도 없었다. 홍수처럼 쏟아져 나오는 '가짜뉴스'는 오히려 그들의 신념을 더욱 확고하게 만들어 주었을 뿐이다. 이를 보면 한번 형성된 믿음이 바뀐다는 것은 거의 불가능에 가까운 일임을 알 수 있다.

합리적인 사람이라면 새로운 정보가 들어와 자신이 갖고 있던 생각을 바꿔야 할 필요가 있을 때 서슴없이 생각을 바꾼다. 따라서 어떤 신념을 갖고 있는 사람에게 그것과 어긋나는 성격의 많은 증거들을 제시하면 어쩔 수 없이 그 신념을 버리게 된다. 그러나 현실의 인간은 자신의 신념과 어긋나는 정보가 아무리 많이 제시되어도 좀체 신념을 바꾸지 않는다. 그렇기 때문에 옆에서 아무리 설득해 보았자 아무런 소용이 없는 것이다.

심리학자들의 말에 따르면, 사람들은 자신의 신념과 관련된 여러 가지 증거가 제시될 때 이를 골라서 받아들인다고 한다. 자신의 신념과 일관된 증거만 받아들이고 상반된 증거는 선뜻 받아들이지 않는다는 것이다. 제시된 증거를 평가할 때 자신의 신념을 정당화하는 데 유리한 방향으로 해석하는 경향을 보인다는 뜻이다. 때로는 어떤 증거가 갖는 의미까지도 자신에게 유리한 방향으로 비틀어서 해석하는 경우까지 관찰할 수 있다.

어떤 사람의 신념과 일관되는 증거와 더불어 상반되는 증거가 똑같은 비율로 제시되었다고 하자. 만약 그 사람이 합리적으로 이 증거들을 수용한다면 그의 신념은 이들이 제시되기 전에 비해 덜 극단적인 방향으로 수정될 것이다. 자신의 신념과 상반되는 많은 증거들을 보고 '아, 내가 너무 극단적인 생각을 갖고 있었구나.'라고 반성하게 될 것이기 때문이다. 그러나 현실에서 사람들이 보이는 태도를 관찰해 보면, 이런 상황에서 그의 신념은 정반대로 종전보다 더 강화되는 것으로 드러난다.

말하자면 여러 가지 증거를 수용하는 과정에서 '신념의 극단화'가 일어나는 셈이다. 이와 같은 신념의 극단화가 발생하는 이유는 자신의 신념과 일관되는 증거만을 받아들이고 상반되는 증거는 여러 가지 구실을 대서 받아들이기를 거부하는 데서 찾을 수 있다. 즉 새로운 정보의 수용과정이 편향되어 있는 현상, 다시 말해 편향된 수용이 그와 같은 신념의 극단화를 가져오는 핵심적인 이유라는 뜻이다. 이와 같은 경향을 **확증편향**confirmation bias이라고 부르는데, 이는 모든 증거를 객관적으로 평가해 수용 여부를 결정하는 합리적 태도와는 거리가 먼 행태다.

패키지 상품의 역설

결혼을 앞둔 어떤 커플이 몰디브Maldives를 신혼여행지로 선택하고 여행사를 찾았다. 여행사 직원은 어떤 패키지 상품을 추천했는데, 1인당 5백만원을 지불하면 아무런 추가 경비 없이 6박 7일간의 여행을 다녀올 수 있다고 한다. 즉 왕복 비행기 표, 숙박, 식사, 각종 레크리에이션 활동에 드는 비용을 모두 미리 지불한 상태에서 여행을 다녀올 수 있는 상품이었다.

들어 보니 좋기는 한데, 가격에 부담을 느낀 두 사람은 좀 더 싼 상품이 없느냐고 물었다. 여행사 직원은 1인당 2백 5십만원에 왕복 비행기 표와 숙박만을 제공하는 에어텔 상품이 있다고 말했다. 그렇지만 현지에 가서 식사를 하고 여러 가지 레크리에이션을 하다 보면 비용이 더 들 수도 있다는 말을 덧붙였다. 그러나 두 사람의 생각은 조금 달랐다. 패키지에 포함된 레크리에이션 활동 중 꼭 하고 싶지는 않은 것들이 많아 에어텔 상품을 사는 쪽이 더 경제적일 것 같았다.

이 두 가지 선택가능성을 놓고 며칠 동안 고민하던 두 사람은 결국 5백만원짜리 패키지 상품을 선택했다. 그들은 왜 가격에 부담을 느끼면서도 패키지 상품을 선택했을까? 에어텔 상품을 산 다음 식사 메뉴와 레크리에이션 활동을 적절히 선택하면 비용을 절감할 수 있다는 것을 모를 리 없다. 이 사실을 뻔히 알면서도 패키지 상품 쪽으로 마음이 기운 이유가 궁금하지 않을 수 없다.

일반적인 경우에 비춰 생각해 보면, 그들은 의사결정에 드는 비용을 절약하기 위해 패키지 상품을 선택했을 가능성이 크다. 패키지 상품은 모든 것이 미리 정해져 있다는 점에서 아주 재미없는 상품일 수 있다. 어떤 사람은 좋은 호텔에 머무는 것을 중요하게 생각하는 한편, 어떤 사람은 맛있는 음식을 먹는 것을 중요하게 생각하는 등 사람마다 취향이 다른 법이다. 그런데 패키지 상품은 그런 취향의 차이를 무시하고 모든 것을 한 가지로 통일시켜 놓은 미련한 상품이다.

그러나 역설적으로 바로 이런 미련한 성격이 많은 사람들에게 매력으로 작용할 수 있다. 모든 것이 한 가지로 통일되어 있다면, 그 패키지 상품을 산 사람은 이것을 선택할지 아니면 저것을 선택할지의 고민에서 해방될 수 있다. 모처럼 신혼여행을 가서 편하게 지내려고 하는데 이것저것 선택해야 할 일이 많으면 즐거움이 반으로 줄어들 수 있다. 모든 선택에는 나름대로 심리적 비용이 뒤따르게 마련이다.

패키지 상품을 산 사람은 이런 문제로 고민할 필요가 없다. 뭐든지 미리 결정된 대로 따르면 되기 때문이다. 바로 이렇게 선택에 따르는 비용을 제거해 준 것이 패키지 상품의 매력이다. 앞에서 말한 커플은 스스로 판단해 패키지 상품을 선택했을 수도 있고, 선배들의 충고에 따라 그렇게 선택했을 수도 있다. 하여튼 패키지 상품의 최대 장점이 선택의 필요성을 없애준다는 데 있는 것만은 분명한 사실이다.

(전통적인) 경제학의 기본 입장은 선택가능성이 많으면 많을수록 더 좋다는 것이다. 마음에 안 드는 선택가능성은 그냥 버려도 되기 때문에 선택가능성이 하나 더 늘면 그만큼 더 좋다는 생각이 그 밑에 깔려 있다. 그러나 현실적으로 선택에 심리적 비용이 든다는 사실을 고려하면 선택가능성이 많을수록 더 좋다는 보장이 없다. 그 심리적 비용이 아주 클 경우에는 선택가능성이 적을수록 더 좋다고 말하는 것까지도 가능하다.

그렇기 때문에 사람들은 자신의 선택가능성을 일부러 없애 버리는 일을 하기도 한다. 지금까지 예로 든 패키지 상품을 구입하는 행위가 그 대표적 사례다. 바로 여기에서 자유가 없는 패키지 상품의 특성이 도리어 매력으로 작용하는 역설적 현상이 나오는 것이다. 어떤 행태경제학자는 이와 같은 행위가 '선택하지 않기를 선택하는 것'choosing not to choose을 뜻한다고 말하기도 한다. 선택과 관련된 비용을 절약하기 위해 선택의 자유를 스스로 포기하는 셈이다.

'귀차니즘'은 우리 삶의 현실이다

얼마 전 정부는 별다른 이유도 없이 하루아침에 좌측통행을 우측통행으로 바꿔 버렸다. 아무리 생각해 봐도 우측통행이 상대적으로 더 낫다고 주장할 하등의 논리적 근거를 찾을 수 없다. 그런데도 당시 정권을 잡고 있던 사람들의 독단에 의해 일방적으로 우측통행을 실시하게 된 것이다. 아니나 다를까 우측통행으로 바뀐 후 무언가 개선된 게 있다고 느끼는 사람을 주변에서 단 한 명도 본 적이 없다.

우측통행이 실시된 후 몇 년이 지난 지금도 지하철역에서는 예전 습관대로 왼쪽으로 걷는 사람들과 새 방식에 따라 오른쪽으로 걷는 사람들이 부딪히는 사례를 심심치 않게 볼 수 있다. 이를 보면 사람들이 자신의 행동방식을 하루아침에 바꾼다는 것이 얼마나 어려운 일인지를 잘 알 수 있다. 결과적으로 우측통행은 사람들에게 쓸모없는 심리적 비용을 지불하게 만든 '개악'이었다. 최근에는 우측통행으로 바꾼 후 교통사고가 오히려 더 늘어났다는 말까지 나오고 있다. 도대체 무엇을 위한, 누구를 위한 우측통행이란 말인가?

상황이 바뀌면 그것에 맞춰 자신의 행동을 조정하는 것이 합리적이다. 정부가 내일부터 우측통행을 하라고 했으면 바로 오른쪽으로 걷는 것에 익숙해져야 한다. 그러나 현실의 우리는 그렇게 간단하게 보이는 일도 실천에 옮기기 어렵다. 사람들은 익숙한 현재의 상황에서 좀처럼 벗어나려 하지 않는 습성을 갖고 있기 때문이다. 말하자면 변화에 빨리 적응하지 않고 게으름을 피우는 습성을 갖고 있는 셈이다.

행태경제학자는 이것을 가리켜 **현상유지편향***status quo* bias이라고 부르는데, 가능한 한 현상이 유지되기를 바라는 성향이라는 뜻에서 이런 이름이 붙었다. 이와 같은 현상유지편향은 우리 삶의 여러 측면에서 광범하게 나타나는 것을 관찰할 수 있다.

요즈음 젊은이들이 많이 쓰는 말 중 하나로 '귀차니즘'이라는 것이 있다. 귀차니즘의 정수를 보여 주는 만화 한 컷을 보고 입에 든 커피를 뿜어 버린 적이 있다. 폐인 같아 보이는 한 젊은이가 침대에 누워 컴퓨터 오락을 하고 있는 장면을 그린 만화였다. 침대 위에는 먹다 남은 음식, 벗어버린 옷, 그리고 갖가지 쓰레기가 어지럽게 흩어져 있었다. 자식을 가진 부모님들이 그 만화를 보고 많은 위안을 받았으리라고 생각한다. 그 친구에 비하면 자기 자식은 그래도 나은 편에 속한다고 생각했을 테니 말이다.

바로 앞에서 본 커플도 어떤 의미에서 본다면 귀차니즘 때문에 패키지 상품을 선택했다고 볼 수 있다. 무엇을 선택할지를 두고 고민하는 것이 귀찮기 때문에 아예 선택가능성을 없애 버린 것이기 때문이다. 또한 지금 설명하고 있는 현상유지편향도 귀차니즘 때문에 생긴 독특한 행동의 방식이라고 말할 수 있다. 현실의 상황에서 벗어나는 것을 귀찮게 생각해 그대로 유지되기를 바란다는 점에서 귀차니즘과 밀접한 관련을 갖는 것이다.

따지고 보면 우리 삶의 많은 부분에서 이런 귀차니즘이 큰 영향을 미치고 있다. 아무리 부지런한 사람이라도 귀차니즘의 영향에서 완전히 자유롭지 못한 것이 우리 삶의 현실이다. 사람들이 귀찮은 것을 싫어하는 성향을 갖는다는 사실을 지금까지와 다른 각도에서도 관찰할 수 있다. 예를 들어 디지털 카메라를 샀을 때 여러 가지 세팅을 해야 마음에 드는 사진을 찍을 수 있다. 그런데 특별한 경우를 빼놓고는 제조업체가 미리 지정해 둔 세팅을 그대로 따르는 사람들이 많다. 아주 특별한 전문지식이 있는 사람이 아닌 다음에야 대부분의 사람들이 그런 경향을 보인다.

제조업체가 미리 정한 세팅을 바꾸려면 그에 따른 노력을 들여야 한다. 우선 세팅에 따라 사진이 어떻게 달라진다는 지식을 얻고 이에 맞춰 세팅을 바꿔야 한다. 그리 어려운 일이 아니지만 이 정도 일도 귀찮게 여기는 사람이 많다. 엄청나게 부지런한 사람이나 사진에 남다른 관심을 갖고 있는 사람이 아니라면 그런 노력이 가치를 갖는다고 생각하지 않는다. 그렇기 때문에 회사가 미리 정해 놓은 방식을 그대로 따르려는 태도가 나오는 것이다. 이렇게 미리 정해진 것을 그대로 따르려 하는 성향을 **기정편향**default bias이라고 부른다(여기서 '기정'이라는 말은 미리 정해 놓았다는 것을 뜻한다).

약삭빠른 기업은 사람들이 기정편향을 갖고 있다는 사실을 이용해 이윤을 더 크게 만들기도 한다. 얼마 전 한 잡지사가 나에게 무료로 잡지를 보내 주기 시작했다. 별로 즐겨 보지도 않는 잡지였지만 무료라고 하길래 그냥 받아 보기로 했다. 3개월 동안 무료로 보내 주더니 그다음 달부터는 원할 경우 유료로 전환해 계속 보내주겠다는 연락이 왔다. 물론 원치 않을 경우에는 더 이상 보내지 않겠다는 단서가 달려 있기는 했다.

그런데 잡지사는 내가 따로 말하지 않는 한 계속 구독 의사가 있는 것으로 간주한다고 알려 왔다. 즉 자기네들 마음대로 계속 구독을 미리 정해 놓은 방식으로 결정한 것이다. 만약 귀찮다는 생각에서 아무런 연락을 하지 않으면 유료 구독의 의사를 표현한 것으로 해석될 판이었다. 나는 귀찮음을 무릅쓰고 더 이상 잡지를 볼 의사가 없다고 연락을 했다. 배달되는 족족 휴지통으로 들어갈 잡지 때문에 일 년에 몇만원이나 되는 돈을 쓴다는 것은 말이 되지 않는 일이다.

그 잡지사는 왜 계속 구독을 미리 정해 놓은 방식으로 결정했을까? 기정편향을 이용해 이윤을 더 크게 만들려 했던 것이 분명하다. 귀찮음을 극도로 싫어하는 사람이라면 구독을 중단하겠다는 연락을 하지 않아 울며 겨자 먹기 식으로 그 잡지를 계속 구독해야 했을 것이다. 이런 사람이 몇 명만 있어도 그 잡지사는 이윤을 더 크게 만들 수 있다. 사업을 하는 사람들은 이론을 전혀 모른다 해도 오랜 경험을 통해 돈 버는 방법을 저절로 터득하게 되는 법이다. 독자들도 사업하는 사람들의 이런 엉큼한 전략에 말려들지 말아야 한다.

싫으면 말고 게임

칼자루를 쥐었다고 마음대로 휘두르지는 않는다

경제학에서는 인간이 합리적이며 동시에 이기적이라고 가정한다. 지금까지 살펴본 것처럼, 현실의 인간이 보이는 행태는 합리성의 가정과 부합하지 않는 점이 많다. 행태경제학자는 그 가정의 두 번째 부분, 즉 인간은 이기적 존재라는 것에도 문제가 있을 수 있다고 보았다. 그들은 여러 가지 실험을 통해 사람들이 이기적으로 행동할 수 있는 상황에서도 이기심을 자제하는 경향이 있음을 보여 주었다. 행태경제학자는 사람들이 자신의 개인적 이익 못지않게 공정성fairness을 중요하게 생각한다고 말한다. 따라서 자신의 이익을 추구하는 행위가 공정하지 않다는 생각이 들면 이기심을 스스로 억제하는 태도를 보인다는 것이다.

사람들이 얼마나 이기적으로 행동하는지를 테스트하기 위한 실험의 첫 사례로 다음과 같은 '싫으면 말고take-it or leave-it 게임'을 들 수 있다. 이 게임이 진행되는 과정에서 두 사람이 보이는 행태를 통해 이기심이 얼마나 중요한 역할을 하는지 살펴볼 수 있다.

실험의 대상이 되는 두 사람은 예전에 단 한 번도 만난 적이 없는 낯선 사람들이다. 실험을 주관하는 사람은 이 두 사람에게 어떤 금액의 돈을 주고 일정한 절차에 따라 이를 나눠 가지라고 말한다. 이들은 낯선 사람들이기 때문에 우정이나 체면 같은 것은 생각할 필요 없이 각자 원하는 대로 행동할 수 있다. 아무 거리낌 없이 이기적인 행동을 해도 된다는 말이다.

이 실험에서 두 사람에게 주어진 금액은 10만원인데, 다음과 같은 절차에 따라 이를 나눠 갖게 된다. 우선 이들은 제비를 뽑아 누가 A의 역할을 맡고 누가 B의 역할을 맡을지를 결정한다. 제비뽑기의 결과 A의 역할을 맡게 된 사람은 10만원을 둘 사이에서 얼마씩 나눠 갖자는 제안을 한다. 예컨대 5만원씩 사이좋게 나눠 갖자든가, 아니면 자신이 7만원을 갖고 상대방은 3만원을 갖는 방식으로 나눠 갖자는 등의 제안을 하는 것이다.

이 제안은 '싫으면 말고' 라는 성격을 갖고 있다. B의 역할을 맡게 된 상대방은 이 제안에 대해 '좋다' 아니면 '싫다'라는 의견만을 표시할 수 있기 때문이다. 만약 그가 '좋다'고 말하면 두 사람은 그 제안대로 돈을 나눠 갖게 된다. 반면에 그가 '싫다'고 말하면 두 사람은 단 한 푼도 가질 수 없다. 실험을 주관하는 사람이 둘에게 준 10만원을 도로 빼앗아 가기 때문이다.

게임은 이와 같은 과정 단 한 번으로 끝나도록 되어 있다. 예컨대 어떤 제안이 거부되었을 때 다른 방식으로 바꿔 다시 제안할 수 없게끔 되어 있는 것이다. B의 역할을 맡은 사람이 제안을 받아들이든지 거부하든지 게임은 바로 그 단계에서 끝나고 만다. 따라서 두 사람이 의논한 끝에 어떤 방식으로 나누자고 합의할 수 없는 상황이다. 뿐만 아니라 상대방의 태도를 보아가면서 자신의 행동을 수정하는 일도 가능하지 않다.

독자가 A의 역할을 한다면 과연 어떤 방식으로 나누자고 제안을 하게 될까? 물론 공평하게 5만원씩 나눠 갖자고 제안할 수도 있다. 그러나 전혀 모르는 상대방에게 구태여 그런 호의를 베풀 필요가 없다. 그렇지 않아도 용돈이 궁하던 판인데 이 기회에 주머니를 두둑하게 불리는 게 상책이 아닐까? 공연히 인심을 쓰다가 나중에 크게 후회할지도 모른다.

두 사람이 모두 완벽하게 이기적이고 합리적이라는 가정하에서 A가 어떤 제안을 하게 될지 생각해 보자. 논리적으로 따져 보면 그가 어떤 제안을 할 것인지 정확하게 예측할 수 있다. 우선 분명한 사실은 그가 10만원을 전부 갖겠다고 제안하지는 않을 것이라는 점이다. 아무리 이기적인 사람이라 할지라도 그 정도로 욕심을 부리지는 않을 것이 뻔하다. 합리적인 그는 너무 욕심을 부릴 경우 상대방이 제안을 거부하리라는 것을 잘 알고 있기 때문이다. 상대방도 얼마간의 돈을 가질 수 있도록 만들어 주지 않으면 안 된다.

그렇다면 상대방에게 최소한 얼마만큼의 돈이 돌아가게끔 제안을 해야 그가 거부하지 않을까? 상대방도 자신처럼 완벽하게 이기적이고 합리적이라면 그 금액은 아주 적을 것이 분명하다. 왜냐고? 이기적이고 합리적인 사람의 관점에서 보면 아주 적은 금액의 돈이라도 없는 것보다는 더 낫기 때문이다. 따라서 자신에게 돌아오는 돈이 아주 적은 경우에도 그 제안을 거부하지 않는다. 거부하면 그 적은 돈마저 날려 버리는 결과가 빚어지기 때문이다.

극단적으로 A가 자신은 99,999원을 갖고 상대방에게는 1원을 제의했다고 하자. 이 경우에도 B가 합리적으로 행동한다면 그 제안을 거부하지 않는다. 그 제안을 거부할 경우 자신이 얻는 금액은 0이다. 0보다 1이 더 크다는 것은 자명한 진리이며, 따라서 그 제의를 거부해서는 안 된다. 감정을 완전히 배제하고 논리적으로만 따지면 그렇다는 말이다. 이제 논리적으로는 이 게임이 어떻게 진행될 것인지를 분명하게 알아낸 셈이다. 즉 논리적으로만 따지면, 다음과 같이 진행될 것임에 아무런 의심의 여지가 없다는 말이다.

우선 A의 역할을 하는 사람은 자신이 99,999원을 갖고 상대방은 1원을 갖는 방식으로 나누자고 제안한다. 그리고 B의 역할을 하는 사람은 이 제안을 그대로 받아들인다. 따라서 두 사람이 이와 같은 방식으로 돈을 나눠 갖는 것으로 게임은 끝을 맺는다. 문제는 이와 같은 논리적 예측이 현실과 얼마나 들어맞는지의 여부다. 다시 말해 현실에서 사람들이 정말로 이와 같이 행동할 것이라고 자신 있게 말할 수 있느냐는 것이다.

싫으면 말고 게임을 실험한 결과는 사람들이 그 예측과 다른 행동을 하는 것으로 드러났다. 행태경제학자들이 여러 차례에 걸친 실험을 통해 발견한 사실은 다음과 같다. 우선 A의 역할을 하는 사람, 즉 제안을 하는 사람들의 경우에는 자기가 거의 전부를 차지하겠다는 식으로 제안하는 사례가 아주 드물었다. 앞에서 본 논리적 예측대로 행동한 사례가 지극히 드문 것으로 나타났다는 말이다. 많은 사람들이 상대방에게 최소한 40% 이상의 몫을 제의하는 관대함을 보였다. 심지어는 공평하게 반반씩 나누자는 제의를 하는 사람의 숫자도 생각 밖으로 많은 것으로 드러났다.

이 게임에서 칼자루를 쥐고 있는 것은 A의 역할을 하는 사람이다. 자신의 제안에 대해 상대방은 좋다, 혹은 싫다는 의사 표현만이 가능할 뿐이다. 그렇기 때문에 싫으면 말고 식의 제안을 통해 어떻게 몫을 나눌지에 대해 결정적인 영향력을 미칠 수 있다. 그런데도 자신이 독차지하지 않고 상대방에게도 꽤 큰 몫을 남겨 주는 태도를 보인다는 것이 흥미로운 점이다. 이것은 사람들이 근시안적으로 자신의 이익만을 추구한다는 가정이 현실과 들어맞지 않는다는 강력한 증거가 될 수 있다.

이 실험에서 드러난 또 하나 흥미로운 점은 B의 역할을 하는 사람이 보인 태도다. 그가 합리적인 사람이라면 0보다 더 큰 금액을 얻을 수 있는 모든 제의를 받아들일 것이라고 예상할 수 있다. 그러나 실험 결과는 이 예상과 크게 다른 것으로 드러났다. 즉 적은 금액밖에 얻지 못한다고 느끼는 경우에는 그 제안을 서슴지 않고 거부해 버린다는 것이다. 대략 자신의 몫이 20%가 안 되는 경우에는 제의를 거부해 버리는 것으로 나타났다.

자기가 받을 금액이 너무 적다고 느낄 때 서슴없이 거부한다는 것은 무엇을 뜻하는 것일까? 이것은 사람들이 단순히 금전적 이익에만 관심을 갖지는 않는다는 것을 뜻한다. 상대방에게 어떤 메시지를 전달하고 싶기 때문에 자신의 금전적 이익을 선뜻 포기했을 것임이 분명하다. 상대방의 제안은 공정하지 못한 것이어서 도저히 받아들일 수 없다는 메시지가 바로 그것이다.

이 실험에서 명백하게 드러난 사실은 사람들이 개인적 이익 못지않게 공정성을 매우 중요하게 생각한다는 점이다. 경제학 교과서를 보면 사람들을 움직이는 핵심적인 힘은 개인적 이익이다. 그러나 현실에서 사람들은 개인적 이익에만 연연하는 것이 아니다. 현실의 인간은 공정성이라는 중요한 가치를 위해 개인적 이익을 선뜻 버리는 행동도 마다하지 않는다. 인간이 기본적으로 이기적이라고 보는 경제이론만으로는 인간의 행동을 정확하게 예측할 수 없다.

모두가 공공재에 무임승차를 하려 들까?

제17장에서 국방서비스나 경찰서비스처럼 여러 사람이 공동으로 소비하는 것을 공공재라고 부른다고 설명한 바 있다. 그런데 공공재의 경우에는 대가를 치르지 않은 사람이라도 소비에서 배제할 수가 없다는 특성이 있다. 돈을 내고 국방서비스나 경찰서비스를 구입한 사람만 외적이나 도둑으로부터 보호를 받을 수 있게 만들 수 있을까? 바로 이 성격 때문에 사람들이 공공재의 소비를 원하면서도 생산비용은 부담하지 않으려는 태도를 보이게 된다. 즉 모두가 남이 공공재를 생산하면 그때 가서 무임승차할 수 있기만을 노리는 현상이 나타나는 것이다.

바로 이 무임승차자free-rider의 문제 때문에 시장이 공공재를 생산, 공급하는 일을 제대로 감당하지 못한다. 경제학에서는 공공재와 관련해 이 무임승차자의 문제가 당연히 발생하는 것처럼 가르친다. 그렇다면 공공재가 관련된 일에서 사람들은 언제나 무임승차를 하려고 드는 것일까? 완벽하게 합리적이고 이기적인 사람이라면 당연히 그런 이기적 행동을 하게 된다. 그러나 무임승차를 할 수 있는 상황이라 해서 사람들이 정말로 그렇게 할 것이라고 단정하기는 힘들다.

이 의문에 대한 답을 얻기 위해 다음과 같은 게임을 실험해 볼 수 있다. 우선 일정한 수의 사람들로 하나의 집단을 만든다. 그런 다음 그 집단의 각 사람에게 일정한 수의 표를 배분한다. 예를 들어 10명으로 하나의 집단을 만든 다음, 각 사람에게 20장씩의 표를 배정한다고 하자. 각 사람이 이 표를 어떻게 사용하는지 보는 것이 이 실험의 내용이다.

각 사람은 자신에게 배정된 20장의 표를 '개인'이라고 씌어 있는 흰색 상자와 '공공'이라고 씌어 있는 푸른색 상자에 나눠 넣게 된다. 어떤 사람이 표 1장을 흰색 상자(개인)에 넣으면 실험이 끝난 후 1천원을 받게 된다. 반면에 표 1장을 푸른색 상자(공공)에 넣으면 그 집단에 속하는 모든 사람이 5백원씩 받게 된다. 다른 사람이 푸른색 상자에 표를 1장씩 넣을 때마다 나에게 5백원의 돈이 생긴다는 것도 두말할 나위가 없다.

만약 내가 가진 표 20장 전부를 흰색 상자에 넣으면 나는 실험이 끝난 후 2만원을 주머니에 넣을 수 있다. 그러나 나로 인해 다른 사람들이 얻을 수 있는 금액은 0이다. 그런데 내가 20장 전부를 푸른색 상자에 넣으면 내가 얻게 되는 돈은 1만원으로 줄어든다. 반면에 다른 구성원들까지 나로 인해 모두 1만원씩의 돈을 얻게 된다.

흰색 상자와 푸른색 상자에 넣은 표는 각각 어떤 의미를 갖는 것일까? 흰색 상자에 표를 넣는 것은 자신만 1천원의 이득을 얻으려 하는 이기적 행위를 뜻한다. 반면에 푸른색 상자에 넣는 데는 모두가 함께 이득을 얻자는 의도가 내포되어 있다. 이런 의미에서 본다면 푸른색 상자에 표를 넣는 행위는 공공재를 생산하는 데 드는 비용을 부담하는 것으로 해석할 수 있다. 공공재 생산에 드는 비용을 내가 부담하면 그 혜택을 모두가 고루 나누어 가질 수 있기 때문이다.

문제는 사람들이 자기가 가진 표를 각 상자에 얼마만큼씩 나눠서 넣을 것인지에 있다. 이를 보면 사람들이 공공재에 대해 어떤 태도를 갖는지 알 수 있게 된다. 이기적인 사람이라면 20장을 전부 흰색 상자에 넣을 것이 분명하다. 여기서 일단 2만원을 얻고, 남들이 푸른색 상자에 표를 넣으면 거기서도 얼마간의 돈의 얻을 수 있다. 남들이 푸른색 상자에 표를 넣는 것은 환영하지만 내가 넣을 필요는 없다고 생각한다.

만약 모든 사람이 각자 가진 표를 전부 흰색 상자에 넣으면 1인당 2만원씩 얻는 것으로 실험이 끝난다. 이때 그 집단 전체가 얻는 돈은 20만원이 된다. 반면에 모든 사람이 가진 표를 전부 푸른색 상자에 넣으면 각자 10만원씩 얻을 수 있고, 집단 전체가 얻는 돈은 무려 100만원이나 된다.

모든 사람이 공공재 생산비용을 자발적으로 부담함으로써 이들이 얻는 이득이 무려 다섯 배로 늘어난 것이다.

집단 전체의 관점에서 볼 때 가장 바람직한 결과는 모든 사람이 갖고 있는 20표를 전부 푸른색 상자에 넣는 것이다. 그러나 개인적 관점에서 볼 때 그것은 결코 바람직한 일이 아니다. 푸른색 상자에 넣은 1표가 내게 5백원의 이득을 가져다주지만, 흰색 상자에 넣은 1표는 그 두 배인 1천원의 이득을 가져다주기 때문이다. 그렇기 때문에 개인적 관점에서 보면 흰색 상자에 넣는 것이 바람직한 일이 된다.

이기적인 사람이 이 상황에서 어떤 행동을 할 것인지는 의문의 여지가 없다. 자기가 가진 표는 전부 흰색 상자에 넣고 다른 사람이 푸른색 상자에 표를 넣기를 기대하는 태도를 보일 것이 분명하다. 이것은 다른 사람이 비용을 부담해 공공재를 생산하면 이에 무임승차를 하려고 드는 태도와 다를 바 없다. 이 실험의 목적은 사람들이 현실의 상황에서 무임승차를 하려는 경향을 어느 정도로 보이는지를 테스트해 보려는 데 있다.

그런데 실험의 결과는 무임승차를 하려는 경향이 의외로 약한 것으로 드러났다. 조건을 조금씩 달리해 여러 번의 실험을 거듭해 보았지만, 사람들이 가진 표를 전부 흰색 상자에 넣는 경우는 거의 눈에 띄지 않았다. 평균적으로 자신이 갖고 있는 표의 40%에서 60%에 이르는 부분을 푸른색 상자에 넣는 것으로 드러났다. 무임승차를 할 수 있는 상황임을 알면서도 갖고 있는 표의 거의 절반을 공공재 생산비용에 자발적으로 기여한 셈이다.

행태경제학자가 여러 가지 실험을 통해 거듭 확인한 한 가지 사실은 사람들이 언제나 이기적으로 행동하지는 않는다는 점이다. 현실의 인간은 경제학 교과서에 등장하는 호모 이코노미쿠스와 전혀 다르다는 말이다. 이는 경제이론이 현실을 설명하는 능력에 한계가 있을 수밖에 없음을 뜻한다. 또한 이 경제이론에 기초를 두고 있는 경제정책이 기대한 효과를 내지 못할 가능성이 있다는 뜻도 된다. 이제는 경제이론과 경제정책을 새로운 시각에서 다시 검토해볼 필요가 있지 않을까?

22

위대한 경제학자들의 생애

아담 스미스

Adam Smith, 1723~1790

경제학의 할아버지

경제학자들의 족보를 따져 거슬러 올라가 보면 스미스가 맨 꼭대기에 자리 잡고 있는 것을 발견하게 된다. 근대적 의미에서의 경제학이 그로부터 시작되었다는 사실에 이의를 제기하는 사람은 아무도 없다. 『국부론』으로 널리 알려져 있지만 원래는 *An Inquiry into the Nature and Causes of the Wealth of Nations*라는 긴 제목을 달고 있는 그의 책에서 오늘날 우리가 배우는 거의 모든 경제적 개념의 씨앗을 발견할 수 있다. 모든 길이 로마로 통하듯, 모든 경제적 사고가 이 한 권의 책에 그 뿌리를 두고 있다고 해도 과언이 아니다.

그가 등장하기 이전의 경제학자, 그러니까 제1세대의 경제학자라고 할 수 있는 사람들은 대체로 신학자 혹은 철학자들이었다. 이들이 경제문제에 관심을 갖게 된 이유는, 당시의 급변하는 사회적 상황 속에서 새로운 경제 질서의 도덕성을 정립할 필요가 강하게 대두되었기 때문이다.

15세기를 전후해 시장경제가 본격적으로 등장하면서 사람들의 가치관에 커다란 변화가 나타나기 시작했다. 그 이전의 사회에 살던 사람들은 권리나 의무 같은 것을 중요하게 생각하였으며, 물질적 이득을 추구하는 것은 그다지 명예스럽지 못한 행동으로 보았다. 그러나 시장경제의 등장과 더불어 물질적 성공도 중요한 일이라는 생각이 서서히 머리를 들게 되었다.

그렇다고 해서 모든 것을 제치고 물질적 성공만을 추구할 용기도 없었기 때문에 그들은 심각한 갈등을 느낄 수밖에 없었다. 그들은 아직도 영혼의 구원을 갈망하고 있었으며, 이것과 세속적 성공은 양립하기 힘들다는 사실을 인식하고 어쩔 줄 몰라 했다. 남을 나처럼 사랑하라는 가르침을 받고 살아온 사람들에게 생존경쟁에서 남을 이겨야 하는 냉혹한 현실은 고통이 아닐 수 없었다. 이와 같은 딜레마에 확실하게 마침표를 찍었다는 데 사상가로서 스미스가 갖는 위대함이 있다. 그는 세속적이고 물질적인 가치체계로 정착된 새로운 경제윤리를 제시했으며, 이제 사람들은 더 이상 죄책감을 느끼지 않고 마음대로 물질적 욕망을 추구할 수 있게 되었다.

스미스는 시장을 **보이지 않는 손**invisible hand에 비유했다. 각 개인이 사사로운 이익만을 위해 일해도 시장의 보이지 않는 손은 이를 모든 사람에게 이득이 되는 결과로 이끌어준다는 것이다. 그는 사람들에게 남을 위해 일해야 한다는 설교를 늘어놓지 않았다. 아무 죄책감 없이 그저 자기 자신의 이득만을 위해 일하기만 하면 된다고 말했다. 나머지 부분은 시장의 보이지 않는 손이 알아서 해결해 주니 걱정할 필요가 없다는 것이었다. 한 푼의 이익이라도 더 챙기려고 혈안이 되어 있는 우리네들에게 이 어찌 놀라운 축복이 아닌가!

이제는 경제학자뿐 아니라 정치가, 사업가, 언론인 할 것 없이 모두 스미스의 신봉자가 되어 있다. 그렇다고 그를 감언이설로 뭇사람을 꼬이는 사교의 교주쯤으로 치부해서는 안 된다. "나를 믿으면 모든 병고에서 해방되리라."라는 말만 믿고 전 재산을 팔아 몽땅 갖다 바치는 사람은 바보다. 이 말이 듣기에는 좋아도 거짓임이 분명하기 때문이다.

그러나 "시장의 힘을 믿고 각자 제 이익을 챙겨도 된다."라는 말은 결코 그런 따위의 감언이설이 아니다. 경제이론이 이 주장의 타당성을 엄밀하게 입증한 바 있으며, 또한 현실에서의 경험도 그 말이 옳다는 것을 분명히 밝혀주고 있다. 수많은 나라들이 통제경제체제를 버리고 시장의 힘을 활용하는 체제로 전환한 역사적 사실만 보아도 쉽게 확인할 수 있다.

그렇지만 우리는 스미스가 말한 '사리self-interest의 추구'라는 말을 조심해서 받아들여야 한다. 그 말은 경제생활을 할 때 남을 위한다는 생각에서 행동하는 것이 아니라, 자신의 이득을 추구하기 위해 행동한다는 뜻을 갖고 있다. 그런데 여기에는 사사로운 이득을 추구하되 정정당당한 방법으로 추구해야 한다는 보이지 않는 단서가 붙어 있다. 예컨대 '사리사욕을 탐한다'라는 표현이 함축하고 있는 것처럼 부정적인 의미에서의 이기적인 태도까지 정당화하려는 것이 결코 아니다.

경제학자가 아닌 한 인간으로 보면 스미스는 별로 잘생기지 못한 용모에 가끔 정신없는 행동을 일삼았던 사람으로 알려져 있다. 어느 일요일 아침 그는 잠옷 차림으로 정원을 산책하다 생각에 잠겨 무심코 집 밖으로 걸어 나왔다. 생각에 빠진 그는 정처 없이 길을 걷기 시작했는데 한참 뒤에야 교회의 종소리를 듣고 제정신으로 돌아왔다고 한다. 그런데 그곳은 그가 사는 마을에서 25km나 떨어진 먼 곳이었다니, 정말 정신이 없어도 이만저만 없었던 것이 아니다(잠이 채 깨지도 않은 사람이 그렇게 먼 거리를 무의식중에 걸어갔다는 건 믿기 힘든 일이지만 어쨌든 그런 기록이 남아 있다).

스미스는 교수직을 맡고 있던 시절에 한 번도 경제학 강의를 해본 적이 없었다. 그는 주로 윤리학을 가르쳤는데, 사실 이것은 별로 이상한 일이 아니다. 당시만 해도 지금처럼 독립된 교과목으로서의 경제학이 존재하지 않았고, 경제문제는 철학에서 주로 다루었기 때문이다(영국 케임브리지 대학교에 독립된 경제학 분야가 처음 개설된 것은 1903년에 이르러서였다).

40세가 되던 때에는 교수직을 잠시 그만두고 어떤 부유한 귀족 자제의 가정교사로 일해 꽤 괜찮은 수입을 올리기도 했다. 또한 말년에 세관장으로 일하기도 하는 등 요즈음의 경제학자와는 달리 비교적 다양한 삶을 경험하였다. 비록 멋쟁이는 못 되었다 해도, 그런대로 '경제학의 할아버지'로 추앙할 만한 사람이기는 했던 것 같다.

데이비드 리카도

David Ricardo, 1772~1823

갑부 과격분자

경제학자는 입을 열었다 하면 으레 돈에 관한 얘기를 하지만, 경제학자치고 자신이 큰돈을 번 사람은 별로 없다. 미국의 경제학자 새무엘슨 P. Samuelson이 경제학 교과서를 써서 제법 많은 돈을 벌었다 하나, 기껏해야 휴양지에 아담한 별장 하나 살 수 있을 정도에 지나지 않았다. 이 세상에는 돈을 많이 번 경제학자 말고도 또 한 가지 드문 것이 있다. 백만장자가 열심히 사회개혁을 부르짖고 다니는 광경이 바로 그것이다. 백만장자는 자기를 부자로 만든 사회질서가 아름답기 그지없다고 찬탄할 뿐이지, 거기에 뜯어고쳐야 할 측면이 있다고는 꿈에도 생각하지 않는다.

리카도는 이 두 가지에서 모두 예외라는 점에서 우리의 관심을 끈다. 그는 주식, 채권, 부동산 투기 등을 통해 26세의 젊은 나이에 대단히 큰 재산을 모을 수 있었다. 큰돈을 번 그는 정치인으로 변신해 의회로 진출하게 된다. 의원으로서 그는 금융개혁, 빈민구제, 관세철폐, 언론자유 등 당시의 사회 분위기로 보아서는 과격하다 할 만한 개혁안을 열렬히 지지했다. 그래서 사람들은 그를 '갑부 과격분자' millionaire radical라고 불렀다. 동서고금 어느 사회를 막론하고 어떤 한 사람에게 갑부라는 말과 과격분자라는 수식어를 동시에 붙이기는 어려운 법인데, 하여튼 재미있는 일이었다(그러나 갑부이면서 보수주의자인 것보다는 과격분자인 쪽이 훨씬 더 멋져 보인다).

리카도는 여느 경제학자와 달리, 대학 같은 곳에서 경제학 강의를 한

번도 들을 기회가 없었다. 그는 열네 살의 어린 나이에 아버지의 사업을 돕기 위해 학교를 중도에서 포기하고 금융시장의 실무로 뛰어들었다. 그렇지만 그는 총명한 머리와 훌륭한 말재주로 당대의 내로라하는 경제학자들을 오히려 압도하고 있었다.

『인구론』을 쓴 맬서스T. Malthus와 불황이 존재할 수 있는지의 여부를 놓고 벌인 격렬한 논쟁은 많은 사람들의 이목을 끌었다. 그 뒤의 역사가 증명해 보인 바와 같이, 수요 부족에 의해 불황이 나타날 수 있다고 주장한 맬서스가 진실에 더 가까이 있었다. 그럼에도 불구하고 당시의 싸움에서는 훌륭한 논쟁술을 지닌 리카도가 승리를 차지했다. 케인즈J. M. Keynes는 그때 맬서스가 논쟁에서 이겼으면 경제학이 훨씬 더 빨리 진보했을 것이라고 개탄했다 한다(그러나 리카도와 맬서스가 개인적으로는 둘도 없이 좋은 친구였다는 아름다운 이야기가 전해 온다).

일생 동안 저서라고는 『정치경제와 조세의 원리』*Principles of Political Economy and Taxation* 한 권밖에 쓰지 않았지만, 리카도는 경제학의 여러 분야에서 빛나는 업적을 남겼다. 그중 가장 중요한 것의 하나는 자유무역이 바람직하다는 사실을 이론적으로 입증한 일이다. 그는 비교우위이론을 통해 자유로운 교역이 이에 참여하는 모든 나라에게 이득을 가져다줄 수 있음을 명쾌하게 설명했다. 이 이론에 따르면, 각 나라가 필요한 모든 상품을 스스로 생산하려 들지 말아야 한다. 각 나라가 비교우위를 갖고 있는 상품만 생산해 다른 나라와 교역함으로써 모든 나라의 국민들이 더 높은 생활수준을 누릴 수 있기 때문이다.

오늘날의 경제학도들에게 이와 같은 리카도의 논리는 새삼스러울 것이 없다. 그러나 어떻게 해서든 수출을 늘리고 수입을 줄여 금이나 은 같은 귀금속을 끌어모아야 한다고 주장하던 중상주의mercantilism의 잔재가 남아 있던 당시의 풍토에서 그의 주장은 혁명적인 것으로 받아들여졌다. 우리 사회에는 입으로만 자유무역을 외치고 마음속으로는 '수출입국'의 신화를 믿고 있는 현대판 중상주의자들이 아직까지도 도처에서 영향력을 행사하고 있다. 리카도의 명쾌한 논리가 아직도 완전한 승리를 거두지 못하고 있는 셈이다.

당시의 영국 사회에서는 곡물법Corn Laws의 폐지 여부를 둘러싸고 격렬한 논쟁이 벌어지고 있었다. 구시대를 대표하는 지주계급은 외국에서 수입하는 곡물에 높은 관세를 부과하도록 규정한 곡물법이 계속 유지되어야 한다고 주장했다. 곡물의 판매수입이 주요 소득원이었던 지주들로서는 신대륙의 값싼 곡물이 국내로 물밀듯이 밀려들어 오는 것을 우려하지 않을 수 없었다.

반면에 신진세력으로 떠오르는 산업자본가들은 곡물법이 당장 폐지되어야 한다고 주장했다. 그들의 입장에서 보면 곡물이 자유롭게 수입되어 가격이 크게 떨어지는 것이 유리했기 때문이다. 곡물이 싸지면 노동자들의 식품비가 적게 들고 따라서 적은 임금만 주고서도 그들을 고용할 수 있게 된다. 이 논쟁에서 리카도는 감연히 산업자본가의 편을 들어 곡물법이 폐지되어야 마땅하다는 주장을 폈다. 물론 자유무역을 옹호하는 그의 기본입장도 곡물법 폐지론에 동참케 하는 또 다른 이유로 작용했을 것이다.

이 예에서 보듯, 리카도는 자본주의의 새로운 주역으로 등장하는 산업자본가 계급에 대해 매우 호의적인 태도를 갖고 있었다. 요즈음 우리가 흔히 쓰는 말로 친기업적 태도를 갖고 있었던 것인데, 기업의 자유로운 활동을 제약하는 모든 규제를 철폐해야 한다고 주장한 데서 그 면모가 더욱 두드러진다. 그는 방임상태로 놓아둔 경제에서 성장이 극대화될 수 있음을 지적하고 정부가 기업 활동에 대해 불필요한 간섭을 삼가야 한다고 주장했다. 이와 같은 주장은 고전파 경제학의 핵심이념이라고 할 수 있는 자유방임주의laissez-faire의 전형적인 예라고 할 수 있다.

경제학 교육은 물론 그 밖의 정규교육도 제대로 받지 못한 리카도가 치밀한 논리 하나로 당대의 지식사회를 풍미했다는 사실은 무척 흥미로운 일이다. 더군다나 그는 상아탑의 창백한 지성과는 거리가 먼, 현실 경제에 굳게 뿌리를 박은 뛰어난 활동가였다. 남부럽지 않은 사회적 지위를 획득하고서도 앞장서서 사회개혁을 부르짖은 배경에는, 유태인의 혈통을 타고 나 보수적인 영국 사회에서 여러모로 서러움을 겪어야 했던 어린 시절의 경험이 작용했을지도 모른다. 그러나 그 심리적 배경이야 어찌 되었든 간에 좀 더 살기 좋은 사회를 건설하려고 노력한 그의 정열은 높이 평가받아 마땅하다. 모은 돈이 조금 있다고 개혁이란 말만 나와도 진저리를 치는 우리 사회의 기득권층은 그의 삶에서 뼈저린 교훈을 얻어야 한다.

존 스튜어트 밀

John Stuart Mill, 1806~1873

경제학에만 매달릴 수 없었던 천재

요즈음 아이들은 "공부해라."라는 말이 제일 듣기 싫다고 입을 모아 말한다. 대학입시 하나에 모든 것을 거는 집단 히스테리가 만연한 우리 사회인지라, 오죽하면 그런 반응이 나오겠느냐고 동정이 가기는 한다. 그러나 그 아이들이 밀의 어린 시절이 어땠는지를 안다면 부모님이 공부하라는 잔소리 정도를 한다고 해서 감히 불평을 늘어놓지는 못할 것이다. 그의 아버지 제임스 밀James Mill은 당대의 유명한 철학자이자 역사학자였는데, 자식에 대한 욕심이 우리네 부모보다 한술 더 뜬 경지였던 것 같다. 그는 걸음마를 간신히 배운 정도의 어린 밀에게 장난감 대신 그리스 고전을 주며 읽으라고 할 정도로 극성스럽게 교육을 시켰다.

좀 더 구체적으로 그 극성에 대해 이야기해 보자면, 아버지 제임스는 아들이 세 살 되던 때부터 벌써 그리스어를 가르치기 시작했다. 밀이 여덟 살이 되었을 때에는 플라톤이나 디오게네스 등의 고전을 두루 섭렵했고, 이제는 라틴어를 배우기 시작할 단계에 있었다. 여덟 살에서 열두 살까지의 기간 동안 집에 있는 거의 모든 책을 다 읽었으며, 미적분학과 기하학을 완전히 이해할 수 있게 되었다. 열세 살의 나이에는 정치·경제에 관한 책을 전부 독파했다고 하니, 그때 벌써 경제학자가 될 기본교육을 모두 마친 셈이었다. 리카도와 절친한 사이인 아버지 제임스는 아들과 산보를 하며 열네 살의 어린 아들에게 리카도의 경제학을 강의했다고 한다.

밀은 나중에 자신의 어린 시설을 회상하며 "나는 소년인 적이 없었다."

라고 말했다. 언제나 고전에만 매달려야 했던 그는 자기 나이 또래의 친구를 사귀어 보지도 못할 정도였다. 어린 그가 함께 어울릴 수 있었던 사람들은 아버지의 친구들인 학자나 사회 저명인사들뿐이었다. 이렇게 어릴 때부터 비인간적으로 혹독한 교육을 받고 자랐으면서도 탈선하거나 정신 쇠약에 걸리지 않고 위대한 학자로 성장한 것은 거의 기적에 가까운 일이었다. 하여튼 그는 요즈음 아이들처럼 공부하라는 말이 듣기 싫다고 가출하거나 시험결과가 걱정스럽다고 투신할 정도로 심약한 사람이 아니었다.

아닌 게 아니라 그도 스무 살을 넘기면서 인생에 회의를 느끼고 우수에 젖어들기 시작했다. 때로는 자살을 생각해 보기도 했다고 한다. 방황하던 그에게 뜻하지 않은 구원자가 나타났는데, 테일러H. Taylor라는 여자가 바로 그 주인공이었다. 밀은 그 여인과의 교우에서 많은 위안을 받았고 삶의 의미를 새로이 찾을 수 있었다고 고백했다.

한 가지 안타까운 일은 그 여인이 아이까지 딸린 유부녀였다는 사실이다. 그럼에도 불구하고 그들은 틈만 있으면 서로 만나고, 편지를 쓰고, 같이 여행까지 할 정도로 친밀한 관계를 유지했다. 이런 정신적 사랑을 무려 20년 넘는 기간 동안 — 정확히 말해 1830년부터 51년까지 — 계속했다는데, 이것은 아마 기네스북에 오를 일이 아닌가 싶다. 그녀의 남편이 죽고 두 사람이 정식으로 결혼함으로써 이 긴 사랑의 여정은 해피엔딩으로 끝을 맺게 되었다.

다재다능한 밀은 경제학뿐 아니라 철학과 정치학 등 광범한 분야에 걸쳐 뚜렷한 자취를 남겼다. 경제학자로서의 밀을 평가해 보자면, 경제학과 자본주의의 윤리적 기초에 관한 철학적 성찰을 중요한 업적의 하나로 꼽을 수 있다. 그는 벤담J. Bentham의 공리주의 철학에 심취하여 이를 경제적 문제에 적용하는 데 큰 열성을 보였다. 그 유명한 '최대다수의 최대행복'greatest happiness of greatest number이라는 경구가 의미하듯, 공리주의 철학이란 사람들의 행복을 될 수 있는 대로 크게 만드는 것이 바로 선virtue이라고 보는 사조를 말한다. 밀은 조세나 교육 같은 사회제도의 개혁에

이 공리주의의 원칙을 적용할 수 있다고 믿었다. 밀에서 시작된 이 믿음은 현대의 경제학으로도 이어져, 오늘날의 경제학자는 어떤 의미에서 거의 모두가 공리주의자라고 해도 좋을 정도에까지 이르렀다.

스미스에서 시작된 고전파 경제학은 리카도를 거쳐 밀에 이르러 확고한 기초를 갖추게 되었다. 밀이 1848년 출판한 『정치경제원리』*Principles of Political Economy*는 당대를 풍미하던 경제적 사고를 집대성한 책으로 고전파 경제학의 정수를 담고 있었다. 이 책은 출판 직후부터 놀랄 만큼 좋은 반응을 얻어 그의 생전에만도 무려 일곱 번이나 판을 바꾸어서 찍었을 정도다. 이 책의 출판과 더불어 밀은 학계로부터 리카도의 후계자로 전혀 손색이 없다는 평가를 받기 시작했다.

워낙 여러 방면에 능통한 천재인지라 경제학에서의 공헌은 그 이전의 스미스나 리카도에 비해 상대적으로 희미한 것처럼 보일 수도 있다. 아무리 천재라 한들 그렇게 여러 방면으로 생각하고 글을 쓰다 보면 한 분야에서의 공헌은 작아질 수밖에 없다. 그렇다고 해서 그를 위대한 경제학자의 반열에서 제외한다는 것은 부당한 일이다. 고전파 경제학의 이론적 토대를 완성한 그에게 '명실상부한 당대 경제학계의 최고봉'이라는 찬사를 보내는 것은 지극히 당연한 일이다. 인간으로서의 그를 말한다면, 그토록 가혹한 어린 시절을 보내고도 중도에 좌절하지 않고 꿋꿋이 버틴 정신력의 승리를 높이 사주어야 한다. 그의 인간승리에 대해 우리 모두 아낌없는 박수를!

칼 마르크스

Karl Marx, 1818~1883

자본주의체제의 준엄한 고발자

산업혁명은 엄청난 생산력의 발전을 가져다주었고, 이로 인해 사람들의 생활수준은 현저하게 높아질 수 있었다. 그러나 이 번영의 그늘에서 끼니를 잇기도 힘들 만큼 낮은 임금과 열악한 근로조건에 시달리는 수많은 노동자들의 비참한 생활이 엄연한 현실로 존재하고 있었다. 그 시대의 노동자가 요즈음처럼 하루 여덟 시간을 근무한다는 것은 꿈속에서나 가능한 행운에 속했다. 고작 열 살밖에 되지 않은 소년이 어두운 탄광에서 하루 종일 비지땀을 흘려야만 했던 사례도 있었다. 하루 노동시간을 10시간 반으로 제한하자는 제안이 당시에는 거의 혁명적인 것으로 받아들여질 정도였으니 그 실상이 어땠는지는 구태여 말할 필요조차 없다.

동정심이 조금이라도 있는 사람이라면 이처럼 비참한 상황을 보고 모른 척할 수 없었다. 그 시대의 깨인 지식인들은 사회구성원 모두가 고르게 잘 사는 유토피아적 사회를 갈망했다. 그러나 그들의 이상은 어디까지나 꿈이었을 뿐, 현실사회에 대한 체계적인 분석의 결과로 나온 논리적 결론이 아니었다. 마르크스는 정연한 논리와 구체적인 실행계획도 없이 가슴으로만 혁명을 꿈꾸는 그들을 '공상적 사회주의자'라고 불렀다. 그는 자본주의체제를 극복하려면 우선 그 체제의 기본적 운동법칙에 대한 철저한 분석이 선행되어야 한다고 주장했다.

마르크스는 자본주의가 기본적으로 다음과 같은 두 개의 특징을 가진 체제라고 말한다. 하나는 계속적인 자본축적과 성장이며, 다른 하나는 노동의 착취와 소외alienation라는 것이다. 한 가지 재미있는 점은 그의 자본주의 비판이 고전파 경제학의 두 이론적 기둥, 즉 자본축적이론과 노동가치설에 의해 주로 이루어지고 있다는 사실이다. 고전파 경제학이 기본적으로 자본주의적 산업사회를 정당화시키는 성격의 이론체계라는 사실을 생각하면 역설적이라고 아니할 수 없다.

노동가치설labor theory of value은 마르크스이론의 중심축이라고 불러도 좋을 만큼 그의 이론체계에서 중요한 위치를 차지하고 있다. 어떤 상품의 진정한 가치는 그것을 생산하는 데 사용된 노동의 양과 같다는 것이 이 이론의 내용이다. 경제학에서는 무엇에 의해 상품의 가치가 결정되느냐가 중요한 문제인데, 노동가치설은 이 문제에 대한 여러 가지 이론 가운데 하나에 지나지 않는다. 그런데 이렇게 평범한 이론이 어떤 이유로 마르크스의 혁명적 이론에서 핵심적인 역할을 하게 되었는가? 그것은 자본가에 의한 노동의 착취와 그에 따른 노동자의 소외라는 것이 바로 이 노동가치설에 의해 이론적으로 입증될 수 있기 때문이었다.

자본주의체제하에서 자본가가 일단 노동자를 고용하게 되면 그가 생산해 낸 모든 상품은 자본가의 차지가 된다. 노동자는 이렇게 자신이 노동해 얻은 결과로부터 소외되고, 대신 자본가가 지급하는 임금을 받게 된다. 그가 받는 임금은 노동을 재생산하는 데 드는 비용, 다시 말해 생존을 유지하는 데 필요한 비용의 수준에서 결정된다(자본주의체제에는 수많은 잉여노동자가 존재하고 있어 임금이 생존수준 이상으로 올라가지 못하게 막는다). 그 결과 노동자는 자신이 생산해 낸 가치보다 더 적은 임금을 받고, 이 둘 사이의 차이는 이윤으로 자본가의 소득이 된다. 노동가치설에 따르면 이윤은 기본적으로 자본가가 착취하는 잉여가치라는 성격을 갖는다.

마르크스이론의 방대한 체계는 1867년에 제1권이 출판된 『자본론』*Das Kapital*에 집대성되어 있다(제2권과 제3권은 그가 죽은 후에야 출판될 수 있었다). 이 책은 역사상 성서 다음으로 널리 읽힌 책이라는 말까지 들을 정도로 많은 독자를 갖고 있다. 그렇지만 난해하기 그지없는 이 책을 완전히 이해하면서 읽은 사람이 과연 몇이나 될지는 잘 알 수 없다. 하여튼 어려운 환경 속에서도 이렇게 방대한 학문적 업적을 남겼다는 점에서 그는 대단한 능력의 소유자였음이 분명하다.

마르크스의 개인적 생활은 파란과 고통의 연속이었다. 그는 베를린 대학교에서 철학과 신학을 공부한 후 언론계에 투신해 신문사 편집인으로 일하기 시작했다. 이 신문이 진보적 성향 때문에 당국의 탄압을 받자 파리로 이주하게 되었는데, 그는 이 시절 그의 인생에 매우 중요한 의미를 갖는 한 사람을 사귈 수 있었다. 엥겔스F. Engels라는 사업가 겸 아마추어 학자가 바로 그 사람이었는데, 그는 마르크스의 충실한 동지인 동시에 재정 지원자로서 일생 동안 커다란 힘이 되어 주었다. 엥겔스가 없는 마르크스는 거의 생각하기 힘들 정도로 두 사람의 관계는 돈독했다. 마르크스가 죽은 뒤 『자본론』의 나머지 부분을 맡아 출판한 것도 바로 엥겔스였다.

마르크스는 파리에 살면서도 계속 프로이센을 비판하는 글을 썼기 때문에 프로이센 정부는 프랑스 정부에 그를 추방하라는 압력을 가해 왔다. 그는 할 수 없이 브뤼셀로 이주해야 했고, 그 후 잠시 프로이센으로 돌아가 혁명을 선동하다 쫓기는 몸이 된다. 이제는 파리로 돌아갈 수도 없어 영국으로 망명의 길을 떠나게 된다. 그는 죽을 때까지 런던의 빈민가에서 살았는데, 언제나 극도의 빈곤 속에서 생활해야 했다. 그러나 대영박물관에 처박혀 책과 씨름하는 생활 속에서 마르크스의 이론은 서서히 골격을 잡아가기 시작했다. 이 어두운 궁핍의 시기가 사실은 학자로서의 그가 완성되어 가는 보람된 시기였던 것이다.

시커멓고 넓적한 얼굴에 헝클어진 머리, 수염이 덥수룩한 그의 모습에서 세련된 구석이라고는 아무것도 찾아볼 수 없다. 그는 용모만 세련되지 못한 것이 아니라 생활 자체도 무질서의 연속이었다. 주위 사람들의 평에 따르면 그는 몸을 씻고 속옷을 갈아입는 일조차 게을리했다고 한다. 또한 한참을 빈둥거리며 놀다가도 일을 해야 한다고 생각하면 며칠이고 밤을 새워 매달리는 일이 비일비재했다. 병으로 세 자녀를 잃고 관을 살 돈조차 없었던 궁색한 살림 속에서도 돈이 조금이라도 생기면 흥청망청 써버렸다고 한다. 천재의 사생활을 보면 의외로 무질서한 경우가 많은데, 우리는 마르크스에게서 무질서의 극치를 보게 된다. 그러나 처자식을 사랑하는 마음만은 남달리 지극했던 것으로 전해진다.

당시의 사회상을 고려할 때 자본주의체제에 대한 마르크스의 분노는 충분히 이해할 만하다. 이 분노를 거리의 투쟁으로 발산하지 않고 자본주의체제에 대한 치밀한 분석으로 승화시킨 점에 학자로서의 위대함이 있다고 말할 수 있다. 그의 연구에 힘입어 오늘날 우리가 몸담고 있는 자본주의체제의 성격을 훨씬 더 잘 이해할 수 있게 된 것이 사실이다. 또한 혁명만이 노동자를 그 비참한 상황에서 해방시킬 수 있다는 그의 외침 때문에 좀 더 인간적인 자본주의체제를 만들 수 있었던 측면도 있다. 모두가 그를 좋아하는 것은 아니나, 그가 근대사회에 끼친 영향이 지대했다는 것만은 분명하다고 하겠다.

소어스틴 베블렌

Thorstein Veblen, 1857~1929

최초의 미국산 경제학자

오늘날 세계의 경제학계는 미국의 지배하에 있다고 해도 좋을 정도로 경제학의 각 분야에서 미국 경제학자들이 눈부신 활약을 보이고 있다. 그러나 미국 경제학계가 세계 패권을 손에 넣게 된 것은 그리 오래전 일이 아니다. 우선 스미스에서 리카도, 그리고 다시 밀로 이어지는 고전파 경제학의 정통계보는 모두 영국인에 의해 독점되고 있다. 이들의 뒤를 이은 왈라스L. Walras, 제본스S. Jevons, 멩거K. Menger 등의 신고전파 경제학자도 전부 유럽인들이었다. 제2차 세계대전 직전만 하더라도 유럽에서 건너온 경제학자들이 미국의 유수한 대학에서 중심적 역할을 하는 것을 자주 볼 수 있을 정도였다.

경제학과 관련해 미국이 세계에 내세울 수 있는 것은 오직 현재의 실력이지 결코 유구한 전통이 아니다. 따라서 미국 경제학자들도 그들의 뿌리에 대해 어느 정도 열등감을 가질 수밖에 없을 터인데, 이런 점에서 베블렌은 그들에게 특별한 의미를 갖는 사람이었다. 말하자면 그는 유럽으로부터의 수입품이 아닌, 최초의 순수한 미국산 경제학자라고 할 수 있는 인물이다. 당시의 미국 경제학계는 독일 유학을 다녀와 역사학파 경제학의 영향을 강하게 받은 사람들이 주류를 이루고 있었다. 베블렌은 역사학파의 이론과 다른 것은 물론, 신고전파 경제학과도 판이하게 다른 새로운 이론체계를 구축했다는 점에서 그 독창성을 인정받고 있다.

베블렌의 이론을 제도학파institutionalism 경제학이라고 부르는데, 이는 경제제도에 대한 이해의 중요성을 강조한다는 특성을 갖고 있다. 그는 신고전파 경제학이 개인만을 중시한 나머지 사회라는 실체를 무시하고 있음을 비판했다. 경제현상을 폭넓게 이해하기 위해서는 개인의 경제활동뿐 아니라 그것의 배경이 되는 사회나 제도에도 관심을 가져야 한다는 것이 그의 지론이었다. 이 때문에 제도학파라는 이름을 얻게 되었는데, 현대의 경제학자들 중에는 갤브레이스J. Galbraith가 이 전통을 이어받은 대표적인 사람으로 꼽히고 있다.

베블렌의 저서 중에서 오늘날에도 많이 읽히는 것으로 『유한계급론』*The Theory of Leisure Class*이 있다. 이 책은 금전만능의 사회에서 재산의 많고 적음이 성공을 가늠하는 척도가 되는 현실을 날카롭게 비판하고 있다. 부유한 사람들은 자신의 성공을 과시하기 위해 사치를 일삼고, 가난한 사람들은 이를 모방하려고 열심인 세태에 대한 통렬한 고발이다.

베블렌은 부유한 사람들이 왜 불필요할 정도로 많은 하인을 두어 자신들은 손가락 하나 까딱하지 않는 생활을 하는지 아느냐고 묻는다. 그것은 다름이 아니라 그들이 여가를 바로 성공의 증거로 과시하고 싶어 하기 때문이라는 것이다. 이와 같은 지적은 당시의 미국 사회뿐 아니라 졸부들이 득실거리는 오늘의 우리 사회에도 그대로 적용될 수 있으리라 생각한다.

경제학자로서도 어느 정도 독특한 면모가 보이지만, 그의 사생활은 그 정도가 특히 더 심해 기상천외한 일화를 많이 남겼다. 그는 시카고 대학교를 위시해 스탠퍼드, 미주리 등 여러 대학을 전전하면서 가르쳤는데, 어떤 대학에서든 조교수 이상의 직위를 얻지 못했다고 한다. 그가 이렇게 여러 대학을 전전할 수밖에 없었던 데는 괴팍함 때문에 동료들의 호감을 사지 못했던 점도 작용했지만, 사실 그보다 더 구체적인 이유가 있었다. 그의 여자관계가 워낙 문란해 심지어 동료교수의 부인까지 유혹하려 했을 정도였다는 사실이 따돌림을 받은 결정적인 이유로 알려져 있다. 그가 다른 데로 떠나게 되면 동료교수들이 모두 안도의 숨을 내쉬었다니, 그의 기이한 행동거지가 얼마나 악명을 떨치고 있었는지 능히 짐작이 간다.

교수로서의 그는 강의가 매우 졸렬한 데다가 너무 많은 읽을거리를 숙제로 내주어 학생들에게 별로 인기가 없었다고 한다. 게다가 그는 C 학점보다 더 좋은 학점을 주어본 적이 없다고 하는데, 그렇게 한 이유가 또한 걸작이었다. 미국 사회에는 각 대학의 우수 졸업생들로 구성된 'Phi Beta Kappa'라는 친목단체가 결성되어 있다. 이 단체를 선망의 눈초리로 보는 사람이 많지만, 한편으로는 우등생들이 어쩔 수 없이 갖게 되는 속물근성 때문에 싫어하는 사람도 많다.

베블렌은 자기 학생들이 속물들의 모임인 이 단체에 가입해서는 안 된다고 생각했기 때문에 좋은 학점을 주지 않았다고 한다. 학점이 워낙 좋지 않고서는 그 단체에 가입할 수 없음을 알고 취한 행동이었다. 또한 그는 1924년에 미국 경제학회 회장으로 뽑혔지만 끝내 그 직책을 사양했다. 조그만 감투라도 쓰기 위해 난리를 피워대는 일반적인 세태와는 동떨어진 태도가 흥미롭다.

그의 행동거지를 보면 인간으로서의 베블렌에게 결코 높은 점수를 줄 수 없다. 더군다나 대학교수라면 당연히 '도덕군자'여야 한다고 믿는 우리 사회의 통념으로 보면 학문이 아무리 깊다 한들 무슨 소용이 있겠느냐는 말이 나올 법도 하다. 그렇지만 나는 그 반대로 생각해야 마땅하다고 믿는다. 즉 그의 개인적인 생활이야 어떻든 간에 학문적 업적은 이것과는 별개로 그 자체로써 평가되어야 한다. 그는 경제현상을 잘 이해하려면 우선 그 배경이 되는 제도에 대한 철저한 분석이 선행되어야 한다는 독창적인 관점을 제시한 훌륭한 경제학자로 역사에 기록되어야 한다.

알프레드 마셜

Alfred Marshall, 1842~1924

냉철한 머리와 따뜻한 가슴을 요구한 사람

밀의 아버지만큼은 못 되어도 꽤나 극성인 아버지를 둔 또 한 명의 유명한 경제학자가 있다. 마셜이 바로 그 주인공인데, 아들이 똑똑하다는 사실을 알아차린 그의 아버지는 어릴 때부터 엄청난 양의 공부를 강요했다고 한다(우리 사회에서는 치맛바람이 거센데 당시의 영국 사회에서는 '바짓바람'이 거셌던 것 같다). 그의 회고에 따르면 여름방학을 맞아 시골에 있는 아주머니 집에 가 있는 것이 어린 시절의 유일한 낙이었다고 한다. 공부에 찌든 그는 언제나 창백하고 피곤한 모습이었기 때문에 '양초'tallow candle라는 별명을 얻었다. 그는 친구도 잘 사귀지 못했고, 기껏해야 수학과 장기 같은 지적인 취미로 시간을 보내기 일쑤였다. 그러나 엄격하기 짝이 없는 그의 아버지는 이와 같은 취미를 즐기는 것마저 허락하지 않았다고 한다.

은행원인 그의 아버지는 그가 옥스퍼드 대학교로 진학해 라틴어와 신학을 배운 다음 목사가 되었으면 하고 바랐다. 그러나 그는 옥스퍼드의 장학금 제의를 뿌리치고 부유한 아저씨의 도움을 받아 케임브리지로 진학했다. 대학시절의 그는 수학을 특히 즐겨 공부했으며, 우등상을 받을 정도로 우수한 학생이었다. 그는 수학에서 두 가지 의미를 찾았다고 한다. 하나는 아버지에 대한 반항이었고, 또 하나는 동급생에게 수학 개인 교습을 해주고 얻을 수 있는 다소간의 용돈이었다.

이처럼 수학에 남다른 재능을 가진 그가 막상 책을 쓸 때는 수학의 사용을 극도로 자제했다는 사실이 흥미롭다. 그는 모든 수학적 표현을 각주와 부록에 몰아넣고 본문은 거의 다 말과 그림으로 채우는 원칙을 고수했다. 그는 경제학에서 수학이 갖는 의미가 단지 그것이 주는 편리함에 있을 뿐이라는 견해를 갖고 있었다. 즉 경제적 사고를 빨리, 짧게, 그리고 정확하게 표현할 수 있게 해주는 점이 편리하다는 데서 수학의 의미를 찾을 수 있다는 것이었다. 경제학에서 중요한 것은 경제적 직관이지 결코 수학이 아니라는 것이 그의 생각이었다. 마치 수학을 위한 수학을 하는 것처럼 수학에 매달려 있는 오늘날의 몇몇 경제학자들이 이 생각을 어떻게 받아들일지 자못 궁금하다.

마셜은 시장에서의 균형equilibrium현상, 즉 수요와 공급의 힘이 맞아떨어져 일어나는 현상에 대해 특히 많은 관심을 가졌다. 이렇게 수요와 공급의 힘이 맞아떨어질 때 상품의 가격과 거래량이 일정한 수준에서 계속 유지될 수 있게 된다. 만약 수요와 공급 중에서 한쪽의 힘이 더 강하면 시장은 균형에 이르지 못한다. 즉 상품의 가격과 거래량은 일정한 수준으로 안정되지 못하고 계속 움직여 나가게 된다. 요즈음에는 경제학을 처음 배우는 사람도 수요곡선과 공급공선의 교차점에서 균형이 성립한다는 사실을 알고 있다. 그러나 마셜의 시대에는 균형의 개념을 체계적으로 이해하는 것만도 무척 어려운 일이었다.

한 경제 안에는 수많은 시장들이 존재하고 있어 서로 영향을 주고받는다. 예를 들어 사과가 풍년이라 사과 값이 떨어지면 딸기시장이나 귤시장에도 파급효과가 생기게 된다. 그러므로 딸기시장에서 무슨 일이 벌어지는지를 분석하려면 사과시장이나 귤시장도 고려해 분석을 진행시켜야 한다. 그렇지만 이렇게 할 경우 분석이 너무나 복잡해져 아무런 유용한 결과도 얻지 못할 수 있다. 그보다는 딸기시장만을 따로 떼어 분석하는 것에서 더 많은 유용한 결과를 얻을 수 있을지 모른다. 이와 같이 다른 시장에는 아무 변화가 없음을 가정하고 한 시장만을 따로 떼어서 분석하는 방법을 '부분균형분석'이라고 한다. 경제학을 공부한 사람이면 누구나 들어본 적이 있을 이 분석방법을 개발한 것도 마셜의 중요한 업적 중 하나로 꼽힌다.

마셜은 50여 년 동안 80편이 넘는 글을 써냈다. 그중에서 가장 유명한 것은 『경제학원리』*Principles of Economics*로 제9판까지 출판되었을 정도로 인기가 높았다. 그러나 경제학에 끼친 그의 더 큰 영향은 케임브리지 대학교 교수로 재직하면서 수많은 경제학자를 길러낸 데서 찾을 수 있다. 케인즈J. M. Keynes, 피구A. Pigou, 로빈슨J. Robinson, 로버트슨D. Robertson 등 기라성 같은 제자들에 의해서 형성된 케임브리지학파는 상당 기간 동안 세계 경제학계의 흐름을 주도했다.

전형적인 영국 신사다운 부드러운 풍모의 마셜이지만 사회개혁 문제에 대해서는 매우 열정적인 태도를 지녔다. 그는 학생들에게 경제학이 사람들의 경제적 복지를 향상시키는 데 도움을 줄 수 있어야 한다고 누누이 강조했다. 그는 당시 영국 사회에 아직도 빈곤이 남아 있다는 사실을 개탄해 마지않았다. 그러나 감정에만 사로잡혀서는 이 문제뿐 아니라 어떤 문제도 해결할 수 없다는 사실을 잘 알고 있었다. 바로 이 인식에서 '냉철한 머리와 따뜻한 가슴'cool head, warm heart이라는 유명한 경제적 기사도의 원칙이 나온 것이다. 약자를 외면하지 않는 따뜻한 마음과 문제의 본질을 꿰뚫어 볼 수 있는 날카로운 지성을 갖춘 경제학자가 될 것을 요구하는 이 말에서 우리는 깊은 감동을 느끼게 된다.

존 메이나드 케인즈

John Maynard Keynes, 1883~1946

경제학계의 마지막 거인

1930년대의 세계 경제는 사상 유례없는 극심한 불황에 허덕이고 있었다. 세계 각국에서 일거리를 찾지 못해 방황하는 사람들이 거리를 메웠고, 끼니조차 잇지 못하는 사람들이 줄지어 나타났다. 케인즈는 이 불행한 사태의 원인이 어디에 있는지를 열심히 파고들었다. 그의 노력은 1937년에 출판된 『일반이론』*The General Theory of Employment, Interest and Money*으로 결실을 맺게 되었고, 사람들은 이 책 덕분에 경제가 돌아가는 원리에 대해 새로이 눈을 뜨게 되었다. 현대의 경제학 책들 중에서 으뜸가는 고전을 말해 보라고 하면 거의 모두가 주저 없이 이 책을 꼽을 것이라고 생각한다.

케인즈는 빅토리아시대 영국의 명문가정에서 태어나, 이튼 고등학교에서 케임브리지 대학교로 이어지는 정통 엘리트 코스를 밟는 행운을 누렸다. 그의 아버지는 유명한 경제학자이자 논리학자였으며, 어머니는 케임브리지 시의 시장을 역임한 활동가였다. 이런 좋은 가정환경에 머리까지 남다르게 타고났으니 세상은 참으로 불공평하다는 한탄이 나올 만도 하다(옥에도 티가 있듯, 그는 용모만은 별로 행운을 타고나지 못했다).

케인즈는 이튼에 재학하고 있을 때부터 수학에서 발군의 성적을 내는가 하면, 연극 등에도 재능을 발휘해 이미 미래의 스타가 될 자질을 보이고 있었다. 케임브리지 대학교 재학 시절에는 러셀B. Russell, 화이트헤드A. Whitehead 등 기라성 같은 선배들이 이끄는 토론클럽에 가입해 탐구정신을 한층 더 높은 경지로 끌어올릴 수 있었다(러셀은 그와 만나 얘기할 때마다 자신이 무척 초라하게 느껴졌다고 실토한 적이 있다고 하는데, 이 일화는 당시의 케인즈가 얼마나 명석했는지를 잘 말해주고 있다).

전문화가 지나친 나머지, 오늘날의 경제학자는 다른 학문분야는 물론 경제학 안의 모든 분야에 대해서 두루 잘 알기도 힘들다. 그런데 케인즈는 경제학에만 정통한 것이 아니라 철학, 문학, 예술 등 여러 분야에 걸쳐 상식수준을 훨씬 뛰어넘는 전문가적 식견을 갖고 있었다. 이 만능 지식인은 돈 버는 데도 재능이 있어, 주식투자를 통해 많은 돈을 끌어모았다. 그는 아담 스미스 이래의 모든 경제학자들 중에서 리카도 다음으로 돈을 많이 번 사람으로 알려져 있다. 주식투자의 비결이 무엇이냐는 물음에 대해, 템스 강가로 나가 물결의 상태를 보고 어떻게 사고팔지를 결정했다고 대답했다는 일화가 전해진다. 이 말을 들어보면 그의 높은 학문적 경지와 경제적 성공 사이에는 아무 관계가 없었던 것 같다.

앞에서 자세히 설명한 바 있지만, 케인즈는 수요의 부족 때문에 대공황이 발생한 것이라는 결론을 내렸다. 요즈음에는 경제학을 처음 배우는 사람조차 수요 부족이 불황을 일으키는 원인이 된다는 사실을 잘 인식하고 있다. 그러나 경제의 수요측면을 거의 무시하고 있었던 당시 경제학계의 풍토에서 이와 같은 인식은 혁명적인 발상의 전환이 아닐 수 없었다. 불황의 원인이 수요 부족에 있다는 이론적 인식은 수요를 촉진시킴으로써 대공황의 어둠 속에서 빠져나올 수 있다는 처방으로 이어지게 된다. 지푸라기라도 있으면 잡고 싶었을 당시의 사람들이 이 처방에 깊은 관심을 보였던 것은 지극히 당연한 일이다.

고전파에서 신고전파 경제학으로 면면히 이어져 온 경제학의 전통은 케인즈에 이르러 커다란 전환점을 맞게 된다. 경제학의 역사를 보면 이론에 큰 변혁이 나타나도 이를 혁명이라고까지 표현하는 경우가 지극히 드물다. '케인즈혁명'Keynesian revolution이라는 표현은 사람들이 1930년대의 이 이론적 변혁과정을 얼마나 중요하게 받아들이고 있었는지 알게 해준다. 그에 의해 새로이 제시된 경제학이 이전의 경제학과 다른 점은 비단 수요

측면을 중시한다는 데만 있는 것이 아니다. 요즈음 우리가 거시경제이론이라고 부르는 하나의 거대한 분야가 그에 의해 새로이 만들어져 추가되었다 해도 과언이 아니다.

전통적인 경제이론에서는 소비자나 기업 같은 개별적 경제주체의 경제행위에 관심의 초점을 맞추는 미시경제이론이 주류를 이루고 있었다. 반면에 거시경제이론은 국민경제 전체의 움직임에 관심을 갖고 있는데, 케인즈 이전의 경제학은 이렇다 할 거시경제이론을 갖고 있지 못한 형편이었다. 오늘날의 주류경제학은 기본적으로 신고전파 미시경제이론과 케인즈 거시경제이론의 접목에 의해서 만들어진 것이라고 할 수 있다. '신고전파 종합'neoclassical synthesis이라는 이름이 이 주류경제학의 특징을 잘 나타내 주고 있다.

케인즈는 상아탑만을 지키려 하지 않았고, 언제라도 부름이 있으면 사회에 봉사하는 길을 마다하지 않았다. 그는 제1차 세계대전이 끝난 후의 수습과정을 논의하는 베르사유회의에 재무성 대표로 참석하였다. 그뿐 아니라 제2차 세계대전이 끝날 무렵에는 전후의 국제금융질서 구축에 관해 논의하는 브레튼우즈Bretton Woods회의에 영국 대표로 참석해 커다란 활약을 보였다.

처음부터 끝까지 이 회의의 주역은 그와 미국을 대표하는 화이트H. White 두 사람이 맡고 있었다. 그렇지만 이 회의의 궁극적인 승자는 평범한 관리에 불과했지만 미국의 막강한 힘을 등에 업고 있었던 화이트였다. 케인즈의 학문적 명성도 국제정치의 냉엄한 논리 앞에서는 아무런 도움이 될 수 없음을 뼈저리게 느낄 수밖에 없었다(더군다나 객관적으로 보아 케인즈의 제안이 화이트의 제안보다 더욱 합리적이었음에도 불구하고 밀려나는 좌절을 맛보아야 했다).

경제학에서 거인의 시대는 이미 지나갔고, 평범한 사람 중 조금 더 똑똑한 사람이 학문의 흐름을 주도하는 시대를 맞게 되었다. 거인이란 워낙 오랜만에 한 명씩 나오는 법이어서, 짧은 현대경제학의 역사에서 거인이 나오기를 기대하는 것 자체가 무리일지 모른다. 게다가 경제학 연구의 성격이 날로 전문화되어 가다 보니 거인의 풍모를 가진 경제학자가 나오려야 나오기 힘든 상황이 되어 버렸다. 이 현실을 받아들여야 한다는 것을 알기는 하지만, 그렇다고 해서 거인의 시대에 대한 동경의 마음까지 지워 버리지는 못한다. 케인즈는 그 시대의 끝을 장식하는 마지막 거인으로 뭇 사람의 동경의 대상이 되고 있다. 우리는 그와 같이 다재다능하고 멋진 경제학자를 다시 볼 수 없을지도 모른다.

에필로그*

경제, 경제학, 경제학자

수업 중 학생들에게 개인적인 일과 관련된 질문을 해도 좋다고 하면 으레 물어오는 것이 몇 가지 있다. 그 가운데 대학시절의 청춘사업에 관한 질문이 가장 많고, 다음으로 자주 등장하는 것은 경제학을 전공으로 선택한 데 만족하고 있느냐는 질문이다. 솔직히 말해 나로서 경제학이 최선의 선택은 아니었다고 대답하면 모두가 어안이 벙벙한 표정을 짓는다. 교수까지 된 처지에 자신의 전공이 최선의 선택은 아니었다고 말하니 의아하기도 할 것이다.

누구나 뼈저리게 느끼고 있겠지만 공부라는 게 재미를 느끼지 못하면 도저히 할 수 없는 일이다. 공부를 전문으로 하는 학자의 경우에는 더욱 그렇다고 할 수 있다. 그러나 솔직히 고백컨대, 내 인생에서 경제학이든 무엇이든 공부란 이름이 붙은 일을 하고 보람을 느낀 적은 있어도, 흥미진진한 재미를 느낀 적이 별로 없다. 억지로 하는 공부여서 그랬는지 몰라도, 예컨대 『삼국지』를 읽을 때와 같은 흥미진진함은 느껴본 적이 없었다. 더군다나 경제학같이 어려운 학문을 하면서 재미있다고 느낄 여유조차 제대로 갖지 못했던 것이 사실이다.

누가 보아도 경제학은 어렵고 조금은 골치 아픈 학문이다. 취직시험을 보는 사람이 시험 준비에 가장 애를 먹는 과목이 바로 경제학이라고 들었다. 그런데 학생들이 공부하는 수준에서 경제학을 어렵다고 생각하는 것은 사실 공부하는 요령을 제대로 모르기 때문인 경우가 많다. 경제학은 논리적으로 따져서 이해해야 하는 학문임에도 불구하고 법조문 외우듯 암기로 해결하려 드니 어렵지 않을 수 없다. 이 점을 아무리 강조해도 대학 들어오기 전의 10년이 넘는 긴 세월을 암기로 지새운 우리 학생들의 굳어진 머리로는 쉽게 따라오지 못한다.

경제학이 어렵기는 하나 유용한 학문임을 부정할 수 없다. 사람의 생활 중 물질적인 측면이 차지하는 비중이 큰 만큼, 경제가 돌아가는 기본원리를 알아야 생활에서 성공을 거둘 가능성이 커지는 것은 사실이다. 그렇다고 해서 경제학의 전문지식이 물질적 성공을 보장해 주는 것은 아니다. 예컨대 금융이론의 전문가가 주식에 투자해서 떼돈을 벌었다는 말은 들어본 적이 별로 없다. 그러나 합리적인 사고와 판단의 틀을 제공해 준다는 점에서 경제학 교육은 매우 중요한 역할을 할 수 있다.

경제학자가 결혼이나 종교 같은 일에 대해서까지 분석의 손길을 뻗친다고 분개할 필요는 없다. 이와 같은 일들을 오직 합리성의 잣대로 재는 것은 무리임이 분명하지만, 그 속에 경제적인 측면이 있음을 구태여 부정하는 것도 어리석은 일이다. 경제학자가 말하고자 하는 바가 결혼 상대자를 경제적으로 선택하고 종교도 경제적으로 믿어야 한다는 것은 결코 아니다. 경제학자라고 해서 인간의 합리성이 모든 것을 초월하는 중요성을 갖는다고 믿지는 않는다. 다만 인간이 합리적이라는 가정하에서 사물을 보면 이해할 수 있는 부분이 훨씬 더 커진다고 생각할 뿐이다.

전공으로 경제학을 선택한 것이 최선은 아니었을지 모르지만, 그 선택을 후회하지는 않는다. 진정 탐구해 볼 만한 가치가 있는 학문을 선택했다는 자부심을 가지고 있기 때문이다. 경제학은 우리에게 던져진 수많은 문제들을 '냉철한 머리와 뜨거운 가슴'으로 풀어나가기를 요구한다. 사회의 한구석에 쪼그리고 앉은 사람에게도 관심을 갖는 뜨거운 가슴이 없으면 경제학을 공부할 자격이 없다. 가슴이 뜨거운 나머지 머리까지 뜨거워 냉철한 사고의 능력을 결여한 사람은 더욱더 자격이 없다. 이 둘을 모두 갖추었다고 자부하는 사람이 한번 매달려 봄 직한 학문으로 경제학을 꼽는 데 나는 조금도 머뭇거릴 생각이 없다.

이준구 교수의 열린경제학

제3판 펴냄 2017년 11월 11일
제3판 5쇄 펴냄 2026년 2월 2일

지은이 이준구
펴낸이 김영훈
편집인 전영완
경영지원 김설영
펴낸곳 도서출판 문우사
주소 경기도 고양시 일산서구 킨텍스로 255 일산디엠시티스카이뷰 오피스동 1304호
전화 031) 901-6542, 070) 4200-6542 **팩스** 031) 906-6542
홈페이지 www.munu.co.kr **대표메일** moonwoosa@hanmail.net
출판신고번호 제396-2013-000113호

ISBN 979-11-85994-45-1 93320

값 23,000원